Rudolf G. Glos, Michael Seemann
Heim-Netzwerke

XL-EDITION

Rudolf G. Glos, Michael Seemann

Heim-
Netzwerke

DSL·WLAN·PC·Handy·Drucker und Co.

Mit 477 Abbildungen

FRANZIS

Bibliografische Information der Deutschen Bibliothek

Die Deutsche Bibliothek verzeichnet diese Publikation in der Deutschen Nationalbibliografie;
detaillierte Daten sind im Internet über http://dnb.ddb.de abrufbar.

Herausgeber: Ulrich Dorn
Satz: DTP-Satz A. Kugge, München
art & design: www.ideehoch2.de
Druck: Bercker, 47623 Kevelaer
Printed in Germany

ISBN 978-3-645-60136-8

Inhaltsverzeichnis

1 Breitbandlösungen für jeden

Unter der Bezeichnung Heimnetzwerk oder auch Heimnetz können sich nach wie vor nur wenige Menschen etwas Konkretes vorstellen. So mancher denkt dabei gleich an ein kompliziertes Firmennetzwerk, das sich nur von einer professionellen EDV-Abteilung, den sogenannten Netzwerkern oder IT-lern, beherrschen lässt. Dass dem nicht so ist, zeigt Ihnen dieses Buch. Es versorgt Sie mit allen erforderlichen Grundlagen und liefert Ihnen zahlreiche Anwendungsbeispiele sowie praxisorientierte Tipps. Zudem werden Sie eine Reihe nützlicher Geräte und Anwendungen kennenlernen, die sich hervorragend für den Einsatz in Ihrem Heimnetz eignen.

Erfreulicherweise haben die meisten Hersteller von Netzwerkhardware aus den Fehlern vergangener Jahre gelernt: Sie bieten endlich Produkte an, die speziell für den Heimanwender entwickelt wurden. Das bedeutet: Einrichtung und Bedienung eines Großteils dieser Geräte sind sehr viel einfacher und komfortabler geworden.

Damit einher geht eine weitere erfreuliche Entwicklung: die nahezu flächendeckende Verfügbarkeit von breitbandigen Onlinezugängen sowie die stark gesunkenen Gebühren für solche Anschlüsse. Auch diese Entwicklung hat maßgeblich dazu beigetragen, dass ein Anwender überhaupt erst die Möglichkeit hat, sein persönliches Heimnetz zu gestalten. Tatsächlich ist jeder, der zu Hause einen Breitbandinternetzugang nutzt, bereits ein kleiner »(Heim-)Netzwerker«. Und besser könnten die Voraussetzungen eigentlich gar nicht sein.

1.1 Verfügbarkeit und Bandbreite checken

Einen zusätzlichen Schub hat das Thema Netzwerk durch die nahezu flächendeckende Verfügbarkeit von DSL-Zugängen bekommen. Früher war ein ISDN-Zugang zwar dank Internet Connection Sharing (ICS) ab Windows 98 problemlos möglich, zum gleichzeitigen Surfen genügte die Bandbreite von 64 KBit/s aber nicht. DSL stellte bereits zum Start genug Bandbreite bereit, um einen Zugang aufzuteilen und dennoch schnell genug surfen oder Mails abrufen zu können. Da für den DSL-Zugang auch Netzwerkkarten oder -anschlüsse am PC gebraucht werden, ist aus Herstellersicht die Ab-Werk-Ausstattung moderner PCs mit Netzwerkkarten bzw. -schnittstellen nur folgerichtig.

Über ein Netzwerk kann die Internetverbindung mit allen vernetzten PCs geteilt werden. Also: Einer zahlt … und alle Rechner im Heimnetzwerk surfen! Mit DSL reicht die Bandbreite für alle, denn die eine Leitung kann benutzt werden, um beliebig viele Rechner dranzuhängen. Zum Surfen genügt die Grundausstattung mit 1 MBit/s, wenn Daten hochgeladen werden sollen, sind allerdings schon 2 MBit/s nicht mehr ausreichend. Bei neuen Anschlüssen liegt der Standard inzwischen bei 6 MBit/s, damit steht genügend Bandbreite zur Verfügung.

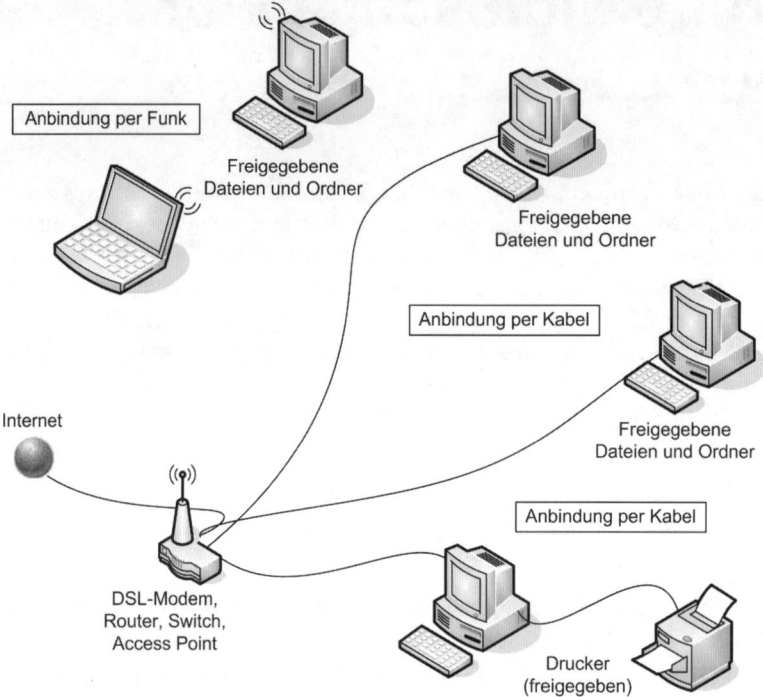

Bild 1.1: Beispiel eines Netzwerks bestehend aus Kabel- und WLAN-Verbindungen mit Datei- und Druckerfreigaben.

Da beim Abschluss eines neuen DSL-Vertrags fast immer ein WLAN-Router mit im Lieferumfang enthalten ist, sind Funknetze heute nahezu flächendeckend vorhanden. Allerdings steigt mit zunehmender Funknetzdichte die Notwendigkeit, das Netz clever abzusichern. Aber auch das ist bei einem Computer neuerer Bauart kein Problem mehr, denn diese beherrschen die derzeit aktuelle WPA2-Verschlüsselungstechnologie. Kritischer wird es, wenn Sie z. B. ein älteres Notebook integrieren möchten – hier kann oftmals lediglich eine WEP-Verschlüsselung mit geringer Sicherheit eingestellt werden. Ist das der Fall, hilft nur die Anschaffung einer separaten WLAN-Lösung via USB, die das Sicherheitsniveau nicht absenkt.

1.1.1   DSL-Provider und DSL-Reseller

Anfangs war DSL noch nicht flächendeckend verfügbar, und die Telekom diktierte als einziger Anbieter oder Provider den Preis für den schnellen Onlinezugang. Schnell zogen andere Telefonnetzbetreiber nach und statteten ihr Telefonnetz ebenfalls mit DSL-Technik aus, unter anderem der ebenfalls überregional vertretene Anbieter Arcor (heute Vodafone) sowie zahlreiche kleinere, regionale Anbieter. Neben den Netzbetreibern mit eigener Infrastruktur drängten kurz darauf auch sogenannte DSL-Reseller (deutsch: Weiterverkäufer) auf den boomenden Breitbandmarkt und boten ebenfalls

DSL-Zugänge an. Reseller wie zum Beispiel United Internet (1&1) oder Freenet kauften größere Kontingente an DSL-Zugängen von den Netzbetreibern und gaben diese zu oft deutlich günstigeren Preisen an die Endkunden weiter. Spätestens seit diesem Zeitpunkt gingen die ursprünglich recht hohen monatlichen Kosten für einen Breitbandzugang spürbar nach unten.

Provider, Netzbetreiber und Reseller

Ein Unternehmen, das Onlinezugänge anbietet, bezeichnet man neudeutsch als **Provider**, was nichts anderes als Anbieter bedeutet. Bei den Providern unterscheidet man zwischen Netzbetreibern und Resellern. **Netzbetreiber** sind in der Regel Telefonnetzbetreiber, die ihre Leitungen und Anschlüsse mit DSL-Technik ausgestattet haben. Sie können somit über ihre eigene Infrastruktur Onlinezugänge bereitstellen. **Reseller** hingegen besitzen diese Infrastruktur nicht. Sie mieten stattdessen Onlinezugänge bei Netzbetreibern an und verkaufen diese dann an die Kunden weiter (engl. to resell = weiterverkaufen). Bei Problemen oder Störungen in der Zugangsinfrastruktur kann ein Reseller seinem Kunden meist nicht direkt helfen, sondern ist seinerseits auf den Support des jeweiligen Netzbetreibers angewiesen.

1.1.2   Breitbandzugänge in Deutschland

Laut aktuellem Jahresbericht der Bundesnetzagentur verzeichnete Deutschland im Jahr 2010 rund 26,2 Millionen fest verlegte Breitbandanschlüsse. Das heißt, ziemlich genau zwei Drittel (65 Prozent) aller deutschen Privathaushalte haben einen. Allein rund 23 Millionen Anschlüsse entfallen dabei auf die Verbindungstechnik DSL, was einem Marktanteil von knapp 90 Prozent bei den schnellen Festnetzanschlüssen entspricht.

Wegbereiter DSL

Mit ihrem T-DSL-Angebot läutete die Telekom eine neue Ära bei den privaten Onlinezugängen ein. Mit 768 kBit/s erreichte T-DSL eine etwa 12- bis 14-mal höhere Geschwindigkeit als die bis dahin standardmäßig genutzten Telefonverbindungen über ISDN- oder Analogmodem. Dabei verwendet DSL dasselbe Kupferkabel als Übertragungsmedium, allerdings mit einer höheren Übertragungsfrequenz. Dennoch ist DSL schon lange nicht mehr die einzige Möglichkeit, breitbandig ins Internet zu gelangen.

Onlinezugang über TV-Kabel

In Ballungsräumen, aber auch in vielen ländlichen Gebieten, haben die großen Kabelnetzbetreiber, wie beispielsweise Kabel Deutschland, Unity Media oder Kabel BW, ihr TV-Kabelnetz für die Internetnutzung ausgebaut. Laut Bundesnetzagentur erreichten die Breitbandanschlüsse der Kabelnetzbetreiber im Jahr 2010 einen Bestand von rund 2,9 Millionen Anschlüssen.

Onlinezugang über den Mobilfunk UMTS

Eine weitere Möglichkeit, flott ins Internet zu kommen, ist der Zugang über den schnellen Mobilfunk UMTS. Bis vor Kurzem waren die Datentarife für Privatpersonen kaum erschwinglich oder vom Leistungsumfang her erheblich eingegrenzt, doch mittlerweile finden sich auch hier interessante Angebote. Im Gegensatz zu den Festnetzlösungen ist man beim Internetzugang via Mobilfunk komplett unabhängig von Telefon- oder TV-Kabeldosen. Laut Bundesnetzagentur waren bis Ende des Jahres 2010 rund 4,3 Millionen (UMTS-)SIM-Karten im Umlauf, die ausschließlich zur Datenübertragung (Surfstick, UMTS-Router) verwendet wurden.

Onlinezugang via Satellit

Für alle, die weder DSL noch TV-Kabel noch UMTS nutzen wollen oder können, sei als letzte Möglichkeit die des Onlinezugangs via Satellit genannt. Diese Möglichkeit ist im Preis etwas höher und bringt gewisse Einschränkungen gegenüber den erstgenannten Zugangsarten mit sich, hat jedoch einen entscheidenden Vorteil: Satelliteninternet ist selbst in den entlegensten Gebieten Deutschlands verfügbar. Immerhin 42.000 Kunden sollen bis Ende 2010 per rückkanalfähige Satellitenschüssel online gegangen sein.

1.1.3 Breitbandzugänge am Wohnort prüfen

Doch für welchen Zugang soll man sich nun entscheiden, falls man seinen Anbieter wechseln möchte oder generell eine neue schnelle Onlineanbindung sucht? Zunächst einmal ist zu klären, welche Anschlussmöglichkeiten am jeweiligen Wohnort verfügbar sind.

Überblick über verfügbare Breitbandzugänge

Einen Überblick über sämtliche verfügbaren Breitbandzugänge verschafft die Webseite *www.zukunft-breitband.de.*

1. Rufen Sie die Webseite in Ihrem Browser auf und klicken Sie in der Menüleiste links auf die Rubrik *Breitbandatlas.* In dem sich nun öffnenden Untermenü gehen Sie auf *Breitbandsuche.*

Bild 1.2: Ein guter Einstieg für die Suche nach verfügbaren Anschlussmöglichkeiten.

2. Eine Deutschlandkarte wird angezeigt. Tragen Sie im Eingabefeld oben links direkt über der Karte den Namen Ihres Wohnorts oder Ihre Postleitzahl ein. In der Legende am rechten Kartenrand können Sie zwischen den Zugangstechnologien *Drahtlos* (z. B. UMTS) und *Leitungsgebunden* (z. B. DSL, TV-Kabel) wählen. Setzen Sie die Auswahl zunächst auf *Leitungsgebunden*.

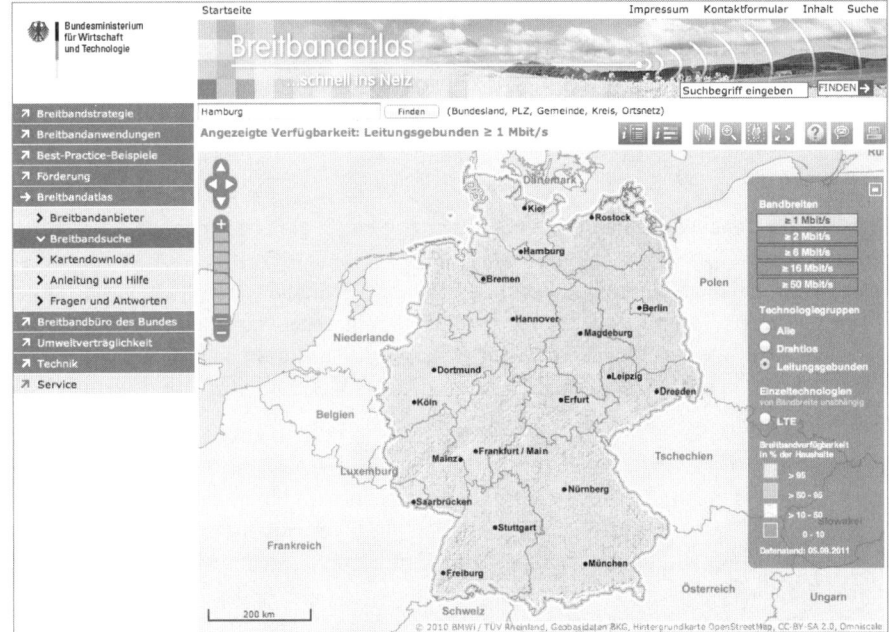

Bild 1.3: Tragen Sie links oben Ihre Postleitzahl oder Ihren Wohnort ein.

3. Belassen Sie die Bandbreite auf dem voreingestellten Wert von ≥ *1 Mbit/s*. Nach einem Klick auf die Schaltfläche *Finden* erscheint kurz darauf ein Kartenausschnitt der von Ihnen gewählten Region (in unserem Beispiel ist es die Stadt Hamburg).

4. Der Kartenausschnitt zeigt anhand von kleinen, unterschiedlich gefärbten Quadraten, ob und mit welcher prozentualen Wahrscheinlichkeit ein Anschluss für einen Haushalt jeweils verfügbar ist.

5. Mithilfe des Lupensymbols oder des Vergrößerungsreglers können Sie recht weit in die Karte hineinzoomen, bis Sie schließlich das Straßennetz erkennen. Auf diese Weise lässt sich der Standort Ihres Hauses oder Ihrer Wohnung sehr genau eingrenzen.

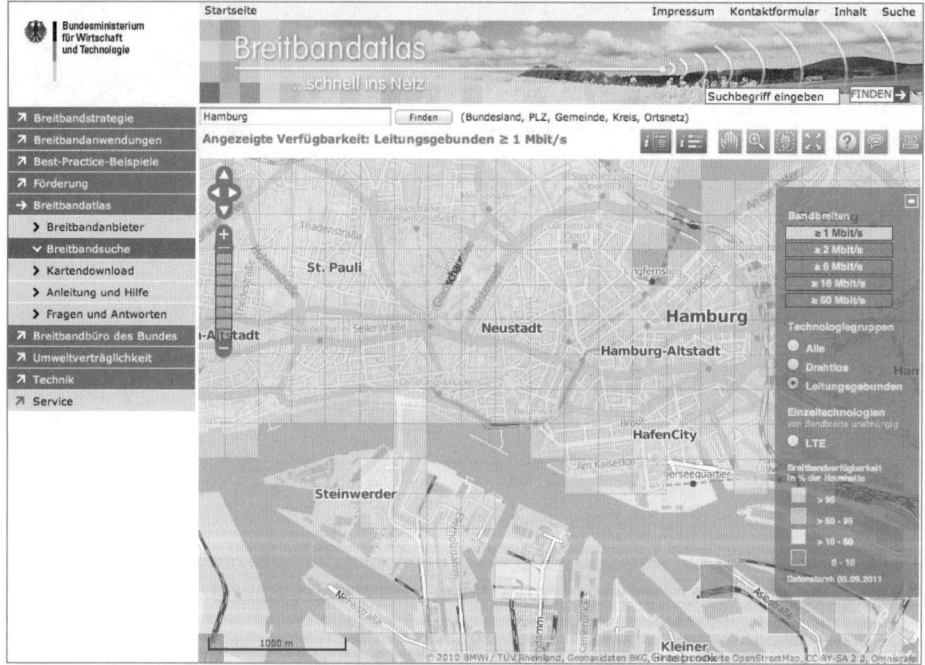

Bild 1.4: Die Genauigkeit der Breitbandatlaskarte geht bis auf Straßenebene.

In unserem Beispiel (Hamburg Zentrum) ist die Verfügbarkeit von Breitband ab einer Übertragungsrate von 1 MBit/s nahezu vollständig gegeben. Jeder Haushalt, der sich innerhalb eines gelben Quadrats befindet, kann mit mindestens 95-prozentiger Wahrscheinlichkeit kabelgebundenes Breitband (DSL, TV-Kabel) mit mindestens 1 MBit/s erhalten.

Dieses Bild ändert sich natürlich von Region zu Region und auch, wenn Sie in der Legende rechts mit der Mindestbandbreite nach oben gehen, zum Beispiel auf einen Wert von ≥ *6 Mbit/s*. Dadurch lässt sich jedoch rasch ermitteln, welche Bandbreite oder »Download-Geschwindigkeit« bei Ihnen zu Hause mindestens verfügbar ist.

Mögliche Anbieter am Wohnort finden

Ist die Verfügbarkeit erst geklärt, möchte man nun auch wissen, welche Anbieter oder Provider denn überhaupt am jeweiligen Wohnort einen Breitbandanschluss anbieten. Hierzu bietet der Breitbandatlas eine besonders komfortable Funktion:

1. Fahren Sie mit dem Mauszeiger oberhalb der Karte auf das erste Symbol von links (es enthält ein *i* und eine Liste). Das Symbol steht für *Abfrage Breitbandanbieter*. Sobald Sie auf das Symbol klicken, ändert es seine Farbe. Damit ist die Funktion aktiviert.

2. Klicken Sie auf das Symbol und anschließend auf das Quadrat in der Karte, in dem sich Ihr Wohnsitz befindet.

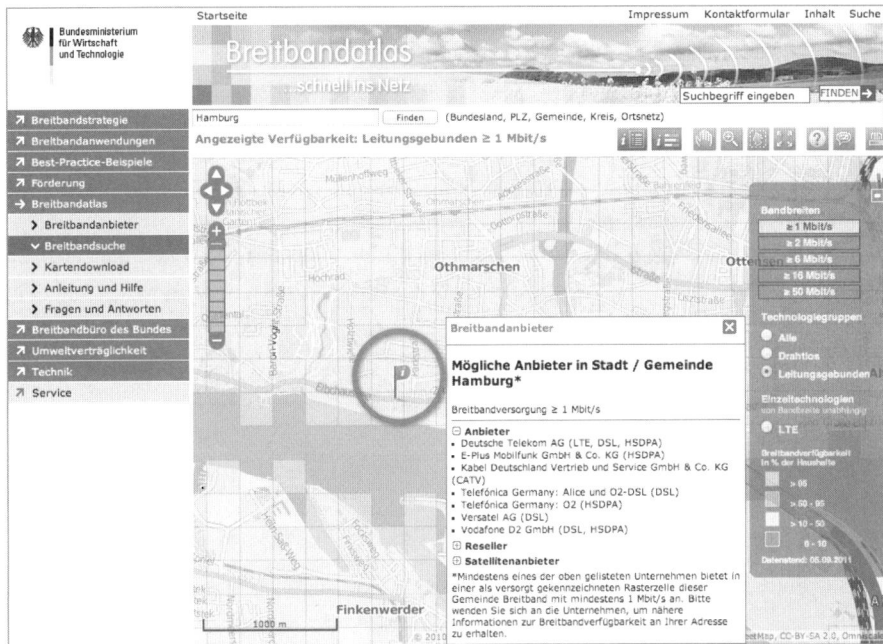

Bild 1.5: Über das Auswahlfeld *i* markieren Sie Ihren Wohnsitz mit einem Fähnchen. Mithilfe der Abfragefunktion werden alle vor Ort verfügbaren Breitbandanbieter aufgelistet.

3. In dem gewählten Quadrat ist nun ein kleines Fähnchen mit einem *i* zu sehen. Wenige Augenblicke später werden in einem Pop-up-Fenster unter *Breitbandanbieter* alle Provider aufgelistet, die an Ihrem Standort Onlinezugänge anbieten.

Falls Sie den neuen Internet Explorer 9 verwenden und Probleme mit der Darstellung oder den Funktionen des Breitbandatlas haben, aktivieren Sie den Kompatibilitäts-modus Ihres Browsers. Klicken Sie dazu im Adressfeld des Internet Explorer auf das kleine Symbol, das wie eine zerrissene Seite aussieht. Im Anschluss aktualisiert sich die Seite und sollte nun korrekt dargestellt werden.

In fast allen Regionen Deutschlands stehen mehrere breitbandige Zugangsmöglichkeiten bereit. Um Ihnen die Entscheidung zu erleichtern, gehe ich im folgenden Abschnitt auf die wichtigsten überregional verfügbaren Breitbandzugänge ein.

1.2   DSL: Internet über den Telefondraht

Die Verbindungstechnik DSL überträgt Daten über die Telefonleitung (Kupferkabel) zwischen der Telefondose im Haushalt und der Vermittlungsstelle des Netzbetreibers. Die Leitung diente ursprünglich nur für Telefonate. Da jeder Haushalt in Deutschland über einen Telefonanschluss verfügt, könnte (theoretisch) auch jeder einen Breitbandanschluss über DSL nutzen. Dass dem nicht so ist, liegt unter anderem daran, dass es in einigen dünner besiedelten Regionen nach wie vor Vermittlungsstellen gibt, die nicht mit DSL-Technik aufgerüstet sind.

Außerdem spielt die Entfernung zur Vermittlungsstelle eine wichtige Rolle. Je länger das Kabel, desto höher die Dämpfung und desto geringer die maximal mögliche Übertragungsrate. Ist die Dämpfung zu hoch, kommt gar keine Verbindung mehr zustande, was vor allem abseits gelegene Haushalte betrifft.

1.2.1   Infos zur genauen Verfügbarkeit

Wer nun wissen möchte, ob DSL auch tatsächlich in seinem Haushalt verfügbar ist, sollte zunächst den oben bereits beschriebenen Breitbandatlas zurate ziehen. Im Anschluss empfiehlt sich der Besuch der einzelnen über den Breitbandatlas ermittelten Provider-Webseiten.

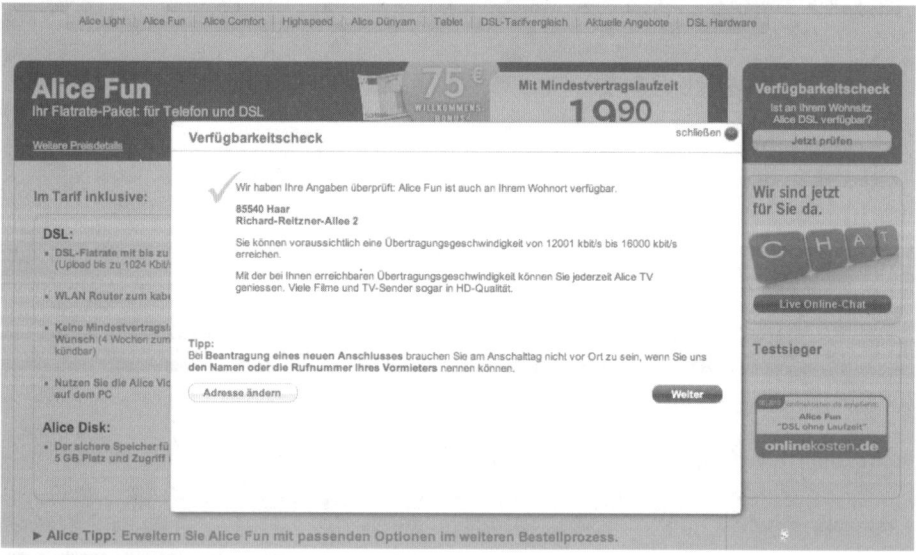

Bild 1.6: Der Verfügbarkeitscheck des DSL-Anbieters Alice (O2/Telefonica) liefert bereits recht genaue Angaben zur verfügbaren Übertragungsrate. (Stand: September 2011)

Auf den Webseiten der jeweiligen Breitbandanbieter helfen Ihnen weitere Verfügbarkeitschecks dabei, die vor Ort verfügbare Bandbreite bereits recht genau zu ermitteln. Hierzu geben Sie entweder Ihre Adresse oder Ihre aktuelle Festnetztelefonnummer ein.

In der Regel erhält man diese wichtige Information auch mit einem Anruf bei den meist kostenlosen Service-Hotlines der Provider.

Sind an Ihrem Wohnort neben der Telekom noch weitere DSL-Netzbetreiber verfügbar, zum Beispiel Telefonica/O2/Alice, Vodafone oder ein regionaler Netzbetreiber, sollten Sie alle Verfügbarkeitstests nacheinander durchprobieren. Die installierte DSL-Technik zweier Netzbetreiber in einer Vermittlungsstelle kann unterschiedlich alt sein, deshalb liefert Betreiber A möglicherweise höhere Bandbreiten als Betreiber B.

1.2.2 Die Qual der Tarifwahl

Ist DSL bei Ihnen zu Hause verfügbar, haben Sie die Auswahl zwischen den verschiedensten Vertragsmodellen. Da wären zunächst mal die Rundum-sorglos-Pakete mit DSL- plus Telefon-Flatrate inklusive Hardware (DSL-Modemrouter) und noch einem Handyvertrag dazu.

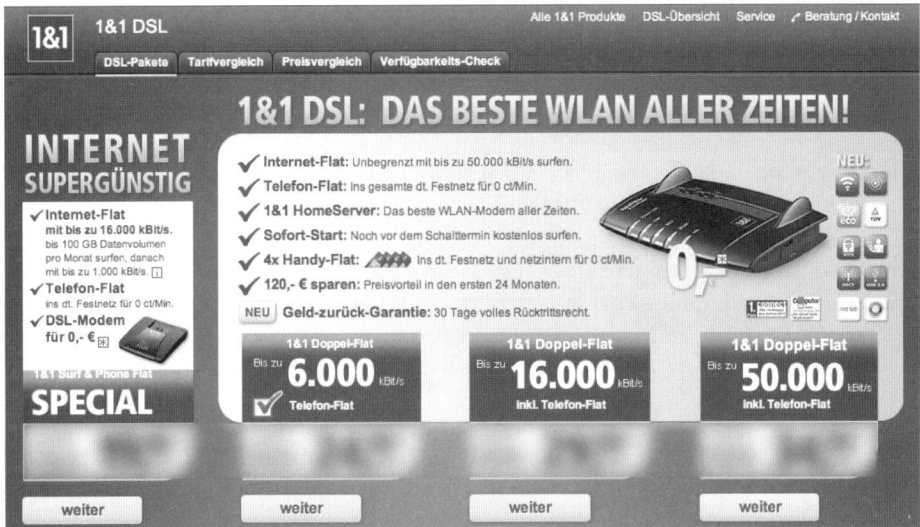

Bild 1.7: 1&1 bietet als führender DSL-Reseller kostengünstige DSL-Komplettpakete inklusive hochwertiger Hardware – bei 24-monatiger Vertragslaufzeit. (Stand: September 2011)

Solche Komplettpakete inklusive Hardware wollen allerdings auch finanziert werden und binden den Kunden in der Regel 24 Monate an den Provider. Nur wer sich relativ sicher ist, dass er in den kommenden zwei Jahren seinen Wohnort nicht wechselt, sollte ein Angebot mit einer solch langen Laufzeit wählen.

Allerdings bieten auch immer mehr DSL-Provider Verträge mit kürzeren Laufzeiten an. Hier gibt's dann die Hardware (DSL-Modemrouter) nicht ganz umsonst, die Zusatzleistungen sind nicht ganz so üppig oder es wird eine zusätzliche Einrichtungsgebühr erhoben, die bei Verträgen mit längerer Laufzeit entfällt.

Der Provider Alice (*www.alice-dsl.de*) beispielsweise lässt seinen Kunden die freie Wahl zwischen Verträgen mit 24 Monaten Mindestlaufzeit und solchen ohne Mindestlaufzeit. Letztere kann der Kunde monatlich vier Wochen zum Monatsende hin kündigen.

Bild 1.8: Mit dem Tarif Maxi Pur bietet M-net einen reinen DSL-Zugang ohne Telefonanschluss an. (Stand Juni 2011)

Jeder DSL-Provider bietet neben dem Datenzugang auch einen Telefonanschluss an. Der Trend geht hier allerdings klar vom Festnetzanschluss (PSTN, ISDN) hin zur Internettelefonie (VoIP). Ein VoIP-Anschluss ist für den Provider kostengünstiger zu managen, hat aber nach wie vor mit diversen Qualitätsmängeln zu kämpfen.

Schließlich finden sich auch DSL-Provider, wie beispielsweise der regionale Netzbetreiber M-net, die neben den herkömmlichen Tarifen auch einen reinen DSL-Datenanschluss ohne Telefonie anbieten.

1.2.3   (A)DSL-Geschwindigkeiten

Mit dem aktuellen Verbindungsstandard ADSL2+ lassen sich übers Kupferkabel Download-Raten von bis zu 16 MBit/s (16.000 kBit/s) erreichen. Das gilt jedoch nur für Anschlüsse, die relativ nahe an der Vermittlungsstelle liegen oder – genauer gesagt – bei denen das Verbindungskabel möglichst kurz ist.

Außerdem muss neben dem DSL-Modem zu Hause auch die Hardware in der Vermittlungsstelle – die sogenannten DSLAMs – mit ADSL2+ ausgestattet sein. Dies kann, wie schon angesprochen, der Grund dafür sein, dass Sie über dasselbe Kupferkabel von Netzbetreiber A (DSLAM mit ADSL2+) eine größere Bandbreite erhalten als von Netzbetreiber B (DSLAM mit ADSL/ADSL2).

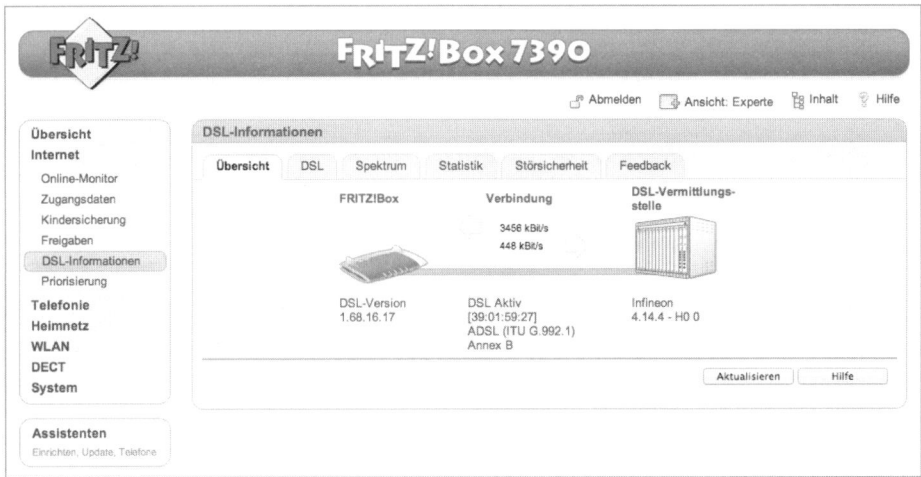

Bild 1.9: Die FRITZ!Box-Router von AVM zeigen die maximal verfügbaren Down- und Upload-Geschwindigkeiten an.

Die Kosten für einen DSL-Zugang mit einer Bandbreite bis maximal 16 MBit/s (= 16.000 kBit/s) sowie einem unbegrenzten Daten- und Zeitvolumen (der sogenannten Flatrate) beginnt bei etwa 20 Euro im Monat (Stand Juni 2011).

1.2.4 Hochgeschwindigkeits-DSL

Die maximale Übertragungsrate für Privathaushalte liegt beim Einsatz der VDSL-Technologie derzeit bei 50 MBit/s. Allerdings muss der Netzbetreiber (in der Regel die Telekom) dazu die Verbindungsstrecken zwischen der Vermittlungsstelle und der Telefondose beim Kunden entsprechend nachrüsten.

Der VDSL-Ausbau ist allerdings recht aufwendig, da hier über Teilstrecken Glasfaserkabel neu verlegt und vorhandene Kabelverzweiger mit sogenannten »Outdoor-DSLAMs« nachgerüstet werden müssen. Derartige Investitionen tätigt die Telekom derzeit nur in dicht besiedelten Regionen, sprich: Großstädten.

Verfügbarkeit und Ausbaustatus von VDSL lassen sich auf der Homepage der Telekom abfragen.

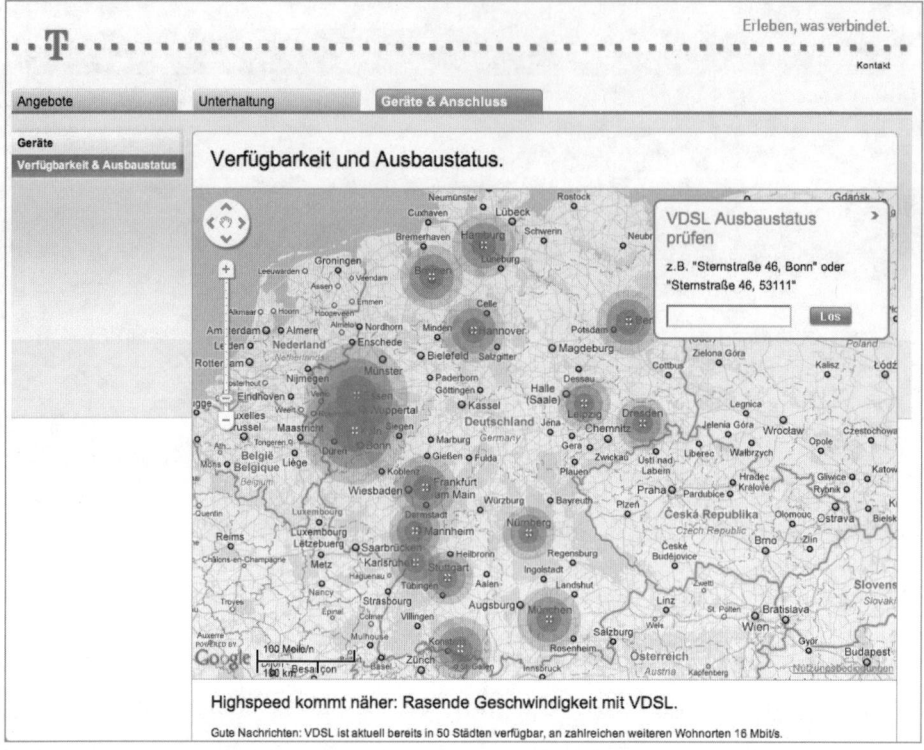

Bild 1.10: Der Ausbau von VDSL wird aktuell nur in einigen Großstädten vorangetrieben – *http://bit.ly/ajqz77*. (Stand: September 2011)

1.2.5   Noch schneller mit Glasfaserkabel

Für die nächste Geschwindigkeitsstufe nach VDSL wird das Kupferkabel komplett durch die Glasfaser ersetzt. Hier sind dann Übertragungsraten von 100 bis 200 MBit/s im Download und unglaublichen 50 bis 100 MBit/s im Upload möglich.

Das bedeutet allerdings: Von der Vermittlungsstelle bis zum Haus oder der Wohnung des Kunden müssen Glasfaserkabel verlegt werden. Darum nennt sich diese Verbindungstechnik auch FTTH, die Abkürzung für den englischen Begriff »Fiber To The Home«, was sich mit »Glasfaser (bis) nach Hause« übersetzen lässt.

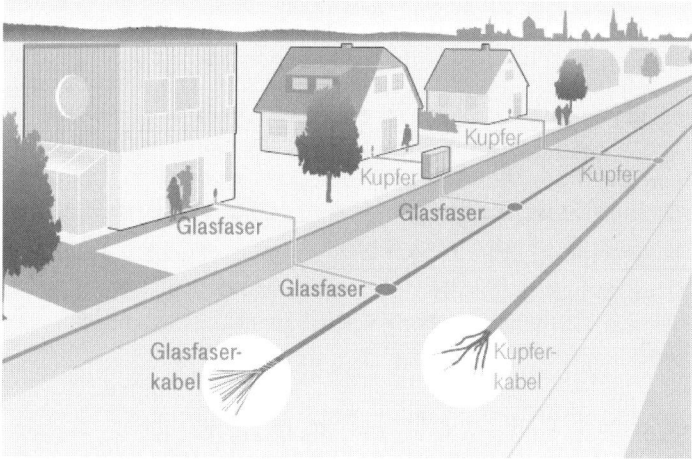

Bild 1.11: Für FTTH müssen Glasfaserkabel bis ins Haus des Kunden verlegt werden. (Quelle: *www.telekom.de*)

Die Telekom will bereits 2011 die ersten Haushalte an ihr neues Glasfasernetz anschließen. Andere regionale Netzbetreiber, wie zum Beispiel M-net oder NetCologne, haben bereits ein FTTH-Netz in Betrieb. Riskieren Sie einen Blick auf die Infoseiten der Netzbetreiber (z. B. *www.telekom.de/glasfaser* oder *www.m-net.de/glasfaser_dsl*), auch wenn die Chancen momentan eher gering sind, dass Sie selbst in einem der genannten Ausbaugebiete wohnen. Leider sind FTTH-Zugänge momentan nur in wenigen Regionen Deutschlands verfügbar (Stand: Juni 2011).

Bild 1.12: Der bayerische Provider M-net stellt bereits in einigen Orten FTTH zur Verfügung und informiert auch über den bis Ende des Jahres geplanten weiteren Ausbau. (Stand: September 2011)

1.3   Kabel: Internet aus der TV-Dose

Wer sein Fernsehprogramm über TV-Kabel bezieht, hat gute Chancen, über dasselbe Kabel auch einen breitbandigen Internetzugang zu erhalten. Voraussetzung hierbei ist ein vorhandener Rückkanal. Denn über das ursprüngliche TV-Kabelnetz ließen sich Informationen nur in eine Richtung übertragen, nämlich vom Sender zum Empfangsgerät. Für den Zugang ins Internet ist jedoch auch der Weg zurück, also vom Anwender zum Kabelnetzbetreiber, zwingend erforderlich.

Inzwischen haben die Kabelnetzbetreiber ihr Netz weitgehend rückkanalfähig ausgebaut. Auf deren Homepages finden sich entsprechende Verfügbarkeitschecks, zudem geben kostenlose Telefon-Hotlines Auskunft.

Bild 1.13: Die Kabelnetzbetreiber bieten als überregional verfügbare Anbieter recht attraktive Bandbreitenpreise an. (Stand: September 2011)

Während DSL-Anbieter fast immer als gegenseitige Konkurrenten auftreten, ist der Einflussbereich der Kabelnetzbetreiber regional klar abgegrenzt. Verfügt man über einen Kabelanschluss, ist man automatisch Kunde des regionalen Kabelanbieters – eine Alternative wie bei DSL gibt es nicht. Das reduziert natürlich die Angebotsvielfalt ganz erheblich.

Allerdings haben die großen Kabelnetzbetreiber, allen voran Kabel Deutschland, ihr eigenes Produktportfolio ganz erheblich erweitert. Der Kunde kann wählen zwischen den Tarifen für Internet und Telefon, nur Telefon, nur Internet sowie für zusätzliche Kombinationen mit Fernsehen und Mobilfunk. Zudem kann man sich jeweils noch zwischen 6, 32 und 100 MBit/s Download-Rate entscheiden.

Im Gegensatz zum dünnen, schlecht abgeschirmten DSL-Kupferkabel ermöglicht das qualitativ hochwertige, gut abgeschirmte TV-Kabel sehr hohe Übertragungsraten von derzeit bis zu 100 MBit/s im Download.

Bild 1.14: Aus der oberen Buchse eines digitalen Kabelanschlusses sprudeln aktuell bis zu 100 MBit Daten pro Sekunde. (Quelle: *www.kabeldeutschland.de*)

Selbst wer den Kabelanschluss ausschließlich als Internetzugang (mit und ohne Telefon) nutzt, muss keine zusätzlichen Gebühren fürs TV-Programm des Kabelbetreibers zahlen.

So bietet Kabel Deutschland allen Kunden, die nur ihren Breitbandanschluss, nicht jedoch ihr TV-Programm übers Kabel nutzen möchten, auch einen reinen Online-anschluss an. Die monatliche Grundgebühr für einen solchen Internetanschluss mit 100 MBit/s im Download und 6 MBit/s im Upload kostet aktuell im ersten Jahr monatlich 20 Euro, im zweiten Jahr 40 Euro – bei einem Jahr Mindestvertragslaufzeit.

Anstelle eines DSL-Modems benötigt man beim Internetzugang via TV-Kabel ein Kabel-modem, das vom Anbieter gestellt wird. An das Modem kann man beispielsweise einen WLAN-Router anschließen, der den Onlinezugang auf mehrere PCs, Notebooks und andere Geräte überall in der Wohnung verteilt. Wer statt zwei Geräten lieber nur eines im Wohnzimmer herumstehen haben möchte, kann inzwischen auf WLAN-Router mit integriertem Kabelmodem zurückgreifen.

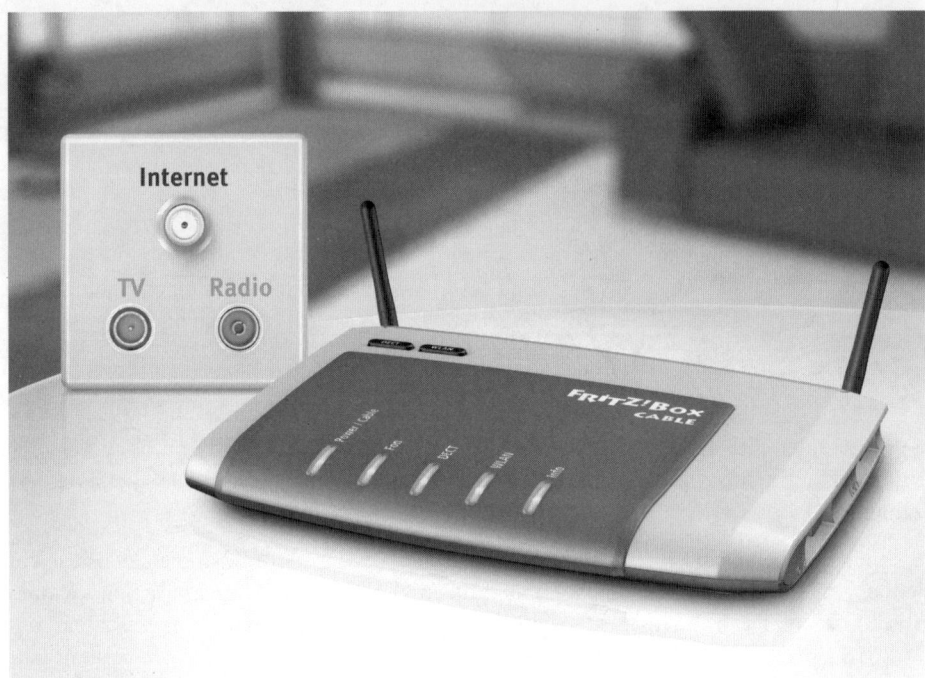

Bild 1.15: Alles in einer Kiste: AVMs FRITZ!Box 6360 ist ein WLAN-Router mit integriertem Kabelmodem, Telefonanlage und DECT-Basisstation. (Quelle: *www.avm.de*)

1.4   Satellit: Internet aus dem All

Im Vergleich zu DSL und Kabel hat der Internetzugang per Satellit einen entscheidenden Vorteil: Er ist flächendeckend verfügbar – selbst in den abgelegensten Regionen. Vor einigen Jahren waren für den Privatbereich nur Sat-Angebote erschwinglich, bei denen der Downstream (Empfang) über Satellitenschüssel, der Upstream jedoch über einen alternativen Kanal, in der Regel die Telefonleitung (ISDN), realisiert wurde. Inzwischen haben sich im Privatbereich die rückkanalfähigen Satellitenschüsseln durchgesetzt, auch als Zwei-Wege-Systeme bezeichnet, deren Antenne nicht nur empfangen, sondern auch senden kann. Hier stehen dann schnellere Upload-Raten zur Verfügung.

Im Vergleich zu den zuvor genannten Zugangsarten ist Internet via Satellit in der Anschaffung erheblich teurer, was vor allem an den hohen Investitionskosten für die Hardware liegt (Schüssel, Antenne, Befestigungen, Kabel, Sat-Modem etc.). Hier werden einmalig ab 200 Euro fällig.

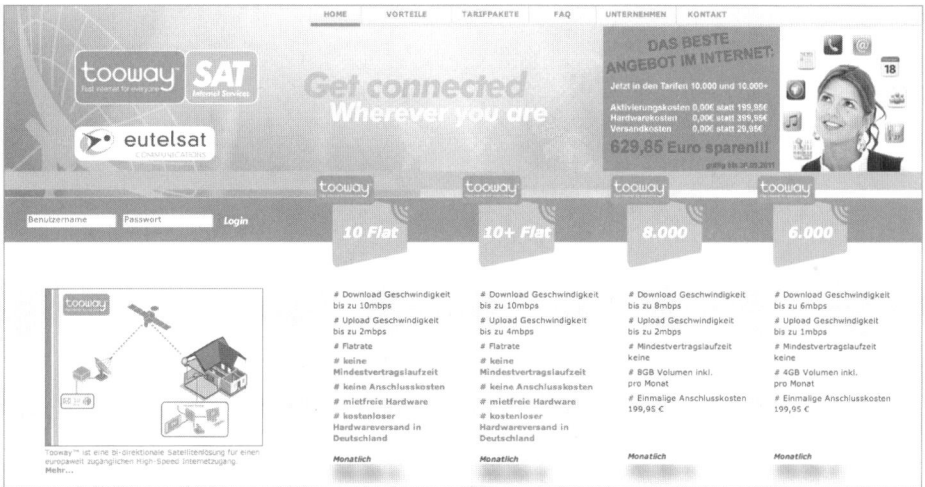

Bild 1.16: tooway SAT startet mit 6 MBit/s bereits für 30 Euro im Monat. Allerdings liegen die Anschlusskosten bei 200 Euro, und die Geschwindigkeit sinkt nach 4 GByte Datentransfer. (Stand: September 2011)

In der Regel werden keine echten Flatrates angeboten, stattdessen wird die Bandbreite nach Überschreiten eines bestimmten Monatsvolumens gedrosselt. Ähnliches gilt für die sogenannte Fair-Use-Flatrate, bei der die Bandbreite des Vielnutzers einem internen Punktesystem folgend gegenüber der Bandbreite des Wenignutzers herabgesetzt wird.

Die Installation des Satellitensystems ist nicht unbedingt einfach, da die Schüssel eben nicht nur empfängt, sondern über den Rückkanal auch treffsicher senden muss. Deshalb empfiehlt es sich, die Installation und Ausrichtung der Satellitenschüssel von Profis durchführen zu lassen. Diese Kosten sollten ebenfalls mit einberechnet werden.

1.4.1　Einmal Erde, Satellit und wieder Bodenstation

Die Entfernungen, die die Daten beim Satelliteninternet zurücklegen müssen, sind enorm. So wird eine Anfrage des Anwenders zunächst von der Erde zum Satelliten und dann wieder zurück zur Bodenstation und von dort ins Internet übertragen. Die Antwort auf die Anfrage wird auf demselben Weg zurückgeschickt, muss also erneut zweimal die Strecke Erde – Satellit zurücklegen, bis die Daten schließlich beim Anwender landen. Aus diesem Grund eignet sich Breitband per Satellit nicht für Anwendungen, die eine Übertragung mit geringer Verzögerung erfordern, wie zum Beispiel Onlinespiele oder Internettelefonie (VoIP). Umso unverständlicher, dass manche Sat-Provider VoIP, die Telefonie übers Internet, als zusätzliche Option anbieten.

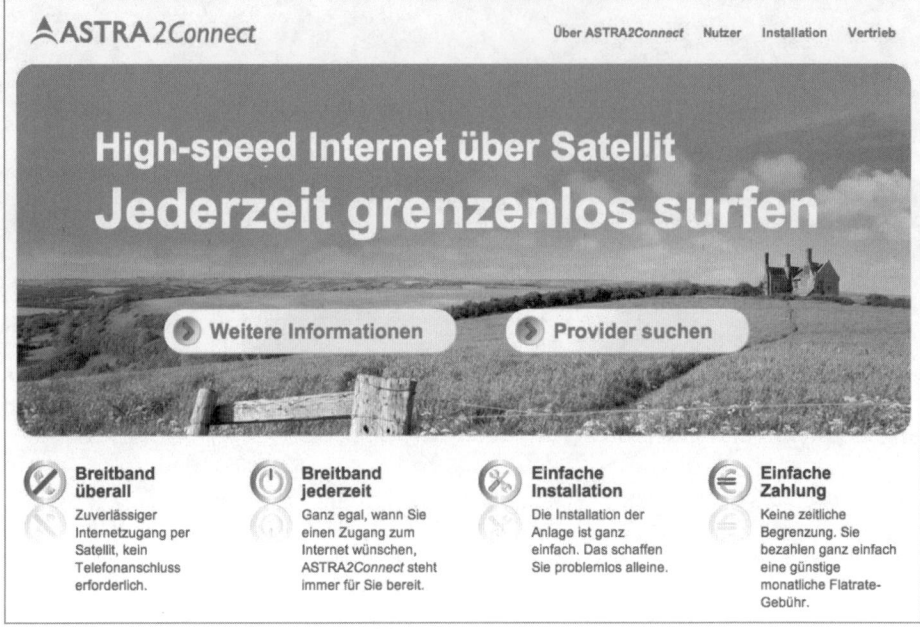

Bild 1.17: Alle Astra-Provider listet die Seite *www.astra2connect.de auf.*

1.4.2   Anbieter für Satelliteninternet

Aktuell findet sich in Deutschland etwa ein halbes Dutzend Anbieter für Satelliteninternet, die über Eutelsat oder SES Astra senden. Die höheren Bandbreiten bieten seit dem Frühjahr 2011 die Eutelsat-Provider (siehe *www.tooway.de/kauf*) über den erst kürzlich in die Umlaufbahn geschossenen High-Throughput-Satelliten KA-SAT – mit Download-Raten bis zu 10 MBit/s und Uploads bis zu 4 MBit/s. Die monatlichen Grundgebühren beginnen bei 30 Euro bei einem Downstream von 6 MBit/s (Upstream: 1 MBit/s) und 4 GByte ungedrosseltem Transfervolumen.

Astra-Provider (siehe *www.astra2connect.de*) bieten derzeit maximal 4 MBit/s im Download und 256 kBit/s im Upload. Die monatlichen Grundgebühren für diese Bandbreite und 4 GByte ungedrosseltem Transfervolumen beginnen bei 60 Euro.

1.5   UMTS: der mobile Onlinezugang

Mittlerweile ist auch der Mobilfunkstandard UMTS und dessen schnelle Variante HSPA (»High Speed Packet Access«) in Deutschland so weit ausgebaut, dass er als Breitbandzugang genutzt werden kann. Bis zu 3,6 MBit/s, teilweise sogar 7,2 MBit/s im Downstream, sind in Mobilfunknetzen mit aktivierter HSPA-Technik derzeit möglich.

Doch ebenso wie DSL oder Kabel hängt auch die Verfügbarkeit von UMTS/HSPA von den verantwortlichen Netzbetreibern und deren Ausbaustrategien ab. Selbstverständlich sind Ballungsräume und generell dicht besiedelte Regionen meist hervorragend versorgt. In dünner besiedelten Regionen oder kleineren Ortschaften kann es aber durchaus sein, dass das GSM-Netz für Handytelefonie zwar vorhanden, die Umrüstung der Antennen auf HSPA aber noch nicht erfolgt ist.

1.5.1 Verfügbarkeit in der Umgebung prüfen

Wer prüfen will, ob UMTS in der näheren Umgebung verfügbar ist und mit welcher Geschwindigkeit in etwa zu rechnen ist, kann auch hier für einen ersten Überblick im Breitbandatlas unter *www.zukunft-breitband.de* nachsehen. Hier lässt sich zum Beispiel ermitteln, welcher Mobilfunknetzbetreiber überhaupt mit einem HSPA-Netz verfügbar ist. Wählen Sie dazu unter *Technologien* die Einstellung *Drahtlos*.

Bild 1.18: Das Kürzel HSDPA in Klammern hinter dem Anbieter zeigt an, dass der schnelle Mobilfunk in der gewählten Region verfügbar ist.

Sehr häufig wird anstelle von HSPA das erweiterte Kürzel HSDPA verwendet. Das »D« in der Mitte steht dabei für »Downlink« und gibt an, dass damit die maximale Datenrate vom Internet zum Anwender (bzw. UMTS-Modem) gemeint ist. Dementsprechend steht das »U« im Kürzel HSUPA für »Uplink« und meint die Datenrate vom Anwender (UMTS-Modem) zum Internet.

1.5.2 Verbreitungskarten der Mobilfunkbetreiber

Noch genauere Informationen zur Verfügbarkeit bieten die Netzausbaukarten der Mobilfunkbetreiber. Die entsprechenden Verbreitungskarten für UMTS/HSPA stellen die vier Mobilfunknetzbetreiber T-Mobile, Vodafone, O2 und E-Plus jeweils auf ihrer Homepage bereit.

Netzbetreiber	URL
T-Mobile	www.t-mobile.de/funkversorgung
Vodafone	www.vodafone.de/privat/hilfe-support/netzabdeckung.html
O2	www.o2online.de/nw/support/mobilfunk/netz/netzabdeckung.html
E-Plus	http://eis03sn1.eplus-online.de/geo/portal/umts

Ist einer der vier großen Mobilfunknetzbetreiber T-Online, Vodafone, O2 und E-Plus an einem Standort nicht per UMTS (HSPA) verfügbar, wirkt sich das eins zu eins auch auf alle Reseller-Mobilfunkprovider aus, die auf diesem Netz aufsitzen. Ein Beispiel: Der Mobilfunk-Reseller XYZ greift für seinen Datentarif auf das Vodafone-Netz zurück. Bietet Vodafone in einer bestimmten Region nur UMTS-Abdeckung (384 kBit/s), muss sich logischerweise auch der O2-Reseller-Kunde mit dieser vom Netzbetreiber vorgegebenen Geschwindigkeit begnügen. Dasselbe gilt natürlich ebenfalls für die Reseller der Mobilfunknetze von T-Mobile, Vodafone und E-Plus.

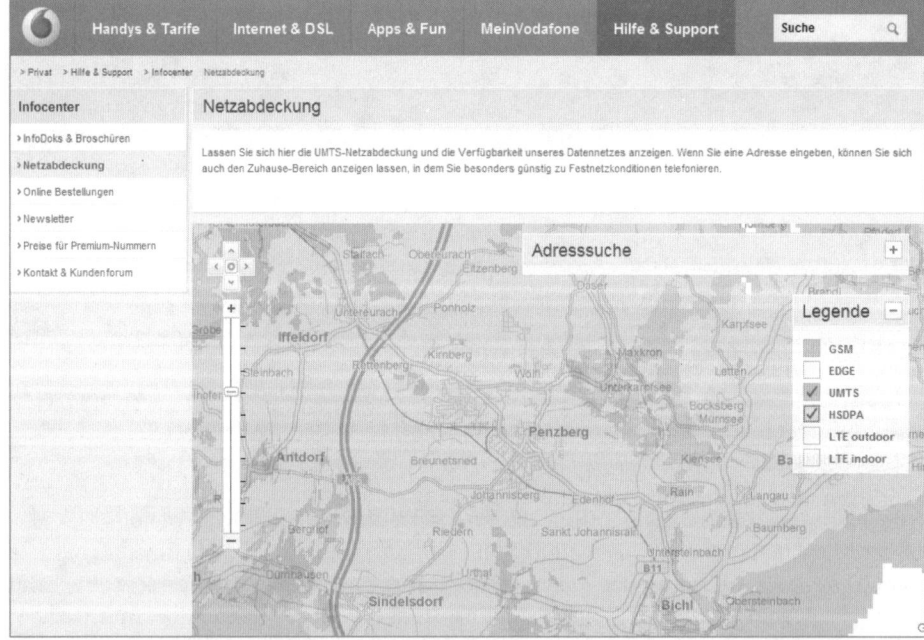

Bild 1.19: Vodafone bietet in der angezeigten Region eine nahezu flächendeckende Versorgung mit der schnellen Mobilfunktechnik HSPA.

1.5.3   Der Haken an der (Mobilfunk-)Flatrate

Im Gegensatz zu den fest installierten Breitbandzugängen DSL und Kabel bietet der Onlinezugang über Mobilfunk keine echte Flatrate, auch wenn die Tarife mit Flatrate oder Monatsflat beworben werden. Sie zahlen eine Monatspauschale und erhalten dafür ein bestimmtes monatliches Datenvolumen (zum Beispiel 5 GByte). Dieses Datenvolumen können Sie bei maximal möglicher Download-Geschwindigkeit (z. B. 7,2 MBit/s) nutzen. Ist es jedoch vor Ablauf des Monats aufgebraucht, wird Ihr schneller Mobilzugang bis Monatsende auf GPRS-Geschwindigkeit (64 kBit/s) gedrosselt. Immerhin müssen Sie keine Mehrkosten fürchten. Je nach eingeschlossenem Volumen und maximaler Download-Geschwindigkeit liegen die Monatsgebühren solcher Tarife zwischen 10 und 25 Euro.

Wer also mit dem Gedanken spielt, sein Heimnetz per UMTS/HSPA mit dem Internet zu verbinden, sollte sich darüber klar sein, dass eine Traffic-intensive Onlinenutzung (Film-Downloads, IP-TV etc.) damit nicht möglich ist. Wer hingegen seinen Onlinezugang vornehmlich zum Surfen oder zum Aktualisieren des Virenscanners verwendet, kann mit 5 GByte auskommen.

1.5.4   UMTS-Datentarife

Grundsätzlich lassen sich alle auf dem Markt verfügbaren mobilen Datentarife in zwei Gruppen unterteilen: die reinen Datentarife für Notebooks und die gemischten Daten-/Telefontarife für Smartphones. Für das Heimnetz interessieren uns nur die reinen Datentarife. Reine Datentarife werden meist in Verbindung mit sogenannten Surfsticks angeboten. Ein Surfstick ist dabei nichts anderes als ein handliches UMTS- oder HSPA-Modem. Ähnlich wie ein DSL-Modem kann er auf Wunsch eine Onlineverbindung herstellen, sobald er in den USB-Port eines Rechners eingesteckt wird. Das funktioniert jedoch nur dann, wenn sich in dem Surfstick eine gültige, aktivierte SIM-Karte befindet.

1.5.5   Wie kommt UMTS ins Heimnetz?

Das Praktische an einem Surfstick: Er ist klein und lässt sich zudem an verschiedene Rechner anschließen. Hier liegt auch der entscheidende Vorteil von UMTS gegenüber DSL oder Kabel: Ist man mit Note- oder Netbook unterwegs, hat man seinen Breitbandzugang immer dabei. Wer viel unterwegs ist, wird diesen Vorteil zu schätzen wissen.

Und auch im Heimnetz lässt sich solch ein UMTS-Zugang einsetzen. Zum einen gibt es WLAN-Router mit integriertem UMTS-Modem. An anderen Routern wiederum kann der Onlinezugang über Mobilfunk ganz einfach nachgerüstet werden, indem man einfach den UMTS-Surfstick an einen entsprechend konfigurierten USB-Port am Router einsteckt.

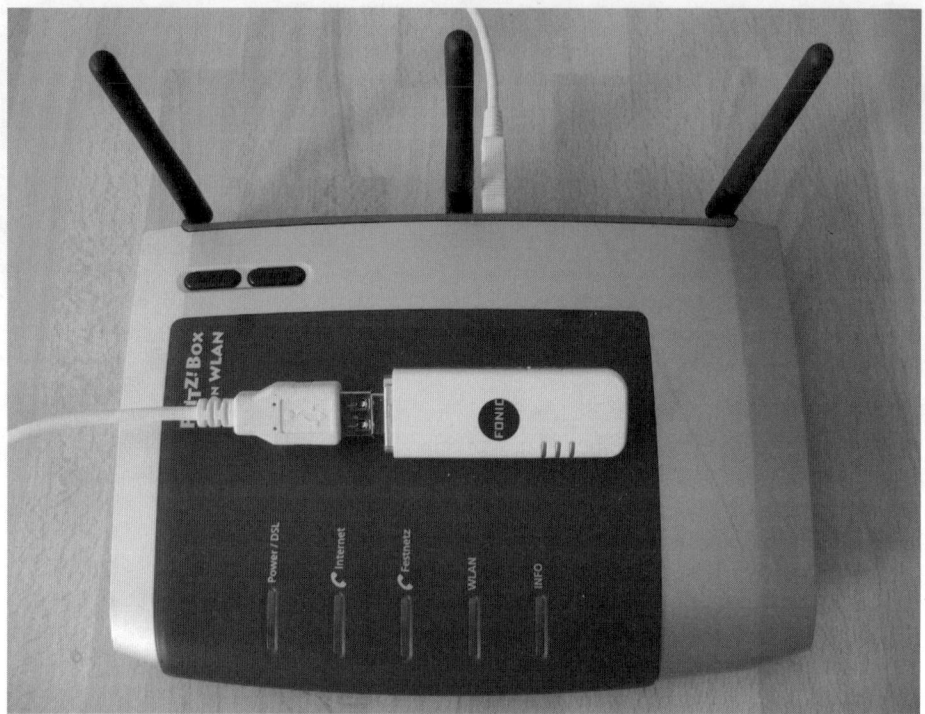

Bild 1.20: Manche Heimnetzrouter mit USB-Schnittstelle, wie diese FRITZ!Box 7270, können eine Onlineverbindung zur Not auch per UMTS bereitstellen.

1.5.6   Heimnetz per Mobilfunk

Der folgende Workshop beschreibt, wie Sie einen Surfstick an die FRITZ!Box Fon WLAN 7270 anschließen und eine Onlineverbindung via Mobilfunk herstellen. Auf diese Weise können Sie den Breitbandzugang Ihres Surfsticks, der ja sonst immer nur einem Gerät zur Verfügung steht, mit allen Geräten teilen, die über Kabel oder WLAN mit der FRITZ!Box verbunden sind.

1.5.7   FRITZ!Box mit UMTS-Stick: Vorbereitung

Bevor Sie Ihr FRITZ!Box-Modell mit einem UMTS-Surfstick verbinden, sind noch einige Vorbereitungen zu treffen. Für diese Vorbereitungen benötigen Sie einen bestehenden Onlinezugang. Stecken Sie Ihren Surfstick also erst einmal in Ihr Notebook ein.

1. **UMTS-Stick und FRITZ!Box kompatibel?**
   Prüfen Sie zunächst, ob Ihr Surfstick/UMTS-Modem überhaupt von AVM unterstützt wird. Unter *http://bit.ly/pYiyS4* finden Sie eine Liste der Surfsticks, die von AVM auf Kompatibilität getestet wurden.

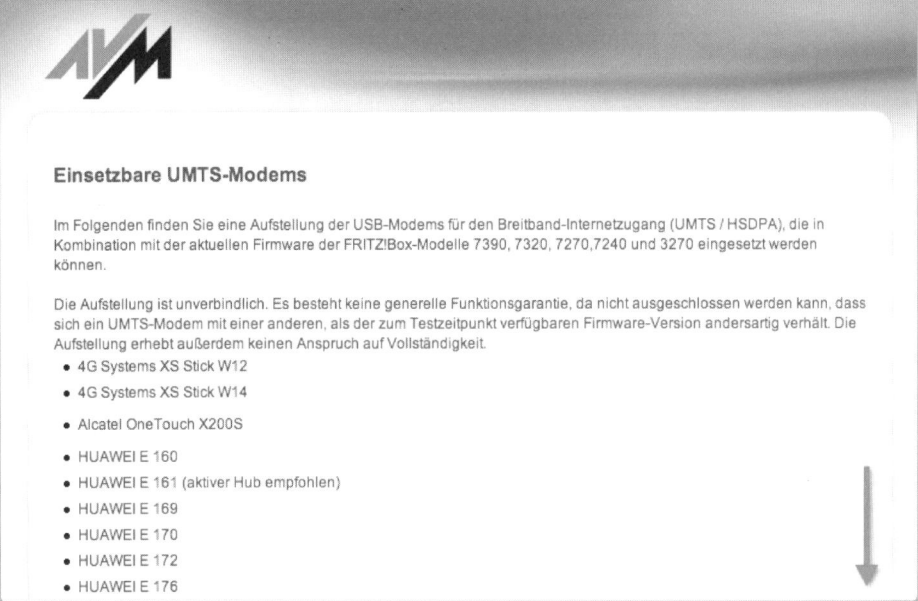

Bild 1.21: AVM hat eine Reihe von UMTS-Modems auf Kompatibilität mit der FRITZ!Box getestet.

Beachten Sie außerdem, dass der Hersteller AVM den Anschluss eines Surfsticks nur bei seinen FRITZ!Box-Modellen 7390, 7320, 7270, 7240 und 3270 unterstützt. Die exakte Modellbezeichnung Ihrer FRITZ!Box finden Sie auf der Geräteunterseite.

2. **Firmware-Update durchführen**
   Führen Sie, falls erforderlich, ein Update auf die aktuelle Firmwareversion Ihrer FRITZ!Box durch. Ist Ihre FRITZ!Box gerade mit dem Internet verbunden, lässt sich das mit einem Knopfdruck erledigen. Alternativ stellt AVM die aktuelle Firmware für jedes einzelne Modell auch als Datei-Download bereit.

3. **UMTS-Zugangsdaten ermitteln**
   Suchen Sie auf der Homepage Ihres Mobilfunkanbieters nach den UMTS-Zugangsdaten, mit denen sich die FRITZ!Box dann über den Surfstick ins Mobilfunknetz einwählt. Wichtig ist hier vor allem der Name des Zugangspunkts, auch »APN« genannt. Manchmal sind auch eine Einwahlnummer, ein Benutzername sowie ein Kennwort erforderlich. Notieren Sie sich die Zugangsdaten oder drucken Sie sie aus. Der UMTS-Anbieter Fonic beispielsweise verlangt nur nach dem Namen des Zugangspunkts (APN).

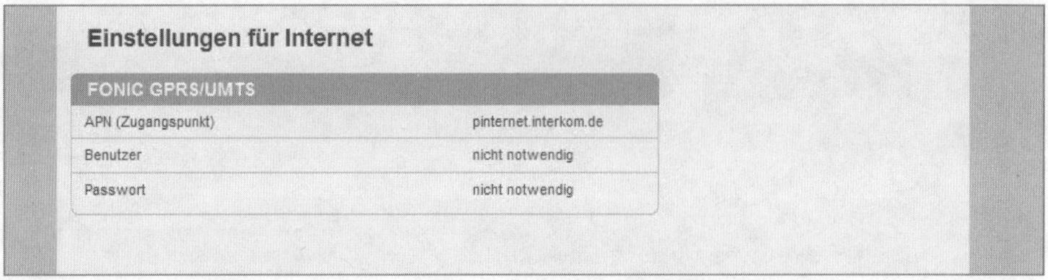

Einstellungen für Internet

FONIC GPRS/UMTS	
APN (Zugangspunkt)	pinternet.interkom.de
Benutzer	nicht notwendig
Passwort	nicht notwendig

Bild 1.22: Jeder Mobilfunkprovider listet auf seiner Homepage die UMTS-Zugangsdaten auf.

Wo finde ich die Zugangsdaten für meinen UMTS-Datentarif?
Jeder Mobilfunkanbieter hinterlegt seine UMTS-Zugangsdaten auf der eigenen Homepage. Meist finden sie sich in den FAQs oder im Hilfebereich. Ansonsten geben Sie im Suchfeld der Provider-Homepage einfach den Begriff *APN* ein. Alternativ lässt sich auch mit Google nach den Zugangsdaten suchen. Dazu kombinieren Sie als Suchbegriff einfach den Namen Ihres Providers mit der Zeichenfolge *APN*.

1.5.8   Surfstick anschließen und FRITZ!Box einrichten

Nachdem Sie alle Vorbereitungen abgeschlossen und alle erforderlichen Daten zusammengetragen haben, verbinden Sie nun Ihren FRITZ!Box-Router mit dem Mobilfunknetz.

1. **UMTS-Surfstick mit FRITZ!Box verbinden**
   Stecken Sie den Surfstick in den USB-Hostanschluss der FRITZ!Box. Setzen Sie sich dann vor einen Rechner, der per Netzwerkkabel oder WLAN mit der FRITZ!Box verbunden ist, und rufen Sie die Benutzeroberfläche der FRITZ!Box auf. Geben Sie dazu in das Adressfeld Ihres Browsers *fritz.box* ein und bestätigen Sie mit der Enter -Taste. Es öffnet sich zunächst die *Übersicht* der FRITZ!Box-Oberfläche.

Bild 1.23: Öffnen Sie die Benutzeroberfläche des FRITZ!Box-Routers im Browser.

Klicken Sie im Menüfenster links oben auf die Option *Internet* und anschließend auf den Eintrag *Mobilfunk*. Achtung: Dieser Eintrag wird nur angezeigt, wenn der Surfstick bereits in die FRITZ!Box eingesteckt ist.

2. **Mobilfunk aktivieren**
   Unter *Mobilfunk* können Sie nun alle Einstellungen vornehmen, die für den Onlinezugang mittels Surfstick erforderlich sind. Setzen Sie zunächst ein Häkchen vor *Mobilfunk aktiv*. Erst danach lassen sich auch die Einstellungen und Eingabefelder darunter bearbeiten.

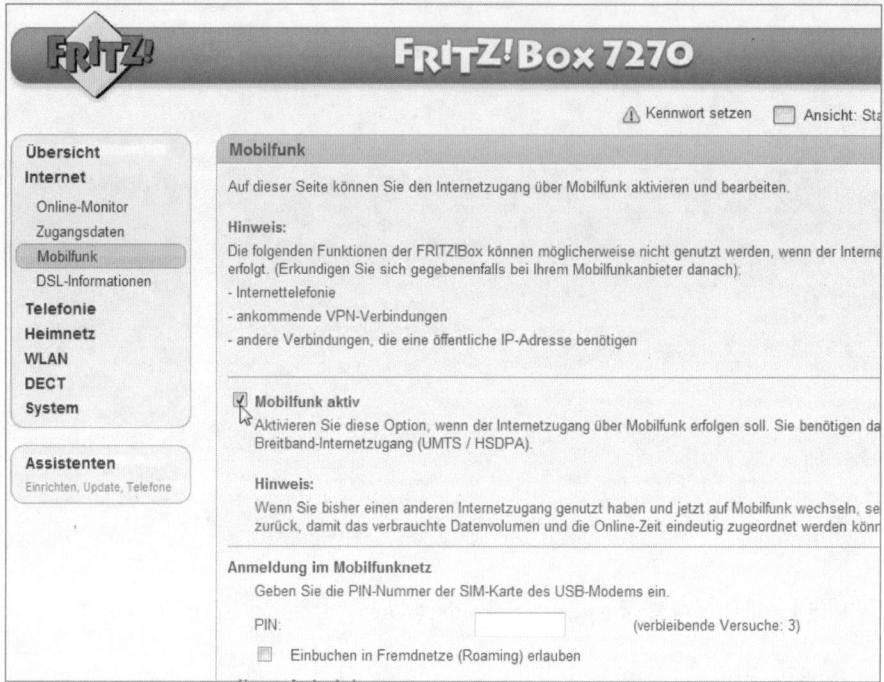

Bild 1.24: Die Option *Mobilfunk* erscheint erst, wenn der Surfstick bereits eingesteckt ist.

Im Bereich *Anmeldung im Mobilfunknetz* tragen Sie jetzt die vierstellige PIN der SIM-Karte ein, die sich in dem Surfstick befindet. Bitte beachten Sie, dass Ihre SIM-Karte auch hier bei der dritten Fehleingabe der PIN gesperrt wird und sich anschließend nur durch die PUK-Nummer wieder freischalten lässt.

☑ **Mobilfunk aktiv**

Aktivieren Sie diese Option, wenn der Internetzugang über Mobilfunk erfolgen soll. Sie benötigen dazu ein USB-Modem für den Breitband-Internetzugang (UMTS / HSDPA).

Hinweis:

Wenn Sie bisher einen anderen Internetzugang genutzt haben und jetzt auf Mobilfunk wechseln, setzen Sie den <u>Online-Zähler</u> zurück, damit das verbrauchte Datenvolumen und die Online-Zeit eindeutig zugeordnet werden können.

Anmeldung im Mobilfunknetz

Geben Sie die PIN-Nummer der SIM-Karte des USB-Modems ein.

PIN: (verbleibende Versuche: 3)

☐   Einbuchen in Fremdnetze (Roaming) erlauben

Netzverfügbarkeit

	Status	Mobilfunknetz	Datenübertragung
▂▃▄▅	Nicht bereit.	unbekannt	Online-Monitor

                                                   Aktualisieren

---

Internetzugang

Wählen Sie den Mobilfunkbetreiber, über den Sie ins Internet gehen möchten. Für einige Anbieter sind die Zugangsdaten bereits vorbelegt. Wenn Sie einen anderen Anbieter nutzen, geben Sie die entsprechenden Zugangsdaten ein.

Mobilfunk-Betreiber   Anderer Betreiber ▼

Zugangspunkt   T-Mobile

Einwahlnummer   Vodafone

                        E-plus

Benutzername   O2

                        Anderer Betreiber

Kennwort

Kennwortbestätigung

Bild 1.25: Auch die FRITZ!Box benötigt eine PIN, um sich ins Mobilfunknetz einbuchen zu können.

Unter *Internetzugang* benötigen Sie nun die Internetzugangsdaten Ihres Mobilfunkproviders. Leider lassen sich im Drop-down-Menü nur die vier großen Netzbetreiber auswählen, jedoch nicht die vielen Mobilfunkanbieter, die auf einem dieser großen Netze aufsitzen (die sogenannten Reseller). Ist Ihr Mobilfunkbetreiber nicht aufgeführt, wählen Sie *Anderer Betreiber*.

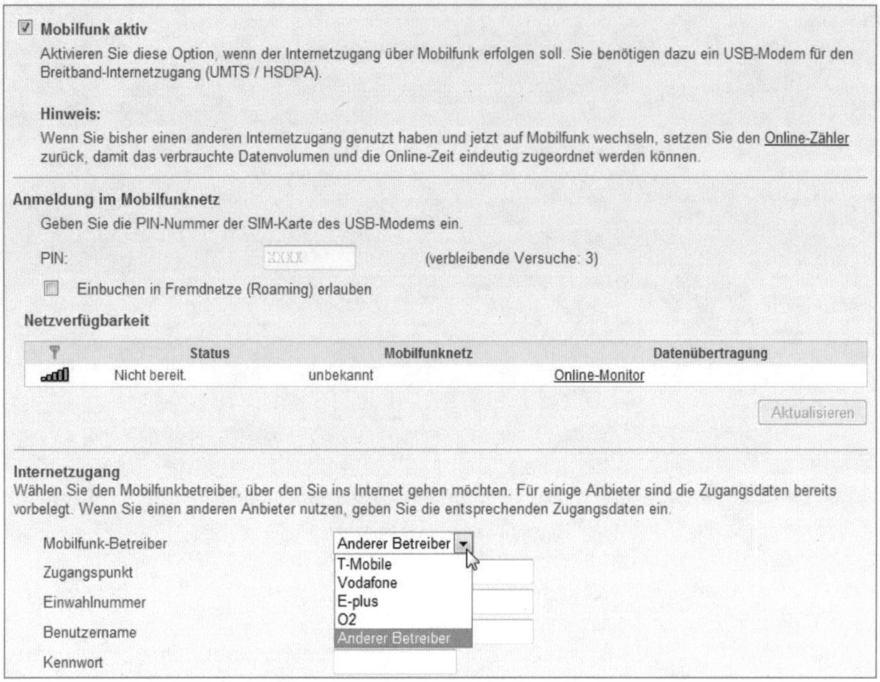

☑ **Mobilfunk aktiv**

Aktivieren Sie diese Option, wenn der Internetzugang über Mobilfunk erfolgen soll. Sie benötigen dazu ein USB-Modem für den Breitband-Internetzugang (UMTS / HSDPA).

Hinweis:

Wenn Sie bisher einen anderen Internetzugang genutzt haben und jetzt auf Mobilfunk wechseln, setzen Sie den Online-Zähler zurück, damit das verbrauchte Datenvolumen und die Online-Zeit eindeutig zugeordnet werden können.

Anmeldung im Mobilfunknetz

Geben Sie die PIN-Nummer der SIM-Karte des USB-Modems ein.

PIN: XXXX   (verbleibende Versuche: 3)

☐   Einbuchen in Fremdnetze (Roaming) erlauben

Netzverfügbarkeit

▼	Status	Mobilfunknetz	Datenübertragung
▂▃▄▅	Nicht bereit.	unbekannt	Online-Monitor

Aktualisieren

Internetzugang

Wählen Sie den Mobilfunkbetreiber, über den Sie ins Internet gehen möchten. Für einige Anbieter sind die Zugangsdaten bereits vorbelegt. Wenn Sie einen anderen Anbieter nutzen, geben Sie die entsprechenden Zugangsdaten ein.

Mobilfunk-Betreiber   Anderer Betreiber ▼

Zugangspunkt | T-Mobile |

Einwahlnummer | Vodafone |

                          | E-plus |

Benutzername | O2 |

                          | Anderer Betreiber |

Kennwort

Bild 1.26: Leider sind im Drop-down-Menü nur die großen Netzbetreiber gespeichert.

3. **UMTS-Zugangsdaten eintragen**

   Tragen Sie dann den Namen des Zugangspunkts (APN) ein, den Sie sich zuvor auf der Homepage Ihres Mobilfunkbetreibers herausgesucht haben. Bei Fonic lautet er zum Beispiel *pinternet.interkom.de*, bei Callmobile *web.vodafone.de*.

☑ Mobilfunk aktiv

Aktivieren Sie diese Option, wenn der Internetzugang über Mobilfunk erfolgen soll. Sie benötigen dazu ein USB-Modem für den Breitband-Internetzugang (UMTS / HSDPA).

Hinweis:

Wenn Sie bisher einen anderen Internetzugang genutzt haben und jetzt auf Mobilfunk wechseln, setzen Sie den Online-Zähler zurück, damit das verbrauchte Datenvolumen und die Online-Zeit eindeutig zugeordnet werden können.

Anmeldung im Mobilfunknetz

Die PIN-Nummer wurde angenommen, das USB-Modem ist betriebsbereit.

☐ Einbuchen in Fremdnetze (Roaming) erlauben

Netzverfügbarkeit

▼	Status	Mobilfunknetz	Datenübertragung
▂▃▄▅	verbunden	o2 - de	Online-Monitor

Bereit

[Aktualisieren]

Internetzugang

Wählen Sie den Mobilfunkbetreiber, über den Sie ins Internet gehen möchten. Für einige Anbieter sind die Zugangsdaten bereits vorbelegt. Wenn Sie einen anderen Anbieter nutzen, geben Sie die entsprechenden Zugangsdaten ein.

Mobilfunk-Betreiber	Anderer Betreiber ▾
Zugangspunkt	pinternet.interkom.de

Bild 1.27: Hier wurde der Zugangspunkt für einen »Anderen Betreiber« (Fonic) angegeben. Einwahlnummer sowie eventuell Benutzername und Kennwort sind noch erforderlich, damit der Router Internetzugang erhält.

Viele Provider geben Einwahlnummer, Benutzername und Passwort für den Zugang nicht an, da es nicht notwendig ist. Allerdings verlangt die FRITZ!Box zumindest für die Felder *Einwahlnummer* und *Benutzername* einen Eintrag. Verwenden Sie dann einfach Einwahlnummer und Benutzername des Mobilfunknetzbetreibers, auf dessen Netz Ihr (Reseller-)Provider aufsitzt. Die entsprechenden Daten liefert die FRITZ!Box im Drop-down-Menü *Mobilfunk-Betreiber* für *T-Mobile*, *Vodafone*, *O2* und *E-Plus*.

4. **UMTS-Verbindung herstellen**

Die Einstellung im Bereich *Automatisch trennen* hängt von der Art Ihres Mobilfunk-tarifs ab. Im Zweifelsfall belassen Sie es bei der Voreinstellung *automatisch trennen nach 60 Sekunden Inaktivität*. Mit einem Klick auf die Schaltfläche *Übernehmen* schließen Sie die Mobilfunkeinrichtung ab, und die FRITZ!Box baut die Verbindung über den UMTS-Stick auf. Dass dem so ist, sollte nun auch aus der Anzeige unter *Netzverfügbarkeit* hervorgehen.

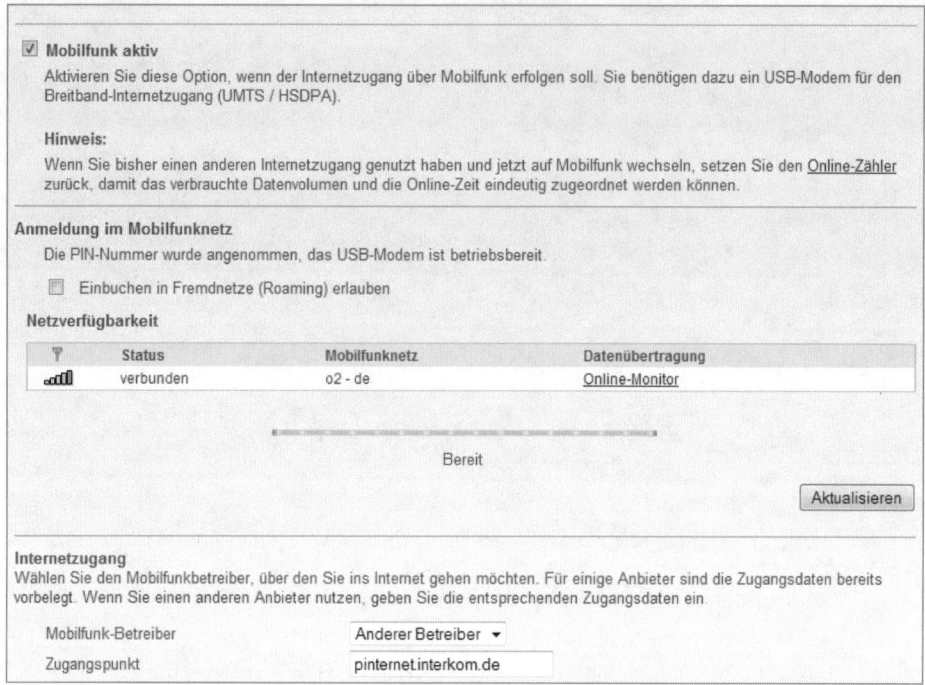

☑ **Mobilfunk aktiv**

Aktivieren Sie diese Option, wenn der Internetzugang über Mobilfunk erfolgen soll. Sie benötigen dazu ein USB-Modem für den Breitband-Internetzugang (UMTS / HSDPA).

Hinweis:

Wenn Sie bisher einen anderen Internetzugang genutzt haben und jetzt auf Mobilfunk wechseln, setzen Sie den <u>Online-Zähler</u> zurück, damit das verbrauchte Datenvolumen und die Online-Zeit eindeutig zugeordnet werden können.

Anmeldung im Mobilfunknetz

Die PIN-Nummer wurde angenommen, das USB-Modem ist betriebsbereit.

☐ Einbuchen in Fremdnetze (Roaming) erlauben

Netzverfügbarkeit

▼	Status	Mobilfunknetz	Datenübertragung
.ₐₒₒₗₗ	verbunden	o2 - de	<u>Online-Monitor</u>

Bereit

Aktualisieren

Internetzugang

Wählen Sie den Mobilfunkbetreiber, über den Sie ins Internet gehen möchten. Für einige Anbieter sind die Zugangsdaten bereits vorbelegt. Wenn Sie einen anderen Anbieter nutzen, geben Sie die entsprechenden Zugangsdaten ein.

Mobilfunk-Betreiber	Anderer Betreiber ▼
Zugangspunkt	pinternet.interkom.de

Bild 1.28: Die Verbindung steht: Die FRITZ!Box hat sich in das Mobilfunknetz (hier: O2) eingebucht.

Selbstverständlich lässt sich der Stick auch weiterhin mobil mit dem Notebook nutzen. Dann müssen Sie ihn allerdings aus dem Router herausziehen.

1.6 LTE: letzte Rettung für Anschlusslose

»Long Term Evolution«, kurz LTE, nennt sich der neue Mobilfunkstandard der 4. Generation (4G), der dem aktuellen Mobilfunkstandard UMTS der 3. Generation, 3G, nachfolgen soll. Mit LTE sollen die letzten noch nicht mit Breitband versorgten Flecken in Deutschland endlich auch in den Genuss einer schnellen Onlineverbindung gelangen.

Das hat auch einen Grund: Als nämlich die Bundesnetzagentur im Jahr 2010 die Lizenzen der LTE-Frequenzbänder an die drei großen Mobilfunknetzbetreiber versteigerte, gaben Telekom, Vodafone und O2/Telefonica gleichermaßen das Versprechen ab, dass sie zunächst die Regionen in Deutschland mit LTE versorgen würden, die bisher noch keine Breitbandanbindung haben.

Bild 1.29: Die Telekom richtet ihr LTE-Angebot gezielt auf die bisher unterversorgten Regionen. (Quelle: *www.telekom.de*, Stand: August 2011)

Die Aufrüstung von ehemals schlecht versorgten Gebieten ist somit seit Mitte 2010 im Gang, wobei Telekom, Vodafone und seit Juli 2011 auch O2/Telefonica LTE-Tarife anbieten.

Die Anbieter geben auf ihren Webseiten umfangreiche Informationen zu den aktuellen LTE-Verfügbarkeiten und bieten Verfügbarkeitschecks an. Zu den Tarifen gibt es auf Wunsch, meist gegen einen kleinen Aufpreis, einen WLAN-Router mit integriertem LTE-Modem.

Während die Telekom mit ihrem LTE-Paket bewusst den breitbandunterversorgten Kunden angeht und dabei Download-Raten von 3.000 kBit/s (Upload 500 kBit/s) angibt, bietet Vodafone mehrere Tarife, die nach unterschiedlich schnellen Download-Raten von 3,6 bis zu 50 MBit/s sowie nach verschieden hohen Transfervolumen gestaffelt sind.

Bild 1.30: Vodafone bietet LTE-Tarife gestaffelt nach Übertragungsrate (Geschwindigkeit) und Inklusivvolumen an. (Quelle: *www.vodafone.de*, Stand: August 2011)

1.6.1   Eingeschränkte Flatrate auch bei LTE

Auch bei LTE gibt es, ähnlich wie bei UMTS/HSPA, keine uneingeschränkte Flatrate. In den Vodafone-Angeboten kann der Kunde je nach Preis von 5 GByte bis zu 30 GByte monatlich mit vollem LTE-Speed nutzen, danach wird die Download-Geschwindigkeit bis zum Ende des Monats auf 384 kBit/s gedrosselt.

Die Telekom arbeitet laut eigenen AGB mit zwei Drosselungsstufen: Nach 3 GByte Übertragungsvolumen bei 3 MBit/s Download-Rate (500 kBit/s Upload-Rate) wird der LTE-Zugang des Kunden zunächst auf 1 MBit/s Down- und 384 kBit/s Upload heruntergeschaltet. Nach weiteren 2 GByte dreht die Telekom den Anschluss schließlich – ebenso wie Vodafone – auf 384 kBit/s (Upload 64 kBit/s) bis zum Ende des Monats (oder Abrechnungszeitraums) herunter.

2 Superschnelles VDSL

Das »neue« DSL, wie VDSL (*Very High Speed Digital Subscriber Line*) auch manchmal umgangssprachlich genannt wird, ermöglicht deutlich höhere Datenübertragungsraten als die älteren und demnach weiter verbreiteten Standards ADSL und ADSL2+. Derzeit sind zwei VDSL-Standards verabschiedet, von denen der aktuellere VDSL-2-Standard in Deutschland zum Einsatz kommt. Dank der Abwärtskompatibilität zum älteren ADSL2+-Standard halten sich hier die Kosten für die Endgeräte sowie die Leitungen in Grenzen – sofern der Abstand zwischen dem Anschluss des Endgeräts und der Vermitt-lungsstelle nicht zu groß wird.

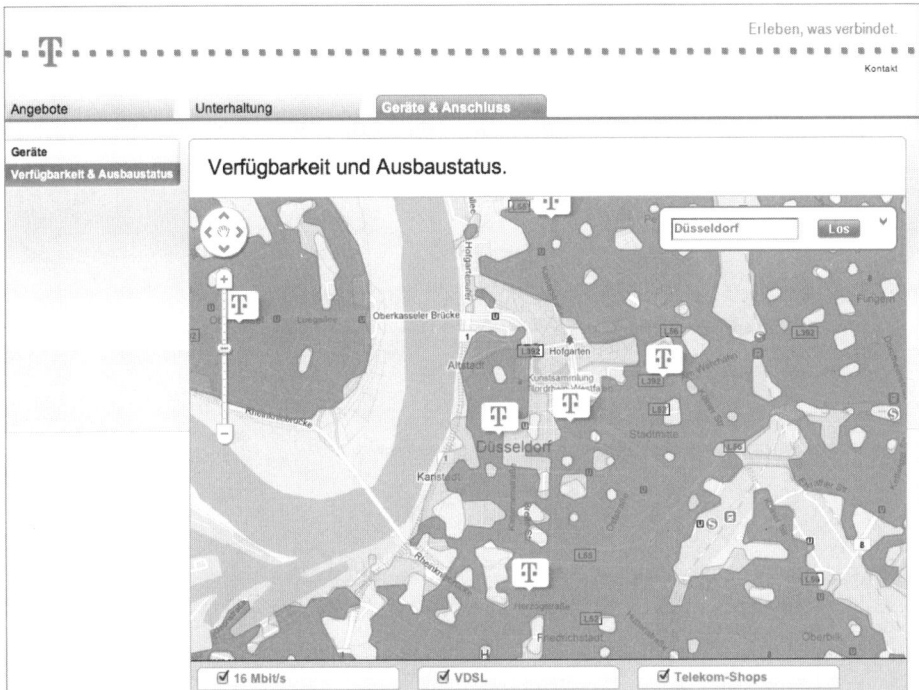

Bild 2.1: Verfügbarkeit prüfen – *http://bit.ly/ajqz77*: Vor allem in Ballungszentren stehen die Chancen gut, in den Genuss des schnellen VDSL zu kommen.

VDSL ist bei der Telekom ein sogenanntes Hybridnetz, da es aus einer Kombination aus Glasfaser- und Kupferleitungen aufgebaut ist. Hier sind die Glasfaserkabel von der Ver-mittlungsstelle bis zu den großen, nahezu überdimensionalen Schaltkästen auf dem Gehsteig verlegt. Die Gesamtkapazität eines VDSL-Kastens auf dem Gehweg beträgt der-zeit nach Aussage eines Telekom-Technikers in der Regel 100 bis 200 Haushalte. Von dort aus geht es dann mit der gewöhnlichen Kupferleitung zum VDSL-Kunden.

Durch die kürzere Strecke der Kupferleitung kann diese nun eine höhere Geschwindigkeit aufnehmen, da die Leitungsverluste niedriger sind. Mit der VDSL-Technik ist nicht nur ein schnelleres Internet, sondern auch das in manchen anderen europäischen Ländern bereits eingeführte Triple-Play aus Telefon, Internet und IPTV möglich. Mit der schnelleren VDSL-50-Variante kommt sogar IPTV in HD-Qualität in das heimische Wohnzimmer, mit dem Telekom-Produkt T-Home-Entertain.

Bild 2.2: War der erste Test über die T-Home-Website erfolgreich, ist das noch keine Garantie dafür, dass VDSL auch wirklich zur Verfügung gestellt werden kann.

Doch allein mit der Bestellung über das Internet oder dem Besuch in einem T-Punkt-Laden ist es nicht getan: Ob VDSL und Entertain im Endeffekt auch wirklich geschaltet werden können, hängt davon ab, ob in dem großen grauen VDSL-Kasten in Ihrer näheren Umgebung auch ein entsprechender Port frei ist oder nicht. Wenn nicht, nimmt die Telekom in der Regel trotzdem die Bestellung entgegen und schaltet den Anschluss einfach auf ADSL2+ mit dem Produkt DSL16+. In der Praxis ist DSL16+ für HD-Fernsehen jedoch deutlich zu langsam. Sie haben dann die Möglichkeit, vom Vertrag zurückzutreten, falls die zugesagte Leistung (hier: VDSL) nicht erbracht werden kann.

2.1 Komponenten auspacken und loslegen

Um mit VDSL ins Internet zu kommen, sind wie beim herkömmlichen DSL nur wenige Komponenten notwendig. Haben Sie ein Komplettpaket vom derzeit einzigen VDSL-Anbieter, der Telekom, erworben, ist alles schon dabei:

2.1.1 Splitter: trennt Telefon- vom DSL-Signal

Wenn Sie bereits DSL nutzen, verfügen Sie bereits über einen Splitter. Steigen Sie erst jetzt auf DSL um, gehört der Splitter zum Lieferumfang des DSL-Providers. Der Splitter wird an die TAE-Telefonbuchse angeschlossen und trennt das Telefon- vom DSL-Signal.

Bild 2.3: Egal ob ADSL oder VDSL: Mit dem Splitter werden die Datenströme von den Telefonsignalen getrennt.

Es ist sinnvoll, zunächst den Splitter und den Router anzuschließen, um die Reichweite der Kabel rund um Ihren Telefonanschluss festzustellen. Der Standort des VDSL-Routers spielt eine entscheidende Rolle für die WLAN-Übertragungsleistung. Je freier die Antenne oder das Gerät selbst (bei manchen Routern ist die Antenne im Gehäuse verbaut) senden und empfangen kann, desto besser.

2.1.2 VDSL-Router: stellt die Anschlüsse bereit

Der Router hat die Funktion, das Netzwerk zu realisieren, indem er die nötigen Anschlüsse per Funk und eventuell für Netzwerkkabel bereitstellt. Außerdem stellen neue Modelle die Verbindung sowohl zur ADSL- als auch zur VDSL-Leitung her, fungieren also auch als DSL-Modem. Im Sinne des Funknetzes ist der Router der sogenannte Access Point, der Zugriffspunkt, der die teilnehmenden Computer verbindet.

2.1.3 Verbindungskabel und Netzwerkkabel

Ein Verbindungskabel vom Splitter zum Router liegt in der Regel dem neuen Router bei. Ob WLAN oder nicht, auf dieses Kabel können Sie nicht verzichten. Alles andere kann kabellos funktionieren, aber an dieser Stelle wird noch auf absehbare Zeit eine sichtbare Kabelverbindung benötigt.

Weitere PCs können bei vielen VDSL-Routern auch kabelgebunden angeschlossen werden. Die meisten Router von der Telekom bieten vier Netzwerkanschlüsse, sodass zusätzlich zum WLAN auch ein kleines Kabelnetzwerk aufgebaut werden kann. Je nach Einsatzzweck ist das sehr praktisch, denn Sie können zwei stationäre PCs im Arbeitszimmer per Kabel vernetzen und Daten austauschen, während Sie sich mit dem Notebook per WLAN ins Internet begeben. Sollen mehrere PCs per Kabel angeschlossen werden, benötigen Sie die entsprechende Anzahl Kabel.

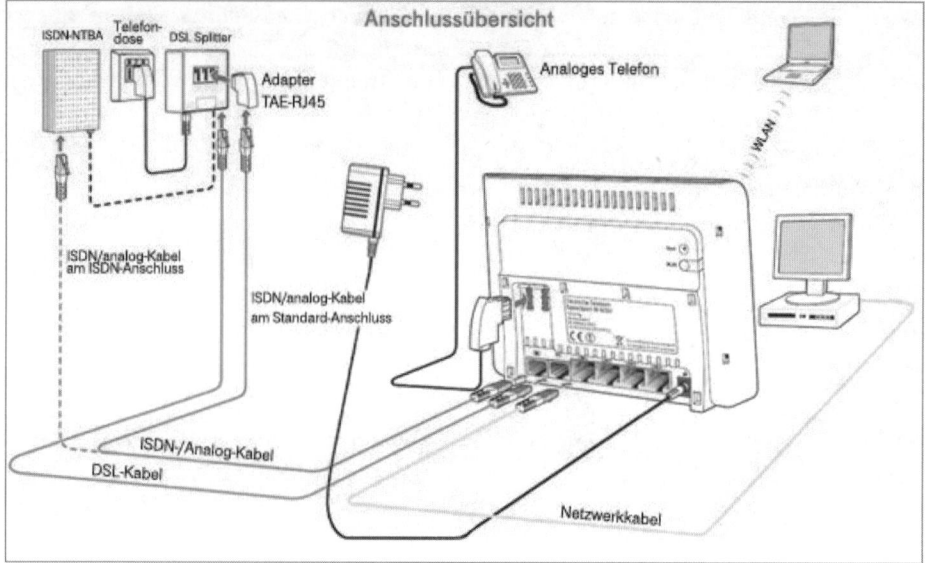

Bild 2.4: Übersichtlich: In der Bedienungsanleitung des Speedports wird das Anschließen des Routers sehr gut grafisch dargestellt. (Grafik: Deutsche Telekom)

Im Karton des Speedports sind sämtliche Kabel, aber auch die Anschlüsse des Routers entsprechend farbig ausgeführt, sodass ein fehlerhaftes Anschließen der Kabel nahezu unmöglich ist. Wichtig für den Internetzugriff ist das angeschlossene DSL-Kabel sowie das Netzwerkkabel zum PC/Mac.

2.2 Grundkonfiguration der Speedport-VDSL-Router

Abhängig von Vertrag und persönlichen Wünschen bietet die Telekom unterschiedliche Speedport-Router an. Während der größere und vielfach bewährte W 920V (Nachfolgemodell: W 921V) auf den ersten Blick zunächst überdimensioniert und zu teuer erscheint und auch die Telekom selbst das »kleinere« Modell W 721V (Nachfolgemodell: W 723V) als völlig ausreichend klassifiziert, sorgt bereits ein Blick in das Datenblatt der Geräte für Aufklärung:

Während der Speedport W 721V nur Fast-Ethernet oder WLAN gemäß 802.11g mitbringt, ist erst beim W 920V das Turbo-WLAN (802.11n) standardmäßig mit dabei. Nachstehend sehen Sie die wichtigsten Unterschiede zwischen den beiden derzeit beliebtesten VDSL-Routern:

Speedport	W 721V	W 920V
WLAN (bis zu ...)	802.11g	802.11n
USB-Anschluss	nein	ja
DHCP-Server frei konfigurierbar	nein	ja
Interner ISDN-Bus	nein	ja
DECT-Basis für bis zu fünf Mobilteile	nein	ja

Gerade wer in Verbindung mit VDSL 50 auch das IPTV-Angebot nutzt, sollte das Bandbreitennadelöhr ebenfalls beachten, das auch in den Telekom-Foren schon häufig zur Sprache kam:

Der Speedport W 721V hat mit älteren Firmwareversionen noch eine eingebaute Bremse – statt den versprochenen 50 MBit/s lässt das Gerät nur 30 bis 35 MBit/s durch das Kabel. Mit der aktuellen Firmware liefert der Speedport W 721V bis zu 50 MBit/s auch nur dann, wenn IPTV und das »normale« Internet genutzt werden.

Diese Bandbreitenprobleme treten mit dem großen Bruder Speedport W 920V nicht auf. Wer die hohen Kosten für den W 920V im Telekom-Shop scheut, sollte komplett auf den Telekom-VDSL-Router verzichten und sich anderweitig umschauen. Auf Auktionsplattformen im Internet sind oftmals neue, originalverpackte Speedport W 920V-Geräte für einen Preis um die 100 Euro zu finden.

2.2.1 Speedport W 721V: der Standard

Wenn Sie beim Wechsel auf VDSL/Entertain das Standardpaket (Splitter, Router, Media-Receiver) von T-Home bekommen, finden Sie mit dem Speedport W 721V die kleine Lösung im Karton.

1. Sind die Geräte angeschlossen und ist das Netzwerkkabel zum PC/Mac gesteckt, geht es zunächst an die Konfiguration des VDSL-Routers; die Konfigurationsadresse dafür ist *http://speedport.ip*.

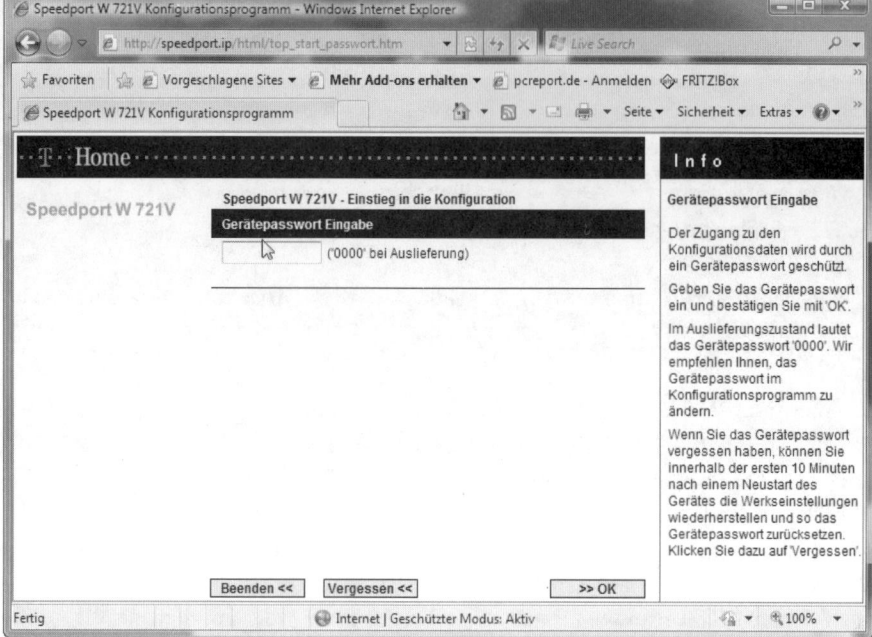

Bild 2.5: Einfacher Schutz: Bei Auslieferung ist das Gerätekennwort beim Speedport W 721V per Default auf 0000 gesetzt – beim großen Bruder W 920V ist das individuelle Gerätekennwort hingegen auf dem Aufkleber auf der Geräterückseite zu finden.

2. Ist das Gerätekennwort eingegeben, wird zunächst eine bebilderte Übersichtsseite angezeigt. Zunächst prüft der Speedport-Router, ob er ordnungsgemäß an einem DSL-Splitter angeschlossen ist. Ist das der Fall, leitet ein Assistent durch die Erstinstallation. Alternativ brechen Sie den Assistenten ab und nehmen das Einrichten manuell über den Menüpunkt *Konfiguration* vor.

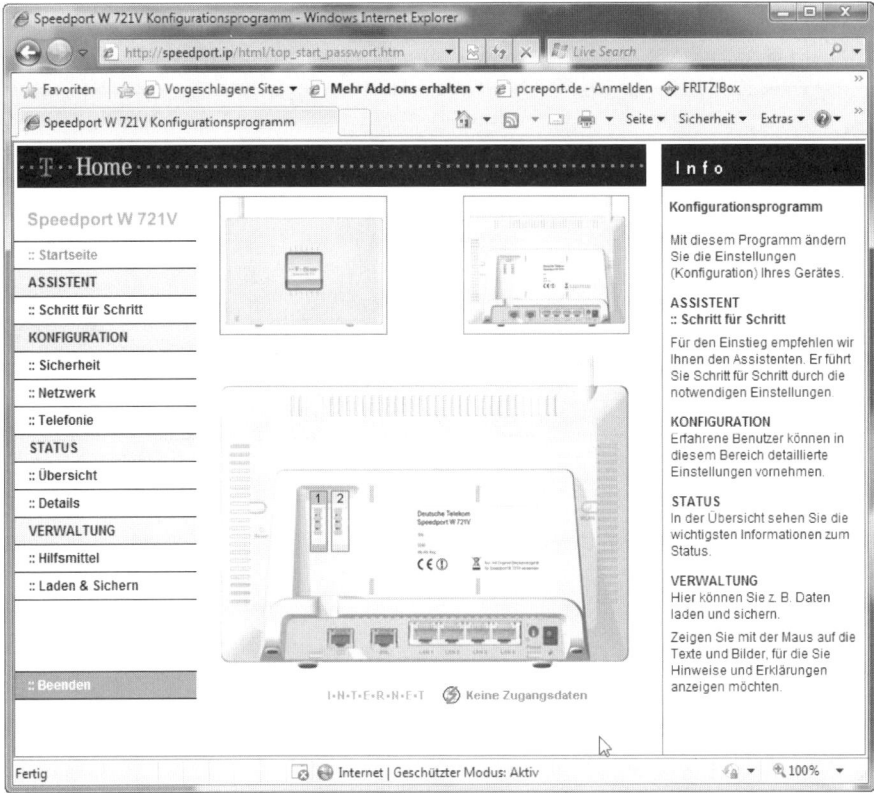

Bild 2.6: Übersichtlich: Mit dem Konfigurationsprogramm ändern Sie die Einstellungen des Speedport-Routers.

An dieser Stelle ist nicht viel Hirn nötig, da sich die Einstellungsmöglichkeiten auf die einfachsten Dinge beschränken. Wichtigere, aber für den Einsteiger »gefährlichere« Einstellungen werden erst gar nicht angeboten – auch eine sogenannte Expertenansicht lässt sich nicht aktivieren.

Wer also seinen Speedport in sein heimisches Netzwerk mit eigenem IP-Nummernkreis integrieren möchte oder aber die Kontrolle darüber haben möchte, welches Netzwerkgerät welche IP-Adresse haben soll, der steht hier zunächst auf verlorenem Posten – spätestens zu diesem Zeitpunkt wünscht man sich ein Originalgerät.

3. Doch bevor der Speedport-Router zu einem AVM-Gerät »umgefritzt« wird, prüfen Sie zunächst, ob er grundsätzlich funktioniert. Dafür nutzen Sie das automatisierte Einrichten via *http://speedport.ip*, da die aktuellen Speedport-Modelle mit einer sogenannten TR-069-Schnittstelle ausgerüstet sind. Hier ist eine vom Anwender losgelöste Fernwartung bis hin zur Konfiguration des Geräts möglich.

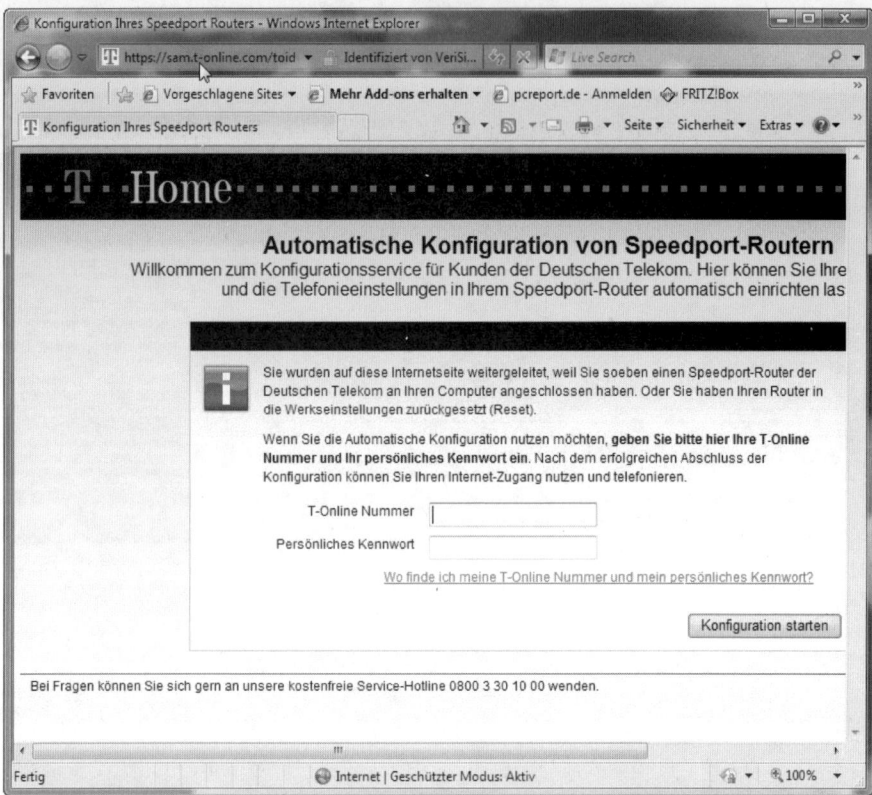

Bild 2.7: Zunächst tragen Sie die T-Online-Nummer und anschließend das persönliche Kennwort ein. Die Anschlusskennung wird hingegen automatisch ausgelesen und im Router eingetragen.

4. Über die Adresse *http://speedport.ip* bietet die Telekom einen automatischen Einrichtungsservice des DSL-Anschlusses an. Ist der Speedport-Router ordnungsgemäß angeschlossen und der DSL-Anschluss aktiv, benötigen Sie nur die T-Online-Nummer sowie das dazugehörige Kennwort. Beide Informationen befinden sich in einem vertraulichen Telekom-Schreiben, in dem Sie die persönlichen Zugangsdaten für den Internetzugang mitgeteilt bekommen.

Haben Sie die T-Online-Nummer sowie das Kennwort ordnungsgemäß eingetragen, klicken Sie auf die Schaltfläche *Konfiguration starten.* Dieser Vorgang dauert einen Moment – laut Konfigurationsseite bis zu vier Minuten, in der Praxis jedoch nicht mal zwei Minuten. Werden diese überschritten, können Sie davon ausgehen, dass irgendwo ein Problem aufgetreten ist.

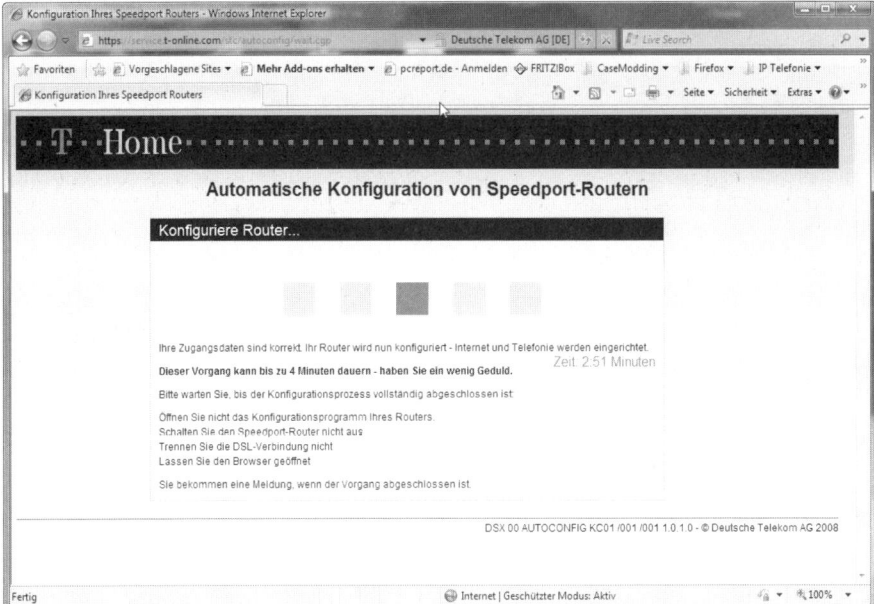

Bild 2.8: Sind die Zugangsdaten geprüft, wird die Konfiguration auf den Router gesichert. Steht gegebenenfalls eine aktuellere Firmware zur Verfügung, wird auch diese übertragen und installiert.

Wie im nachfolgenden Dialog zu sehen, ist die automatische Konfiguration nicht frei von Fehlern, und der Konfigurationsversuch kann schon mal fehlschlagen. Die Gründe dafür können vielfältiger Art sein: Angefangen von Leitungsproblemen oder einem Verbindungsabbruch bis hin zu Serverproblemen beim Provider.

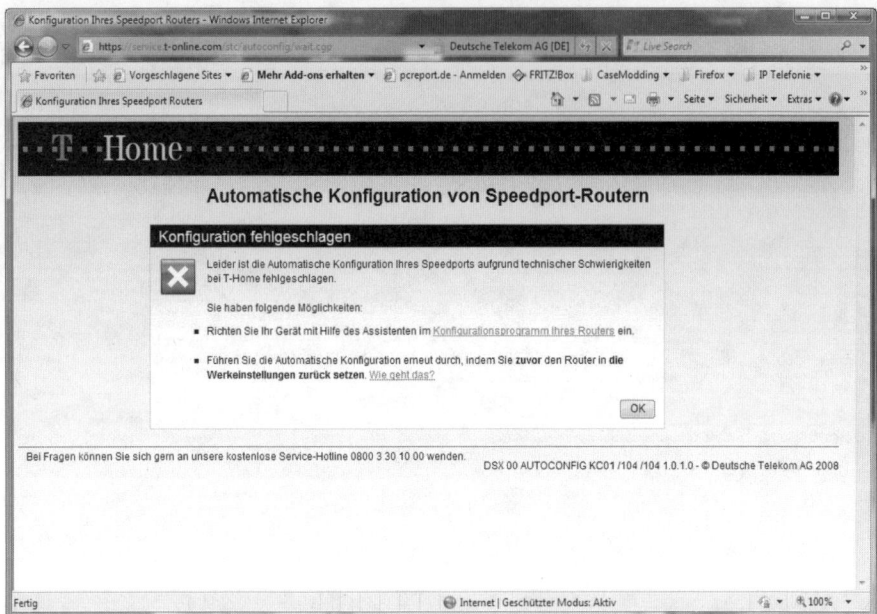

Bild 2.9: Schlägt die automatische Einrichtung des Speedport-Routers fehl, prüfen Sie erneut die Anschlüsse des Speedport-Routers und des DSL-Splitters sowie die Verkabelung.

Bei der erfolgreichen automatischen Konfiguration meldet sich hingegen der in Bild 2.10 zu sehende Dialog. Unmittelbar danach können Sie mit VDSL-Geschwindigkeit im Internet surfen.

Alternativ können Sie auch die Zugangsdaten manuell über das Konfigurationsmenü eintragen. Wie auch immer – Ziel ist es, mit dem Speedport zunächst einmal ins Internet zu kommen, um sicherzugehen, dass die Anschlussdaten funktionieren und der Anschluss korrekt arbeitet. Doch allzu viel ist beim Speedport W 721V nicht zu konfigurieren, was an der reduzierten Firmware liegt.

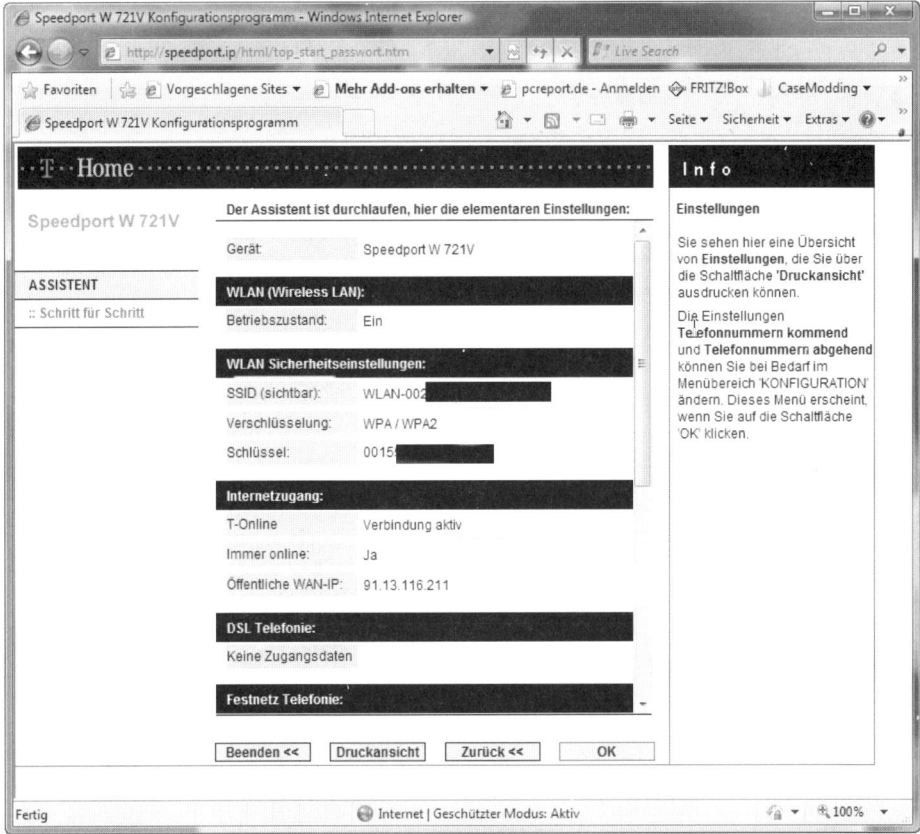

Bild 2.10: Ist der Konfigurationsassistent durchlaufen, werden die Einstellungen auf einer Übersichtsseite zusammengefasst.

Besitzer des Speedport W 920V gehen bei der Ersteinrichtung ähnlich wie beim W 721V vor. Bedingt durch den größeren Funktionsumfang sind die Einstellungsmöglichkeiten aber umfangreicher. Für den ersten Start reicht hier jedoch zunächst die automatische Konfiguration.

2.2.2 Speedport W 920V: das Flaggschiff

Wie beim kleinen Bruder W 721V bietet die Telekom beim Speedport W 920V ein automatisches Konfigurationsprogramm, das über *http://speedport.ip* gestartet werden kann.

1. Auch hier muss anschließend das Gerätepasswort eingetragen werden. Dieses individuell vergebene Passwort befindet sich auf dem Typenschild auf der Rückseite des Speedport W 920V.

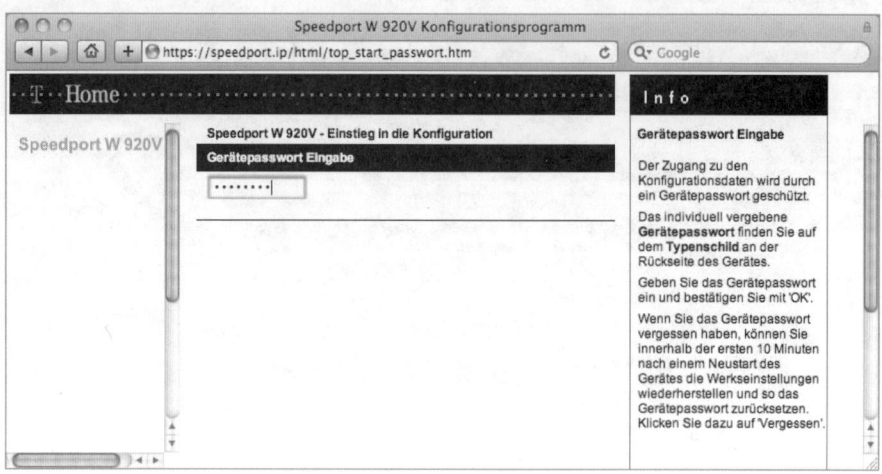

Bild 2.11: Wer das Gerätepasswort vergessen hat, kann per Klick auf die Schaltfläche *Vergessen* den Speedport-Router auf die Werkeinstellungen zurücksetzen. In diesem Fall wird das Passwort auf den Wert zurückgesetzt, der auf dem Aufkleber auf der Rückseite des Speedport W 920V zu finden ist.

2. Nach dem erfolgreichen Login erscheint eine bebilderte Übersichtsseite. Hier können Sie entweder den Konfigurationsassistenten starten, die Konfiguration manuell vornehmen oder einfach den aktuellen Status des Geräts abfragen. Über *Verwaltung/Laden & Sichern* lässt sich auf Wunsch eine aktuellere Firmware einspielen. Bekanntlich wird sich die Gesamtfunktionalität auch mit einer neuen Firmware nicht groß ändern, da hier das Ziel »weniger ist mehr« verfolgt wird.

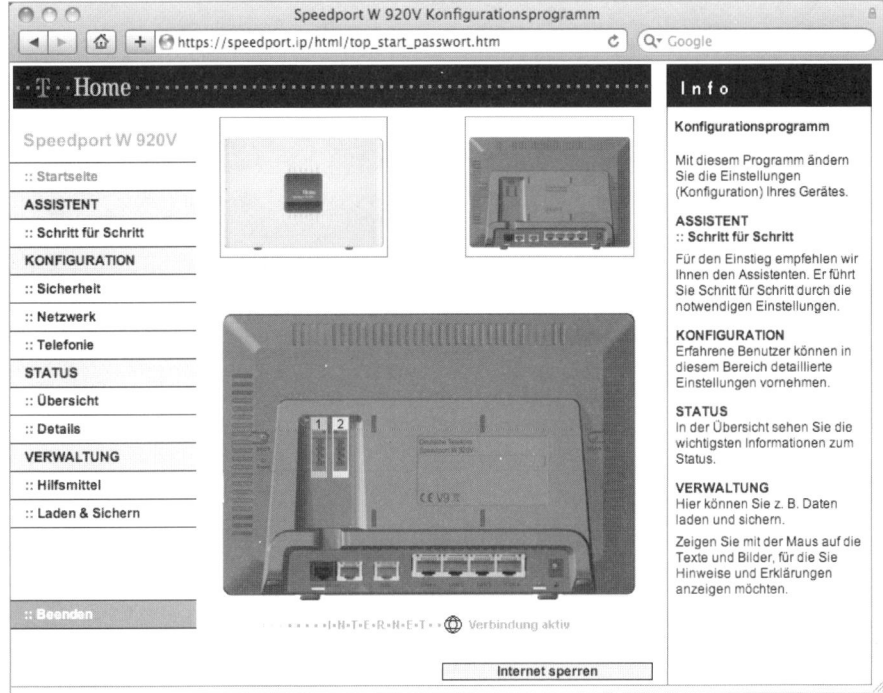

Bild 2.12: Übersichtlich: Dank der bebilderten Anleitung und den farbig hinterlegten Anschlussbuchsen sind das Anschließen der Kabel und die Inbetriebnahme des Speedport-Routers auch für Techniklaien problemlos möglich.

3. Wer umgehend mit dem W 920V loslegen möchte, nutzt über *Assistent/Schritt für Schritt* den eingebauten Assistenten, um den Speedport-Router zu konfigurieren. Sicherer und für Fortgeschrittene empfehlenswert ist jedoch eine manuelle Konfiguration des Geräts. In beiden Fällen brauchen Sie selbstverständlich die passenden Installations- und Konfigurationsparameter sowie den Benutzernamen und das Passwort vom Internet Service Provider (ISP) aus den Zugangsunterlagen.

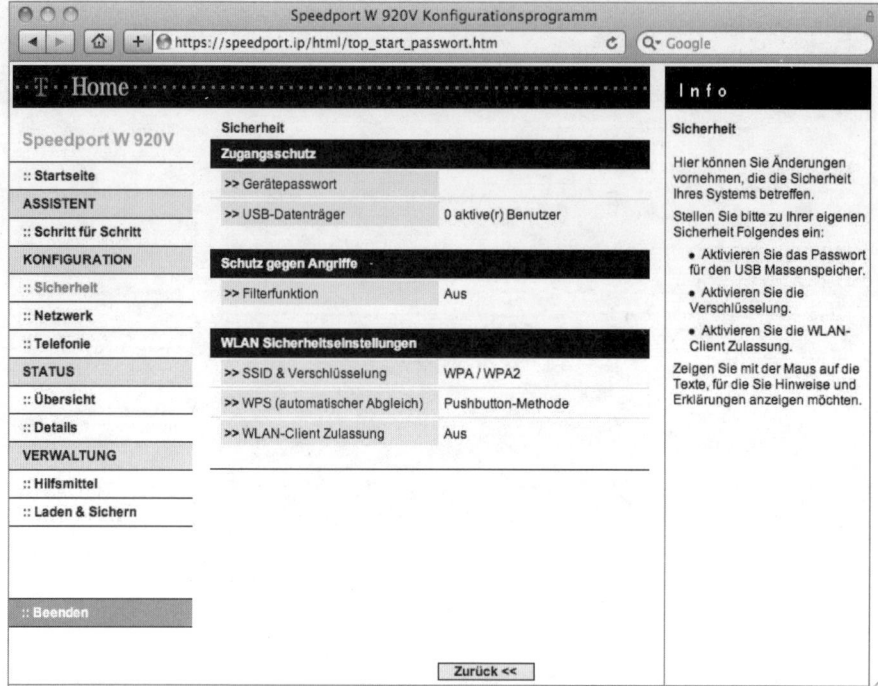

Bild 2.13: Das A und O ist die Konfiguration der Sicherheitsparameter des Speedport-Routers. Besonders die Filterfunktion (Firewall) sollte aus Sicherheitsgründen eingeschaltet werden.

4. Grundsätzlich sollte jeder Router gegen unerwünschte Änderungen mit einem individuellen Passwort abgesichert sein. Über den Eintrag *Konfiguration/Sicherheit/ Zugangsschutz/Gerätepasswort* gelangen Sie in den entsprechenden Dialog. Nachdem Sie das neue Passwort festgelegt haben, notieren Sie es auf einem Zettel und bewahren diesen an einem sicheren Ort auf.

Im Gegensatz zum Speedport W 721V besitzt der W 920V einen USB-Anschluss (USB-1.1- und USB-2.0-Standard), an den man z. B. eine externe USB-Festplatte, einen Drucker mit USB-Schnittstelle oder einen USB-Hub anschließen kann. An den USB-Hub können wiederum drei USB-Speicher oder zwei USB-Speicher und ein USB-Drucker angeschlossen werden.

Sobald ein USB-Gerät angeschlossen ist, steht es mit seinen Funktionen im gesamten (Heim-)Netzwerk zur Verfügung. Wird die WLAN-Funktion des Routers genutzt, können Sie über den Eintrag *SSID & Verschlüsselung* den Namen des WLAN-Netzes konfigurieren. Ist das WLAN aktiv, sendet der Router seinen Netzwerknamen (SSID, *Service Set Identifier*) an alle Wireless-Stationen. Nutzen Sie für Ihr drahtloses Heimnetz unbedingt die WPA2-Verschlüsselung. Allerdings müssen alle Geräte diesen Standard unterstützen.

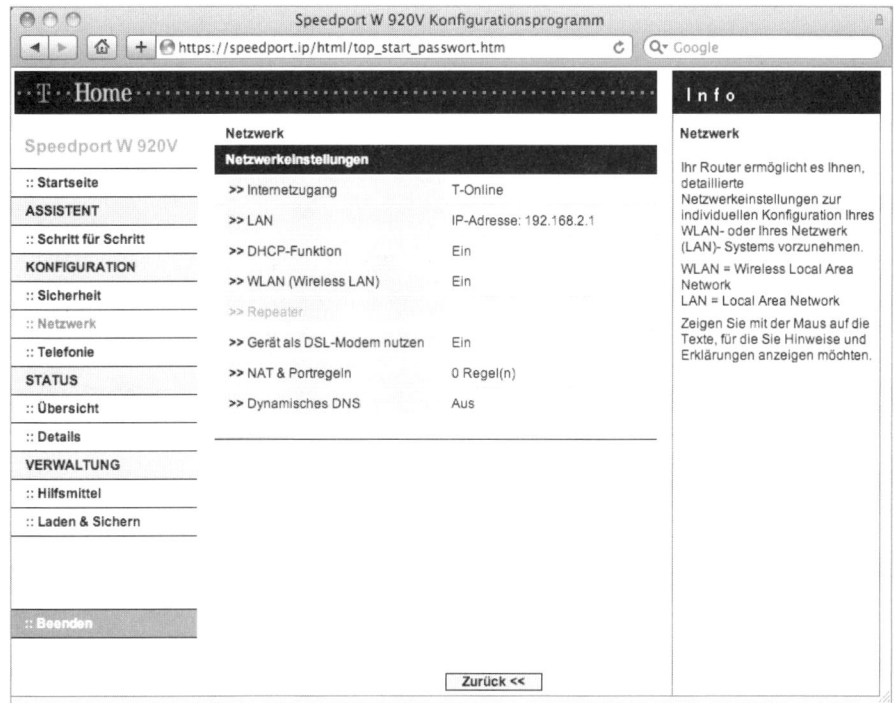

Bild 2.14: Die manuelle Konfiguration des Internetproviders beim W 920V ist im Menü *Konfiguration/Netzwerk/Netzwerkeinstellungen* bei *Internetzugang* versteckt.

5. Über das Menü via *Konfiguration/Netzwerk/Netzwerkeinstellungen/>>LAN* können Sie den Speedport-Router auf den Adressbereich des Heimnetzwerks einstellen.

6. Über den Eintrag *>>DHCP-Funktion* aktivieren bzw. deaktivieren Sie den eingebauten DHCP-Server, der für die automatische Vergabe der internen IP-Adressen zuständig ist.

Damit braucht zunächst an den angeschlossenen Computern nichts weiter konfiguriert zu werden, da der DHCP-Server des Speedports alles automatisch erledigt. Im Gegensatz zum W 721V bringt der Speedport W 920V auch eine eingebaute DECT-Basisstation mit, an der sich bis zu acht ISDN-Telefone, zwei Analogtelefone sowie bis zu sechs Mobilteile – sofern sie den DECT-GAP-Standard unterstützen – betreiben lassen.

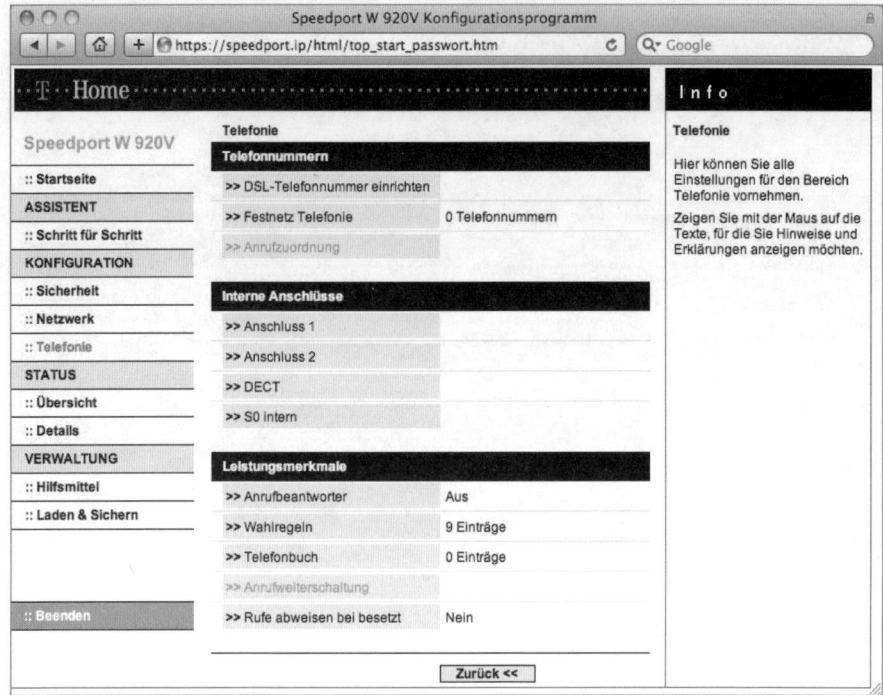

Bild 2.15: Zusätzlich bietet der Speedport einen integrierten Anrufbeantworter, der wahlweise auf alle oder nur auf bestimmte Rufnummern reagieren kann.

7. Im Bereich *STATUS* zeigt der W 920V eine Übersicht über die aktuelle Konfiguration bzw. den Verbindungsstatus. Hier werden beispielsweise die WLAN-Parameter übersichtlich aufbereitet, was beim Einrichten eines WLAN-Geräts hilfreich sein kann.

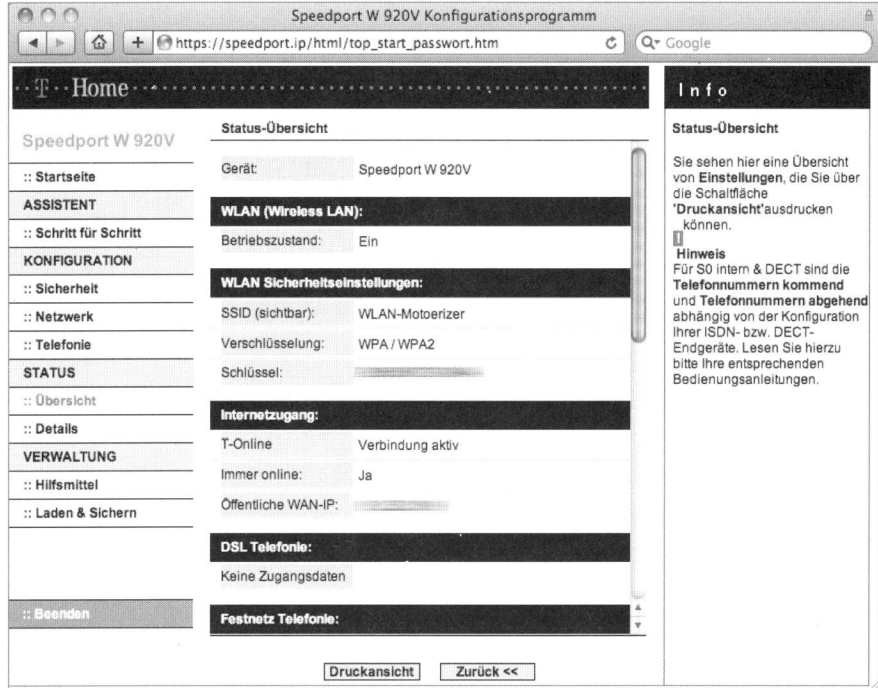

Bild 2.16: Für den Einsteiger empfiehlt es sich, die *Status-Übersicht* auszudrucken, um damit die wichtigsten Einstellungen auf Papier auf einen Blick parat zu haben.

Wer möchte, kann sich im Bereich *STATUS/Details* zu verschiedenen Themen wie Sicherheit, Netzwerk, Systemmeldungen etc. weitere Informationen anzeigen lassen.

```
- Optimierungen an VDSL-Anschlüssen
- Firmwareanpassungen aufgrund geplanter technischer Umstellungen im
    T-Home Entertain System
- Im Konfigurationsprogramm wurden einige Verbesserungen umgesetzt
- Anpassung "Automatische Konfiguration" -> "EasySupport"
```

Bild 2.17: Ab und zu liefert die Telekom auch für ihre Speedport-Geräte eine frische Firmware aus. Es empfiehlt sich, vor einem Firmware-Update in die mitgelieferte Readme-Datei zu schauen, um sich darüber zu informieren, welche Änderungen die Firmwaredatei mitbringt. Hier: Änderungen von V 64.04.60 -> V 64.04.74

8. Zu guter Letzt können Sie über *VERWALTUNG/Laden & Sichern/Firmware* die Firmware des Routers aktualisieren. In einigen Fällen kann es sein, dass der Router nach dem Firmware-Update neu konfiguriert werden muss. Deshalb ist es sinnvoll, dass Sie vor dem Einspielen der neuen Firmware die Router-Einstellungen über *Konfigurationsdaten/>>Konfiguration sichern* oder, wie im Absatz zuvor beschrieben, über die *Status-Übersicht* ausdrucken.

Insgesamt bietet der Speedport W 920V deutlich mehr Funktionen und Komfort als der kleinere Bruder W 721V. Da die Telekom im Kleingedruckten aus dem Hersteller der Speedport-Modelle kein großes Geheimnis macht, liegt es nahe, den Speedport-Routern auf den Zahn zu fühlen.

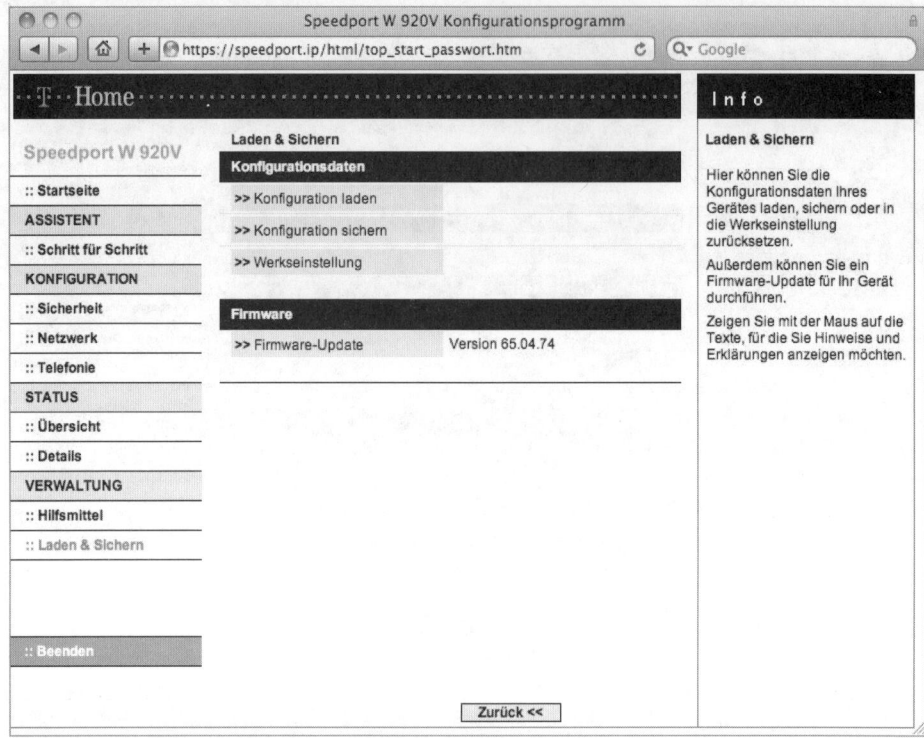

Bild 2.18: Sinnvoll: Über das Menü *Konfigurationsdaten/»Konfiguration sichern* speichern Sie die Konfiguration des Speedports auf die Festplatte des PCs.

Bild 2.19: Fast zu übersehen: Auf der Website weist T-Home darauf hin, dass der W 920V aus dem Hause AVM stammt.

Wenn Sie wollen, können Sie anschließend die unnötige Zwangskastration rückgängig machen und die softwareseitig beraubten Funktionen wieder nachrüsten, indem Sie statt der Telekom-Firmware, Die aufs Allernötigste reduziert wurde, die Original-FRITZ!Box-Firmware auf dem Speedport-Router einsetzen.

2.3   Umbau: Speedport-Router wird FRITZ!Box

Möchten Sie den Speedport-Router für noch mehr Nutzen und Komfort mit fehlenden Funktionen erweitern, ist das Aufspielen einer neuen Firmware nötig. Da AVM für die T-Home-Speedport-Router offiziell keine Firmware-Updates zur Verfügung stellt oder das Router-Modell sogar nur für OEM-Partner und nicht für den eigenen Endkundenverkauf produziert (beispielsweise FRITZ!Box 7570), ist hier die Alternative zur Speedport-Telekom-Firmware einfach eine selbst gebaute Firmware, die den gleichen Funktionsumfang bietet wie die baugleiche FRITZ!Box. Damit stellen Sie neue Funktionen nicht nur für Windows, sondern auch für andere Betriebssysteme wie Linux und Mac OS zur Verfügung und nutzen die an dem Speedport angeschlossene Festplatte nun auch als Netzwerkfreigabe für das gesamte Heimnetz. Oder Sie nutzen das praktische und vor allem sichere VPN für den Zugriff auf das Heimnetz von außen oder nehmen einen alternativen Internettelefonieanbieter, mit dem Sie via SIP-Protokoll verbilligt Telefonate führen können.

2.3.1   Vorbereitungen für den Eigenbau der Firmware

Für den Eigenbau der FRITZ!Box-Firmware benötigen Sie zunächst ein Linux-System, mit dem Sie die zur Verfügung stehenden Quellen zusammenfügen und in eine Imagedatei überführen, die anschließend in den Speedport-Router per Firmware-Update übertragen wird. Für diesen Zweck hat die Entwicklergemeinde im Internet eigens ein bereits fertig konfiguriertes Linux mit allen notwendigen Werkzeugen gebaut. Um dieses auf Ihrem PC oder Mac auszuführen, benötigen Sie:

- den kostenlosen VMware Player,
- den Speedport-Router von der Telekom (o. a.),
- Windows/Mac OS mit mind. 3 GByte Festplattenspeicherplatz für das Linux-Image,
- das Speedport2Fritz-Skript (siehe nachstehende Tabelle).

Die in der Tabelle angegebenen Programme und Quellcodes werden laufend weiterentwickelt und aktualisiert. Im Zweifelsfall sollten Sie vor allem die Speedport2Fritz-Quellen unter *https://freetzlinux.svn.sourceforge.net/svnroot/freetzlinux/* auf Aktualität prüfen.

Tools	Bezugsquelle
VMware Player	*www.vmware.com/products/player/*
VMware-Ubuntu-Image	*http://jars.de/linux/ubuntu-804-vmware-image-download* *http://kill-9.eu/jars/download-page.php?file=Ubuntu_804_VMware.rar*
7-Zip	*www.7-zip.org*

Tools	Bezugsquelle
Speedport2FRITZ-Skript Autor: Jpascher (*www.ip-phone-forum.de*) Derzeit Revision 498, aktuellste Version verwenden!	*https://freetzlinux.svn.sourceforge.net/svnroot* */freetzlinux/download_speed-to-fritz.sh.tar.gz*

Laden Sie die in der Tabelle angegebenen Programme sowie das Speedport2Fritz-Skript auf Ihre lokale Festplatte. Anschließend installieren Sie zunächst den VMware Player. Die Installation läuft in der Regel problemlos ab und kann sozusagen »durchgeklickt« werden.

Für das Herunterladen des fertigen Ubuntu-ISO- bzw. VMware-Images empfiehlt sich aus Zeitgründen natürlich eine »dicke« DSL-Leitung. Speichern Sie die Archivdatei auf die Festplatte.

Anschließend installieren Sie den Freeware-Packer 7-Zip, um das in der Datei *Ubuntu_804_VMware.rar* enthaltene Ubuntu-Linux im VMware-Format auf die Festplatte entpacken zu können. Wer bereits eine aktuelle Version des Packers WinRAR unter Windows bzw. UnRarX unter Mac OS im Einsatz hat, benötigt die Installation von 7-Zip nicht.

Folgende Schritte müssen danach durchgeführt werden, um die selbst gebaute AVM-Firmware für den Speedport-Router auf die lokale Festplatte zu bringen:

- Ubuntu-Linux auf den aktuellen Stand bringen.

- Gegebenenfalls Speedport-Einstellungen sichern.

- Persönliche FRITZ!Box-Firmware für den Speedport-Router erstellen.

- FRITZ!Box-Firmware auf den Speedport-Router übertragen.

- Speedport-Router konfigurieren.

Diese Schritte werden im Folgenden ausführlich beschrieben, damit Sie einen perfekt konfigurierten Speedport-Router mit sämtlichem Nutzen und Komfort dank AVM-Firmware nutzen können.

2.3.2   Ubuntu auf dem Computer in Betrieb nehmen

1. Ist VMware Player bzw. VMware Workstation (PC) oder VMware Fusion (Mac) installiert, entpacken Sie zunächst das heruntergeladene Ubuntu-Linux in den entsprechenden Ordner, in dem die virtuellen Maschinen auf der Festplatte abgelegt sind.

   Standardmäßig ist dieser Pfad bei Windows Vista/Windows 7 mit *C:\Users\Ihr Benutzername\Documents\Virtual Machines* bzw. bei Windows XP mit *C:\Dokumente und Einstellungen\Ihr Benutzername\Dokumente\Virtuelle Maschinen* festgelegt.

   Bei Mac OS X ist dies der Ordner *Dokumente/Virtuelle Maschinen* im Benutzerverzeichnis. Der Ordner *Virtuelle Maschinen* kann sowohl unter Windows als auch unter Mac OS X auch auf einen anderen Speicherort umgeleitet werden.

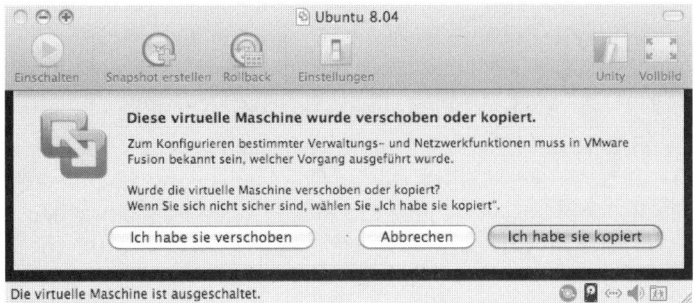

Bild 2.20: Unter *Diese virtuelle Maschine wurde verschoben oder kopiert.* klicken Sie auf die Schaltfläche *Ich habe sie kopiert*, damit die virtuelle Netzwerkkarte der VM eine neue MAC-Adresse bekommt, die weltweit eindeutig sein muss.

2. Ist die RAR-Datei entpackt, starten Sie in der neuen virtuellen Maschine erstmalig Ubuntu-Linux. Da VMware die Konfigurationsparameter der Ubuntu-Installation verwendet, klicken Sie beim Start auf die Schaltfläche *Ich habe sie kopiert*, damit die Netzwerkkonfiguration der virtuellen Maschine auf Ihrer VMware Player/Workstation/Fusion-Installation auch funktioniert.

3. Nach dem Start loggen Sie sich mit dem Benutzernamen *jars* und dem Passwort *jars* ein und bringen zunächst die Ubuntu-Installation über *System/Systemverwaltung/ Aktualisierungsverwaltung* auf den aktuellen Stand. Dieser Vorgang dauert eine Weile. Mit einem Neustart des Systems wird die Aktualisierung abgeschlossen.

Bild 2.21:
Nach dem Start der Aktualisierungsverwaltung klicken Sie zunächst auf die *Prüfen*-Schaltfläche. Stehen Updates bereit, starten Sie die Installation per Klick auf *Aktualisierungen installieren*.

4. Im nächsten Schritt laden Sie das Speedport2FRITZ-Skript in die virtuelle Maschine. Das passiert entweder über den Linux-Dateibrowser via Samba-Freigabe mit dem Wirtssystem oder ganz banal per Download in der virtuellen Maschine.

5. Klicken Sie in der oberen Menüleiste von Ubuntu neben dem Eintrag *System* auf das Firefox-Symbol und starten Sie Firefox. Hier suchen Sie entweder über eine Suchmaschine nach dem Skript *download_speed-to-fritz.sh*, oder Sie nutzen den Link *https://freetzlinux.svn.sourceforge.net/svnroot/freetzlinux/download_speed-to-fritz.sh.tar.gz*.

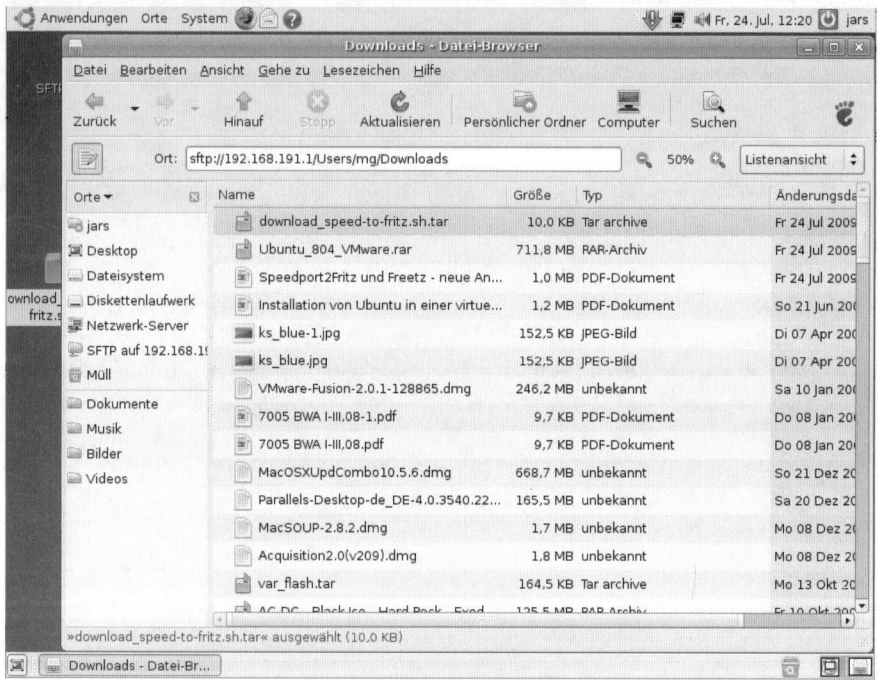

Bild 2.22: Ist die Archivdatei mit dem *download_speed-to-fritz.sh.tar.gz*-Skript heruntergeladen, kopieren Sie diese auf den Desktop.

6. Im nächsten Schritt öffnen Sie über *Zubehör/Terminal* ein Konsolenfenster und wechseln mit dem Befehl:

```
cd Desktop
```

in den Ordner *Desktop*, in dem sich die heruntergeladene Archivdatei mit dem Skript befindet. Zum Entpacken des Skripts nutzen Sie diesen Befehl:

```
tar - xfvz download_speed-to-fritz.sh.tar.gz
```

Bild 2.23: Ist die Archivdatei ausgepackt, können Sie das Shell-Skript erstmalig starten.

Wie unter Linux üblich, werden Shell-Skripten mit dem Befehl:

```
./SKRIPTNAME.sh
```

gestartet. In diesem Fall geben Sie also folgenden Befehl in das Terminal ein:

```
./download_speed-to-fritz.sh
```

7. Gegebenenfalls werden Sie nach einem Passwort gefragt. Im Fall des oben beschriebenen *Ubuntu_804_VMware*-Images verwenden Sie das Passwort *jars*, ansonsten nutzen Sie das Root-Passwort Ihrer Linux/Ubuntu-Installation.

8. Nach dem Erststart legt das Skript automatisch eine Ordnerstruktur auf dem Desktop an und überprüft, ob eine neue Version des Skripts vorliegt. Danach steht Ihnen eine leicht zu bedienende Benutzeroberfläche zur Verfügung, in der Sie mit den Pfeiltasten der Tastatur navigieren können. Mit der Leertaste wählen Sie gewünschte Optionen an oder ab. Eine Erklärung zu den einzelnen Einträgen erhalten Sie, wenn Sie mithilfe der Pfeiltasten eine Funktion auswählen und dann die H-Taste drücken oder mit den Pfeiltasten auf den *Help*-Eintrag gehen.

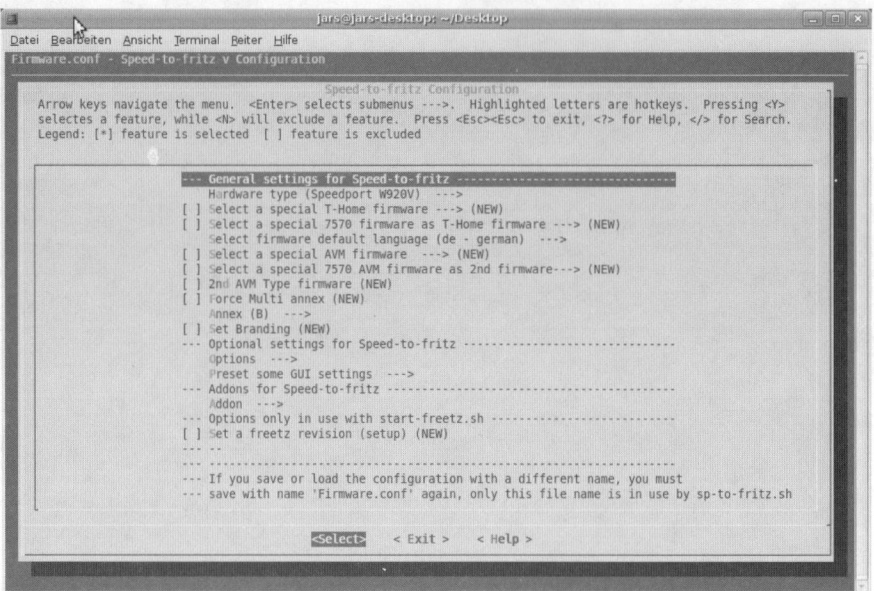

Bild 2.24: Übersichtlich: Nach dem Start bietet das Skript ein mit den Pfeiltasten steuerbares Menü.

9. Zunächst wählen Sie im Bereich *Hardware type* das gewünschte Hardwaremodell des Speedport-Routers aus. Um beispielsweise einen frischen T-Home Speedport W 920V mit einer FRITZ!Box-Firmware zu bestücken, wählen Sie im Bereich *Hardware type* den Eintrag *Speedport W920V* aus, indem Sie mit den Pfeiltasten zu *Hardware type* gehen, mit der `Enter`-Taste in das Untermenü wechseln und dort wiederum mit den Pfeiltasten zum Eintrag *Speedport W920V* navigieren.

Mit der `Leertaste` aktivieren Sie das gewünschte Modell. Für den Firmwarebau wurden hier weitere Einstellungen vorgenommen, wie in nachstehender Abbildung zu sehen:

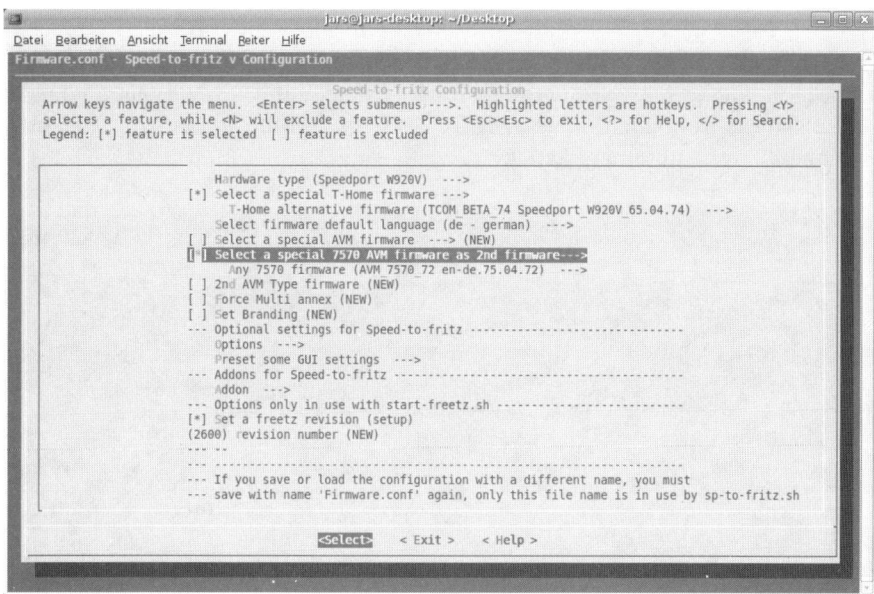

Bild 2.25: Weniger ist mehr: In den Grundeinstellungen reichen die gemachten Einstellungen völlig aus.

10. Zumindest beim ersten Flashvorgang von T-Com nach AVM sollte im Bereich *Optional settings for Speed-to-fritz->Options* darauf geachtet werden, dass der Schalter *Clear mtd3 and mtd4* gesetzt ist. Wer den Speedport in einem anderen Adressbereich als dem AVM-eigenen Bereich *192.168.178.X* betreibt, kann bei dieser Gelegenheit auch das Häkchen vor dem Eintrag *Push firmware to box via ftp* entfernen, das standardmäßig aktiviert ist.

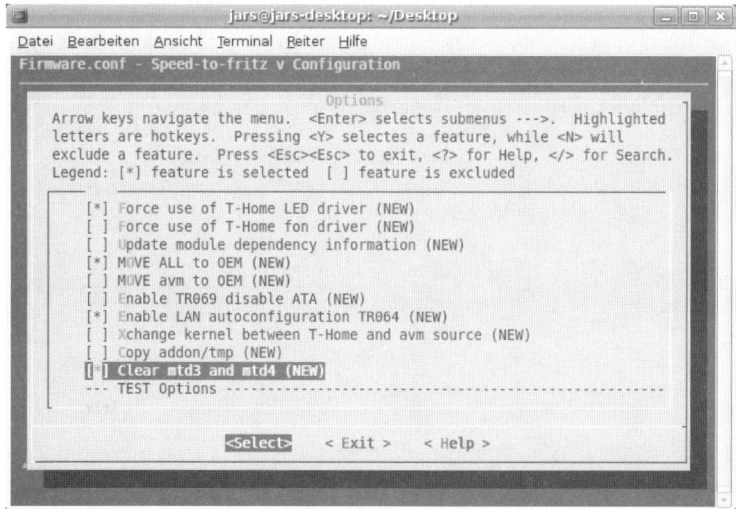

Bild 2.26: Vorsichtshalber sollte die Option *Clear mtd3 and mtd4 (NEW)* zumindest beim erstmaligen Erstellen der AVM-Firmware für den Speedport aktiviert sein. In diesem Fall werden die Speicherbänke vor der Übertragung des Images in den Router gelöscht.

11. Über *Exit* gelangen Sie wieder in das Hauptmenü zurück. Wer möchte, kann im Hauptmenü die gemachten Einstellungen über *Save an Alternate Configuration File* sichern. Wählen Sie im Hauptmenü wieder *Exit* aus, und der Assistent fragt nach, ob die aktuelle Konfiguration gespeichert werden soll. Mit *Yes* geschieht das, und der Kompiliervorgang wird gestartet.

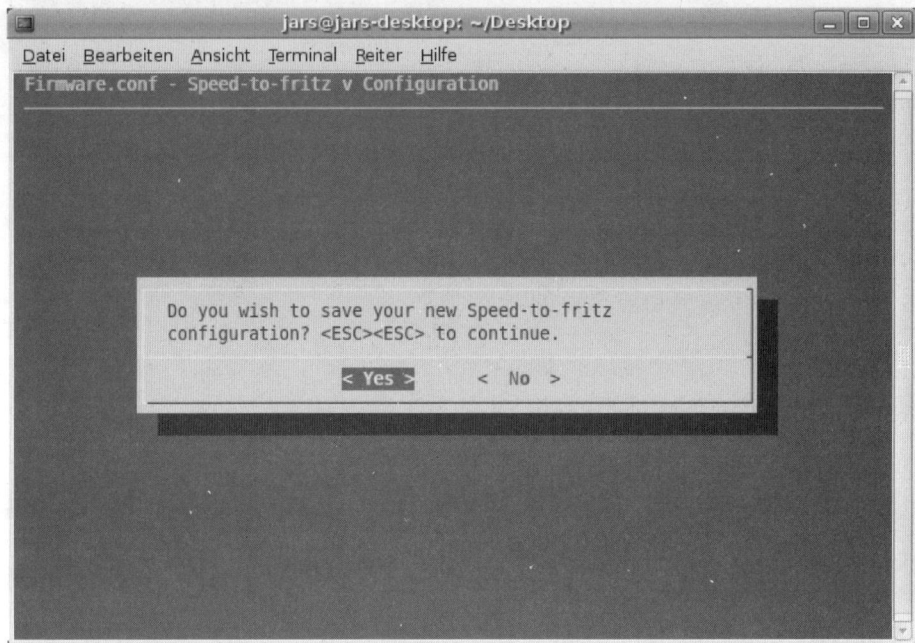

Bild 2.27: Bestätigen Sie diesen Dialog mit *Yes*, und Linux baut die persönliche FRITZ!Box-Firmwaredatei zusammen.

Beim erstmaligen Kompilieren dauert das Ganze etwas länger, da verschiedene Quellen noch aus dem Internet nachgeladen werden müssen. Bei späteren Änderungen an der Firmware läuft dann das Erzeugen der Imagedatei schneller ab, da sich die Quellen schon auf dem Linux-System befinden.

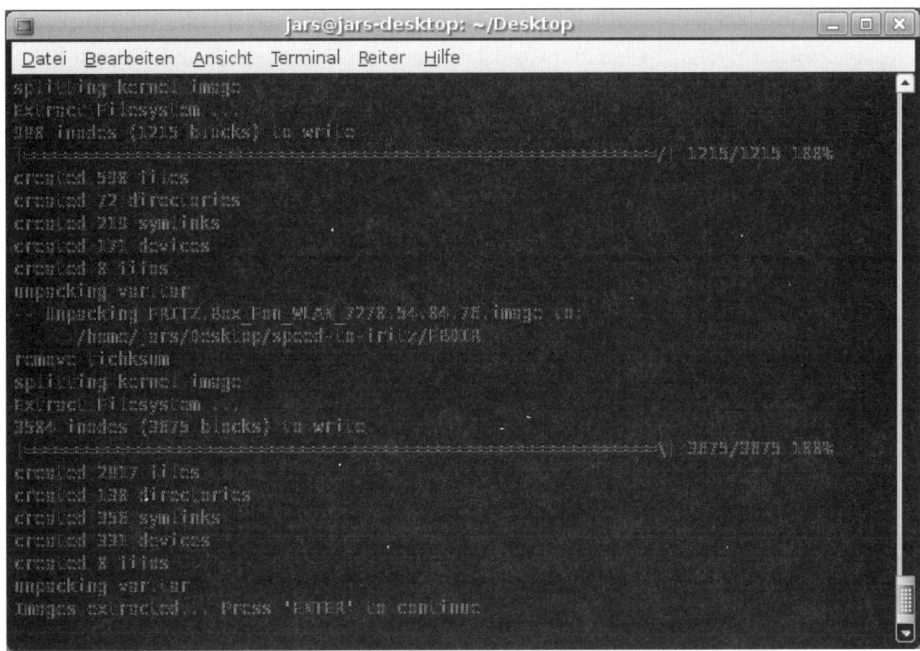

Bild 2.28: Das Skript fordert noch einige Male eine Bestätigung ein, die Sie per ⌷Enter⌷-Taste erteilen.

Nach wenigen Minuten liegt im Desktopordner *speed-to-fritz/Firmware.new* die maßge-schneiderte Firmwaredatei für den Speedport-Router.

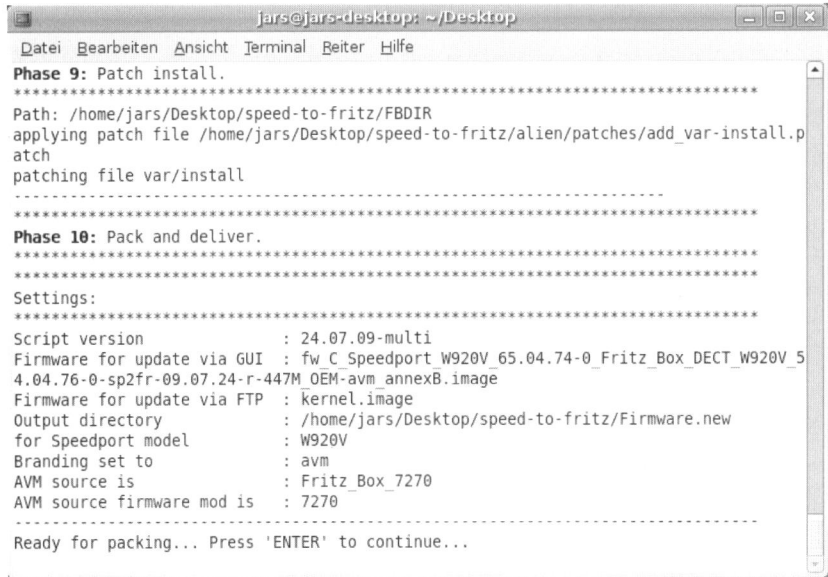

Bild 2.29: Ist das Skript hier angelangt, war das Erzeugen der Firmwaredatei ein voller Erfolg.

12. Im nächsten Schritt wird die frische Firmware auf den Speedport-Router übertragen. Das erfolgt am besten über das Konfigurationsmenü des Speedports. Starten Sie in der virtuellen Maschine den Firefox-Browser und öffnen Sie das Konfigurationsmenü via *http://speedport.ip*.

Hier wählen Sie im Dialog *Verwaltung/Laden & Sichern/Firmware* die Firmwaredatei, die sich im Desktopverzeichnis *speed-to-fritz/Firmware.new* befindet, aus.

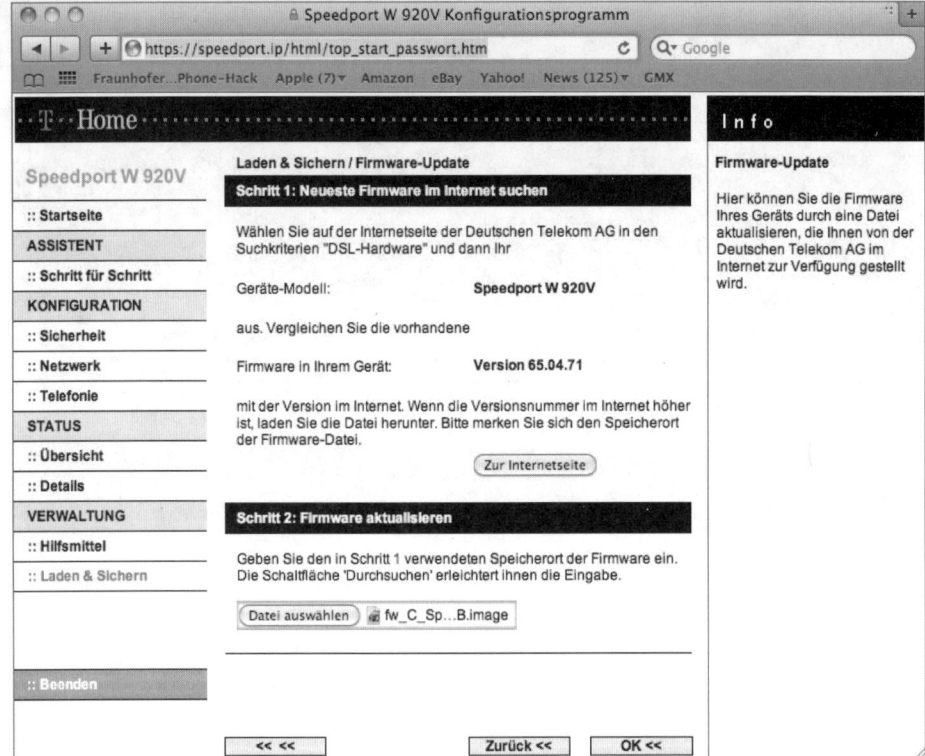

Bild 2.30: Ist die Firmwaredatei ausgewählt, drücken Sie auf die Schaltfläche *OK*, um die neue Firmware auf den Speedport zu bringen.

Nun wird die Firmwaredatei auf den Speedport-Router übertragen. Beachten Sie, dass während des Firmware-Updates der Speedport nicht abgeschaltet werden darf.

Bild 2.31: Abwarten und Tee trinken: Nur wenige Minuten, und die neue FRITZ!Box-Firmware ist auf dem Speedport.

Nach rund fünf Minuten ist der Speedport mit der neuen Firmware bestückt und führt anschließend selbstständig einen Neustart durch, damit die gemachten Änderungen aktiv werden.

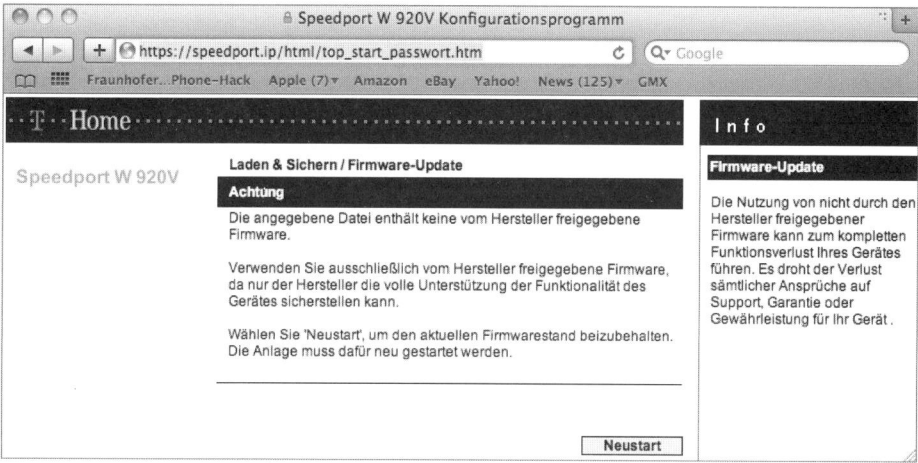

Bild 2.32: Hier erscheint eine Warnung, die darauf hinweist, dass die Firmware keine »Original-Firmware« der Telekom ist – klicken Sie NICHT auf *Neustart*, sondern warten Sie so lange, bis der Speedport einen automatischen Neustart einleitet.

Nach dem Neustart müssen Sie eventuell die Netzwerkeinstellungen des PCs oder Mac anpassen, da der Speedport nun die Werkeinstellungen mit dem Adressbereich *192.168.178.X* verwendet.

2.3.3 Speedport plus FRITZ!Box gleich Speedbox

1. Nach dem Neustart ist die FRITZ!Box über die IP-Adresse *192.168.178.1* erreichbar. Der Speedport verhält sich jetzt wie eine jungfräuliche FRITZ!Box. Fangen Sie also komplett von vorne an, indem Sie als Erstes ein Kennwort für den Zugriff auf die Speedbox festlegen.

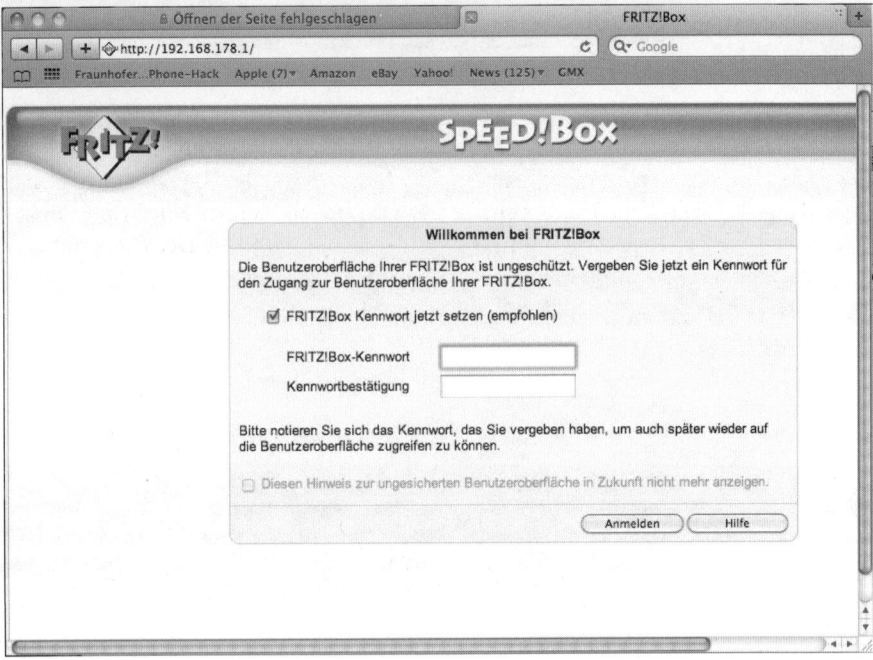

Bild 2.33: Herzlichen Glückwunsch: Erscheint dieser Dialog nach dem Flashen der Firmware, hat der Umbau auf die FRITZ!Box-Firmware erfolgreich geklappt.

2. Nachdem das Kennwort gesetzt ist, hilft der Assistent bei der Einrichtung des Internetproviders. Klicken Sie dazu einfach auf die *Weiter*-Schaltfläche.

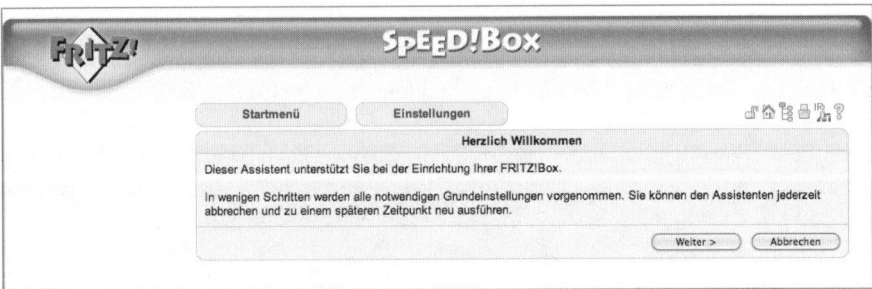

Bild 2.34: Klick für Klick ins Internet: Starten Sie hier den Einrichtungsassistenten.

3. Im nächsten Schritt wählen Sie den Internetanbieter aus. Wer VDSL einsetzt, nutzt hier mit sehr hoher Wahrscheinlichkeit T-Online.

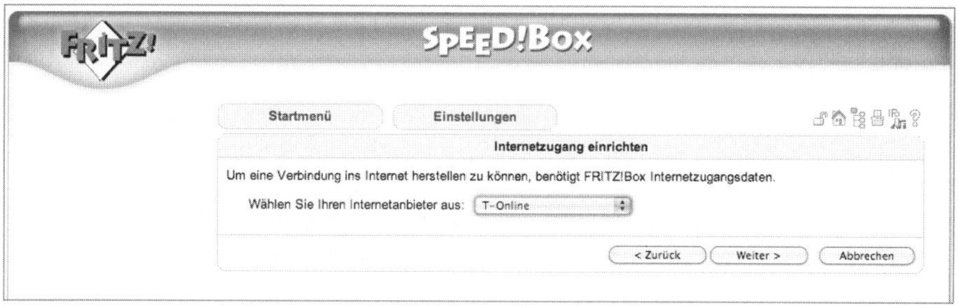

Bild 2.35: Für VDSL sind derzeit die Anbieter rar.

4. Bei T-Online setzt sich der Login-Name aus zwei wesentlichen Komponenten zusammen – der geheimen Anschlusskennung sowie der T-Online-Nummer, die jeweils aus zwölf Stellen bestehen. Achten Sie deshalb bei der Konfiguration auf die Reihenfolge von Anschlusskennung und T-Online-Nummer. Der Mitbenutzersuffix ist in der Regel *0001*.

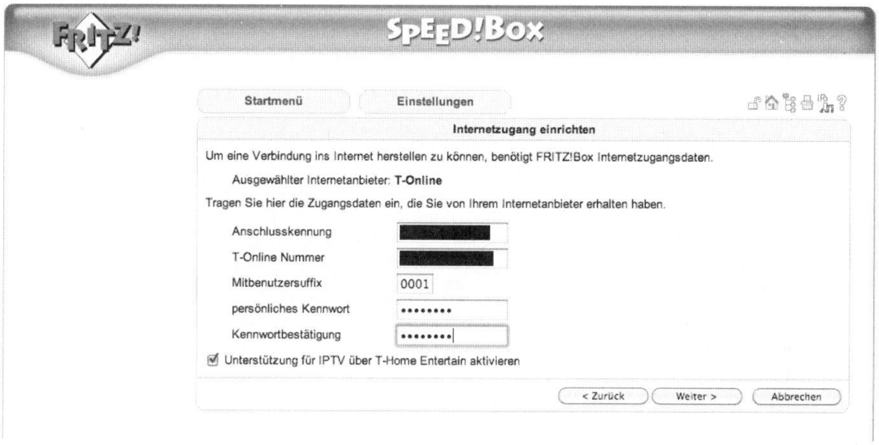

Bild 2.36: Wer T-Home/T-Entertain über VDSL nutzt, setzt hier das Häkchen bei *Unterstützung für IPTV über T-Home Entertain aktivieren*.

5. Nach dem Eintragen des Konto- bzw. Benutzernamens sowie des Kennworts klicken Sie auf die *Weiter*-Schaltfläche, um das Tarifmodell für den Internetanschluss festzulegen.

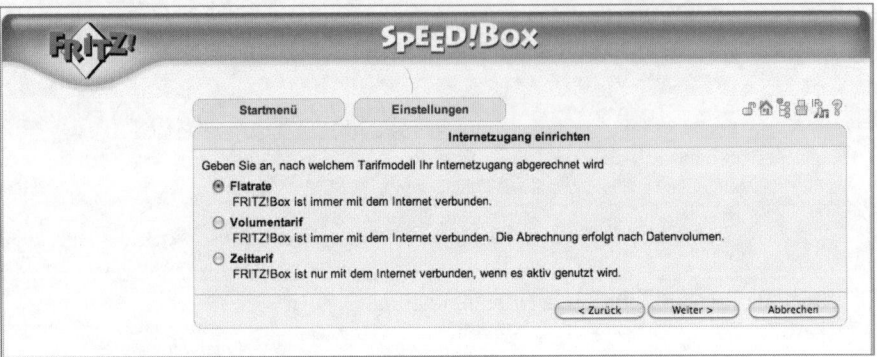

Bild 2.37: VDSL ist derzeit nur mit einer *Flatrate* sinnvoll.

6. Haben Sie alle Konfigurationsparameter eingetragen, führt die FRITZ!Box eine Anschlussüberprüfung durch. In diesem Fall ist das DSL-Kabel nicht gesteckt, was auch prompt vom Assistenten bemängelt wird.

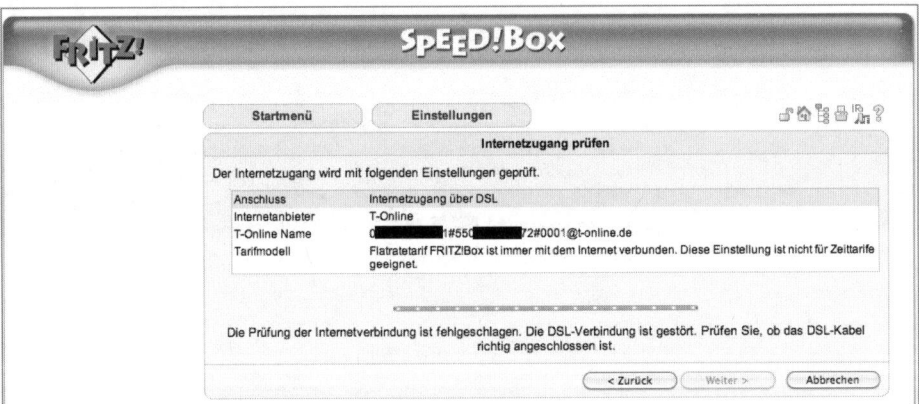

Bild 2.38: Fehlersuche: Hier war das DSL-Kabel der SPEED-/FRITZ!Box nicht eingesteckt.

Herzlichen Glückwunsch – Sie haben die Zwangskastration des Speedport-Routers erfolgreich ausgehebelt und können den Router jetzt als vollwertige FRITZ!Box einsetzen.

3 Geräteverbindungen im Heimnetz

Ein Heimnetz kann nur dann funktionieren, wenn sämtliche beteiligten Geräte aufeinander zugreifen können. Hierzu müssen alle Geräte irgendwie mit dem Heimnetz verbunden sein. Diese Verbindung kann per Kabel, per Funk (WLAN) und selbst über das heimische Stromnetz erfolgen. Eine zentrale Rolle nimmt dabei der sogenannte Heimnetzrouter ein. Dennoch hat es einige Jahre gedauert, bis sich dieses Gerät in privaten Haushalten als Standardlösung durchgesetzt hat.

3.1 DSL-Modem schafft die Voraussetzungen

Jeder Zugangsprovider liefert seinen neuen Kunden automatisch ein kleines Kästchen mit, das den Internetzugang, zum Beispiel über DSL oder TV-Kabel, erst möglich macht. Vor einigen Jahren handelte es sich dabei um ein schlichtes Modem, das zum Beispiel über die USB-Schnittstelle direkt an den PC angeschlossen wurde.

Ein Modem macht nichts anderes, als Daten über eine größere Strecke zu übertragen. Dazu wandelt es diese in eine bestimmte Form um, die dem jeweiligen Übertragungsmedium angepasst sind. Ein DSL-Modem beispielsweise wandelt Daten so um, dass sie über die Telefonleitung (Kupferkabel) als Signale übertragen werden können. Am anderen Ende des Kabels, in der Vermittlungsstelle des DSL-Netzbetreibers, befindet sich ein zweites DSL-Modem, auch DSLAM genannt, das die Datensignale entgegennimmt, zurückwandelt und bis an die Eingangspforte des Providernetzes weiterrecht.

Ein (DSL-)Modem ist somit kein besonders intelligentes Gerät. Es sorgt dafür, dass eine Verbindung zu einem anderen Modem hergestellt wird. Damit schafft es die Voraussetzungen dafür, dass andere, intelligentere Geräte Daten über diese Modem-Modem-Verbindung übertragen können. Mehr nicht.

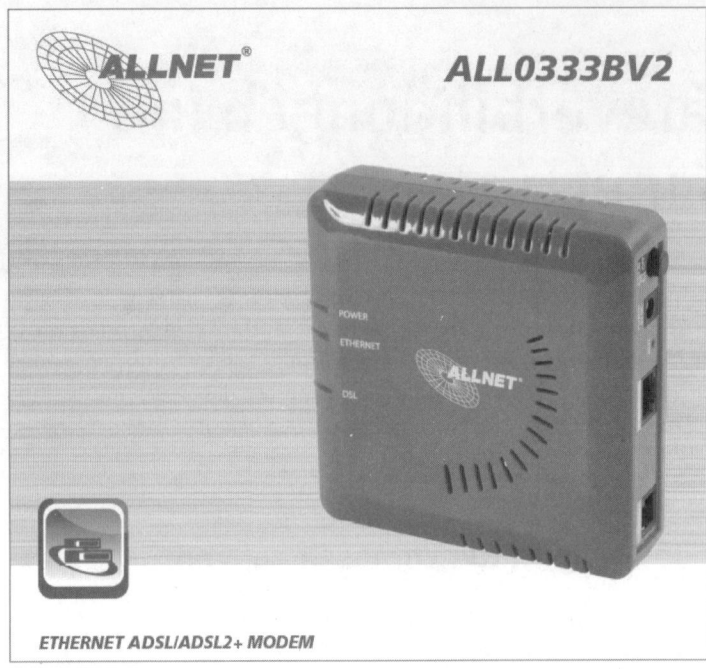

Bild 3.1: Nach wie vor bieten alle größeren Netzwerkausstatter auch reine (A)DSL-Modems an.

3.1.1   Interneteinwahl über den lokalen PC

Die Interneteinwahl über die Zugangsdaten des Providers ebenso wie das aktive Senden und Empfangen von Daten mithilfe von Internetprotokollen muss demnach ein intelligenteres Gerät übernehmen. Noch vor wenigen Jahren hat diese Aufgaben der PC übernommen, an den das Modem direkt per USB- oder Netzwerkkabel angeschlossen war. Die Einwahl erfolgte am PC über ein vom Provider mitgeliefertes Einwahlprogramm.

Wer ein ADSL-Modem mit USB-Schnittstelle nutzte, musste außerdem noch entsprechende Treiber installieren, damit das Betriebssystem (Windows 98, ME, 2000, XP) auch korrekt mit dem Modem zusammenarbeitete.

Allerdings ließ (und lässt) sich per Modem immer nur ein Computer mit dem Internet verbinden. Zwar konnte man den Onlinezugang an einen anderen PC weiterreichen, doch war diese Prozedur unter Windows umständlich. Außerdem musste dazu der PC, an den das Modem angeschlossen war, immer eingeschaltet sein.

Und schließlich stellte diese direkte Verbindung mit dem Internet auch ein gewisses Sicherheitsrisiko dar. Denn ein Computer, der sich direkt per Modem ins Internet einwählt, bietet eine große Angriffsfläche für Onlineattacken – und sollte deshalb immer durch eine Software-Firewall gesichert sein.

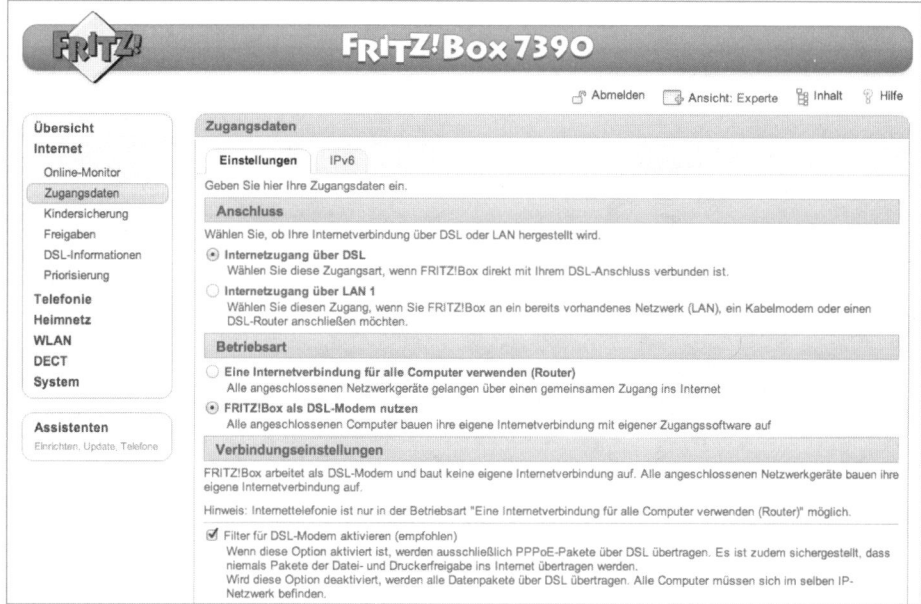

Bild 3.2: Manche Heimnetzrouter mit integriertem Modem, hier die AVM FRITZ!Box 7390, lassen sich auch als reines Modem betreiben – einzustellen unter *Zugangsdaten/Betriebsart*.

3.2 Router als intelligente Zugangsverteiler

Inzwischen sind die »Onlinezugangskästchen«, die Provider an ihre Kunden weitergeben, erheblich vielseitiger geworden. Sie setzen sich aus vielen verschiedenen Komponenten zusammen und enthalten neben einem Modem auch noch einen WLAN-Access-Point und einen Switch. Manche Geräte sind zusätzlich noch mit einem USB-Hostserver, einem Drucker- oder Printserver, einer Telefonanlage und einer DECT-Basisstation ausgestattet.

Da ich Ihnen Wortungetüme wie »WLAN-fähiger Modemrouter mit integriertem Switch und USB-Host« im weiteren Verlauf des Buchs ersparen möchte, werde ich für alle diese multifunktionalen Onlinezugangsgeräte den Sammelbegriff »Router« oder »Heimnetzrouter« verwenden.

Bild 3.3: Router fürs Heimnetz (hier die AVM FRITZ!Box Fon WLAN 7270) sind häufig mit vielen verschiedenen Funktionen ausgestattet. Hier gibt es Anschlüsse für zwei analoge Telefone, DSL- und Telefonanschluss, ISDN-Telefon, USB-Drucker und USB-Speicher, PC und Spielekonsole, WLAN, FRITZ!Fon und andere DECT-Telefone, UMTS-/HSPA-Modem und USB-Geräte. (Quelle: *www.avm.de*)

Das sogenannte Routing ist die zentrale Eigenschaft, die alle diese modernen Internet-verbindungskästchen bieten – und die zudem die Basis für ein Heimnetz bildet. Diese Routing-Funktion sorgt nämlich dafür, dass sich die Onlineverbindung, die man von seinem Internetprovider als öffentliche IP-Adresse erhält, auf mehrere Geräte verteilen lässt.

Außerdem trennt der Router das riesige öffentliche Netzwerk »Internet« sicher von Ihrem privaten Heimnetz. Auf diese Weise schützt er sämtliche an ihn angeschlossenen (Heimnetz-)Geräte vor unerwünschten Zugriffen aus dem Internet. Hierzu hat jeder Heimnetzrouter standardmäßig eine integrierte Firewall, die häufig auch als Hardware-Firewall bezeichnet wird.

3.2.1   Anschluss netzwerkfähiger Geräte

Wer ein Gerät ins Heimnetz integrieren möchte, muss es irgendwie mit dem Router verbinden. Ein moderner Heimnetzrouter bietet von Haus aus zwei verschiedene Schnittstellen oder Verbindungsmöglichkeiten. Für eine Verbindung über Netzwerk-kabel stehen in der Regel vier Anschlüsse bereit, die man auch als Ethernet- oder LAN-Ports (LAN 1 bis 4) bezeichnet. In der Fachsprache heißt diese gesamte Anschlusseinheit auch Switch oder, ganz exakt ausgedrückt, 4-Port-Switch.

Bild 3.4: Der Switch (LAN 1 bis LAN 4) befindet sich immer an der Rückseite des Heimnetzrouters. (Quelle: *www.avm.de*)

An diesen Switch lassen sich alle möglichen netzwerkfähigen Geräte anschließen, die selbst über einen Ethernet- oder LAN-Port verfügen. Die meisten Anwender schließen ihren PC per Netzwerkkabel an einen der vier LAN-Ports des Routers an und erhalten auf diese Weise Zugang ins Internet.

Ebenfalls standardmäßig ist in jedem halbwegs modernen Heimnetzrouter ein sogenannter WLAN-Access-Point integriert. Externe Antennen weisen auf den integrierten Access Point hin, allerdings gibt es auch zahlreiche WLAN-Router, deren Antennen – ähnlich wie bei Notebooks – im Inneren des Gehäuses integriert sind. Geräte, die mit einem internen oder externen WLAN-Adapter ausgestattet sind, können sich per Funk mit dem Access Point des Routers verbinden und erhalten somit Zugang zum Internet.

Bild 3.5: Beim WLAN-Router E3000 von Cisco Linksys befinden sich die Antennen im Gehäuse. (Quelle: *www.linksys.de*)

Und hierbei handelt es sich auch um die wichtigste Funktion, mit der Privatanwender ihren Heimnetzrouter vornehmlich nutzen: als komfortable und sichere Online-zugangsstation für PC(s) und Notebook(s).

3.3 Router als Heimnetzwerkzentrale

Doch neben der Verteilung des Onlinezugangs auf mehrere Geräte sowie deren Schutz gegen Attacken aus dem Internet bietet der Heimnetzrouter noch eine weitere äußerst nützliche Funktion, die von den meisten Anwendern übersehen wird. Denn alle Geräte, die mit dem Router drahtlos oder per Netzwerkkabel verbunden sind, bilden ein kleines, privates Netzwerk mit dem Router als Zentrale.

So können sich alle Geräte, die Teil dieses Heimnetzes sind, gegenseitig »sehen«, aufei-nander zugreifen und Daten austauschen. Wer also seinen Onlinezugang über einen Router »verteilt«, besitzt bereits automatisch ein kleines Heimnetz. Die genannten Komponenten WLAN-Access-Point und Switch sorgen dafür, dass alle daran angebun-denen Geräte, ob drahtlos oder per Kabel, untereinander vernetzt sind.

Das gilt zunächst einmal für Notebooks und PCs, die mit dem Heimnetzrouter verbun-den sind. Durch das Anlegen sogenannter Netzwerkfreigaben kann dann auf den jeweils anderen Rechner zugegriffen werden, um beispielsweise Dateien von Rechner A auf Rechner B zu übertragen.

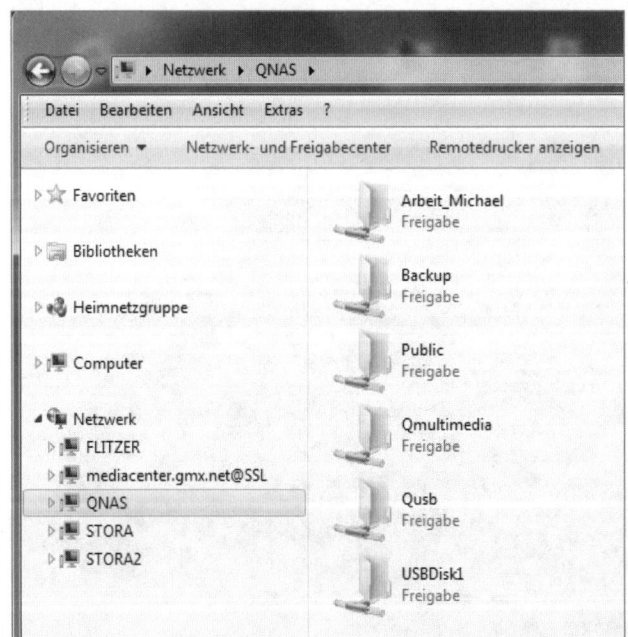

Bild 3.6: Der Windows Explorer zeigt Freigaben, falls vorhanden, im Bereich *Netzwerk* an, sobald Sie einen der dort gelisteten Rechner oder eine der Netzwerkfestplatten markieren.

Doch bietet das Heimnetz noch sehr viel spannendere Möglichkeiten, als einfach nur Daten von A nach B zu kopieren. So lassen sich Fotos, Musik, Filme und Dokumente auf einer sogenannten Netzwerkfestplatte speichern, die per Kabel mit dem Router verbunden ist. Diese Netzwerkfestplatte kann ihre Daten unabhängig von jedem PC oder Notebook jedem Gerät im Heimnetz zur Verfügung stellen. Notebooks, PCs und andere netzwerkfähige Geräte können auf eine Netzwerkfestplatte völlig unabhängig voneinander zugreifen, um beispielsweise Musikdateien abzuspielen, Videos wiederzugeben oder Bilder zu betrachten.

3.3.1   Heimnetze um neue Geräte erweitern

Auch moderne Fernseher, Webradios, Media Player, Blu-ray-Player, Spielekonsolen und diverse andere netzwerkfähige Multimedia-Geräte lassen sich per Kabel oder drahtlos mit dem Router verbinden und somit ins Heimnetz integrieren. Viele dieser Geräte können Inhalte direkt von der Netzwerkfestplatte aus dem Heimnetz abspielen, ohne dass Sie dazu einen Computer anschalten müssen.

Oder Sie installieren sich eine Netzwerkkamera, auf die Sie von jedem Rechner im Heimnetz zugreifen können. Bei entsprechender Routerkonfiguration gelingt der Zugriff sogar von einem beliebigen Rechner aus dem Internet – oder per Applikation auf Ihrem Smartphone (siehe auch Kapitel 5, Abschnitt »DynDNS-Daten in den Router eintragen«).

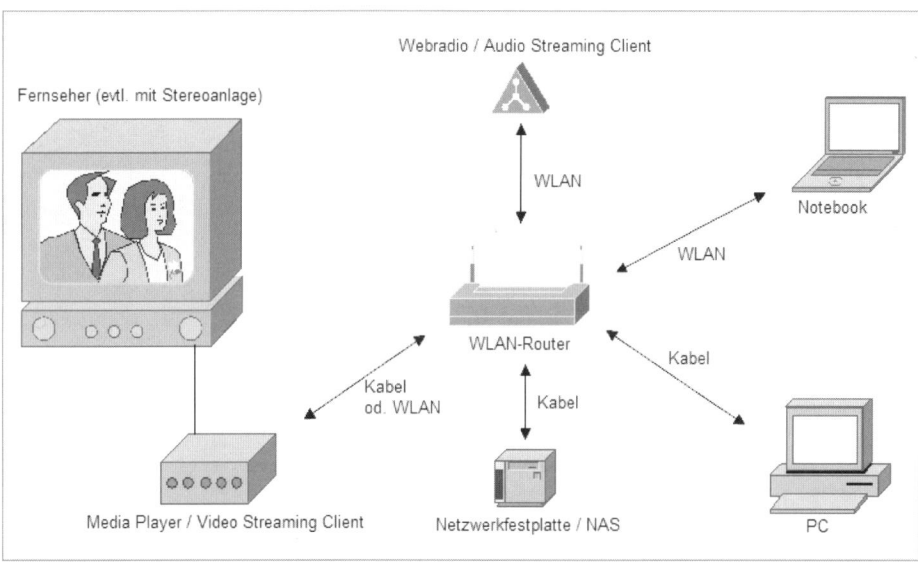

Bild 3.7: Die Basisvariante eines Heimnetzwerks (Router + Notebook/PC) lässt sich um diverse Komponenten, wie z. B. Netzwerkfestplatte, Webradio, Media Player, Netzwerkkamera etc., erweitern.

Die Möglichkeiten in Ihrem Heimnetz sind grenzenlos. Und was die ganze Angelegenheit auch für den Geldbeutel interessant macht: Sie können alle Geräte völlig unabhängig voneinander integrieren. Sie selbst entscheiden, wann, wie und in welcher Reihenfolge Sie Ihr Heimnetz erweitern. Einzige Voraussetzung: Alle Geräte müssen netzwerkfähig sein und mit Ihrer Zentrale, dem Heimnetzrouter, verbunden sein.

Bevor ich in den folgenden Kapiteln näher auf einzelne Gerätegruppen für Ihr Heimnetz eingehe, erhalten Sie zunächst einen Überblick über die wichtigsten Verbindungsmöglichkeiten ins Heimnetz. Denn wie bereits mehrfach erwähnt, steht und fällt die Integration ins Heimnetz mit der erfolgreichen Verbindung zum Router.

Mini-Glossar

Access Point: Der Access Point oder WLAN-Access-Point ist das Zentrum eines drahtlosen Netzwerks und Bestandteil eines WLAN-Routers. Der Access Point bindet sogenannte WLAN-Clients (Notebooks, Webradios etc.) drahtlos ins Heimnetz ein.

LAN: Der Ausdruck LAN steht für »Local Area Network« und bedeutet »lokal begrenztes Netzwerk«. Verbinden Sie zum Beispiel einen PC und eine Netzwerkfestplatte per (Netzwerk-)Kabel mit Ihrem Router, befinden sich alle drei Geräte im selben LAN.

Router: Ein Router ist der »Vermittler« zwischen dem Internet und dem Heimnetz. Er verteilt einen Onlinezugang (DSL, TV-Kabel etc.) auf mehrere Geräte im Heimnetz. Außerdem trennt der Router alle Geräte im Heimnetz sicher vom Internet ab. In den Grundeinstellungen lässt er keine Anfragen aus dem Internet ins Heimnetz zu.

Switch: Hierbei handelt es sich um eine Art Verteilerbox, die zum Beispiel an einen freien LAN-Port des Routers angeschlossen wird und diesen je nach Switch-Modell um vier bis acht zusätzliche LAN-Ports erweitert. Das Prinzip ähnelt somit dem einer Mehrfachsteckdose.

WLAN: In einem »Wireless Local Area Network« sind die einzelnen Geräte (WLAN-Router und WLAN-Clients) nicht per Kabel, sondern drahtlos per Funk miteinander verbunden.

WLAN-Router: Ein WLAN-Router als Heimnetzzentrale stellt neben dem Onlinezugang auch die Verbindung zwischen einem per Kabel angeschlossenen LAN-Client und einem per Funk eingebundenen WLAN-Client her. So kann ein Notebook, das per WLAN mit dem Router verbunden ist, auf eine Netzwerkfestplatte zugreifen, die per Kabel an einem LAN-Port desselben Routers hängt.

3.4 Verbindungen mit Ethernetkabel

Das Netzwerkkabel, das auch als Ethernet- oder Patchkabel bezeichnet wird, ist die klassische Methode, mit der sich ein netzwerkfähiges Gerät an den Router anschließen und somit ins Heimnetz integrieren lässt. Netzwerkkabel sind einfach zu installieren, relativ preisgünstig und im Vergleich zu anderen Verbindungsmethoden weitgehend unempfindlich gegen Störungen.

Das zu verbindende Gerät, zum Beispiel ein PC, benötigt hierzu einen Ethernet- oder LAN-Adapter, in dessen Buchse das eine Ende des Netzwerkkabels gesteckt wird. Das andere Kabelende kommt dann in einen freien Ethernet- oder LAN-Port am Switch auf der Rückseite des Routers.

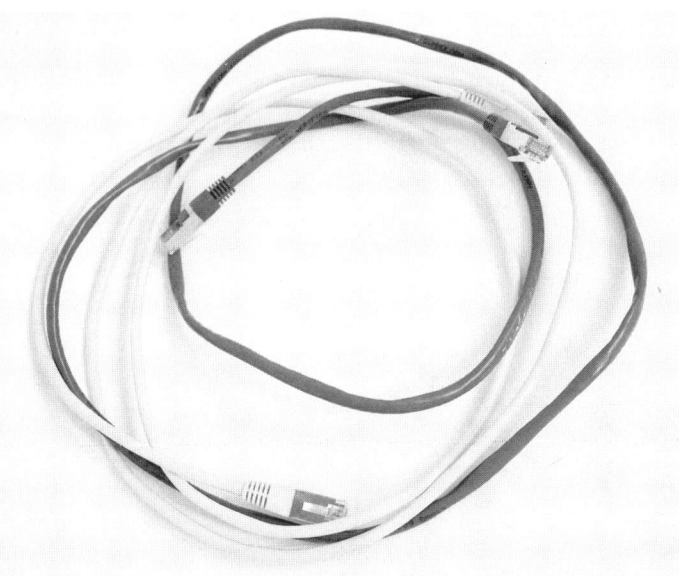

Bild 3.8: Achten Sie immer darauf, dass die Plastiknase am Stecker des Netzwerkkabels nicht abbricht. Bei den meisten Routern ist ein Netzwerkkabel im Lieferumfang enthalten.

Meist sind die LAN-Ports bei Heimnetzroutern auf maximal vier Stück begrenzt (4-Port-Switch). Wer mehr Anschlüsse benötigt, kann den internen Switch des Routers um einen externen Switch erweitern.

Bild 3.9: Mit einem externen (5-Port-)Switch ersetzen Sie einen LAN-Port Ihres Heimnetzrouters durch vier neue LAN-Ports. (Quelle: *www.zyxel.de*)

Zudem sind nach wie vor Router im Umlauf, die nur über zwei oder oder gar einen LAN-Port verfügen. Auch in solch einem Fall empfiehlt es sich, das alte Gerät um einen externen Switch zu erweitern. Externe Switches nach dem Fast-Ethernet-Standard (10/100 MBit/s) werden bereits ab etwa 15 Euro im Handel angeboten.

3.4.1   Fast Ethernet und Gigabit Ethernet

Die LAN-Ports bzw. Switches der meisten Heimnetzrouter unterstützen den Übertragungsstandard Fast Ethernet (10/100 MBit/s), dessen maximale (Brutto-)Übertragungsrate bei 100 MBit/s liegt. Unter Praxisbedingungen erreicht Fast Ethernet eine (Netto-)Übertragungsrate von maximal 90 MBit/s.

Doch lässt sich die Geschwindigkeit im Netzwerk noch deutlich erhöhen, wenn man stattdessen ein etwas teureres Routermodell einsetzt, das bereits mit einem sogenannten Gigabit- oder GBit-Switch (10/100/1000 MBit/s) ausgestattet ist.

Bild 3.10: D-Links schicker Heimnetzrouter DIR-685 besitzt neben Display und internem Speicher auch einen GBit-fähigen Switch. (Quelle: *www.dlink.de*)

Mit einem solchen Gigabit- oder GBit-Router sind (Netto-)Übertragungsraten von bis zu 800 MBit/s möglich. Das macht sich vor allem dann bemerkbar, wenn häufig größere Datenmengen im Netzwerk übertragen werden.

GBit-(Gigabit-)Geschwindigkeit erreichen Sie jedoch nur dann, wenn alle am Datenaustausch beteiligten Netzwerkgeräte den GBit-Standard unterstützen. Die Geschwindigkeit im Netzwerk wird immer von dem Gerät mit der langsamsten Übertragungsrate bestimmt.

Ein Beispiel: Daten sollen von einem PC auf eine Netzwerkfestplatte übertragen werden. Beide Geräte sind mit einem GBit-fähigen Netzwerkadapter ausgestattet und jeweils über Netzwerkkabel mit dem Switch des Routers verbunden. Um nun tatsächlich GBit-Übertragungsraten zwischen beiden Geräten zu erreichen, muss auch der Switch im Router GBit-fähig sein.

Stehen Sie also gerade vor dem Kauf eines neuen Routers, sollten Sie folglich ruhig ein paar Euro mehr ausgeben und sich ein Gerät mit GBit-Switch zulegen.

3.4.2 Das Heimnetz GBit-fähig machen

Eine andere Möglichkeit besteht darin, sich einen externen GBit-Switch ab etwa 30 Euro zu kaufen und diesen an den langsamen Fast-Ethernet-Switch des Routers anzuschließen.

Das ist zum Beispiel dann sinnvoll, wenn Sie gern eine schnelle (GBit-)Netzwerkverbindung zwischen zwei oder mehreren GBit-fähigen Geräten in Ihrem Heimnetz hätten (z. B. PC und Netzwerkfestplatte), sich aber dafür nicht gleich einen neuen GBit-Router kaufen möchten – zumal Sie mit Ihrem aktuellen Router mit Ausnahme des »langsamen« Fast-Ethernet-Switch eigentlich sehr zufrieden sind.

Bild 3.11: Vor allem bei älteren WLAN-Routern, die nach wie vor problemlos funktionieren und die man ungern durch ein teures Nachfolgemodell ersetzen möchte, lohnt sich die Erweiterung um einen externen GBit-Switch (graues Gerät). Der externe Switch wird einfach über ein (hier graues) Netzwerkkabel an einen freien LAN-Port des Routers (schwarzes Gerät) angeschlossen. Alle am GBit-Switch angeschlossenen Geräte (schwarzes, gelbes, weißes LAN-Kabel) kommunizieren untereinander mit GBit-Geschwindigkeit.

Nun können Sie alle GBit-fähigen Netzwerkgeräte an den externen GBit-Switch anschließen und erhalten bei Datenübertragungen zwischen diesen Geräten GBit-Geschwindigkeit. Das Praktische daran: Alle Geräte am GBit-Switch erhalten nach wie vor Ihre interne Netzwerkadresse vom (DHCP-Server im) Heimnetzrouter.

Nur bei Datenübertragungen zu einem Gerät, das am langsamen Fast-Ethernet-Switch des Routers hängt, sinkt auch die Übertragungsrate wieder auf Fast-Ethernet-Niveau.

3.4.3 Kabelsorten: CAT5e, CAT6, STP, SFTP, UTP

Für kürzere Verbindungen im Heimnetz können Sie herkömmliche Patchkabel nach dem CAT5e-Standard verwenden, wie sie bereits zahlreichen Netzwerkgeräten beiliegen. Achten Sie beim Kauf außerdem darauf, dass die CAT5e-Kabel gegen Störungen von außen abgeschirmt sind.

Bild 3.12: Achten Sie beim Kauf von Netzwerkkabeln wie hier bei *www.alternate.de* auf die genauen Bezeichnungen (CAT5e, CAT6, STP, FTP etc.).

Das erkennen Sie an Abkürzungen wie FTP (foliengeschirmtes Kabel), STP (geflecht-geschirmtes Kabel) oder SFTP (gesamtgeschirmtes Kabel), die ebenso wie die Bezeichnung CAT5e außen auf dem Kabel zu sehen sind. Ein Netzwerkkabel, das nur die Bezeichnung UTP (ungeschirmtes Kabel) trägt, sollte nur über kurze Distanzen ver-wendet werden.

Bild 3.13: Die Bezeichnung des Kabelstandards ist immer auf dem Netzwerkkabel abgedruckt, hier *CAT5e*.

Ebenso gilt für CAT5e-Kabel, dass diese auf geringe Distanzen (wenige Meter) auch noch mit schnellen GBit-Transfers zurechtkommen. Wer sichergehen möchte, sollte seinem GBit-Netz allerdings die nicht sehr viel teureren Patchkabel nach dem CAT6-Standard gönnen.

3.4.4 Kabelverlegung oft problematisch

Der Nachteil von Kabelverbindungen besteht in dem meist großen Aufwand, diese vernünftig zu verlegen. Nicht jeder möchte oder darf bei sich zu Hause Wände oder Geschossdecken durchbohren. Nicht einmal Verbindungen innerhalb eines Zimmers lassen sich immer per Kabel lösen. Hier drohen gefährliche Stolperfallen sowie Schäden an Geräten, deren Kabel heraus- oder die durch das Kabel heruntergerissen werden könnten. Das Verlegen unter dem Teppich sieht nicht besonders vorteilhaft aus und kann außerdem zu Trittschäden am Kabel führen.

Diese Beispiele lassen sich noch beliebig fortführen. Deshalb folgende Empfehlung: Wer Haus oder Wohnung nachträglich mit Fast Ethernet oder besser noch Gigabit Ethernet verkabeln möchte und selbst keine Erfahrung damit hat, sollte einen Fachbetrieb zurate ziehen.

Wer sein Haus selbst baut, bauen lässt oder größere Renovierungsarbeiten durchführen muss, sollte die Netzwerkverkabelung vom Keller bis zum Dachboden unbedingt mit einplanen. Allein das Einziehen einiger Leerrohre kann das spätere Verlegen von Kabeln ungemein erleichtern.

Doch selbst wenn Ihr Haus optimal verkabelt ist und in jedem Zimmer durchschnittlich zwei LAN-Buchsen zur Verfügung stehen: Würden Sie deshalb Ihr Note- oder Netbook per Netzwerkkabel an einen solchen Anschluss ketten wollen? Vermutlich nicht, denn gerade für mobile Geräte gibt es eine deutlich komfortablere Verbindungsmethode ohne störende Kabel.

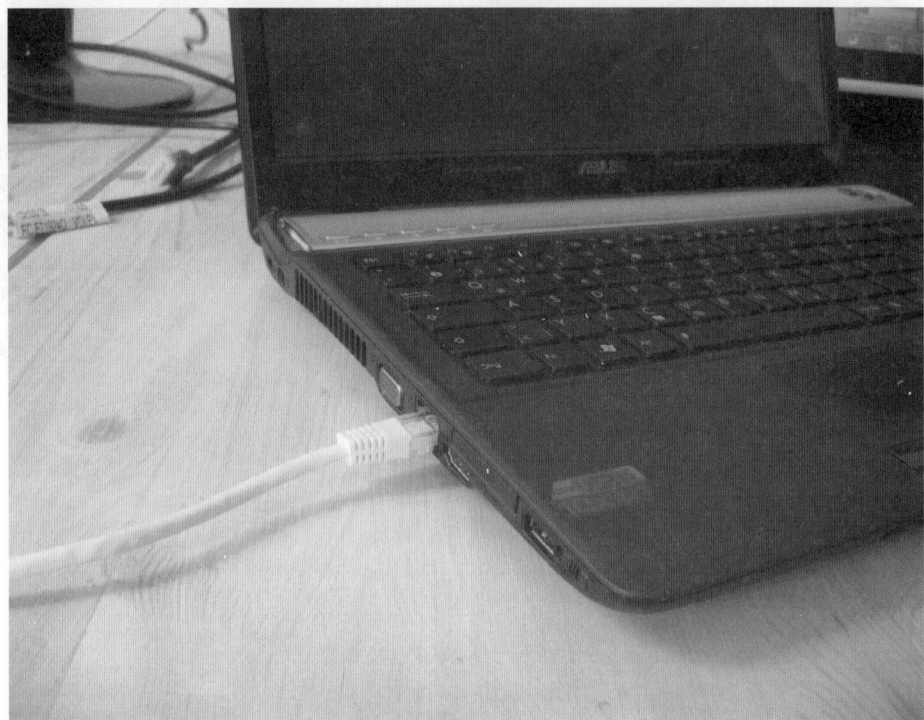

Bild 3.14: Notebook mit Netzwerkkabel geht zwar auch – aber nur als Notlösung!

3.5 Drahtlose Funknetz-Verbindungen

Fast alle modernen Router bieten neben Kabelanschlüssen auch die Verbindung über ein Funknetz, das sogenannte WLAN. Der Begriff WLAN steht dabei für »Wireless Local Area Network«, was sich mit »drahtloses, lokales Netzwerk« übersetzen lässt. Um eine WLAN-Verbindung zum Router und somit ins Heimnetz herstellen zu können, muss ein Gerät mit einem WLAN-Adapter ausgestattet sein. Jedes halbwegs aktuelle Notebook hat bereits einen integrierten WLAN-Adapter. PCs lassen sich bei Bedarf mit einem USB-WLAN-Adapter nachrüsten. Das gilt auch für einige andere netzwerkfähige Geräte mit USB-Anschluss, wie zum Beispiel manche Media Player. Bei vielen der neueren Mini-PCs oder Nettop-Modelle ist der WLAN-Adapter ebenfalls schon integriert.

Bild 3.15: n-WLAN-USB-Sticks sind mittlerweile recht handlich geworden, wie dieser Adapter von AVM beweist. (Quelle: *www.avm.de*)

3.5.1 Theoretische Übertragungsgeschwindigkeiten

WLAN bietet mit dem aktuellen 802.11n-Standard, kurz n-WLAN, Übertragungsraten bis zu 600 MBit/s. Aktuell im Handel erhältlich sind Geräte mit 150, 300 und 450 MBit/s.

Ausschlaggebend für die angegebene Übertragungsgeschwindigkeit ist unter anderem die Zahl der Sende- und Empfangsantennen, die in ein n-WLAN-fähiges Gerät integriert sind. Für 150 MBit/s sind eine Sende- und eine Empfangseinheit (1 x 1) nötig, 300 MBit/s erfordern zwei Sende- und zwei Empfangsantennen (2 x 2), und für 450 MBit/s sind es demzufolge 3 x 3.

Um maximale Verbindungsgeschwindigkeiten zu erreichen, müssen beide beteiligten Geräte, also beispielsweise der Access Point am Router und der WLAN-Adapter am Notebook, die gleiche Anzahl von Empfangs- und Sendeantennen aufweisen. Falls nicht, richtet sich die maximale Übertragungsgeschwindigkeit nach dem jeweils schwächeren Partner.

Bild 3.16: Der Linksys E4200 von Cisco ist einer der wenigen n-WLAN-Router, die bereits Bruttoraten von 450 MBit/s unterstützen.

3.5.2 Tatsächliche Übertragungsgeschwindigkeiten

Vor allem in Bezug auf WLAN gilt, dass die für den Anwender relevanten Übertragungsgeschwindigkeiten (Nettodatenraten) tatsächlich erheblich geringer ausfallen als die auf der Packung angegebenen (Brutto-)Übertragungsraten. Im Idealfall erreicht die Nettodatenrate, die sich aus der übertragenen Menge der Nutzdaten pro Zeiteinheit berechnet, gerade einmal die Hälfte der Bruttowerte auf der Verpackung. Der folgende Kasten »Übertragungsraten: brutto und netto« erklärt den genauen Unterschied.

Übertragungsraten: brutto und netto

Die Geschwindigkeit bei Netzwerkadaptern wird generell in Bruttowerten oder Linkraten angegeben, die jedoch in der Praxis wenig aussagekräftig sind. Die Bruttodatenrate berücksichtigt alle Daten, die pro Zeiteinheit über eine Verbindung (»Link«) fließen. Hierzu zählen auch die Daten, die erforderlich sind, um eine Verbindung aufzubauen, aufrechtzuerhalten oder zu steuern (Übertragungsprotokolle). Diese Daten werden auch als »Overhead« bezeichnet.

Wenn Sie folglich eine Datei von Ihrem Notebook auf eine Netzwerkfestplatte im Heimnetz übertragen möchten, fließt also nicht nur Ihre Datei über die Netzwerkverbindung, sondern auch der zur Übertragung der Datei erforderliche Overhead.

Bei WLAN ist dieser Overhead-Anteil in etwa ebenso groß wie die tatsächlich zu übertragenden Nutzdaten. Das bedeutet: Wenn Sie eine Word-Datei mit 1 MByte (Nutzdaten) innerhalb Ihres Heimnetzes per WLAN übertragen, wird zusätzlich etwa 1 MByte Overhead erzeugt, die Bruttodatenmenge, die tatsächlich übertragen wird, liegt somit bei 2 MByte.

Die für den n-WLAN-Standard angegebenen 300 MBit/s stellen immer nur die Bruttodatenrate dar. Die tatsächliche Nettodatenrate liegt bei etwa 100 bis 150 MBit/s. Bei den günstigeren n-WLAN-Geräten, deren Übertragungsrate mit 150 MBit/s (Bruttodatenrate) angegeben wird, liegt die tatsächliche Nettodatenrate bei etwa 60 bis 75 MBit/s.

3.5.3 Verbindungsqualität und Funkbarrieren

Grundsätzlich gilt: Je weiter WLAN-Router und WLAN-Adapter voneinander entfernt sind, umso schlechter ist die Verbindung. Innerhalb eines Hauses oder einer Wohnung sind jedoch weniger die Entfernungen zwischen Sender und Empfänger das Problem als vielmehr die zahlreichen Hindernisse in der Verbindungsstrecke. Diese führen zur Verschlechterung der Verbindungsqualität und damit auch zur Abnahme der Nettodatenrate.

Die Verbindungsqualität bei WLAN ist stark abhängig von den baulichen Gegebenheiten vor Ort und nimmt etwa durch Wände und Geschossdecken hindurch stark ab – bis hin zum Abbruch der Verbindung.

Auch einzelne Möbel, Regale, Schränke oder generell Hindernisse zwischen Access Point und WLAN-Client können die Qualität der Übertragung mindern. Sorgen Sie dafür, dass Ihr WLAN-Router einigermaßen »frei« steht und nicht bereits in der unmittelbaren

Umgebung auf Funkbarrieren trifft. Anstatt Ihr Gerät in den Schrank zu stellen, platzieren Sie es lieber auf dem Schrank.

Manche Heimnetzrouter sind an der Unterseite mit Aussparungen versehen, die eine einfache Montage an der Wand ermöglichen. Zur Befestigung sind zwei Schrauben mit Dübel, eine Bohrmaschine und ein Schraubenzieher erforderlich. Eine Bohrschablone für den passenden Schraubenabstand ist mit Papier und Bleistift rasch angefertigt.

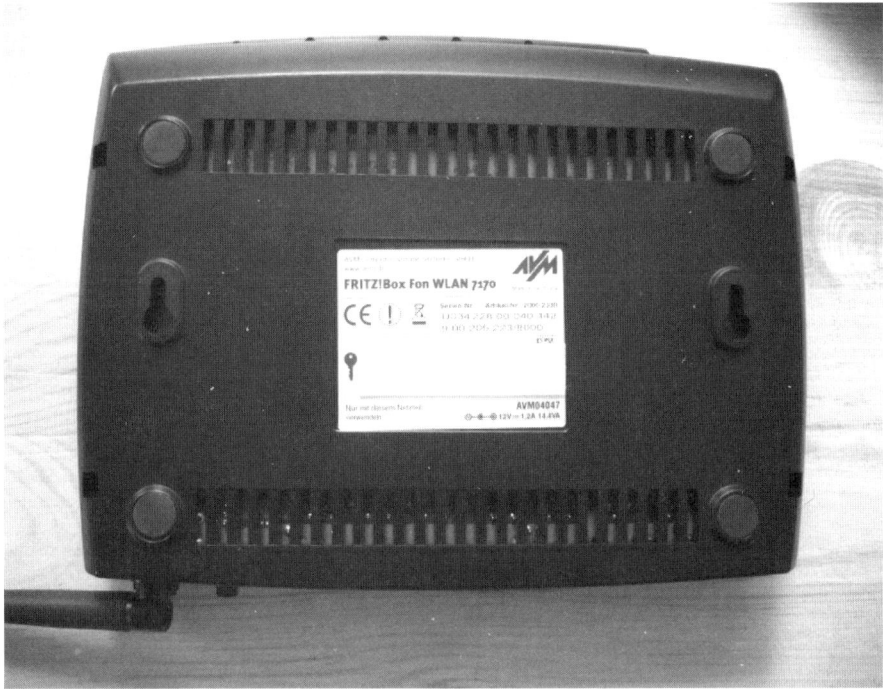

Bild 3.17: Selbst ältere Routermodelle von AVM waren bereits mit Aussparungen zur Wandbefestigung versehen (die beiden birnenförmigen Löcher links und rechts vom silbernen Aufkleber).

Trotz bestmöglicher Platzierung des WLAN-Routers lässt es sich nicht verhindern, dass ein WLAN-Client an bestimmten Stellen einer Wohnung oder eines Hauses nur eine sehr schlechte oder gar keine Verbindung zum Router erhält. Solche Orte bezeichnet man auch als »Funklöcher«.

Erfreulicherweise haben diese Probleme seit der Einführung des WLAN-Standards 802.11n (n-WLAN) deutlich abgenommen. Im Gegensatz zum Vorgänger 802.11g (g-WLAN) nutzt n-WLAN effizientere und »intelligentere« Übertragungstechniken.

Zum Beispiel können n-WLAN-Geräte ihre Daten innerhalb eines Funkkanals parallel über mehrere Antennen übertragen. Der Empfang von Funksignalen ist also selbst dann noch möglich, wenn diese teilweise an Hindernissen reflektiert werden.

3.5.4   Wenn der Nachbar dazwischenfunkt

Umso problematischer für die Verbindungsqualität im Heimnetz ist hingegen der sprunghafte Anstieg der WLAN-Nutzung in Privathaushalten. Wie bereits angesprochen, erhält nahezu jeder Breitbandkunde von seinem Provider einen WLAN-fähigen Router.

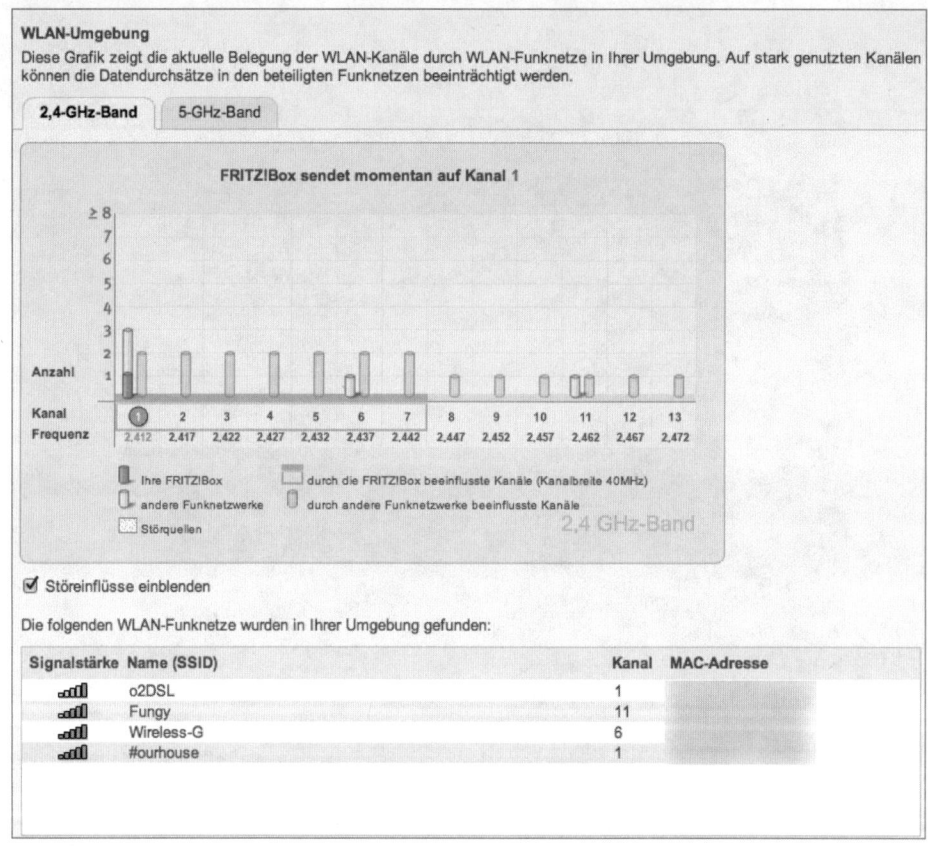

Bild 3.18: Störende Nachbarn ausfindig machen und den Kanal entsprechend anpassen.

Aktuell sind laut Bundesnetzagentur etwa zwei Drittel der Haushalte in Deutschland mit einem Breitbandanschluss versorgt. Folgt man dieser Statistik, funken in einem Wohnhaus mit beispielsweise neun Parteien ungefähr sechs WLAN-Router »um die Wette«. Da sich die von den verschiedenen Access Points genutzten Funkkanäle mehr oder weniger stark überschneiden, führt das oft zu spürbaren Beeinträchtigungen bei Datentransfers in den betroffenen Heimnetzen.

Inzwischen besitzen viele WLAN-Router bereits eine automatische Kanalwahlfunktion, mit der man einem, eventuell auch zwei Störsignalen aus der Nachbarschaft effektiv ausweichen kann.

Befinden sich jedoch mehr als zwei Access Points in unmittelbarer Umgebung, ist das Ausweichen im herkömmlichen WLAN-Funkband (2,4 GHz) durch einen Kanalwechsel nicht mehr möglich. In einem solchen Fall können Sie mit aktueller n-WLAN-Hardware auf ein anderes Frequenzband umschalten. Allerdings ist hier vorab eine kleine Einführung in aktuelle WLAN-Standards erforderlich.

3.5.5 WLAN-Standards: ein kurzer Abriss

Denn leider ist es, was die aktuell im Handel verfügbaren WLAN-Geräte mit ihren Standards und ihrer Kompatibilität zueinander betrifft, etwas unübersichtlich. Die folgende kurze Abhandlung liefert das nötige Grundwissen.

* Zur Übertragung von Daten per Funk verwendet der n-WLAN-Standard (802.11n) das 2,4-GHz- und das 5-GHz-Frequenzband. Ein Gerät (WLAN-Adapter oder -Router), das mit »n-WLAN-fähig« beworben wird, kann demnach entweder n (2,4 GHz) oder n (5 GHz) oder n (2,4 und 5 GHz) unterstützen.

* Im 2,4-GHz-Band senden neben dem aktuellen n-WLAN (802.11n) auch das völlig veraltete b-WLAN (802.11b) und das veraltete, aber noch weit verbreitete g-WLAN (802.11g). Hierbei gilt: 802.11b und 802.11g sind voll kompatibel zu 802.11n (2,4 GHz).

* Im 5-GHz-Frequenzband, das in Deutschland noch wenig verbreitet ist, sendet der veraltete Standard 802.11a und außerdem das aktuelle 802.11n (5 GHz). Hierbei gilt: 802.11a und 802.11n (5 GHz) sind miteinander kompatibel.

* Allerdings ist kein WLAN-Standard aus dem 2,4-GHz-Band kompatibel mit einem Funkstandard aus dem 5-GHz-Band. Oder anders ausgedrückt: Geräte nach dem b-, g- oder n-(2,4-GHz-)-Standard können mit Geräten nach dem a- oder n-(5-GHz-) Standard keine Verbindung eingehen.

3.5.6 n-WLAN mit Dualband als Lösung

Die ersten in Deutschland verfügbaren n-WLAN-Router und n-WLAN-Adapter unterstützten ausschließlich das 2,4-GHz-Band. Inzwischen finden sich auch n-WLAN-Geräte, die sowohl im 2,4-GHz- als auch im 5-GHz-Band übertragen können. Solche Geräte werden auch als Dualband-Geräte bezeichnet. Ein Dualband-Router kann also mit 2,4 GHz und mit 5 GHz funken.

Dualband-Router lassen sich bei Bedarf, zum Beispiel bei hoher Access-Point-Dichte in Großstädten, einfach auf das andere, weniger stark »frequentierte« Frequenzband schalten. Dualband-Router der ersten Generation konnten allerdings entweder nur im 2,4-GHz-Band oder nur im 5-GHz-Band funken. Damit waren diese Geräte also entweder kompatibel zum b-, g-, n-(2,4-GHz-)Standard oder kompatibel zum a-, n-(5-GHz-) Standard.

Bild 3.19: Die FRITZ!Box 7270 war ein Dualband-Router der ersten Generation und konnte entweder mit 2,4- oder mit 5-GHz-n-WLAN funken. (Quelle: *www.avm.de*)

Nach dem Umschalten eines solchen Access Point von 2,4 auf 5 GHz kann dieser anschließend jedoch nur noch mit WLAN-Geräten kommunizieren, die die Standards a oder n-5-GHz verstehen. Alle Geräte im Heimnetz, die mit b-, g- oder n-2,4-GHz-WLAN funken, können dann keine Verbindung mehr zum WLAN-Router aufbauen. Deshalb waren Dualband-Router, die immer nur eines der beiden n-Funknetze aufspannen konnten, für den Funkfrequenzwechsel in der Praxis eher weniger geeignet.

3.5.7 Paralleles Dualband

Allerdings finden sich mittlerweile auch immer häufiger Dualband-Router, die beide n-WLAN-Frequenzbänder gleichzeitig und somit zwei voneinander unabhängige drahtlose n-WLAN-Netze aufspannen können. Hierzu zählen unter anderem der Linksys E4200 von Cisco, AVMs FRITZ!Box 7370 oder der auf der nächsten Seite abgebildete Parallelband-Router DIR-825 von D-Link. Diese Geräte unterstützen die gleichzeitige Übertragung von Funksignalen sowohl im 2,4-GHz- als auch im 5-GHz-Frequenzbereich.

Bild 3.20: Der Parallelband-Router DIR-825 spannt zwei unabhängige WLAN-Netze im 2,4- und 5-GHz-Band auf. (Quelle: *www.dlink.de*)

Diese besondere Dualband-Technik bezeichnen manche Netzwerkhersteller auch treffend als »Parallelband« (D-Link) oder »simultanes Dualband« (Cisco/Linksys). Beide WLANs sind aufgrund der beiden weit auseinanderliegenden Frequenzen vollständig voneinander abgeschirmt und kommen sich dadurch nicht in die Quere.

Bild 3.21: Bei der FRITZ!Box 7390 handelt es sich um einen »echten« Dualband-Router mit zwei simultanen Netzen – eins im 2,4-GHz- und eins im 5-GHz-Band.

So ist es problemlos möglich, beispielsweise über das 2,4-GHz-WLAN im Internet zu surfen und gleichzeitig hochauflösende Videos über das 5-GHz-WLAN im Heimnetz zu übertragen. Und ist die Dichte an 2,4-GHz-WLANs in der Nachbarschaft zu groß, verwendet man eben das (momentan) noch eher selten verwendete 5-GHz-Netz. Selbstverständlich ist auch der Einsatz von Parallelband-Routern nur dann sinnvoll, wenn die eigenen WLAN-Clients nicht nur 2,4 GHz, sondern auch 5 GHz »sprechen«.

Es finden sich – vor allem im hochpreisigen Segment – immer häufiger Notebooks, die mit entsprechenden Dualband-WLAN-Adaptern ausgestattet sind. Achten Sie unter den WLAN-Eigenschaften des jeweiligen Notebooks auf die Standards a, b, g und n.

Ansonsten lässt sich Dualband-WLAN natürlich auch über die USB-Schnittstelle per Adapter nachrüsten.

Bild 3.22: Dualband-USB-Adapter (hier: Netgear, AVM, Cisco/Linksys) können wahlweise Verbindungen mit 2,4- oder 5-GHz-Access-Points eingehen.

3.5.8   Sicherheit im Funknetz

Da ein WLAN-Router auch außerhalb der eigenen vier Wände funkt und somit von jedem beliebigen Notebook in Reichweite angesprochen werden kann, muss die Funkverbindung im Gegensatz zur Kabelverbindung besonders gesichert werden. Der eigene Access Point sollte deshalb unbedingt per WPA2-Verschlüsselung gesichert werden. In den folgenden beiden Workshops stellen wir Ihnen Möglichkeiten vor, um ein WLAN-fähiges Gerät mit Ihrem (WLAN-)Router zu verbinden.

Die erste Möglichkeit ist die moderne und besonders komfortable WPS-Methode. Sie funktioniert allerdings nur, wenn sowohl Ihr WLAN-Router als auch der entsprechende WLAN-Client WPS unterstützen. Ist dem nicht so, überspringen Sie die folgenden Abschnitte und wenden stattdessen die im Anschluss beschriebene »klassische Verbindungsmethode« an. Sie ist zwar etwas umständlicher, funktioniert dafür aber garantiert mit allen WLAN-Geräten.

3.5.9   Verschlüsselung mit K(n)öpfchen

Viele aktuelle WLAN-Router unterstützen bereits das sogenannte WPS-Verfahren, über das sich eine sichere WLAN-Verbindung sehr einfach per Knopfdruck herstellen lässt. Voraussetzung ist, dass auch der WLAN-Adapter des einzubindenden Geräts WPS unterstützt.

- WPS steht für »Wi-Fi Protected Setup« und ist ein Standard, der die Einrichtung eines gesicherten WLAN erheblich vereinfacht. Mit WPS erspart sich der Benutzer beispielsweise das umständliche und fehlerträchtige Übertragen des WPA-Schlüsselworts vom Access Point in den WLAN-Client.

- Stattdessen erledigt man mit WPS die gesamte Verschlüsselung per Knopfdruck oder Klick. Der Vorgang ist denkbar einfach, gestartet wird er durch das Betätigen einer WPS-Taste am Router.

Bild 3.23: Aktuelle Router mit WLAN-Access-Point unterstützen WPS und besitzen einen entsprechenden WPS-Knopf außen am Gerät.

- Innerhalb der folgenden zwei Minuten muss nun auch der WPS-fähige WLAN-Client (Notebook, PC etc.), mit dem Sie eine verschlüsselte Verbindung zum WLAN-Router herstellen möchten, per Klick oder Knopfdruck aktiviert werden.

- Übrigens unterstützt auch die *Drahtlosnetzwerkverbindung* von Windows 7 die praktische Verbindungsmethode per WPS. Wählen Sie dazu zunächst unter den aktuell verfügbaren *Drahtlosnetzwerkverbindungen* einen WPS-fähigen WLAN-Router aus und klicken Sie anschließend auf die Schaltfläche *Verbinden*.

- Das folgende Fenster *Verbindung mit einem Netzwerk herstellen* weist Sie auf diese Möglichkeit hin – *Die Verbindung kann auch durch Drücken der Taste am Router hergestellt werden.*

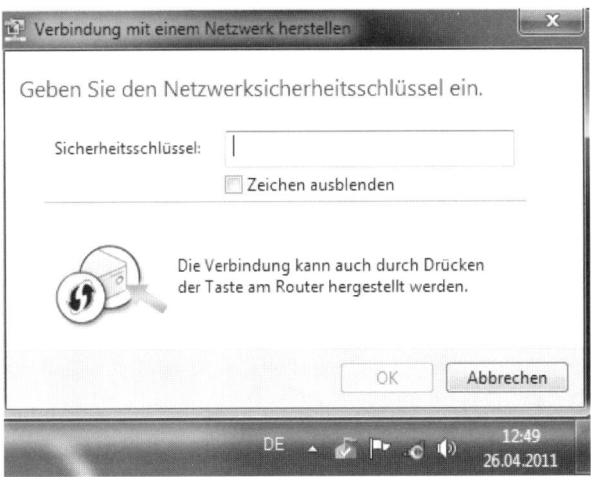

Bild 3.24: Die *Drahtlos-netzwerkverbindung* unter Windows 7 bietet alternativ zur Eingabe des WPA-Sicherheitsschlüssels auch die WPS-Methode an – falls der Router WPS unterstützt.

- Aktivieren Sie nun nachträglich innerhalb der nächsten zwei Minuten den WPS-Knopf am WLAN-Router, wird die verschlüsselte Verbindung hergestellt.

3.5.10 PBC oder PIN?

Als Alternative zum Verschlüsseln per Tastendruck, die auch als »Push-Button-Configuration« (PBC) bezeichnet wird, bieten WPS-fähige Geräte ein Verfahren mittels PIN. Hierzu gibt man in den Setup-Assistenten des WLAN-Adapters eine mehrstellige Ziffernfolge ein, die in der Regel auf der Unterseite des WPS-fähigen WLAN-Access-Point angebracht ist. Im Anschluss wird die verschlüsselte Verbindung hergestellt.

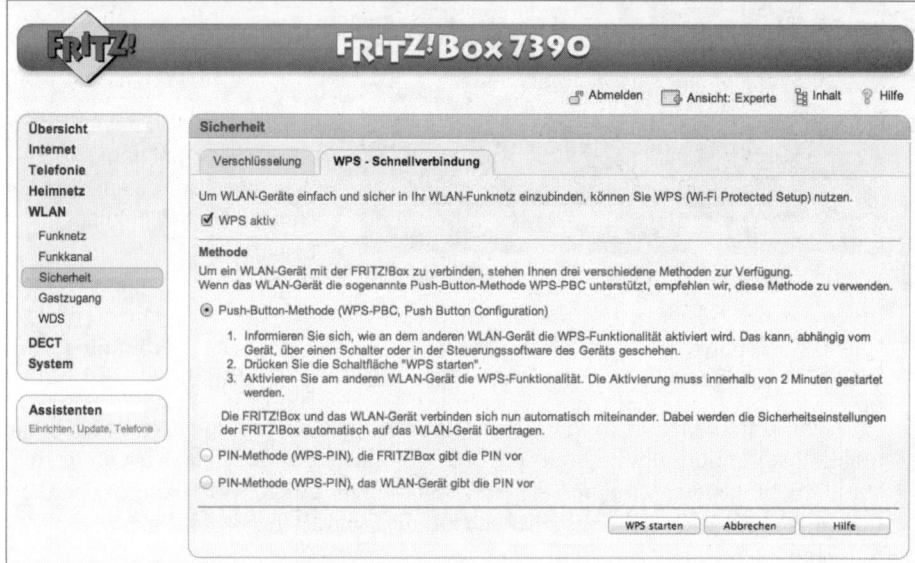

Bild 3.25: In WPS-fähigen Routern wie der FRITZ!Box kann zwischen der *Push-Button-Methode* und der *PIN-Methode* gewählt werden.

3.5.11 Der altmodische Verbindungsweg

Über den altmodischen Verbindungsweg lässt sich jeder WLAN-Client mit dem WLAN-Router verbinden. Dabei setzen wir voraus, dass sowohl WLAN-Router als auch WLAN-Client den Verschlüsselungsstandard WPA(-PSK) oder besser noch WPA2(-PSK) unterstützen. WLAN-Geräte ohne WPA(2)-Verschlüsselung gehören auf den Schrott.

- Dazu benötigen Sie zunächst die SSID, also den Namen Ihres drahtlosen Netzes, und den zugehörigen WPA(2)-Schlüssel (bzw. das entsprechende Passwort), mit dem das Funknetz Ihres WLAN-Routers gesichert ist. Im Folgenden stellen wir Ihnen zunächst drei Methoden vor, die Ihnen dabei helfen können, an diese Daten heranzukommen.

  Methode 1: Ihr WLAN-Router ist bereits vom Hersteller individuell vorverschlüsselt, die Zugangsdaten wie SSID und WPA(2)-Schlüssel sind auf der Unterseite des WLAN-Routers aufgedruckt. Das ist die einfachste Methode, an SSID und WPA-Passwort heranzukommen.

Bild 3.26: Die SSID (hier: FRITZ!Box Fon WLAN 7170) und der WPA-Schlüssel (hier: 81...) sind bei vorverschlüsselten WLAN-Routern meist auf der Geräteunterseite abgedruckt.

Methode 2: Wer sich nicht ganz sicher ist, ob SSID und/oder WPA-Schlüssel inzwischen geändert wurden, kommt mit Methode 1 nicht weiter. Dasselbe gilt für alle WLAN-Router, bei denen die Einrichtung der WLAN-Verschlüsselung durch den Anwender selbst erfolgt ist. In einem solchen Fall sucht man nach dem Zettel, auf dem man sich damals bei der WLAN-Einrichtung SSID und WPA-Schlüssel notiert hat. Wer diesen Zettel nicht finden kann, muss Methode 3 anwenden.

Methode 3: Greifen die beiden vorangegangenen Methoden nicht, müssen Sie im Webmenü des Routers in dessen WLAN-Einstellungen wechseln. Dort finden Sie sowohl die SSID als auch den WPA-Schlüssel Ihres WLAN-Routers. Wie Sie ins Webmenü gelangen, können Sie dem Handbuch oder der Quickinfo Ihres Routers entnehmen. Verwenden Sie für den Zugang zum Webmenü des Routers einen Rechner und verbinden Sie diesen per Netzwerkkabel mit einem freien LAN-Port am Switch des Routers.

- Mit SSID und WPA2-Schlüssel können Sie nun jeden beliebigen WLAN-Client (Notebook, PC, Webradio, Media Player etc.) drahtlos mit Ihrem WLAN-Router verbinden.

- Um beispielsweise ein Notebook oder einen PC zu verbinden, öffnen Sie zunächst dessen WLAN-Verbindungstool oder die *Drahtlosnetzwerkverbindung* des Windows-Betriebssystems. Diese Tools zeigen Ihnen sämtliche SSIDs der WLANs in Ihrer Umgebung an.

Bild 3.27: Unter der Überschrift *Drahtlosnetzwerkverbindung* listet das Verbindungstool von Windows alle verfügbaren WLANs oder Access Points in der Umgebung auf.

- Wählen Sie per Doppelklick die SSID Ihres WLAN-Routers aus und geben Sie anschließend in das Feld neben *Sicherheitsschlüssel* den WPA-Schlüssel des WLAN-Routers korrekt ein. Kurz darauf wird die Verbindung zum WLAN-Router hergestellt. Achtung: Der WPA-Schlüssel und das Zugangspasswort zum Router sind nicht dasselbe.

- Bei anderen WLAN-fähigen Geräten, zum Beispiel Webradios, läuft die Einbindung ähnlich. Sie wählen über deren Netzwerk-Setup unter allen angezeigten WLAN-SSIDs die Ihres WLAN-Routers aus und tragen anschließend den WPA-Schlüssel ein. Sie benötigen also auch hier immer den WLAN-Namen (SSID) und den zugehörigen Schlüssel.

Sofern eine ausreichend stabile Verbindung zustande kommt, ist WLAN sicher die mit Abstand eleganteste Lösung, um Geräte ohne störendes Kabel ins Heimnetz zu integrieren, auch wenn die Ersteinrichtung ohne WPS nach wie vor etwas beschwerlich und fehlerträchtig ist.

3.6   Powerline als Kabel- und WLAN-Alternative

Nur die wenigsten Haushalte besitzen vorverlegte Netzwerkkabel mit Anschlussmöglichkeiten in allen Zimmern. Der Griff zur Bohrmaschine wiederum kommt für viele Anwender nicht infrage. Und auch das freie Verlegen von Netzwerkkabeln quer durchs Zimmer ist keine Lösung. Frei herumliegende Kabel sind Stolperfallen und sehen zudem nicht besonders hübsch aus.

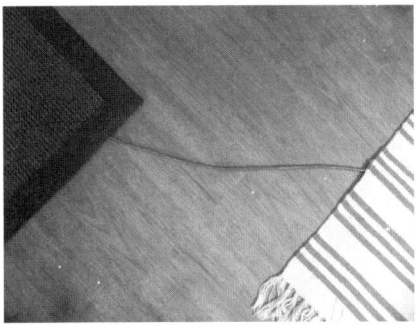

Bild 3.28: Derart »verlegte« Netzwerkkabel stellen ein Sicherheitsrisiko dar.

Die Funkverbindung über WLAN kommt zwar ohne Kabel aus, jedoch ist es möglich, dass sie nicht »funk-tioniert« – vor allem wenn es um die Überbrückung mehrerer Wände oder Stockwerke geht. Manche Räume sind aufgrund spezieller baulicher Gegebenheiten gut gegen Funkübertragung abgeschirmt, und in dem Fall klappt die Verbindung zum WLAN-Router gar nicht oder nur sehr schlecht.

3.6.1 Ab durch die Steckdose

Lassen sich Heimnetzgeräte weder per Netzwerkkabel noch über WLAN mit dem Heimnetzrouter verbinden, kann die Powerline-Technik als interessante und leistungsfähige Verbindungsmöglichkeit helfen. Powerline, auch kurz als PLC, »Powerline Communication«, bezeichnet, nutzt die Stromverkabelung im Haus als Übertragungsweg, wobei prinzipiell jede Stromsteckdose im Haushalt als Schnittstelle genutzt werden kann. So lassen sich Netzwerkgeräte selbst über mehrere Etagen hinweg verbinden.

Bild 3.29: Aufgrund des meist vorherrschenden Mangels an freien Steckdosen sind Powerline-Adapter mit integrierter Steckdose sehr zu empfehlen. (Quelle: *www.devolo.de*)

Die Einrichtung der Powerline-Technik ist einfach: Zunächst einmal benötigt man zwei zueinander kompatible Powerline-Adapter. Solche Adapter-Kits werden zuhauf im Fachhandel angeboten. Wir empfehlen Adapter-Kits, die mindestens den Powerline-Standard HomePlug AV mit einer Bruttoübertragungsrate von 200 MBit/s unterstützen.

3.6.2 Einstecken, verbinden, fertig

Um beispielsweise einen PC im ersten Stock mit einem DSL-Router im Keller zu verbinden, wird der erste Adapter (Adapter 1) zunächst in eine freie Steckdose im Keller gesteckt und per Netzwerkkabel mit einem freien LAN-Port am Router verbunden.

Der zweite Adapter (Adapter 2) wird per Netzwerkkabel mit dem LAN-Anschluss des PCs im ersten Stock verbunden und anschließend in eine freie Steckdose gesteckt. Und schon sind PC und Router über das heimische Stromnetz miteinander verbunden.

Die Verbindung läuft somit wie folgt: Router – Netzwerkkabel – Powerline-Adapter 1 – Stromnetz – Adapter 2 – Netzwerkkabel – PC und andersherum.

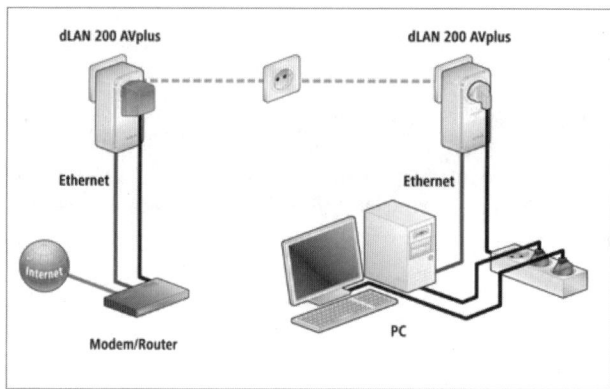

Bild 3.30: Powerline-Adapter überbrücken eine Netzwerkkabel-(Ethernet-) Verbindung einfach über das Stromnetz. (Quelle: *www.devolo.de*)

Die beiden Endgeräte bekommen von der Überbrückung über die Stromleitung gar nichts mit. Der PC an Adapter 2 »denkt«, er sei per Netzwerkkabel direkt mit dem Router verbunden, der Router wiederum »sieht« den PC als per Netzwerkkabel angeschlossenen LAN-Client.

Für jedes weitere Gerät, das auf diese Weise mit dem Heimnetz verbunden werden soll, genügt dann jeweils ein weiterer Powerline-Adapter.

> **Verschlüsselung im Stromnetz**
> Nicht jedes Powerline-Adapter-Paar stellt im Auslieferungszustand bereits eine sicher verschlüsselte Verbindung zwischen den einzelnen Adaptern im Stromnetz her. Vor allem in Mehrfamilienhäusern sollte darauf geachtet werden, dass das Heimnetz gegen unerwünschte Mitbenutzer abgesichert ist. Glücklicherweise lassen sich aktuelle PLC-Adapter bereits in wenigen Schritten so verschlüsseln, dass kein anderes Gerät – ob nun versehentlich oder mit Absicht – Teil Ihres Heimnetzes werden kann.

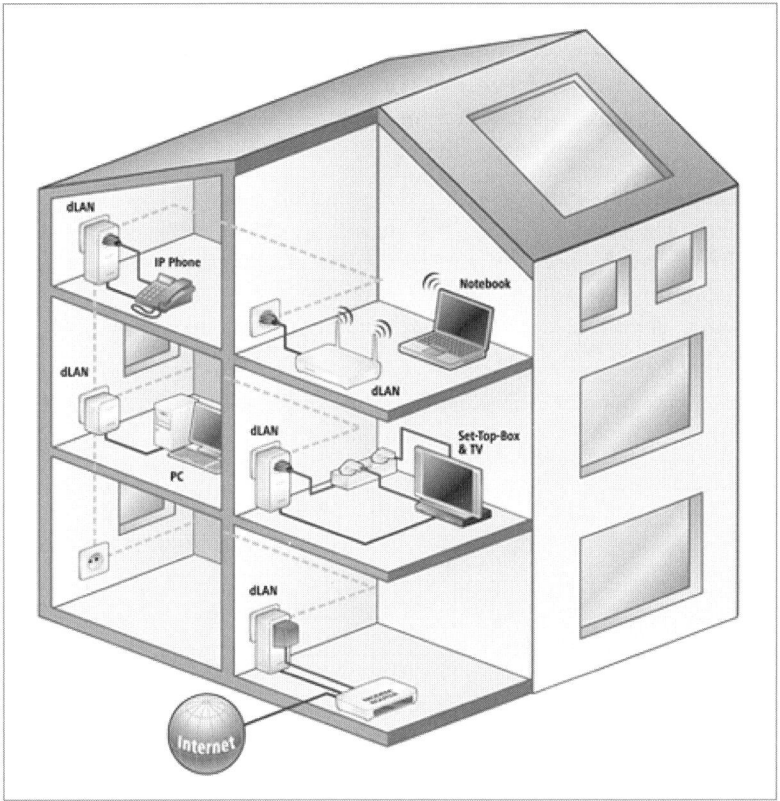

Bild 3.31: Mit Powerline-Adaptern (hier als »dLAN« bezeichnet) lässt sich ein Haus in der Regel auch über mehrere Stockwerke hinweg vernetzen. (Quelle: *www.devolo.de*)

3.6.3   Powerline-Verschlüsselung per Knopfdruck

Der folgende Workshop beschreibt, wie Sie mit viermaligem Knopfdruck eine sicher verschlüsselte Verbindung zwischen zwei Powerline-Adaptern und den daran angeschlossenen Geräten herstellen.

1. **Ein Adapter für jedes Netzwerkgerät**
    Um eine Verbindung zwischen zwei Geräten über das Stromnetz herzustellen, sind zwei Powerline-Adapter erforderlich. Wir empfehlen Geräte ab dem Standard »HomePlug AV« (200 MBit/s). Erst ab diesem Standard lässt sich die sichere Verschlüsselung per Knopfdruck einrichten. Für den Einstieg bieten fast alle Hersteller sogenannte Adapter-Kits an, die zwei (oder drei) Powerline-Adapter enthalten. Jeder Hersteller legt seinen Powerline-Kits pro Adapter je ein Netzwerkkabel bei.

2. **Einstecken und per Netzwerkkabel mit dem Gerät verbinden**
    Stecken Sie den ersten Adapter in eine freie Steckdose in der Nähe Ihres Routers. Anschließend verbinden Sie einen freien LAN-Port am Router per Netzwerkkabel mit dem LAN-Port am Powerline-Adapter. Den zweiten Powerline-Adapter stecken Sie in der Nähe des Geräts ein, das Sie mit dem Router via Stromnetz verbinden

möchten, zum Beispiel einen PC. Verbinden Sie nun auch den PC und den zweiten Powerline-Adapter mit einem Netzwerkkabel. Schalten Sie außerdem beide Geräte (in unserem Beispiel Router und PC) ein. Ansonsten kann es passieren, dass die PLC-Adapter in den Stromspar- oder Sleepmodus umschalten – und Sie die folgenden Schritte nicht korrekt durchführen können.

3. **Beide Adapter neu verschlüsseln**
   Drücken Sie nun an Adapter 2 die Verschlüsselungstaste für mindestens zehn Sekunden und verfahren Sie anschließend ebenso mit Adapter 1. So erhalten beide Stromadapter neue, unterschiedliche Verschlüsselungen. Die erfolgreiche Durchführung dieser Neuverschlüsselung quittiert jeder Adapter, indem alle seine LEDs für kurze Zeit erlöschen.

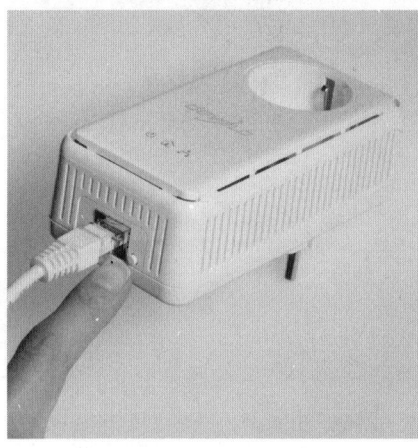

Bild 3.32: Drücken Sie dieses Knöpfchen zunächst zehn Sekunden. Dazu muss der Adapter – anders als in dieser Abbildung – jedoch in einer Steckdose eingesteckt sein. (Quelle: *www.devolo.de*)

4. **Verschlüsselung übertragen**
   Lassen Sie, nachdem Sie Schritt 3 durchgeführt haben, etwas Zeit (etwa eine halbe Minute) verstreichen und drücken Sie dann erneut die Verschlüsselungstaste an Adapter 1, nun jedoch nur für knapp zwei Sekunden. Eine Signal-LED am Adapter sollte jetzt regelmäßig blinken. Begeben Sie sich innerhalb der nächsten zwei Minuten zu Adapter 2 und drücken Sie auch dessen Verschlüsselungstaste für knapp zwei Sekunden, sodass dessen LED ebenfalls zu blinken beginnt.

   Kurz darauf übernimmt Adapter 2 automatisch das Verschlüsselungspasswort von Adapter 1, startet sich neu, und die sicher verschlüsselte Verbindung zwischen beiden Powerline-Adaptern ist aufgebaut.

5. **Weitere Geräte per Powerline-Adapter einbinden**
   Selbstverständlich können Sie zu einem bereits bestehenden »Powerline-Netz« noch weitere Geräte hinzufügen, zum Beispiel einen netzwerkfähigen Media Player. Hierzu benötigen Sie zunächst einen zusätzlichen PLC-Adapter, der ebenfalls mindestens den HomePlug-AV-Standard mit 200 MBit/s Übertragungsrate unterstützt. Verfahren Sie dann genau so, wie in Schritt 2 beschrieben: Powerline-Adapter in die Steckdose einstecken und per Netzwerkkabel mit dem LAN-Port des eingeschalteten Media Player verbinden. Setzen Sie dann den PLC-Adapter per Zehn-Sekunden-Knopfdruck zurück.

Im Anschluss gehen Sie zu einem bereits eingerichteten PLC-Adapter und drücken dessen Verschlüsselungstaste für zwei Sekunden. Dasselbe machen Sie schließlich innerhalb der nächsten zwei Minuten mit dem neuen PLC-Adapter – und schon ist Ihr Media Player im Heimnetz integriert.

Bild 3.33: Netzwerkfähige Media Player wie der WD TV Live können, falls erforderlich, auch über Powerline ins Heimnetz eingebunden werden. (Quelle: *www.wdbrand.com*)

3.6.4 Powerline-Standards

Achten Sie beim Kauf von Powerline-Adaptern unbedingt auf den Gerätestandard. Meiden Sie besonders günstige Adapter-Kits nach dem Standard »Home Plug 1.0« mit den Übertragungsraten 85 MBit/s oder gar 13 MBit/s.

Greifen Sie stattdessen zu Adaptern des aktuellen Standards HomePlug AV mit Übertragungsraten von 200 MBit/s. Erst der HomePlug-AV-Standard bietet die praktische Verschlüsselung per Knopfdruck, während bei dem veralteten HomePlug 1.0 jeder einzelne Adapter umständlich mithilfe eines Tools verschlüsselt werden muss. Außerdem sind HomePlug 1.0 und HomePlug AV nicht zueinander kompatibel. Ein 85-MBit-Adapter kann also keine Verbindung mit einem 200-MBit-Adapter herstellen.

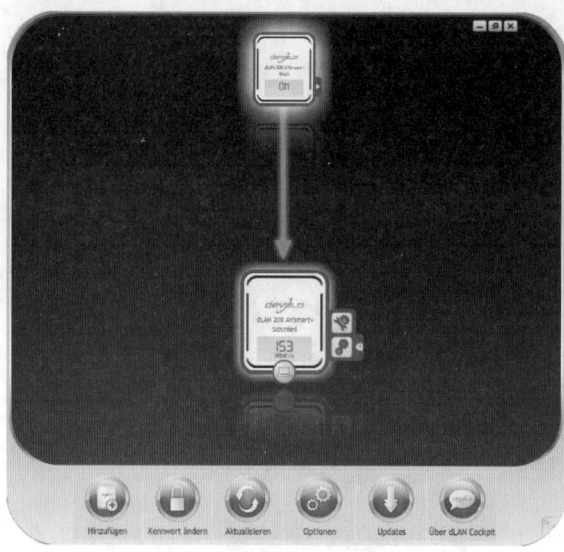

Bild 3.34: Devolos kostenloses Monitoring-Tool Cockpit zeigt die aktuelle Bruttodatenrate zwischen PLC-Adaptern an.

Der Nachfolgestandard von HomePlug AV lautet IEEE 1901 und erlaubt Übertragungsraten von bis zu 500 MBit/s. Dabei ist IEEE 1901 voll abwärtskompatibel zu HomePlug AV. Ein PC an einem HomePlug-AV-Adapter kann folglich mit einem Router kommunizieren, der per IEEE-1901-Adapter im Stromnetz hängt – dann jedoch maximal mit 200 MBit/s (brutto).

Leider sind die Geschwindigkeitsangaben, mit denen die Hersteller gern auf den Verpackungen werben, keine praxisbezogenen Werte und deshalb mit Vorsicht zu genießen. Ebenso wie bei WLAN gibt es auch bei Powerline gewaltige Unterschiede zwischen der theoretischen Bruttodatenrate inklusive aller Übertragungsprotokolle (Overhead) und der Nettodatenrate, die allein die Übertragungsgeschwindigkeit der Nutzdaten wiedergibt.

Die Tabelle »Übertragungsraten im Heimnetz« weiter unten fasst noch einmal alle wichtigen Verbindungsarten im Heimnetz mit ihren theoretischen (brutto) und tatsächlichen (netto) Übertragungsraten zusammen.

Worauf Sie beim Einsatz von Powerline achten sollten

Wer Powerline-Adapter im eigenen Haushalt einsetzen möchte, sollte einige Grundregeln beachten.

Stecken Sie Ihre Adapter nicht an Mehrfachsteckdosen, sondern möglichst an je eine Einzelsteckdose.

Wem es im Haushalt an freien Steckdosen mangelt, der sollte unbedingt auf die meist etwas teureren Adapter mit integrierter Steckdose und Netzfilter zurückgreifen.

Da sich Qualität und Zustand der Stromverkabelung in jedem Haushalt unterscheiden, lassen sich vorab so gut wie keine Vorhersagen über Verbindungsqualitäten zwischen bestimmten Steckdosen treffen. Sie müssen es selbst ausprobieren.

Vereinbaren Sie deshalb mit Ihrem Händler ein Rückgaberecht oder bestellen Sie Ihr Adapter-Kit im Internet.

Übertragungsraten im Heimnetz		
Verbindungsart	**Übertragungsrate (max.)**	
Netzwerkkabel	brutto*	netto**
Fast Ethernet (10/100 MBit/s)	100	ca. 90
Gigabit Ethernet (10/100/1000 MBit/s)	1000	ca. 900
WLAN		
Wireless-g-Standard (54 MBit/s)	54	25–30
Wireless-n-Standard (300 MBit/s)	300	120–150
Wireless-n-Standard (450 MBit/s)	450	180–230
Powerline		
HomePlug 1.0 (13 MBit/s)	13	5–6
HomePlug 1.0 (85 MBit/s)	85	30–32
HomePlug AV (200 MBit/s)	200	65–67
IEEE 1901 (500 MBit/s)	500	190

* berechnet sich aus allen Daten (inklusive Overhead), die eine Verbindung pro Sekunde überträgt =› theoretische Übertragungsrate

** berechnet sich nur aus den tatsächlichen Nutzdaten, die eine Verbindung pro Sekunde überträgt =› praxisorientierte Übertragungsrate

3.7 Einfache Peer-to-Peer-Verbindungen

Zwei oder mehrere Rechner sind mehr oder weniger gleichberechtigt, sie sollen Daten austauschen können und sind dazu miteinander verbunden. Da alle gleichwertig sind, spricht man von einem Peer-to-Peer-Netz. In einem Peer-to-Peer-Netz kann jeder PC Server und Client sein, indem er einerseits Daten bereitstellt, andererseits aber auch wieder welche von anderen abruft. Für solche privaten Netze war der Hub lange Zeit ein ideales Produkt, denn das Datenaufkommen war gering, die Vorteile eines Switchs erschlossen sich erst bei einer größeren Anzahl teilnehmender PCs.

3.7.1 Direktverbindung zweier PCs per Kabel

Die einfachste Form des gleichberechtigten Netzes ist die Direktverbindung zweier PCs per Kabel. Es lassen sich schnell Daten hin- und herkopieren, Drucker oder Internet können gemeinsam genutzt werden. Mit der Verbreitung des WLAN hat das Thema Peer-to-Peer noch einmal eine Erweiterung erfahren, denn zwischen zwei WLAN-fähigen PCs ist ein schneller Datenaustausch im sogenannten Ad-hoc-Modus möglich. Dazu wird eine Direktverbindung auf Funkebene hergestellt. Das klappt zwischen stationärem PC und Notebook genauso wie zwischen zwei tragbaren PCs.

Bei einer PC-Direktverbindung können Sie zwei Rechner direkt mit einem sogenannten gekreuzten Kabel miteinander verbinden. Ein gekreuztes Kabel (Crossover-Kabel) ist einfach ein ganz normales Patchkabel (Twisted Pair), bei dem an einem Ende die Sende-

und die Empfangsleitung vertauscht sind. Setzen Sie keinen Hub oder Switch ein, sollten Sie unbedingt darauf achten, dass das Kabel wirklich gekreuzt ist, sonst lässt sich keine Verbindung zwischen den beiden Netzwerkkarten aufbauen. Ein gekreuztes Kabel hat normalerweise eine rote Markierung und kostet je nach Länge 5 bis 10 Euro.

Bild 3.35: Solange nur zwei PCs im Einsatz sind, können diese über ein gekreuztes Patchkabel verbunden werden. Ein Hub oder Switch ist hier nicht notwendig.

Peer-to-Peer-Netzwerke und Ad-hoc-Verbindungen sind allerdings nicht mehr wirklich zeitgemäß: Privathaushalte stellen inzwischen ähnliche Ansprüche in Sachen Internetzugang wie kleine Unternehmen und sind auch weitaus anspruchsvoller, was die Verkabelung angeht.

3.7.2 Peer-to-Peer nur noch im Ausnahmefall

Wer hat schon Lust, für ein kleines Netz zwischen zwei oder drei Computern Kabel durch die Wohnung oder das Haus zu legen? Wo in Bürogebäuden Kabelschächte sind, haben Wohnungen bestenfalls Fußleisten. Und so wird nach dem Telefon jetzt der Computer vom Kabel befreit. Einige wenige Freaks bauen sich zu Hause ihren eigenen Server für Multimedia-Dateien etc. Aber auch da zeichnet sich ein klarer Trend ab – zeitgemäße Technik fürs Wohnzimmer ist kabellos.

Wohnzimmergeräte wie Apple TV weisen den Weg: Attraktive Technik fürs Wohnzimmer, Vernetzung per WLAN und ein grauer, rauschender Server irgendwo in einem Arbeitszimmer oder im Keller. Ob dieser Server dann mit Windows oder mit Linux realisiert wird, spielt keine Rolle, denn beide Systeme beherrschen TCP/IP und WLAN-Standards vom Typ 802.11.

4 Nie mehr Kabelsalat mit WLAN

WLAN (Wireless Local Area Network) ist mittlerweile nicht nur breit etabliert, sondern auch durch die geringen Preise erschwinglich wie nie. Das Schöne: Mit dem Notebook können Sie drahtlos nicht nur zu Hause, sondern fast überall online sein, vorausgesetzt, es ist ein sogenannter Hotspot in der Nähe, mit dem sich die WLAN-Karte oder der WLAN-USB-Stick verbinden kann. Das ist nach wie vor trendy und in jeder Menge Coffeeshops, am Flughafen oder in Bahnhöfen zu beobachten. Den meisten Spaß macht WLAN aber zu Hause. Möchten Sie den Kabelsalat ein für alle Mal aus dem Wohnzimmer verbannen oder mit Ihrer Familie oder Freunden gemeinsam den Internetanschluss ohne langwieriges Kabelverlegen nutzen, ist WLAN erste Wahl.

4.1 Pro und Contra der WLAN-Übertragung

Ein WLAN-Funknetz bietet viele Vorteile. Im Netzwerk können Sie Verbindung zu anderen Rechnern und sonstigen Geräten wie Druckern, Videoservern etc. durch Wände und eingeschränkt auch über mehrere Etagen aufbauen, ohne Kabel legen zu müssen. Außerdem ermöglicht dieses Netzwerk, mit einem Drucker mehrere Rechner zu versorgen, auf Daten zuzugreifen oder MP3s vom PC aus in der ganzen Wohnung zu hören.

4.1.1 Auch ältere Notebooks und PCs im WLAN

Obwohl WLAN primär für mobile Endgeräte wie Notebooks gedacht ist, können Sie auch ältere lokale Computer mit einer WLAN-Karte nachrüsten – entsprechende sind ab 30 Euro erhältlich. Ein Grund dafür kann beispielsweise der fehlende Internetzugang im Wohnzimmer sein – sprich, man möchte sich das Strippenziehen und Löcherbohren in den Wänden ersparen. Für Notebooks wie für Desktop-PCs gibt es eine besonders praktische Variante, den USB-Adapter. Das oft bei älteren Notebooks vorhandene USB 1.1 ist zwar nicht mehr zeitgemäß, reicht aber für die langsamen WLAN-Standards völlig aus. Highspeed-WLAN realisieren Sie damit ab USB 2.0, was nahezu jeder Computer neuerer Bauart beherrscht.

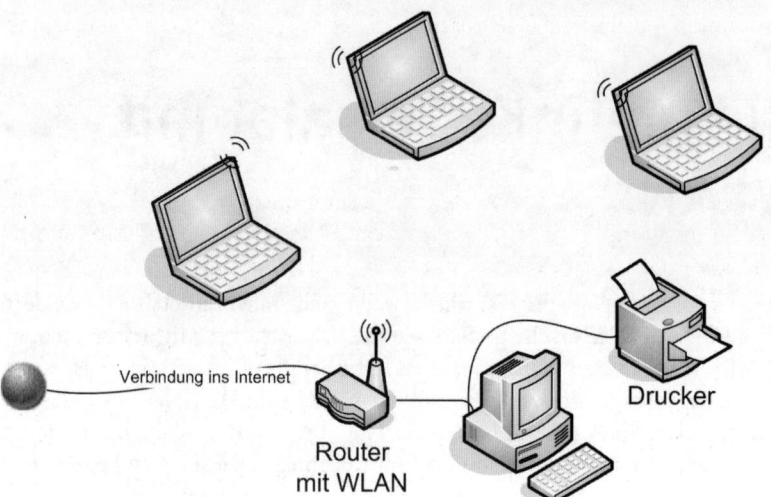

Verbindung ins Internet

Router
mit WLAN

Drucker

Bild 4.1: Desktop-PCs werden normalerweise per Kabel angeschlossen, Notebooks nehmen per Funk Kontakt auf.

4.1.2   Funkleistung mit 2,4 GHz und 5 GHz

Derzeit gibt es für WLAN im Wesentlichen zwei unterschiedliche Standards – je nachdem, welche WLAN-Steckkarte Sie nutzen, sendet diese im 2,4-GHz- oder im 5-GHz-Funkbereich. Die Funkleistung von 2,4 GHz ist mittlerweile veraltet, da es nur 11 MBit/s übertragen kann. Das moderne 5-GHz-Funknetz schafft per Standard 54 MBit/s. Firmenspezifische Lösungen bieten bei gleicher Funkleistung schon das Doppelte, diese Technik ist jedoch nicht standardisiert und macht somit speziell aufeinander abgestimmte Komponenten notwendig. Damit kommen Sie problemlos durch dicke Wände in der Wohnung oder im Haus, und im Freien kann die Reichweite um die 100 Meter für eine Funkübertragung betragen. Mit Aufwand, also mit speziellen Antennen (ab 50 Euro), lässt sich die Reichweite bei freier Sicht auf einige hundert Meter und mit speziellen Richtantennen sogar auf bis zu zwei Kilometer erhöhen.

4.1.3   Betrieb im Ad-hoc- oder Infrastrukturmodus

Ein WLAN lässt sich wahlweise im sogenannten Ad-hoc-Modus oder im Infrastruktur-Modus betreiben. Im Ad-hoc-Modus kommunizieren die Stationen, also die Rechner, direkt miteinander. Ad-hoc-Verbindungen sind hier quasi Point-to-Point-Verbindungen, von denen aber jede Station mehrere haben kann – ein Vorteil des Funknetzes. Der Ad-hoc-Modus ist für Anwender geeignet, die kein großes Funknetz aufbauen möchten, sondern nur schnell zwei WLAN-Geräte miteinander verbinden wollen.

Der Infrastruktur-Modus braucht einen sogenannten Access Point, über den die WLAN-Komponenten kommunizieren und auch auf das kabelgebundene Netz wie das Internet etc. zugreifen können. Access-Point-Technik liefern alle WLAN-Router, die Sie im Handel kaufen können. So macht ein Access Point nichts anderes, als die Daten zwischen WLAN und LAN hin- und herzuschieben, und stellt somit eine Sende- und Empfangseinheit dar.

4.1.4 Nachteile

WLANs haben neben den praktischen Vorteilen auch ein paar Nachteile, die je nach Einsatz mehr oder weniger ins Gewicht fallen. Zunächst einmal sind sie oft langsamer als kabelgebundene Netzwerke. Auch wenn die meisten WLAN-Router theoretisch genauso schnell sind wie der Standard für Kabelnetzwerke – in der Praxis erreichen WLANs nur unter optimalen Bedingungen die volle Leistung.

Die Mauer, die das WLAN ohne Bohren überwinden soll, kann je nach Beschaffenheit schon eine erste Hürde darstellen. Aus direkt benachbarten Räumen lässt sich das Netzwerk meist noch mit guter Übertragungsqualität nutzen, sind aber mehrere Wände oder gar Geschossdecken dazwischen, lässt die Leistung deutlich nach. Beeinträchtigt werden die sich kreisförmig ausbreitenden Funkwellen nur von Stahlbetonwänden und -decken oder Metallteilen.

Ein weiterer Nachteil ist die mangelnde Begrenzung der Funkwellen. Die Daten machen eben nicht vor Wänden halt. Wenn ein Kabel liegt, kann niemand so einfach an Ihre Daten heran, das Funknetz kann jedoch auch im Nachbarhaus noch erreichbar sein. Wie weit die Strahlung reicht, hängt davon ab, wie ungehindert sich die Funkwellen ausbreiten können. Deshalb ist es möglich, WLANs von außen zu entdecken, wenn man mit einem WLAN-fähigen Notebook am Haus vorbeifährt.

Gleiches gilt natürlich auch für Mehrfamilienhäuser oder Wohnanlagen, in denen ohne Schwierigkeiten mehrere Funknetze nebeneinander laufen können, man aber auch immer zusätzlich andere Netze als das eigene zu sehen bekommt. Damit Sie Ihr WLAN nicht öffentlich bereitstellen, sind deshalb einige Sicherheitsmaßnahmen erforderlich. Welche das sind, erfahren Sie weiter unten.

Bild 4.2: Gerade in dicht besiedelten Wohngebieten finden sich im 2,4-GHz-Band zig WLAN-Netzwerke.

Es gibt aber wirksame Sicherungsmöglichkeiten, die Sie nutzen können (mehr dazu weiter hinten in diesem Buch). Die Zuverlässigkeit der Netzwerkverbindungen ist bei Funknetzen nicht so hoch wie im kabelgebundenen Netz, zu vielfältig sind die äußeren Einflüsse. Es kann immer wieder vorkommen, dass die Verbindung abreißt oder gar nicht erst zustande kommt. Die Nutzung des WLAN für die Übertragung großer Datenströme, wie sie beispielsweise bei Videos anfallen, ist daher nur selten und unter optimalen Bedingungen angeraten.

4.2   DSL-fähiger WLAN-Router im Heimnetz

Für das Netzwerk zu Hause nutzen Sie einen DSL-fähigen WLAN-Router, mit dem Sie alle Räume der Wohnung mit Internet versorgen können, ohne in jedem einzelnen Raum Löcher durch die Wand bohren zu müssen. Als Erstes wird der Router ausgepackt und aufgestellt. Anschließend kommt der Rundstecker der Stromversorgung in das Gerät. Auf der Rückseite des Routers ist eine Buchse mit der Aufschrift WAN, in die das Kabel des DSL-Modems eingesteckt wird.

Damit ist eine permanente Internetverbindung möglich, ohne dass ein Computer im Netzwerk laufen muss. Anschließend können Sie hier sowohl kabelgebundene Netzwerkkarten als auch WLAN-Netzwerkkarten mit einem WLAN-Router in einem gemeinsamen Netz betreiben.

Zum Einrichten und Konfigurieren des WLAN-Routers schließen Sie ihn aus Sicherheitsgründen per Twisted-Pair-Netzwerkkabel an. Das sollten Sie auch bei Notebooks beherzigen, die standardmäßig immer mit WLAN-Adaptern ausgestattet sind. Für die Ersteinrichtung ist Funk eigentlich tabu.

Grundvoraussetzung für eine WLAN-Verbindung mit einem WLAN-Router ist eine WLAN-Karte. Befindet sich in Reichweite ein WLAN-Router, können Sie kabellose Geräte miteinander verbinden und beispielsweise den Internetanschluss zur Verfügung stellen. Auch wenn die Verbindung allgemein als unsicher gilt, kann durch geschickte Konfiguration die Übertragung mithilfe verschiedenster Mechanismen sicherer gemacht werden.

4.2.1   Empfehlung für den Router-Standort

Die besten Übertragungsraten erzielen Sie, wenn der Router freie »Sicht« zum WLAN-Adapter hat, eine dünne Wand dazwischen und geringer Abstand sind normalerweise auch kein Problem. Führt allerdings irgendwo ein Metallmöbelstück zu einem Funkschatten, wird das die Leistung beeinträchtigen. Wächst die Entfernung oder nimmt die Zahl der zu durchdringenden Wände zu, sinkt die Übertragungsleistung des Netzwerks.

Bei der Nutzung über zwei oder mehr Etagen ist es meist günstiger, den Router im Treppenhaus anzubringen, um die Dämpfung der Stahlbetondecken zu umgehen. Bei Anschluss im Keller ist das oft die einzig sinnvolle Möglichkeit, den Empfang sicherzustellen. Haben Sie vor, mehrere Etagen zu vernetzen, kann die Anschaffung von Access Points für die oberen Etagen sinnvoll sein. Setzen Sie im Treppenhaus einen Access Point, der dann auf der Etage das Signal problemlos verteilt. Innerhalb des Treppenhauses reicht die Leistung der meisten Router aus, um einen Access Point mit voller Leistung anzusprechen.

4.2.2   Bildung von Elektrosmog einschränken

Immer wieder in der Diskussion und nicht wegzuleugnen – WLANs tragen durch ihre elektromagnetische Strahlung mit zum Phänomen Elektrosmog bei. Ähnlich wie Schnurlostelefone sind WLANs dauerhaft auf Sendung, auch wenn gerade keine Daten übertragen werden. Wenn Sie die Bildung von Elektrosmog einschränken möchten, können Sie die meisten Router mit einer Nachtschaltung abschalten. Geht das nicht, hilft nur die Methode »Stecker ziehen«. Vorsicht ist jedoch geboten, wenn Sie Internettelefonie (VoIP) nutzen. In diesem Fall sollten Sie das komplette Abschalten vermeiden, denn dann können Sie auch nicht mehr telefonieren.

4.3   Direktvergleich aktueller WLAN-Standards

WLANs arbeiten mit bestimmten Standards, die Funkfrequenz, Kanalnummer und Übertragungsgeschwindigkeit festlegen. Für den Aufbau eines WLAN bedeutet das zunächst, dass alle Komponenten einen gemeinsamen Standard beherrschen müssen, um zusammenzuarbeiten. Funknetze verständigen sich per Funk, dazu brauchen sie eine gemeinsame Frequenz. Die gemeinsame Frequenz gehört zusammen mit anderen Daten zur Norm, die für die Kommunikation benötigt wird. Die Basisnorm heißt 802.11.

Wie bei allem in der Welt gibt es aber auch hier unterschiedliche Normen, die sich ungünstigerweise nur im Abschlussbuchstaben unterscheiden. Es gibt also 802.11b, 802.11g etc. Die verschiedenen Normen, auch Standards genannt, haben unterschiedliche Frequenzen, unterschiedliche Reichweiten und unterschiedliche Übertragungsgeschwindigkeiten.

Funknetze heute		
IEEE-Standard	*Beschreibung*	*Bemerkung*
802.11	Protokoll und Übertragungsverfahren für drahtlose Netze (bis 1997 für 2 MBit/s bei 2,4 GHz definiert).	WLAN-Standard.
802.11a	WLAN mit bis zu 54 MBit/s im 5-GHz-Bereich, 12 nicht überlappende Kanäle, Modulation: Orthogonal Frequency Division Multiplexing (OFDM).	Unüblich und selten; nicht mehr aktuell.
802.11b	WLAN mit bis zu 11 MBit/s im 2,4-GHz-Bereich, 3 nicht überlappende Kanäle.	Früher WLAN-Standard in Europa, immer noch in älteren Centrinos zu finden.
802.11b+	WLAN mit bis zu 22 MBit/s im 2,4-GHz-Bereich, Modulation: PBCC.	Modifizierte Variante des 802.11b-Standards. Verbreitung eher gering.
802.11c	Wireless Bridging zwischen Access Points.	
802.11d	Anpassungen an regionale Regulierungen und Besonderheiten wie den Frequenzbereich.	

IEEE-Standard	Beschreibung	Bemerkung
802.11e	Erweitert WLAN um QoS (Quality of Service) – Priorisierung von Datenpaketen, z. B. für Multimedia-Anwendungen und Streaming.	
802.11f	Roaming zwischen Access Points verschiedener Hersteller.	
802.11g	54-MBit/s-WLAN im 2,4-GHz-Band, Modulation: OFDM.	Dieser Standard steckt in allen modernen Notebooks und wird von nahezu allen modernen WLAN-Geräten beherrscht. Darunter geht perspektivisch nichts mehr.
802.11h	Ergänzungen zu 802.11a für Europa: DFS (Dynamic Frequency Selection) und TPC (Transmit Power Control).	
802.11i	WPA2: Verbesserung der Verschlüsselung: AES, 802.1x (aufbauend auf WEP und WPA).	WPA2 ist inzwischen mit vielen Adaptern für den Standard g oder höher möglich.
802.11j	Japanische Variante von 802.11a.	
802.11k	Bessere Messung/Auswertung/ Verwaltung der Funkparameter wie Signalstärke; macht ortsbezogene Dienste möglich.	
802.11m	Zusammenfassung früherer Ergänzungen, Bereinigung von Fehlern aus vorausgegangenen Spezifikationen.	
802.11n	WLAN-Erweiterung mit 108 MBit/s bis 320 MBit/s.	Dieser Standard steckt in allen modernen Notebooks und wird von nahezu allen modernen WLAN-Geräten beherrscht. Die neuesten WLAN-Router kommen ebenfalls mit 802.11n – auch Heimnetzfestplatten wie beispielsweise die Apple-Time-Capsule-Lösung.

Die Einheit MBit pro Sekunde wird leicht mit der in der PC-Branche üblichen Angabe MByte verwechselt. Tatsächlich besteht ein Byte aus acht Bit, die theoretisch mögliche Geschwindigkeit bei 11 MBits/s beträgt daher in MByte gerechnet ein Achtel, also etwas mehr als 1,3 MByte/s. Allerdings werden diese Werte in der Praxis nicht erreicht, weil zusätzlich zu den Nutzdaten auch administrative Informationen übertragen werden. Mehr als 600 bis 700 KByte/s sind selten drin. Gleiches gilt für den g-Standard, also rund 4 bis 5 MByte/s.

Für Sie ist wichtig, welchen Einsatz Sie für Ihr WLAN planen. Ein WLAN zum Surfen im Internet vom Sofa aus wäre auch bei 11 MBit/s noch ausreichend schnell, wenn die volle Sendeleistung erreicht wird. Die meisten DSL-Anschlüsse stellen zwischen 2 und 6 MBit/s bereit, da ist ausreichend Luft nach oben. Für die schnellen 16-MBit/s-Zugänge ist der ältere Standard aber zu langsam.

Aktuelle Komponenten versprechen Übertragungsleistungen von 108 MBit/s und mehr. Diese Werte werden normalerweise nur erreicht, wenn die Komponenten aus einem Haus stammen. AVM ermöglicht 125 MBit/s nur in Verbindung mit dem hauseigenen FRITZ!Box-System und USB- oder Cardbus-Adaptern aus dieser Baureihe. Besitzer eines normalen Centrino-Notebooks kommen in der Regel nicht in den Genuss solcher Geschwindigkeiten, weil der Chipsatz herstellerspezifische Ansätze nicht unterstützt.

4.3.1 Achten Sie auf 802.11n-Kompatibilität

Gerade beim Kauf von neuen WLAN-Komponenten wie Routern oder WLAN-Adaptern für Notebook bzw. PC, aber auch bei NAS-Lösungen sollten Sie auf die 802.11n-Kompatibilität achten. Der 802.11n-WLAN-Standard gehört zur Grundausstattung in einem modernen WLAN.

Bild 4.3: Hier arbeitet das WLAN auf dem 2,4-GHz-Frequenzband im 802.11n+g+b-Modus und auf dem 5-GHz-Frequenzband im 802.11n+a-Modus.

Macht das schmale Budget keine Komplettumstellung auf 802.11n möglich, lässt sich hier schrittweise vorgehen:

Da der 802.11n-Standard abwärtskompatibel ist, können solche Komponenten auch in ein bestehendes »älteres« WLAN integriert werden, und ebenso lässt sich ein 802.11n-tauglicher WLAN-Router oder Zugriffspunkt so konfigurieren, dass dieser auch Verbindungswünsche von älteren WLAN-Komponenten entgegennimmt.

Der 802.11n-Standard wird in der Werbung vor allem wegen seiner höheren Datentransferrate gepriesen. Tatsächlich hängt es in der Praxis vom Zusammenspiel und der Kompatibilität der verbundenen WLAN-Geräte ab, ob ein neuer Geschwindigkeitsmaßstab erreicht werden kann. So lassen sich unterm Strich nicht mal 100 MBit/s unter guten Bedingungen erreichen. Das ist zwar deutlich schneller als ein »alter« WLAN-

Router mit 54 MBit/s, doch im Vergleich zu einem kabelgebundenen Netzwerk ist noch deutlich Luft nach oben.

Wer jedoch noch ein altes WLAN-Modell im Einsatz hat oder in Sachen WLAN erst einsteigt, kann mit dem 802.11n-Standard den Wechsel bzw. den Einstieg in das drahtlose Netzwerk wagen. Im Gegensatz zur »alten« WLAN-Technik reicht der neue Standard für mehrere hochauflösende Videostreams aus und macht endlich ruckelfreie Video-/TV-Übertragungen im Heimnetz möglich. Zusätzlich bieten manche Geräte der neuesten WLAN-Generation noch weitere Features, die einen Umstieg attraktiver machen.

Wer in Sachen Datensicherung noch immer mit einer externen Festplatte arbeitet, kennt das Problem – sind in einem Heimnetz mehrere PCs im Einsatz und sollen Daten schnell und problemlos übertragen werden, ist das Umstecken einer externen Festplatte von einem PC zum anderen schnell lästig.

Einfacher und vor allem bequemer sind Festplatten, die direkt im Netzwerk angeschlossen sind. Hier lässt sich von jedem PC oder Mac – auch gleichzeitig – darauf zugreifen. Mit einem passenden DSL-Router mit Festplattenanschluss, einem NAS-Server (Network Attached Storage) oder einer Netzwerkfestplatte wie beispielsweise der Time-Capsule-Lösung von Apple erweitern Sie die Möglichkeiten des Heimnetzwerks enorm.

4.4   Überblick der WLAN-Basiskomponenten

Um ein WLAN aufzubauen, benötigen Sie nur wenige Komponenten. Wenn Sie ein Komplettpaket von einem der großen DSL-Anbieter erworben haben, ist alles schon dabei. Kaufen Sie die Komponenten einzeln, weil Sie bereits einen DSL-Zugang haben, sollten Sie anhand folgender Tabelle einkaufen gehen:

WLAN-Komponente	Beschreibung
DSL-WLAN-Router	Der Router hat die Funktion, das Netzwerk zu realisieren, indem er die nötigen Anschlüsse per Funk und evtl. für Netzwerkkabel bereitstellt, außerdem stellen neue Modelle die Verbindung zur DSL-Leitung her, fungieren also auch als DSL-Modem. Im Sinne des Funknetzes ist er der sogenannte Access Point, der Zugriffspunkt, der die teilnehmenden Computer verbindet. Möchten Sie auf den Internetzugang verzichten, genügt auch ein Access Point zur drahtlosen Vernetzung von PCs. Das ist in Privathaushalten aber eher selten der Fall.
WLAN-Adapter	Der WLAN-Adapter wird benötigt, um drahtlos mit dem Router kommunizieren zu können. WLAN-Adapter gibt es in Form von Steckkarten für normale PCs, als PCMCIA- oder Cardbus-Adapter für Notebooks, als USB-Lösung für stationäre PCs und Notebooks oder als Bestandteil des Notebooks. Im letzten Fall ist der WLAN-Adapter in den Chipsatz integriert.

WLAN-Komponente	Beschreibung
Kabel (Splitter–Router)	Dieses Kabel wird normalerweise mit dem Router geliefert und verbindet den Splitter mit dem Router. Ob WLAN oder nicht, auf dieses Kabel können Sie nicht verzichten. Alles andere kann kabellos funktionieren, aber an dieser Stelle wird noch auf absehbare Zeit eine sichtbare Kabelverbindung benötigt.
Netzwerkkarte	Wenn Sie den PC, über den der Router und das Netz eingerichtet werden, über ein Kabel an den Router anschließen möchten, muss der Computer mit einer Netzwerkkarte ausgestattet sein. Ist das nicht der Fall, können Sie eine solche Karte günstig nachrüsten oder auch die Erstverbindung per Funk erledigen. Dazu benötigen Sie nur einen der oben genannten WLAN-Adapter für den PC. Es empfiehlt sich aber, die Erstverbindung über ein Netzwerkkabel zu realisieren. Moderne Notebooks haben beides, Netzwerkanschluss und WLAN-Adapter. Desktop-PCs sind seit rund fünf Jahren normalerweise mit einem Netzwerkanschluss ausgestattet.
Netzwerkkabel	Weitere PCs können bei vielen Routern auch kabelgebunden angeschlossen werden. Ob der Router Ihrer Wahl das zulässt, müssen Sie prüfen. Viele Router, die einzeln verkauft werden, bieten vier Netzwerkanschlüsse, sodass zusätzlich zum WLAN auch ein kleines Kabelnetzwerk aufgebaut werden kann. Je nach Einsatzzweck ist das sehr praktisch, denn Sie können zwei stationäre PCs im Arbeitszimmer per Kabel vernetzen und Daten austauschen, während Sie sich mit dem Notebook per WLAN ins Internet aufmachen. Sollen mehrere PCs per Kabel angeschlossen werden, benötigen Sie die entsprechende Anzahl Kabel. Manche Router benötigen besondere Kabel, sogenannte Kreuzkabel. Prüfen Sie beim Einkauf, ob dem Router ein passendes Kabel beiliegt. Ein Kreuzkabel ist anders verschaltet als ein Netzwerkkabel, es kann nur zur Verbindung zwischen Router und dem ersten PC oder für eine Direktverbindung zweier PCs über die Netzwerkbuchse eingesetzt werden.

Eigenart der FRITZ!Box

Arbeiten Sie mit einem FRITZ!Box-Router, soll eine Eigenart nicht verschwiegen werden: Sie können vor allem bei älteren FRITZ!Box-Modellen statt eines Netzwerkkabels auch ein USB-Kabel verwenden, das der Box beiliegt. Bei den meisten anderen Routern ist das nicht der Fall. Moderne FRITZ!Box-Modelle bieten diese USB-Schnittstelle für den Anschluss von USB-Druckern oder Speichermedien wie USB-Stick bzw. USB-Festplatte. Solche Geräte können Sie problemlos anschließen. Es muss nur ein Treiber installiert werden, danach läuft's.

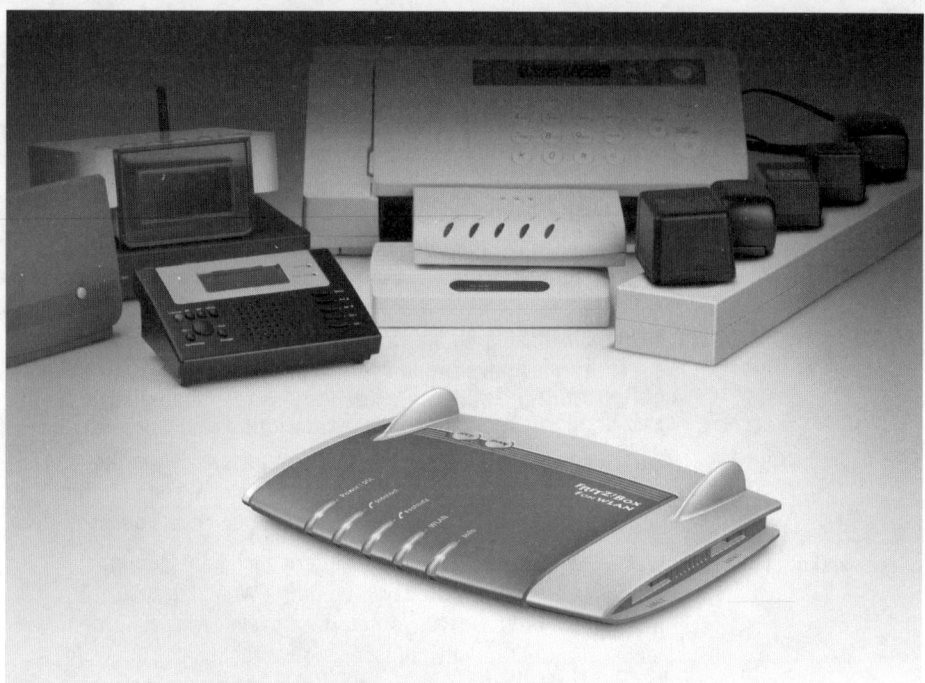

Bild 4.4: Der FRITZ!Box-Router macht separate Geräte wie die Basisstation für Schnurlostelefone, Anrufbeantworter oder Faxgerät mit jeweils eigenen Netzteilen überflüssig. So sparen Sie eine Menge Energie. (Foto: AVM)

5 FRITZ!Box-Konfiguration

Der Router stellt die Verbindung Ihres Computers und aller anderen netzwerkfähigen Geräte wie z. B. eines Notebooks oder iPads mit dem DSL-Anschluss und damit zum Internet her. In diesem Beispiel ist es die FRITZ!Box aus dem Hause AVM, einer der meistgenutzten Router Deutschlands. Richten Sie eine FRITZ!Box erstmalig ein, gibt es für die Verbindung zwischen Box und Computer zwei Möglichkeiten – zum einen die Verbindung mit einem Ethernetkabel (Netzwerkkabel), zum anderen die drahtlose Verbindung über einen WLAN-Adapter. Vorzugsweise verbinden Sie einen lokalen Desktop-PC oder noch besser ein transportables Notebook per Ethernetkabel mit der FRITZ!Box.

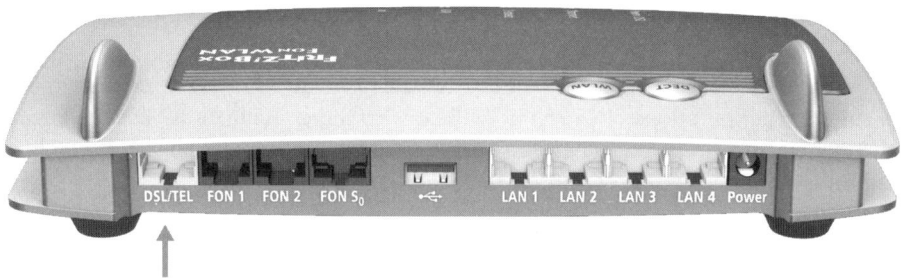

Bild 5.1: Die *DSL/TEL*-Buchse (links) stellt die Verbindung zum Internet Service Provider her.

Alle aktuellen Desktop-PCs verfügen bereits ab Werk über einen Netzwerkanschluss. Besitzt Ihr Rechner keinen Netzwerkanschluss, müssen Sie eine entsprechende Netzwerkkarte nachrüsten. Sie können aber auch direkt auf WLAN setzen und den PC über einen USB-WLAN-Adapter mit dem Router verbinden.

Bild 5.2: Hier der FRITZ!WLAN-USB-Stick N 2.4. Der neue Stick unterstützt n-WLAN im 2,4-GHz-Frequenzbereich und erreicht Übertragungsraten bis zu 150 MBit pro Sekunde.

Achten Sie darauf, FRITZ!Box und Computer mit dem Kabel zu verbinden, das im Lieferumfang des Routers enthalten ist. Oft sind diese Kabel farbcodiert und werden in der Anleitung genau beschrieben. Erst wenn die Verbindung mit dem richtigen Kabel steht, schalten Sie Router und PC ein.

5.1   Erste Anmeldung an der FRITZ!Box

Für die erstmalige Anmeldung an der FRITZ!Box bekommt die Netzwerkschnittstelle per DHCP automatisch eine IP-Adresse zugewiesen. Ist das nicht der Fall, stellen Sie sie auf DHCP um. Danach kommen Sie ganz einfach über Ihren Webbrowser (Safari, Firefox, Opera oder Internet Explorer) in die Benutzeroberfläche des WLAN-Routers.

Starten Sie dazu Ihren Webbrowser und geben Sie die FRITZ!Box-Adresse in die Adresszeile des Webbrowsers ein. Die Adresse ist, unabhängig von Herstellungsjahr und Modell, bei der FRITZ!Box immer:

http://fritz.box

oder

http://192.168.178.1

Oftmals hat der Provider den WLAN-Schlüssel als Konfigurationspasswort gesetzt. Sind Sie auf der Konfigurationsseite der FRITZ!Box, wird dieser Schutz aus Sicherheitsgründen aktiviert und ein persönliches Passwort verwendet – allerspätestens nach Abschluss der Konfiguration sollten Sie es einstellen.

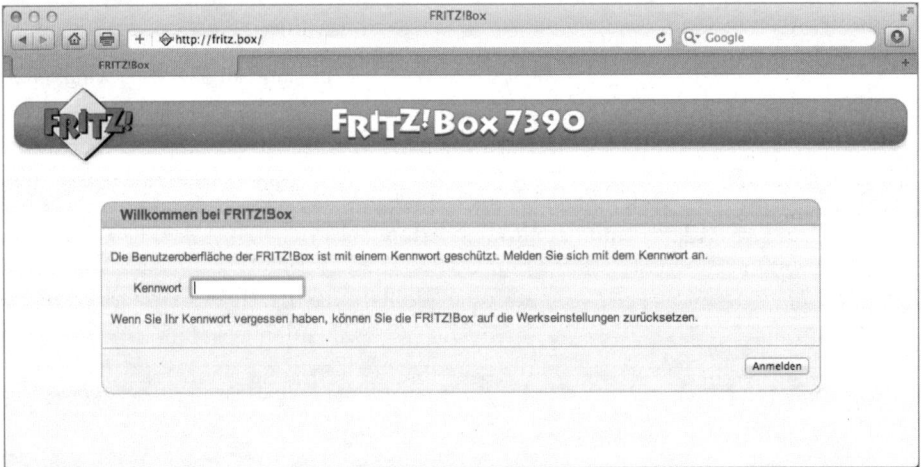

Bild 5.3: Aber sicher: Ein vernünftiger WLAN-Router sichert die Konfiguration mit einem Kennwort ab.

5.1.1 Wenn die Verbindung zur FRITZ!Box fehlschlägt

Wenn keine Verbindung zum Router zustande kommt, sollten Sie folgendermaßen vorgehen:

- Zunächst untersuchen Sie die Stromversorgung der FRITZ!Box – Stecker am Netz? Prüfen Sie die Position und den Sitz des Netzwerksteckers. Da bei älteren Modellen die Buchse für das Kabel zum DSL-Splitter und die Buchse für den ersten Netzwerkrechner nebeneinanderliegen, kann man sich leicht vertun.

- Dann prüfen Sie die eingegebene IP-Adresse noch einmal auf Vertipper. Ist kein Schreibfehler zu sehen, heißt es, die Adresse erneut mit der Angabe im Handbuch abzugleichen.

- Ist das Netzwerkkabel an Ihrem Rechner fest eingesteckt, und handelt es sich wirklich um die Netzwerkschnittstelle? Haben Sie das richtige Kabel verwendet? Meist sind die Kabel farbcodiert.

Wenn alles in Ordnung ist, sollte die FRITZ!Box nicht nur laufen, sondern auch auf die Kontaktaufnahme des PCs reagieren. Es gibt ganz seltene Fälle, in denen ein Kabel defekt ist. Bei fabrikneuen Geräten kann man das meist ausschließen, aber es kommt dennoch vor. Es ist also noch Testpotenzial vorhanden. Wir gehen aber davon aus, dass es bei Ihnen läuft.

5.1.2 Ersteinrichtung mit dem Assistenten

Ist der WLAN-Router in Ihrem Netzwerk angeschlossen, muss er konfiguriert werden. Abhängig vom Routermodell stehen dafür verschiedene Möglichkeiten zur Verfügung. Die FRITZ!Box prüft unmittelbar nach dem erstmaligen Einstecken des DSL-Routers die Netzwerkumgebung. Hier werden sämtliche angeschlossenen PCs sowie die Internetverbindung geprüft und, falls möglich, gleich konfiguriert. Zunächst ermittelt die FRITZ!Box, ob sie ordnungsgemäß an einem DSL-Splitter angeschlossen ist. Ist das der Fall, leitet ein Assistent durch die Erstinstallation.

Achten Sie darauf, die passenden Installations- und Konfigurationsparameter sowie den Benutzernamen und das Kennwort aus den Zugangsunterlagen Ihres Providers griffbereit zu haben.

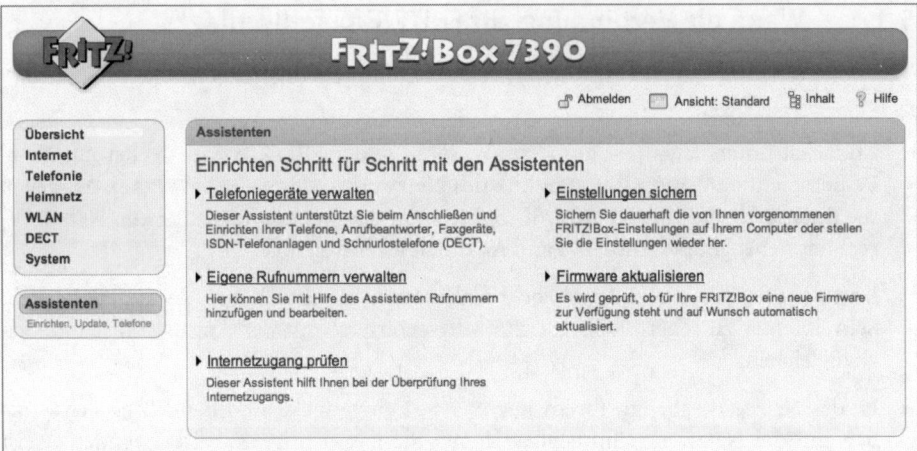

Bild 5.4: Ist die FRITZ!Box noch nicht konfiguriert, bieten Assistenten an, das nach dem Einschalten vorzunehmen.

5.1.3 Vorgegebenes Geräte-Kennwort sofort ändern

Nach Abschluss der Erstkonfiguration sollten Sie die FRITZ!Box mit einem eigenen neuen Kennwort sofort gegen unerwünschte Veränderungen absichern. Denn es wäre ärgerlich, wenn all Ihre Mühe umsonst wäre, weil ein Spaßvogel im Heimnetz auf die FRITZ!Box zugreifen und die Einstellungen verändern könnte. Im Zweifelsfall kämen Sie selbst nicht mehr hinein.

Über den Webbrowser erreichen Sie per *Übersicht/System/FRITZ!Box-Kennwort* den entsprechenden Dialog. Am besten notieren Sie sich das Kennwort und bewahren es an einem sicheren Ort auf.

Wer die Internetverbindung selbst konfigurieren möchte, wählt bei der FRITZ!Box auf der Startseite der Weboberfläche den Punkt *Einrichtungsassistent* aus, der Schritt für Schritt die für eine Internetverbindung notwendigen Einstellungen abfragt. Hier brauchen Sie selbstverständlich die passenden Installations- und Konfigurationsparameter sowie den Benutzernamen und das Passwort aus den Zugangsunterlagen des Providers.

Bild 5.5: Geben Sie das neue Kennwort ein und bestätigen Sie mit Klick auf *Übernehmen*.

5.2 Anpassen der Standardeinstellungen

Beim erstmaligen Einrichten des Routers können Sie möglicherweise die Standardeinstellungen ohne Änderungen übernehmen. Sicherer und für Fortgeschrittene empfehlenswert ist jedoch eine manuelle Konfiguration des Geräts.

5.2.1 Persönliche Internetzugangsdaten eintragen

Die Konfiguration der Internetzugangsdaten nehmen Sie im Menü *Internet/Zugangsdaten* vor. Hier geben Sie den Konto- bzw. Benutzernamen ein. Falls Ihr Internetanbieter Ihnen einen bestimmten Hostnamen mitgeteilt hat (z. B. *X00132454*), geben Sie den hier an. Bei T-Online beispielsweise setzt sich der Log-in-Name aus zwei wesentlichen Komponenten zusammen – der geheimen Anschluss- und der Benutzerkennung, die jeweils aus zwölf Stellen bestehen. Achten Sie deshalb bei der Konfiguration auf die Reihenfolge Anschlusskennung + T-Online-Nummer + (#) Mitbenutzersuffix + @t-online.de. Ein möglicher Benutzername wäre demnach *111111111111122222222222220001@t-online.de*.

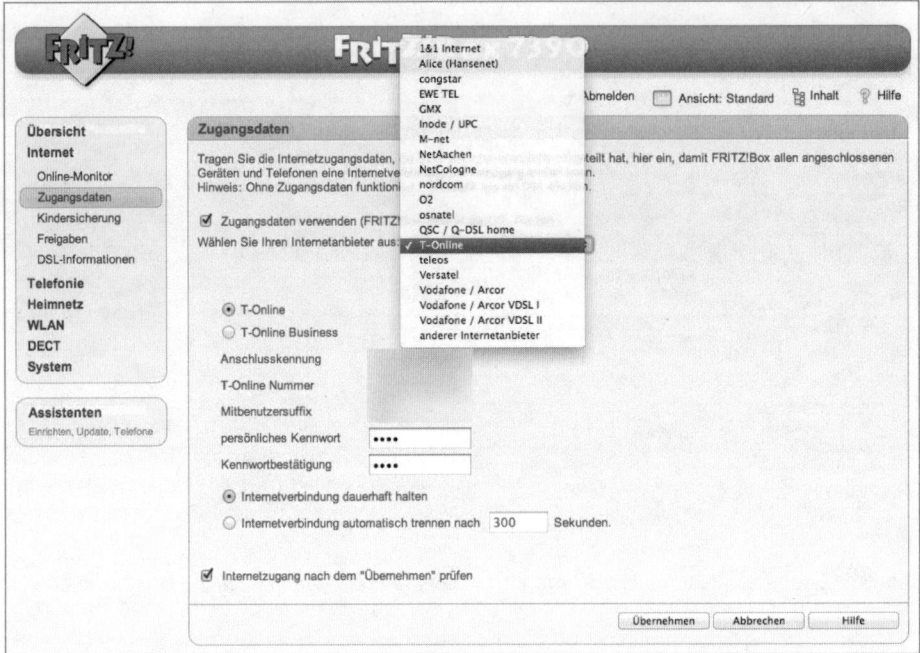

Bild 5.6: Hier wählen Sie zunächst den Anbieter aus dem Drop-down-Menü aus. Ist der gewünschte nicht dabei, wählen Sie die Option *anderer Internetanbieter*.

Für eine Verbindung ins Internet benötigt die FRITZ!Box eine IP-Adresse. Stellt die FRITZ!Box eine Verbindung zu Ihrem Internetanbieter her, bezieht sie automatisch eine IP-Adresse, die aus einem Adresspool des Internetanbieters zur Verfügung gestellt wird. Nur wenige Internetanbieter vergeben eine feste (oder statische) IP-Adresse – falls Sie eine solche haben, finden Sie die erforderlichen Informationen in den Unterlagen des Anbieters.

In diesem Fall wählen Sie *Statische IP-Adresse verwenden* und tragen die IP-Adresse, die Subnetzmaske sowie die Gateway-IP-Adresse in die entsprechenden Felder ein. Bei der Internetkonfiguration der FRITZ!Box wählen Sie dafür im Bereich *Zugangsdaten* nicht die Option *Internetzugang über DSL*, sondern den Punkt *Internetzugang über LAN* aus. Anschließend lassen sich die vom ISP angegebenen IP-Adressparameter eintragen.

5.2.2 Segen und Fluch: dynamische IP-Adressen

Die FRITZ!Box ist standardmäßig als DHCP-Server konfiguriert. DHCP (*Dynamic Host Configuration Protocol*) spielt seine Vorteile vor allem in großen Netzwerken aus. Damit bekommen alle an den Router angeschlossenen Computer – egal ob WLAN oder nicht – automatisch die TCP/IP-Konfiguration zugewiesen. Hersteller empfehlen meist, diese Einstellungen nicht zu ändern und den Router auch als DHCP-Server zu verwenden.

DHCP, die dynamische Vergabe von IP-Adressen im Netz, ist Segen und Fluch zugleich. Zunächst ist es für jeden Netzwerkeinsteiger praktisch, dass er sich um die Vergabe solcher IP-Adressen nicht kümmern muss. Das klappt genau so wie die Einwahl ins

Internet. Wenn Sie sich jedoch nicht penibel an die Ratschläge zur Absicherung des Netzwerks halten und beispielsweise SSID-Broadcasting und Verschlüsselung nicht so ernst nehmen, ist die automatische Vergabe kritisch. Ein fremder »Besucher« bekommt automatisch eine IP-Adresse und kann sich im Netz bewegen, surfen und, und, und. Bei festen IP-Adressen ist zwar die Einrichtung aufwendiger, aber schon aufgrund der Zuordnung zu Ihren Computern eine Grundabsicherung in Sachen Netzwerkzugriff.

Besitzen Sie nur wenige Computer, die Sie mit Ihrer FRITZ!Box versorgen, ist es oft sinnvoller und sicherer, den DHCP-Server zu deaktivieren und die angeschlossenen Clients per Hand zu konfigurieren. Dadurch haben Sie nicht nur einen genauen Überblick darüber, welcher PC sich im Netzwerk mit welcher IP-Adresse befindet, sondern machen es möglichen Eindringlingen auch schwerer, sich eine IP-Adresse in Ihrem Heimnetz zu »besorgen«.

Ist DHCP aktiviert, tragen Sie bei der Option *IP-Anfangsadresse* die erste Adresse bzw. im Feld *IP-Endadresse* die letzte Adresse im zusammenhängenden IP-Adressbereich ein. Trotz DHCP können Sie auch eine IP-Adresse für einen PC im LAN reservieren. Damit erhält dieser PC immer dieselbe IP-Adresse, wenn er auf den DHCP-Server zugreift. Das ist besonders bei Servern der Fall, die oft permanente IP-Einstellungen benötigen, weil die Portweiterleitung aktiv ist.

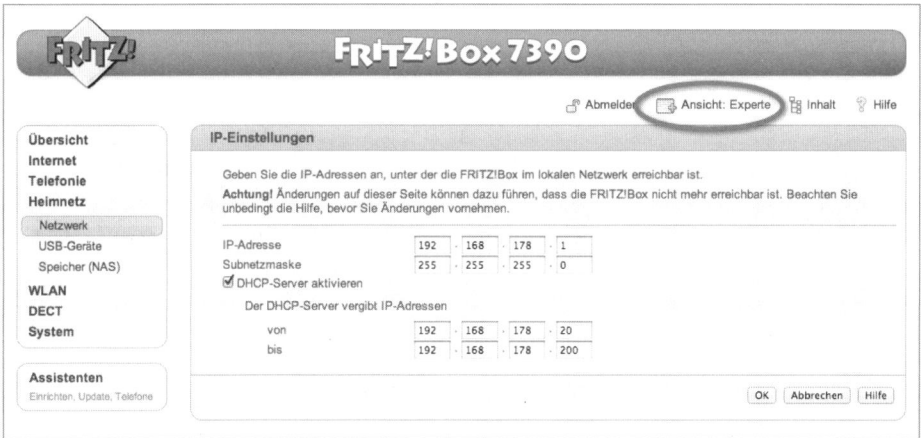

Bild 5.7: Bei der FRITZ!Box ist der DHCP-Server ab Werk bereits eingeschaltet. Wer Detaileinstellungen vornehmen möchte, aktiviert die *Ansicht: Experte* und öffnet über das Menü *Heimnetz/Netzwerk* im Register *IP-Einstellungen* per Klick auf die Schaltfläche *IP-Adressen* die entsprechende Konfigurationsseite.

Ist die abgebildete Konfigurationsseite nicht erreichbar bzw. nicht sichtbar, müssen Sie möglicherweise zunächst die Expertenansicht aktivieren, die Sie über *Erweiterte Einstellungen/System/Ansicht* erreichen. Hier können Sie anschließend die IP-Adressparameter der FRITZ!Box verändern.

Wird die FRITZ!Box in ein bestehendes Heimnetz integriert, legen Sie im Bereich *IP-Adresse* diese entsprechend für Ihr Heimnetz fest. Nutzt Ihr Heimnetz beispielsweise den Bereich *192.168.123.X*, weisen Sie der FRITZ!Box eine feste IP-Adresse (hier: *199*) zu.

Bei einem aktivierten DHCP-Server lassen sich zudem noch die Anzahl der möglichen Clients und die zu vergebenden IP-Adressen einstellen.

Haben Sie beispielsweise nur fünf Geräte in Ihrem Netzwerk im Betrieb, können Sie die Adressvergabe auf diese fünf Geräte beschränken, indem Sie den Bereich entsprechend (beispielsweise von 20 bis 25) konfigurieren. Danach wird die IP-Subnetzmaske einge-stellt, die den Netzwerkanteil der IP-Adresse angibt. Der Router berechnet automatisch die Subnetzmaske basierend auf der zugewiesenen IP-Adresse. Sofern keine Subnetze zum Einsatz kommen, verwenden Sie *255.255.255.0* als Subnetzmaske.

5.2.3   Eintragen der IP-Adresse eines DNS-Servers

Je nach FRITZ!Box-Modell richten Sie nun den DNS-Server ein. Dieser wird zur Suche von Webadressen basierend auf ihren Namen verwendet und löst den DNS-Namen in einer IP-Adresse auf. Stehen in den ISP-Unterlagen eine oder zwei DNS-Serveradressen, tragen Sie einfach die primäre und die sekundäre Adresse im Konfigurationsdialog ein. In der Regel reicht der Eintrag *Automatisch vom ISP abrufen*, wenn der ISP den DNS-Server automatisiert zur Verfügung stellt. Näheres dazu finden Sie in Ihren Unterlagen zum DSL-Zugang.

Bei den meisten Modellen der FRITZ!Box ist das Konfigurieren der DNS-Serveradressen des ISP standardmäßig nicht möglich. Möchten oder müssen Sie mit dem PC dennoch einen anderen DNS-Server verwenden, muss bei der IP-Konfiguration des PCs die ent-sprechende IP-Adresse des gewünschten DNS-Servers eingetragen werden.

Hier wählen Sie über die Systemsteuerung bei *Netzwerkverbindungen* die Schnittstelle aus, die für den Internetzugang sorgt, und klicken dort auf *Eigenschaften*. Im Register *Allgemein* ist das TCP/IP-Protokoll zu finden – dort klicken Sie abermals auf *Eigen-schaften*. Nun können Sie den Punkt *DNS-Adressen automatisch beziehen* auf *Folgende DNS-Serveradressen verwenden* umstellen und dort die IP-Adresse des gewünschten DNS-Servers eintragen. Nach dem Neustart des PCs sind diese Netzwerkeinstellungen aktiv, und der in der FRITZ!Box eingetragene DNS-Server wird vom PC nicht mehr verwendet.

5.2.4   MAC-Adresse der FRITZ!Box konfigurieren

Im nächsten Schritt wird gegebenenfalls die MAC-Adresse der FRITZ!Box konfiguriert. Eine MAC-Adresse (*Media Access Control*) ist eine eindeutige Hardwareadresse in einem Netzwerk, die für zusätzliche Sicherheit beim Verbindungsaufbau sorgt, weil jeder Netzwerkkomponente eine eindeutige Adresse zugeordnet ist (in den meisten Fällen ist das die Netzwerkkarte). Selten kommt es vor, dass ein Internetanbieter nur eine bestimmte MAC-Adresse für den Internetzugriff zulässt, mit der (und nur mit der!) eine Verbindung zustande kommen darf. Bei älteren FRITZ!Boxen ist das Ändern der MAC-Adresse nicht ohne Weiteres möglich. Zwar existiert ein Weg über eine Recovery-Konsole via FTP, doch dieser ist ausschließlich Spezialisten vorbehalten. Zu groß ist hier das Risiko, dass die FRITZ!Box nach dem Eingriff nicht mehr startet. Die MAC-Adresse der FRITZ!Box finden Sie über die Kommandozeile heraus.

```
C:\>arp -a

Schnittstelle: 192.168.123.174 --- 0x4
  Internetadresse       Physikal. Adresse      Typ
  192.168.123.21        00-14-6c-57-23-ef      dynamisch
  192.168.123.23        00-30-1b-b8-ec-4f      dynamisch
  192.168.123.38        00-17-f2-ef-f7-ca      dynamisch
  192.168.123.199       00-04-0e-14-1c-51      dynamisch

C:\>nslookup 192.168.123.199
Server:  fritz.fon.box
Address:  192.168.123.199

Name:    fritz.fon.box
Address:  192.168.123.199

C:\>▄
```

Bild 5.8: Mit dem Befehl *arp -a* im DOS-Fenster liefert *arp* zu jeder IP-Adresse die aktuell zugeordnete MAC-Adresse.

Bei neuen FRITZ!Box-Modellen bzw. FRITZ!Boxen mit einer aktuellen Firmware ist das Konfigurieren der MAC-Adresse etwas umständlicher gelöst. Damit Sie überhaupt an die Einstellung für die Netzwerkparameter herankommen, muss im Hauptmenü zunächst die sogenannte Expertenansicht aktiviert werden. Diese finden Sie über *Übersicht/System/Ansicht*.

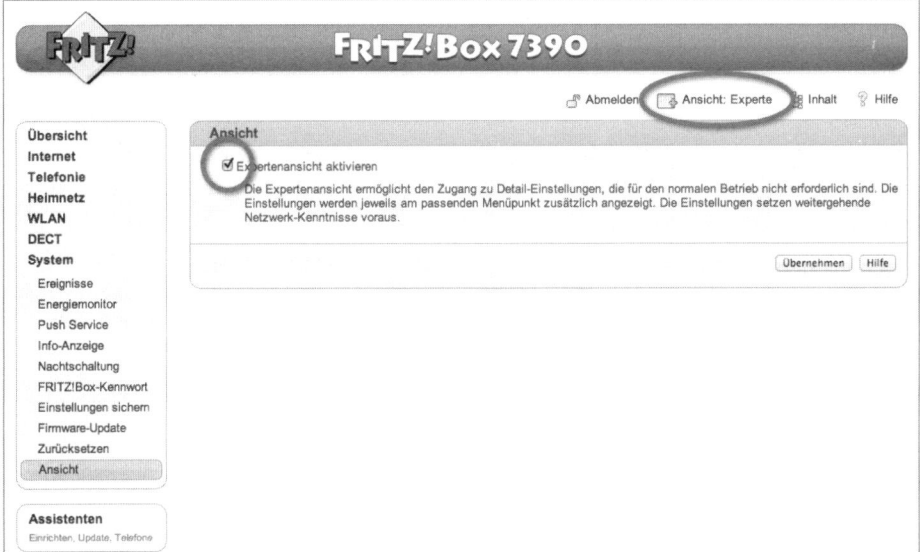

Bild 5.9: Hier aktivieren Sie die Expertenansicht.

Internetzugang über LAN 1
Das Ändern der IP- bzw. MAC-Adresse der FRITZ!Box ist nur dann möglich, wenn der Internetzugriff über die Option *Internetzugang über LAN 1* konfiguriert ist. In diesem Fall ist die FRITZ!Box an ein bereits vorhandenes Netzwerk (LAN) oder einen anderen DSL-Router angeschlossen, der die Zugangsdaten für den Provider für das Netzwerk zur Verfügung stellt.

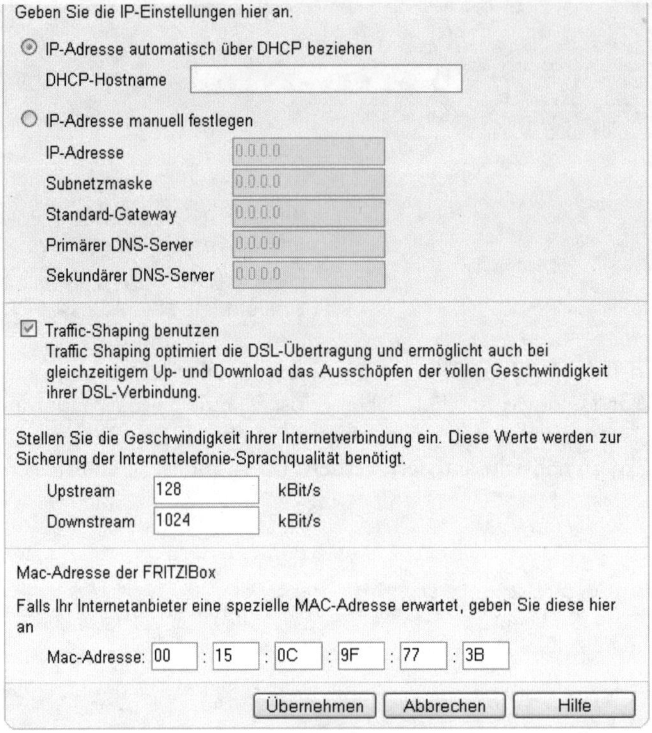

Geben Sie die IP-Einstellungen hier an.

◉ IP-Adresse automatisch über DHCP beziehen

DHCP-Hostname _____

◯ IP-Adresse manuell festlegen

IP-Adresse 0.0.0.0

Subnetzmaske 0.0.0.0

Standard-Gateway 0.0.0.0

Primärer DNS-Server 0.0.0.0

Sekundärer DNS-Server 0.0.0.0

☑ Traffic-Shaping benutzen
Traffic Shaping optimiert die DSL-Übertragung und ermöglicht auch bei gleichzeitigem Up- und Download das Ausschöpfen der vollen Geschwindigkeit ihrer DSL-Verbindung.

Stellen Sie die Geschwindigkeit ihrer Internetverbindung ein. Diese Werte werden zur Sicherung der Internettelefonie-Sprachqualität benötigt.

Upstream 128 kBit/s

Downstream 1024 kBit/s

Mac-Adresse der FRITZ!Box

Falls Ihr Internetanbieter eine spezielle MAC-Adresse erwartet, geben Sie diese hier an

Mac-Adresse: 00 : 15 : 0C : 9F : 77 : 3B

[Übernehmen] [Abbrechen] [Hilfe]

Bild 5.10: Erwartet der Internetanbieter eine spezielle MAC-Adresse für die Internet-verbindung, tragen Sie diese hier ein.

5.2.5 Dauerhafte Internetverbindung oder mit Zeittakt?

Internetverbindung ist nicht gleich Internetverbindung. Obwohl die meisten Komplettangebote eine Flatrate bieten, kann es sein, dass sich für manche Zwecke der Stundentarif lohnt, der nach einem bestimmten Zeittakt und Tarif zu bezahlen ist. Abhängig vom Vertrag (Flat/Stundentarif etc.) mit Ihrem Internetanbieter kann die falsche Konfiguration des DSL-Routers dann richtig Geld kosten: Ist er falsch eingestellt, hält der Router die Internetverbindung rund um die Uhr aufrecht, auch wenn kein Rechner angeschaltet ist.

Bild 5.11: Über die Weboberfläche unter *Internet/Zugangsdaten* prüfen Sie im Bereich *Verbindungseinstellungen* bei der Option *Internetverbindung dauerhaft halten* die Verbindungseinstellungen der FRITZ!Box.

Haben Sie eine Flatrate, kann diese Option normalerweise aktiviert bleiben. So wird die Internetverbindung nach jedem Time-out automatisch hergestellt, wenn der Router aus dem Heimnetz Verbindungswünsche mit dem Internet feststellt.

5.2.6   Das hilft immer, wenn andere Funknetze stören

Beim Funkkanal können Sie häufig die Werkeinstellung beibehalten, es sei denn, es machen sich Störstrahlungen von einem anderen WLAN-Router in der Umgebung bemerkbar. Dies zeigt sich vor allem in Schwierigkeiten beim Verbindungsaufbau und in der Geschwindigkeit. Hängen in der Nachbarschaft einige andere WLAN-Router an der Steckdose, kann das Wechseln des Kanals einen Geschwindigkeitsschub bringen.

So läuft das WLAN wieder wie geschmiert: Im Konfigurationsmenü Ihres WLAN-Routers stehen Ihnen 13 Kanäle zur Verfügung. Dabei beträgt der Abstand der Mittenfrequenzen jeweils 5 MHz. Bedingt durch die große Bandbreite jedes einzelnen Funkkanals kommt es zu Überschneidungen der Frequenzbänder. Wird Ihr WLAN immer langsamer oder bricht die Verbindung ganz ab, ist das in den meisten Fällen auf eine Überschneidung mehrerer Funkkanäle zurückzuführen. Für beste Funkqualität sollten daher alle im Umkreis befindlichen WLANs mit einem Abstand von fünf Kanälen betrieben werden. Sendet Ihr Nachbar in seinem WLAN auf *Kanal 6*, wechseln Sie zu *Kanal 1, 11, 12* oder *13*, und Ihr WLAN läuft wieder wie geschmiert.

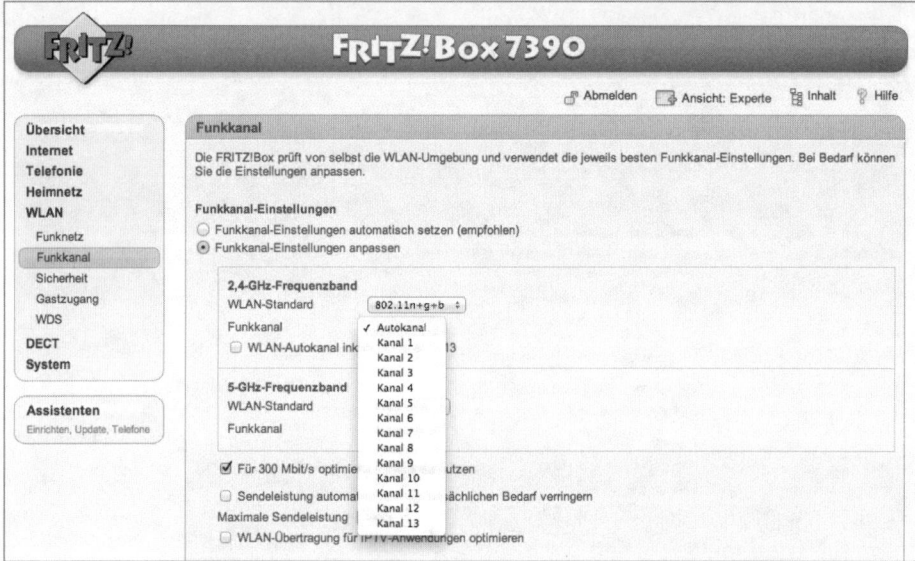

Bild 5.12: FRITZ!Box-Spezialität: Kommt es auf einem Kanal zu Übertragungsspitzen, wechseln Sie in diesem Dialog einfach den Kanal. Hier lassen sich die Kanäle des 2,4-GHz- und des 5-GHz-Frequenzbands getrennt konfigurieren.

Feintuning der WLAN-Geschwindigkeit: Wer keine Uraltgeräte (mit dem alten 802.11b-Standard) mehr im Einsatz hat oder haben möchte, wählt im Drop-down-Menü bei WLAN-Standard anstelle des Standardeintrags 802.11n+g+b die Einstellung 802.11n+g aus. Damit verhindern Sie, dass ältere Geräte nach dem b-Standard das WLAN-Netz auf 11 MBit/s drosseln.

5.2.7 Portfreigaben für die Internettelefonie festlegen

Wer mit seinem Computer über das Internet telefonieren möchte, sollte darauf achten, dass die Konfiguration der Firewall bzw. des DSL-WLAN-Routers vornehmlich von der eingesetzten SIP-Software auf dem Rechner abhängig ist. Da eine NAT-Firewall (*Network Address Translation*) nach außen eine IP-Adresse und nach innen im Heimnetz mehrere IP-Adressen zu versorgen hat, kann es beim Telefonieren hier anfänglich zu Problemen kommen, sollte NAT, also die Portweiterleitung, falsch konfiguriert sein. NAT macht nichts anderes, als eine IP-Adresse in einem Datenpaket durch eine andere zu ersetzen. Bei einem Router bzw. einer Firewall sorgt NAT dafür, private IP-Adressen auf öffentliche IP-Adressen abzubilden.

Bei NAT kennt der Telefonieclient die aktuelle Internet-IP-Adresse nicht, er besitzt ja eine lokale nach dem Muster 192.168.X.X. Deshalb nutzen die SIP-Gateways die Absender-IP-Adresse, also die Internetadresse des DSL-WLAN-Routers. Dafür ist der STUN-Server (*Simple Traversal of UDP through NAT*) des VoIP-Anbieters zuständig. Der versorgt den Telefonieclient mit den nötigen Informationen, damit es mit dem Telefonieren auch funktioniert.

Eine Firewall bzw. ein DSL-WLAN-Router kann nur Daten von außen zu einem bestimmten Client transportieren, wenn bekannt ist, wohin diese weitergeleitet werden müssen. Dafür sorgt der interne Initialisierungsvorgang der SIP-Software bzw. des IP-Telefons. Damit das Telefonieren mit einer NAT-Firewall auch erfolgreich verläuft, müssen in der Regel folgende Ports konfiguriert sein:

Benötigte Ports*	Programm/Protokoll
80 (TCP)	Freigabe, Registrierung
3478–3479 (UDP)	NAT/STUN (STUN ist nur notwendig, wenn NAT benutzt wird)
5004 (UDP)	RTP
5060 (UDP)	SIP Signal Telefon
5062 (UDP)	SIP Signal Anrufbeantworter
5069 (UDP)	iPhone Freenet
5070, 5072 (UDP)	1&1 SoftPhone, Nero SIPPS
8000–8006 (UDP)	X-Lite
8000–8012 (UDP)	X-Pro
10000–10012 (UDP)	Datenverkehr Nikotel-Telefon
16384–16390 (UDP)	Datenverkehr Freenet-iPhone
30000–30012 (UDP)	Datenverkehr Nikotel-Anrufbeantworter
* Alle ein- und ausgehenden UDP- und TCP-Ports.	

Für SIP wird in der Regel immer UDP-Port 5060 benötigt. Meist überwacht eine Firewall nur den eingehenden Datenverkehr, teure und restriktive Produkte sorgen jedoch auch beim ausgehenden Datenverkehr für Sicherheit.

Für VoIP sind in der Firewall bzw. Portfreigabe meist zusätzlich die Ports 5062, 5070, 5072, 3478 und 30000 bis 30005 freizugeben, damit das Telefonieren auch möglich ist. Hier aktivieren Sie *port forwarding* für die oben angegebenen Ports und leiten sie auf den Rechner um, von dem aus ins Internet telefoniert wird.

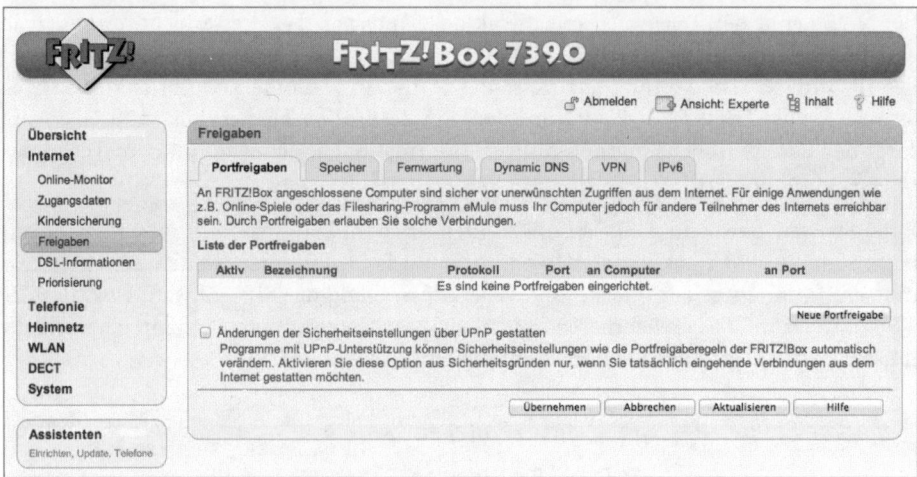

Bild 5.13: Bei der FRITZ!Box ist für die Internettelefonie via PC unter *Freigaben/Portfreigaben* jeder notwendige Port einzutragen.

Durch die Umleitung der Daten, die auf Port 5060 auf dem Router bzw. der Firewall eintreffen, sorgt dieser Mechanismus dafür, dass sie an den vorgesehenen Rechner im Netzwerk weitergeleitet werden. Der ist nach außen von der Firewall geschützt und außerhalb des Routers bzw. der Firewall nicht direkt erreichbar. Abhängig davon, welches SIP-Programm verwendet wird, können noch zusätzliche oder andere Ports maßgeblich sein. Kommt es hier zu Problemen, hilft die Suche in den Foren bzw. auf der Website des jeweiligen Herstellers weiter.

5.2.8 Strom sparen mit aktivierter Nachtschaltung

Trotz Flatrate wird der Internetzugang in den wenigsten Fällen rund um die Uhr benötigt. Gerade wer die WLAN-Schnittstelle der FRITZ!Box für den Internetzugang nutzt, kann mit etwas Feinkonfiguration ein paar Kilowatt Strom sparen. Drücken Sie vor dem »Zubettgehen« manuell den WLAN-Schalter am FRITZ!Box-Gehäuse, haben Sie die WLAN-Funktion einfach per Knopfdruck ausgeschaltet.

Wem das zu umständlich ist, der kann dafür auch die Nachtschaltungsfunktion der FRITZ!Box nutzen, mit der sich die WLAN-Funktionen für einen definierten Zeitraum komplett ausschalten lassen. Sie aktivieren die Nachtschaltung unter *Übersicht/Erweiterte Einstellungen/System/Nachtschaltung*.

Bild 5.14: Wer nachts ruhig schlafen möchte, kann neben der *Nachtschaltung* auch per Mausklick eine nächtliche *Klingelsperre* aktivieren, die für Ruhe vor Telefonanrufen über die Anschlüsse der FRITZ!Box sorgt.

Nutzen Sie die WLAN-Funktion zudem nur in den eigenen vier Wänden – beispielsweise nur in einem Raum –, können Sie zusätzlich Strom sparen, indem Sie die Funkleistung der FRITZ!Box reduzieren. Das sorgt nicht nur für weniger Strahlung im Haus, sondern auch für weniger Störsignale in der Nachbarschaft sowie etwas mehr Schutz vor ungebetenen Eindringlingen, da die reduzierte WLAN-Funkleistung im Idealfall an der Hauswand scheitert.

Wird nur wenig Energie benötigt, um die Verbindung zum Internet herzustellen, wird bei aktiviertem TCP (*Transmission Power Control*) auch die Funkleistung auf die tatsächlich benötigte Energiemenge reduziert. Über die Benutzeroberfläche der FRITZ!Box stellen Sie die Funkleistung auf Ihre persönliche Umgebung zu Hause ein.

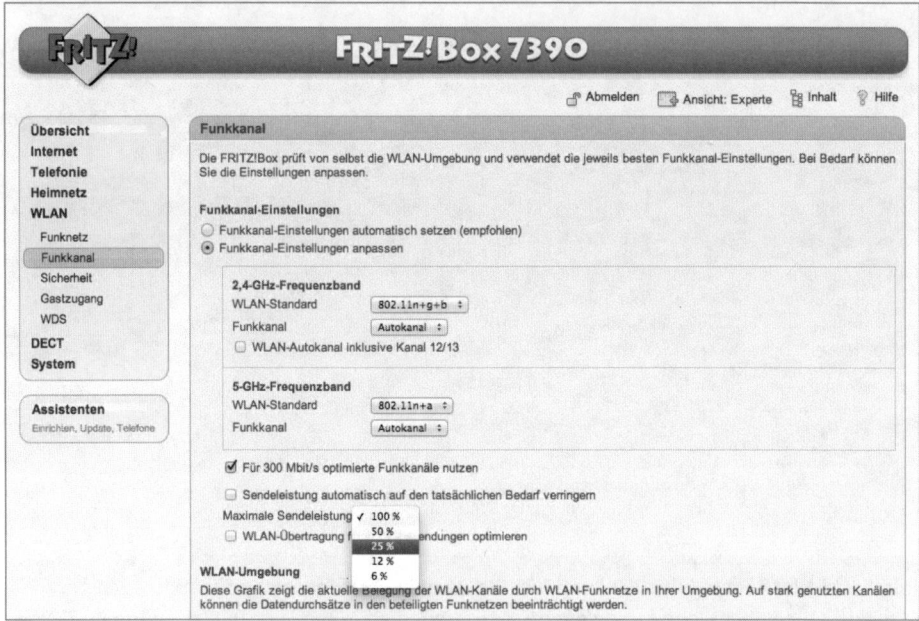

Bild 5.15: Die Hauswand als natürliche Firewall: Kommen die eingesetzten WLAN-Geräte ausschließlich in einem einzigen Raum zum Einsatz, ist eine reduzierte Sendeleistung völlig ausreichend.

5.3   Grundlegende Sicherheitseinstellungen

Das Aufsetzen eines drahtlosen Netzwerks ist leichter, als Sie denken. Normalerweise genügen ein Browser und die Eingabe der wichtigsten Standardeinstellungen, und dann kann es losgehen mit dem kabellosen Surfvergnügen. Doch wollen Sie auf Nummer sicher gehen, sollten Sie vorher das WLAN-Netzwerk dicht machen, damit niemand anderer als Sie selbst über das Funknetz arbeiten kann. Denn: Viele Schmarotzer können auf Ihre Kosten mitsurfen.

Haben Sie eine Flatrate, gibt es zwar bezüglich der Kosten keinen Unterschied, steht jedoch eines Tages bei Ihnen der Staatsanwalt vor der Haustür, hat ein Eindringling möglicherweise über Ihren Internetanschluss Unfug getrieben. Deshalb sollten Sie die vorhandenen Sicherheitsmechanismen des Routers nicht nur kennen, sondern auch nutzen.

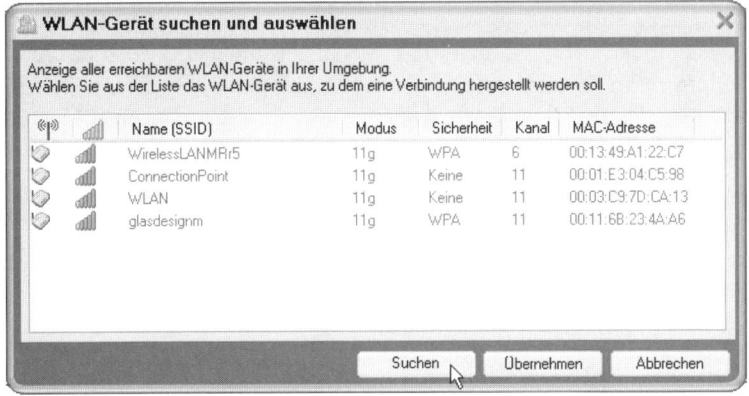

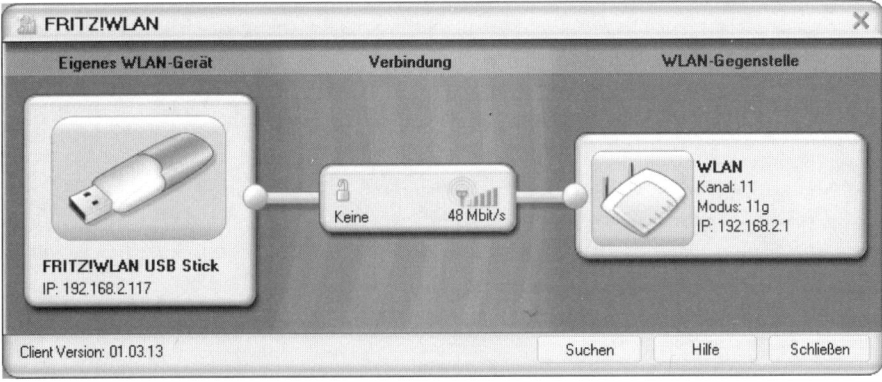

Bild 5.16: Ausprobiert: Das ungesicherte Funknetz *WLAN* kann problemlos angesprochen werden – ganz einfach mit einem USB-WLAN-Adapter.

5.3.1 Machen Sie Ihr WLAN für andere unsichtbar

Das Wichtigste für eine sichere WLAN-Konfiguration ist eine sichere und unsichtbare SSID (*Service Set Identifier*). Mit der SSID ist nach Abschluss der Konfiguration das WLAN für die Umgebung sichtbar. Jeder, der sich an das Netz anmelden möchte, benötigt diesen Netzwerknamen (SSID), und sämtliche WLAN-Geräte müssen ihn kennen. Funknetze werden in der Standardeinstellung mit dieser Kennung angezeigt, die Kennung wird sozusagen mitgesendet.

Ändern Sie sofort die Standardeinstellung des Herstellers. Die FRITZ!Box hat im Auslieferungszustand als SSID meist den Namen des Geräts eingetragen, z. B. *FRITZ!Box Fon WLAN 7390*. Der ist für potenzielle Angreifer nicht nur zu sehen, sondern bei verborgener SSID dennoch leicht zu erraten, er wird auch in den Supportforen der Hersteller für jedes Routermodell genannt.

Ein sicherer SSID-Name besteht aus einer zufälligen Reihenfolge von Zahlen und Buchstaben, gemischt mit Groß- und Kleinbuchstaben. Möglich ist auch eine nur Ihnen bekannte Kombination aus persönlichen Daten, Namen sowie Groß- und Kleinschreibung (z. B. *MeineOmaIngridhatte3Hundeund2Katzen!*).

Konfigurieren Sie eine neue SSID und notieren Sie sich diese Kennung auf einem Zettel, der sich im WLAN-Handbuch befindet, die FRITZ!Box bietet Ihnen aber auch das Ausdrucken der Einstellungen an. Wer ganz auf Nummer sicher gehen möchte, ändert in regelmäßigen Abständen diesen SSID-Namen, um es etwaigen Eindringlingen auf Dauer schwer zu machen.

Das ist natürlich nur dann richtig sinnvoll, wenn die Rundumsendung der SSID (SSID-Ratio) versteckt wird. Der SSID-Name der FRITZ!Box lässt sich im Menü *Übersicht/Einstellungen/WLAN/Funkeinstellungen* bzw. bei den aktuellen Firmwareversionen über *Übersicht/Erweiterte Einstellungen/WLAN/Funknetz* ändern.

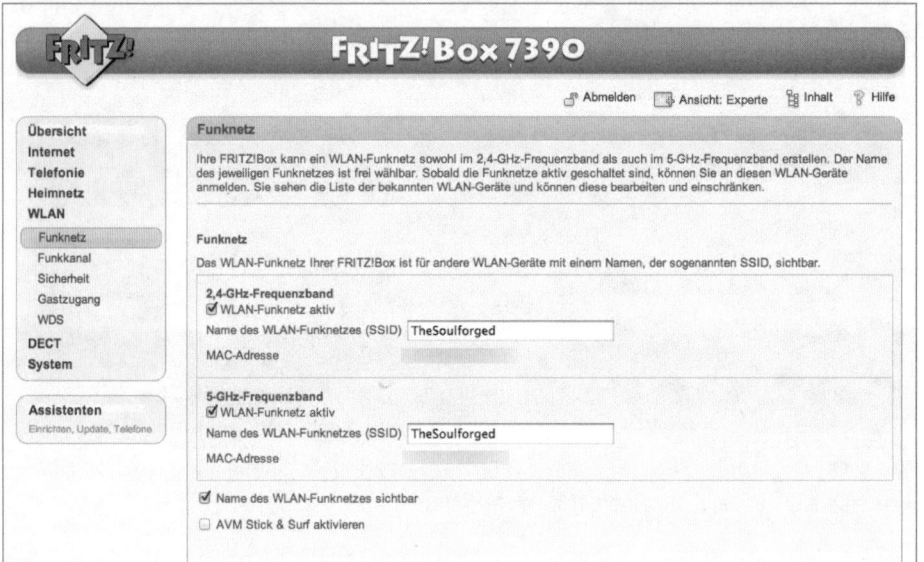

Bild 5.17: Spezialität der topaktuellen FRITZ!Box 7390: Erst wenn das Häkchen bei *2,4-GHz-Frequenzband* und/oder *5-GHz-Frequenzband* gesetzt ist, lässt sich der Name der SSID auf einen beliebigen Namen setzen.

Profis richten das WLAN-Netzwerk mit einem sicheren SSID-Namen ein und deaktivieren anschließend das SSID-Ratio – also das Versenden des SSID-Namens an die Umgebung. Bei der FRITZ!Box nehmen Sie hierfür das Häkchen bei *Name des Funknetzes (SSID) bekannt geben* heraus. Nur passend konfigurierte WLAN-Karten und WLAN-VoIP-Telefone können anschließend den WLAN-Router noch sehen und mit ihm Verbindung aufnehmen. Damit haben Sie schon viel für die Absicherung getan, denn eine komplizierte SSID, die man nicht einfach erraten kann, muss von einem potenziellen Hacker erst einmal herausgefunden werden.

Manchmal praktisch: Neuere FRITZ!Boxen wie die FRITZ!Box Fon WLAN 7390 bzw. neuere Firmwareversionen lassen hier auch eine getrennte Handhabung des 2,4-GHz- bzw. 5-GHz-Frequenzbands zu. So lassen sich ältere WLAN-Geräte mit einer anderen SSID betreiben – sprich, die FRITZ!Box drosselt die Geschwindigkeit der schnellen WLAN-Geräte nicht auf den kleinsten gemeinsamen Standard herunter.

5.3.2 Wichtig: die Verschlüsselung von Funknetzen

Ebenso wichtig wie die SSID ist die Verschlüsselung des WLAN. Damit sich beispielsweise Nachbarn nicht per Funk über die FRITZ!Box in das Internet einwählen können, sollten, neben dem Verzicht auf die SSID-Rundumsendung, unbedingt die WEP- oder WPA-/WPA2-Sicherheitsoptionen aktiviert werden.

Die Standards sind unterschiedlich sicher (WEP ist vergleichsweise unsicher, WPA2 bisher nicht knackbar), ihre Verwendung hängt aber von den genutzten Geräten ab. Ältere Geräte können über USB-Adapter auch zur Unterstützung moderner Standards gebracht werden, entscheidend ist letztlich der Router.

Das am häufigsten eingesetzte Verfahren zur Verschlüsselung ist bei älteren WLAN-Routern WEP, das für *Wired Equivalent Privacy* steht – übersetzt etwa kabelnetzäquivalenter Schutz. Beim Einsatz von WEP ist ein sogenannter Netzwerkschlüssel für die Verschlüsselung notwendig. Diesen können Sie bei der Konfiguration des Routers selbst eingeben. WEP ist allerdings problemlos innerhalb einiger Minuten knackbar. Das sollten Sie wissen. Wenn Sie also nur auf WEP setzen können, weil Ihre Netzwerkgeräte keine andere Verschlüsselungstechnologie unterstützen, müssen Sie regelmäßig den Schlüssel und idealerweise auch die SSID wechseln.

Abhängig von der Geräteinfrastruktur im Heimnetz sind unterschiedliche Schlüssellängen möglich. Im Zweifelsfall nutzen Sie den längsten Schlüssel. Denn je länger der Schlüssel ist, desto sicherer ist auch die Datenübertragung. So sind meist eine 64-Bit-Verschlüsselung (auch manchmal 40 Bit genannt) und eine 128-Bit-Verschlüsselung möglich. Abhängig vom »kleinsten gemeinsamen Nenner« stehen hier folgende Optionen zur Verfügung:

Schlüsseltypen	Beschreibung
Deaktivieren	Keine Datenverschlüsselung (nicht zu empfehlen).
WEP (Wired Equivalent Privacy)	64-Bit- oder 128-Bit-WEP-Datenverschlüsselung verwenden (nutzen, wenn die übrigen WLAN-Geräte kein WPA-PSK oder WPA2 unterstützen). Wenn WEP aktiviert ist, können Sie die vier Datenschlüssel manuell eingeben oder automatisch erstellen lassen. Diese Werte müssen auf allen PCs und Access Points in Ihrem Netzwerk identisch sein und verwendet werden.
WPA-PSK (Wi-Fi Protected Access Pre-Shared Key)	WPA-PSK-Standardverschlüsselung verwenden (empfohlen). Manche WLAN-Karten unterstützen diese Verschlüsselung nicht. In diesem Fall nutzen Sie 128-Bit-WEP. Auch hier ist ein Verschlüsselungswert erforderlich.
WPA2-AES (Advanced Encryption Standard)	Bieten der Router und die angeschlossenen Geräte WPA2 oder WPA-AES an, sollte aus Sicherheitsgründen diese Verschlüsselung genutzt werden. Dieser Sicherheitsstandard ist derzeit das Maß aller Dinge und in Verbindung mit einem nicht erratbaren Schlüsselwert eine sichere Sache.

Ende des Jahres 2004 wurde WPA2, also die 802.11i-Spezifikation für WLANs, festgelegt. Dafür ist in der Regel neue Hardware, beispielsweise ein WLAN-Router sowie passende WLAN-Karten, notwendig. WPA2 verwendet statt des Verschlüsselungsprotokolls RC4 den sichereren Advanced Encryption Standard (AES). Nutzen Sie immer die aktuellste Verschlüsselung.

Beim Kauf immer auf WPA2-Kompatibilität achten

Achten Sie beim Kauf von WLAN-Komponenten auf die WPA2-Kompatibilität, es ist ärgerlich, nur aufgrund eines Geräts die Sicherheit des gesamten WLAN-Netzes zu schwächen. Wenn für eine ältere FRITZ!Box eine aktuelle Firmware angeboten wird, können Sie auch auf moderne Verschlüsselungsstandards umstellen.

Erzeugen einfacher WEP-Schlüssel

Beim Erstellen eines Sicherheitsschlüssels im WEP-Verfahren stehen meist zwei unterschiedliche Methoden zur Verfügung: Sie können entweder den Schlüssel automatisch erstellen lassen oder selbst manuell einen eingeben.

Bei der automatischen Schlüsselerstellung geben Sie ein Wort oder eine Zeichenfolge in das Feld *Kennwort* ein und klicken auf die Schaltfläche *Erstellen*. Anschließend baut der Router selbstständig einen WEP-Schlüssel im Hexadezimalformat zusammen. In diesem Format werden nur die Zahlen von 0 bis 9 sowie die Buchstaben von A bis F genutzt.

Bei der Verschlüsselungsstärke 64 Bit füllt der Router automatisch alle vier Schlüsselfelder mit einem Schlüsselwert auf, bei der Verschlüsselungsstärke von 128 Bit ist das lediglich ein Wert. Egal ob Sie 64 Bit oder 128 Bit nutzen, dieser Schlüsselwert oder einer der Werte wird anschließend beim Einrichten der WLAN-Netzwerkkarte gebraucht.

Im manuellen Eingabemodus wählen Sie aus, welcher der vier Schlüssel (im Fall von 64 Bit) verwendet werden soll, und geben die Informationen zum WEP-Schlüssel für das Netzwerk im Hexadezimalformat in das ausgewählte Schlüsselfeld ein. Bei der WEP-Verschlüsselungsstärke von 64 Bit geben Sie 10 Hexadezimalzahlen ein, bei der WEP-Verschlüsselungsstärke von 128 Bit tragen Sie 26 Hexadezimalzahlen ein. Damit lässt sich die WLAN-Karte sicher mit dem WLAN-Router verbinden.

Besser mit sicherer WPA-Verschlüsselung

Als sehr sicher schätzen Experten die Sicherheitsverschlüsselung WPA-PSK ein, das neuere WPA2-AES wird als noch sicherer eingestuft. Aus diesem Grund sollten Sie auch dieses Verfahren für Ihr WLAN-Netzwerk nutzen. Ältere Centrino-Notebooks (beispielsweise Baujahr 2004) beherrschen allerdings meist nur WPA-PSK. Bei der Schlüsselerstellung geben Sie ein Wort bzw. eine Zeichenfolge in das Feld *Kennwort* ein, das mindestens 8 und maximal 63 Zeichen lang sein darf. So können Sie beispielsweise ein ähnlich langes Kennwort wie dieses nutzen:

AdamundEvagehenindenWaldundholen6Äpfelheraus!GibtesApfelkuchen.

Es kann aber auch etwas Persönliches mit Ziffern etc. sein. Sie sollten es sich jedoch auf Papier notieren, da es beim Einrichten des WLAN-Client-PCs für die Verbindung gebraucht wird. Ist die Verschlüsselung aktiviert, ist der Grundstein dafür gelegt, dass keine Fremden über Ihren WLAN-Router Unfug anstellen können. Anschließend aktivieren Sie die Protokollierung, damit Sie über sämtliche Aktivitäten des WLAN-Routers informiert sind.

Bild 5.18: Die FRITZ!Box unterstützt mit WPA2 die derzeit aktuellste Verschlüsselung für WLANs. Lässt sich WPA2 bei einer betagten FRITZ!Box nicht auswählen, hilft in der Regel ein Firmware-Update, um die Box auf den aktuellen Stand zu bringen.

5.3.3   Festlegen der Wireless-Modus-Einstellungen

Fast alle aktuellen WLAN-Router sind abwärtskompatibel, doch veraltete WLAN-Netzwerkkarten können manchmal nicht im Auto-Modus (automatische Erkennung des verwendeten Modus) betrieben werden und fordern den passenden Wireless-Modus explizit an, damit eine Übertragung überhaupt zustande kommen kann. So sind folgende Wireless-Moduseinstellungen möglich:

Wireless-Modus	Beschreibung
n + a	Hier können sowohl 802.11a- als auch 802.11n-konforme Wireless-Geräte verwendet werden. Die Geschwindigkeit wird jeweils an das langsamste Gerät angepasst. 802.11a-Geräte erreichen eine maximale Bruttodatenrate von 54 MBit/s – achten Sie also auf den Einsatz von schnellen 802.11n-Geräten.
n + g	Damit können sowohl 802.11g- als auch 802.11n-konforme Wireless-Geräte verwendet werden. Die Geschwindigkeit wird jeweils an das langsamste Gerät angepasst.
b + g	Es können sowohl 802.11g- als auch 802.11b-konforme Wireless-Geräte verwendet werden. Die Geschwindigkeit wird jeweils an das langsamste Gerät angepasst.

Wireless-Modus	Beschreibung
g	Im g-Modus können nur 802.11g-konforme WLAN-Geräte genutzt werden. Die Geschwindigkeit liegt standardmäßig bei 54 MBit/s und wird nur bei Verbindungsproblemen angepasst.
g++	Diese Bezeichnung ist vor allem bei neueren AVM-Geräten verbreitet. Dieser erweiterte g-Modus lässt sich nur mit hauseigenen AVM-Geräten nutzen.
b	Vergangenheit: Hier können alle 802.11b-konformen WLAN-Geräte verwendet werden. Zudem können 802.11g-konforme WLAN-Geräte im 802.11b-Modus betrieben werden. Die Geschwindigkeit orientiert sich am b-Standard, liegt also bei 11 MBit/s.
nur 108 MBit/s	Bei aktuellen Geräten nicht mehr vorhanden: Wie bei g++ auch, ist dieser Modus herstellerabhängig. Der 108-MBit/s-Modus kann nur von kompatiblen 802.11g-Wireless-Geräten genutzt werden.
n + g + b	Es können alle 802.11n-, 802.11g- und 802.11b-Geräte verwendet werden.
Für 300 MBit/s optimierte Funkkanäle nutzen	Je schneller, desto besser: Ist die FRITZ!Box auf dem neuesten Stand, sollen die neuen WLAN-Geräte auch den schnellsten Standard nutzen dürfen.

Im b-Modus können alle 802.11b-konformen WLAN-Geräte verwendet werden. Zudem können 802.11g-konforme WLAN-Geräte auch im 802.11b-Modus betrieben werden. Ist die Option *108 Mbit/s-Einstellungen/Erweiterte 108 Mbit/s-Einstellungen deaktivieren* vorhanden und markiert, deaktiviert der Wireless-Router die Datenkomprimierung, das Packet-Bursting und die Unterstützung großer Frames. Wer beispielsweise eine PSP (*PlayStation Portable*) mit einem Netgear-Router nutzen möchte, muss dieses Feature ausschalten.

Diese Funktion ist bei manchen FRITZ!Box-Modellen bei den WLAN-Einstellungen unter 802.11g++ versteckt. Soll beispielsweise eine mobile PSP-Spielkonsole via WLAN mit dem Heimnetzwerk oder dem Internet verbunden werden, muss also eingegriffen werden: Der in der PSP eingebaute WLAN-Standard der ersten Generation ist 802.11b, der eine Übertragungsgeschwindigkeit von etwa 11 MBit/s ermöglicht. Im PSP-Betrieb muss der FRITZ!Box-g++-Schalter daher zwingend deaktiviert werden. Schnellere Datenübertragungsraten sind derzeit mit der PSP nicht möglich.

5.3.4 Systemereignisse immer aufzeichnen lassen

Ein Protokoll ist prinzipiell eine detaillierte Aufzeichnung der Webseiten, auf die die angeschlossenen Rechner in Ihrem Netzwerk zugegriffen haben bzw. zuzugreifen versucht haben. Aus Sicherheitsgründen sollten Sie, falls vorhanden, diese Option aktivieren. Damit können Sie, sollte es zu Zwischenfällen oder Problemen kommen, nachschauen, was welcher Computer angestellt hat oder auch nicht. Die FRITZ!Box bietet derzeit keine Protokollierung der Webseiten, sondern nur eine Dokumentation wichtiger Systemereignisse, wie Internetverbindungsauf- und -abbau, Onlinezeit sowie das verbrauchte Onlinedatenvolumen.

Fungiert die FRITZ!Box auch als VoIP-Telefonzentrale, wird zusätzlich eine Anrufliste mitdokumentiert. In der Anrufliste werden alle ein- und ausgehenden Telefonate erfasst, die mit der FRITZ!Box geführt wurden. Ob allerdings eine Rufnummer protokolliert wird, hängt davon ab, ob Ihr Telefonanschluss das unterstützt. Kommen bei einem Analoganschluss keine Rufnummernübermittlungen an, kann auch die Box nichts anzeigen. Dann sehen Sie nur die von Ihnen getätigten Telefonate.

Bild 5.19: Spartanisch: In Sachen Protokollierung beschränkt sich die FRITZ!Box auf die wesentlichen Ereignisse. Diese sind via Weboberfläche über *System/Ereignisse* abrufbar.

Manche WLAN-Router bieten zusätzlich zur Protokollierung eine Content-Filterung. Ist diese Option aktiviert, ist in den Protokollen zu sehen, wann ein Rechner in Ihrem Netzwerk auf eine gesperrte Site zuzugreifen versucht hat. Bei einer aktivierten E-Mail-Benachrichtigung wird Ihnen das Protokoll automatisch in einer E-Mail zugestellt, Sie brauchen dann nicht immer über den Webseitendialog des Routers zu gehen.

5.3.5 Inaktive Dienste in der Router-Firewall sperren

Ein wesentlicher Sicherheitsaspekt bei der Konfiguration der FRITZ!Box sind die konfigurierten Dienste sowie die geöffneten Ports der integrierten Firewall. Eine Firewall muss prinzipiell zwei Funktionen erfüllen: Sie muss den PC und andere an ihn angeschlossenen Geräte nach außen in Richtung Internet absichern, damit Eindringlinge keine Chance haben. Dazu soll die Firewall den auf dem PC laufenden Programmen und Spielen eine sichere Verbindung nach außen gewähren.

Die Firewall überwacht den Datenstrom an sogenannten Ports, das sind virtuelle Ein- und Ausgänge, die der PC verwaltet. Bei der Übertragung von Daten wird ein Port festgelegt und verwendet, Standardfunktionen wie FTP (*File Transfer Protocol*) oder HTTP haben vorgegebene Ports. Da ein Programm aber auch an einem beliebigen Port warten kann, macht die Firewall außerhalb der bekannten Ports meist zunächst mal dicht. Die wichtigsten »Alltagsports« für die FRITZ!Box sind:

Portnummer	Beschreibung
20/21	FTP
80/8080	HTTP
53	DNS
110	POP3
1723	PPTP
25	SMTP
995	POP/SSL
143	IMAP
993	IMAP/SSL

Je weniger Ports geöffnet sind, desto weniger Angriffsfläche bietet die FRITZ!Box. Wird der Router zu konservativ konfiguriert, ist das Heimnetz oder der PC zwar optimal abgesichert, aber unter Umständen leidet die Funktionalität. Wer mit seinem Spiele-PC hinter einer FRITZ!Box oder einer Personal Firewall online zocken möchte, muss den Router entsprechend einstellen, damit die Rückmeldungen von Spielserver und Mitspielern aus dem Internet auch zum PC zurückkommen. Erst dann kann dieser richtig mitfraggen. Welche Ports Sie für den PC im Endeffekt öffnen, hängt von Ihren persönlichen Ansprüchen und Sicherheitsbedürfnissen ab.

Insgesamt gibt es 65.535 verschiedene Ports. Damit bestimmten Anwendungen feste Portnummern zugewiesen werden können, sind die Ports im Wesentlichen in drei Gruppen unterteilt:

Bereich/Portnummer	Beschreibung
0 bis 1023	Well Known Ports
1024 bis 49151	Registered Ports
49152 bis 65535	Dynamic und/oder Private Ports

Beim Netzwerk-Gaming hängt es vor allem vom Spiel ab, welche Ports zur Verfügung stehen müssen. Damit das Spielen grundsätzlich funktioniert, sind meist folgende Ports nach ICMP (*Internet Control Message Protocol*) notwendig:

53
80
443

ICMP dient dem Austausch von Fehler- und Informationsmeldungen bei TCP/IP- und UDP-Protokollen. Es sorgt dafür, dass eine Verbindung stabil bleibt – sprich aufrechterhalten wird – und es zu keinen ungewollten Verbindungsabbrüchen kommt. Ob weitere Ports gebraucht werden, steht im Handbuch zum Spiel. Dort sollte beschrieben sein, welche Ports offen sein müssen, damit das Spiel online gespielt werden kann. Welche Ports es gibt und wofür welcher TCP- bzw. UDP-Port zuständig ist, ist auf folgender Webseite zusammengefasst:

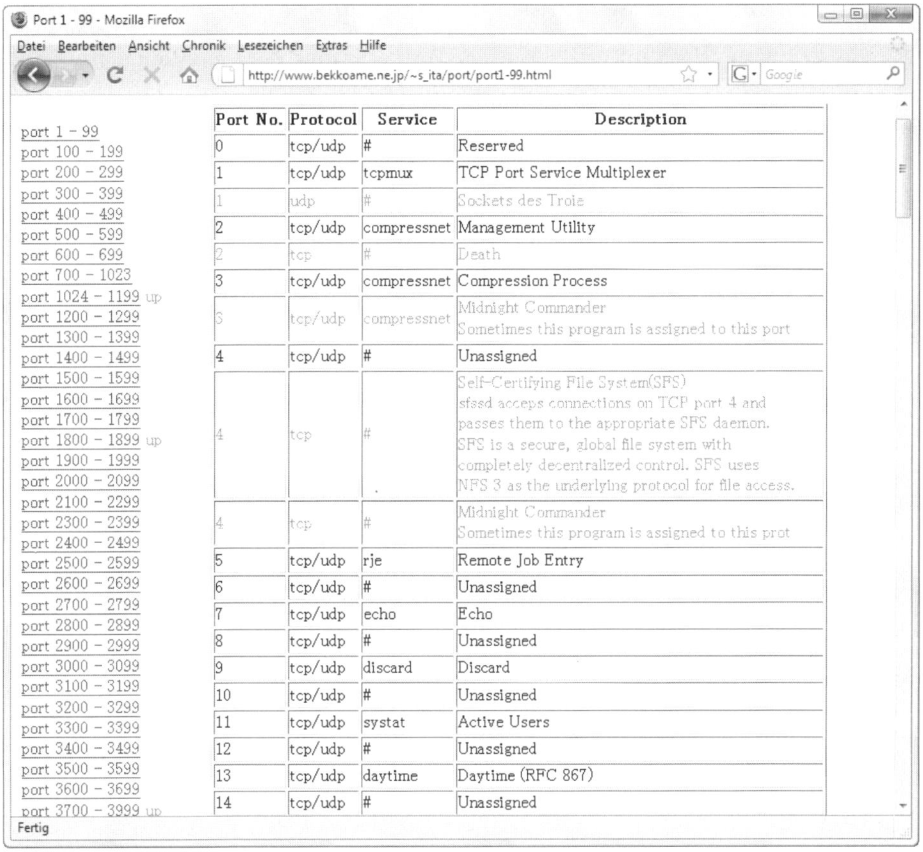

port 1 - 99
port 100 - 199
port 200 - 299
port 300 - 399
port 400 - 499
port 500 - 599
port 600 - 699
port 700 - 1023
port 1024 - 1199 up
port 1200 - 1299
port 1300 - 1399
port 1400 - 1499
port 1500 - 1599
port 1600 - 1699
port 1700 - 1799
port 1800 - 1899 up
port 1900 - 1999
port 2000 - 2099
port 2100 - 2299
port 2300 - 2399
port 2400 - 2499
port 2500 - 2599
port 2600 - 2699
port 2700 - 2799
port 2800 - 2899
port 2900 - 2999
port 3000 - 3099
port 3100 - 3199
port 3200 - 3299
port 3300 - 3399
port 3400 - 3499
port 3500 - 3599
port 3600 - 3699
port 3700 - 3999 up

Port No.	Protocol	Service	Description
0	tcp/udp	#	Reserved
1	tcp/udp	tcpmux	TCP Port Service Multiplexer
1	udp	#	Sockets des Troie
2	tcp/udp	compressnet	Management Utility
2	tcp	#	Death
3	tcp/udp	compressnet	Compression Process
3	tcp/udp	compressnet	Midnight Commander Sometimes this program is assigned to this port
4	tcp/udp	#	Unassigned
4	tcp	#	Self-Certifying File System(SFS) sfssd acceps connections on TCP port 4 and passes them to the appropriate SFS daemon. SFS is a secure, global file system with completely decentralized control. SFS uses NFS 3 as the underlying protocol for file access.
4	tcp	#	Midnight Commander Sometimes this program is assigned to this prot
5	tcp/udp	rje	Remote Job Entry
6	tcp/udp	#	Unassigned
7	tcp/udp	echo	Echo
8	tcp/udp	#	Unassigned
9	tcp/udp	discard	Discard
10	tcp/udp	#	Unassigned
11	tcp/udp	systat	Active Users
12	tcp/udp	#	Unassigned
13	tcp/udp	daytime	Daytime (RFC 867)
14	tcp/udp	#	Unassigned

Bild 5.20: Für jeden Einsatzzweck sind die Ports 1 bis 65535 hier übersichtlich beschrieben: *http://bit.ly/aiaFbX.*

Die TCP- und UDP-Ports (*User Datagram Protocol*) sorgen für die Kommunikation auf Netzwerk- bzw. Anwendungsebene. Grundsätzlich gilt: Weniger ist mehr. Je weniger Ports geöffnet und Dienste verfügbar sind, desto weniger Angriffsfläche bietet der DSL-Router nach außen. So können Sie die Nutzung bestimmter Internetdienste wie das Surfen im WWW (HTTP), das *File Transfer Protocol* (FTP) und viele andere für alle oder einige Benutzer in Ihrem Netzwerk blockieren. Doch Vorsicht: Wird der Router zu sicher eingestellt, leidet die Funktionalität, weil bestimmte Programme nicht mehr richtig funktionieren.

Wer beispielsweise einen Webserver (HTTP-Protokoll mit Port 80) hinter einem Router oder einer Personal Firewall betreiben möchte, muss den DSL-Router so einstellen, dass die Anfragen aus dem Internet auch bis zum Server kommen können. Erst dann kann dieser reagieren und die Anfragen beantworten. Welchen Port Sie öffnen, hängt von dem eingesetzten Serverprogramm und vor allem von Ihren persönlichen (Sicherheits-) Bedürfnissen ab.

5.3.6 Einrichten bestimmter Porteinstellungen

Der Router kann auch so eingestellt werden, dass bestimmte Ports am Router offen sind, die Daten, die dort ankommen, aber nur an einen bestimmten Rechner bzw. eine bestimmte IP-Adresse weitergeleitet werden. Diese Technik läuft unter Portweiterleitung bzw. Port-Triggering.

Die Porteinstellungen der FRITZ!Box richten Sie auf der Weboberfläche über *Übersicht/Erweiterte Einstellungen/Internet/Freigaben/Portfreigaben* ein.

Bild 5.21: Per Klick auf die Schaltfläche *Neue Portfreigabe* richten Sie eine neue Verbindung von außen auf einem PC im Netzwerk ein.

Ports einzeln angeben

Leider ist es bei der FRITZ!Box mit älteren Firmwareversionen nicht möglich, einen ganzen Portbereich (beispielsweise 16384 bis 16389) zur Weiterleitung freizugeben. Wer in diesem Fall einen Block von TCP- oder UDP-Ports in der Firewall freigeben möchte, muss jeden Port einzeln angeben. Sie ersparen sich unter Umständen Konfigurationsarbeit, wenn Sie zunächst die aktuelle Firmware in die FRITZ!Box einspielen. Das erledigen Sie im Webbrowser per *Übersicht/Einstellungen/System/Firmware-Update*.

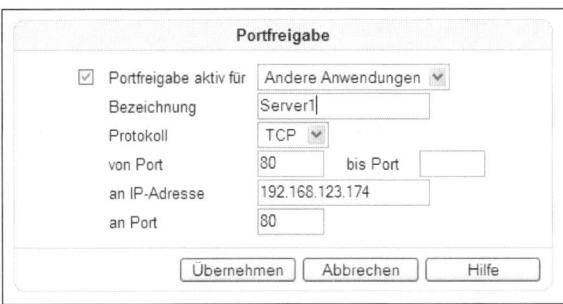

Bild 5.22: Nach einem Firmware-Update lassen sich Portbereiche bei einer Portfreigabe einrichten.

Portfreigabe und Zieladresse

Achten Sie darauf, dass bei der Konfiguration einer Portfreigabe die Zieladresse immer gleich bleibt. Hier ist es möglicherweise besser, für den Zielrechner im heimischen Netz wie oben beschrieben eine feste IP-Adresse einzurichten. Verwenden Sie im Zweifelsfall statt einer DHCP-Adresse für den PC eine statische IP-Adresse. Mithilfe der FRITZ!Box-Portfreigabe lassen sich so Dienste und verwendete Ports explizit bestimmten Rechnern im Heimnetz zuordnen.

5.3.7 Push-Service-Mail der Verbindungsdaten

Bei der FRITZ!Box ist in der Benutzeroberfläche ein sogenannter Push Service integriert, der den Anwender auf Wunsch per Mail über den Systemzustand und über Änderungen informiert. Grundvoraussetzung dafür sind selbstverständlich ein E-Mail-Konto und die passenden Zugangsdaten, damit die FRITZ!Box entsprechend konfiguriert werden kann.

Bild 5.23: Über die Weboberfläche via *System/Push Service* richten Sie das gewünschte E-Mail-Konto ein, das die Systemmeldungen der FRITZ!Box in Empfang nehmen soll.

Sind sämtliche Einstellungen eingetragen, können Sie per Klick auf die Schaltfläche *Push-Service testen* die ordnungsgemäße Funktion überprüfen. Haben Sie nach wenigen Minuten eine E-Mail im Posteingang, können Sie mit einem Klick auf die Schaltfläche *Übernehmen* die Einstellungen speichern.

5.4 Erweiterte Router-Einstellungen vornehmen

Viele WLAN-Router bieten neben den Standard-Wireless-Einstellungen auch eine Option an, mit der Sie erweiterte Einstellungen für das Funknetz konfigurieren können. Bei der FRITZ!Box hängt es von der eingesetzten Firmwareversion sowie vom FRITZ!Box-Modell ab, welche Optionen im Bereich *WLAN* zur Verfügung stehen. Mit der Auswahl der Option *WLAN aktivieren* können Sie auf andere Optionen zugreifen. Benutzen Sie kein WLAN, schalten Sie es über diese Option am Router aus.

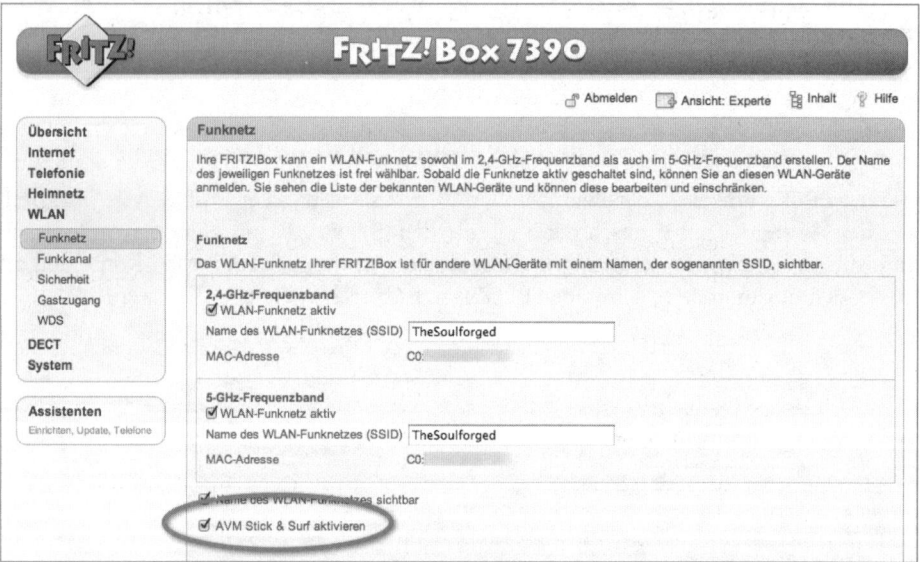

Bild 5.24: Nur wer einen AVM-USB-Stick im Einsatz hat, muss das Häkchen bei *AVM Stick & Surf aktivieren* setzen.

Zusätzlich können bei manchen FRITZ!Box-Modellen noch verschiedene Einstellungen zum Übertragungsmodus vorgenommen werden, die Einfluss auf die Sendeleistung und Übertragungsqualität haben.

- Name des WLAN-Funknetzes (SSID): Hier lässt sich der Name des WLAN-Netzes konfigurieren. Ist das Häkchen bei WLAN aktivieren gesetzt, sendet die FRITZ!Box ihren Netzwerknamen (SSID – Service Set Identifier) an alle Wireless-Stationen.

- Funkkanal auswählen: Dieser Schalter legt fest, welche Betriebsfrequenz der Router nutzen soll. Hier können Sie die Werkeinstellung beibehalten, es sei denn, es sind Störstrahlungen von einem anderen WLAN-Router in der Umgebung vorhanden. Dies macht sich vor allem durch Schwierigkeiten beim Verbindungsaufbau und in der Geschwindigkeit bemerkbar. Hängen in der Nachbarschaft einige andere WLAN-Router an der Steckdose, kann das Umkonfigurieren des Kanals einen Geschwindigkeitsschub bringen.

- Name des WLAN-Funknetzes sichtbar: Ist diese Option aktiviert, sendet der Wireless-Router seinen Netzwerknamen (SSID – Service Set Identifier) an alle Wireless-Stationen. Stationen, die keine SSID (oder den Wert null) haben, können dann die korrekte SSID für Verbindungen zu diesem Access Point annehmen.

- AVM Stick & Surf aktivieren: Diese Option ist für USB-Adapter aus dem Hause AVM gedacht. Setzen Sie einen AVM-USB-Adapter ein, sollte hier das Häkchen gesetzt werden.

Für mehr Sicherheit ist die Option *Sicherheit* bei der FRITZ!Box ideal: Hier können Sie den Zugang auf das WLAN auf Grundlage der MAC-Adresse des PCs beschränken.

5.4.1 Zugriffsliste für neue Netzwerkgeräte einrichten

Standardmäßig wird jedem drahtlosen Computer, der mit einer korrekten SSID, dem richtigen Verschlüsselungsstandard sowie dem passenden Schlüssel ausgestattet ist, Zugang zum drahtlosen Netzwerk gewährt. Jeder Router beinhaltet jedoch eine MAC-Adressfilterung, bei der Computer basierend auf ihren MAC-Adressen eine Verbindung zum Router aufbauen dürfen oder auch nicht.

Bei einer FRITZ!Box sorgen Sie für mehr Sicherheit, wenn Sie per *Übersicht/WLAN/Monitor* die Option *Keine neuen WLAN-Netzwerkgeräte zulassen* aktivieren, nachdem der PC mit WLAN-Karte erstmalig Verbindung mit dem WLAN-Router aufgenommen hat. Diese Option aktivieren Sie erst dann, wenn der DSL-Router fertig konfiguriert und erstmals eine Verbindung erfolgreich zwischen Computer und DSL-Router hergestellt worden ist. In diesem Fall merkt sich die FRITZ!Box die MAC-Adresse des Computers und verweigert anderen Geräten die Zusammenarbeit.

Wird beim Eintragen des Geräts der Gerätename nicht angezeigt, können Sie selbst einen beschreibenden Namen für den PC eingeben, den Sie der MAC-Adresse hinzufügen. Wie alle anderen wichtigen Ereignisse dokumentiert die FRITZ!Box auch die An- und Abmeldevorgänge der WLAN-Stationen. Über die Weboberfläche unter *Übersicht/System/Ereignisse* im Register *WLAN* können Sie das Protokoll einsehen. Hier finden Sie auch die abgelehnten Zugriffe. Das kann ein Hinweis darauf sein, dass von außen jemand versucht, auf Ihr WLAN zuzugreifen.

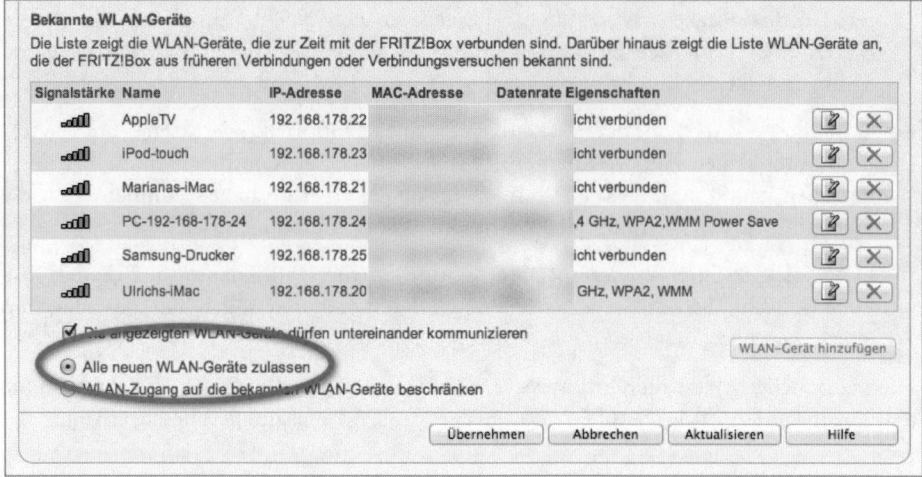

Bild 5.25: Nur bei der erstmaligen Konfiguration des WLAN-Netzwerks braucht der Schalter *Alle neuen WLAN-Geräte zulassen* aktiviert zu sein. Sind die gewünschten Geräte einmal mit der FRITZ!Box verbunden worden, merkt sich die FRITZ!Box deren MAC-Adresse.

Bild 5.26: Sämtliche An- und Abmeldevorgänge an der FRITZ!Box sowie die zugewiesenen IP-Adressen und dazugehörige Verbindungsgeschwindigkeiten werden in dem Protokoll erfasst.

5.4.2 Zugangserlaubnis neuer Netzwerkgeräte prüfen

Jeder vernünftige Router bietet einen Dialog, der eine Übersicht über angeschlossene Geräte liefert. In der Regel sind die IP-Adresse, der Gerätename, den Sie unter Windows vergeben haben, und die MAC-Adresse für jeden eingeschalteten Computer zu sehen, der mit dem Router verbunden ist.

Das ist besonders praktisch, wenn Sie vermuten, dass sich ein Fremdling in Ihrem Netz befindet. In diesem Fall sollten Sie die Sicherheitseinstellungen der FRITZ!Box nochmals überprüfen. Dazu schalten Sie am besten alle Ihre PCs, die über das Funknetz zugreifen, aus, und es sollte nur noch ein Rechner mit seiner MAC-Adresse (unbedingt notieren) zu sehen sein. Gibt es weitere, müssen Sie sich Gedanken machen.

Mithilfe der FRITZ!Box können Sie die Verbindungen direkt unterbrechen. Sie sollten aber sofort die SSID wechseln, sie unsichtbar machen und die Verschlüsselung mit einem neuen Schlüssel aktualisieren. Danach gilt es, die Protokolle daraufhin zu überprüfen, was alles aufgerufen wurde. Rechtlich sieht es so aus, dass die Nutzung unzureichend gesicherter Funknetze eine Grauzone ist, denn für Sicherheit hat jeder selbst zu sorgen.

Bei einer FRITZ!Box sorgen Sie für mehr Sicherheit, wenn Sie die Option *Keine neuen WLAN-Netzwerkgeräte zulassen* aktivieren, nachdem der PC mit WLAN-Karte erstmalig Verbindung mit dem WLAN-Router aufgenommen hat. In diesem Fall merkt sich die FRITZ!Box die MAC-Adresse des PCs und verweigert die Zusammenarbeit mit anderen Geräten.

Standardmäßig wird jedem drahtlosen Gerät, das mit einer korrekten SSID und dem passenden Schlüssel ausgestattet ist, Zugang zu dem drahtlosen Netzwerk gewährt. Jeder Router bietet jedoch eine MAC-Adressfilterung, bei der Geräte basierend auf ihren MAC-Adressen eine Verbindung zum Router aufbauen dürfen – oder auch nicht.

5.4.3 Kein Familien-PC ohne Kindersicherung

Nutzen Sie im Haushalt einen Computer und melden sich Ihre Kinder mit ihren eigenen Benutzernamen darauf an, können Sie die Kindersicherung der FRITZ!Box nutzen. Bevor Sie die Kindersicherung auf der FRITZ!Box aktivieren, muss auf dem Windows-PC eine spezielle AVM-Software installiert werden.

Den Link auf die Internetseite von AVM zu dem entsprechenden Windows-Programm *FRITZ!Box Kindersicherung* finden Sie im Hauptmenü Ihrer FRITZ!Box über *Einstellungen/Programme*. Im Zusammenspiel mit diesem Programm können Sie die FRITZ!Box nun so konfigurieren, dass der Computer im Kinderzimmer nur zu bestimmten Zeiten und in begrenztem Umfang in das Internet kann.

Zunächst installieren Sie das Windows-Programm *FRITZ!Box Kindersicherung* – in der Regel klicken Sie die Installation problemlos durch. Anschließend melden Sie sich am PC im Kinderzimmer mit dem Kinder-Account an und stellen eine Internetverbindung her, etwa für das Windows-Update oder das Update des Virenscanners. In diesem Fall kennt die FRITZ!Box anschließend den Windows-Benutzer *SYSTEM*, der für Windows-Updates und Updates von Virenschutzprogrammen zuständig ist. Anschließend bekommen Sie den Benutzernamen *SYSTEM* sowie den Benutzernamen des Kindes im Kindersicherungsdialog angezeigt.

Bild 5.27: Wenn Sie die *Kindersicherung* nicht benötigen, achten Sie darauf, dass sie ausgeschaltet ist. Andernfalls sorgt die *Kindersicherung* auf Port 14013 für überflüssige Kommunikation im Heimnetzwerk.

Im nächsten Schritt aktivieren Sie über *Einstellungen/Erweiterte Einstellungen/Internet/ Kindersicherung* das Häkchen bei *Kindersicherung aktivieren*. Anschließend wählen Sie in der Geräteliste den zu beschränkenden Computer bzw. Benutzer aus und legen in der darauf erscheinenden Übersicht die zeitliche Beschränkung der Internetnutzung fest. Hier lassen sich in den entsprechenden Feldern die Zeitintervalle festlegen, in denen das Internet genutzt werden darf. Es sind unterschiedliche Einstellungen für Montag bis Donnerstag, für den Freitag und für das Wochenende möglich.

5.4.4 Niemals ohne aktivierte Firewall ins Internet

Grundsätzlich gilt: Beim Surfen im Internet sollte die Firewall zwingend eingeschaltet sein. Die SPI-Firewall (*Stateful Port Inspection*) schützt das Netzwerk vor DoS-Attacken (*Denial of Service*, Überlastung des Systems durch eine Unzahl von Anfragen) und anderen Übeltätern. Die Firewall ist standardmäßig bei den meisten Herstellern ab Werk aktiviert.

5.4.5 Eingehende Pings am Internet-Port ignorieren

Das Suchen von potenziellen Opfern für DoS-Angriffe etc. wird über den *ping*-Befehl realisiert. Auf diese Weise kann ein anderer Rechner feststellen, ob die angepingte Maschine noch läuft und für Anfragen aus dem Netz erreichbar ist. Manche Modelle lassen sich so konfigurieren, dass sie nicht auf einen Ping aus dem Internet reagieren. Finden Sie eine Option ähnlich wie *Auf Ping am Internet-Port reagieren*, sollten Sie sie deaktivieren, es sei denn, Sie haben einen guten Grund, sie aktiviert zu lassen. Das hat übrigens nichts mit der Möglichkeit des »Anpingens« im heimischen Netzwerk, die Sie weiter unten kennenlernen werden, zu tun. Der netzinterne Ping wird anders interpretiert als einer über den Internetport.

5.4.6 Passt der konfigurierte MTU-Wert?

Das Konfigurieren der MTU-Größe (*Maximum Transmission Unit* – maximale Übertragungseinheit) hat weniger mit Sicherheit zu tun, es dient eher dem Feintuning und der Totaloptimierung des DSL-Routers.

Bei der FRITZ!Box kann kein MTU-Wert eingestellt werden. Lässt der DSL-Router hier einen Eingriff zu, lohnt es sich, die Einstellungen zu überprüfen. Der passende MTU-Wert für die meisten Ethernetnetzwerke beträgt 1.500 Byte oder 1.492 Byte für PPPoE-Verbindungen bzw. 1.436 Byte für PPTP-Verbindungen. Bei einigen Internetanbietern ist möglicherweise das Reduzieren der maximalen Übertragungseinheit notwendig.

Wenn der MTU-Wert nicht passt, kann es passieren, dass manche Seiten nicht aufgerufen werden können. Um zu prüfen, ob der konfigurierte MTU-Wert passt oder nicht, verwenden Sie einfach den *ping*-Befehl:

```
C:\WINDOWS\system32>ping -f -l 1464 www.franzis.de

Ping www.franzis.de [217.64.171.171] mit 1464 Bytes Daten:

Antwort von 192.168.123.254: Paket müsste fragmentiert werden, DF-Flag ist jedoc
h gesetzt.
Paket müsste fragmentiert werden, DF-Flag ist jedoch gesetzt.
Paket müsste fragmentiert werden, DF-Flag ist jedoch gesetzt.
Paket müsste fragmentiert werden, DF-Flag ist jedoch gesetzt.

Ping-Statistik für 217.64.171.171:
    Pakete: Gesendet = 4, Empfangen = 1, Verloren = 3 (75% Verlust),
Ca. Zeitangaben in Millisek.:
    Minimum = 0ms, Maximum = 0ms, Mittelwert = 0ms

C:\WINDOWS\system32>
```

Bild 5.28: Mit dem *ping*-Befehl überprüfen Sie die eingestellte MTU-Größe. Kommt die Meldung *Paket müsste fragmentiert werden, DF-Flag ist jedoch gesetzt*, ist die MTU-Konfiguration in Ordnung.

Mit dem Befehl:

```
ping -f -l 1464 www.franzis.de
```

auf der Kommandozeile prüfen Sie die MTU-Einstellungen für die TCP/IP-Verbindung. Geben Sie beispielsweise einen anderen MTU-Wert mit dem Befehl

```
ping -f -l 1460 www.franzis.de
```

ein, erscheint folgende Rückmeldung:

```
Antwort von 80.237.218.241: Bytes=1460 Zeit=64ms TTL=47
Antwort von 80.237.218.241: Bytes=1460 Zeit=61ms TTL=47
Antwort von 80.237.218.241: Bytes=1460 Zeit=61ms TTL=47
Antwort von 80.237.218.241: Bytes=1460 Zeit=61ms TTL=47
```

Der Ping geht also durch den DSL-Router zum Zielserver mit der IP-Adresse *80.237.218.241*, der anschließend fehlerfreie Pakete zurücksendet. Addieren Sie nun 28 Byte für den notwendigen IP/ICMP-Header zu den 1460 Byte, beträgt der ideale Wert 1488. Abhängig von der Verbindung stellen Sie die passende MTU ein.

Bei manchen Anbietern ist dieser Wert mit 1492 angegeben. Sind einige Webseiten nicht zu erreichen oder treten Probleme beim Upload von Dateien oder E-Mails auf, prüfen Sie den MTU-Wert des Routers. Testen Sie Werte wie 1488, 1492 und 1500 – der ideale Wert hängt vom Provider ab. Im Zweifelsfall erkundigen Sie sich im Supportbereich auf der Webseite Ihres Internetproviders nach dem idealen MTU-Wert. Diese Maßnahme sorgt auch für eine bessere Qualität beim Telefonieren über das Internet. Also unbedingt testen!

5.5 Aktuelle FRITZ!Box-Einstellungen sichern

Ist die FRITZ!Box ordnungsgemäß und sicher konfiguriert, sollten Sie die vorgenommenen Einstellungen sichern. Bessere Geräte bieten dafür eine Möglichkeit, die Einstellungen in einer Konfigurationsdatei zu speichern. Bietet Ihr Modell diese Option nicht an, sollten Sie die gemachten Einstellungen per Screenshot speichern und ausdrucken. Dafür drücken Sie einfach die Druck-Taste, um diesen Bildschirm in die Zwischenablage zu kopieren. Anschließend öffnen Sie beispielsweise Word und fügen mit der Tastenkombination Strg + V den Inhalt der Zwischenablage ein. Schließlich speichern Sie das Dokument oder drucken es wie gewohnt aus.

Gehen Sie folgendermaßen vor: In der Benutzeroberfläche wählen Sie *System/Einstellungen sichern*. Geben Sie Ihr Kennwort ein und bestätigen Sie mit *Sichern*.

Arbeiten mehrere Anwender mit dem heimischen Rechner, ist es unter Umständen sinnvoll, die FRITZ!Box-Konfiguration passwortgeschützt auf der Festplatte abzulegen, damit kein Unbefugter die Konfigurationsparameter einsehen oder gar ändern kann. In diesem Fall geben Sie im Bereich *Kennwort* sowie *Kennwortbestätigung* ein Passwort ein. Um die Einstellungen auf die Festplatte herunterzuladen, genügt der Klick auf die Schaltfläche *Einstellungen sichern*.

Bild 5.29: Übersichtlich gelöst: Das *Sichern* und *Wiederherstellen* der FRITZ!Box-
Konfiguration geschieht in ein und demselben Dialog.

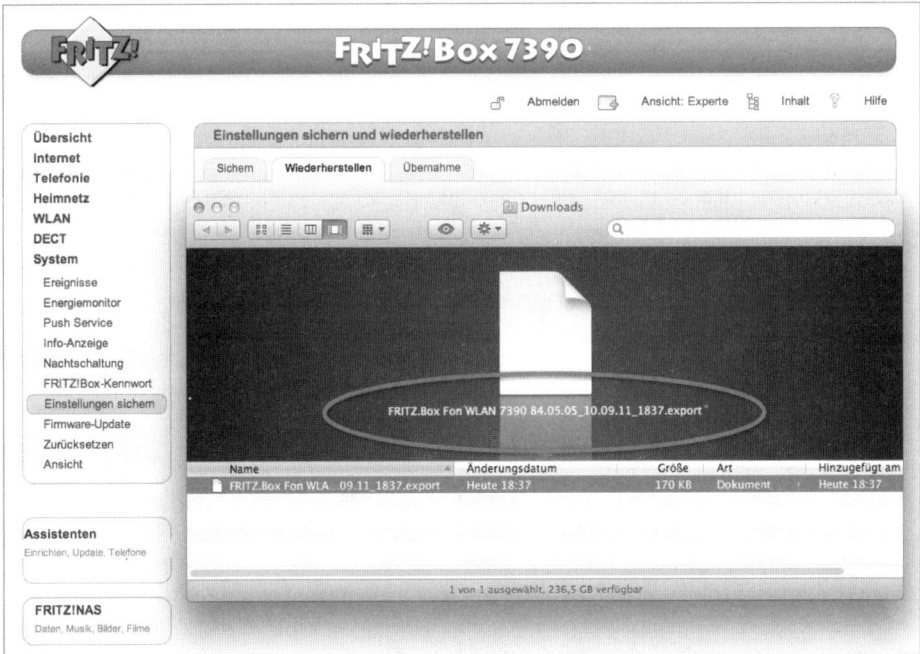

Bild 5.30: Die FRITZ!Box exportiert die Konfiguration in eine Datei mit der Bezeichnung
FRITZ.Box Fon WLAN 7390 84.05.05_10.09.11_1837.export – hier im Finder unter Mac OS X.

Sie können die Routereinstellungen aus dieser Datei wiederherstellen. In der Regel sollten Sie darauf achten, dass Sie beim Wiederherstellen oder Löschen der Routereinstellungen nicht online sind. Ziehen Sie vorsichtshalber das Internetkabel heraus.

5.6 Finaler Check der Sicherheitseinstellungen

Diese Checkliste zeigt nochmals alle sicherheitsrelevanten Router-Einstellungen im Schnellüberblick.

Sicherheitsmerkmal	Beschreibung
MAC-Adresse einrichten	Standardmäßig wird jedem drahtlosen PC, der mit einer korrekten SSID, der passenden Verschlüsselung und dem richtigen Netzwerkschlüssel kommt, Zugang zu Ihrem drahtlosen Netzwerk gewährt. Jeder Router bietet jedoch eine MAC-Adressfilterung, durch die PCs basierend auf ihren MAC-Adressen eine Verbindung zum Router aufbauen dürfen oder nicht. Sämtliche drahtlosen Clients müssen zudem über die korrekten SSID- und WEP- bzw. WPA-Einstellungen verfügen, die in den Wireless-Einstellungen konfiguriert werden, um auch das WLAN nutzen zu können.
DHCP ausschalten und feste IP-Adressen zuweisen	Der Router ist standardmäßig als DHCP-Server (Dynamic Host Configuration Protocol) konfiguriert, wodurch die TCP/IP-Konfiguration aller an den Router angeschlossenen Computer festgelegt ist. Schalten Sie DHCP aus und vergeben feste IP-Adressen, muss ein Angreifer mit Mühe und Not per Zufall eine verwendete IP-Adresse selbst herausfinden. Der Nachteil: ein etwas höherer Konfigurationsaufwand beim WLAN-PC.
WEP-/WPA-PSK-/WPA2-Verschlüsselung nutzen	Das A und O: Nutzen Sie die sicherste Verschlüsselung (derzeit WPA2) über das Funknetz, auch wenn es etwas Zusatzaufwand bei der Installation bedeutet. Allerdings müssen alle Geräte diesen Standard unterstützen.
Router bei Nichtgebrauch ausschalten	Nicht nur gut für die Umwelt und den Geldbeutel, sondern auch für die Sicherheit des Heimnetzes. Gehen Sie ins Bett oder außer Haus, schalten Sie den WLAN-Router aus. Wenn Sie den Router auch als Telefonanlage (FRITZ!Box) nutzen, sollten Sie auf die Abschaltung verzichten.
Passwörter und Key regelmäßig ändern	Jede Verschlüsselung ist früher oder später knackbar. Deshalb sollten Sie regelmäßig die Passwörter sowie WEP-Schlüssel sowohl im Router als auch am WLAN-PC ändern. Bei WPA2 können Sie nach dem derzeitigen Stand wohl darauf verzichten.
Router-Standardpasswort ändern	Besonders wichtig: Kennt ein Angreifer das Passwort des WLAN-Routers, kann er machen, was er will. Deswegen sollten Sie umgehend nach der Konfiguration das Routerpasswort ändern.

Sicherheitsmerkmal	Beschreibung
Router-Firmware regel-mäßig checken	Kein Produkt ist perfekt, und Sicherheitslücken kommen bei jedem Hersteller vor. Bessere Hersteller bieten dann eine neue Firmware, um Sicherheitslöcher zu stopfen und dem Router neue Funktionalitäten einzuhauchen.
Protokollierung aktivieren und Protokolle auswerten	Zum Nachschauen; zwar lästig und zeitraubend, aber unheimlich hilfreich bei der Suche nach Fehlern und Problemlösungen. Hier spüren Sie Rechner im Netzwerk auf, die mit fremder MAC-Adresse unterwegs sind.
Nicht benötigte Dienste und Webseiten deaktivieren	Weniger ist mehr: Je mehr Dienste und Ports nach außen – also im Internet – zur Verfügung stehen, desto größer ist die Angriffsfläche. Aktivieren Sie also nur Dienste wie HTTP, FTP, Mail etc., die wirklich notwendig sind.
Firewall und Portsecurity aktivieren	Ohne aktivierte Firewall sollte niemand mehr in das Internet gehen. Zu groß ist die Gefahr, Opfer eines Angriffs zu werden. Jeder vernünftige DSL-WLAN-Router bringt eine mit – aktivieren Sie sie auch!
Wireless-Zugriffsliste einrichten	Standardmäßig wird jedem drahtlosen PC, der mit einer korrekten SSID (Service Set Identifier), dem passenden Verschlüsselungsstandard sowie dem richtigen Schlüssel konfiguriert ist, Zugang zu Ihrem drahtlosen Netzwerk gewährt. Erhöhte Sicherheit können Sie erzielen, indem Sie den Zugang zum drahtlosen Netzwerk auf bestimmte PCs beschränken, und zwar auf Grundlage ihrer MAC-Adressen. Klicken Sie im Menü *Wireless-Konfiguration* auf *Zugriffsliste konfigurieren*, um das Menü *Wireless-Zugriffsliste* aufzurufen.
SSID-Rundumsendung ausschalten (SSID-Broadcast deaktivieren)	Wenn diese Option aktiviert ist, sendet der Wireless-Router seinen Netzwerknamen (SSID – Service Set Identifier) an alle Wireless-Stationen.
Ping am Internet-Port ausschalten	Wenn Sie wollen, dass der Router auf einen Ping aus dem Internet reagiert, deaktivieren Sie, falls vorhanden, diese Option. Das kann als Diagnosewerkzeug verwendet werden. Sie sollten die Option deshalb nur aktivieren, wenn Sie einen triftigen Grund dazu haben.
Sichere LAN-IP-Adresse verwenden	Für die IP-Adresse des WLAN-Routers nutzen Sie eine IP-Adresse aus dem privaten Netzwerkbereich 192.168.X.X. Beim Einsatz einer öffentlichen IP-Adresse kommt es sonst zu Problemen bei der Netzwerkverbindung.
Remote-Zugriff ausschalten	Die Routerfernsteuerung ist nur in Unternehmen und Ähnlichem sinnvoll. Der Router kommt zu Hause zum Einsatz und sollte auch dort konfiguriert werden. Deshalb, falls vorhanden, ausschalten!
SSID ändern	Ein sicherer SSID-Name besteht aus einer zufälligen Reihenfolge von Zahlen und Buchstaben, gemischt mit Groß- und Kleinbuchstaben.

Sicherheitsmerkmal	Beschreibung
Passenden Wireless-Modus wählen	Zufallsprinzip sorgt für Sicherheit: Abhängig von der genutzten WLAN-Karte können Sie den Router so konfigurieren, dass er nur ein ganz bestimmtes Übertragungsprotokoll nutzt, das natürlich zu Ihren WLAN-Netzwerkkarten passt. So können Sie abhängig vom Routermodell beispielsweise den WLAN-Zugriff auf 802.11g-konforme WLAN-Geräte beschränken. Aufgrund der Kartenvielfalt muss der potenzielle Angreifer schon zufällig eine ähnliche Karte einsetzen.

Bild 5.31: Nur mit den aktuellen WLAN-Verschlüsselungen WPA und WPA2 sind Sie auf der sicheren Seite. (Foto: AVM).

6 IP-Konfiguration im LAN

Werden mehrere Computer in einem räumlich begrenzten Netzwerk zusammenge-
schlossen, ist von einem »lokalen Netzwerk« (LAN = Local Area Network) die Rede.
Grundvoraussetzung für den Betrieb eines LAN-Netzwerks ist eine perfekte IP-Konfiguration der einzelnen Rechner.

6.1 Router-Aufgaben im lokalen Netz

Egal ob Sie eine WLAN-, DLAN- (Direct Local Area Network, Netzwerkverbindung
über die Stromsteckdose) oder eine gewöhnliche Ethernet-Netzwerkkarte für das Netzwerk verwenden, der DSL-Router übernimmt nicht nur die Verbindung in das Internet,
sondern steuert auch den Zugriff der Rechner im Heimnetz untereinander. Damit übernimmt der Router die Aufgaben eines sogenannten Switchs, der je nach Bauweise 4, 5, 6,
8, 16, 24 oder gar mehr RJ45-Anschlüsse (auch Ports genannt) bietet. An diese
Anschlüsse werden die Patchkabel für die einzelnen Computer direkt angeschlossen. Bei
einem WLAN-Modell sorgt die eingebaute Antenne für eine Verbindung zu den drahtlos vernetzten Computern. Das können deutlich mehr als vier sein, allerdings geht mit
jedem weiteren Teilnehmer am Funknetz die Bandbreite ein wenig herunter, denn die
Rechner teilen sich die Gesamtleistung des Netzes.

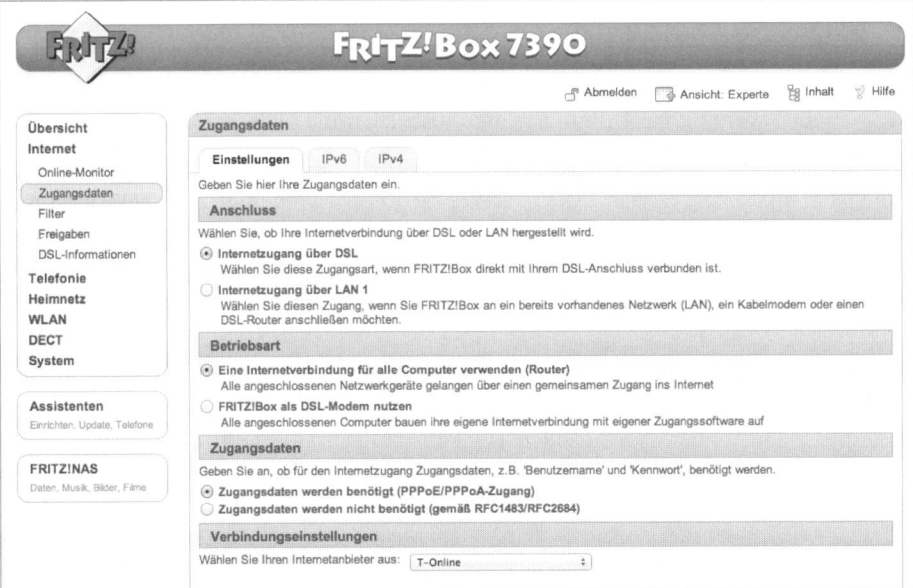

Bild 6.1: Wäre die FRITZ!Box nicht, wie hier, als Router, sondern »nur« als DSL-Modem
konfiguriert, müsste jeder Computer die Internetverbindung selbstständig herstellen.

Ein DSL-Router besitzt neben den LAN-Ports zusätzlich einen sogenannten WAN-Port, über den das ADSL-Modem per Patchkabel angeschlossen ist. Moderne DSL-Router wie die FRITZ!Box besitzen heutzutage bereits ein integriertes ADSL-Modem, das ein zusätzliches überflüssig macht.

Der Vorteil ist neben dem geringeren Stromverbrauch auch der nicht so ausufernde Kabelsalat der All-in-One-Lösung. Solche Geräte haben zusätzlich einen integrierten DHCP-Server (Dynamic Host Configuration Protocol), der für die automatische Vergabe der internen IP-Adressen zuständig ist. Damit braucht zunächst an den angeschlossenen Computern nichts weiter konfiguriert zu werden, da der DSL-Router alles automatisch erledigt.

6.1.1   Dynamische Vergabe von IP-Adressen

Ist der Router frisch ausgepackt und konfiguriert, ist er standardmäßig als DHCP-Server (Dynamic Host Configuration Protocol) konfiguriert. DHCP spielt seine Vorteile vor allem in großen Netzwerken aus. Damit bekommen alle an den Router angeschlossenen Computer – egal ob WLAN oder nicht – automatisch die TCP/IP-Konfiguration zugewiesen. Hersteller empfehlen meist, diese Einstellungen nicht zu ändern und den Router auch als DHCP-Server zu verwenden.

DHCP, die dynamische Vergabe von IP-Adressen im Netz, ist Segen und Fluch zugleich. Zunächst ist es für jeden Netzwerkeinsteiger praktisch, dass er sich um die Vergabe solcher IP-Adressen nicht kümmern muss. Das klappt genau so wie bei der Einwahl ins Internet.

Halten Sie sich jedoch nicht penibel an die Ratschläge zur Absicherung des Netzwerks und nehmen beispielsweise SSID-Broadcasting und Verschlüsselung nicht so ernst, ist die automatische Vergabe kritisch. Ein fremder »Besucher« bekommt automatisch eine IP-Adresse und kann sich im Netz bewegen, surfen und, und, und. Bei festen IP-Adressen haben Sie zwar bei der Einrichtung mehr Aufwand, aber schon aufgrund der Zuordnung zu Ihren Computern besteht eine Grundabsicherung in Sachen Netzwerkzugriff.

Arbeiten Sie mit nur wenigen Computern, die Sie mit Ihrem Router versorgen, ist es oft sinnvoller und sicherer, den DHCP-Server zu deaktivieren und die angeschlossenen Clients manuell zu konfigurieren. So haben Sie nicht nur einen genauen Überblick darüber, welcher PC sich im Netzwerk mit welcher IP-Adresse befindet, sondern machen es einem möglichen Eindringling schwerer, sich eine IP-Adresse in Ihrem Heimnetz zu »besorgen«.

1. Ist auf Ihrem Router DHCP aktiviert, tragen Sie bei der Option *DHCP-Server aktivieren von* die erste Adresse bzw. im Feld *DHCP-Server aktivieren bis* die letzte Adresse im zusammenhängenden IP-Adressbereich ein. Trotz DHCP können Sie auch eine IP-Adresse für einen PC im LAN reservieren. Damit erhält dieser PC immer dieselbe IP-Adresse, wenn er auf den DHCP-Server zugreift. Das ist besonders bei Servern der Fall, die oft permanente IP-Einstellungen benötigen, weil die Portweiterleitung aktiv ist.

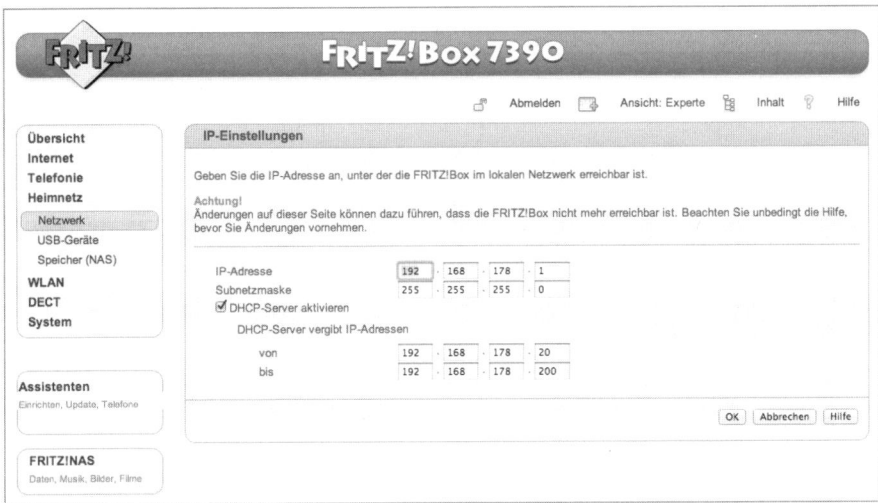

Bild 6.2: So ist der Zugriff der Computer untereinander auf die freigegebenen Drucker und Daten der Arbeitsgruppe gewährleistet.

2. Bei der FRITZ!Box ist der DHCP-Server ab Werk bereits eingeschaltet, wer hier Detaileinstellungen vornehmen möchte, öffnet über *Heimnetz/Netzwerk/IP-Einstellungen* per Klick auf die Schaltfläche *IP-Adressen* die entsprechende Konfigurationsseite.

Ist diese nicht zu sehen, müssen Sie möglicherweise zunächst die Expertenansicht aktivieren, die Sie über *Ansicht: Experte/Expertenansicht aktivieren* erreichen. Hier können Sie anschließend die IP-Adressparameter der FRITZ!Box verändern.

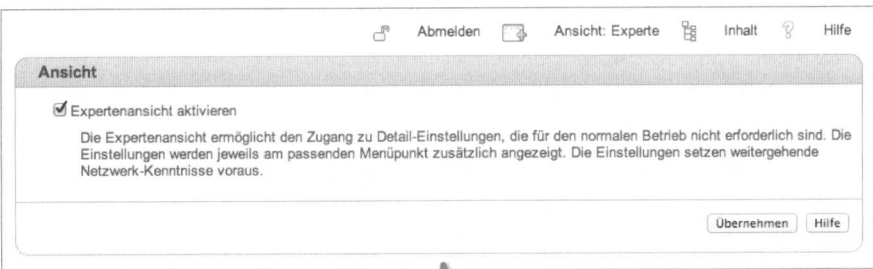

Wird die FRITZ!Box in ein bestehendes Heimnetz integriert, legen Sie im Bereich IP-Adresse diese entsprechend für Ihr Heimnetz fest. Nutzt Ihr Heimnetz beispielsweise den Bereich 192.168.123.X, weisen Sie der FRITZ!Box eine feste IP-Adresse (hier 199) zu.

Bei einem aktivierten DHCP-Server lässt sich zudem noch die Anzahl der möglichen Clients bzw. die zu vergebenden IP-Adressen einstellen. Haben Sie beispielsweise nur fünf Geräte in Ihrem Netzwerk im Betrieb, können Sie die Adressvergabe auf diese fünf Geräte beschränken, indem Sie den Bereich entsprechend (beispielsweise von 20 bis 25) konfigurieren.

3. Ähnlich wie bei der FRITZ!Box ist die LAN-Konfiguration bei Netgear-Routern übersichtlich auf einer Seite zusammengefasst. Im Bereich *LAN-TCP/IP-Konfiguration* nehmen Sie erweiterte Einstellungen für das Netzwerk vor. Dies ist in der Regel nicht notwendig, es sei denn, es sind mehrere Router im Einsatz. Mit der Option *IP-Adresse* können Sie die IP-Adresse des Routers festlegen.

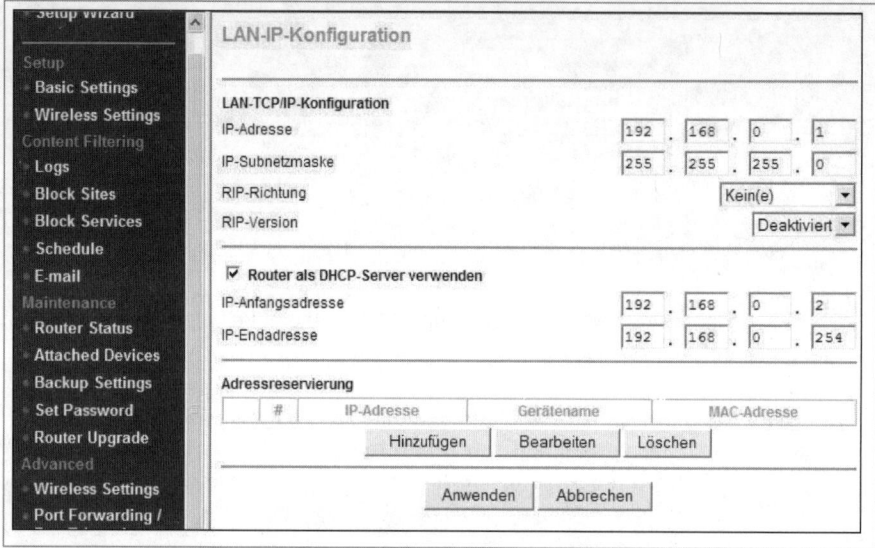

Bild 6.3: Ein unerwünschter Besucher bekommt problemlos bei aktiviertem DHCP eine IP-Adresse für das Netz. Für mehr Sicherheit sorgt die MAC-Adressen-basierte Adressreservierung, die nur bestimmten Geräten eine IP-Adresse zuteilt.

4. Anschließend wird die *IP-Subnetzmaske* eingestellt, die den Netzwerkanteil der IP-Adresse angibt. Der Router berechnet automatisch die Subnetzmaske basierend auf der zugewiesenen IP-Adresse. Sofern keine Subnetze zum Einsatz kommen, verwenden Sie 255.255.255.0 als Subnetzmaske.

6.1.2 Informationsaustausch mit anderen Routern

Für fortgeschrittene Anwender ist die Statische Routing-Tabelle gedacht. Diese ist nur dann interessant, wenn das lokale Netzwerk aus mehreren Subnetzen besteht und sich noch andere Router im gleichen Netz befinden. Sollen diese Subnetze bzw. die Rechner in diesen Netzen untereinander Daten austauschen, ist hier ein Eingriff notwendig.

Statische Routen geben dem Router Informationen, die er nicht automatisch auf andere Art erhalten kann. In dieser Übersicht sehen Sie alle definierten statischen Routen. Für ein normales Netzwerk zu Hause spielt dies keine Rolle – bietet der Router hier irgendwelche Optionen an, lassen Sie die Einstellungen unverändert.

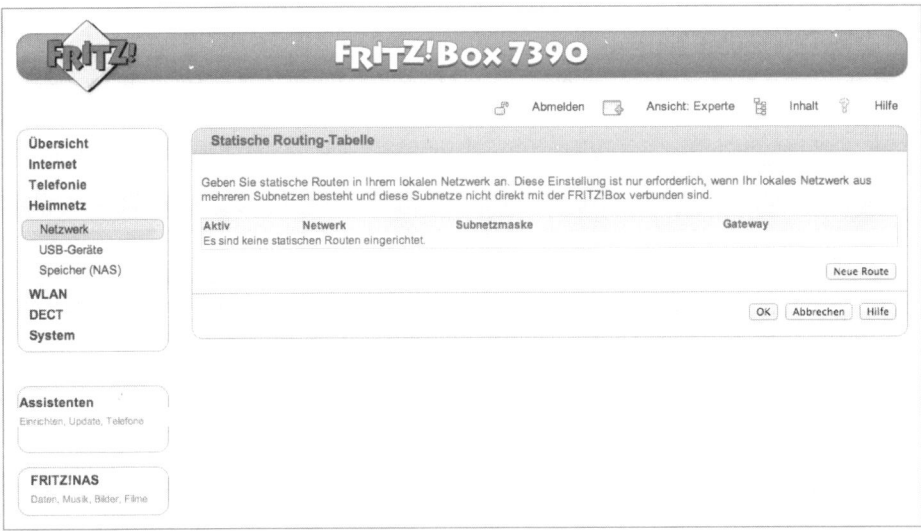

Bild 6.4: Nach dem Klick auf *Neue Route* haben Sie in der FRITZ!Box die Möglichkeit, die Netzwerkparameter des anderen Routers einzutragen. Hier ist anschließend der Zugriff in beide Richtungen möglich.

Bei Routern aus dem Hause Netgear lassen sich statische Routen genauer und damit sicherer einrichten. Dafür steht die Option *RIP-Richtung* zur Verfügung. Damit wird prinzipiell gesteuert, wie der Router RIP-Pakete sendet und empfängt. Wenn die Einstellung auf *Beide* oder *Nur ausgehend* gesetzt ist, sendet der Router seine Routing-Tabelle in regelmäßigen Abständen als Broadcast – er sendet sie quasi irgendwohin.

Ist die Option auf *Beide* oder *Nur eingehend* gesetzt, integriert er die empfangenen RIP-Informationen. Standardmäßig ist die Option *Keine* gesetzt. In diesem Fall sendet der Router keine RIP-Pakete und ignoriert empfangene RIP-Pakete. Das ist der Standard nach der Einrichtung.

Bild 6.5: Nur für Experten mit mehreren aktiven Komponenten im Netzwerk: Über statische Routen kommen IP-Pakete von einem Router zum anderen.

Die Option *RIP-Version* ist standardmäßig auf *Deaktiviert* gesetzt und steuert das Format und die Broadcast-Methode der RIP-Pakete, die der Router sendet. Hier gibt es Folgendes zu beachten: RIP-1 wird universell unterstützt und ist für die meisten Netzwerke wahrscheinlich ausreichend. RIP-2 überträgt deutlich mehr Informationen. Sowohl RIP-2B als auch RIP-2M senden die Routing-Daten im RIP-2-Format.

Abhängig von der Konfiguration der anderen Router im Netz sollten Sie den Router entweder auf RIP-2B oder RIP-2M einstellen. Während RIP-2B Subnetz-Broadcasting verwendet, nutzt RIP-2M die Multicasting-Technik. Multicasting kann die Belastung von Nicht-Router-Geräten reduzieren, da sie keine RIP-Pakete erhalten. Wenn ein Router in Ihrem Netzwerk Multicasting verwendet, müssen das alle anderen Router in Ihrem Netzwerk ebenfalls tun.

6.2   Mit Dynamic DNS online immer erreichbar

Der wesentliche Unterschied zwischen Ihrem Internetzugang und dem eines Unternehmens besteht in der Zuweisung der Adresse. Sie bekommen immer nur eine dynamische Adresse aus dem Pool Ihres Providers zugewiesen, die nach spätestens 24 Stunden durch eine kurzzeitige Trennung ausgetauscht wird. Ein Unternehmensserver ist dagegen mit einer festen IP-Adresse und über die Umsetzung des Namens auch durch die Eingabe eines Domain-Namens im Netz erreichbar – sonst könnte man ihn nicht so einfach ansprechen.

Wenn Sie jetzt aber Ihrerseits Serverdienste wie einen Webserver oder einen FTP-Server zum Datenaustausch anbieten möchten, kennt zunächst niemand Ihre aktuelle IP-Adresse, geschweige denn einen Domain-Namen, der damit möglicherweise verbunden ist. Man kann also Ihren Server nicht so leicht erreichen. Sie können die aktuelle Adresse zwar ermitteln, müssten das jedoch nach jeder Zwangstrennung erneut tun – also täglich. Das geht jedoch auch anders.

Für Flatrate-Kunden bietet die Router-DSL-Kombi ein besonderes Schmankerl: die quasi-statische IP-Adresse, also die Einsatzmöglichkeit eines Rechners als Server. Möchte jemand auf Ihren Rechner zugreifen – etwa wenn Sie einem Bekannten Dokumente oder Musik zur Verfügung stellen möchten –, benötigt dieser die IP-Adresse Ihres Rechners. Diese IP-Adresse ändert sich wie gesagt bei jedem Einloggen ins Internet, wenn Sie keine Standleitung und keine feste IP-Adresse besitzen. Ihre Bekannten müssen bei Ihnen die jeweils aktuelle IP-Adresse erfragen, wenn sie von Ihrer Adresse Musik oder andere Daten herunterladen wollen.

Die Inhalte solcher Server sind auch nicht mit Suchmaschinen auffindbar. Um nun nicht täglich von Ihren Bekannten belästigt zu werden, können Sie mit dem dynamischen DNS Ihrem Rechner einen individuellen, festen Domain-Namen zuweisen, auch wenn dieser keine feste IP-Adresse im Internet besitzt. Ein dynamischer DNS-Dienst (DDNS) ist eine Datenbank, in der bestimmte Informationen (z. B. E-Mail-Adressen, Hostnamen und IP-Adressen) abgelegt sind.

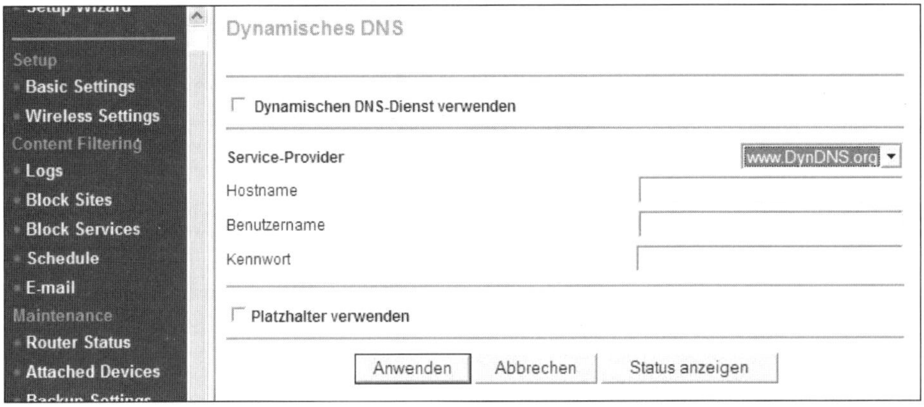

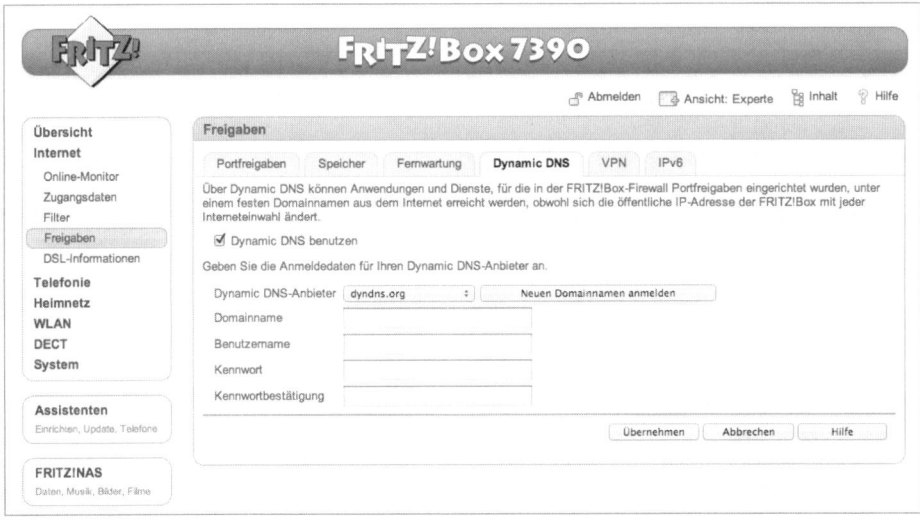

Bild 6.6: Wenn Sie als DDNS-Serviceprovider DynDNS nutzen, tragen Sie in diesem Dialog den Hostnamen, den Benutzernamen sowie das passende Kennwort dazu ein.

Der Vorteil von DNS ist, dass Sie den Computer auch über seinen Namen ansprechen können. Es ist einfacher, statt einer IP-Adresse wie http://192.168.122.1 die Adresse http://meinheimserver.homedns.org einzugeben. Jeder kann sich nämlich Namen leichter merken als Zahlen bzw. IP-Adressen. Für das dynamische DNS gibt es verschiedene Anbieter, die ihre Dienste zum Teil kostenlos anbieten. Manche Hersteller haben schon *dyndns.org* als Anbieter in den Konfigurationsdialog integriert.

Bild 6.7: Wenn Sie einen DDNS-Dienst verwenden möchten, müssen Sie sich bei ihm anmelden. Sie erhalten dann vom DDNS-Serviceprovider ein Kennwort bzw. einen Schlüssel.

Allerdings sind auch dann die Inhalte nicht über Suchmaschinen abfragbar, denn der DynDNS-Server wird nicht von Suchmaschinen indiziert, und auch die angeschlossenen Heimserver werden nicht durchsucht.

6.3 Remote-Zugriffe auf Router ausschalten

Möglich, aber nicht zu empfehlen: Viele Router bieten eine Fernsteuerung, mit der sie einem Benutzer im Internet erlauben, den WLAN-Router zu konfigurieren, aufzurüsten oder seinen Status zu prüfen. Das ist für Privatanwender in der Regel nicht notwendig – also ausschalten!

Wenn Sie die Idee dennoch für gut halten, dass man von außen Ihren Router ansprechen kann, weil Sie das beispielsweise vom Büro aus tun möchten, können Sie diese Funktion trotzdem nutzen. Um etwas mehr Sicherheit zu gewährleisten, können Sie eine sogenannte Fernsteuerungsadresse eintragen. Das ist die Adresse, die von außen beim Zugriff auf Ihren Router vom Internet aus genutzt wird.

Aus Sicherheitsgründen sollten Sie den Zugriff auf so wenige externe IP-Adressen wie möglich beschränken. Mit der Option Nur diesen Computer richten Sie den Zugriff nur von einer IP-Adresse ein. Für die Portnummer gilt: Der Webbrowserzugriff verwendet in der Regel den HTTP-Standardport 80.

Für mehr Sicherheit können Sie die Fernsteuerungswebschnittstelle auf einen benutzerdefinierten Port ändern, indem Sie diese Nummer in das entsprechende Feld eingeben. Wählen Sie eine Nummer zwischen 1024 und 65534 aus, verwenden Sie jedoch keine Nummer eines gängigen Dienstports.

Bild 6.8: Wenn Sie die Fernsteuerung aktivieren, sollten Sie das Kennwort des Routers in ein sehr sicheres Kennwort ändern.

6.4   Gerätezugriff mit UPnP-Unterstützung

UPnP (Universal Plug and Play) unterstützt Geräte beim Zugriff auf das Netzwerk und beim Herstellen von Verbindungen zu anderen Geräten. UPnP-Geräte können automatisch die Dienste von anderen registrierten UPnP-Geräten im Netzwerk erkennen. Standardmäßig ist UPnP deaktiviert. In diesem Fall erlaubt der Router keinem Gerät die automatische Steuerung der Router-Ressourcen, z. B. Portweiterleitung (Zuordnung).

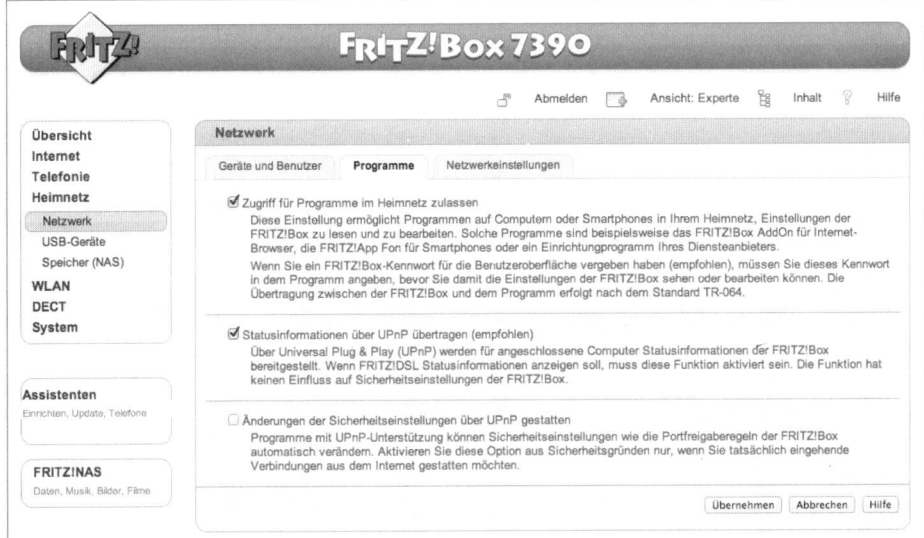

Bild 6.9: Weniger ist mehr: UPnP wird in einem Heimnetz nicht gebraucht. Während die Option *Statusinformationen über UPnP übertragen (empfohlen)* keine Änderungen der Router-Konfiguration von außen zulässt, sollte in der FRITZ!Box die Option *Änderungen der Sicherheitseinstellungen über UPnP gestatten* unbedingt deaktiviert sein.

UPnP ist schon kurz nach dem Erscheinen von Windows XP als Sicherheitsproblem ins Gerede gekommen. Seither heißt es konsequent: abschalten. So schlüssig die Idee, dass Geräte einander beeinflussen können, auch scheint – lassen Sie besser die Finger davon.

7 Datenaustausch im Netzwerk

Nur zum Surfen mit mehreren Rechnern oder vom Sofa aus wäre ein Netzwerk viel zu schade. Schnell werden Sie feststellen, wie praktisch es ist, Daten zwischen mehreren Rechnern auszutauschen, Druckaufträge über einen zentralen Drucker auszugeben, Digitalfotos für alle im Netz bereitzustellen und vieles mehr. Das ist alles mit Bordmitteln machbar, auch Sicherheitsaspekte kommen nicht zu kurz. Es gibt allerdings ein paar Grundvoraussetzungen für einen reibungslosen Betrieb. Um im Heimnetz mit anderen Rechnern Daten auszutauschen, sind folgende Voraussetzungen notwendig:

- TCP/IP ist installiert.

- Die Arbeitsgruppe ist eingerichtet.

- Rechnernamen sind eingetragen.

- Der Client für MS-Netzwerke ist installiert.

- Die Datei- und Druckerfreigabe ist installiert.

- Auf einem oder mehreren Rechnern ist mindestens ein Ordner oder Laufwerk freigegeben.

- Freigabenamen haben keine Umlaute, Sonder- und Leerzeichen und sind nicht länger als zwölf Zeichen.

- Name und Kennwort des Benutzers sind auf beiden Rechnern identisch.

Damit das funktioniert, müssen neben der IP-Konfiguration des DSL-Routers auch die Netzwerkparameter auf jedem Rechner richtig installiert sein. Das bedeutet im Klartext, dass auf jedem PC ein Netzwerkadapter (Netzwerkkarte, WLAN-Karte etc.) vorhanden und installiert ist.

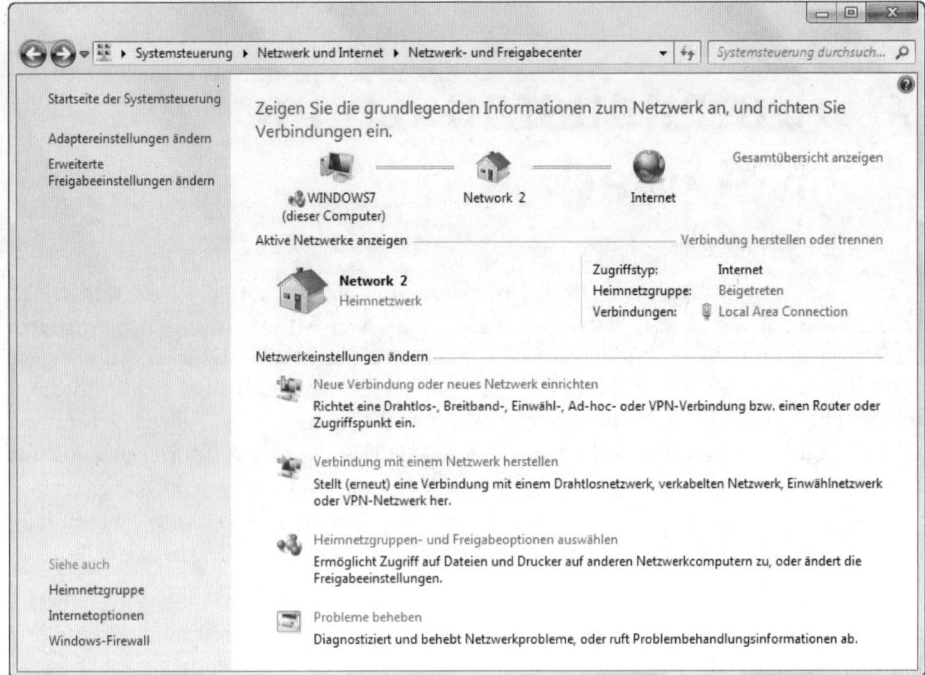

Bild 7.1: Windows 7: Klicken Sie auf *Local Area Connection*, erscheint die Konfiguration der Netzwerkkarte.

7.1 TCP/IP: Paketdienst für die Datenübertragung

Wie auch immer Ihr Netzwerk Daten übertragen wird und welches Betriebssystem Sie auch einsetzen, an TCP/IP, der Internetprotokollfamilie, kommen Sie nicht vorbei. Jetzt brauchen Sie sich aber nicht mit so diffizilen Dingen wie Protokollschichten, Headern oder dergleichen herumzuschlagen, für Sie genügen die Basics der Adressierung. Außerdem müssen Sie wissen, dass TCP/IP festlegt, wie Daten im Internet und im Netzwerk übermittelt werden. Bei einer Netzwerkverbindung oder einer Internetverbindung wird keine direkte Verbindung zwischen zwei Punkten hergestellt, wie das beispielsweise beim Telefonieren der Fall ist.

Die Daten werden vielmehr in kleine Pakete zerlegt und auf den Weg zum Ziel geschickt. Wo sie hinmüssen, steht in der Adresse. Am Ziel werden die Pakete dann wieder in der richtigen Reihenfolge zusammengesetzt. Auch das wird über TCP/IP gesteuert, denn Reihenfolge und Anzahl der Pakete werden ebenfalls übermittelt. Dazu kommen noch ein paar Prüfgeschichten und sonstige Informationen – das muss Sie aber nicht interessieren.

7.1.1 Aufbau einer TCP/IP-Adresse

Damit ein Rechner über TCP/IP angesprochen werden kann, muss seine Adresse, die sogenannte IP-Adresse, bekannt sein. Die Adressierung ist bei TCP/IP in ihrer Struktur festgelegt, auf der Basis der Version IPv4 können bis zu 4.294.967.296 Rechner in ein Netzwerk integriert werden. IPv4 nutzt 32-Bit-Adressen, die Weiterentwicklung IPv6 hingegen setzt auf 128-Bit-Adressen und ist bis heute noch nicht allzu sehr verbreitet.

Eine TCP/IP-Adresse ist immer identisch aufgebaut: Sie setzt sich zusammen aus einem Netzwerkteil und einen Hostteil (Adressenteil). In der Regel ist die 32-Bit-Adresse in einen 24-Bit-Netzwerkteil und einen 8-Bit-Hostteil aufgeteilt. Der Hostteil wird im LAN (im lokalen Netzwerk) zugeteilt, während der Netzwerkteil von der IANA (Internet Assigned Numbers Authority) vergeben wird, die über die Vergabe der offiziellen IP-Adressen wacht.

Für die Konfiguration des Hostteils sind in einem sogenannten Class-C-Netzwerk – das ist ein typisches privates Netz – 254 Geräteadressen für angeschlossene Clients verfügbar. Die Endadresse 255 ist für den Broadcast (zu Deutsch: Rundruf, also Übertragung an alle) reserviert, während die Adresse 0 für das Netzwerk selbst reserviert ist.

Für die Aufteilung des Netzwerk- und Hostteils ist die Netzmaske zuständig: Im Fall eines Class-C-Netzwerks gibt die Adresse 255.255.255.0 eine sogenannte Trennlinie zwischen beiden Teilen an. Die binäre 1 steht für den Netzwerkteil, und die 0 steht für den Adressteil.

So entspricht die Netzwerkmaske

255.255.255.0

binär

11111111.11111111.11111111.0000000

Die ersten 24 Bit (die Einsen) sind der Netzwerkanteil.

Sie müssen sich aber gar nicht mit der Adressvergabe herumschlagen, denn der heimische Rechner ist immer mit folgenden Daten ansprechbar. So sind einige Klassen von Netzwerkadressen für spezielle Zwecke reserviert, anhand deren man ablesen kann, mit welchem Netzwerk man es zu tun hat. Beispielsweise ist eine IP-Adresse beginnend mit 192.X.X.X oder 10.X.X.X ein internes, in Ihrem Fall ein Heimnetzwerk.

Adressbereich	Netzwerk
192.168.0.0	Heimnetz, bis zu 254 Clients
172.16.0.0	Unternehmensnetz, bis zu 65.000 Clients
10.0.0.0	Unternehmensnetz, bis zu 16 Mio. Clients

Sobald aus einem heimischen Rechner ein Netz mehrerer Computer wird, beginnt die IP-Adresse mit 192.168.0. Auf dieser Basis können in das Netz bis zu 254 Geräte eingebunden werden, indem die letzte Zahl von 0 bis 254 hochgezählt wird. Allerdings hat kaum jemand zu Hause so viele Geräte im Einsatz, es wird bei überschaubaren Adressbereichen bleiben.

7.1.2 Dynamische oder statische Adresszuweisung?

Gewöhnen Sie sich für die Vergabe der IP-Adressen entweder die automatische Zuweisung via DHCP oder eine statische Zuweisung mit festen Adressen an. Arbeiten Sie mit festen Adressen, sollten Sie gegebenenfalls nur ausgewählte, leicht merkbare IP-Adressen verwenden, also 192.168.0.1 für den Router, 192.168.10 für den zentralen Rechner und für weitere die Endnummer 20, 30 etc. Wer generell Schwierigkeiten dabei hat, sich die Nummern zu merken, kann die Rechner beispielsweise nach Alter nummerieren – in der Regel weiß man genau, welchen PC man zuerst gekauft hat.

7.1.3 Localhost: die Standard-IP-Adresse des PC

Egal ob als Betriebssystem Windows, Linux, Mac OS oder was auch immer zum Einsatz kommt: Jeder PC besitzt – unabhängig davon, ob er im Internet oder im heimischen Netzwerk betrieben wird – eine Standard-IP-Adresse. Diese wird als sogenannter Localhost mit der IP-Adresse *127.0.0.1* bezeichnet.

Windows-Anwender können diese Einstellung in der Datei *hosts* im Windows-Verzeichnis *C:\WINDOWS\system32\drivers\etc* prüfen. Die *hosts*-Datei lässt sich mit einem Editor wie Notepad öffnen und bearbeiten. Verhält sich der heimische PC beispielsweise nach einem Virenbefall oder Trojanerangriff seltsam und werden Webseiten fehlerhaft dargestellt bzw. wird auf andere Webseiten weitergeleitet, wurde in der Regel die *hosts*-Datei manipuliert.

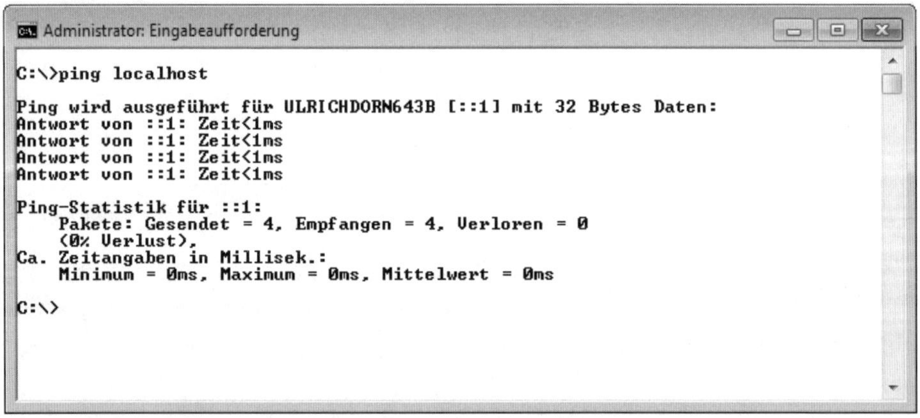

```
C:\>ping localhost

Ping wird ausgeführt für ULRICHDORN643B [::1] mit 32 Bytes Daten:
Antwort von ::1: Zeit<1ms
Antwort von ::1: Zeit<1ms
Antwort von ::1: Zeit<1ms
Antwort von ::1: Zeit<1ms

Ping-Statistik für ::1:
    Pakete: Gesendet = 4, Empfangen = 4, Verloren = 0
    (0% Verlust),
Ca. Zeitangaben in Millisek.:
    Minimum = 0ms, Maximum = 0ms, Mittelwert = 0ms

C:\>
```

Bild 7.2: Der Rechner *localhost* wird in der hosts-Datei konfiguriert. Mit einem *ping localhost* wird die IP-Adresse zurückgegeben.

7.1.4 Geräte-Verbindungen über ein Gateway

Der Vollständigkeit halber sei hier auch das sogenannte Gateway erwähnt. Innerhalb des Heimnetzwerks können sämtliche Geräte direkt miteinander kommunizieren und Daten austauschen. Soll hingegen eine Verbindung zu einem Gerät aufgebaut werden, das sich nicht innerhalb des adressierbaren Adressbereichs befindet, müssen diese Heimnetze miteinander verbunden werden. Diese Aufgabe übernimmt das Gateway bzw. der Router, der quasi sämtliche verfügbaren Netzwerke »kennt« und die Pakete bzw. Anforderungen entsprechend weiterleitet und empfängt. Im Internet sind demnach einige Router im Betrieb, da es technisch nahezu unmöglich ist, dass ein einzelner Router alle verfügbaren Netze kennt und direkt adressieren kann.

In der Regel hat der Router auch einen eingebauten DHCP-Server, der für die Vergabe der IP-Adressen im Heimnetz zuständig ist. Sind Daten für eine IP-Adresse außerhalb des Heimnetzes bestimmt, wird es automatisch an das konfigurierte Standardgateway, also den Router, weitergeleitet. Verbindet sich der heimische DSL-WLAN-Router mit dem Internet, versteckt dieser das private Netz hinter der öffentlichen IP-Adresse, die der DSL-WLAN-Router beim Verbindungsaufbau vom Internetprovider erhalten hat. Dieser Mechanismus der Adressumsetzung, NAT (Network Address Translation) genannt, sorgt dafür, dass die Datenpakete vom Heimnetz in das Internet (und wieder zurück) gelangen.

7.1.5 Bereitstellung von IP-Adressen im Internet

Alle Server im Internet sind ebenfalls über eine IP-Adresse ansprechbar, aber das könnte sich keiner merken. Wer weiß schon, dass sich hinter 217.64.171.171 *www.franzis.de* verbirgt? Deshalb gibt es im Internet zentrale Server, deren einzige Aufgabe darin besteht, für die von Ihnen eingegebene Internetadresse (URL) den richtigen Zahlencode bereitzustellen.

Nichts anderes passiert nämlich bei der Eingabe der URL: Der Rechner übermittelt seine Anfrage im Klartext an den sogenannten Domain Name Server (DNS). Ein DNS-Server führt eine Liste mit Domain-Namen und den IP-Adressen, die jedem Namen zugeordnet sind.

Wenn ein Computer die IP-Adresse zu einem bestimmten Namen benötigt, sendet er eine Nachricht an den DNS-Server. Dieser sucht die IP-Adresse heraus und sendet sie an den PC zurück. Kann der DNS-Server die IP-Adresse lokal nicht ausfindig machen, fragt er einfach andere DNS-Server im Internet, bis die IP-Adresse gefunden ist.

Damit die Daten, die Sie angefordert haben – und im Internet wird jede Seite aus übermittelten Daten aufgebaut –, auch wieder zu Ihnen bzw. zu Ihrem Rechner zurückgelangen, braucht der Server Ihre IP-Adresse. Nun wird nicht jedem Internetteilnehmer kurzerhand eine IP-Adresse verliehen – dafür gibt es einfach nicht genug Adressen. Stattdessen hat jeder Provider einen Pool mit IP-Adressen, die jeweils nach Bedarf vergeben werden.

Wenn Sie sich in das Internet einloggen, teilt Ihnen der Provider eine Adresse zu, die so lange gültig ist, bis Sie die Verbindung trennen oder bei einem DSL-Anschluss 24 Stunden vorbei sind. Bei der nächsten Einwahl erhalten Sie eine andere Adresse aus dem Pool.

Diese Technik ist quasi nichts anderes als die eines DHCP-Servers (Dynamic Host Configuration Protocol). Damit bekommen alle an ein Netzwerk angeschlossenen Computer, egal ob WLAN oder nicht, automatisch die TCP/IP-Konfiguration zugewiesen. Zusammen mit Ihrer Anfrage bei einer URL wird also Ihre eigene dynamische Adresse übermittelt, damit Sie auch eine Antwort bekommen.

7.1.6   Aus dem Internet sieht man nur den Router

Wenn Sie Ihr Netzwerk mit einem Router für den Internetzugang ausstatten, übernimmt Ihr Router künftig einen Teil der Aufgaben rund um die Adressierung. Das macht Ihnen das Leben nicht nur etwas leichter, sondern vor allem viel sicherer, denn nach außen tritt lediglich der Router in Erscheinung, Ihren PC bekommt das Internet nicht so leicht zu sehen. Das beginnt schon damit, dass von außen nicht mehr die zugewiesene Adresse des Rechners zu sehen und zu verwenden ist, sondern die des Routers. Alle Anfragen stellt der Router, alle Antworten nimmt er entgegen und leitet sie netzwerktechnisch betrachtet als Switch innerhalb des heimischen Netzes an den passenden Rechner weiter.

Für den Router gibt es also intern den Nummernkreis 192.168.X.X und nach außen alle anderen. Der einzelne Rechner ist nicht mehr direkt ansprechbar, sondern die Adresse ist immer die des Routers. Das ist ein erster Schritt in Richtung mehr Sicherheit im Internet, denn nun kann nicht mehr direkt auf möglicherweise offene Ports Ihres Rechners oder eines anderen im Netz zugegriffen werden. Noch mehr Sicherheit bietet eine im Router aktivierte Firewall, deren Ziel es ist, nur zulässige und ungefährliche Pakete durchzulassen und bestimmte Pakete kurzerhand abzulehnen. Sie nehmen ja auch nicht jede Nachnahme an.

7.1.7   Betriebssysteme und Übertragungsprotokolle

Schon lange vor Windows 7 stellten Windows 3.11 für Workgroups und Linux die Basistechnologie für Heimnetzwerke zur Verfügung. Allerdings verwendete Windows seinerzeit nicht TCP/IP, sondern das Netzwerk-Übertragungsprotokoll NetBEUI, das eindeutig auf den Datenaustausch verkabelter PCs zugeschnitten war. Linux beherrschte aufgrund seiner UNIX-Wurzeln dagegen standardmäßig TCP/IP. Während Windows nach und nach TCP/IP als Standard übernahm, blieben die alten Protokolle aus Kompatibilitätsgründen erhalten. Das hat bis heute bestimmte Sicherheitslücken im Bereich der Datei- und Druckerfreigabe zur Folge.

Der wesentliche Unterschied zwischen Windows und Linux besteht allerdings darin, dass die Betriebssystemversionen von Microsoft keine Serversoftware enthalten. Boten frühere Windows-Versionen wenigstens noch den Personal Internet Server zur Bereitstellung von HTML-Seiten im Internet an, stehen heute zwar für alle wesentlichen Netzwerkaufgaben Spezialprogramme von Microsoft bereit, allerdings sind sie für Privatleute unerschwinglich. Linux als Open-Source-System bietet hingegen auch die nötige Serversoftware kostenlos an, um aus einem PC einen Datei-, Druck-, Internet- oder Mailserver zu machen. Das funktioniert aufgrund der geringeren Systemanforderungen sogar mit vergleichsweise schwachbrüstigen PCs, denen unter Windows XP oder gar Windows Vista längst die Luft ausginge.

Wenn Sie aber einen ordentlichen Windows-PC zum Server umfunktionieren wollen, ist das mit den Windows-Versionen von Apache (Internetserversoftware) und Samba (Dateiserversoftware) kein Problem. Mit Apache realisieren Sie einen eigenen Webserver, der per DynDNS über Ihre DSL-Leitung angebunden werden kann; mit Samba steht ein Fileserver für zu Hause bereit.

7.2 Manuelle Vergabe von IP-Adressen

Ist kein DHCP-Server oder DSL-Router im Netz, der für die automatische Vergabe der IP-Adressen zuständig ist, müssen die IP-Adressen und die Subnetzmasken von Hand auf jedem PC eingetragen werden. Die Wahl der IP-Adresse bleibt jedem selbst überlassen.

Sie sollten für eine besseren Übersicht immer aufsteigend eine Adresse mit 192.168.0.1, 192.168.0.2 etc. vergeben. Hier wählen Sie über die Systemsteuerung bei Netzwerkverbindungen die Schnittstelle aus, die für den Internetzugang sorgt, und wählen dort Eigenschaften aus. Im Register Allgemein ist das TCP/IP-Protokoll zu finden – dort klicken Sie abermals auf Eigenschaften.

Bild 7.3: Klicken Sie auf *Status von LAN-Verbindung*, erscheint die Konfiguration der Netzwerkkarte.

Zusätzlich ist darauf zu achten, dass die Subnetzmaske bei allen Rechnern im Netz identisch ist. Ist ein DHCP-Server in Betrieb, prüfen Sie mit dem *ping*-Befehl, ob sich die beiden Rechner untereinander im Netzwerk überhaupt »sehen«. Haben Sie die IP-Adressen von Hand vergeben, ist die Subnetzmaske sicherlich identisch, dann wissen Sie aber auch, welche IP-Adresse Sie anpingen müssen.

7.2.1 Test mit dem ping-Befehl

Ist alles richtig eingestellt, sollten Sie den Rechner erfolgreich »anpingen« können. Dies erledigen Sie in der DOS-Eingabeaufforderung bzw. im Ausführen-Dialog mit dem Befehl *ping [IP-ADRESSE]*.

1. In diesem Beispiel geben Sie den Befehl *ping 192.168.0.1* ein. Ist bei Windows der Ausführen-Befehl im Startmenü ausgeblendet, können Sie diesen per Mausklick aktivieren.

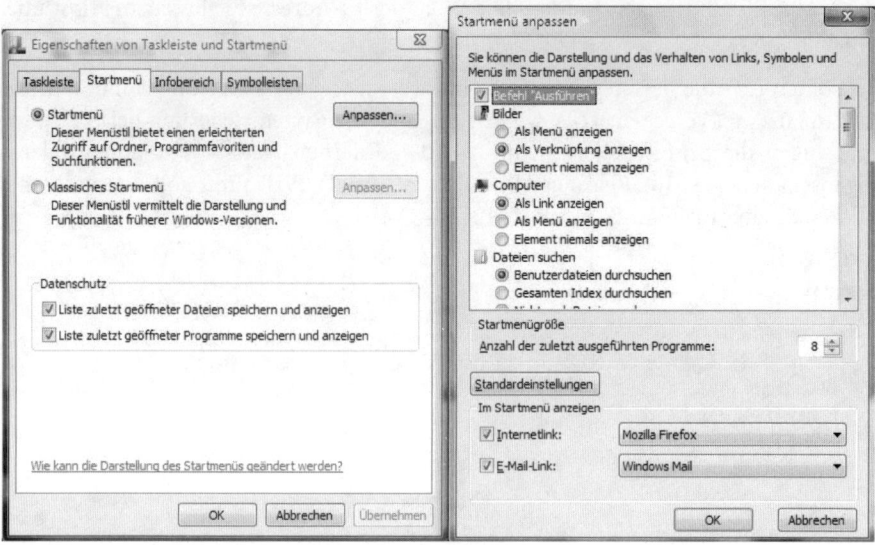

Bild 7.4: Über *Eigenschaften der Taskleiste* und Klick auf die Schaltfläche *Anpassen* aktivieren Sie den *Ausführen*-Befehl bei Windows Vista.

2. Klappt das Anpingen eines PCs trotz richtiger IP-Konfiguration nicht, liegt dies in der Regel an der Windows-Firewall. Diese ignoriert in der Standardeinstellung sämtliche eingehenden Ping-Anfragen.

3. Um der Windows-Firewall die Annahme des ping-Befehls im Heimnetz zu erlauben, öffnen Sie die Firewall über *Systemsteuerung/System und Sicherheit/Windows Firewall* und klicken in der Seitenleiste auf *Erweiterte Einstellungen*.

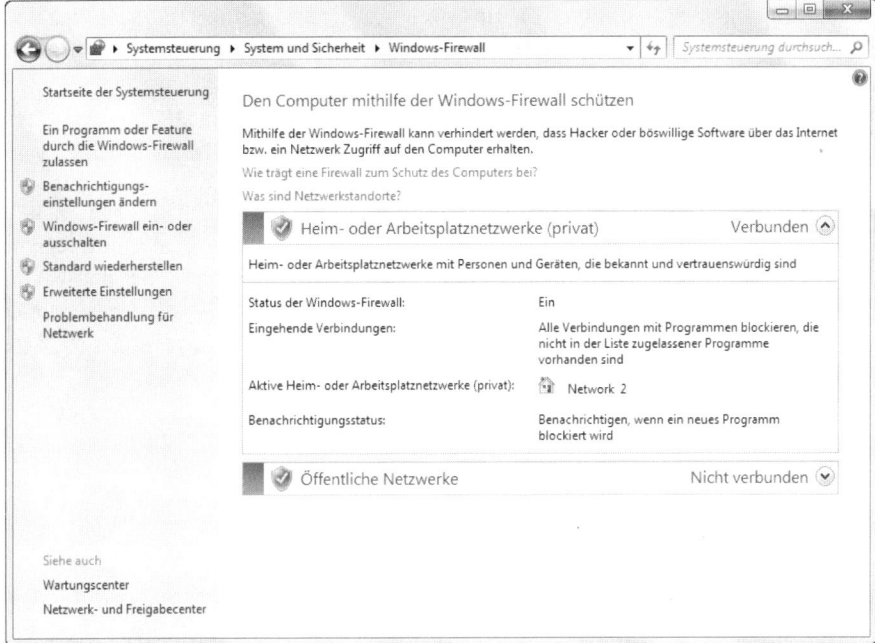

Bild 7.5: Die nötigen Firewall-Einstellungen werden in der Systemsteuerung unter *System und Sicherheit/Windows-Firewall* bei den *Erweiterten Einstellungen* vorgenommen.

4. Dort wählen Sie *Eingehende Regeln* und aktivieren die Regel *Datei- und Druckerfreigabe (Echoanforderung – ICMPv4 eingehend)*. Falls diese Regel mehrmals zu sehen ist, schalten Sie Ping für das gewünschte Netzwerkprofil (im Heimnetz *Domäne, Privat*) frei.

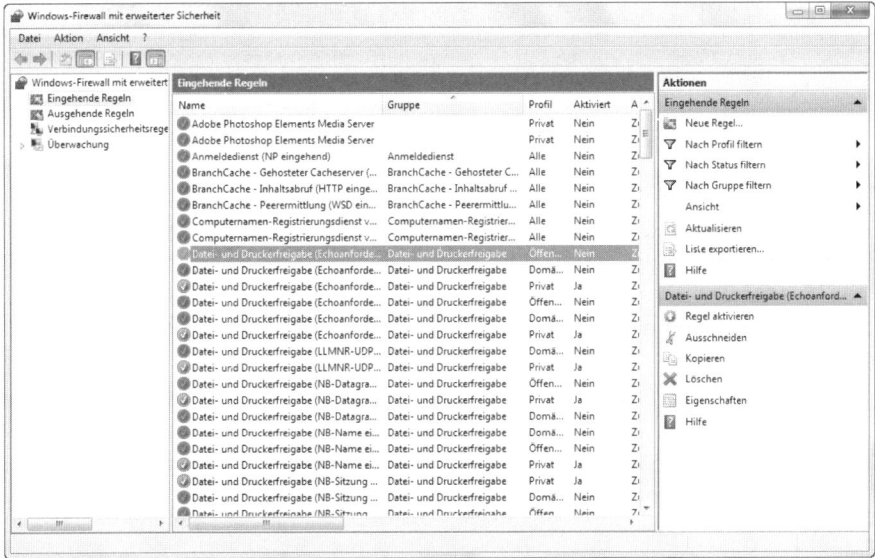

Bild 7.6: Die nötigen Freigaben unter *Eingehende Regeln*.

Ist das Anpingen nun erfolgreich, sind weitere Voraussetzungen notwendig, um die Rechner im Heimnetz zur Zusammenarbeit zu bewegen.

7.3 · Namen einer Arbeitsgruppe festlegen

Das A und O ist eine gemeinsame Arbeitsgruppe. Standardmäßig nennt sich diese nach einer Windows Vista- oder Windows 7-Installation WORKGROUP. Windows XP nennt sie MSHEIMNETZ oder WORKGROUP, und falls ein Rechner, beispielsweise das Firmen-Notebook, in einem anderen Netz schon unterwegs war, hat dieses wieder einen anderen Arbeitsgruppennamen.

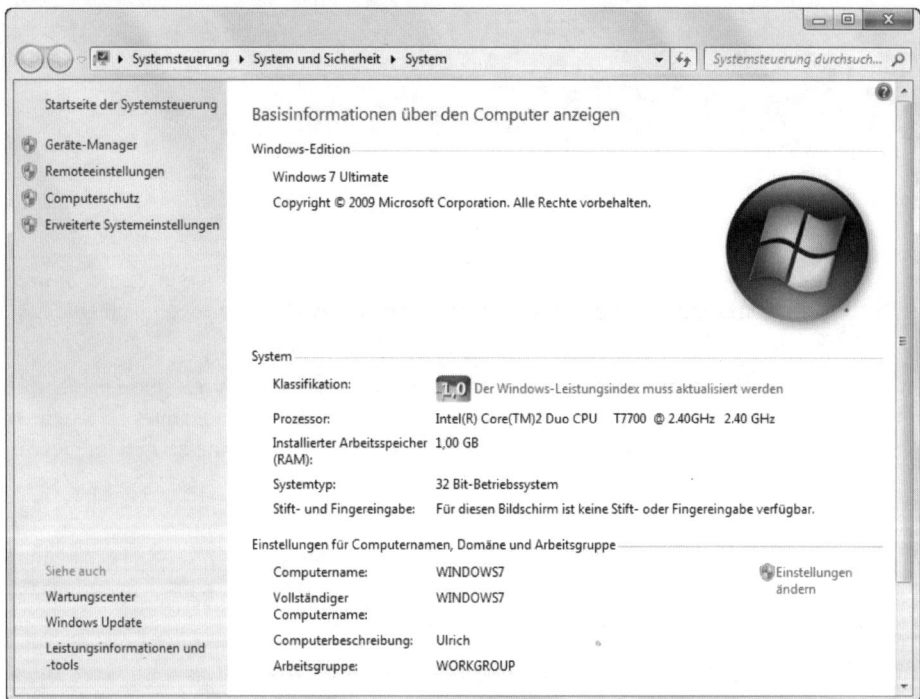

Bild 7.7: In *Systemsteuerung/System und Sicherheit/System* klicken Sie im Bereich *Einstellungen für Computernamen, Domäne und Arbeitsgruppe* auf den Link *Einstellungen ändern*.

Um den Arbeitsgruppennamen zu ändern bzw. auf Ihr Heimnetz anzupassen, sollten Sie Folgendes beachten: Der Name der Arbeitsgruppe muss auf allen Rechnern im Netz identisch sein, und er sollte so kurz wie möglich sein sowie ohne Umlaute, Sonder- und Leerzeichen auskommen.

Passen Sie nun den Namen an bzw. überprüfen Sie die Einstellungen. Mit dem Assistenten für die Netzwerkanmeldung richten Sie die Arbeitsgruppe für die Rechner im Heimnetz ein.

Im nächsten Schritt tragen Sie sowohl den Namen des Rechners als auch den der Arbeitsgruppe ein. Achten Sie darauf, dass der Name des Computers im Netzwerk eindeutig sein muss sowie möglichst kurz und ohne Umlaute, Sonder- und Leerzeichen. Wenn es mehr als zwei oder drei Rechner sind, bietet sich eine Hersteller- und Typkennung (MacBook, Dell-Desktop o. Ä.) an, diese Bezeichnungen verstehen auch andere Mitglieder der Arbeitsgruppe.

Nach dem Ändern des Computer- und/oder Arbeitsgruppennamens braucht Windows einen Neustart, damit die Änderungen aktiv werden. Erst dann sind andere Rechner in der Netzwerkumgebung sichtbar. Öffnen Sie nun den *Arbeitsplatz* und gehen Sie auf Netzwerk. Dort sind verschiedene Netzwerkdienste aufgelistet, für Sie in Ihrem Heimnetz kommt nur das *Microsoft Windows-Netzwerk* infrage.

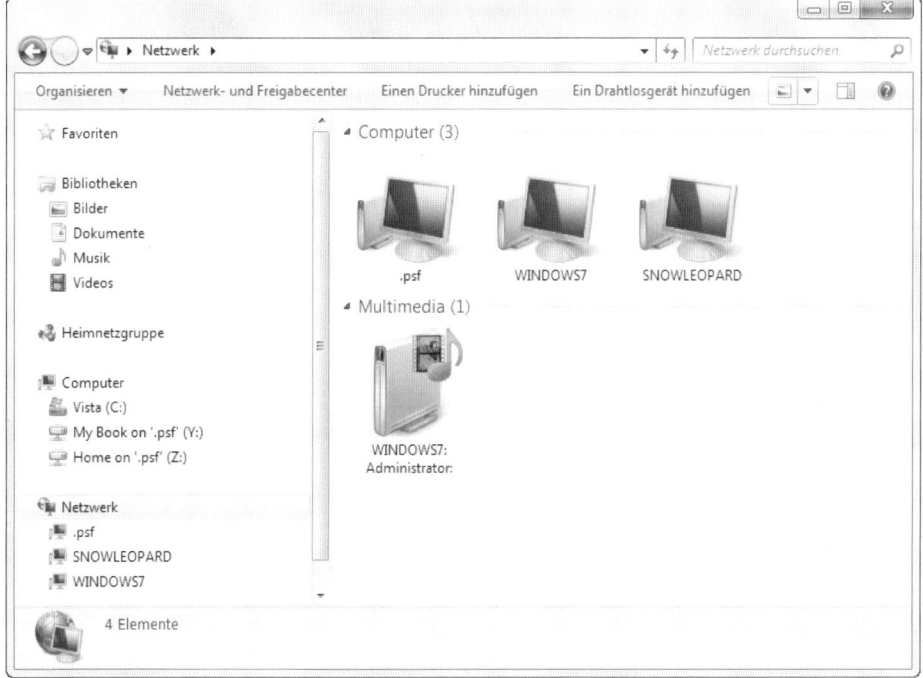

Bild 7.8: Sämtliche Clients in der Arbeitsgruppe sind im *Microsoft Windows-Netzwerk* versteckt.

Ein Microsoft-Windows-Netzwerk unterstützt mehrere Netzwerk-Domains und Arbeitsgruppen. So können Sie gleichzeitig auf mehrere unterschiedliche Rechner und Netzwerke zugreifen – in Ihrem Fall ist in dem Microsoft Windows-Netzwerk nur die von Ihnen eingerichtete Arbeitsgruppe zu sehen: WORKGROUP beherbergt die Clients im Heimnetz.

Die Microsoft-Windows-Netzwerk-eigene Arbeitsgruppe ändern Sie in diesem Dialog – hier ist als Beispiel der Name WORKGROUP für die Arbeitsgruppe konfiguriert.

7.4 Methoden der Datenfreigabe unter Windows

Für das Erstellen einer Datei- oder Ordnerfreigabe unter Windows Vista oder Windows 7 ist die ordnungsgemäße Installation und Konfiguration der Netzwerkschnittstelle Grundvoraussetzung. Anschließend öffnen Sie den Explorer und wählen einen Ordner aus, der für andere Benutzer im Netzwerk freigegeben werden soll.

7.4.1 Datei- und Ordnerfreigaben unter Vista und Windows 7

1. Klicken Sie mit der rechten Maustaste auf diesen Ordner und wählen Sie im Kontextmenü *Freigabe* aus. Nun erscheint ein Dialog, in dem Sie den Zugriff auf den Ordner einrichten können.

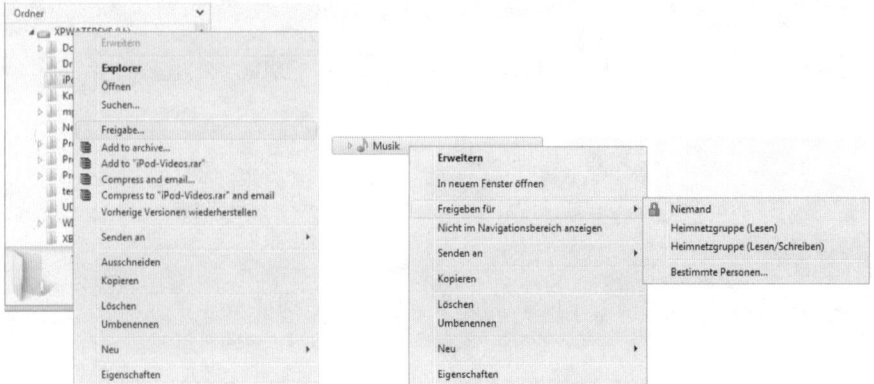

Bild 7.9: Bei Windows Vista (links) und Windows 7 (rechts) bekommen Sie im Kontextmenü der rechten Maustaste *Freigabe* oder *Freigeben für* angezeigt; darüber können Sie Laufwerke für andere Benutzer freischalten.

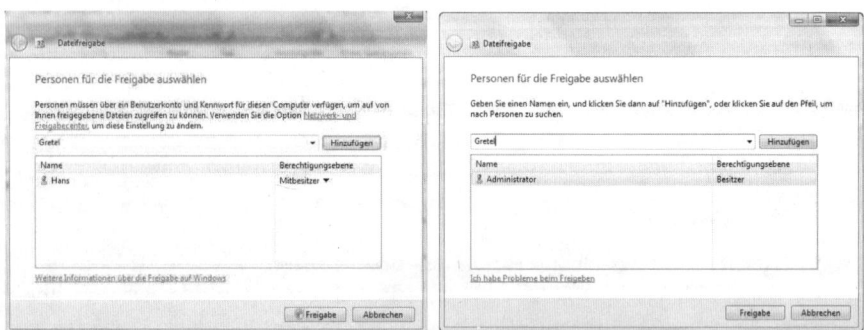

Bild 7.10: Möchten Sie einer weiteren Person (hier Gretel) den Zugriff auf eine Freigabe gewähren, tragen Sie den Namen hier ein und klicken auf die Schaltfläche *Hinzufügen* – Window Vista (rechts), Windows 7 (links).

2. Anschließend ist die eingerichtete Ordnerfreigabe aktiv. Der für den Zugriff eingerichtete Benutzer kann nun von einem anderen PC im Netzwerk auf die einge-

richtete Freigabe zugreifen – vorausgesetzt, der Name und das Passwort sind in der Benutzerverwaltung eingerichtet.

Bild 7.11: Per Klick auf die Schaltfläche *Fertig* schließen Sie die Ordnerfreigabe ab.

3. Das Entfernen einer eingerichteten Freigabe sowie eine nachträgliche Änderung erfolgen analog. Hier wählen Sie den entsprechenden Ordner im Explorer aus und anschließend im Kontextmenü entweder *Freigabe* oder besser *Eigenschaften*. Im Register *Freigabe* erhalten Sie per Klick auf *Erweiterte Freigabe* einen Überblick darüber, wer auf den Ordner zugreifen darf und welche Rechte bzw. Berechtigungen für die unterschiedlichen Benutzer eingerichtet sind.

Mithilfe passender Rechtevergaben können Sie die Daten im Netz getrost freigeben. Sinnvoll ist dafür aber eine vernünftige Ordnerstruktur, damit Sie gezielt Zugriff auf einzelne Ordner haben.

Wenn Sie beispielsweise alle Ihre Briefe nur in *Eigene Dateien* oder *Dokumente* speichern und dann diesen Ordner freigeben, helfen Ihnen ausgefuchste Rechte kaum noch, denn dann ist alles zugreifbar. Mit entsprechenden Unterordnern können Sie aber Korrespondenz, Bilder o. Ä. perfekt trennen. Der Zugriff sollte so gewählt werden, dass bei Bildern oder Dokumenten grundsätzlich nur Lesezugriff gewährt wird.

7.4.2 Datei- und Ordnerfreigaben unter Windows XP

Unter Windows XP wird die Prozedur der Datei- und Ordnerfreigabe vornehmlich über einen Assistenten abgewickelt, hier sind ein paar Klicks mehr notwendig als bei Windows Vista. Möchten Sie in Windows XP eine Freigabe einrichten (Auswahl *Freigabe und Sicherheit* im Kontextmenü eines Ordners), meldet sich bei der ersten Freigabe der Netzwerkinstallations-Assistent, mit dem Sie Schritt für Schritt eine Freigabe einrichten können.

1. Mit einem Klick auf die Schaltfläche Weiter starten Sie den Assistenten. Das funktioniert immer dann reibungslos, wenn Sie als Administrator bzw. mit Administratorrechten in Windows XP arbeiten – mit einem eingeschränkten Konto wird das Erstellen einer Freigabe aus Sicherheitsgründen blockiert.

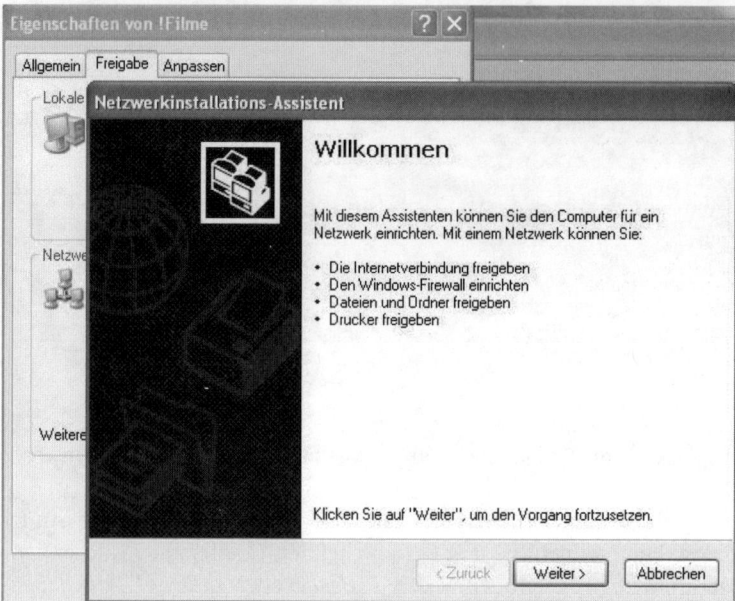

Bild 7.12: Mit dem Netzwerkinstallations-Assistenten geben Sie nicht nur Dateien und Ordner, sondern auch Drucker für andere Benutzer bzw. Rechner im Netzwerk frei.

2. Für das Erstellen einer Freigabe ist die ordnungsgemäße Installation und Konfiguration der Netzwerkschnittstelle, wie bereits beschrieben, Grundvoraussetzung. Der Netzwerkinstallations-Assistent weist in diesem Dialog nochmals darauf hin. Mit dem Klick auf die Schaltfläche *Weiter* kommen Sie zum nächsten Schritt.

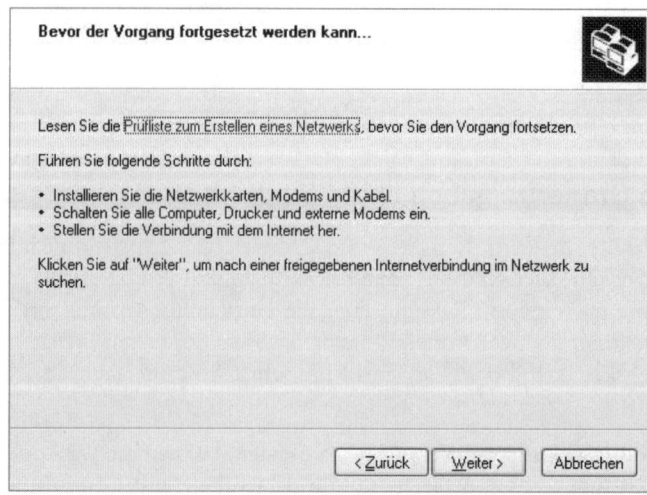

Bild 7.13: Neben der ordnungsgemäßen Verkabelung sind die IP-Parameter das A und O, damit die Freigaben im Heimnetz klappen.

3. Im nächsten Schritt geben Sie die Verbindungsmethode an, über die auf die Freigabe zugegriffen werden soll. Hier wählen Sie den zweiten Punkt *Dieser Computer stellt eine Verbindung mit dem Internet über ein lokales Gateway oder einen anderen Com-*

puter des eigenen Netzwerks her aus, da Sie ja die Freigabe nur in Ihrem eigenen Netzwerk verwenden wollen.

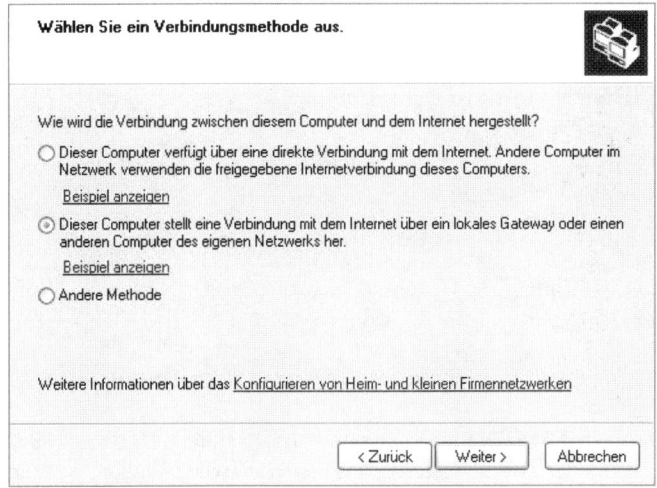

Bild 7.14: Für DSL-Router-Besitzer ist der zweite Punkt der richtige.

4. Nun überprüfen Sie den Computernamen, die Computerbeschreibung braucht nicht ausgefüllt zu werden. Achten Sie darauf, dass der Computername eindeutig ist, damit es keinen Namenskonflikt im Netzwerk gibt.

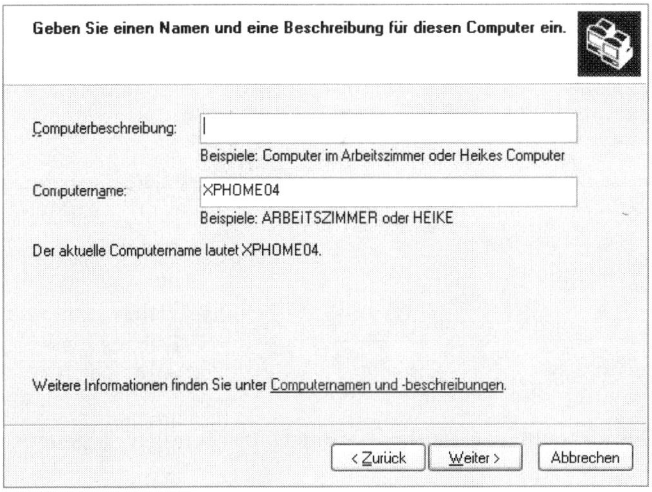

Bild 7.15: Das Feld *Computername* ist bereits mit dem Namen des PCs gefüllt, eine Computerbeschreibung ist nicht notwendig. Klicken Sie wiederum auf *Weiter.*

5. Jetzt geben Sie den Namen der Arbeitsgruppe an, für die die Netzwerkfreigabe eingerichtet werden soll. Nur für diese Arbeitsgruppe ist später die Freigabe auch sichtbar.

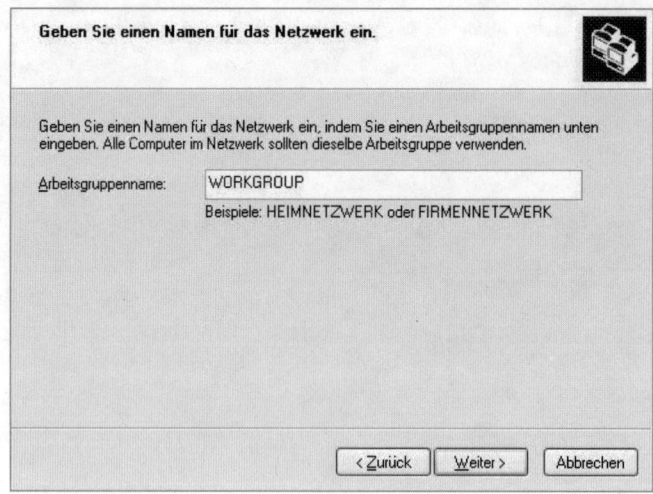

Bild 7.16: Das Feld *Arbeitsgruppenname* ist mit WORKGROUP ebenfalls voreingestellt; im Zweifelsfall ändern Sie diesen Eintrag, wie im Schritt Arbeitsgruppe einrichten beschrieben.

6. Nun können Sie für diese Freigabe entweder den Zugriff aktivieren oder deaktivieren. Da Sie eine Freigabe für andere Rechner/Personen erstellen wollen, wählen Sie hier natürlich die Option *Datei- und Druckerfreigabe* aktivieren aus.

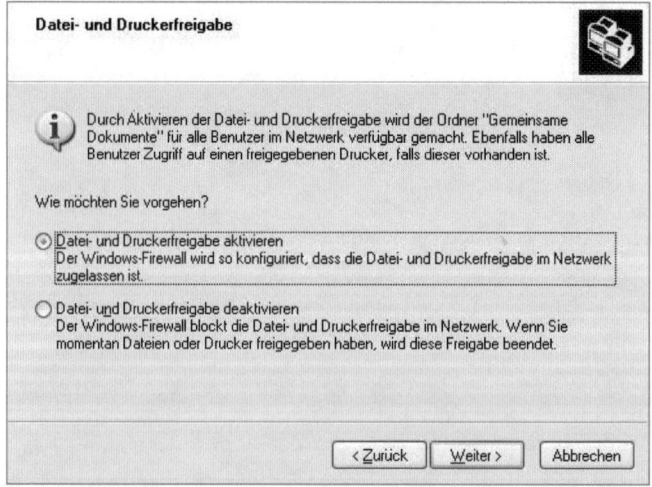

Bild 7.17: In diesem Dialog können Sie auch bereits vorhandene Freigaben wieder entfernen.

7. Die vorgenommenen Einstellungen werden nochmals übersichtlich dargestellt. Mit *Weiter* übernehmen Sie die Änderungen.

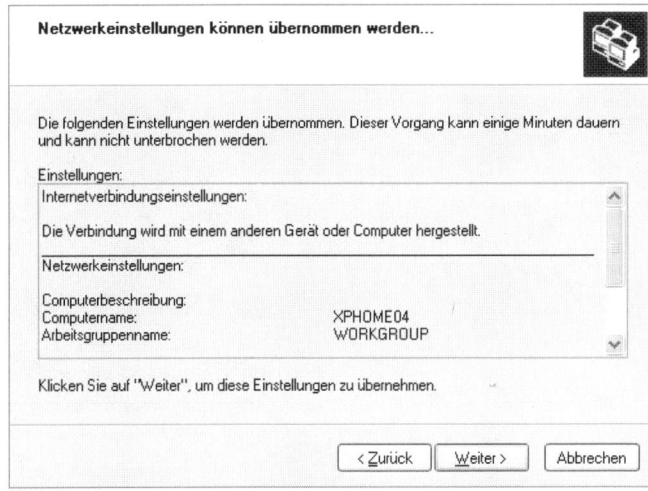

Bild 7.18: Prüfen Sie gewissenhaft die Zusammenfassung der Einstellungen. Sind hier nachträglich Änderungen notwendig, klicken Sie auf die *Zurück*-Schaltfläche, um die Einstellungen anzupassen.

Möchten Sie die gleichen Einstellungen für andere XP-Rechner im Netzwerk verwenden, können Sie diese Konfiguration auf Diskette etc. speichern. Das ist nicht notwendig, denn es ging Ihnen ja nicht um die Netzwerkeinrichtung, sondern um Freigaben. Daher wählen Sie den Punkt *Nur den Assistenten fertig stellen, da er nicht auf anderen Computern ausgeführt wird* aus.

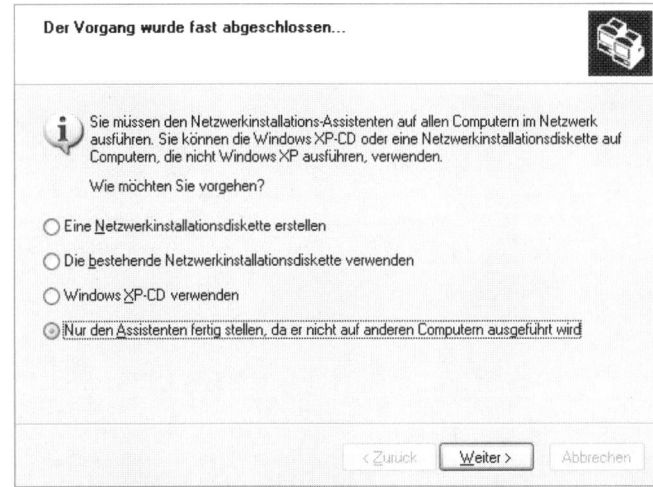

Bild 7.19: Die konfigurierte Freigabe ist nur für diesen Rechner gedacht, deswegen wählen Sie die letzte Option aus.

Schließen Sie den Netzwerkinstallations-Assistenten mit einem Klick auf die Schaltfläche *Fertig stellen* ab. Die gewünschte Freigabe ist nun eingerichtet und für andere Rechner in der Arbeitsgruppe sichtbar.

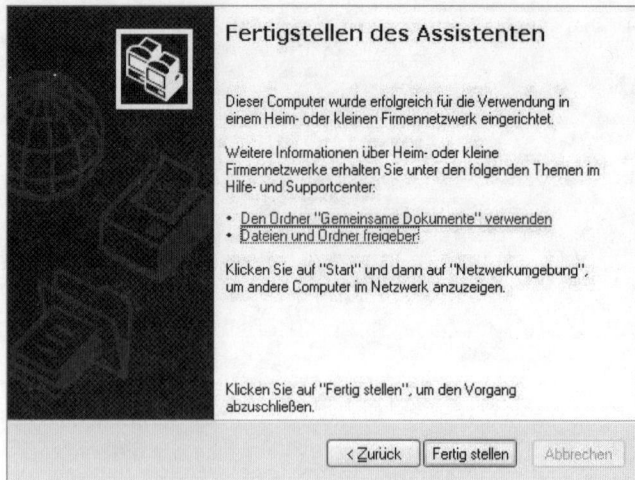

Bild 7.20: Erledigt: Mit Schließen des Netzwerkinstallations-Assistenten sind die Freigaben im Netz für andere Rechner sichtbar.

7.4.3   Legen Sie fest, was andere Benutzer dürfen

Nun rufen Sie nochmals mit der rechten Maustaste das Kontextmenü des freizugeben-den Ordners auf. Jetzt sollte folgender Dialog erscheinen:

Bild 7.21: Im Bereich Netzwerkfreigabe und -sicherheit können Sie mit Setzen eines Häkchens den gewünschten Ordner für andere Mitglieder der Arbeitsgruppe freigeben.

Standardmäßig ist hier nur der lesende Zugriff aktiv. Soll auf der Netzwerkfreigabe auch geschrieben, geändert und gelöscht werden, sollten Sie das Häkchen bei der Option *Netzwerkbenutzer dürfen Dateien verändern* setzen. Lassen Sie das Häkchen weg, ist nur ein lesender Zugriff möglich. Mit dem Klick auf die Schaltfläche *Übernehmen* bzw. *OK* wird die Änderung aktiv. Aus Gründen der Übersicht ist nun der freigegebene Ordner am neuen Symbol im Explorer (blaue Hand unter dem Ordnersymbol) zu erkennen.

7.5 Drucker im Heimnetz gemeinsam nutzen

Windows zeigt seit vielen Versionen ausführliche Informationen über jedes Hardware-detail des Computers an, ein einfacher Überblick über die Geräte, die den Anwender wirklich interessieren, fehlte bisher. Windows 7 bietet, auffällig im Startmenü, eine neue Übersicht *Geräte und Drucker*. Hier sind die wichtigsten Komponenten wie PC und Monitor sowie alle eingerichteten Drucker zu sehen.

7.5.1 Drucker unter Windows 7 freigeben

Neben der Dateifreigabe ist die gemeinsame Nutzung eines Druckers wie geschaffen für ein Heimnetzwerk. Grundvoraussetzung dafür ist bei Windows 7 die Freigabe des Druckers im *Netzwerk- und Freigabecenter*, das sich über die Systemsteuerung öffnen lässt.

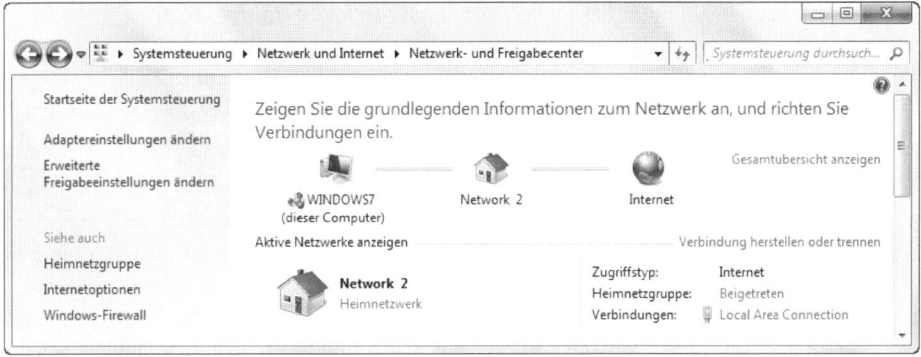

Bild 7.22: Die Druckerfreigabe erfolgt im *Netzwerk- und Freigabecenter*.

Im Netzwerk- und Freigabecenter klicken Sie auf den Link Erweiterte Freigabeeinstellungen ändern. Es erscheint das Fenster Freigabeoptionen für unterschiedliche Netzwerkprofile ändern. Im Bereich Datei- und Druckerfreigabe klicken Sie auf die Option Datei- und Druckerfreigabe aktivieren.

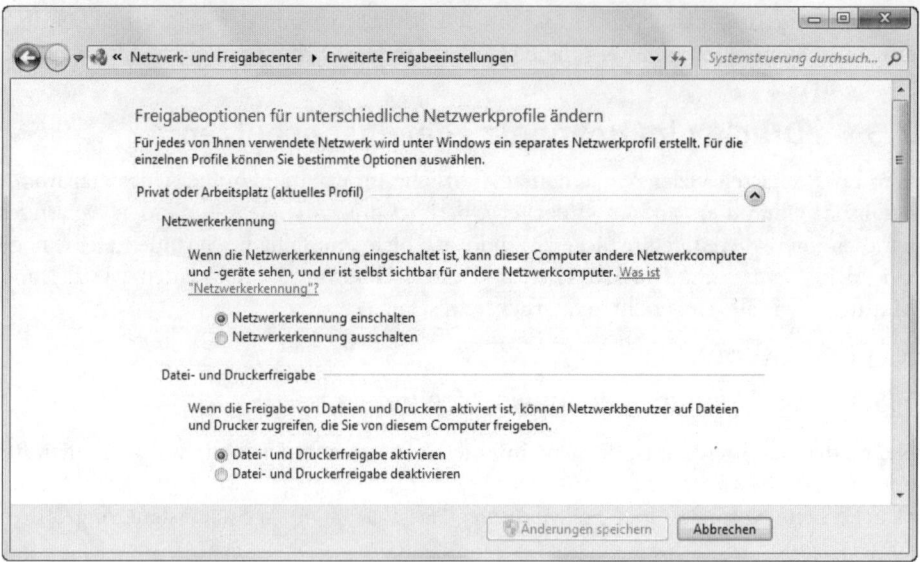

Bild 7.23: In den erweiterten Freigabeeinstellungen schalten Sie die Freigabe von Druckern an. Dafür klicken Sie auf die Option *Datei- und Druckerfreigabe aktivieren*.

Wer seinen am PC lokal angeschlossenen Drucker für andere Rechner im Heimnetzwerk freigeben möchte, der geht an dem Rechner, an dem der Drucker angeschlossen ist, abermals in die Systemsteuerung. Dort wählen Sie bei Drucker den installierten Standarddrucker aus.

Wählen Sie nun im Kontextmenü des Standarddruckes den Punkt Druckereigenschaften. Im folgenden Dialogfeld aktivieren Sie die Registerkarte *Freigabe*. Klicken Sie hier auf die Option *Drucker freigeben* und ändern Sie, falls gewünscht, im Feld *Freigabename* den von Windows 7 vorgeschlagenen Namen für den Netzwerkdrucker, unter dem dieser im Netzwerk verfügbar sein soll. Mit Klick auf die Schaltfläche *OK* machen Sie die Einstellungen scharf.

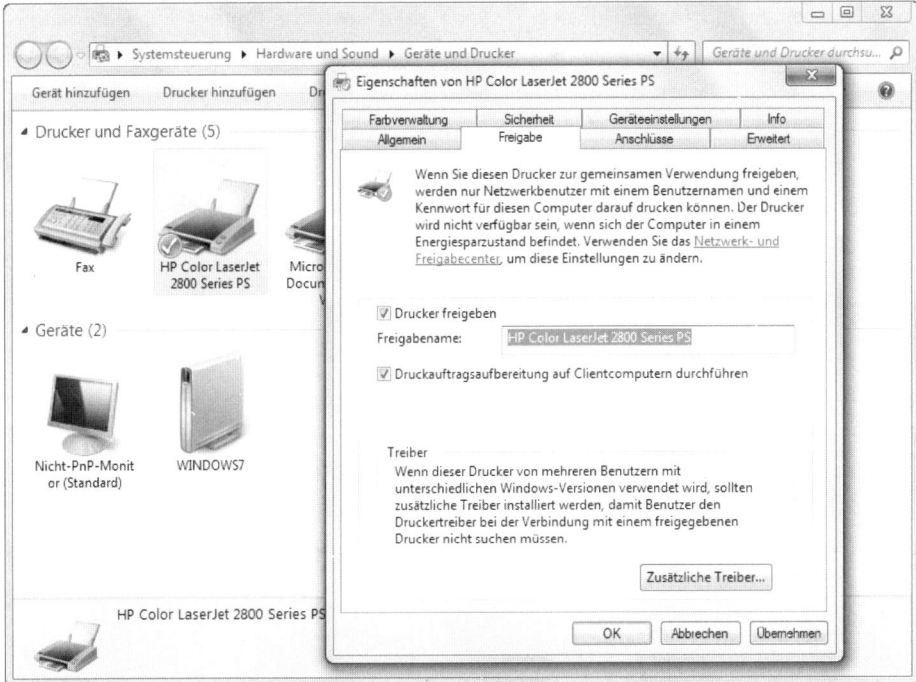

Bild 7.24: Im Register *Freigabe* können Sie den Drucker für andere Benutzer im Netzwerk freigeben. Der *Freigabename* für den Drucker wird von Windows 7 automatisch vorgeschlagen und kann nach Wunsch angepasst werden.

7.5.2 Drucker unter Windows Vista freigeben

Unter Windows Vista verläuft die Installation des im Netz freigegebenen Druckers auf einem anderen Rechner prinzipiell ähnlich wie bei Windows XP.

1. In der Systemsteuerung wählen Sie den Punkt *Drucker* und klicken im Menübereich auf die Option *Drucker hinzufügen*, um den Druckerinstallations-Assistenten zu starten.

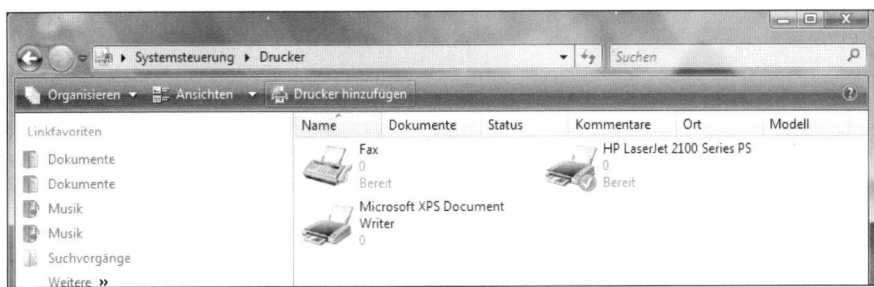

Bild 7.25: In der Menüleiste klicken Sie auf *Drucker hinzufügen*, um einen Netzwerkdrucker einzurichten.

2. Neben einem normalen, lokalen Drucker steht auch die Option *Einen Netzwerk-, Drahtlos- oder Bluetoothdrucker hinzufügen* zur Verfügung. Wählen Sie diese nun aus.

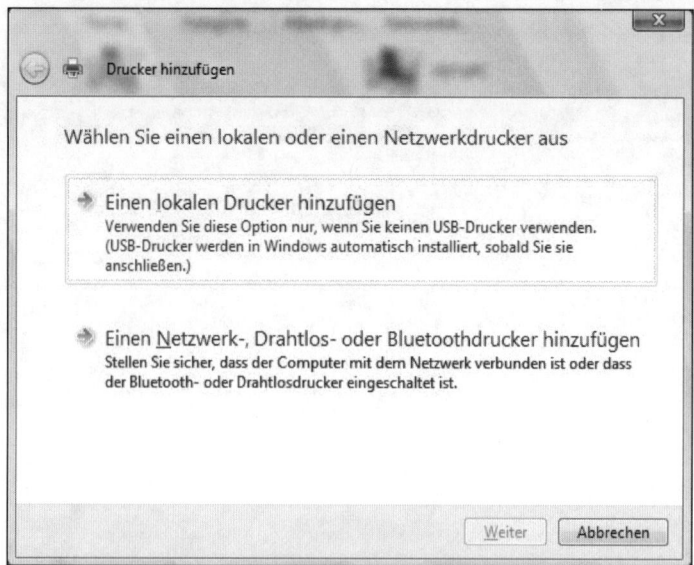

Bild 7.26: Klicken Sie auf die Schaltfläche *Weiter*, um den Druckertyp zu konfigurieren.

Jetzt wird der Suchmechanismus von Windows Vista aktiv. Es erscheinen alle Rechner im Netzwerk, die einen freigegebenen Drucker zur Verfügung stellen.

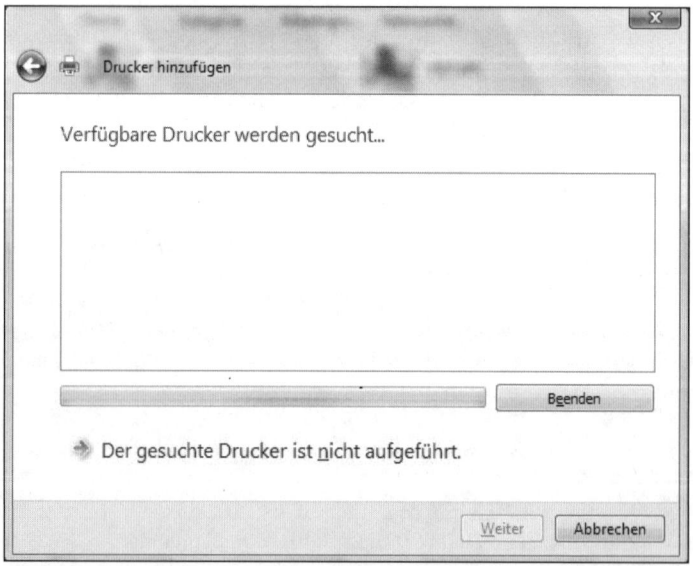

Bild 7.27: Dauert etwas: Bis ein im Netzwerk freigegebener Drucker von Windows Vista gefunden wird, können einige Minuten vergehen.

3. Klicken Sie auf die Windows-Netzwerkfreigaben der angeschlossenen PCs, um die Freigaben bzw. freigegebenen Drucker sehen zu können. Hier erscheint der konfigurierte Drucker mit seinem Freigabenamen. Alternativ können Sie auch auf die Option *Der gesuchte Drucker ist nicht aufgeführt* klicken und über *Durchsuchen* den freigegebenen Drucker von Hand auswählen.

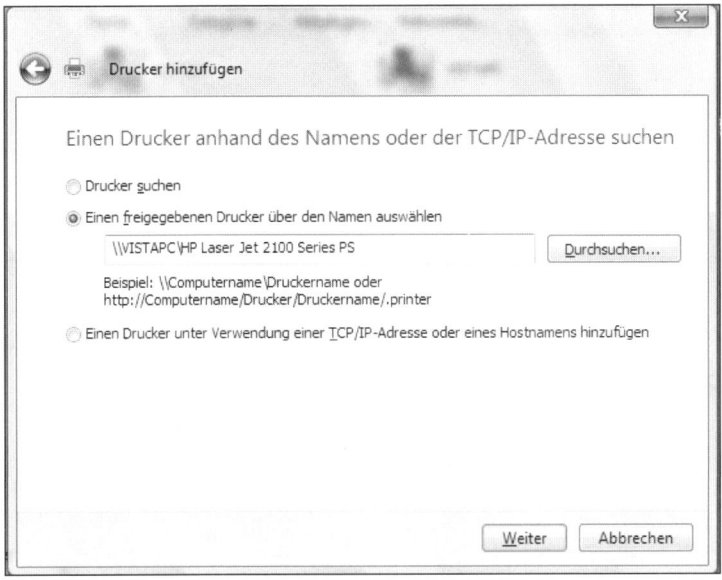

Bild 7.28: Drucker gefunden: Über den Assistenten von Windows Vista binden Sie den Netzwerkdrucker ein.

4. Mit dem Klick auf die Schaltfläche *Weiter* schließen Sie den Vorgang ab, und Windows Vista aktiviert nun die entsprechenden Treiber für den Netzwerkdrucker. Im nächsten Schritt verabschiedet sich der Druckerinstallations-Assistent mit einem Zusammenfassungsdialog. Anschließend ist der Drucker unter Windows Vista installiert.

7.5.3   Drucker unter Windows XP freigeben

Nun können Sie den Drucker bei den anderen Rechnern im Netzwerk installieren. Wer beispielsweise einen Drucker, der an einem Windows Vista-PC angeschlossen ist, auch über das Netz von Rechnern unter Windows XP nutzen möchte, geht folgendermaßen vor.

1. Bei Windows XP wählen Sie in der Systemsteuerung die Option *Drucker und Faxgeräte* aus. Im linken Fensterbereich sehen Sie die *Druckeraufgaben*, dort klicken Sie auf Drucker hinzufügen, um den Druckerinstallations-Assistenten zu starten.

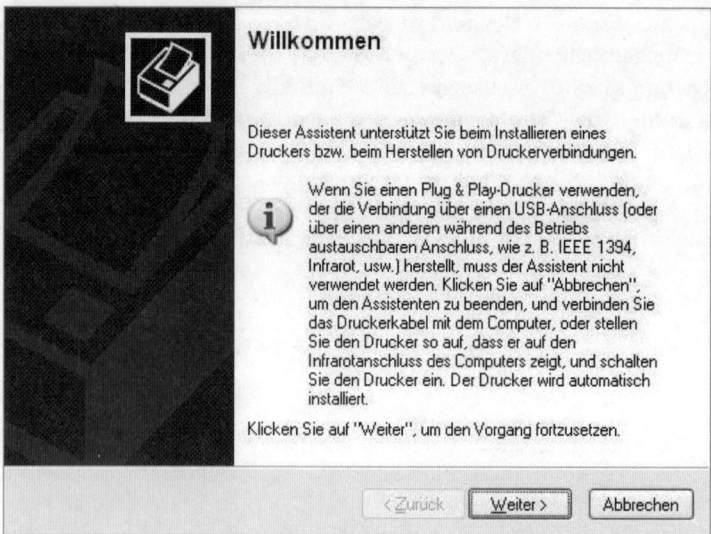

Bild 7.29: Übersichtlich und einfach einzurichten: Mit dem Druckerinstallations-Assistenten wird der Drucker fürs Netzwerk eingerichtet.

2. Klicken Sie nun auf die Schaltfläche *Weiter*, um den Druckertyp zu konfigurieren. Hier steht neben einem normalen, lokalen Drucker auch die Option *Netzwerkdrucker oder Drucker, der an einen anderen Computer angeschlossen ist* zur Verfügung. Wählen Sie diese nun aus.

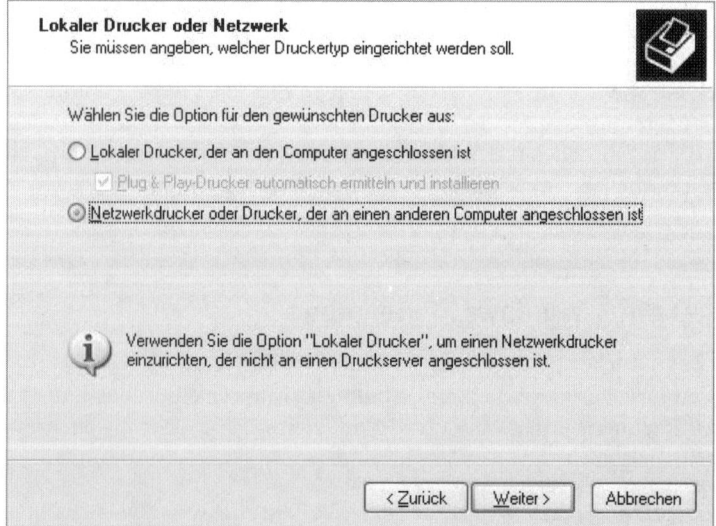

Bild 7.30: Bei einem Netzwerkdrucker ist die zweite Option die richtige Wahl.

3. Lassen Sie jetzt den Druckerinstallations-Assistenten nach einem Drucker im Netz suchen. Ist dieser wie im vorigen Abschnitt beschrieben freigegeben, wird er automatisch gefunden. Alternativ können Sie auch den Namen des Rechners, an dem der

Drucker angeschlossen ist, manuell eingeben. Hier ist zusätzlich der konfigurierte Freigabename des Druckers erforderlich.

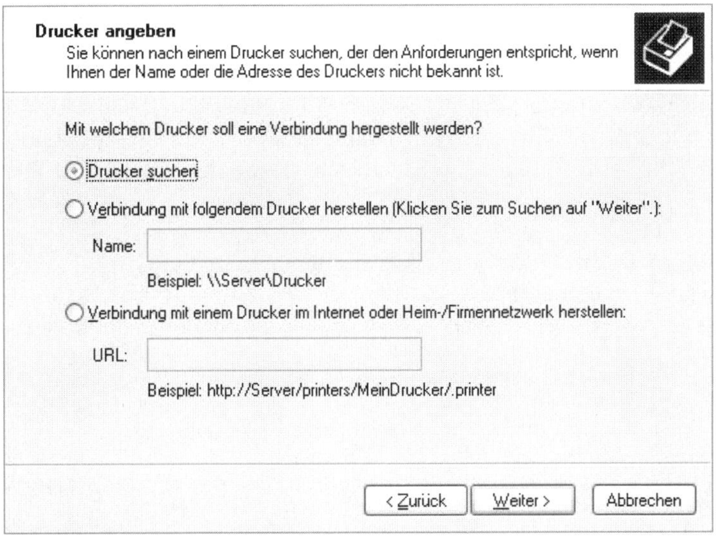

Bild 7.31: Einfache Automatik: Mit dem Klick auf *Drucker suchen* kommen Sie am schnellsten zum Erfolg.

4. Nun erscheinen alle Rechner im Netzwerk, die einen freigegebenen Drucker zur Verfügung stellen. Klicken Sie auf Microsoft Windows-Netzwerk und anschließend auf die Domain-Bezeichnung, um sämtliche Freigaben des entsprechenden PCs zu sehen. Neben den Dateifreigaben ist auch hier der fürs Netzwerk konfigurierte Drucker mit seinem Freigabenamen zu sehen.

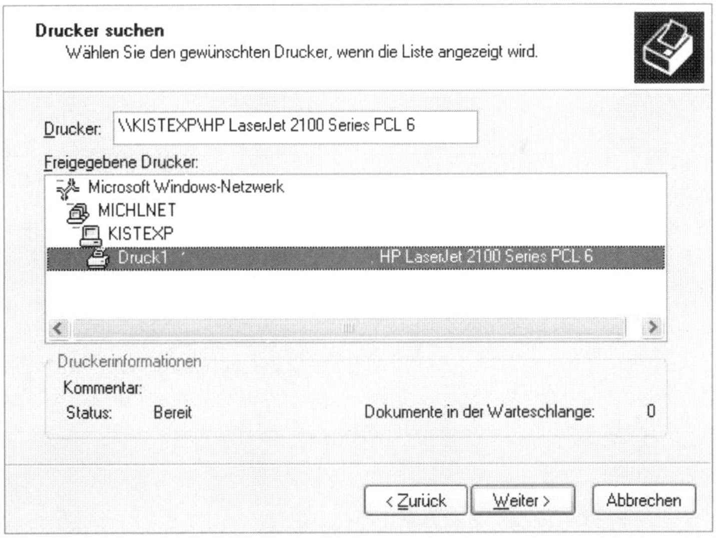

Bild 7.32: Der Drucker ist nur mit seinem konfigurierten Freigabenamen im Netz sichtbar.

5. Danach gibt der Assistent eine Warnmeldung aus: Ein Treiber für den Drucker ist notwendig. In diesem Dialog klicken Sie einfach auf *Ja*, alles Weitere geschieht dann automatisch, und der Treiber steht auch für den Rechner zur Verfügung.

   Erst wenn der Treiber für den Netzwerkdrucker übertragen ist, kann der Netzwerkdrucker auch an dem entsprechenden Rechner in Betrieb genommen werden.

6. Das war's: Nun ist der Drucker unter Windows XP installiert und kann verwendet werden. Der Druckerinstallations-Assistent verabschiedet sich mit einem Zusammenfassungsdialog. Mit dem Klick auf die Schaltfläche *Fertig stellen* schließen Sie den Vorgang ab.

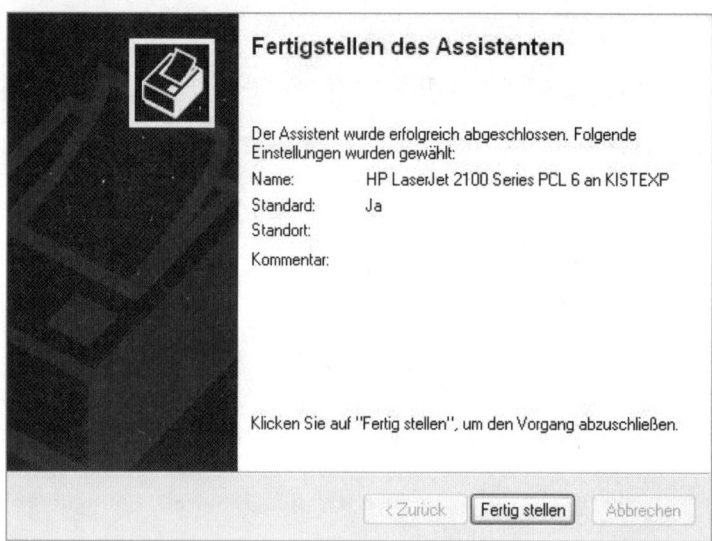

Bild 7.33: Ist der Netzwerkdrucker erfolgreich eingerichtet, fasst der Druckerinstallations-Assistent von Windows XP die Einstellungen nochmals übersichtlich zusammen.

7.6 Ältere Notebooks ins WLAN einbinden

Wer sein Notebook ohne Centrino-Chipsatz oder mit einem älteren WLAN-Chip schnell und einfach per WLAN mit dem Netzwerk verbinden will, kann mit einem USB-WLAN-Stick ganz einfach nachrüsten. Die gängigsten Geräte sind nur so groß wie ein USB-Speicherstick und 802.11g-kompatibel. Mit den gebräuchlichsten ist ein Datendurchsatz bis zu 54 MBit möglich, was für fast alles auch ausreicht.

Moderne USB-Sticks unterstützen herstellerspezifische Standards, mit denen noch höhere Datenübertragungsraten möglich sind – hier muss allerdings der WLAN-Router dieselbe Technologie mitbringen. Der USB-WLAN-Stick ist auch ideal, um einen Desktop-PC in ein WLAN zu integrieren. Der Stick ist zwar etwas teurer als eine Steckkarte, erspart aber das Öffnen samt Einbau und ist viel flexibler nutzbar.

Bild 7.34: Alternativ kann der USB-Stick auch an ein USB-Kabel angeschlossen werden, um mit dem Notebook besser hantieren zu können.

Der WLAN-Stick kann wie eine WLAN-Karte eine Reichweite von bis zu 100 Metern erreichen. Auf der Oberseite des Sticks sind zwei LEDs untergebracht, die über die Spannungsversorgung und eine funktionierende WLAN-Verbindung informieren. Egal ob WLAN-Stick, PCMCIA-Karte oder WLAN-PCI-Steckkarte – bevor eine Netzwerkverbindung hergestellt werden kann, muss der Treiber ordnungsgemäß installiert sein.

7.6.1 Treiberinstallation ganz ohne Konflikte

Abhängig vom Hersteller und von der WLAN-Karte ist die Herangehensweise für die Treiberinstallation unterschiedlich: Entweder wird zunächst der Treiber mit der dazugehörigen Software installiert und anschließend erst der WLAN-Adapter eingebaut bzw. eingesteckt oder umgekehrt. Diese Information finden Sie in der Dokumentation des Herstellers.

In der Regel ist zunächst der Treiber zu installieren und erst dann die Hardware einzubauen. Nachstehend wird dieses Verfahren unter Windows XP anhand der WLAN-Karte Netgear WG511T erklärt. Wer eine Karte eines anderen Herstellers besitzt, geht prinzipiell analog vor. Die meisten gängigen WLAN-Adapter, die für Windows 7 zertifiziert sind, brauchen keine explizite Treiberinstallation. Andernfalls geht die Treiberinstallation unter Windows 7 im Wesentlichen wie unter Windows XP vonstatten.

1. Zunächst legen Sie die Treiber-CD ein, die der WLAN-Karte beiliegt. Bei aktivierter Autorun-Funktion erscheint der Startdialog der CD, auf der Sie dann weitere Hinweise und Treiberinformationen erhalten

2. Klicken Sie auf den Link *Treiber installieren* – oft wird dieser Bereich auch *Dienstprogramme installieren* genannt. Im Fall der Netgear-Karte klicken Sie im englischsprachigen Dialog auf *Install Driver & Utility*.

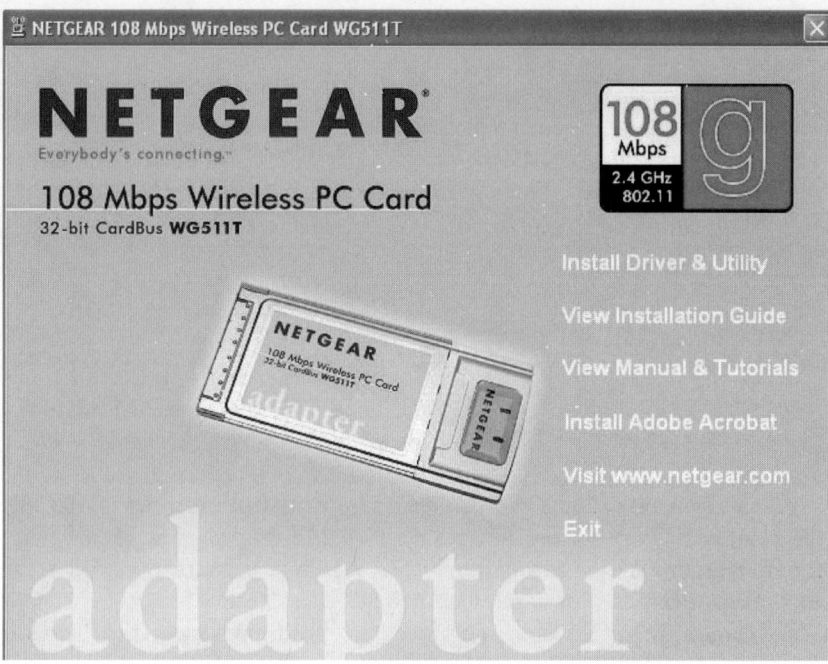

Bild 7.35: Nach dem Start der Installationsroutine erscheint der Begrüßungsdialog.

3. Nun erscheint die Lizenzvereinbarung. Dort sichert sich der Hersteller gegen etwaige Schäden und Schadensersatzansprüche ab. Für die Installation der Treiber müssen Sie sich damit einverstanden erklären. Dafür klicken Sie auf die Schaltfläche *Ja, Yes* oder *I agree.*

4. Anschließend legen Sie den Speicherpfad der Zusatzprogramme und Treibererweiterungsdateien fest. Die Installationsroutine bietet hier automatisch den *Programme-* Ordner des Systemlaufwerks an. Mit Klick auf Durchsuchen können Sie selbst einen Ablagepfad auswählen.

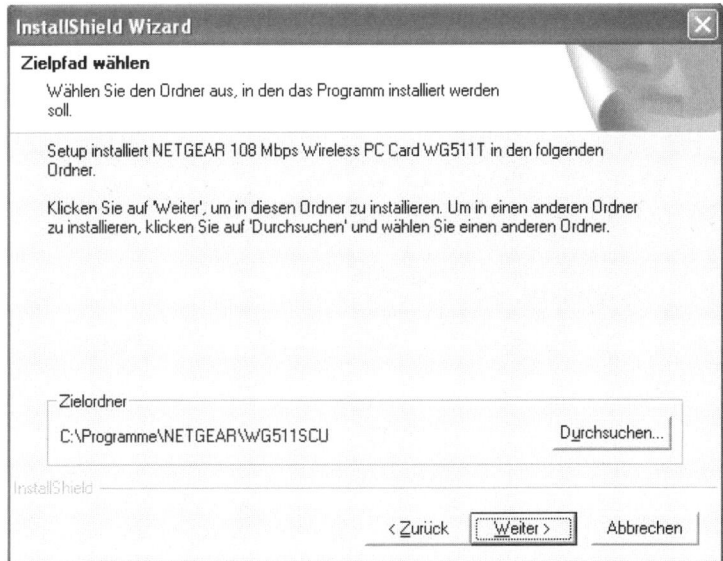

Bild 7.36: Der Standardprogrammordner ist meist auch der richtige: Klicken Sie hier auf *Weiter*, um mit der Installation fortzufahren.

5. Nun kann es losgehen. Der Windows XP-Hardware-Assistent meckert wegen der mangelnden Windows XP-Kompatibilität – bei Windows Vista kommt es darauf an, ob der Treiber schon Vista-tauglich ist oder nicht. Eine nach Beginn der Installation erscheinende Fehlermeldung *Die Software, die für diese Hardware installiert wird, hat den Windows-Logo-Test nicht bestanden, der die Kompatibilität mit Windows XP überprüft* kann mit der Schaltfläche *Installation fortsetzen* geschlossen werden.

6. Das ist nichts Außergewöhnliches: Hersteller von Hardware können ihre Treiber bei Microsoft auf Fehlerfreiheit und XP-Kompatibilität prüfen und zertifizieren lassen. Bei erfolgreichem Test erhält dieser Treiber das Zertifikat. Für den Hersteller ist dieses Verfahren sehr teuer und wird gern vermieden, deshalb ist der Anwender gezwungen, dieses Hinweisfenster wegzuklicken. Jetzt wählen Sie *Installation fortsetzen*, damit der Treiber in der Windows-Umgebung eingepflanzt werden kann.

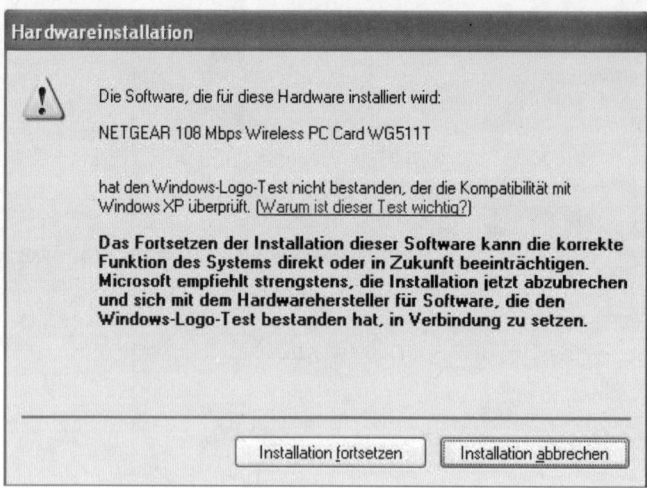

Bild 7.37: Microsoft warnt: Ist ein Treiber nicht von Microsoft zertifiziert, erscheint diese Meldung des Hardware-Assistenten.

7. Nun wird der Treiber installiert. Manche Hersteller, auch Netgear, setzen eine eigene WLAN-Access-Point-Konfigurationssoftware ein. Sie setzt voraus, dass der Windows-eigene WLAN-Konfigurationsassistent deaktiviert wird. Der Hersteller empfiehlt also, die Windows-Lösung zu deaktivieren.

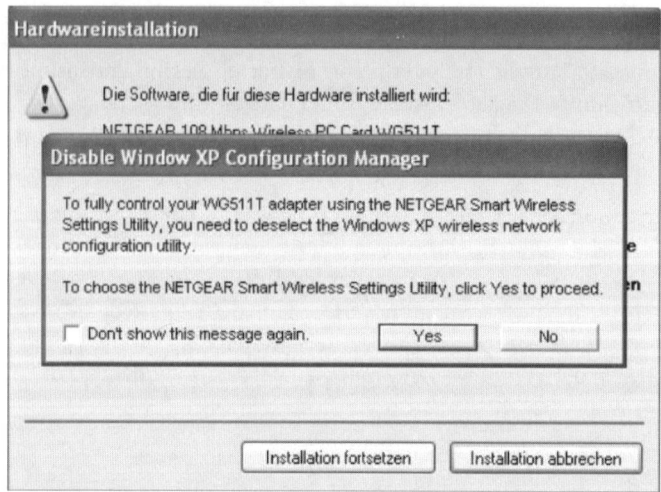

Bild 7.38: Per Mausklick schalten Sie den Windows-Konfigurations-manager für das WLAN aus.

8. Anschließend müssen Sie möglicherweise die Region auswählen, in der das WLAN zum Einsatz kommt. Dies kommt bei manchen Herstellern vor, die ihre Geräte weltweit vertreiben, und ist besonders wichtig, da abhängig von dem Standort die Funkfrequenz unterschiedlich ist. Ist die falsche WLAN-Region eingestellt, kommt keine Verbindung zu Ihrem DSL-WLAN-Router zustande.

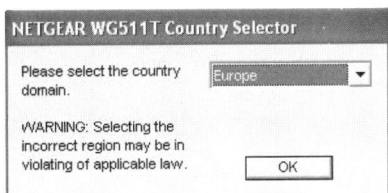

Bild 7.39: Vereintes Europa: Für Deutschland wählen Sie die Region *Europe* aus.

9. Nach dem Auswählen der Region erscheint bei der Netgear-Installation ein weiterer Hinweis, der besagt, dass das Einstellen einer falschen Region möglicherweise geltendes Recht verletzen könnte. Sind Sie sicher, dass die richtige Region ausgewählt worden ist, bestätigen Sie diesen Dialog mit einem Klick auf *Ja*.

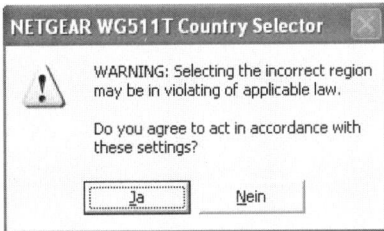

Bild 7.40: Warnung: Nur mit den richtigen Regionseinstellungen lässt sich eine WLAN-Karte zum ordnungsgemäßen Betrieb überreden.

10. Sind alle Grundeinstellungen vorgenommen und ist der Treiber installiert, schalten Sie den Rechner aus und bauen die WLAN-Karte bzw. stecken die PCMCIA-Karte ein. Nach dem Windows-Neustart steht die WLAN-Karte im *Geräte-Manager* der Systemsteuerung zur Verfügung.

11. Danach öffnen Sie die Systemsteuerung und klicken auf das Symbol *Netzwerkverbindungen*. Dort finden Sie nun eine *Drahtlose Netzwerkverbindung*, die Sie als neue WLAN-Verbindung einrichten können.

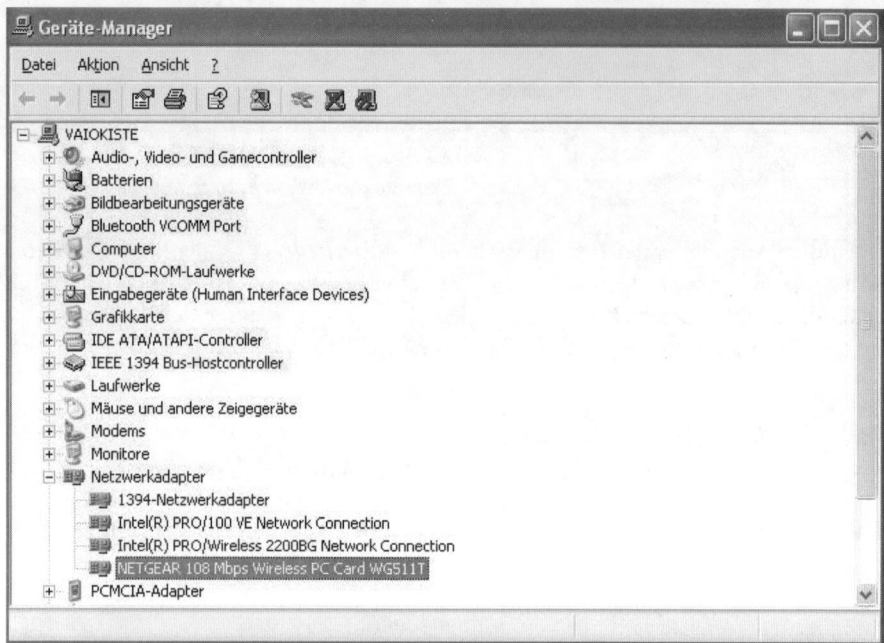

Bild 7.41: Eine perfekt installierte WLAN-Karte ist in der Systemsteuerung im *Geräte-Manager* im Bereich *Netzwerkadapter* untergebracht.

7.6.2   Festlegen der drahtlosen Netzwerkeigenschaften

Nach Abschluss der Treiberinstallation werden in Windows die drahtlosen Netzwerk-eigenschaften festgelegt.

1. Klicken Sie mit der rechten Maustaste auf das Symbol *Drahtlose Netzwerkverbindung* und wählen Sie im Kontextmenü *Eigenschaften* aus. Im *Eigenschaften*-Fenster wechseln Sie in das Register *Drahtlose Netzwerke*.

2. Nutzen Sie die Windows-eigene WLAN-Unterstützung, aktivieren Sie den Eintrag *Windows zum Konfigurieren der Einstellungen verwenden*, indem Sie ein Häkchen setzen. Andernfalls verwenden Sie die herstellerspezifische Software. Im Fall der Windows-WLAN-Lösung klicken Sie auf die Schaltfläche *Hinzufügen*, und ein neuer Dialog erscheint.

Bild 7.42: Die Standardeinstellungen für die SSID müssen angepasst werden. Die Eingabe muss zwingend mit der SSID des WLAN-Routers übereinstimmen.

3. Dort geben Sie den Namen des drahtlosen Netzwerks ein. Diese SSID (Service Set Identifier) haben Sie bereits bei der Konfiguration des WLAN-Routers festgelegt. Haben Sie die SSID-Rundumsendung deaktiviert, muss die Schreibweise exakt mit diesem konfigurierten SSID-Namen übereinstimmen, da sonst die WLAN-Karte den DSL-WLAN-Router nicht finden kann.

Klappt es nicht auf Anhieb, können Sie auch testweise die SSID-Rundumsendung für die Erstinstallation der WLAN-Karte einschalten, um zu testen, ob das eingerichtete WLAN überhaupt in ihrer Umgebung sichtbar ist.

4. Aus Sicherheitsgründen haben Sie bereits bei der WLAN-Router-Konfiguration einen persönlichen, möglichst komplizierten Namen festgelegt. Den Standardnamen des Hardwareherstellers (FRITZ!Box, WLAN, NETGEAR, ROUTER o. Ä.) haben Sie ja bei der Router-Konfiguration bereits geändert.

Bei aktivierter Verschlüsselung müssen Sie zudem die richtige Verschlüsselungstechnik samt passendem Netzwerkschlüssel eingeben. Haben Sie in Ihrem DSL-WLAN-Router keine Verschlüsselung und keine Sicherheitsmechanismen aktiviert, können Sie das verfügbare Netzwerk sofort nutzen – das ist jedoch aus Sicherheitsgründen nicht zu empfehlen.

Deshalb noch mal in aller Deutlichkeit: Ein heimisches WLAN sollte immer mit aktivierter Verschlüsselung betrieben werden. Klicken Sie auf *OK*, wenn Sie die Eintragungen vorgenommen haben.

5. Hat die WLAN-Karte Ihr verborgenes Netzwerk gefunden – in der Taskleiste erhalten Sie die Meldung *Verbindung zum [Ihr SSID-Name] hergestellt* –, müssen Sie nichts weiter tun. Wird Ihr Netzwerk angezeigt (keine SSID-Unterdrückung), klicken Sie es an und danach auf *Hinzufügen*. Anschließend ist es unter *Bevorzugte Netzwerke* abgespeichert.

Bild 7.43: Im Bereich *Verfügbare Netzwerke* werden sämtliche WLAN-Router in der näheren Umgebung angezeigt. In diesem Beispiel steht nur das Netzwerk mit dem SSID-Namen WLAN zur Verfügung.

6. In der Taskleiste erscheint nach dem Klick auf *OK* die Bestätigung, dass der Rechner nun mit dem WLAN-Router in Kontakt steht. Bei aktivierter Verschlüsselung geben Sie zusätzlich das konfigurierte Passwort für den Zugriff auf den WLAN-Router ein.

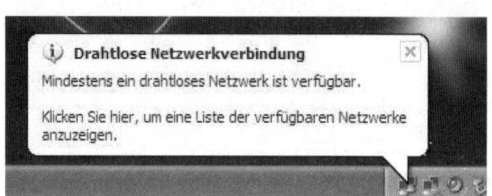

Bild 7.44: Wird von Windows eine drahtlose Netzwerkverbindung gefunden, wird sie in der Taskleiste gemeldet.

7.6.3 Herstellerspezifische Software als Windows-Alternative

Beim Einsatz der herstellerspezifischen Software nutzen Sie den Konfigurationsassistenten des Herstellers. Nach dem Start werden die Einstellungen der Netzwerkkarte angezeigt. Dort werden, ähnlich wie bei der Windows-eigenen Lösung, die verfügbaren WLAN-Netzwerke aufgeführt.

Bild 7.45: Bei einer Netgear-Karte werden im Bereich *Network Name (SSID)* die verfügbaren WLAN-Netzwerke angezeigt. Haben Sie die SSID-Rundumsendung eingeschaltet, wählen Sie Ihren WLAN-Router aus. Ansonsten ist die SSID über die Advanced Settings einzutragen.

Im Register *Networks* finden Sie zu den verfügbaren WLAN-Netzwerken die entsprechenden Netzwerkparameter. So ist beispielsweise in der Spalte *Security* zu sehen, ob eine Verschlüsselung aktiv ist oder nicht. Aus Sicherheitsgründen und zum Schutz vor Schwarzsurfern sollten Sie unbedingt sämtliche Sicherheitsmechanismen nutzen, die verfügbar sind.

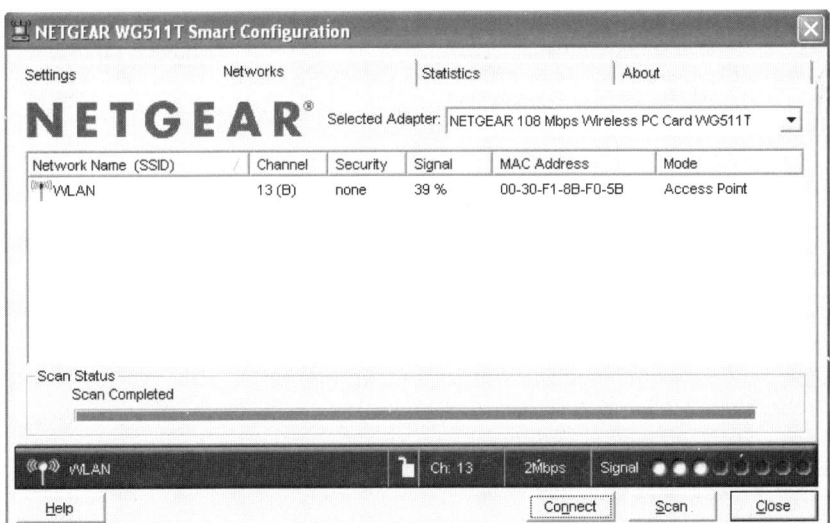

Bild 7.46: Alles im grünen Bereich: Im unteren Teil des Fensters wird die Signalstärke der WLAN-Verbindung angezeigt.

7.6.4 Sicherheitseinstellungen scharf machen

Nutzen Sie sämtliche Sicherheitsmechanismen, die der WLAN-Router und die WLAN-Karte bieten. Besonders wichtig ist das beim erstmaligen Einrichten des WLAN-Routers. Hier haben Sie nicht den WLAN-Anschluss verwendet, sondern das normale Netzwerkkabel, wie im Abschnitt zur WLAN-Router-Konfiguration beschrieben.

War die erste Verbindung mit dem WLAN-Router erfolgreich, sollten Sie die Sicherheitsmechanismen beim WLAN-Router scharf machen. Ist die Verschlüsselung (am besten WPA2, sonst WPA-PSK und im schlechtesten Fall WEP) im WLAN-Router aktiviert, müssen Sie die WLAN-Karte entsprechend konfigurieren. Dann verlangt der WLAN-Router eine Authentifizierung des angemeldeten Clientrechners.

Wenn Sie die Rundsendung der SSID nicht deaktivieren, ist zwar zu sehen, dass ein WLAN zur Verfügung steht, es muss jedoch ein Passwort angegeben werden, um sich mit dem WLAN-Router verbinden zu können. Ohne Rundsendung sehen Sie das Netz nicht einmal. Ist die Verschlüsselung aktiviert, ist der Grundstein dafür gelegt, dass keine Fremden über Ihren WLAN-Router Unfug anstellen können.

Bild 7.47: Beim Herstellen der Verbindung mit Ihrem WLAN-Router wird bei aktiver WEP-Verschlüsselung der Netzwerkschlüssel, also das WEP-Passwort, benötigt. Hier aktivieren Sie Ihr WLAN und tragen die Zeichenfolge des Schlüssels in die beiden Eingabefelder *Netzwerkschlüssel* und *Netzwerkschlüssel bestätigen* ein.

Wählen Sie die Eigenschaften der drahtlosen Netzwerkverbindung aus, werden sämtliche verfügbaren Netzwerke in der näheren Umgebung gefunden. Diese werden durch ihren SSID-Namen angezeigt und sind anschließend in der Auswahlliste zu finden.

Hier wählen Sie Ihren WLAN-Router aus, den Sie zuvor mit einer persönlichen SSID konfiguriert haben – wird die SSID vom Router nicht übertragen, geben Sie diese über die Schaltfläche Erweitert an. Anschließend klicken Sie auf die Schaltfläche *Verbinden*.

Nun dauert es einen kurzen Augenblick, bis sich Windows XP ins WLAN eingeloggt hat. Ist die WLAN-Karte korrekt installiert, wird im Windows-Statusbereich ein Netzwerkverbindungssymbol angezeigt. Dort ist ein Hinweisfenster zu sehen, das Sie darüber informiert, dass ein neues Funknetz gefunden wurde.

Wenn Sie mit der Maus über diesen Hinweis fahren, öffnet sich ein Dialogfenster, in dem die verfügbaren Funknetze angezeigt werden. Mit einem Klick auf *Eigenschaften* können die Einstellungen nochmals überprüft werden:

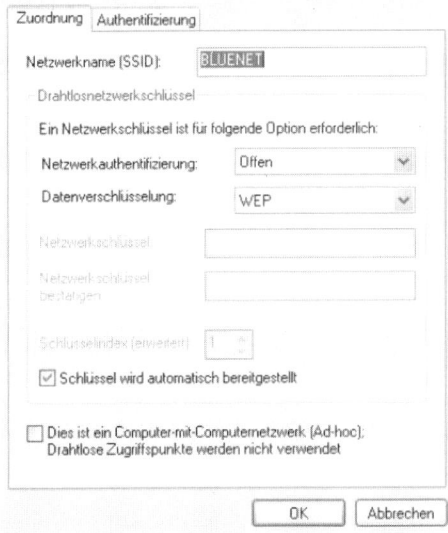

Bild 7.48: So ist es richtig: Ist die Datenverschlüsselung aktiv, haben Sie lästige Mitsurfer ausgesperrt. In diesem Dialog ist als Datenverschlüsselung WEP ausgewählt – das ist die »Mindest-Verschlüsselung«, die sowohl WLAN-Karte als auch DSL-Router unterstützen müssen.

Die Konfiguration des Netzwerks ist abgeschlossen und steht auch nach einem Neustart wieder zur Verfügung.

7.7 Ausflug in die Client-Server-Welt

Grundsätzlich steht jeder, der Daten über ein Netzwerk schicken möchte, vor der Frage, wie das Netzwerk aufgebaut sein soll. Im Industriebereich gibt es da keine Diskussion, hier wird grundsätzlich eine Serverlösung vorgesehen. Das bedeutet, dass ein oder mehrere Rechner ausgewählte Aufgaben für alle am Netz angeschlossenen Rechner übernehmen, also Daten bereitstellen (Dateiserver), Druckaufträge abwickeln (Druckserver), Internetseiten bereitstellen (Internetserver) oder den Mailverkehr organisieren (Mailserver). Je nach Umfang dieser Aufgaben sind die Rechner entsprechend dimensioniert.

An diesen Servern hängen sogenannte Clients, die die bereitgestellten Dienste nutzen. Im Computersprachgebrauch spricht man von Client-Server-Systemen. In einem solchen Umfeld spielen dann auch Aspekte wie die Benutzerverwaltung und die Rechtevergabe – »Wer darf was mit welchen Daten machen?« – eine wesentliche Rolle. Schließlich soll nicht jeder die Daten der Buchhaltung einsehen können oder den teuren Farbdrucker der Werbeabteilung zur Ausgabe gescannter CD-/DVD-Cover verwenden. Für große Netze werden daher ausgeklügelte Administrationsmöglichkeiten und Netzwerkmanagementprogramme eingesetzt, um das Client-Server-System in schnellen und geordneten Bahnen zu halten.

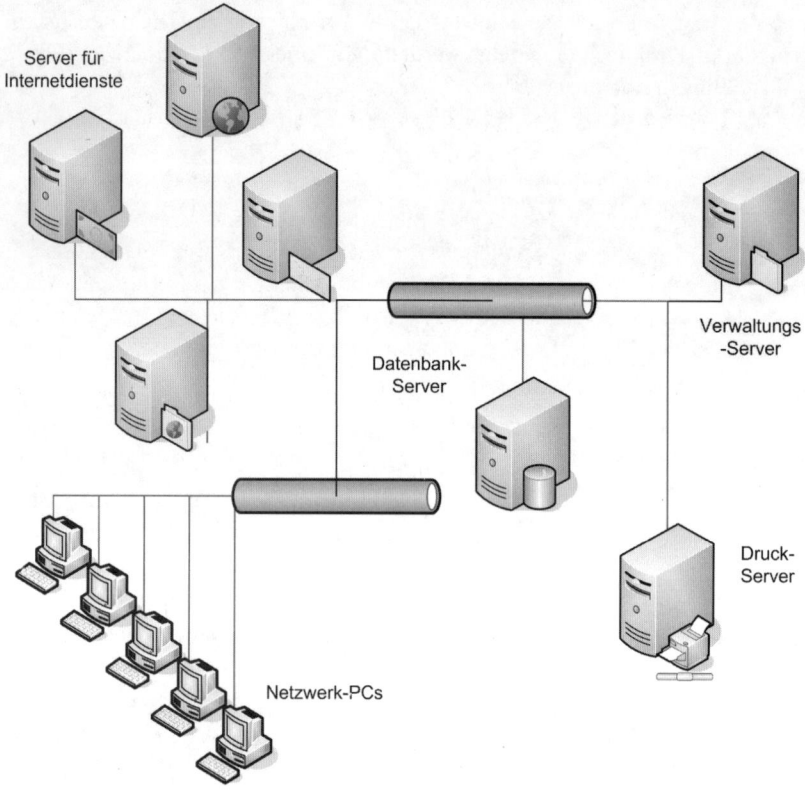

Bild 7.49: Typischer Aufbau eines Servernetzwerks.

Für die Verteilung der Daten im größeren Netzwerken waren ursprünglich sogenannte Hubs zuständig, die die Daten komplett an alle angeschlossenen Systeme verteilten. Mit immer größer werdenden Netzen wurde die Belastung durch den ungeordneten Datenverkehr so hoch, dass eine Alternative entwickelt werden musste, der Switch. Jetzt war es möglich, die Daten gezielt zu verteilen und die Netzbelastung in Grenzen zu halten. Der Switch ersetzte den Hub nahezu überall.

Ein Hub ist bei geringem Datenvolumen, das im Netz übertragen wird, eine einfache Lösung. Er agiert wie ein Bote, der bei jeder Postverteilung grundsätzlich alle Büros aufsucht und dann prüft, ob er etwas dabeihat. Kein Problem, solange es nur ein paar Briefe oder Faxe sind. Steigt aber die Briefmenge, braucht er zu lange bzw. werden zu viele Leute bei der Arbeit gestört.

Der Switch ist cleverer: Er schaut vorher auf das Namensschild und die Adressierung und besucht nur die Büros, für die er etwas hat. Selbst bei großen Mengen spart das Zeit. Für den Übergang von einem Netz zum nächsten wurde das Konzept des Switchs, also des partiell intelligenten Lastverteilers, noch einmal erweitert, der Router kam hinzu. Er wickelt alle Aufträge ab, die von den Clients an ein anderes Netz geschickt werden. Ob es sich beim adressierten Netz um ein weiteres Unternehmensnetz handelt oder um das Internet, spielt keine Rolle.

8 Datenaustausch mit FTP

Windows XP, Windows Vista und Windows 7 bieten von Haus aus keine Serverdienste und Programme an, mit denen Sie bequem Daten, Musik, Videos und vieles mehr im heimischen Netz und auch im Internet für Freunde und Bekannte zur Verfügung stellen können. In der Vergangenheit war dafür ein Extrarechner mit installiertem Linux oder ein gemieteter Server notwendig, der permanent im Netz zur Verfügung steht.

Der ganze Aufwand mit zusätzlichem Rechner und Linux muss aber nicht sein. Mithilfe einer dynamischen IP-Adresse machen Sie Ihren Windows-Rechner im Internet bekannt, und mit einem Freeware-FTP-Server stellen Sie die Daten im Netz oder im Internet zu Verfügung.

Das Beste: Mit der integrierten Benutzerverwaltung schränken Sie den Zugriff auf den FTP-Server ein, so können Sie für bestimmte Personen nur lesenden Zugriff erlauben und anderen Schreibrechte für das FTP-Verzeichnis vergeben, damit Sie auch von anderen schnell Daten empfangen können. Beim Einrichten einer solchen Lösung gehen Sie grundsätzlich folgendermaßen vor:

- Dynamic-DNS-Adresse einrichten.

- Dynamic-DNS-Client installieren und konfigurieren, falls der DSL-Router keinen DynDNS-Mechanismus unterstützt.

- FTP-Server installieren und konfigurieren.

- Benutzer und Benutzergruppen einrichten.

- Verzeichnisse für FTP-Server freigeben.

Lesen Sie nun, was Dynamic DNS ist, wofür es benötigt wird und wie Sie einen kostenlosen Anbieter wie DynDNS installieren und konfigurieren.

8.1   Ohne Dynamic DNS läuft nichts

Jedes Mal, wenn Sie sich in das Internet einloggen, bekommt Ihr PC automatisch vom Provider eine IP-Adresse zugeteilt. TCP und IP sind die wichtigsten Protokolle, die für die Kommunikation zwischen Rechnern möglich sind. Es gibt jedoch auch weitere Protokolle wie beispielsweise FTP, mit denen Sie beim Lesen dieses Buchs in Berührung kommen. TCP/IP kommt in einem Netzwerk zum Einsatz, und jeder Computer, der in einem Netzwerk TCP/IP nutzen möchte, braucht eine IP-Adresse. Diese IP-Adresse lautet bei jeder Einwahl anders – sie stammt aus einem IP-Adressenpool, den der Provider reserviert hat.

Mit einem Klick mit der rechten Maustaste auf das Symbol *Netzwerkumgebung* rufen Sie das Kontextmenü der Verbindung auf. Im Register *Allgemein* kommen Sie mit einem

Klick auf *Eigenschaften* an die TCP/IP-Einstellungen der Netzwerkkarte. Dort steht meistens: *IP-Adresse automatisch beziehen* und *DNS-Serveradresse automatisch beziehen.*

```
Ethernetadapter LAN-Verbindung 8:

        Verbindungsspezifisches DNS-Suffix:
        Beschreibung. . . . . . . . . . . : 3Com EtherLink XL 10/100 PCI-TX-NIC (3C905B-TX) #3
        Physikalische Adresse . . . . . . : 00-01-02-0D-5B-59
        DHCP aktiviert. . . . . . . . . . : Nein
        IP-Adresse. . . . . . . . . . . . : 192.168.123.174
        Subnetzmaske. . . . . . . . . . . : 255.255.255.0
        Standardgateway . . . . . . . . . : 192.168.123.199
        DNS-Server. . . . . . . . . . . . : 192.168.123.199

C:\>ipconfig /all
```

Bild 8.1: Mit dem Befehl *ipconfig /all* können Sie in einem MS-DOS-Eingabefenster unter Windows die vom Provider zugeteilte IP-Adresse erfahren.

Mit dem Befehl *ipconfig /all* erfahren Sie im MS-DOS-Eingabefenster die aktuelle IP- und DNS-Serveradresse Ihres Rechners. Eine DNS-Serveradresse ist notwendig, um überhaupt im Internet surfen zu können. Nur mit DNS weiß der Rechner, welche zugehörige IP-Adresse beispielsweise der Name *www.franzis.de* besitzt. Der DNS-Server des Internetanbieters löst den Namen in einer IP-Adresse auf und leitet die Anfrage an den entsprechenden Rechner weiter. Dank der DNS-Technik funktioniert das alles automatisch, und Sie brauchen sich keine komplizierten IP-Adressen zu merken. Ist die IP-Adresse eines Rechners bekannt, ist dieser eindeutig identifizierbar.

Möchte jemand auf Ihren Rechner zugreifen, etwa weil Sie einem Bekannten Dokumente oder Musik zur Verfügung stellen möchten, benötigt dieser die IP-Adresse Ihres Rechners. Genau diese IP-Adresse ist abhängig von der Internetverbindung und ändert sich bei jedem Einloggen ins Netz, da Sie keine Standleitung und keine feste IP-Adresse haben.

Bei einem DSL-Router schauen Sie einfach in das Statusfenster auf den DSL-Router-Konfigurationsseiten – hier ist die aktuelle Internet-IP-Adresse zu sehen. Der Anbieter teilt Ihrem PC bei jeder neuen Einwahl eine IP-Adresse aus seinem Adresspool zu, und Ihre Bekannten müssen nochmals bei Ihnen die aktuelle IP-Adresse nachfragen, wenn sie von Ihnen Musik und Daten oder anderes laden wollen. Damit Ihre Bekannten Sie nicht täglich belästigen müssen, können Sie mit dem dynamischen DNS Ihrem Rechner einen individuellen, festen Domain-Namen zuweisen, auch wenn dieser keine feste IP-Adresse im Internet besitzt.

8.1.1 Namen statt Zahlen

Der Vorteil von DNS ist, dass Sie den Computer auch über seinen Namen ansprechen können. Es ist einfacher, statt einer IP-Adresse wie *http://192.168.123.1* die Adresse *http://IHRDOMAINNAME.dyndns.org* einzutippen. Man kann sich nämlich Namen leichter merken als Zahlen bzw. IP-Adressen. Für das dynamische DNS gibt es verschiedene Anbieter, die ihre Dienste zum Teil kostenlos anbieten.

```
C:\>ping www.franzis.de

Ping www.franzis.de [80.237.189.137] mit 32 Bytes Daten:

Antwort von 80.237.189.137: Bytes=32 Zeit=37ms TTL=54
Antwort von 80.237.189.137: Bytes=32 Zeit=37ms TTL=54
Antwort von 80.237.189.137: Bytes=32 Zeit=37ms TTL=54
Antwort von 80.237.189.137: Bytes=32 Zeit=36ms TTL=54

Ping-Statistik für 80.237.189.137:
    Pakete: Gesendet = 4, Empfangen = 4, Verloren = 0 (0% Verlust),
Ca. Zeitangaben in Millisek.:
    Minimum = 36ms, Maximum = 37ms, Mittelwert = 36ms

C:\>
```

Bild 8.2: Mit dem Befehl *ping DNS-Name* finden Sie die IP-Adresse eines DNS-Namens heraus. In diesem Beispiel lautet die IP-Adresse für *www.franzis.de* 80.237.189.137.

Geben Sie beispielsweise *http://IHRDOMAINNAME.dyndns.org* in die Adressleiste des Webbrowsers ein, erkennt dieser mittels des http-Kürzels, dass er das HTTP-Protokoll verwenden muss. Der doppelte Schrägstrich // bedeutet, dass es sich um eine absolute URL handelt. Mit der URL *IHRDOMAINNAME.dyndns.org* wird ein Kontakt zu dem DNS-Server Ihres ISP (Internet Service Provider) hergestellt. Damit wird dieser DNS-Name in eine IP-Adresse umgewandelt.

Neben DynDNS gibt es noch weitere Anbieter, die eine solche Funktionalität zur Verfügung stellen. Drei typische, kostenlose sind die in der folgenden Tabelle aufgeführten. Die Vorgehensweise ist im Prinzip immer die gleiche, für welchen Sie sich entscheiden, bleibt Ihnen überlassen.

Anbieter (kostenlos)	
no-ip.com	www.no-ip.com
DynDNS	www.dyndns.org
Open DNS Belgien	www.opendns.be

Egal für welchen Anbieter Sie sich entscheiden, die nachstehende Prozedur des Registrierens und Einrichtens sowie die Konfiguration des Clients bleiben Ihnen nicht erspart. Anhand des Anbieters DynDNS finden Sie hier die notwendigen Schritte im Detail, bei anderen Anbietern läuft dies analog ab.

Bei DynDNS können Sie nach der Anmeldung über den Menüpunkt *Dynamic DNS* kostenlos bis zu fünf Subdomain-Adressen anlegen. Als Domain-Erweiterung stehen diverse Namen wie *dyndns.org, dnsalias.net, homeftp.net* und viele mehr zur Verfügung.

Ihr eigener PC zu Hause wäre dann zum Beispiel unter der Webadresse IHRDOMAINNAME.dyndns.org im Internet zu erreichen. Für den privaten Anwender reicht das aus. Wer mehr haben möchte, muss Geld bezahlen. Dafür können Sie einen »echten« Domain-Namen ohne Erweiterung wie dyndns.org mit der wechselnden IP-Adresse verbinden.

8.1.2 Dynamische DNS-Adresse einrichten

Egal ob DynDNS, no-ip.com oder andere – das Einrichten einer dynamischen DNS-Adresse erfolgt prinzipiell immer nach folgendem Schema:

- Account anlegen, Domain reservieren.

- Domain aktivieren und bestätigen.

- DNS-Update-Client installieren.

- DNS-Update-Client einrichten.

DynDNS-Webseite aufrufen

Bild 8.3: Gehen Sie auf *www.dyndns.org* und klicken Sie auf *Account*, um einen neuen Zugang einzurichten.

Account einrichten und Geschäftsbedingungen lesen

Mit dem Klick auf *Create Account* gelangen Sie zum Onlineregistrierungsformular.

Bild 8.4: Zunächst wählen Sie einen aussagekräftigen Benutzernamen aus und geben sowohl eine Mailadresse als auch ein Passwort an.

Mit einem Klick auf *Create Account* schließen Sie die Registrierung ab.

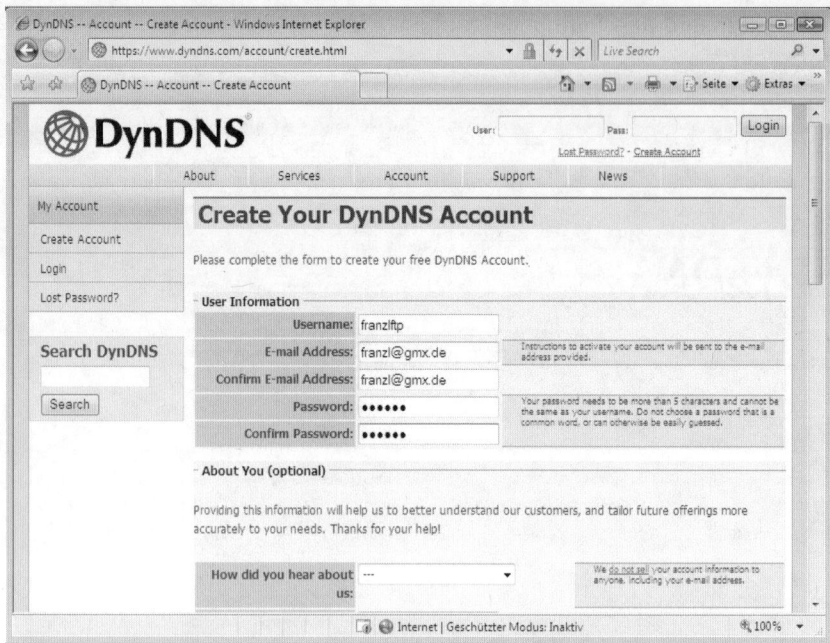

Bild 8.5: Damit niemand mit dem eingerichteten Zugang Unsinn anstellt, ist dieser mit einem Passwort geschützt. Dieses ist dafür hier festzulegen.

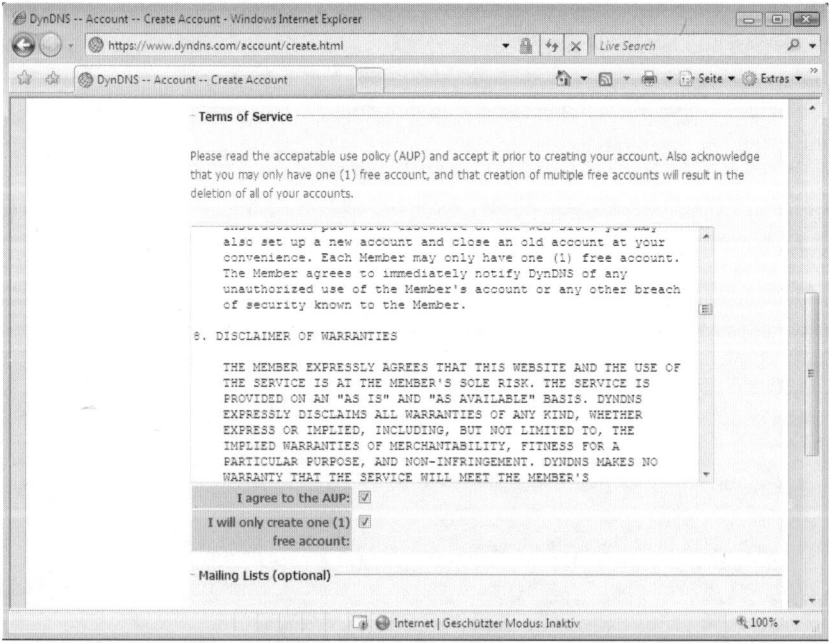

Bild 8.6: Nach dem Lesen willigen Sie mit dem Setzen des Häkchens in die Geschäftsbedingungen ein. Hier schließt der Anbieter Haftungsansprüche bezüglich der Inhalte, die Sie zur Verfügung stellen, aus. Sie sind selbst für die Inhalte Ihrer Internetseiten verantwortlich.

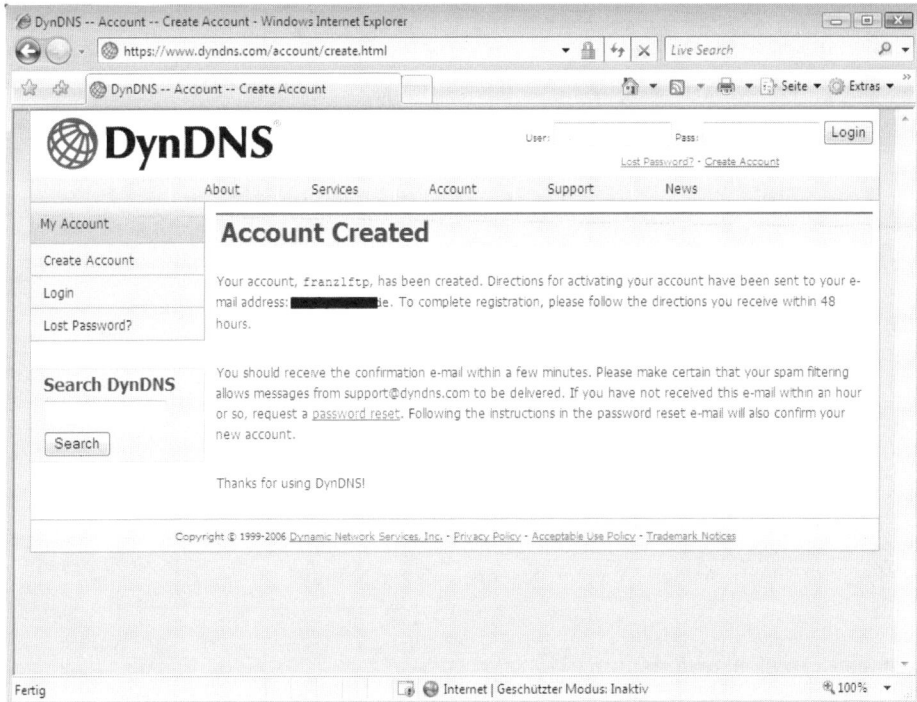

Bild 8.7: Nun beginnen die Mühlen beim Anbieter zu mahlen. Der Account wird eingerichtet, muss aber noch von Ihnen bestätigt werden. Der Anbieter schickt die Freischaltung und weitere Informationen auf den persönlichen Mail-Account.

Nach kurzer Zeit erhalten Sie eine E-Mail vom Anbieter. Sie werden gebeten, den erstellten Account zu bestätigen. Dies bewerkstelligen Sie mit einem einfachen Klick auf die Rückantwortadresse, die in der E-Mail unter *confirm your account* zu finden ist.

Account bestätigen und aktivieren

Der DNS-Name, den Sie jetzt festlegen, wird Ihr Internet-Domain-Name, der mit der Endung *dyndns.org* komplettiert wird. Per *Account* und *Login* kommen Sie an die persönlichen Einstellungen. Über *My Services/My Hosts/Dynamic DNS/New Dynamic DNS Host* tragen Sie den Namen der gewünschten Domain ein.

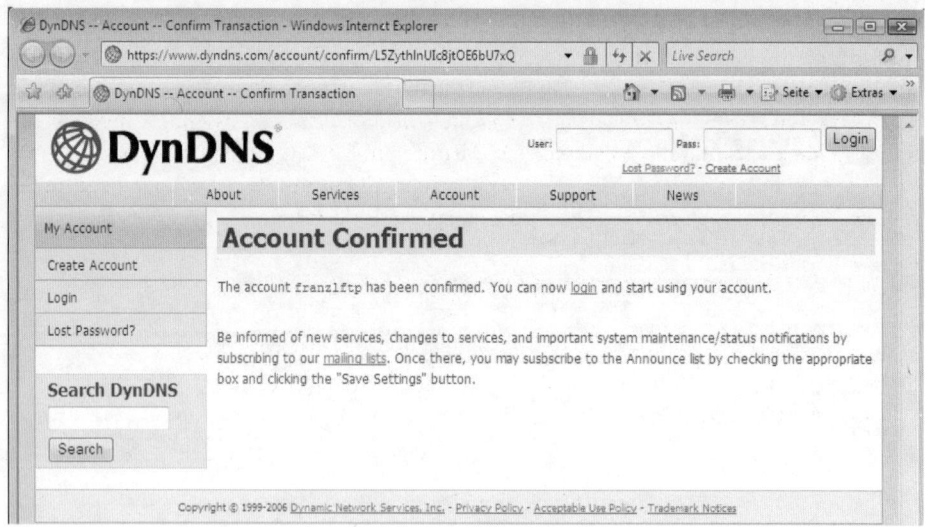

Bild 8.8: Nun loggen Sie sich bei DynDNS ein und erstellen einen DNS-Namen. Hier können Sie kreativ sein: Verwenden Sie einen aussagekräftigen Namen.

Domain-Namen auswählen

Anschließend wählen Sie den Domain-Namen (hier *dyndns.org*) Ihrer Wahl aus. Das war's. Per Klick auf *Add Host* ist Ihre dynamische Domain im Internet aktiv. Jetzt brauchen Sie nur noch einen Mechanismus für das Übermitteln Ihrer IP-Adresse an den Anbieter.

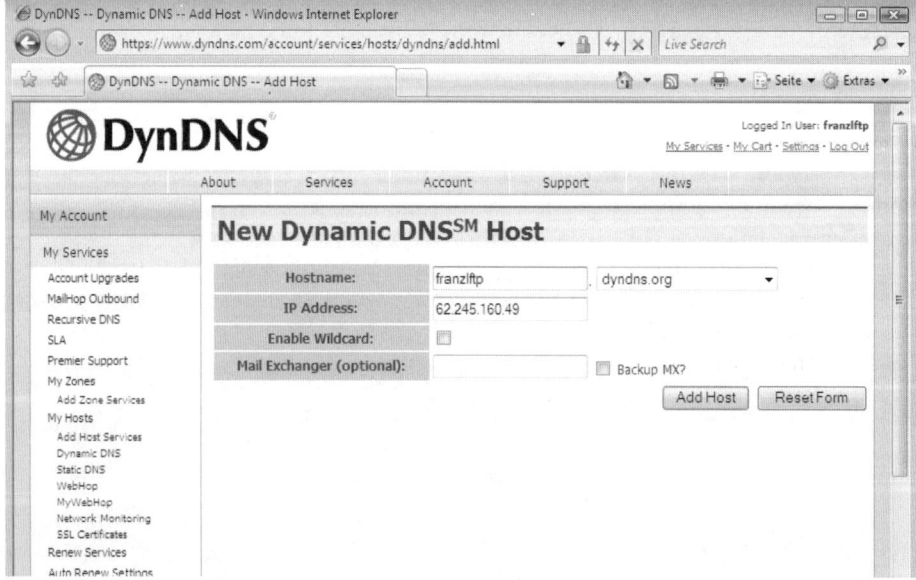

Bild 8.9: In das Feld Hostname tragen Sie den gewünschten DNS-Namen für Ihren PC ein. Daneben wählen Sie die gewünschte Domain aus.

Client konfigurieren und Verbindungsdaten eintragen

Ändert sich die IP-Adresse, sollte der heimische Rechner die neue IP-Adresse dem DNS-Anbieter automatisch mitteilen. Dies geschieht über einen Agenten, der im Hintergrund läuft. Unter *www.dyndns.org/services/dyndns/clients.html* ist der passende Client für das Betriebssystem zu finden. Wer einen DSL-Router mit entsprechender DynDNS-Funktionalität im Einsatz hat, braucht natürlich keinen Client auf dem Rechner zu installieren. Hier übernimmt der DSL-Router die entsprechende Arbeit.

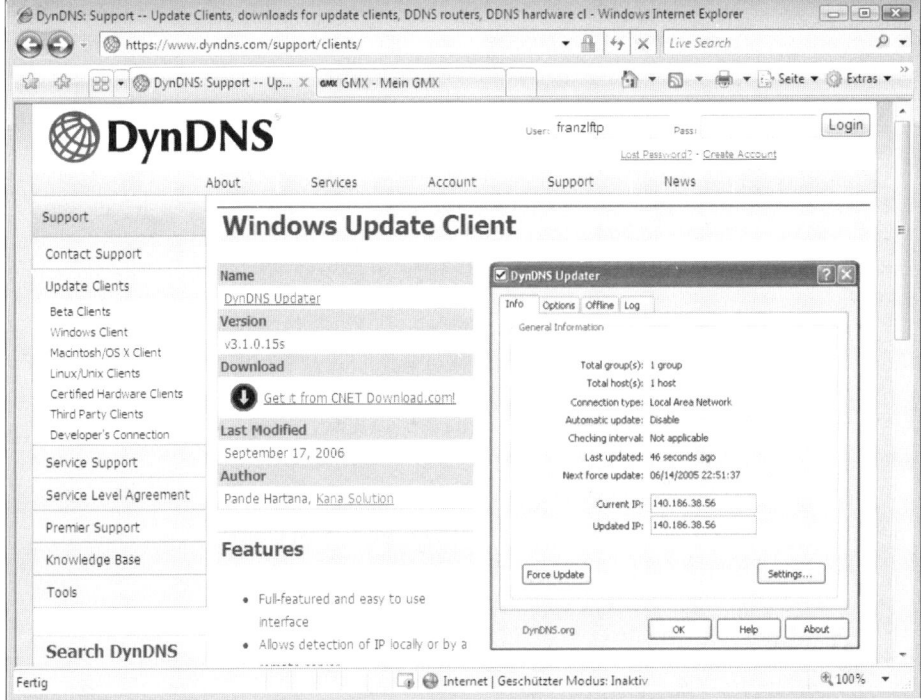

Bild 8.10: Nach dem Entpacken der Datei ist der Client zu installieren. Im Fall der Installation des DirectUpdater-Clients klicken Sie so lange auf *Next*, bis die Installation abgeschlossen ist. Die Standardeinstellungen sollten auf Anhieb funktionieren.

Nach der Installation nistet sich der DynDNS-Client in der Taskleiste als Dienst ein. Mit der rechten Maustaste wählen Sie *Launch Admin now* und passen die Verbindungsdaten für DynDNS an. Klicken Sie anschließend im Register *Status* auf *Create*. Zunächst ist der Anbieter (hier DynDNS »Dynamic«) auszuwählen, dann werden Domain-Name und Account sowie das Passwort dafür eingetragen.

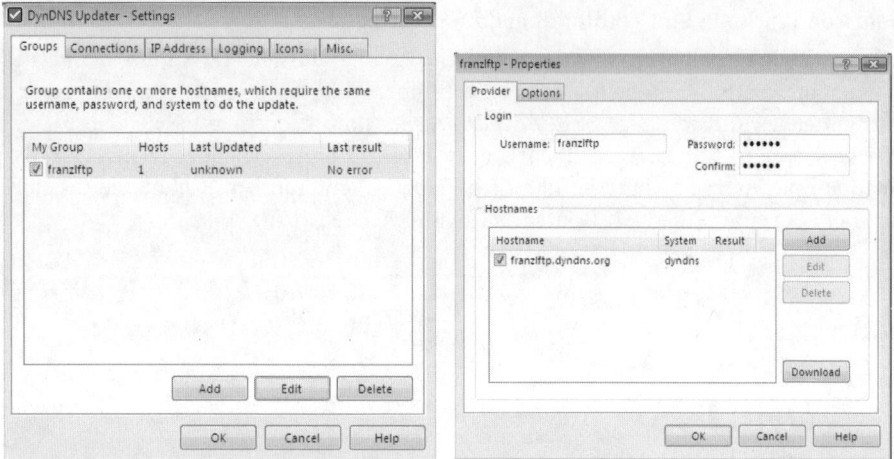

Bild 8.11: Klicken Sie auf *Edit* und überprüfen Sie die Einstellungen des Hostnamens und des Passworts. Sind diese Informationen korrekt eingetragen, übermittelt der PC in regelmäßigen Abständen die aktuelle IP-Adresse an den DynDNS-Server.

Mit einem Ping (*ping IHRDOMAINNAME.dyndns.org*) im DOS-Fenster können Sie das Ergebnis überprüfen. Liefert der ping-Befehl eine Antwort samt IP-Adresse zurück, ist alles in Ordnung. Falls nicht, zeigt Ping die Fehlermeldung *Zielhost nicht erreichbar*. In diesem Fall ist zu prüfen, ob der Agent die IP-Adresse übermittelt hat. Im Register *Logging* erhalten Sie in der Log-Datei des Agenten Informationen darüber.

8.2 FTP-Server Marke Eigenbau

Spätestens mit dem neuen Urheberrecht ist das Anbieten und Herunterladen von Dateien nicht nur eine kritische, sondern auch eine möglicherweise strafrechtlich relevante Angelegenheit geworden. Doch auf das Tauschen von urheberrechtlich unbedenklichen Daten und dergleichen mit Freunden oder der Familie brauchen Sie deswegen nicht zu verzichten. Hier gibt es Möglichkeiten, nur befugte und autorisierte User an einem bestimmten Datenpool teilhaben zu lassen. So können Sie beispielsweise von Ihrem Arbeitsplatz aus ganz bequem auf die Musikstücke auf Ihrem eigenen persönlichen Internetserver zugreifen. Mit einem FTP-Server und einer Benutzer- und Rechtestruktur können Sie ganz genau einstellen, wer was herunterladen oder gar auf Ihren Rechner hochladen darf.

8.2.1 CesarFTP: die starke Freewarelösung

Es gibt Tausende von FTP-Servern im Internet. Mit einem FTP-Server auf Ihrem Rechner gehören Sie dazu. Die Freeware CesarFTP ist ein ganz einfach einzurichtender FTP-Server. Auch wer mit der englischen Sprache auf Kriegsfuß steht, kann unbesorgt weiterlesen: CesarFTP ist zwar auf Englisch, aber durchgängig leicht bedienbar. Damit können Sie Dateien, Musik, Videos und vieles mehr für andere zur Verfügung stellen und zum Download anbieten. Zusätzlich können die Besucher Dateien hochladen und auf Ihrem Rechner ablegen, vorausgesetzt, es ist ihnen erlaubt. Besonders interessant: Es können verschiedene Benutzergruppen angelegt werden, damit nicht alle, die sich auf Ihrem FTP-Server einloggen, die gleichen Rechte haben.

Mit detaillierten Einstellungen und dem leistungsfähigen virtuellen Dateisystem legen Sie selbst fest, was welcher Besucher in welchem Ordner sehen, laden, verändern oder löschen darf. Damit Ihnen Ihre Besucher nicht zu viel Übertragungsbandbreite rauben, können Sie für die Benutzer oder Benutzergruppen eine sogenannte Ratio-Funktion aktivieren. Damit kann der Besucher auf Ihrer Seite beispielsweise nur so viele Daten herunterladen, wie er selbst für andere auf Ihrem FTP-Server zur Verfügung stellt und hochlädt. Für Erbsenzähler lässt sich das Tauschverhältnis gar byteweise abrechnen.

Sollten Sie mit einem FTP-Client noch keine Erfahrungen gemacht haben, kein Problem – später wird gezeigt, wie Sie mit einem FTP-Programm auf Ihren oder einen x-beliebigen FTP-Server zugreifen und Daten laden können. Doch dazu später mehr – nun geht es an die Installation des FTP-Servers.

8.2.2   CesarFTP installieren und konfigurieren

Die Installation des CesarFTP-Servers ist innerhalb weniger Minuten erledigt. Normalerweise sind Installation und Konfiguration eines FTP-Servers zeitraubende Angelegenheiten – CesarFTP ist schon sehr gut voreingestellt, damit Sie als Einsteiger sofort loslegen können.

CesarFTP besorgen und Setup starten

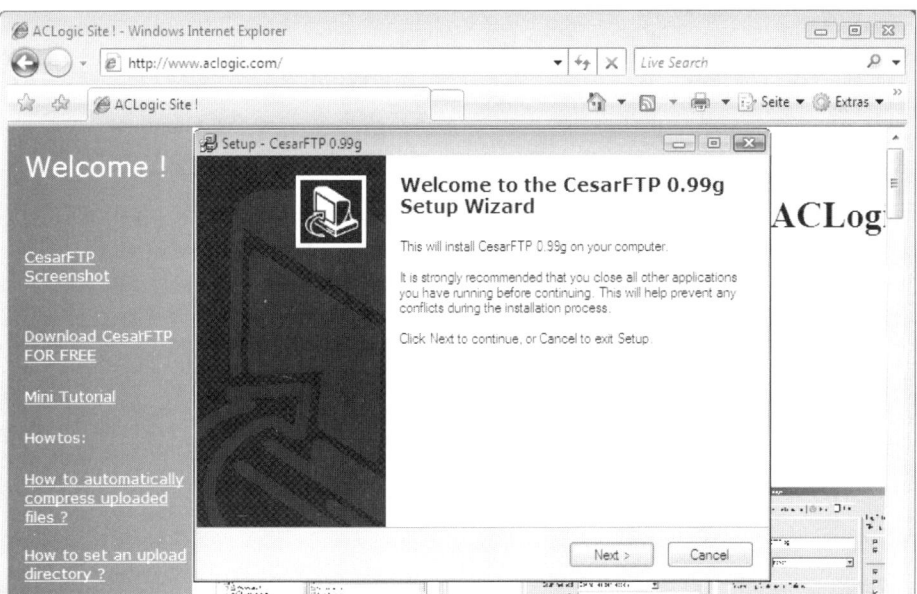

Bild 8.12: Sie finden CesarFTP im Internet, suchen Sie einfach mit Google danach. Nach dem Download starten Sie mit einem Doppelklick auf die Setup-Datei CesarFTP.exe die Installation.

Per Klick auf die Schaltfläche *Next* geht es weiter. CesarFTP weist darauf hin, dass während der Installation keine anderen Programme in Betrieb sein sollen. Deswegen wird empfohlen, diese während der Installation zu beenden. Mit einem Klick auf *Next* kommen Sie dann zum nächsten Schritt.

Lizenzbedingungen akzeptieren

Wie auch andere Programme bringt CesarFTP seine eigenen Lizenzbedingungen mit. Obwohl Freeware, sichert sich der Hersteller hier gegen etwaige Schäden ab, die durch sein Produkt entstehen könnten. Mit einem Klick auf *Yes* kommen Sie zum nächsten Dialog.

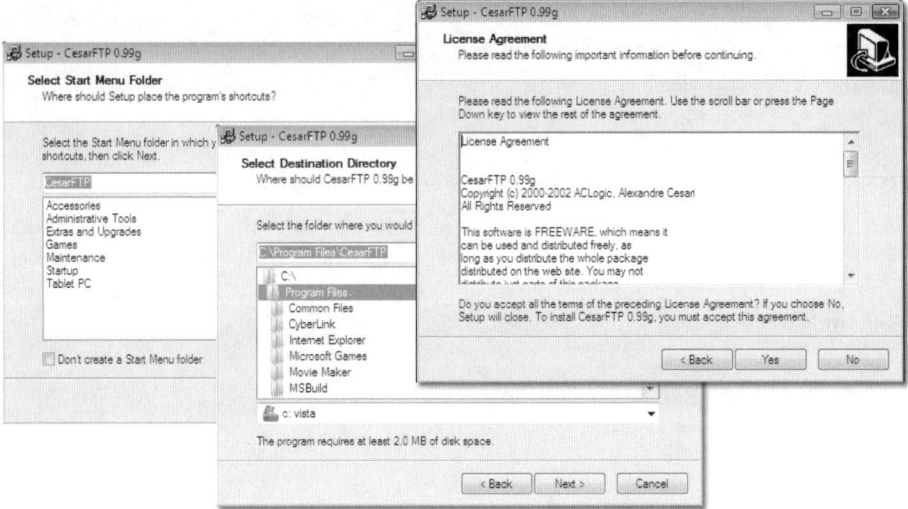

Bild 8.13: Nun legen Sie den Speicherort der Programmdateien von CesarFTP fest. Normalerweise sind die Voreinstellungen in Ordnung.

Wenn Sie das Programm in einem anderen Ordner installieren möchten, geben Sie diesen Installationspfad an. Möchten Sie CesarFTP in einer anderen Programmgruppe im Startmenü unterbringen, können Sie diese Gruppe ebenfalls hier angeben. Mit *Next* geht es weiter.

Desktop-Symbol erstellen und Installation abschließen

Wer es übersichtlich mag, aktiviert hier das Häkchen. In diesem Fall wird für das Programm eine Desktop-Verknüpfung angelegt. Nach dem Klick auf *Next* ist es endlich so weit: Per Klick auf die *Install*-Schaltfläche werden alle Programmdateien in das Programmverzeichnis kopiert.

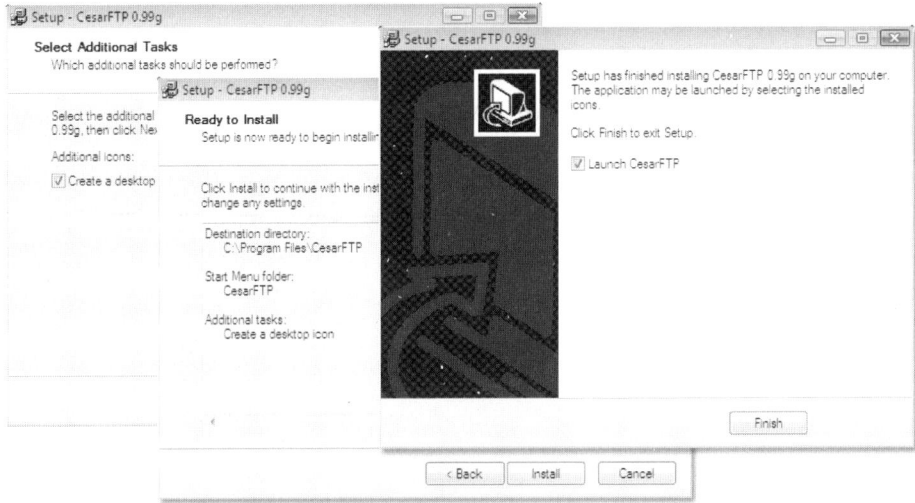

Bild 8.14: Durch einen Klick auf *Finish* wird die Installation von CesarFTP abgeschlossen. Ist das entsprechende Häkchen in diesem Dialog aktiviert, wird CesarFTP gleich gestartet.

Prinzipiell sollte der FTP-Server nach der Installation reibungslos laufen. CesarFTP ist sehr gut vorkonfiguriert – es sind jedoch noch kleine, aber wichtige Einstellungen vorzunehmen.

FTP-Server einrichten und konfigurieren

CesarFTP läuft auf Anhieb, für den Komfort im täglichen Gebrauch und »fürs Auge« können Sie noch verschiedene Optionen konfigurieren. So erfreut manchen Besucher ein persönlicher Begrüßungstext beim Login. Alternativ können Sie hier Nutzungsbedingungen oder Informationen zum Inhalt des FTP-Servers eingeben. Setzen Sie Windows XP oder Windows Vista ein, ist es zusätzlich sinnvoll, den Start des FTP-Servers als Service einzutragen. In diesem Fall wird der FTP-Server automatisch beim Booten Ihres Rechners gestartet und ist für alle im Internet erreichbar.

Bild 8.15: Beim erstmaligen Start von CesarFTP schlägt eine aktivierte Firewall Alarm. Soll ein entfernter Rechner mit dem installierten FTP-Server Kontakt aufnehmen dürfen, wählen Sie hier die Schaltfläche *Nicht mehr blocken* aus.

Über die Menüleiste und *Settings/Edit Server Options* gelangen Sie zu den Konfigurationseinstellungen des FTP-Servers. Im Register *General* können Sie kleinere Einstellungen vornehmen, etwa den Begrüßungstext für Ihre Besucher bestimmen.

Die IP-Konfiguration des FTP-Servers erledigen Sie dann im Register *IP Configuration*, in dem Sie die IP-Adresse des FTP-Servers in Ihrem Netz einstellen können. Im Register Ban werden die IP-Adressen unerwünschter Störenfriede gespeichert, die Sie einfach per Mausklick »rauskicken« können. Ins Register *Log* sollten Sie ab und zu mal schauen. Log-Dateien sind das A und O, um Fehlern und verdächtigen Aktivitäten auf dem FTP-Server auf die Schliche zu kommen. Dafür lassen Sie von CesarFTP sämtliche Dateioperationen sowie Verbindungs- und Login-Vorgänge protokollieren.

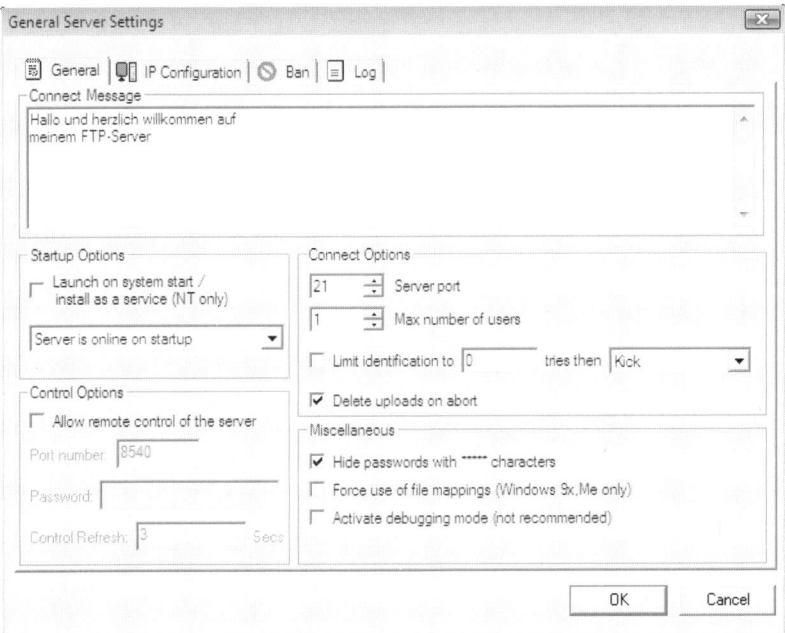

Bild 8.16: Beim Start von CesarFTP erscheint eine übersichtliche und aufgeräumte Oberfläche. Über *Startup Options* können Sie das Startverhalten von CesarFTP steuern.

Nach den Grundeinstellungen richten Sie Gruppen und Benutzer ein, damit nicht jeder auf Ihrem Rechner Narrenfreiheit hat. Prinzipiell sollten Sie sich genau überlegen, wer auf den FTP-Server zugreifen darf und wer nicht. Der Server ist zwar nur für den Personenkreis sichtbar, der den Domain-Namen oder die IP-Adresse des Rechners kennt, trotzdem ist der Einsatz einer Benutzerverwaltung sinnvoll: So können manche Freunde nur herunterladen, andere dürfen zusätzlich Dateien löschen oder bearbeiten.

8.2.3 CesarFTP im praktischen Einsatz

Die Benutzung von CesarFTP ist denkbar einfach. Nach der Installation und Konfiguration des FTP-Servers befindet sich dieser im Active Mode, und die Arbeit kann beginnen. Die Benutzerverwaltung finden Sie in der Menüleiste unter *Settings/Edit Users & Groups*. Je nachdem, wie viele Benutzer auf den FTP-Server zugreifen sollen, können Sie für jeden einzelnen ein eigenes Verzeichnis auf der Festplatte anlegen und dieses den Benutzern zuordnen. Oder Sie verwenden ein gemeinsames Verzeichnis für alle Benutzer. In diesem Fall legen Sie eine Gruppe an und machen die Benutzer zum Mitglied einer Gruppe.

FTP-Server: Gruppen einrichten

Der Vorteil des Einsatzes einer Benutzergruppe beim FTP-Server liegt auf der Hand: Es müssen nicht jedem Anwender separat die Rechte dafür zugeteilt werden, was er darf und was nicht.

Bild 8.17: Mit dem Windows Explorer legen Sie einen Ordner (beispielsweise *C:\FreundeFTPServer*) für die Besucher des FTP-Servers an.

Über die Menüleiste *Settings/Edit User & Groups* öffnen Sie die Benutzerverwaltung. Hier richten Sie eine oder mehrere Gruppen ein. Wie Sie die Gruppe benennen, bleibt Ihnen überlassen.

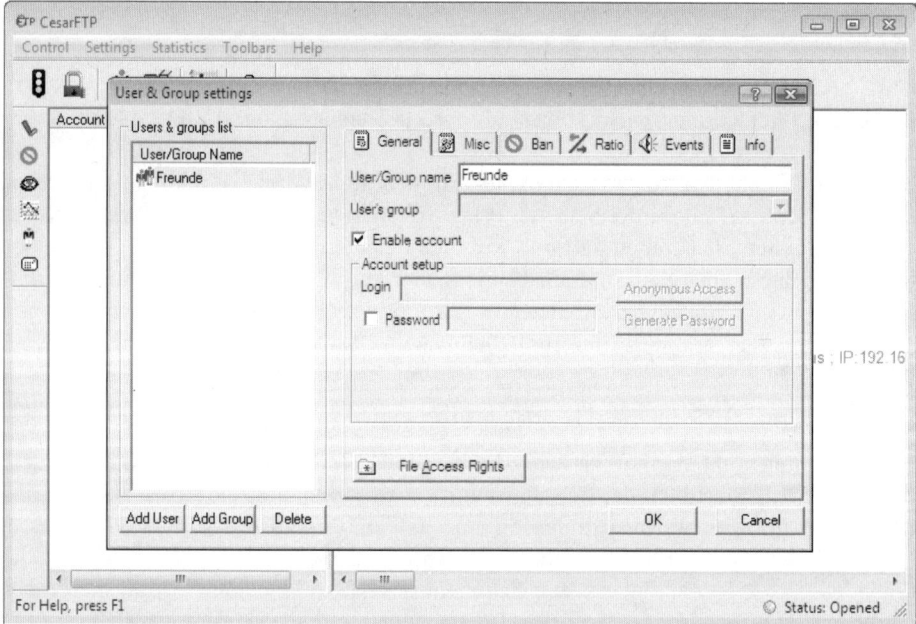

Bild 8.18: Mit einem Klick auf *File Access Rights* öffnet sich ein neues Fenster, der CesarFTP-Browser.

Wechseln Sie im oberen Fensterbereich zu dem Ordner, den Sie für die Besucher freigeben möchten (hier *C:\ FreundeFTPServer*), und ziehen Sie diesen mit der Maus in den unteren Bereich zu der entsprechenden Gruppe. Benennen Sie später im unteren Bereich einen Ordner um, hat dies keinen Einfluss auf den Namen des Ordners auf der Festplatte, da CesarFTP ein virtuelles Dateisystem verwendet. So lassen sich unterschiedliche Ordner auf der Festplatte für eine Gruppe/einen Benutzer freigeben.

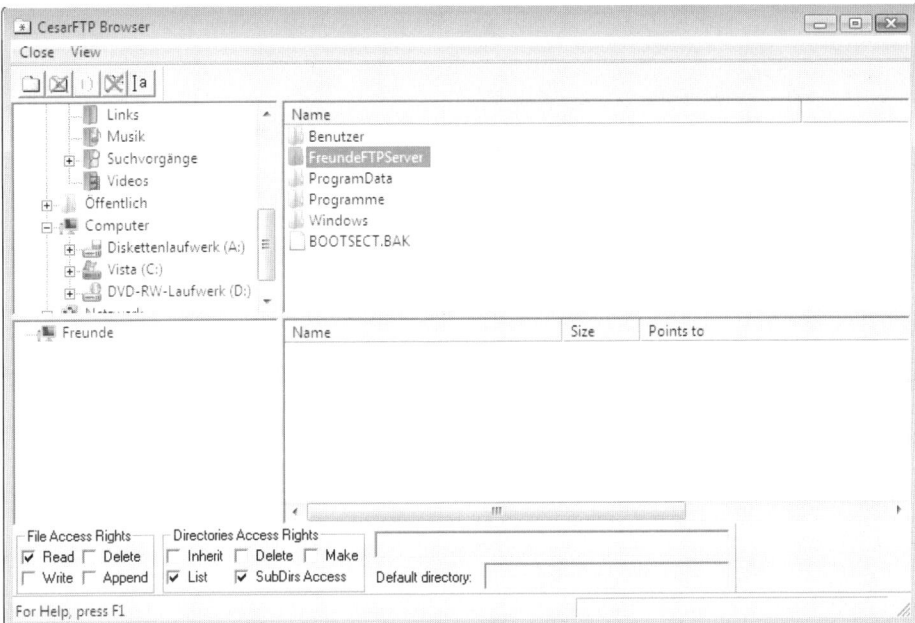

Bild 8.19: Im unteren Bereich des Cesar-Browsers unter *File Access Rights* können Sie für die Gruppe festlegen, was diese mit den Dateien anstellen darf, die Sie zum Zugriff freigegeben haben.

Es gibt normalerweise keinen Grund, jemanden etwas löschen zu lassen – mit dem Schalter *Read* sind Sie auf der sicheren Seite. Sind viele Besucher auf Ihrem FTP-Server zu erwarten, sollten Sie entsprechend viele Gruppen/Verzeichnisse anlegen, damit die Wartung des FTP-Servers übersichtlich bleibt.

FTP-Server: Benutzer einrichten und hinzufügen

Sind die Gruppen bei CesarFTP angelegt, können diese mit Benutzerinformationen ergänzt werden. Die Benutzer erben die Eigenschaften der Gruppe. Der Vorteil ist, dass Sie nicht jeden Benutzer einzeln konfigurieren müssen. In diesem Abschnitt legen Sie einen oder mehrere Benutzer an und ordnen diese den jeweiligen Gruppen zu.

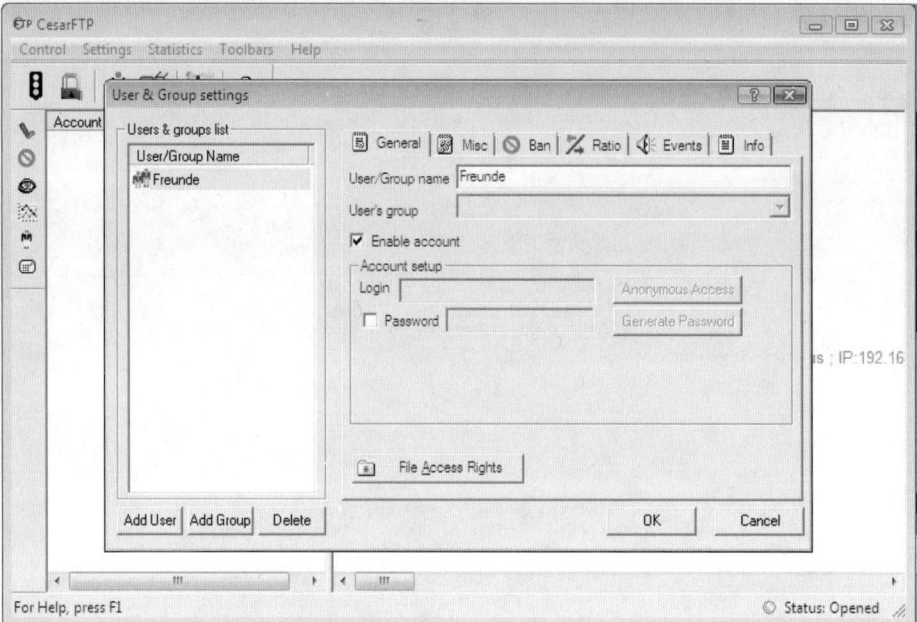

Bild 8.20: Mit einem Klick auf die Schaltfläche *Add User* fügen Sie einen neuen Benutzer auf dem FTP-Server hinzu. Im Bereich *User/Group name* tragen Sie den Namen des Benutzers ein.

Über das Menü *Settings/Edit User & Groups* kommen Sie zur Benutzerverwaltung. Dort können Sie beliebig viele Benutzer einrichten und diese einer oder mehreren Gruppen zuordnen. Dazu ist die Gruppe auszuwählen, zu der ein Benutzer gehören soll. Es kann auf Wunsch auch ein einzelner Benutzer ohne Gruppenzugehörigkeit angelegt werden, der beispielsweise mehr Rechte hat als alle anderen.

Zugangsinformationen konfigurieren

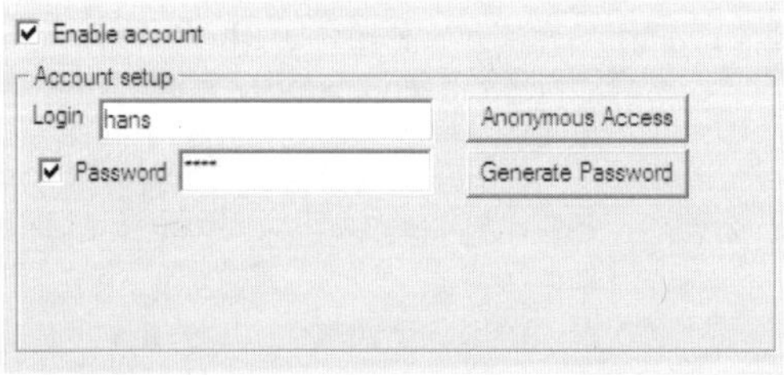

Bild 8.21: Nun ist für den Benutzer ein Login-Name (hier *hans*) einzugeben.

Aktivieren Sie das Häkchen bei *Password*, damit ein Passwort gesetzt werden kann. Anschließend ist hier ein Passwort für den neuen Benutzer einzugeben – für Faule generiert der Klick auf *Generate Password* ein Passwort aus Sonderzeichen, Text und Zahlen. Dieses übermitteln Sie dann als Serverbetreiber dem User, damit dieser sich mit seiner Kennung auf Ihrem FTP-Server anmelden kann.

Rechte für Verzeichnis setzen

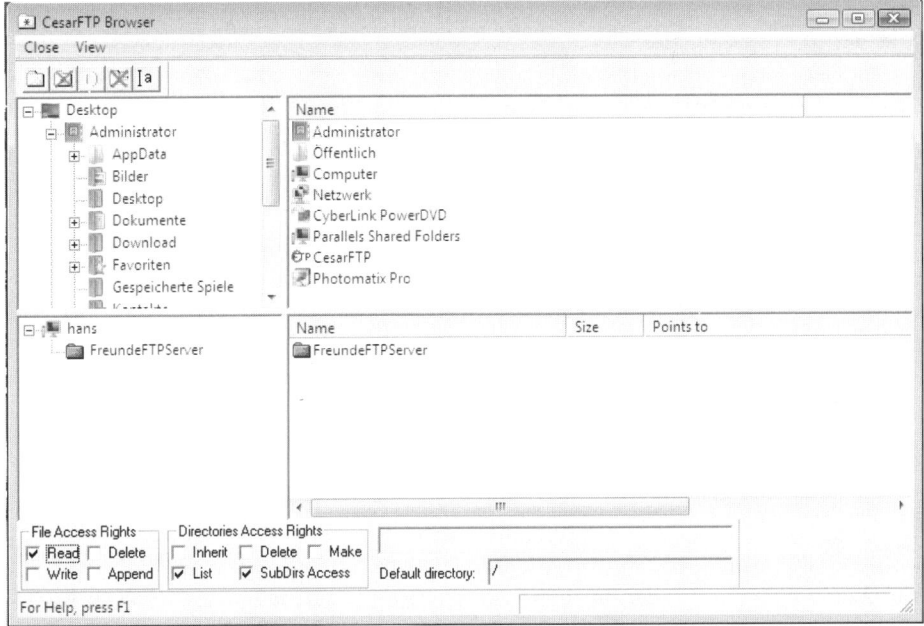

Bild 8.22: Der neue Benutzer erbt die Rechte der Gruppe. Ist der neue Benutzer jedoch nicht innerhalb eines Gruppencontainers untergebracht, kann er gesondert konfiguriert werden.

Markieren Sie diesen Benutzer und legen Sie mit einem Klick auf *File Access Rights* fest, was er auf dem FTP-Server anstellen darf und was nicht. Ist erst einmal eine größere Zahl von Benutzern angelegt, sehen Sie diese in einer übersichtlichen Liste. Mit einer durchdachten Gruppenstruktur haben Sie Überblick über die Rechte jedes einzelnen Benutzers. Mit dem Klick auf *Enable Account* können Sie das markierte Benutzerkonto vorübergehend deaktivieren und später jederzeit wieder aktivieren. Wer es ganz ausführlich mag, kann im Register *Info* für jeden Benutzer den Vornamen, den Nachnamen, eine Adresse sowie Kommentare dazu erfassen.

Vielfältiger Nutzen: Upload-Verzeichnis für Benutzer einrichten

Das Konfigurieren eines Upload-Verzeichnisses bei CesarFTP erfolgt prinzipiell wie der Vorgang *Benutzer einrichten*. Zusätzlich sind hier bei der Rechtevergabe noch andere Parameter zu setzen.

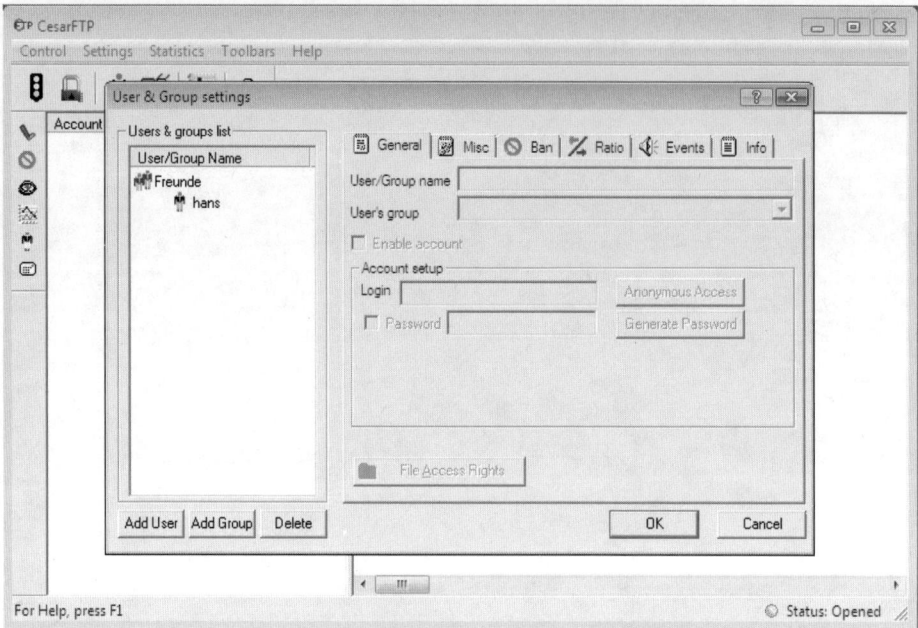

Bild 8.23: Über *Settings* in der Menüleiste öffnen Sie *User & Group settings*. Erstellen Sie über *Add User* einen neuen Account oder wählen Sie jenen, der geändert werden soll.

Die Benutzer können damit nicht mehr nur Dateien saugen, sondern auch Daten auf dem FTP-Server ablegen. Voraussetzung dafür ist, dass ein Benutzer-Account für den Benutzer angelegt ist, der auf dem FTP-Server Daten hochladen darf, und dass dafür ein freigegebenes Verzeichnis existiert.

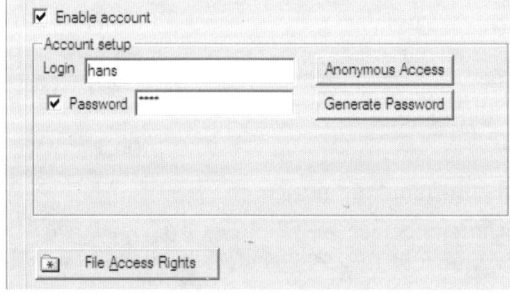

Bild 8.24: Öffnen Sie mit einem Klick auf *File Access Rights* den Dateibrowser von CesarFTP. Haben Sie noch keinen Ordner zum Hochladen angelegt, erstellen Sie mithilfe des Windows Explorer ein neues Verzeichnis.

Verzeichnis zuordnen

Hier können Sie beliebig viele Ordner und Dateien – auch von verschiedenen Quell-laufwerken – unterbringen. Das virtuelle Dateisystem von CesarFTP bietet mit seiner Rechtestruktur vielfältige Möglichkeiten. Markieren Sie den Ordner, der für das Hochladen der Dateien zur Verfügung stehen soll, und aktivieren Sie das Kontrollkästchen *Inherit*, nachdem Sie die *File Access Rights* auf *Read und Write* gesetzt haben.

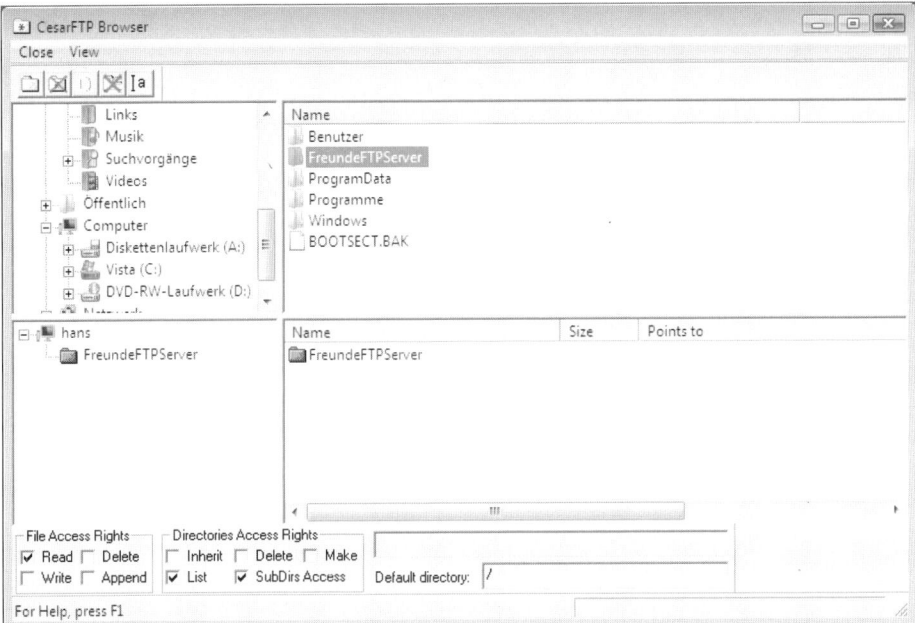

Bild 8.25: Im Dateibrowser von CesarFTP suchen Sie im oberen Fenster das frisch angelegte Verzeichnis und ziehen dieses per Drag-and-Drop in das untere Zielbereichsfenster.

Soll nur das Hochladen von Dateien möglich sein, deaktivieren Sie das *Read*-Kontrollkästchen. Soll das Wiederaufnehmen von abgebrochenen Downloads erlaubt sein, aktivieren Sie die Option *Append*. Mit *Make* können Sie den Anwendern erlauben, selbst Verzeichnisse auf Ihrem FTP-Server anzulegen. Keinesfalls sollten Sie das Kontrollkästchen *Delete* aktivieren, da sonst die Gäste Dateien löschen können.

Konfiguration abschließen

Schließen Sie nun den CesarFTP-Dateibrowser über *Close* in der Menüleiste und klicken Sie auf *OK* zum Speichern der Einstellungen. Jetzt können Sie mit einem beliebigen FTP-Client die Einstellungen testen:

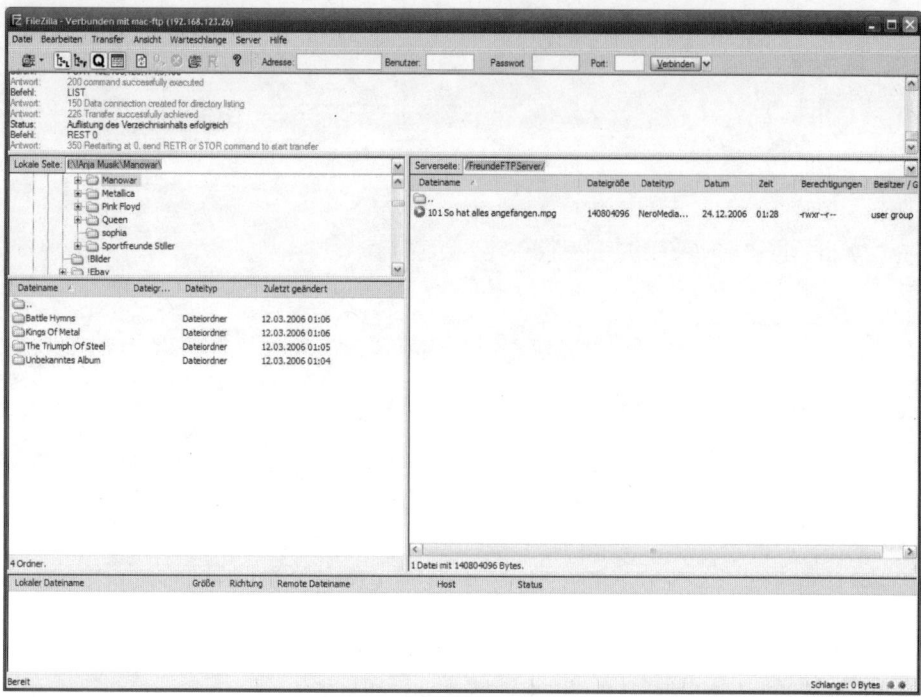

Bild 8.26: User *hans* hat sich auf dem eingerichteten FTP-Server über den FTP-Client FileZilla eingeloggt.

Wer keinen FTP-Client installieren möchte, kann sich auch mit Hausmitteln behelfen: Wenn Sie nur Dateien herunterladen möchten, können Sie auch Webbrowser wie Firefox oder Internet Explorer als FTP-Client nutzen.

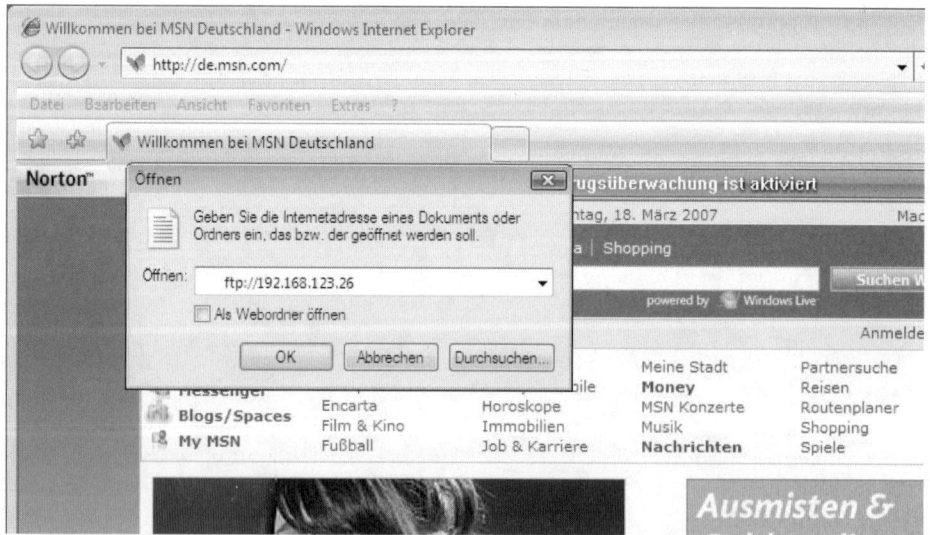

Bild 8.27: Im Webbrowser wählen Sie *Datei/Öffnen* und geben nach *ftp://* die Adresse des FTP-Servers ein. Das kann entweder eine IP-Adresse oder ein DNS-Name sein.

Das geht ganz einfach: Im *Datei öffnen*-Dialog geben Sie den entsprechenden FTP-Server ein. Der Webbrowser erkennt automatisch, ob die Dateien im Binär- oder ASCII-Modus übertragen werden sollen. Einfacher geht es mit einem vollwertigen FTP-Client wie FileZilla, mit dem Sie nicht nur Dateien auf einen FTP-Server hochladen, sondern auch mehrere FTP-Server verwalten können.

8.3 Up- und Download der Daten

FTP-Clients gibt es wie Sand am Meer: Für Einsteiger ist die Freeware FileZilla ideal, da sie nicht nur einfach und intuitiv zu bedienen, sondern auch kostenlos ist. Das Programm finden Sie im Internet, suchen Sie mit Google nach dem Schlagwort FileZilla. Derzeit ist die Version 3.5.1 in deutscher Sprache aktuell.

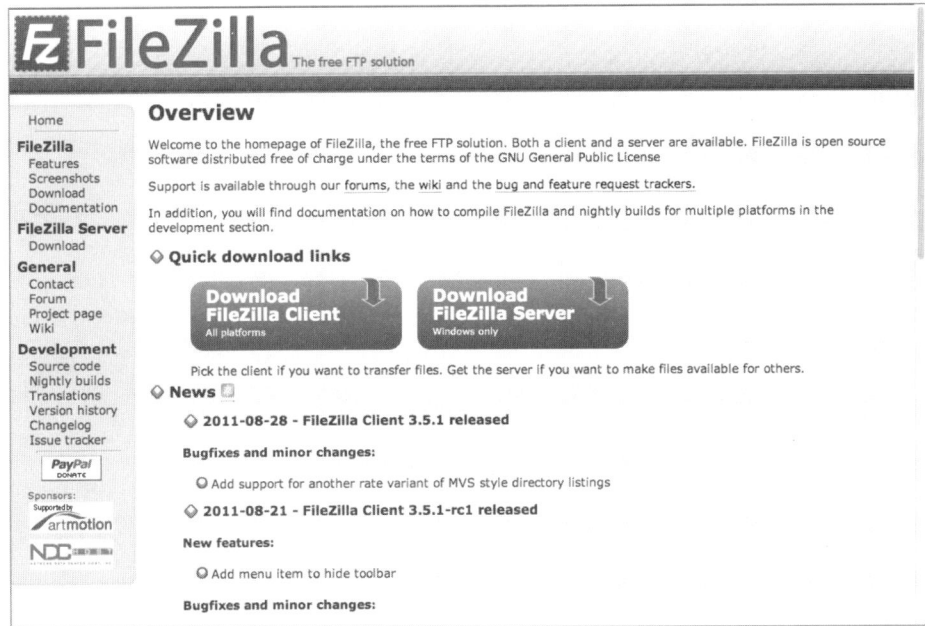

Bild 8.28: Nach dem Download starten Sie per Doppelklick auf die FileZilla-Setup-Datei das Installationsprogramm (http://filezilla-project.org/).

Wie gewohnt, bringt auch dieses Programm seine eigenen Lizenzbedingungen mit. Obwohl Freeware, sichert sich der Hersteller hier gegen etwaige Schäden ab, die durch sein Produkt entstehen könnten. Mit einem Klick auf *Annehmen* kommen Sie zum nächsten Dialog.

Nun legen Sie den Speicherort der Programmdateien von FileZilla fest. Normalerweise sind die Voreinstellungen in Ordnung. Wenn Sie das Programm in einen anderen Ordner installieren möchten, geben Sie diesen hier an. Bei der Installation erscheint die Nachfrage, ob Passwörter für die FTP-Server innerhalb des Programms gespeichert werden sollen oder nicht. Arbeiten mehrere Benutzer mit dem PC, sollte diese Option nicht gewählt und stattdessen FileZilla im sogenannten sicheren Modus betrieben werden. Mit

Ja wird dieser aktiviert. Nach dem Kopieren der Programmdateien wird die Installation mit einem Klick auf *Beenden* abgeschlossen.

Je nachdem, welcher FTP-Client im Einsatz ist, funktioniert das Hochladen und Herunterladen von Daten unterschiedlich. Ist der FTP-Client mit einem FTP-Server verbunden, können Sie mehr machen, als nur Daten herunterzuladen. So können Sie – abhängig von der FTP-Serverkonfiguration – selbst Verzeichnisse anlegen, Dateien hochladen und verändern. Wie das funktioniert und worauf Sie bei der Konfiguration des FTP-Clients achten sollten, lesen Sie im nächsten Abschnitt.

8.3.1 Up- und Download mit FileZilla

Ein »echter« FTP-Client wie FileZilla ist gerade im Praxiseinsatz wertvoll, denn er kann mehr als nur das simple Übertragen von Daten über den Webbrowser. So können Sie mit FileZilla bequem Ihre Websites regelmäßig auf einem entfernten Rechner aktualisieren, Musik und Videos von bestimmten Servern laden oder auch Freeware und andere Software von anderen FTP-Servern herunterladen.

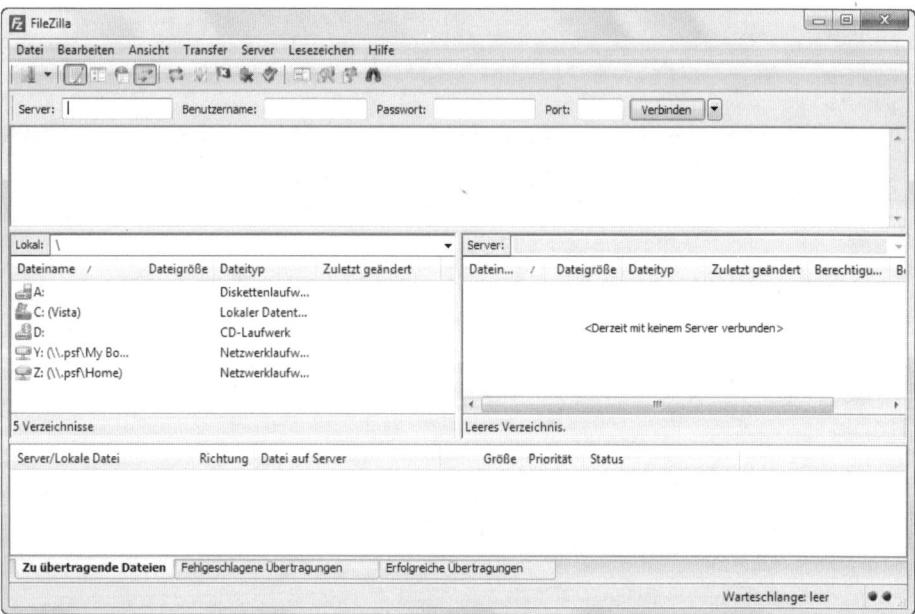

Bild 8.29: Mit einem Doppelklick auf das FileZilla-Symbol wird der FTP-Client gestartet. Im linken Bereich ist die lokale Festplatte, auf der rechten Seite die Serverseite zu sehen.

1. Bevor Sie dort auch Ordner und Dateien ablegen können, müssen Sie sich erst einmal bei einem FTP-Server einloggen. Sind die Adresse, der Benutzername sowie das Passwort eingetragen, wird per Klick auf *Verbinden* eine Verbindung zum FTP-Server hergestellt.

2. Zunächst benötigt der FTP-Client die Adresse des FTP-Servers. Das führende ftp:// ist nicht notwendig, da FileZilla dies selbst automatisch anfügt. So geben Sie

beispielsweise im Fall einer dyndns-Domain einfach den DNS-Namen (hier *IHRDOMAINNAME.dyndns.org*) ein. Anschließend sind Benutzername und Zugangspasswort für den FTP-Server notwendig. Der Port wird automatisch von FileZilla eingestellt (Port: 21).

Weiter ist keine Eingabe erforderlich, es sei denn, der FTP-Server ist auf einem anderen Port als dem Standardport konfiguriert. Mit einem Klick auf *Verbinden* wird der Verbindungsaufbau zu dem angegebenen FTP-Server gestartet.

Kommt eine Verbindung mit dem FTP-Server zustande, landet der Benutzer genau dort, wo Sie ihn haben wollten, denn anhand des Namens und des Passworts kann der Server den Zugriff steuern. Der FTP-Server (hier CesarFTP) protokolliert, welcher Benutzer sich wann eingeloggt hat und was dieser auf dem Server anstellt:

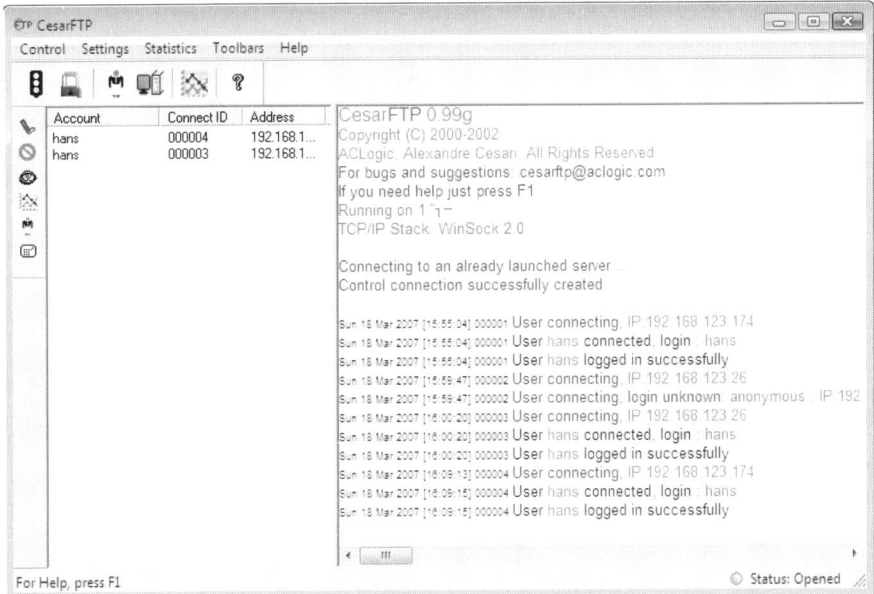

Bild 8.30: Nach einem kurzen Moment ist die Verbindung zu dem FTP-Server hergestellt. User hans hat sich erfolgreich auf dem FTP-Server angemeldet.

3. Wer die erweiterte FTP-Serververwaltung von FileZilla nutzen möchte, öffnet sie über *Datei/Seitenverwaltung*. Dort können Sie mit der Schaltfläche *Neue Seite* einen neuen FTP-Server eintragen. Im rechten Fensterbereich tragen Sie bei *Host* die FTP-Serveradresse ein. Für den *Logontyp* stehen *Anonym* und *Normal* zur Auswahl. Letztere Option nutzen Sie, wenn Sie für den gewünschten FTP-Server eine persönliche Benutzerkennung besitzen.

4. Geben Sie nun die FTP-Adresse des Heimservers – beispielsweise *ftp.franzlftp. dyndns.org* – und für den Logontyp *Normal* ein und speichern Sie den neuen Eintrag. Mit der Schaltfläche *Verbinden* stellen Sie die Verbindung zu dem FTP-Server her.

5. Sind Sie auf einem FTP-Server angemeldet, fehlt noch das passende Benutzerpasswort, um sich mit dem Account auch einzuloggen. Anschließend stellt dieser auto-

matisch die Verzeichnisse und Dateien zur Verfügung, die der Benutzerkennung zugeordnet sind.

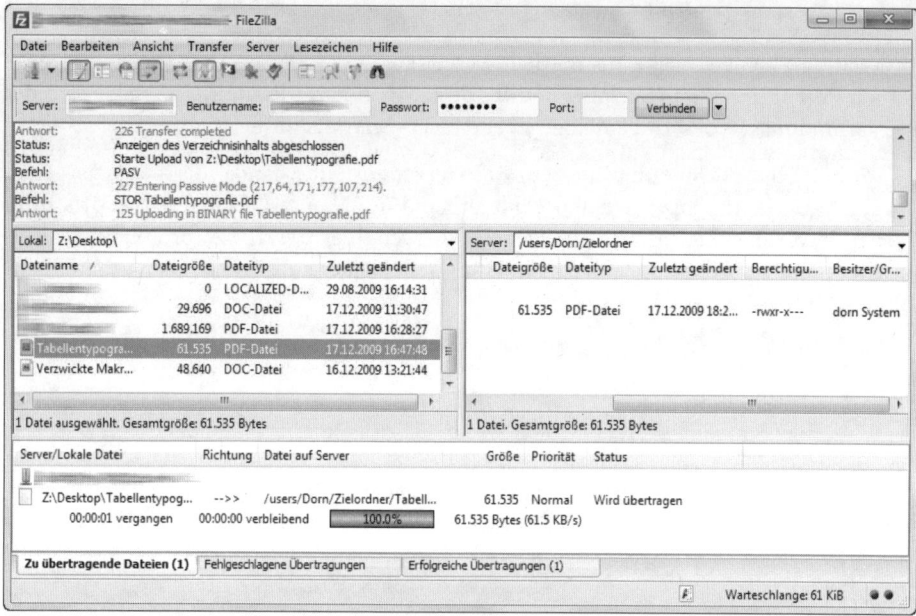

Bild 8.31: Per Drag-and-Drop ziehen Sie die zu übertragenden Dateien oder Verzeichnisse z. B. vom linken Quellfenster in das rechte Zielbereichsfenster.

Ist die Verbindung einmal unterbrochen, wird der Up- oder Download automatisch wieder an der Stelle fortgesetzt, an der er abgebrochen ist. Haben Sie also bereits einige MByte einer Datei heruntergeladen, brauchen Sie nicht ganz von vorne zu beginnen. FileZilla wacht über die Verbindung und nimmt den Dateitransfer nach Verbindungsaufbau automatisch wieder auf. Wer eine DSL-Flatrate im Einsatz hat und für Freunde Daten, Musik & Co. permanent zur Verfügung stellen möchte, muss bei einem FTP-Server auf dem Rechner den PC natürlich permanent laufen lassen.

9 Datenspeicher im Heimnetz

In diesem Kapitel geht es um ein Gerät, das ähnlich dem Router eine besondere, zentrale Stellung im Heimnetz einnimmt: die Netzwerkfestplatte. Doch während der Router vor allem als Online- und Verbindungszentrale auftritt, kommt der Netzwerkfestplatte die Rolle der Speicherzentrale zu. Die Aufgaben und Funktionen einer modernen Speicherzentrale im Heimnetz sind dabei erstaunlich vielfältig. Nicht umsonst haben diese Geräte auch im privaten Umfeld zunehmend an Bedeutung gewonnen.

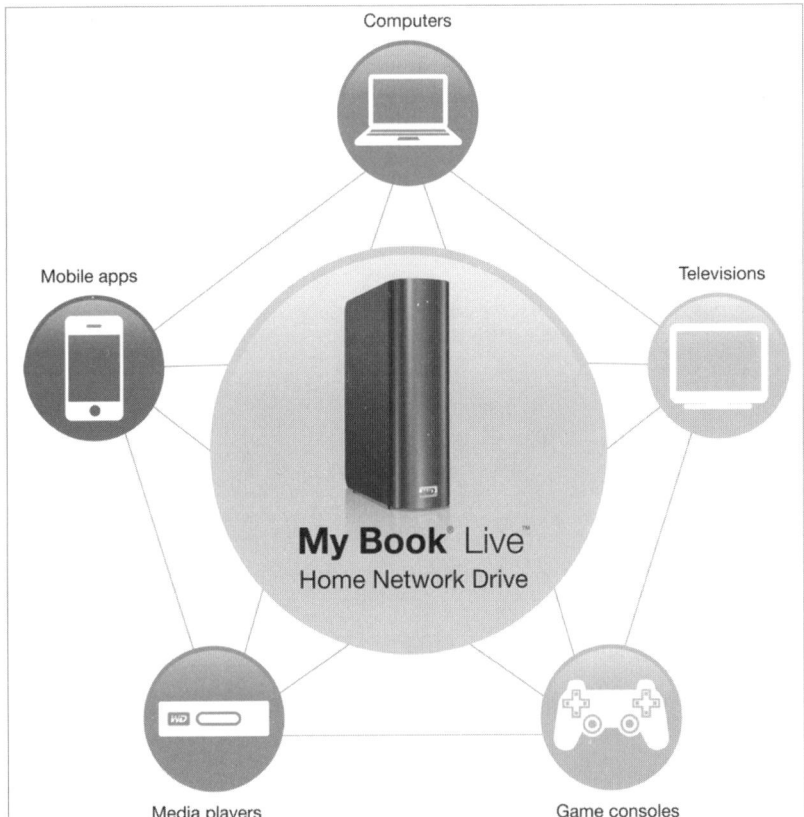

Bild 9.1: Diverse Geräte im Heimnetz greifen auf eine Netzwerkfestplatte (hier: My Book Live) zu: PC, Fernseher, Smartphone, Media Player und Spielekonsole. (Quelle: *www.wdbrand.com*)

Die Netzwerkfestplatte dient als zentraler Speicher für beliebige Dateien und Dokumente im Heimnetz und hält diese auf Abruf für jeden (berechtigten) Teilnehmer bereit. Somit kann von jedem PC und jedem Notebook aus im Heimnetz auf diesen zentralen Datenspeicher zugegriffen werden.

Außerdem bieten diese Speicher in der Regel zusätzliche Funktionen und Dienste im Umgang mit Fotos, Musik- und Filmdateien. So können netzwerkfähige Multimedia-Geräte wie zum Beispiel Webradios, Media Player, aktuelle Fernseher, Spielekonsolen und selbst Smartphones die Inhalte von Netzwerkfestplatten anzeigen oder abspielen. Dazu muss übrigens kein PC und kein Notebook eingeschaltet sein.

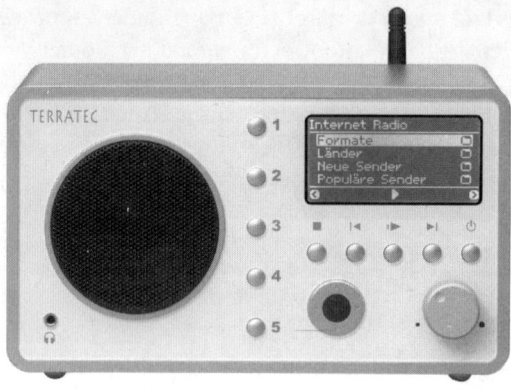

Bild 9.2: Webradios wie das Noxon iRadio spielen nicht nur Musik aus dem Internet, sondern auch alle MP3s, die Sie auf Ihrer Netzwerkfestplatte abgelegt haben. (Quelle: *www.terratec.net*)

Und was ist, wenn Sie weder Spielekonsole noch Webradio oder Media Player im Haushalt verwenden? Ist es dann überhaupt sinnvoll, für eine zentrale Speicherlösung Geld auszugeben?

9.1 Wozu ein Datenspeicher im Heimnetz?

Jeder, der mehr als einen Rechner (PC, Notebook) im Heimnetz verwendet, stößt über kurz oder lang auf unvermeidliche Schwierigkeiten. Angenommen, Sie haben Ihre Fotosammlung auf dem PC des Arbeitszimmers im Dachstudio gespeichert. Der Zugriff auf diese Fotos ist nur dann möglich, wenn Sie entweder direkt vor diesem PC sitzen (und arbeiten) oder wenn Sie den Ordner mit den Fotos im Heimnetz freigeben und der PC eingeschaltet bleibt.

Doch möchten Sie den Rechner deshalb rund um die Uhr laufen lassen? Je nach Größe, Alter und eingebauter Hardware »zieht« ein herkömmlicher Desktop-Rechner im Leerlauf zwischen 80 und 150 Watt aus der Steckdose.

9.1.1 Datenchaos im Heimnetz

Oder Sie kopieren Ihre komplette Bildersammlung auf alle PCs und Notebooks im Heimnetz. Und ebenso alle MP3s oder gar Filmdateien. Das ist jedoch äußerst umständlich und kostet viel Speicherplatz.

Sie können es sich auch ganz leicht machen und Ihre Fotos, MP3s oder Dokumente immer auf den Rechner speichern, an dem Sie gerade sitzen. Dann sind alle Ihre Dateien auf zwei (oder mehreren) Geräten verteilt. Vielleicht liegt ein weiterer Teil Ihrer Daten noch verstreut auf diversen externen Datenträgern (USB-Sticks, externe Festplatten). In einem solchen Datenchaos werden Sie höchstwahrscheinlich viel Zeit mit Suchen verbringen.

Besonders problematisch wird es aber dann, wenn Sie über einen längeren Zeitraum an Dokumenten arbeiten, diese häufig mit neuen Inhalten füllen, ergänzen oder aktualisieren. Schnell ist es passiert, dass auf verschiedenen Rechnern verschieden aktuelle Versionen lagern.

Wer dann versehentlich die falsche Version überschreibt oder nicht an der aktuellen, sondern versehentlich an einer älteren Version weiterarbeitet, verliert viel Zeit und Nerven, im schlimmsten Fall auch wertvolle Daten.

9.1.2 Netzwerkspeicher als Lösung

Die ideale Lösung für diese Probleme bieten sogenannte Netzwerkfestplatten, die selbst im Heimbereich immer häufiger als NAS bezeichnet werden. Die Abkürzung steht für den englischen Begriff »Network Attached Storage«, was so viel heißt wie »an das Netzwerk angeschlossener Speicher«. Im Gegensatz zu einer herkömmlichen externen Festplatte wird ein NAS nicht per USB-Kabel direkt mit einem PC oder Notebook, sondern per Netzwerkkabel mit einem freien LAN-Port des Routers verbunden.

Im Prinzip verhält sich ein NAS im Heimnetz ähnlich wie ein PC, bei dem Sie eine Ordnerfreigabe eingerichtet haben. Netzwerkfestplatten werden ebenso wie andere Rechner im Heimnetz in der linken Spalte des Windows Explorer unter *Netzwerk* angezeigt. Klickt man auf eines dieser gelisteten Geräte in der Spalte links, werden dessen freigegebene Ordner als Netzlaufwerke angezeigt.

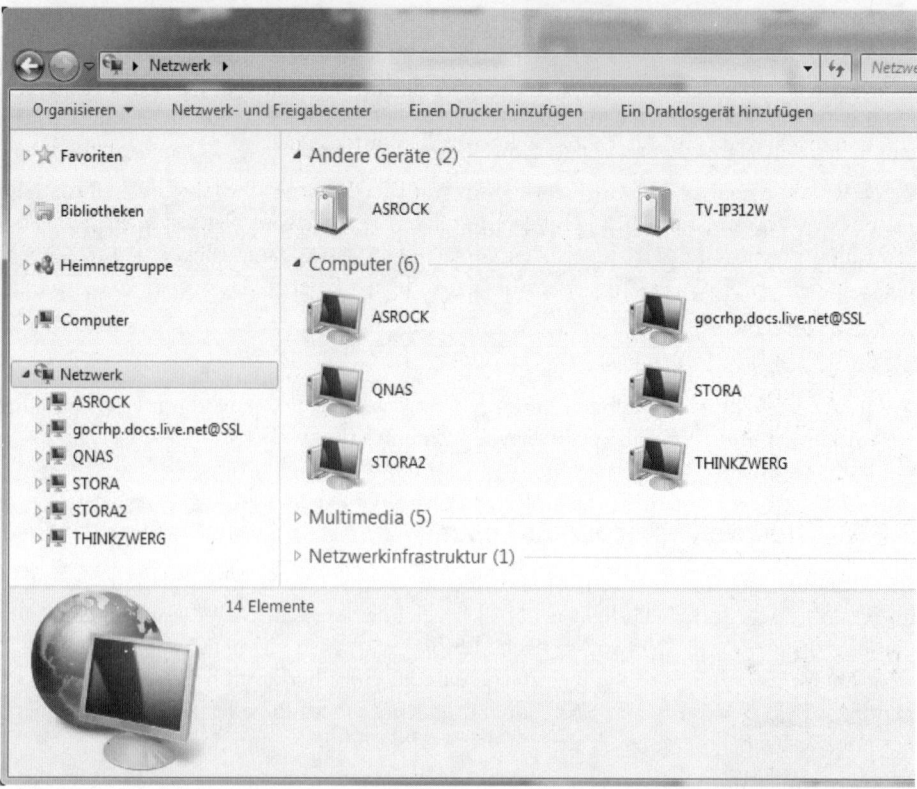

Bild 9.3: Netzwerkfestplatten und andere Geräte mit Freigaben (z. B. PCs) erscheinen in der linken Spalte des Windows Explorer unter *Netzwerk* und im Bereich rechts unter *Computer*.

9.2 NAS mit dem Heimnetz verbinden

Bevor Sie ein NAS im Heimnetz nutzen können, müssen Sie das Gerät mit dem Heimnetz, sprich Ihrem Router, verbinden. NAS-Geräte besitzen hierzu einen Netzwerkanschluss (LAN-Port) an der Rückseite, den Sie per Netzwerkkabel mit einem freien LAN-Port am Switch des Routers verbinden. Falls Sie bei sich zu Hause keine Netzwerkkabel verlegt haben, ist es also durchaus sinnvoll, wenn Sie Ihr NAS in der Nähe des Routers postieren.

Jedes halbwegs aktuelle NAS-Gerät ist mit einem leistungsfähigen Gigabit-Ethernet-Port (kurz GBit-Port) ausgestattet, der mit bis zu 1.000 MBit/s deutlich höhere Übertragungsraten leisten kann als ein herkömmlicher LAN-Port nach dem Fast-Ethernet-Standard (max. 100 MBit/s).

9.2.1 Achung: Bremse für schnelle Übertragungen

Um jedoch Daten tatsächlich mit GBit-Geschwindigkeit übertragen zu können, müssen auch alle anderen an der Datenübertragung beteiligten Geräte (Router, PC, Notebook) mit entsprechenden Gigabit-Ethernet-Ports ausgestattet sein.

Leider sind die meisten Heimnetzrouter nur mit Fast-Ethernet-Switches ausgestattet, die Datenraten von maximal 100 MBit/s ermöglichen. Da sich im Netzwerk die Transferleistung immer nach dem schwächsten Glied richtet, kann dann selbst eine GBit-fähige Netzwerkfestplatte nur Fast-Ethernet-Geschwindigkeit liefern.

Bild 9.4: Aktuelle NAS-Geräte für das Heimnetz sind standardmäßig mit einem GBit-Anschluss ausgestattet. (Quelle: *www.wdbrand.com*)

Das ist ärgerlich, denn bei nahezu allen PCs und ebenso bei einem Großteil aktueller Notebooks sind GBit-fähige Netzwerkanschlüsse inzwischen ebenfalls Standard. Der Bremser für schnelle Übertragungen im Heimnetz ist also fast immer der langsame Fast-Ethernet-Switch im Router.

9.3 Anlegen privater NAS-Freigaben

Doch mit dem Anschluss der Netzwerkfestplatte an das Heimnetz ist es in der Regel noch nicht getan. Denn häufig befinden sich im Auslieferungszustand nur voreingestellte Ordnerfreigaben auf dem NAS, die zudem von jedem beliebigen Benutzer im Heimnetz verwendet und geändert werden können.

Bestimmte Dateien und Verzeichnisse, wie beispielsweise Ihr digitales Fotoarchiv oder andere wichtige Dokumente, sollten sie tunlichst in einem vor Zugriff geschützten Ordner ablegen. So tragen Sie Sorge dafür, dass bestimmte Dateien nur von Ihnen selbst betrachtet werden oder wichtige Dokumente von anderen Personen oder Familienmitgliedern nicht versehentlich gelöscht werden können. Legen Sie sich deshalb mindestens einen persönlichen, zugriffsgeschützten Ordner auf Ihrem Laufwerk an.

9.3.1 Zugangsvoraussetzungen zum NAS

Bevor Sie jedoch irgendwelche neuen Einstellungen an Ihrer Netzwerkfestplatte vornehmen, müssen Sie zunächst in die Benutzeroberfläche des NAS gelangen. Denn ebenso wie ein Router besitzt eine Netzwerkfestplatte keinen eigenen Bildschirm und auch keine Tastatur.

1. **Zugriffsvoraussetzungen**

   Der Zugriff auf die Einstellungen im NAS kann von jedem beliebigen Rechner erfolgen, der mit dem Heimnetz(-Router) verbunden ist. Das zugreifende Gerät muss dazu eigentlich nur über einen Browser verfügen, da die Benutzeroberfläche des NAS – ähnlich wie die eines Routers – als Webmenü bereitsteht. Sie könnten Ihre Netzwerkfestplatte somit auch über ein Smartphone oder via iPad ansteuern.

2. **Der Zugriff über die IP-Adresse**

   Wer möchte, kann die Benutzeroberfläche des NAS-Laufwerks über dessen sogenannte IP-Adresse aufrufen. Diese erhält die Netzwerkfestplatte in der Regel automatisch, sobald sie per Ethernet-Kabel an den Router angeschlossen und eingeschaltet wird. Dieser Weg ist am Anfang jedoch nur für fortgeschrittene Anwender zu empfehlen.

   Da in einem Heimnetz in der Regel der Router darüber bestimmt, welche IP-Adresse einem neuen Gerät zugeteilt wird, hilft meist ein Blick in die Netzwerkeinstellungen oder Statusinformationen des Heimnetzrouters. In der Oberfläche eines FRITZ!Box-Routers findet sich diese Auflistung beispielsweise unter *Heimnetz/Netzwerk/Geräte und Benutzer.*

Bild 9.5: Fortgeschrittene Anwender finden die IP-Adresse des NAS in den Netzwerkeinstellungen des Heimnetzrouters.

Alternativ gibt es kostenlose Scantools wie zum Beispiel den »Network Scanner« von SoftPerfect (*www.softperfect.com/products/networkscanner*), die alle im Netzwerk verfügbaren Geräte inklusive deren IP-Adressen anzeigen. Doch auch diese Tools sprechen eher den etwas erfahreneren Anwender an.

3. **Bequeme Suche mit dem »Finde-Tool« des NAS-Herstellers**
   Aus diesem Grund geben alle NAS-Hersteller ihren Geräten fürs Heimnetz eine Art Such- oder Navigationstool mit. Dieses Tool spürt eine Netzwerkfestplatte, die bereits mit dem Heimnetz verbunden und eingeschaltet ist, in wenigen Sekunden auf und ermöglicht somit einen raschen Zugang ins Webmenü des NAS inklusive aller Einstellungen.

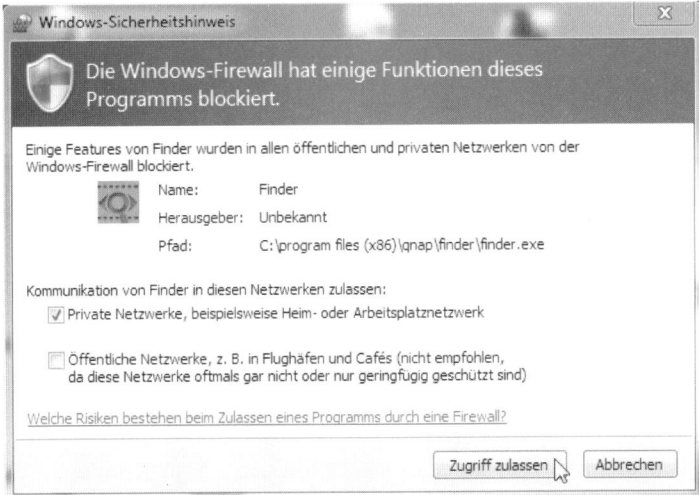

Bild 9.6: Falls sich die Firewall meldet, müssen Sie dem Tool des NAS-Herstellers den Zugriff auf Ihr privates Netzwerk (Heimnetz) erlauben.

Achtung: Da ein solches Tool Ihr Heimnetz scannen muss, um die gesuchte Netzwerkfestplatte zu finden, wird sich spätestens beim ersten Start Ihre Firewall melden – und Sie danach fragen, ob das Tool Zugriff auf Ihr Netzwerk erhalten darf. Ohne diese Erlaubnis kann das Tool die Festplatte im Netz nicht finden. Im Fall der Windows-Firewall klicken Sie also auf die Schaltfläche *Zugriff zulassen*.

Sobald das Tool auf einem PC oder Notebook installiert ist (in unserem Beispiel das Tool Finder des Herstellers QNAP), lokalisiert es nach dem Start auf Anhieb die Netzwerkfestplatte, die dazu selbstverständlich eingeschaltet und mit dem Router verbunden sein muss.

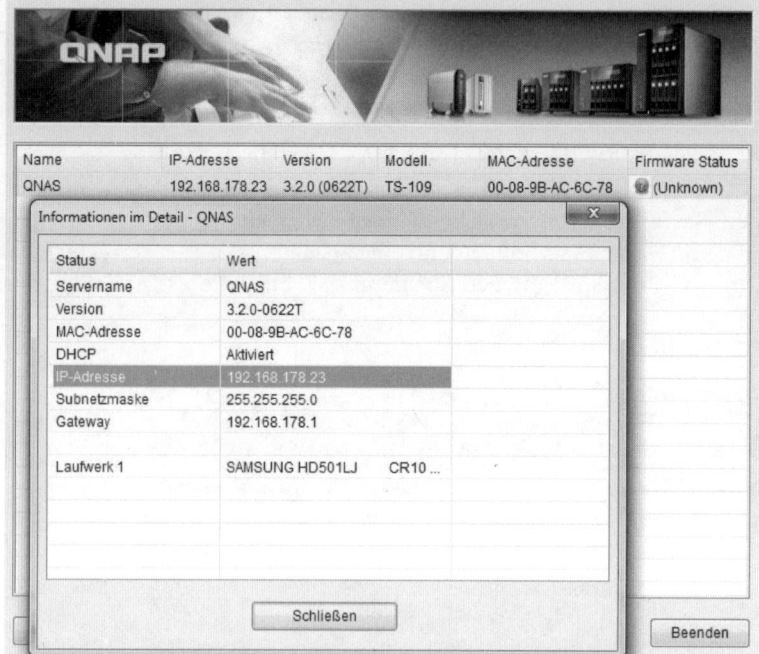

Bild 9.7: Der QNAP Finder ermittelt die Netzwerkplatte im Heimnetz und liefert auf Wunsch auch diverse Statusinformationen zur Platte (inklusive IP-Adresse).

Das Tool zeigt in der Regel diverse Statusinformationen zu dem Netzspeicher an und öffnet auf Wunsch die Benutzeroberfläche des NAS im Browser. Im Beispiel des QNAP Finder genügt hierzu ein Doppelklick auf die in der Liste angezeigte Festplatte oder auf die Schaltfläche *Verbinden* (in der Abbildung vom Fenster *Informationen im Detail* verdeckt).

4. **Die Benutzeroberfläche im Browser**
   Sobald Sie über das Finde-Tool die Benutzeroberfläche des NAS aufgerufen haben, übergibt die Software an Ihren Standardbrowser, in dem schließlich die Benutzeroberfläche des NAS angezeigt wird. Die Gestaltung dieser Benutzeroberfläche unterscheidet sich natürlich von Hersteller zu Hersteller.

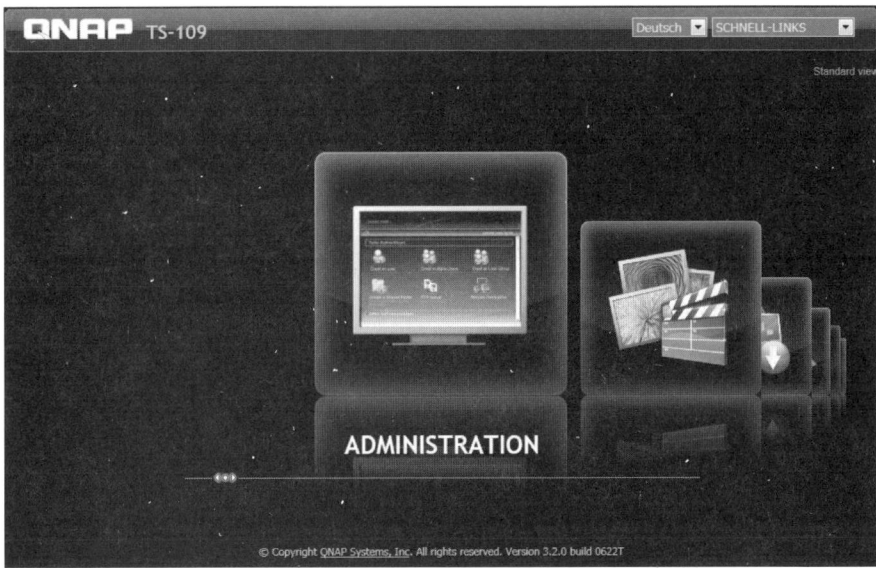

Bild 9.8: Bei diesem NAS gelangt man über die Rubrik *Administration* in die Einstellungen.

5. **Ersteinrichtung und Vergabe des Zugangspassworts**
Bevor Sie jedoch vom Startbildschirm des NAS in den Bereich mit den diversen Einstellungsmöglichkeiten gelangen, müssen Sie in der Regel noch Zugangsdaten (Benutzername und Passwort) eingeben. Diese sind vom Hersteller oft voreingestellt. Nähere Informationen hierzu finden sich in der mitgelieferten Schnellanleitung oder im Handbuch des NAS.

Bild 9.9: Die voreingestellten Zugangsdaten dieses Buffalo-Geräts sind im Handbuch abgedruckt.

Viele NAS-Geräte für den Heimbereich bieten allerdings auch eine komfortable Schnelleinrichtung oder Erstinstallation, in deren Rahmen Sie unter anderem auch gleich das Benutzer- oder Administratorpasswort vergeben. Wie diese Ersteinrichtung tatsächlich Schritt für Schritt abläuft, hängt wiederum vom jeweiligen Hersteller ab.

6. **Zugangsdaten zur Benutzeroberfläche personalisieren**
Sobald Sie Benutzernamen und Passwort neu eingegeben (oder voreingestellte Zugangsdaten geändert) haben, notieren Sie sich die neuen Zugangsdaten auf einem Zettel und verwahren diesen an einem sicheren Ort.

Damit wissen Sie nun, wie Sie sich in der Benutzeroberfläche Ihres NAS anmelden, um Einstellungen vorzunehmen. Im folgenden Schritt legen Sie sich einen eigenen Ordner (Netzwerkfreigabe) an, zu dem nur Sie selbst Zugriff haben.

9.3.2 Anlegen neuer Benutzer und Freigabeordner

In der Benutzeroberfläche Ihres NAS-Geräts lassen sich neue Freigabeordner festlegen, die dann für andere Geräte im Heimnetz als Netzlaufwerk zur Verfügung stehen. Außerdem lässt sich einstellen, ob ein solches Netzlaufwerk für jedermann zugänglich sein soll oder ob nur bestimmte Anwender auf dieses Laufwerk zugreifen dürfen. Beinahe jedes NAS-Gerät besitzt in seiner Benutzeroberfläche eine entsprechende Einstellungsmöglichkeit.

Beim Anlegen eines neuen Freigabeordners lässt sich in der Regel auch festlegen, mit welchen Rechten (Lese-/Schreibrechte) einzelne Benutzer auf die Inhalte dieses Ordners zugreifen dürfen.

Wichtig dabei: Damit Sie ein Netzlaufwerk überhaupt einem bestimmten Benutzer zuordnen können, müssen Sie diesen Benutzer (samt zugehörigem Passwort) in der Benutzerverwaltung des NAS anlegen. Der folgende Workshop beschreibt das Anlegen eines neuen Benutzers und eines neuen Freigabeordners. Dabei soll ausschließlich der neue Benutzer auf den Freigabeordner zugreifen dürfen.

1. **Neuen Benutzer anlegen**
Wechseln Sie über das NAS-Tool des Herstellers in die Benutzeroberfläche Ihrer Netzwerkfestplatte und wechseln Sie in den Bereich mit den Einstellungen (Administration, Konfiguration etc.). Hierzu benötigen Sie die bei der Ersteinrichtung vergebenen Zugangsdaten.

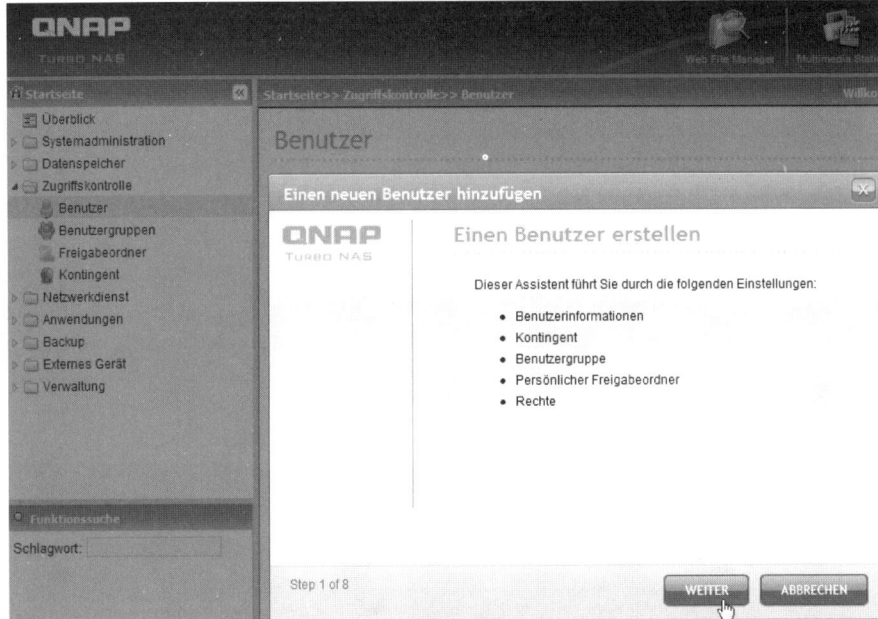

Bild 9.10: Diese Netzwerkfestplatte bietet im Bereich unter *Zugriffskontrolle/Benutzer* einen eigenen kleinen Assistenten zum Anlegen eines neuen Benutzers.

Im Administrationsbereich des NAS suchen Sie nun nach dem Bereich, der für die Einstellungen der Benutzerverwaltung zuständig ist. Legen Sie einen neuen Benutzer an und vergeben Sie ein Passwort für diesen neuen Benutzer. Manche NAS-Geräte bieten Ihnen bereits beim Anlegen eines neuen Benutzers an, einen persönlichen Freigabeordner für diesen Benutzer zu erstellen.

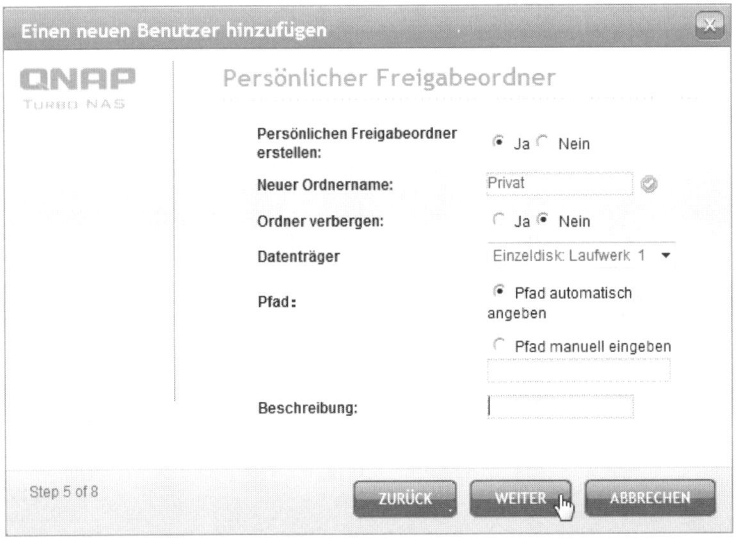

Bild 9.11: Praktisch: Hier wird beim Anlegen eines neuen Benutzers auf Wunsch auch gleich der diesem Benutzer zugeordnete persönliche Freigabeordner erstellt.

In einem solchen Fall stimmen Sie natürlich zu und überspringen damit den folgenden zweiten Schritt (»Einen neuen Freigabeordner anlegen«).

2. **Einen neuen Freigabeordner anlegen**
Wechseln Sie nun in den Einstellungen des NAS in den Bereich, der für die Verwaltung der Freigabeordner, Netzlaufwerke oder Shares zuständig ist. Der Begriff »Shares« steht in diesem Fall nicht für »Aktien«, sondern für »im Netzwerk freigegebene Laufwerke«, Netzlaufwerke oder Freigabeordner.

Legen Sie dort nun einen neuen Freigabeordner an. Dazu geben Sie dem neuen Ordner einen eigenen Namen und weisen ihn dann Ihrem unter Schritt 1 neu angelegten Benutzer zu. Achten Sie darauf, dass Ihr Benutzer Schreibrechte auf dem Laufwerk erhält. Diese Rechte werden manchmal auch mit dem Kürzel »rw« für »read/write« abgekürzt.

Bild 9.12: Die Vergabe der Zugriffsrechte ist bei jedem NAS-Gerätehersteller anders.

Beachten Sie außerdem, dass die Verwaltung von Zugriffsrechten auf Netzlaufwerke bei jedem Hersteller von NAS-Geräten ein klein wenig anders funktioniert. Im Idealfall finden Sie sich schnell zurecht oder erhalten über die Onlinehilfe des NAS die nötigen Informationen.

In seltenen Fällen reicht selbst der Blick ins ausführliche Handbuch (als PDF) nicht aus, dann müssen Sie einzelne Einstellungen ausprobieren.

3. **Der Zugriff auf den Freigabeordner**

   Sobald Sie das neue Laufwerk angelegt haben, melden Sie sich von der Browseroberfläche des NAS ab. Sicher möchten Sie Ihr neu angelegtes Netzlaufwerk ausprobieren und beispielsweise einige Dateien auf das NAS übertragen. Wie bereits angesprochen, sollte Ihr NAS im Windows Explorer links in der Ordnerspalte unter *Netzwerk* erscheinen.

   Doch ist Windows nach wie vor etwas langsam, wenn es um die Anzeige neu hinzugefügter Netzwerkgeräte geht. Erscheint Ihr NAS also noch nicht im Explorer, hilft Ihnen das Tool des NAS-Herstellers weiter. Hier findet sich, egal bei welchem Hersteller, immer auch eine Option, die Ihnen den direkten Zugang zu den Freigabeordnern des NAS im Windows Explorer verschafft. Im Fall des Finder-Tools von QNAP wählen Sie im Menü *Verbinden* die Option *Im Datei-Explorer öffnen.*

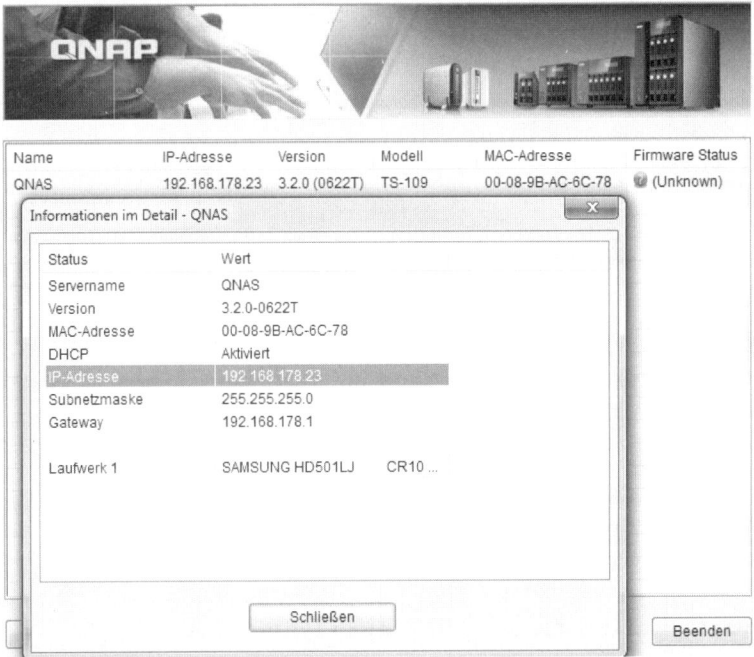

Bild 9.13: Jedes Suchtool eines Heimnetz-NAS bietet auch einen direkten Zugang zu den Netzwerkfreigaben.

Kurz darauf öffnet sich ein Explorer-Fenster, in dem alle Netzlaufwerke Ihres NAS angezeigt werden. Versuchen Sie, Ihr neu angelegtes Netzlaufwerk per Doppelklick zu öffnen, müsste nun eine Zugangsabfrage erscheinen. Hier geben Sie den Namen und das Passwort Ihres Benutzers ein, den Sie zuvor unter Schritt 1 angelegt haben.

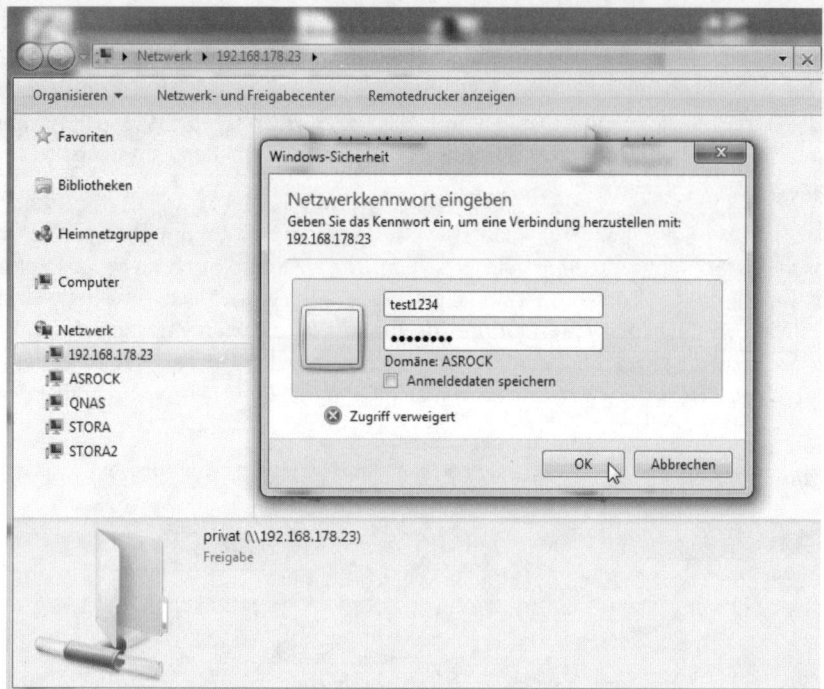

Bild 9.14: Da der Freigabeordner *privat* dem Benutzer *test1234* zugeordnet wurde, müssen für den Zugriff Benutzername und zugehöriges Passwort korrekt eingegeben werden.

Im Anschluss öffnet sich der Freigabeordner im Windows Explorer, und Sie können Ihr privates Netzlaufwerk verwenden, zum Beispiel indem Sie Dateien von Ihrem Notebook oder PC auf das NAS übertragen.

Auf die soeben beschriebene Weise können Sie für jeden Nutzer in Ihrem Heimnetz ein eigenes privates Netzlaufwerk anlegen.

9.4 Geschützte und öffentliche Freigaben

Beachten Sie, dass Sie in Ihrem NAS als Administrator, der ja Zugang zum Einstellungsbereich besitzt, jedes Netzlaufwerk beliebig konfigurieren können. Sie allein bestimmen, ob ein Laufwerk für jeden Benutzer im Heimnetz offen steht oder ob nur bestimmte Benutzer darauf Zugriff haben. Sie können auch Laufwerke einrichten, für die bestimmte Benutzer (Lese- und) Schreibrechte besitzen, andere hingegen nur Leseberechtigungen. Das ist beispielsweise sinnvoll, wenn Sie Ihre Fotosammlung ins Heimnetz stellen.

Sie legen dafür einen Freigabeordner namens *Bilder* an. Allerdings sollen Ihre Kinder die Fotos bei Bedarf zwar betrachten, nicht jedoch (versehentlich) löschen dürfen. Für diesen Ordner geben Sie Ihren Kindern folglich nur Leserechte, während die Eltern für diesen Ordner Lese- und Schreibrechte erhalten, zumal sie ja auch ständig neue Fotos in den Ordner hochladen.

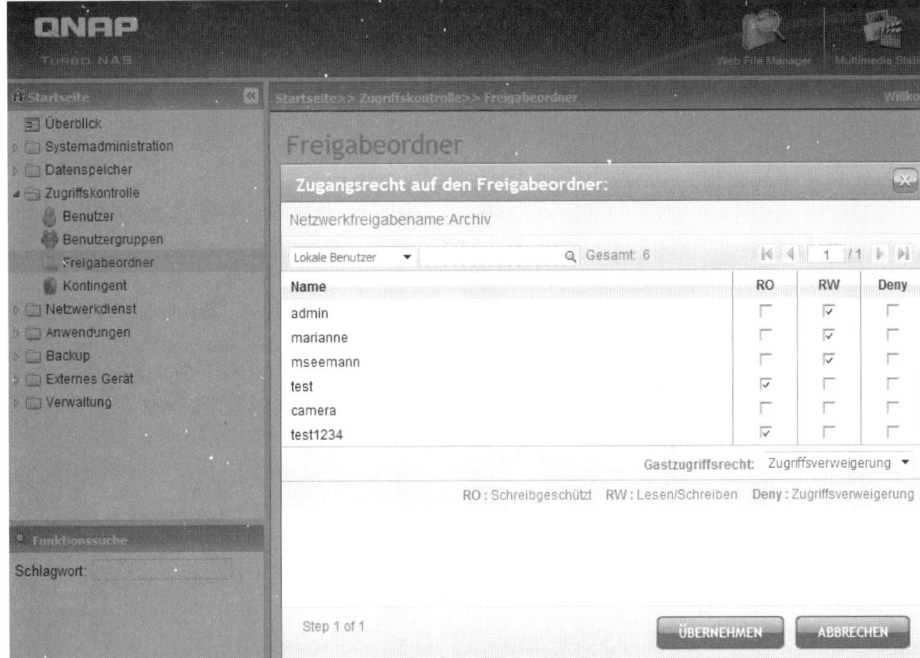

Bild 9.15: Dieses NAS-Modell von QNAP erlaubt für jedes Netzlaufwerk eine sehr detaillierte und dennoch übersichtliche Einstellung der Zugriffsrechte.

In der obigen Abbildung beispielsweise werden die Zugriffs- oder Zugangsrechte auf das Netzlaufwerk *Archiv* geregelt. Vollzugriff (Schreibrechte bzw. *RW*) erhalten neben dem *admin* auch die beiden Benutzer *marianne* und *mseemann*. Die Benutzer *test* und *test1234* erhalten hingegen nur lesenden Zugriff (*RO* für *read only*). Der folgende Infokasten fasst noch einmal die wichtigsten Begriffe zu Zugriffsrechten zusammen.

Info: Freigaben und Zugriffsrechte im NAS

Öffentlicher Ordner: Ein öffentlicher Ordner, häufig auch als Public-Ordner bezeichnet, ist für jeden Teilnehmer im Heimnetzwerk zugänglich, und zwar ohne jegliche Zugriffsbeschränkung. Hier kann also jeder Benutzer beliebig Inhalte lesen, hineinschreiben und selbstverständlich auch löschen.

Ordner mit Zugriffsbeschränkung: Dieser Ordner kann entweder nur von bestimmten Benutzern (mit Passwort und entsprechenden Benutzerrechten) geöffnet werden, oder er ist zwar für jedermann zugänglich, allerdings nur mit Lesezugriff.

Benutzer mit Schreibrechten: Dieser Benutzer hat (auf einen bestimmten Freigabeordner) Vollzugriff und kann Daten in diesen Ordner hineinschreiben, löschen oder kopieren (lesen). Ein Benutzer mit Schreibrechten hat auch immer automatisch Leserechte. Die Rechte für einen solchen Benutzer werden auch mit »rw« abgekürzt (read/write für lesen/schreiben).

Benutzer mit Leserechten: Dieser Benutzer darf die Inhalte eines bestimmten Ordners lesen, aber den Inhalt des Ordners nicht ändern. Er kann Ordnerinhalte öffnen und beliebig kopieren, darf diesem Ordner aber keine Dateien hinzufügen oder gar welche löschen. In diesem Fall lautet die Abkürzung »ro« (read-only für nur lesen).

9.5 Sichern der gespeicherten NAS-Daten

Worüber sich jeder NAS-Besitzer unbedingt Gedanken machen sollte, ist die Sicherung der Daten, die auf dem NAS gespeichert sind. Bei so einer zentralen Ablage für gemeinsam genutzte oder private Datenbestände käme ein Verlust dieser wertvollen Daten – ob nun die Foto-, Musik- oder Videosammlung – einer mittleren Katastrophe gleich. Noch problematischer kann der Verlust bestimmter Dokumente sein, wie zum Beispiel Steuerunterlagen oder gar die Rohfassung einer umfassenden Arbeit (Referat, Facharbeit, Diplomarbeit etc.).

Gibt nämlich die interne Festplatte im NAS unerwartet ihren Geist auf, sind alle Daten auf dieser Festplatte meist rettungslos verloren. Und defekte Festplatten sind keine Seltenheit. Jeder Anwender, der bereits längere Zeit mit PCs oder Notebooks arbeitet, dürfte in dieser Beziehung schon Erfahrungen gesammelt haben.

Doch lässt sich der genaue Zeitpunkt für solch einen Festplattendefekt nur schwer vorhersagen. Zwar lesen auch die meisten NAS-Geräte die sogenannten SMART-Daten der internen Festplatte aus, doch ist auf diese Werte nur bedingt Verlass.

Die Abkürzung SMART steht für »Self-Monitoring, Analysis and Reporting Technology«. Hierbei handelt es sich um einen in der Festplatte implementierten Industriestandard. Der SMART-Standard soll durch das ständige Überwachen bestimmter Parameter und deren Veränderung vor dem bevorstehenden Ausfall eines Festplattenlaufwerks warnen.

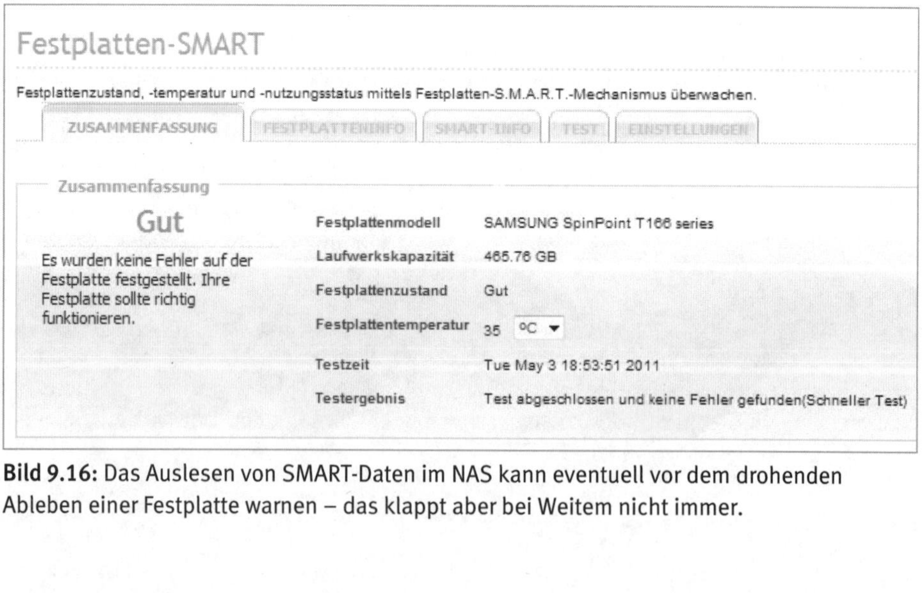

Bild 9.16: Das Auslesen von SMART-Daten im NAS kann eventuell vor dem drohenden Ableben einer Festplatte warnen – das klappt aber bei Weitem nicht immer.

Beunruhigende Studie

Im Rahmen einer Google-Studie aus dem Jahr 2007 wurden innerhalb eines Zeit-
raums von neun Monaten Ausfalldaten aller großen Festplattenhersteller zusammengetragen und ausgewertet. Das Ergebnis war nicht sehr vertrauenerweckend: Nur bei
64 Prozent der Festplattenausfälle, was knapp zwei Dritteln entspricht, gab SMART
vorab entsprechende Warnungen aus. Die restlichen 36 Prozent der betroffenen
Laufwerke verabschiedeten sich, obwohl die Festplatten laut SMART völlig in
Ordnung waren.

Ist Ihr Laufwerk also tatsächlich defekt, stehen die Chancen laut Google-Studie bei 64
Prozent, dass SMART den Defekt rechtzeitig erkennt – und Sie Ihre Daten rechtzeitig
auf ein anderes Laufwerk retten können. Darauf sollten Sie sich nicht verlassen –
weder bei den Laufwerken Ihres PCs noch Ihres Notebooks und ebenso wenig bei
einer internen NAS-Festplatte.

Die beste Vorsorge liegt deshalb in der Sicherung seiner wertvollen Daten auf ein zweites
Speichermedium. Die Wahrscheinlichkeit, dass beide Datenträger gleichzeitig den Geist
aufgeben, ist zweifellos erheblich geringer.

Wer die Inhalte auf seiner Netzwerkfestplatte sichern möchte – und das ist bei wichtigen
Daten unbedingt zu empfehlen –, kann hierzu verschiedene Strategien verfolgen. Die
unkomplizierteste und flotteste Variante ist sicherlich die der Datenspiegelung.

9.5.1 Datensicherung mit RAID-System

NAS-Geräte mit zwei internen Festplatten erlauben eine komfortable Sicherungsmethode als sogenanntes RAID-System. Der Begriff steht für »Redundant Array of Inde-
pendent Disks«, was sich mit »redundante Anordnung unabhängiger Festplatten« übersetzen lässt. Mit einem RAID-System lässt sich unter anderem die Sicherheit der Daten,
die auf den einzelnen,beteiligten Festplatten gespeichert sind, deutlich erhöhen. Fällt
eine (interne) Platte im RAID-System aus, lassen sich alle Daten komplett wiederherstellen.

Für Festplatten im Heimnetzwerk spielt vor allem der RAID-1-Modus eine Rolle, da
inzwischen zahlreiche NAS-Modelle mit zwei Platzhaltern oder Einschüben für interne
Festplatten im Handel erhältlich sind.

Bild 9.17: Bei diesem 2-Bay-NAS gestaltet sich ein Plattenwechsel relativ unkompliziert.

Ein Einschub im NAS, der eine interne Festplatte aufnehmen kann, wird im Fachjargon auch als »Bay« (zu Deutsch Bucht) bezeichnet. Ein NAS, das zwei Festplatten aufnehmen kann, ist demnach ein 2-Bay-NAS. Allerdings wird von verschiedenen Onlinehändlern anstelle von »Bay« auch häufig die Bezeichnung »Slot« (Steckplatz) verwendet.

Je nach Hersteller, Modellreihe und Händler sind die Geräte bereits mit zwei internen Festplatten bestückt, manche enthalten nur eine interne Festplatte, wieder andere Netzspeicher werden ohne interne Festplatten (»nackt«) geliefert. In den beiden letztgenannten Fällen müssen Sie die internen Laufwerke also kaufen und nachrüsten, da Sie sonst keine Datensicherung über RAID 1 durchführen können.

9.5.2 Datenspiegelung im RAID 1-Modus

Bei der Datenspiegelung (RAID-1-Modus) wird der Inhalt der einen Festplatte vollautomatisch auf die zweite interne Festplatte abgebildet oder gespiegelt. Fällt eine der beiden Festplatten aus, sind alle Daten trotzdem vollständig auf der zweiten, noch intakten Platte gesichert.

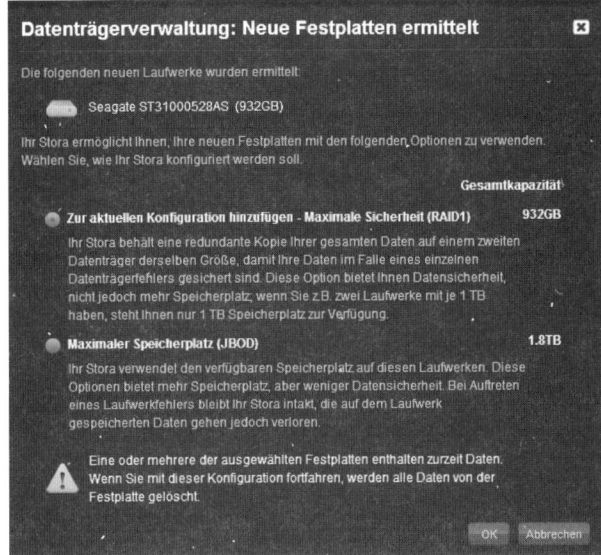

Bild 9.18: Auch beim nachträglichen Einbau einer zweiten Platte sollten die Daten auf der ersten Platte vor dem Umschalten auf RAID 1 gesichert werden.

Dieser RAID-1-Modus ist jedoch nicht automatisch bei jedem 2-Bay-Modell werkseitig eingerichtet. Viele NAS-Geräte laufen zunächst im sogenannten JBOD-Modus oder sind gar als RAID 0 konfiguriert. JBOD steht als Abkürzung für »Just a Bunch of Disks«, was sich etwa mit »eine Ansammlung von Platten« übersetzen lässt.

9.5.3 Keine Sicherheit bei JBOD oder RAID 0

Diese beiden Speichermodi sind auf maximalen Speicherplatz (JBOD) oder maximale Performance (RAID 0) ausgelegt, bieten jedoch beide keine Sicherung beim Ausfall eines internen Laufwerks.

Schlimmer noch: Sowohl RAID 0 als auch JBOD fassen die beiden internen Festplatten zu einem logischen Laufwerk zusammen. Während RAID 0 die Daten nun gleichmäßig auf beide Platten verteilt, füllt JBOD zunächst die eine und dann die nächste Platte.

Fällt nun eine der beiden internen Festplatten aus, sind bei einem RAID-0-System mit einem Schlag alle Daten verloren. Bei JBOD besteht immerhin noch die Chance, dass ein Teil der Daten auf der nicht betroffenen Platte gerettet werden kann – doch auch darauf sollte man sich nicht verlassen. Manche NAS-Geräte behandeln im JBOD-Modus jede interne Platte als getrenntes Laufwerk. Nur hier können die Daten der noch intakten Platte sicher gerettet werden. Die der ausgefallenen Platte sind nach wie vor verloren.

9.5.4 Vorsicht beim Wechsel auf RAID 1

Deshalb sollten Sie bei einem neu gekauften 2-Bay-NAS sofort prüfen, welcher Speichermodus für die internen Platten aktiviert ist – und notfalls direkt auf RAID 1 umstellen. Die entsprechende Einstellung hierzu finden Sie in der Benutzeroberfläche des NAS meist unter dem Rubriknamen *Laufwerkverwaltung* oder *Datenträgerverwaltung*.

Achtung! Falls Sie diese Einstellung, oder besser Umstellung, nachträglich vornehmen möchten, sollten Sie zuvor unbedingt alle Daten, die sich bereits auf dem NAS befinden, auf einen dritten Speicher sichern. Denn bei der Umstellung auf RAID 1 werden durch die komplette Neuorganisation der Speicherung meist beide internen Festplatten komplett gelöscht.

Ähnliches gilt übrigens, wenn Sie Ihr 2-Bay-NAS zunächst mit einer internen Festplatte betrieben haben, dann nachträglich eine zweite Platte einbauen und auf den RAID-1-Betrieb umstellen möchten. Auch in diesem Fall sichern Sie am besten Ihre Daten, die sich noch auf Platte 1 befinden, auf einen alternativen Speicher. Erst dann setzen Sie die zweite Platte ein und stellen auf RAID 1 um.

Nach der erfolgreichen Umstellung auf RAID 1, was je nach Plattengröße mehrere Stunden dauern kann, läuft die Sicherung Ihrer Daten vollautomatisch ab. Sobald Sie nun eine Datei auf Ihr NAS übertragen, wird diese Datei auf Platte 1 gespeichert und gleichzeitig auf Platte 2 gespiegelt.

Sollte eine der beiden Platten defekt sein, wechseln Sie diese aus, und RAID 1 sorgt dafür, dass die Inhalte der noch intakten auf die neu eingesetzte Platte übertragen werden.

Sicherungskosten
Der Nachteil dieser Sicherungsmethode mit RAID 1: Bei zwei eingebauten 1-TByte-Laufwerken, also insgesamt 2 TByte Speicher, lässt sich nur 1 TByte als effektiver Datenspeicher nutzen, da die zweite Platte allein zur Datensicherung benötigt wird. Trotzdem empfehle ich jedem Anwender, der halbwegs wertvolle Daten auf seinem NAS speichert, die Datenspiegelung (RAID 1) als Sicherungsmethode. Eine interne 1-TByte-Platte ist inzwischen für gut 40 Euro zu haben, und 1,5-TByte-Laufwerke kosten nicht einmal mehr 50 Euro. Das sollte einem die Sicherheit seiner Daten schon wert sein.

9.5.5 NAS-Geräte mit mehr als zwei Laufwerken

Selbstverständlich finden sich auch NAS-Geräte im Handel, die mehr als zwei interne Festplatten aufnehmen können – und dementsprechend auch andere Möglichkeiten zur Datensicherung besitzen. Auf diese oft deutlich höherpreisigen NAS-Geräte, die meist mit vier (oder mehr) internen Festplatteneinschüben (Bays) ausgestattet sind, soll hier nur der Vollständigkeit halber eingegangen werden.

Bild 9.19: Buffalos TeraStation ES fasst bis zu 8 TByte Speicher und unterstützt RAID 5, doch für den Einsatz im Wohnzimmer eignet es sich eher weniger. (Quelle: *www.buffalotech.com*)

NAS-Geräte mit mehr als zwei internen Festplatten unterstützen in der Regel den RAID-5-Modus, der zur Datensicherung erheblich weniger Speicher benötigt. Während bei RAID 1 der gesamte zur Verfügung stehende Speicher aufgrund der Datenspiegelung halbiert wird, berechnet sich bei RAID 5 der zur Verfügung stehende Speicher wie folgt:

```
(Festplattenanzahl - 1) x Speicher der kleinsten Festplatte
```

Wendet man diese Formel beispielsweise auf ein NAS-Gerät mit vier internen 1-TByte-Platten an, ergibt sich laut Formel:

```
(4 - 1) x 1 TByte = 3 TByte
```

So lassen sich von der Gesamtkapazität 4 TByte immerhin 3 TByte, also 75 Prozent, als Speicher für Daten verwenden, während bei RAID 1 nur 50 Prozent des Gesamtspeichers als nutzbarer Speicher übrig bleiben.

Auch bei RAID 5 bleiben ebenso wie bei RAID 1 alle Daten erhalten, falls ein Laufwerk ausfällt. Fällt noch ein zweites Laufwerk aus, bevor das erste ersetzt wurde, sind alle Daten verloren.

9.5.6　RAID 5 im Heimnetz eher die Ausnahme

Allerdings wurden solche RAID-5-Geräte ab vier internen Platten meist weniger für das Heimnetz, sondern in erster Linie für den Einsatz in Firmen oder größeren Büros entworfen.

Denn diese Multi-Bay-Geräte sind nicht nur deutlich teurer in der Anschaffung, sondern verbrauchen aufgrund der zahlreichen internen Festplatten auch mehr Energie (Strom). Das wiederum hat zur Folge, dass diese Geräte auch erheblich mehr Abwärme erzeugen und deshalb stärker gekühlt werden müssen. Die hierzu erforderliche aktive Kühlung mit einem oder mehreren im Gehäuse verbauten Ventilatoren sowie mehreren rotierenden Festplatten erzeugen wiederum eine nicht zu überhörende Geräuschkulisse – und damit erübrigt sich der Einsatz solcher Geräte im häuslichen Umfeld (Wohnzimmer!) in der Regel.

Darüber hinaus sind solche Business-NAS-Geräte grundsätzlich mit verschiedenen Funktionalitäten für Firmennetzwerke ausgestattet, die in einem Heimnetz niemals benötigt werden und einen Großteil der Anwender, die nicht zufällig Netzwerkadminist-rator von Beruf sind, höchstwahrscheinlich überfordern.

Dennoch wird es immer wieder einzelne Anwender mit einem Bedarf an solch großen Speicherkapazitäten geben, die sich deshalb einen solchen Speicherriesen ins Heimnetz integrieren.

9.5.7 Datensicherung auf ein 1-Bay-NAS

Sehr viel häufiger finden sich jedoch die Anwender, die stattdessen mit einem sehr viel günstigeren, typischen Heimnetz-NAS mit nur einer internen Festplatte liebäugeln. Bei einem solchen »1-Bay-NAS« ist eine Datenspiegelung über den RAID-1-Modus natür-lich nicht möglich. Trotzdem passen inzwischen bis zu 2 TByte Daten auf ein solches NAS, die im Fall eines Ablebens der internen Platte nicht alle verloren gehen sollen.

Ähnliches gilt für den, der zwar ein 2-Bay-NAS besitzt, jedoch lieber den kompletten Speicher im JBOD-Modus nutzt und stattdessen nur einige wenige Ordner oder Dateien explizit sichern möchte.

Glücklicherweise finden sich auch hier alternative Sicherungsmöglichkeiten. Vor allem bei 1-Bay-NAS-Geräten sollten Sie darauf achten, dass sich darauf gespeicherte Daten in irgendeiner Form, im Idealfall sogar automatisch, auf ein anderes externes Speicher-medium sichern lassen.

9.5.8 USB- oder eSATA-Schnittstelle

Einige NAS-Geräte bieten USB- oder eSATA-Schnittstellen für den Anschluss von externen Festplatten, die dann als Backup-Laufwerk für bestimmte Verzeichnisse oder komplette Ordnerfreigaben auf dem NAS verwendet werden können.

Bild 9.20: An dieses QNAP TS-119 lassen sich externe Speichermedien sowohl per USB als auch per eSATA anschließen und als Backup-Medium nutzen. (Quelle: *www.qnap.com*)

Die Sicherung auf externe Speichermedien ist eine durchaus interessante Alternative zur Datenspiegelung mit RAID 1. Allerdings ist sie nicht ganz so komfortabel, da die externen Geräte an das NAS angeschlossen werden müssen und außerdem Einstellungen im NAS vorgenommen werden müssen (Backup-Auftrag).

Bild 9.21: QNAP bietet eine praktische Funktion für Backups auf externe Speichermedien, die auf Wunsch auch nur einzelne, besonders wichtige Ordner oder Verzeichnisse aus dem NAS sichert.

9.5.9 Sonderform: das selektive Spiegeln

Eine besonders ausgefeilte Lösung bietet Hersteller LG mit seinem 2-Bay-Laufwerk N2A2. Hier lässt sich in der Datenträger- oder Festplattenverwaltung eine Sonderform der Datenspiegelung, das sogenannte »selektive Spiegeln«, einrichten. Dabei wird ein von der Speichergröße her individuell festlegbarer Teil als RAID 1 gefahren, während der verbleibende Speicher voll, aber ungesichert, genutzt werden kann.

Ein Beispiel: Sie möchten 250 GByte auf dem LG-NAS (nächste Seite) besonders schützen. Diese 250 GByte werden also selektiv als RAID 1 gespiegelt, wofür weitere 250 GByte auf dem zweiten internen Laufwerk veranschlagt werden.

Bei einer Gesamtkapazität von 2 x 1 TByte (2 x 1.000 GByte) bleiben Ihnen dann immer noch 2 x 750 GByte oder 1,5 TByte an Restspeicher übrig. Würde man das gesamte 2-TByte-NAS mit RAID 1 fahren, hätte man insgesamt nur 1 TByte effektiven Speicher zur Verfügung, da ja Platte 1 auf Platte 2 gespiegelt wird. Eine durchaus interessante Lösung.

Neueste
Technologien für
perfekte
Performance

LG N2A2 NAS - Network Attached Storage

Network Attached Storage mit integriertem DLNA Server und 2 x 1 TB 3.5" SATA Festplatten

Bei diesem neuartigen NAS System von LG ist alles auf
Performance und Streaming ausgelegt. Die Spiegelung einzelner
Verzeichnisse und auch die Verwendung mit iTunes® ist mit dem
LG N2A2 möglich. Neue Top Features sind der Smartphone
Support und das Thema Heimüberwachung über USB/IP
Kameras. Dank der 2 Festplattenschächte und 2 TB
Speicherplatz ist dieses NAS System ideal, um viele Daten in
Ihrem Heimnetzwerk zu verwalten.

Bild 9.22: Das 2-Bay-NAS N2A2 von LG bietet über das »selektive Spiegeln« einen interessanten Kompromiss zwischen Sicherheit und maximaler Speichernutzung. (Quelle: *www.lg.com*)

9.5.10   Versehentliches Löschen ausgeschlossen

Wovor Sie allerdings auch ein RAID 1 nicht schützen kann, ist die eigene Nachlässigkeit – oder Dummheit. Wenn Sie beispielsweise Dateien auf der Festplatte Ihres PCs löschen, landen diese zunächst im Papierkorb. Das ist auch gut so, denn sollte sich herausstellen, dass Sie eine Datei oder ein ganzes Verzeichnis versehentlich gelöscht haben, holen Sie es einfach wieder aus dem Papierkorb heraus. Bei einem Netzlaufwerk sieht die Sache in der Regel etwas anders aus. Denn alle Daten, die Sie im Netz löschen, sind zunächst einmal unwiederbringlich verloren.

Glücklicherweise bieten auch hier manche Festplattenhersteller eine sinnvolle Einrichtung namens »Netzwerkpapierkorb«. Dieser erfüllt den gleichen Zweck in den Netzlaufwerken des NAS wie der Papierkorb auf dem Desktop Ihres PCs oder Notebooks. Allerdings ist dieser Netzwerkpapierkorb in den Werkeinstellungen einer Netzwerkfestplatte noch nicht aktiviert. Das sollten Sie unbedingt nachholen. Sehen Sie dazu notfalls im Handbuch des NAS nach.

Unter anderem bieten die Hersteller QNAP, Buffalo und LG in ihren NAS-Geräten fürs Heimnetz ein solches »Rückhaltebecken« für versehentlich gelöschte Daten an.

Falls Sie jedoch häufig mit größeren Dateien (Filmen, ISO-Images etc.) auf Ihrem NAS hantieren und diese zum Teil auch wieder (gewollt) löschen, wird Ihr Netzwerkpapierkorb in relativ kurzer Zeit sehr viel Speicherplatz verschlingen.

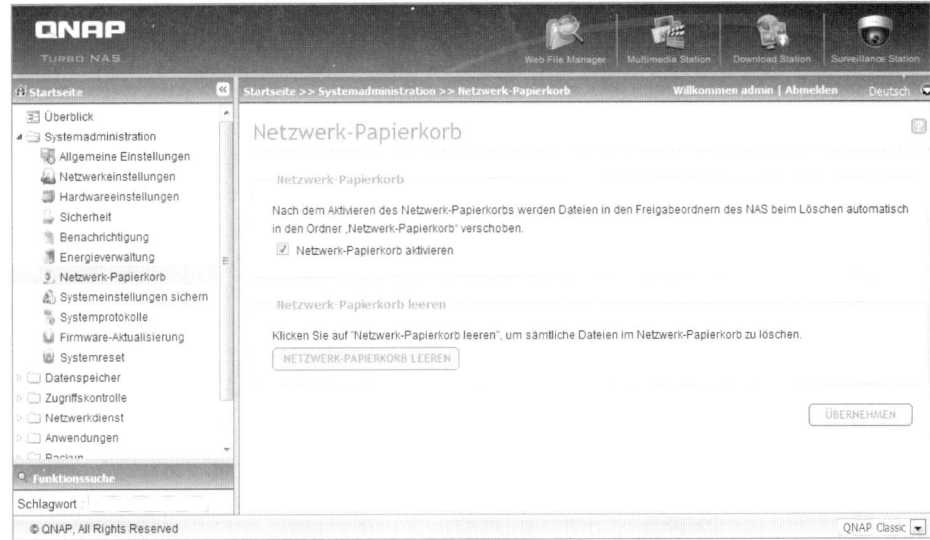

Bild 9.23: Besitzt Ihr NAS einen Netzwerkpapierkorb, sollten Sie diesen auch unbedingt aktivieren. Vergessen Sie jedoch nicht, ihn hin und wieder auch einmal zu leeren.

Um wieder freien Speicherplatz auf dem NAS zu erhalten, bleibt Ihnen dann gar nichts anderes übrig, als den Netzwerkpapierkorb hin und wieder mal zu durchforsten und definitiv nicht mehr benötigte Elemente endgültig zu entfernen. Nur wenn Sie sich ganz sicher sind, sollten Sie den Netzwerkpapierkorb vollständig leeren.

9.6   NAS als Backup-Speicher

Wie im letzten Kapitel bereits angesprochen, kann jede Festplatte im schlimmsten Fall ohne jede Vorwarnung ihren Geist aufgeben – und dazu zählt eben auch der interne Speicher Ihres PCs oder Ihres Notebooks.

Nicht jeder Anwender wird alle seine Daten und Dokumente vollständig auf die Netzwerkfestplatte auslagern oder auslagern wollen. Das gilt zum Beispiel für Dokumente, die man auch außerhalb der eigenen vier Wände benötigt und bearbeiten möchte, oder Dokumente, die man nur an einem bestimmten Rechner bearbeitet, weil nur auf diesem Rechner eine bestimmte Software installiert ist.

Aus dem eingangs genannten Grund sollte man jedoch auch diese lokal gespeicherten Dokumente unbedingt absichern, indem man sie als Backup auf einen zweiten, unabhängigen Datenspeicher sichert. Und eine Netzwerkfestplatte eignet sich geradezu perfekt für diese Aufgabe.

9.6.1   Tools für Backup-Aufgaben

Für solche Backup-Aufgaben gibt es mittlerweile jede Menge Tools – kostenpflichtig und gratis. Zwar könnte man einfache Datensicherungen auf eine Netzwerkfestplatte auch von Hand im Windows Explorer erledigen, doch das ist etwas umständlich und auch nicht besonders zuverlässig, weil man die Durchführung des Backup zuweilen vergisst. Ein Backup-Tool, das im Hintergrund läuft, sobald Sie Ihren Rechner gestartet haben, führt diese Aufgabe automatisch aus, und Sie müssen sich um nichts weiter kümmern, als die Backup-Aufgabe einmal korrekt einzurichten.

Die meisten NAS-Hersteller legen ihren Geräten standardmäßig ein Backup-Tool bei, um Datensicherungen vom PC oder Notebook auf die Netzwerkfestplatte durchführen zu können. Auch lassen sich diese Tools in der Regel auf mehreren, teilweise sogar beliebig vielen Rechnern im Heimnetz installieren, sodass von jedem einzelnen Client Dateien, Verzeichnisse oder ganze Laufwerke gesichert werden können.

Ich empfehle Ihnen wärmstens, diese Tools auf Ihren Rechnern im Heimnetz auch wirklich einzusetzen. Wer kein Backup-Tool zur Verfügung hat oder mit der mitgelieferten Backup-Software nicht klarkommt, kann hierzu auch das kostenlose Microsoft-Tool SyncToy verwenden.

9.6.2 Datensicherung mit Microsoft SyncToy

Das englischsprachige SyncToy ist streng genommen kein echtes Backup-Tool, sondern eine Synchronisierungssoftware. Mit SyncToy lässt sich beispielsweise ein Ordner (Verzeichnis) auf einem PC oder Notebook mit einem zweiten Ordner automatisch abgleichen.

Dieser zweite Ordner kann sich auf einem lokalen Laufwerk desselben Rechners, auf einem externen Laufwerk oder auf einem Netzlaufwerk (Freigabeordner) befinden. Mit den richtigen Einstellungen lässt sich SyncToy somit auch für einfache Datensicherungsaufgaben verwenden.

Der folgende Workshop zeigt, wie Sie eine solche Backup-Aufgabe vom PC (Notebook) aus auf einen Ordner Ihres NAS einrichten.

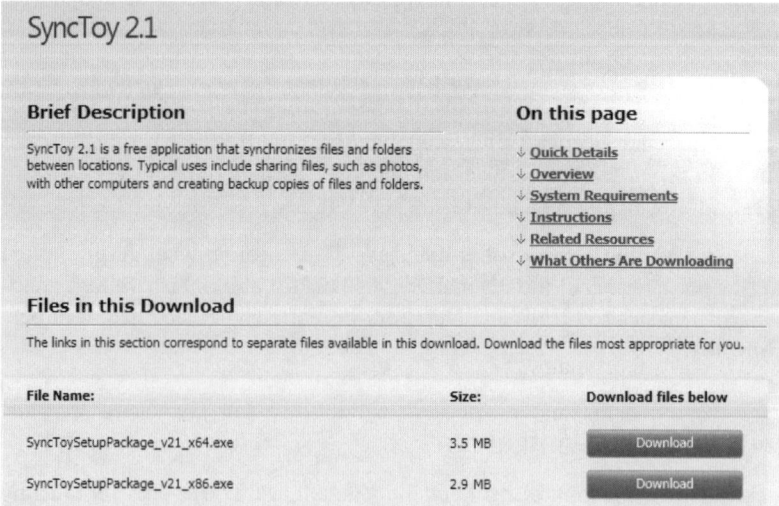

Bild 9.24: SyncToy steht in zwei Download-Versionen (*x64.exe* und *x86.exe*) zur Verfügung.

SyncToy herunterladen und installieren

Laden Sie sich SyncToy zunächst von der Microsoft-Homepage herunter. Zum Zeitpunkt des Redaktionsschlusses hatte die Software die aktuelle Versionsnummer 2.1. Im Anschluss installieren Sie das Tool auf dem Rechner, dessen Daten Sie auf eine Ordnerfreigabe Ihres NAS sichern möchten,

1. **Download auf amerikanischer Microsoft-Site**

   Das Microsoft-Tool SyncToy finden Sie leider nicht auf der deutschen, sondern nur auf der amerikanischen Download-Seite von Microsoft unter *www.microsoft.com/downloads*. Geben Sie *synctoy* in die Suchleiste oben ein und klicken Sie auf das Suchergebnis mit der höchsten Versionsnummer (SyncToy 1.2). Auf der folgenden Seite erscheint SyncToy in zwei Download-Versionen: als 32-Bit- (x86) und als 64-Bit-(x64)Version.

2. **Systemtyp des eigenen Betriebssystems ermitteln (32 oder 64 Bit)**

   Falls Sie nicht wissen, welche Windows-Version (32 oder 64 Bit) auf Ihrem Rechner installiert ist, öffnen Sie links unten das Startmenü von Windows und gehen dann per rechtem Mausklick auf die Menüoption *Computer*. Im sich nun öffnenden Kontextmenü wählen Sie die Option *Eigenschaften*. Es erscheint ein Systemsteuerungsfenster mit Basisinformationen zu Ihrem Computer.

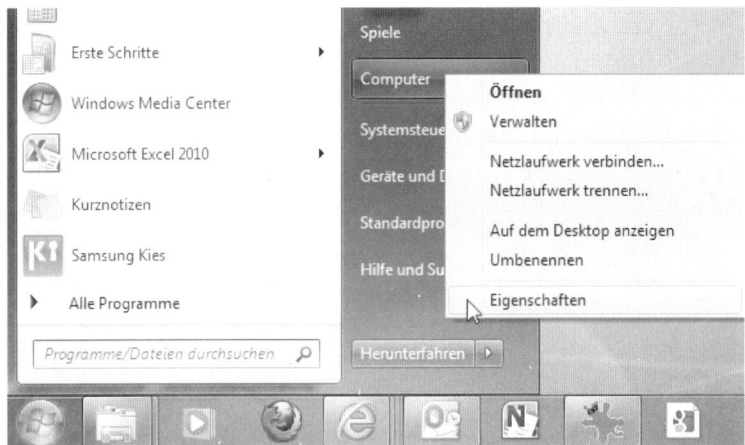

Bild 9.25: Mit einem Rechtsklick auf *Computer* im Windows-Startmenü und der Option *Eigenschaften* im Kontextmenü öffnen Sie das Fenster mit den Basisinformationen zu Ihrem Computer.

Unter der Rubrik *System* finden Sie unter anderem auch den *Systemtyp*, der angibt, ob es sich bei Ihrem Windows um ein *64 Bit-Betriebssystem* (siehe Abbildung) oder um ein *32 Bit-Betriebssystem* handelt.

Laden Sie dementsprechend die passende SyncToy-Version auf Ihren Rechner herunter. *x86* steht dabei für 32 Bit, *x64* für 64 Bit.

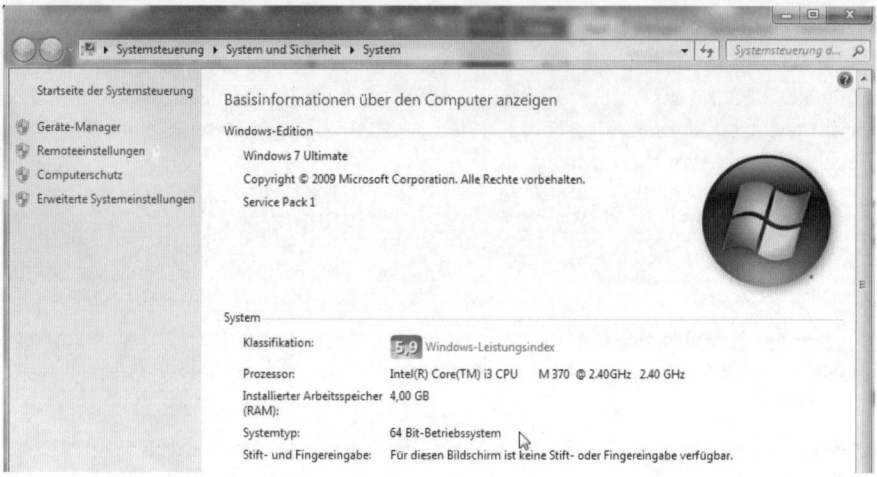

Bild 9.26: Hier erfahren Sie, ob es sich bei Ihrem Windows um eine 32-Bit-(x86-) oder um eine 64-Bit-(x64-)Version handelt.

3. **SyncToy installieren**

   Starten Sie nun die Setup-Datei und bestätigen Sie zunächst mit zwei Klicks auf *Accept* die Installation einiger *Components* und *Services*, die SyncToy benötigt. Kurz darauf startet der Setup Wizard, der darauf hinweist, dass es zu Fehlern kommen könnte, falls eine ältere Version von SyncToy gerade zwei Ordner miteinander abgleicht, während Sie die neuere Version installieren.

   Da Sie höchstwahrscheinlich keine ältere SyncToy-Version installiert haben, setzen Sie gleich ein Häkchen vor *I have read and understand the warning above* und klicken dann auf *Next*.

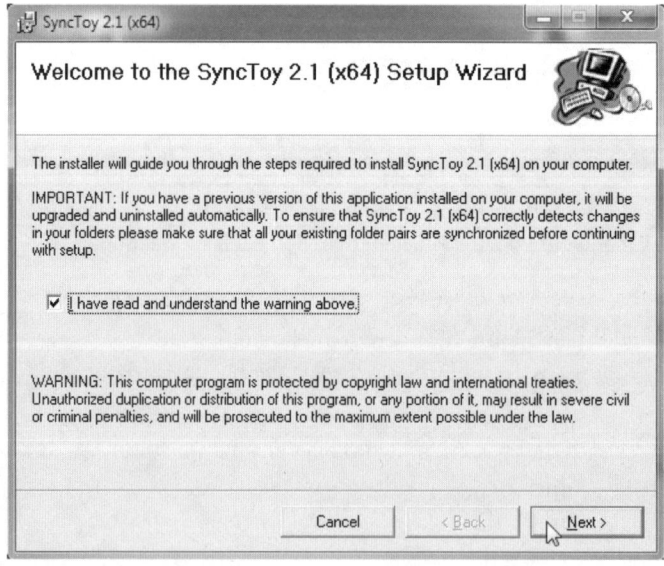

Bild 9.27: Setzen Sie ein Häkchen vor *I have read and understand the warning above*, da Sie sonst nicht auf *Next* klicken können.

Stimmen Sie dem folgenden *Licence Agreement* zu, indem Sie *I Agree* aktivieren, und gehen Sie anschließend mehrmals hintereinander auf *Next*, bis schließlich die eigentliche Installation des Tools ausgeführt wird. Danach schließen Sie den Assistenten mit einem Klick auf *Close*.

9.6.3 Anlegen eines SyncToy-Sicherungsauftrags

SyncToy arbeitet immer mit zwei Ordnern oder Verzeichnissen, auch Ordnerpaare genannt. Beim ersten Ordner handelt es sich um den Quellordner, dessen Inhalt in den zweiten Ordner (Zielordner) gesichert werden soll.

Im folgenden Abschnitt legen Sie nun einen Backup- oder Sicherungsauftrag an, indem Sie SyncToy zunächst den Pfad des Quellordners mitteilen. Dieser befindet sich auf Ihrem PC (Notebook) und enthält die Dateien, die Sie gern sichern möchten.

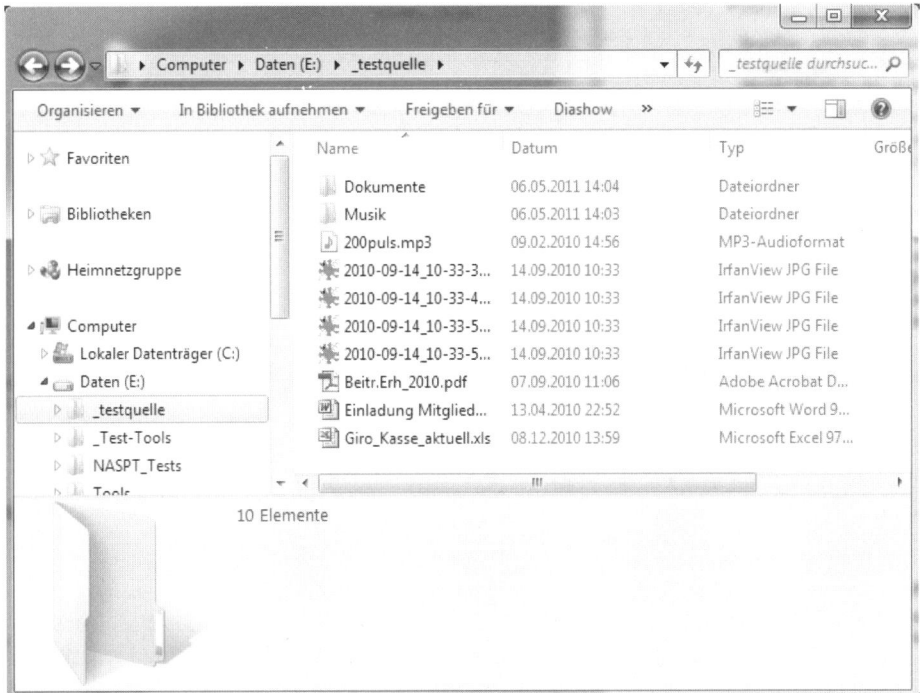

Bild 9.28: Im Folgenden soll ein beliebiges lokales Verzeichnis (in diesem Beispiel *E:_testquelle*) auf ein Netzlaufwerk auf dem NAS gesichert werden.

Dann benötigt SyncToy den Pfad des Zielordners auf dem NAS, damit es »weiß«, wohin es die Inhalte des Quellordners sichern soll. Schließlich muss SyncToy noch wissen, wie es die Daten sichern soll. Hierzu stehen insgesamt fünf verschiedene Möglichkeiten bereit, die sich scheinbar nur minimal unterscheiden – tatsächlich jedoch ganz entscheidende Auswirkungen auf die Sicherheit Ihrer Daten haben können.

1. **Quell- und Zielordner festlegen**

   Für Sie als SyncToy-Neuling ist es übrigens durchaus sinnvoll, Ihren ersten Backup-Versuch erst einmal mit zwei Probeverzeichnissen durchzuführen. So bekommen Sie einen ersten Eindruck davon, wie das Tool »tickt«, und können verschiedene Einstellungen und deren Auswirkungen gefahrlos nachvollziehen.

   Bevor Sie also SyncToy zum ersten Mal starten, legen Sie sich zunächst einen beliebigen Quellordner lokal auf Ihrem Rechner an und füllen diesen mit einigen Dateien wie Fotos, MP3s oder Dokumenten. Kopieren Sie ruhig auch einen Ordner mit Unterordnern hinein. Allerdings sollten Sie Ihren Testordner nicht zu groß machen, da sonst die Synchronisation mit Ihrem NAS zu lange dauert.

   Legen Sie sich dann noch einen beliebigen leeren Zielordner auf einem beliebigen Netzlaufwerk (Ordnerfreigabe/Freigabeordner) Ihres NAS an.

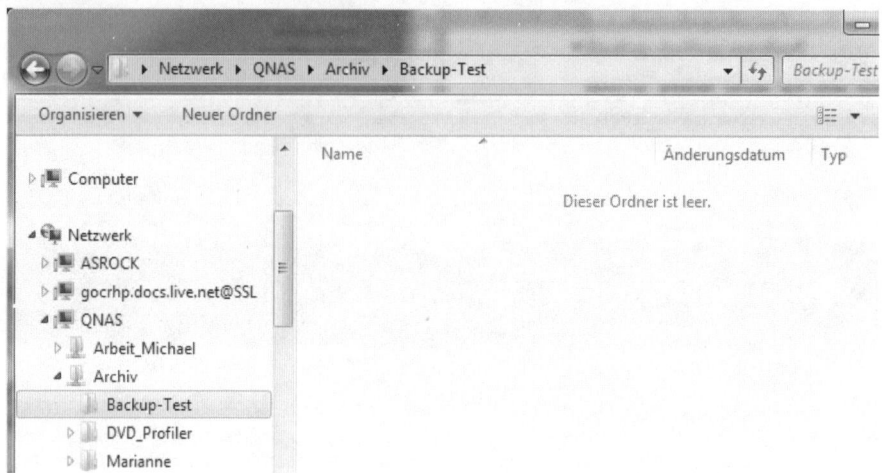

Bild 9.29: Als Zielordner für die Datensicherung dient ein beliebiges Verzeichnis einer Ordnerfreigabe auf dem NAS (in diesem Beispiel: *QNAS**Archiv**Backup-Test*).

2. **Quell- und Zielordner in SyncToy eintragen**

   Starten Sie nun SyncToy über *Start/Alle Programme*. Das erste Fenster zum *Customer Experience Improvement Program* bestätigen Sie ohne Änderung der Voreinstellung mit *OK*. Das Startfenster des Tools erscheint und begrüßt Sie mit *Welcome to SyncToy*.

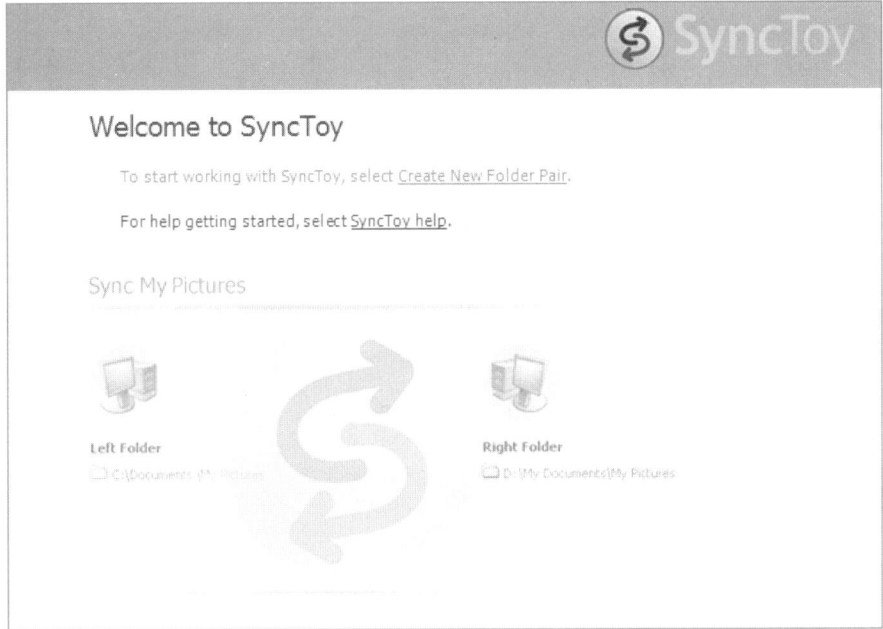

Bild 9.30: Der linke Ordner (*Left Folder*) symbolisiert das Quelllaufwerk, der Ordner rechts (*Right Folder*) stellt das Ziellaufwerk dar.

Klicken Sie nun auf *Create New Folder Pair*, öffnet sich ein neues, kleineres Fenster namens *Create New Folder Pair (1 of 3)* mit zwei Eingabefeldern und jeweils einer *Browse*-Schaltfläche darunter.

Wählen Sie zunächst den linken *Browse*-Button und klicken Sie sich im folgenden Dialogfeld bis zu Ihrem lokalen Quellordner durch, dessen Inhalt gesichert werden soll. Markieren Sie diesen Ordner und bestätigen Sie mit *OK*. Das Dialogfenster schließt sich, und im linken Eingabefeld unter *Left Folder* erscheint nun der Pfad Ihres lokalen Quellordners (in diesem Beispiel ist es der Pfad *E:_testquelle*).

Betätigen Sie dann den rechten *Browse*-Button und klicken Sie sich im Dialogfeld über den Eintrag *Netzwerk* zu Ihrem NAS und der von Ihnen gewählten Freigabe durch. Markieren Sie auch hier den gewünschten Zielordner und bestätigen Sie mit *OK*. Nun sollte im rechten Eingabefeld der Pfad zu dem gewünschten Ordner Ihrer Netzwerkfreigabe erscheinen.

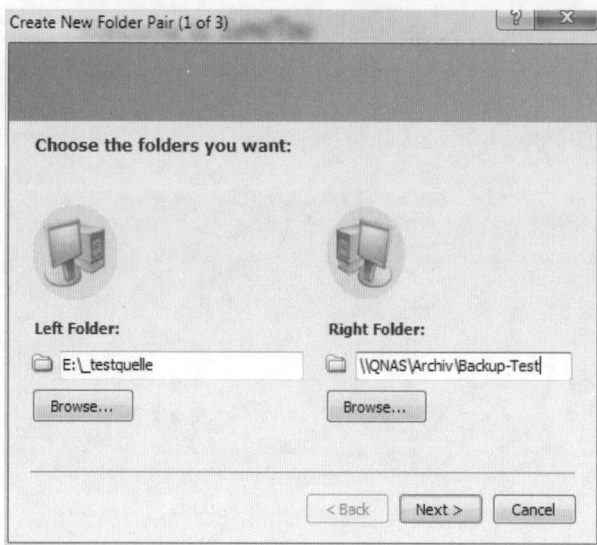

Bild 9.31: Links steht der Pfad des Quell-, rechts der Pfad des Zielverzeichnisses.

In diesem Beispiel lautet der Zielpfad zum Verzeichnis auf der Netzwerkfestplatte *\\QNAS\Archiv\Backup-Test*, wobei *QNAS* der Name der Netzwerkfestplatte und *Archiv* ein Netzlaufwerk (Ordnerfreigabe bzw. Freigabeordner) dieses Netzspeichers darstellt. *Backup-Test* ist ein gewöhnlicher Ordner auf dem (Netz-)Laufwerk *Archiv*.

> **Zur Erinnerung**
> Netzlaufwerke (Ordnerfreigaben, Freigabeordner) können Sie nur in der (hoffentlich) passwortgeschützten Benutzeroberfläche Ihres NAS anlegen. Die Ordner oder Unterordner auf einem bestehenden Netzlaufwerk können Sie hingegen einfach im Windows Explorer anlegen – wenn das Netzlaufwerk nicht schreibgeschützt ist oder wenn Sie ein Benutzer mit Schreibrechten sind (siehe den Abschnitt »Geschützte und öffentliche Freigaben« weiter oben).

3. **Art der Datensicherung auswählen**

   Klicken Sie auf *Next*. Sie befinden sich nun im Fenster *Create New Folder Pair (2 of 3)*, und SyncToy fragt, was Sie nun eigentlich mit den beiden Ordnern machen möchten (*What do you want to do?*).

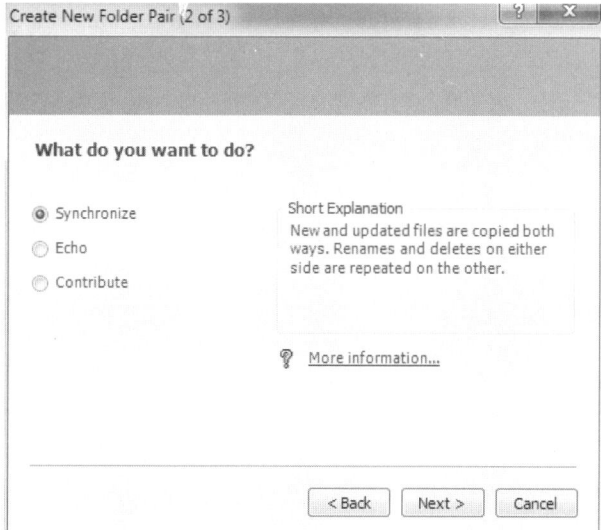

Bild 9.32: Das voreingestellte *Synchronize* eignet sich hervorragend, um Daten in zwei Ordnern abzugleichen, jedoch weniger zur Datensicherung.

Es bietet Ihnen die folgenden drei Möglichkeiten an, die ich Ihnen etwas näher erläutern möchte, da sie entscheidende Auswirkungen auf die Daten in den Ordnern haben:

- *Synchronize*: Wählen Sie diese Einstellung, kopiert und aktualisiert SyncToy Dateien in beide Richtungen. Wenn Sie also eine Datei in einem Ordner umbenennen oder löschen, wird diese Aktion ebenso im anderen Ordner durchgeführt.

- Beispiel: Falls Sie Datei A im linken Ordner löschen, wird SyncToy dieselbe Datei A auch im rechten Ordner löschen. Und auch andersherum: Wenn Sie im rechten Ordner etwas ändern (eine Datei umbenennen/löschen/neu erstellen etc.), überträgt SyncToy diese Änderung auf den linken Ordner. Die Funktion *Synchronize* wirkt somit in beide Richtungen. Für die Sicherung eines lokalen Verzeichnisses auf einer Netzwerkfestplatte würde ich Ihnen diese Funktion nicht empfehlen, da immer das Risiko besteht, Daten durch versehentliches Löschen zu verlieren.

- *Echo*: Die Einstellung *Echo* kopiert neue und geänderte (aktualisierte) Dateien von links nach rechts. Auch Umbenennungen und Löschungen werden von links nach rechts ausgeführt, jedoch nicht von rechts nach links.

- Beispiel: Löschen Sie Datei A im linken Ordner, verschwindet diese Datei auch im rechten Ordner. Löschen Sie hingegen Datei B im rechten Ordner, bleibt Datei B im linken Ordner erhalten.

- *Contribute*: Möchten Sie wirklich sichergehen, sollten Sie die Einstellung *Contribute* zur Datensicherung verwenden. *Contribute* kopiert neue Dateien von links nach rechts und übernimmt ebenso alle Änderungen (Aktualisierungen) an Dateien von links nach rechts. Löschungen auf der linken Seite wirken sich hingegen nicht auf die rechte Seite aus.

Beispiel: Löschen Sie Datei A im linken Ordner, bleibt Datei A im rechten Ordner erhalten. Benennen Sie Datei B im linken Ordner in B1 um, wird nach dem nächsten Abgleich mit SyncToy auch im rechten Ordner B durch die »neue« Datei B1 ersetzt.

Möchten Sie Ihre Dokumente bestmöglich sichern, empfehle ich Ihnen die Einstellung *Contribute*. Wenn Sie keine älteren Dateiversionen auf Ihrem NAS-Laufwerk ansammeln möchten, wählen Sie die Einstellung *Echo*.

Außerdem empfehle ich Ihnen dringend, dass Sie ein mit SyncToy gesichertes Verzeichnis, also den rechten Ordner, nicht ebenfalls als Arbeitsverzeichnis verwenden, sondern immer nur den linken Ordner. Die soeben beschriebene Sicherungsstrategie bezieht sich auf Daten, die lokal bearbeitet und zentral (auf dem NAS) gesichert werden – und nicht andersherum.

4. **Namen für die Sicherung vergeben**

   Nachdem Sie nun eine der drei Sicherungsmöglichkeiten gewählt haben, klicken Sie auf *Next*, und Sie befinden sich im Fenster *Create New Folder Pair (3 of 3)*. Geben Sie hier Ihrem Ordnerpaar einen aussagekräftigen Namen, der zum Beispiel beschreibt, was Sie von links nach rechts sichern.

   Oder Sie nehmen einfach den Namen des linken Ordners und hängen ein *_backup* oder *_sicherung* an.

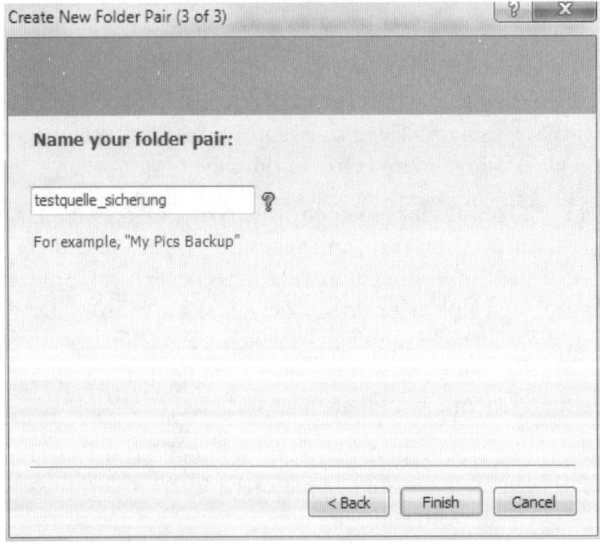

Bild 9.33: Vergeben Sie einen sinnvollen Namen für Ihren Sicherungsauftrag.

Mit einem Klick auf *Finish* schließen Sie die Erstellung des Ordnerpaars ab. Sie befinden sich nun wieder im Hauptfenster von SyncToy. Der Name Ihres neuen Sicherungsauftrags erscheint in der linken Randspalte ganz oben an erster Stelle und sollte markiert sein.

Alle Einstellungen, die Sie soeben vorgenommen haben (linker und rechter Ordnerpfad, Sicherungsart), werden in einer Übersicht angezeigt.

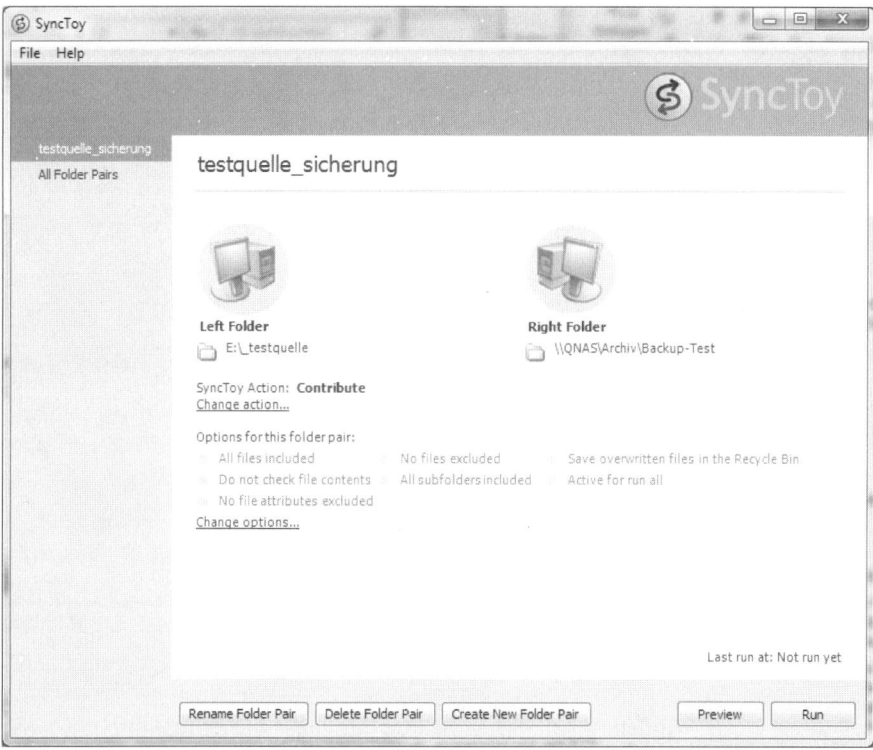

Bild 9.34: SyncToy zeigt Ihren ersten Sicherungsauftrag in einer Übersicht an.

5. **Sicherungsauftrag durchführen**

    Bevor Sie nun Ihren ersten Sicherungsauftrag starten, bietet SyncToy über den *Preview*-Button eine nützliche *Vorschau*-Funktion. So sehen Sie bereits vorher, wie sich die Inhalte im linken und rechten Ordner nach Durchführung Ihrer soeben angelegten Datensicherung zusammensetzen werden.

    Die *Preview*-Schaltfläche ist eine sehr gute Hilfe, wenn Sie nicht sicher sind, ob Sie Ihre Datensicherung mit der korrekten Aktion (*Synchronize*, *Echo* oder *Contribute*) angelegt haben, oder wenn Sie die Auswirkungen dieser drei Einstellungen auf Ihre beiden Ordner vorab testen möchten.

    Um die Datensicherung mit SyncToy dann tatsächlich erstmalig zu starten, klicken Sie rechts unten auf die Schaltfläche *Run*. Je nach Größe und Anzahl der zu übertragenden Dateien kann die vollständige Ausführung des ersten Sicherungsauftrags etwas Zeit in Anspruch nehmen. Jeder nachfolgend durchgeführte Sicherungslauf benötigt meist weniger Zeit, da SyncToy ja nur die Änderungen im Ordnerpaar übernimmt.

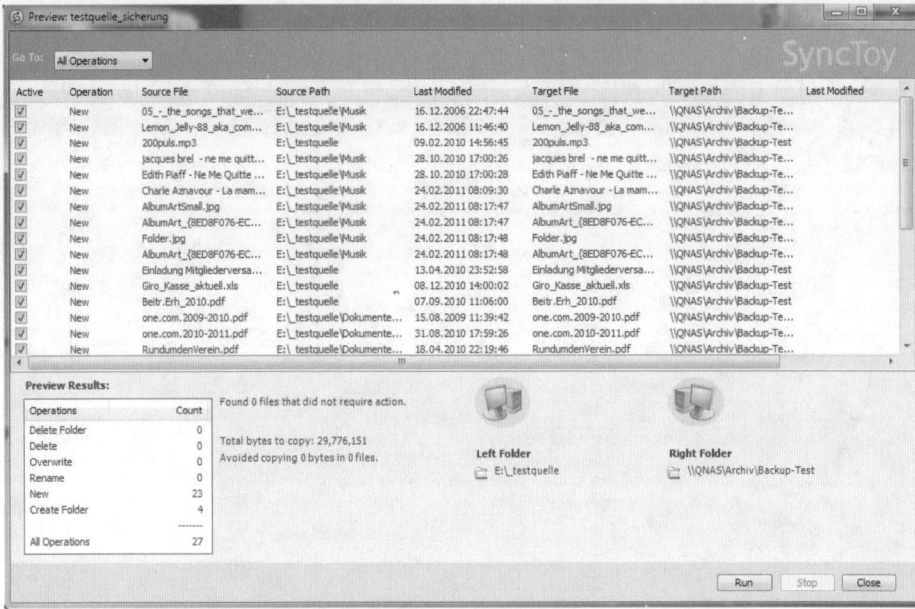

Bild 9.35: Das *Preview*-Fenster zeigt vorab an, welche Operationen SyncToy im Ordnerpaar vornehmen wird, und bietet somit eine gute Vorabkontrolle.

Auf diese Weise können Sie in SyncToy nun beliebige Sicherungsaufträge zwischen beliebigen Ordnern in Ihrem Heimnetz anlegen. Bei mehr als einem Sicherungsauftrag müssen Sie allerdings darauf achten, dass Sie den gewünschten Auftrag in der Liste oben links auch entsprechend markieren, bevor Sie auf *Run* klicken.

9.6.4 Automatischer Start des Sicherungsauftrags

Allerdings wäre es jetzt noch angenehm, wenn der SyncToy-Sicherungsauftrag nicht per Knopfdruck, sondern automatisiert startete – zum Beispiel jeden Tag um 20 Uhr abends oder immer dann, wenn Sie Ihren Rechner hochfahren.

Mithilfe der *Aufgabenplanung* in Windows 7, die unter Windows XP noch *Geplante Tasks* hieß, lässt sich die in SyncToy angelegte Backup-Aufgabe sogar automatisieren.

1. **Aufgabe erstellen in der Windows-7-Aufgabenplanung**
   Rufen Sie zunächst die *Aufgabenplanung* unter Windows 7 auf. Dazu öffnen Sie im Startmenü die *Systemsteuerung* und wechseln dort in *System und Sicherheit/Verwaltung/Aufgaben planen*.

   Gehen Sie im *Aktionen*-Menü rechts auf den Eintrag *Aufgabe erstellen*, und das gleichnamige Fenster öffnet sich. Im Register *Allgemein* geben Sie der Aufgabe den gleichen Namen, den Sie auch für Ihren Sicherungsauftrag in SyncToy verwendet haben. In meinem Beispiel ist das *testquelle_sicherung*.

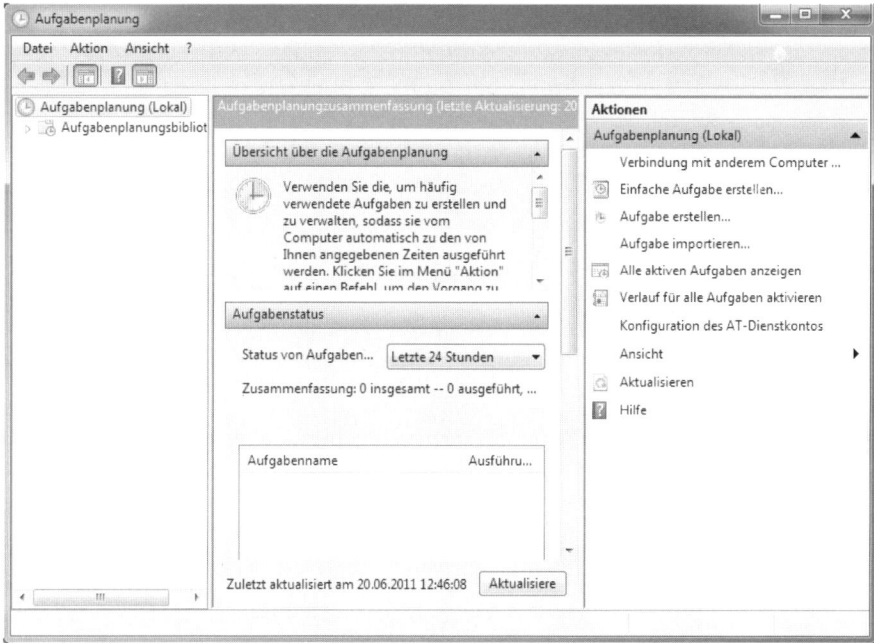

Bild 9.36: Die *Aufgabenplanung* von Windows 7 nach dem ersten Start.

Im Register *Trigger* stellen Sie ein, wann die geplante Aufgabe gestartet werden soll. Nach einem Klick auf die Schaltfläche *Neu* öffnet sich das Fenster *Neuer Trigger*. Meine Aufgabe (die Datensicherung mit SyncToy) soll beispielsweise täglich um 22 Uhr durchgeführt werden.

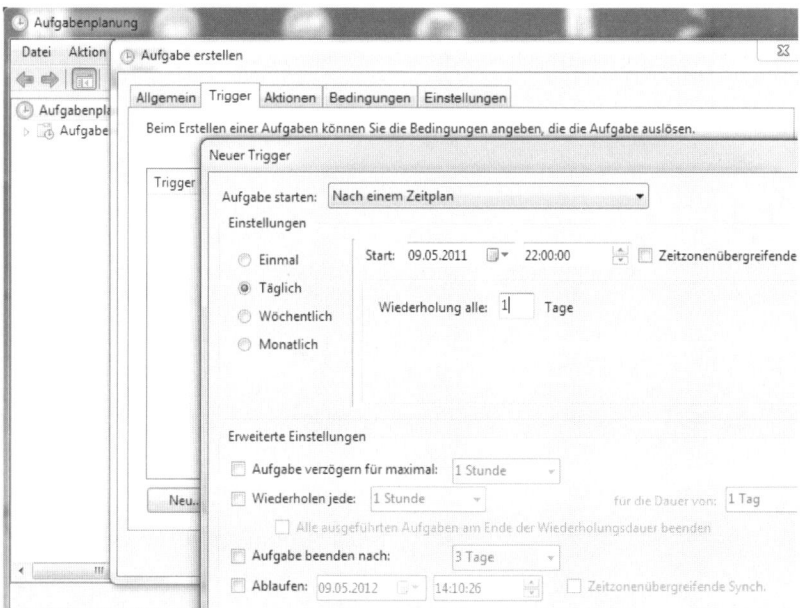

Bild 9.37: Unter *Trigger* stellen Sie den Startpunkt der Aufgabe ein.

2. **Neue Aktion (SyncToy) hinzufügen**
   Bestätigen Sie Ihre Einstellungen mit *OK* und wechseln Sie in das Register *Aktionen*. Hier fügen Sie nun das Programm hinzu, das automatisch gestartet werden soll (nämlich SyncToy), und ergänzen außerdem ein Argument, das dafür sorgt, dass eine bestimmte Sicherungsaufgabe in SyncToy (nämlich die der Datensicherung auf das NAS) ausgeführt wird.

   Klicken Sie auf die Schaltfläche *Neu*, und das Fenster *Neue Aktion* öffnet sich. Im Drop-down-Menü rechts neben *Aktion* sollte *Programm starten* ausgewählt sein. Unter *Programm/Skript* klicken Sie sich mit *Durchsuchen* bis zum Programmverzeichnis von SyncToy durch und wählen dort die Startdatei *SyncToyCmd* bzw. *SyncToyCmd.exe*. Das Programmverzeichnis lautet entweder *C:\Programme\ SyncToy2.1* oder *C:\Programme(x86)\SyncToy 2.1*.

   Unter *Argumente hinzufügen (optional)* geben Sie nun das Kürzel *-R* gefolgt von einem Leerzeichen ein und tragen dann den Namen Ihres zuvor angelegten Sicherungsauftrags in SyncToy ein. In meinem Beispiel lautet das Argument demzufolge:

```
-R testquelle_sicherung
```

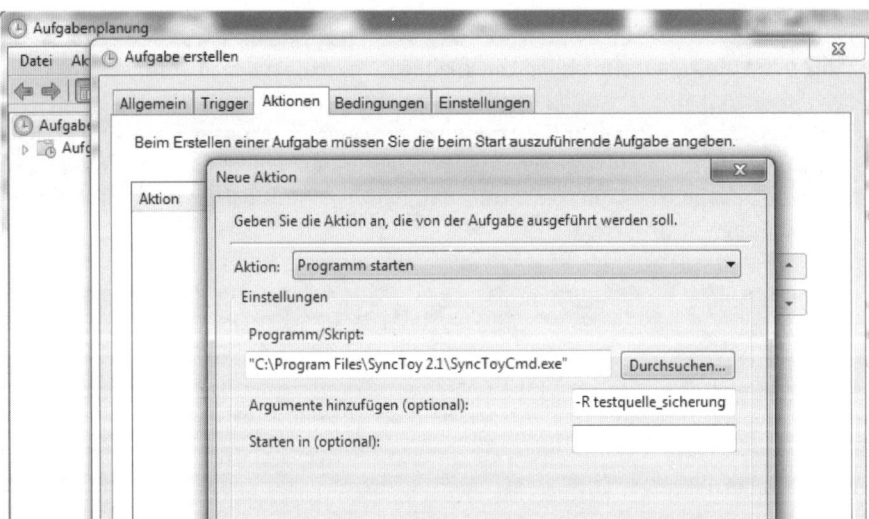

Bild 9.38: Auf diese Weise lässt sich bereits vorab testen, ob Ihre Aufgabenplanung funktioniert.

3. **Letzte Einstellungen vornehmen**
   Bestätigen Sie mit *OK* und wechseln Sie in das Register *Einstellungen*. Hier sollten Sie ein Häkchen vor *Aufgabe so schnell wie möglich nach einem verpassten Start ausführen* setzen und dann erneut mit *OK* bestätigen. Damit haben Sie Ihre Datensicherung von SyncToy mit der Aufgabenplanung in Windows automatisiert.

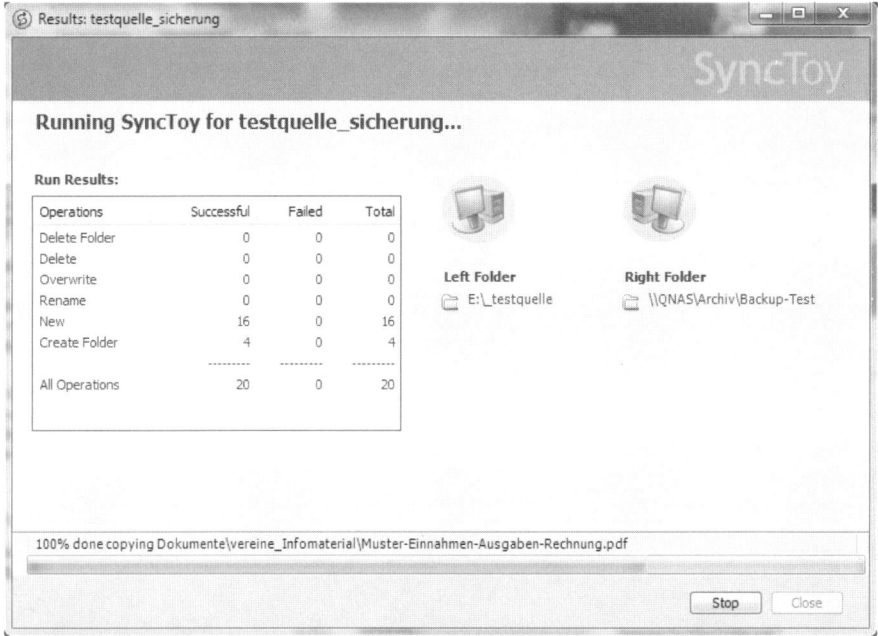

Bild 9.39: Der Sicherungsauftrag in SyncToy kann nur automatisch ausgeführt werden, wenn die Argumente korrekt eingetragen wurden.

4. **Aufgabe testen**

   Damit Sie nun nicht bis zum eingestellten Startpunkt warten müssen, können Sie Ihre soeben angelegte Aufgabe auch direkt auf ihre Funktion testen.

   Klicken Sie dazu im Hauptfenster der *Aufgabenplanung* in der linken Spalte auf die *Aufgabenplanungsbibliothek* und suchen Sie dann in der mittleren Spalte oben nach Ihrer soeben angelegten Aufgabe.

   Gehen Sie mit Rechtsklick auf Ihre Aufgabe und wählen Sie im Kontextmenü gleich die erste Option *Ausführen*.

   Kopieren Sie testweise eine neue Datei in Ihren linken SyncToy-Ordner und führen Sie danach Ihre Aufgabe in der *Aufgabenplanung* aus. Sehen Sie anschließend im rechten Datensicherungsordner auf Ihrem NAS nach, ob die neue Datei tatsächlich von SyncToy übertragen wurde.

9.7 NAS im Energiesparmodus

Ebenso wie die Datensicherheit spielt auch der Energieverbrauch eines Geräts im Heimnetz eine immer wichtigere Rolle. Eine Netzwerkfestplatte, die rund um die Uhr eingeschaltet ist, verbraucht rund um die Uhr Strom. Ein NAS-Gerät mit zwei internen 3,5-Zoll-Festplatten benötigt somit eine ganze Menge an Strom, würden die beiden Platten im Dauerbetrieb laufen. Hinzu kommt der deutlich früher einsetzende Verschleiß der internen Laufwerke.

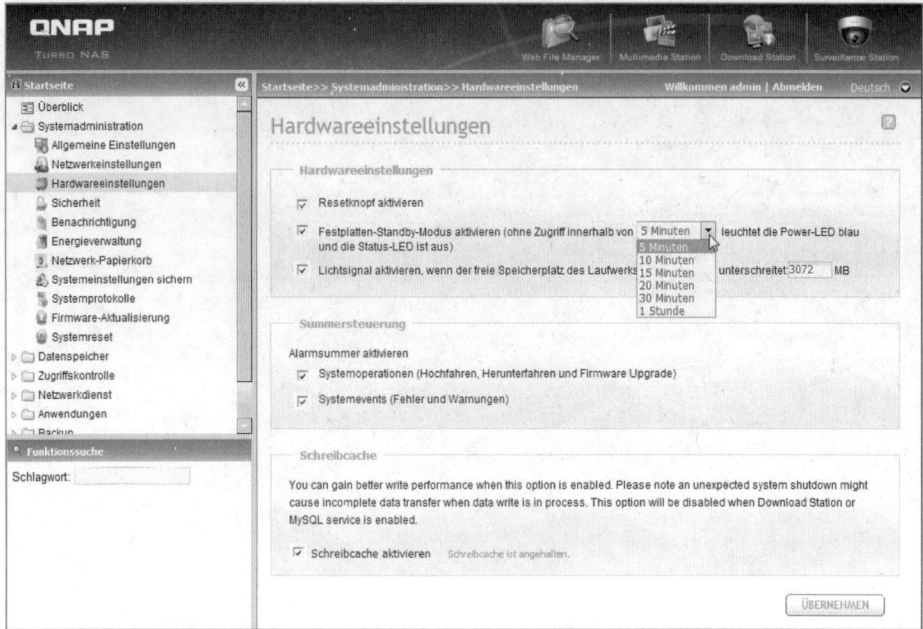

Bild 9.40: Dieses NAS bietet diverse Einstellungsmöglichkeiten dazu, nach welcher »Leerlaufzeit« die interne(n) Festplatte(n) in den Stand-by-Modus schalten soll(en).

Allein aus diesem Grund sollte jedes NAS-Gerät mit einem Energiesparmodus ausgestattet sein. Dieser fährt die internen Festplatten automatisch in den Ruhe-, Sleep- oder Energiesparmodus herunter, sobald über einen bestimmten Zeitraum hinweg kein Gerät mehr auf das NAS zugegriffen hat.

Bei manchen NAS ist der Zeitraum, bis der Energiesparmodus einsetzt, fest vorgegeben und kann beispielsweise nicht über deren Benutzeroberfläche geändert werden.

Bei einigen Netzwerkfestplatten lässt sich sogar einstellen, nach wie viel Minuten ohne Zugriff der Sleepmodus aktiviert werden soll. Dieser Zeitraum wird im Englischen auch als »Idle Time« bezeichnet. Im Sleep- oder Energiesparmodus sinkt die Leistungsaufnahme eines NAS mit zwei internen Platten um mehr als die Hälfte ab.

Manche Geräte lassen sich sogar zu einer angegebenen Uhrzeit, zum Beispiel täglich gegen 23 Uhr, herunterfahren und wachen zu einer ebenfalls vorgegebenen Uhrzeit, zum Beispiel um 8 Uhr morgens, automatisch wieder auf. Während dieser Ruhephase, in der die internen Festplatten meist vollständig abgeschaltet sind, sinkt der Stromverbrauch noch deutlich weiter ab.

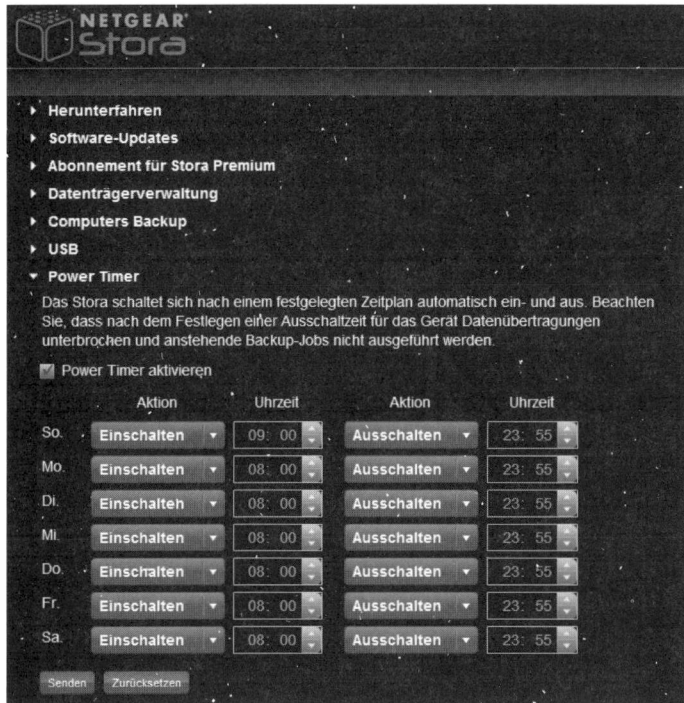

Bild 9.41: Im *Power Timer* von Netgears NAS Stora lässt sich explizit einstellen, wann sich die Festplatte ein- bzw. ausschaltet.

Eine weitere sehr interessante Energiesparmaßnahme bei NAS-Geräten ist der Einsatz von 2,5-Zoll-Festplatten als interne Speicherlaufwerke. Diese verbrauchen von Haus aus erheblich weniger Strom als ihre großen 3,5-Zoll-Brüder.

Zudem verursachen 2,5-Zoll-Laufwerke erheblich weniger Laufgeräusche und erzeugen aufgrund des geringeren Stromverbrauchs auch weniger Wärme. Dadurch erübrigt sich in der Regel die aktive Kühlung per Ventilator, was wiederum eine geringere Geräuschentwicklung zur Folge hat.

Bild 9.42: Buffalos Link Station Mini ist eines der wenigen NAS-Geräte fürs Heimnetz, die mit kleinen 2,5-Zoll-Laufwerken bestückt sind. (Quelle: *www.buffalotech.com*)

9.8   NAS-Zugriff aus dem Internet

Eine weitere Anwendung, die im Zusammenhang mit Netzwerkfestplatten immer häufiger angeboten wird, ist der sogenannte Fernzugriff. Hierunter versteht man den Zugriff auf das NAS von einem beliebigen Rechner (oder Smartphone) aus dem Internet. Egal ob Sie am Arbeitsplatz-PC, vor dem Notebook bei einem Bekannten oder vor einem anderen Rechner mit Internetzugang sitzen: Sie können jederzeit auf Ihr NAS im Heimnetz zugreifen, um beispielsweise ein dringend benötigtes Dokument herunterzuladen – oder ein Fotoalbum zu betrachten.

Grundsätzlich lässt sich der Fernzugriff über jedes NAS einrichten, das über einen sogenannten FTP-Zugang, genauer gesagt einen FTP-Server, verfügt. FTP steht für »File Transfer Protocol« und eignet sich dazu, Dateien möglichst schnell übers Internet zu übertragen.

9.8.1   FTP-Zugriff: schnell, aber wenig komfortabel

Um die Übertragung via FTP nutzen zu können, sind spezielle Einstellungen im Heimnetzrouter erforderlich. So sollte zunächst ein konstanter Zugang zum Heimnetz über einen Dynamic-DNS-Dienst eingerichtet werden. Außerdem muss eine Portweiterleitung im Router eingestellt und aktiviert werden. Der Zugriff über FTP ist nicht besonders komfortabel, da es beispielsweise keine Dateivorschau anzeigt und auch keine Streamingoption bietet.

Bild 9.43: Manche NAS-Geräte bieten sogar einen per SSL gesicherten FTP-Zugriff.

9.8.2   UPnP-Zugriff: komfortabel, aber riskant

Alternativ bieten einige NAS-Hersteller die Möglichkeit, dass deren NAS selbst die Einstellungen in den Porteinstellungen des Heimnetzrouters vornimmt. Dies erfolgt über das sogenannte UPnP-Protokoll – nicht zu verwechseln mit dem im folgenden Kapitel vorgestellten UPnP AV und DLNA.

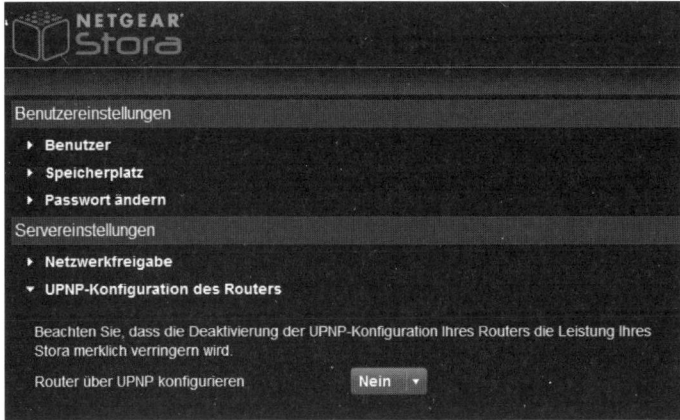

Bild 9.44: Einige Heimnetzfestplatten können Einstellungen im Router mittels UPnP steuern und erleichtern dadurch den Fernzugriff.

Das Problem dabei: Hierzu muss im Heimnetzrouter die Konfiguration über UPnP aktiviert werden. Allerdings kann dann jedes Gerät und vor allem jede Software (auch schädliche) im Heimnetz den Router nach Belieben konfigurieren.

So praktisch und komfortabel die UPnP-Methode auch ist, sie birgt immer die Gefahr, dass eine schädliche Anwendung den Router ohne Ihr Wissen umkonfiguriert, um beispielsweise vorübergehend bestimmte Ports zu öffnen.

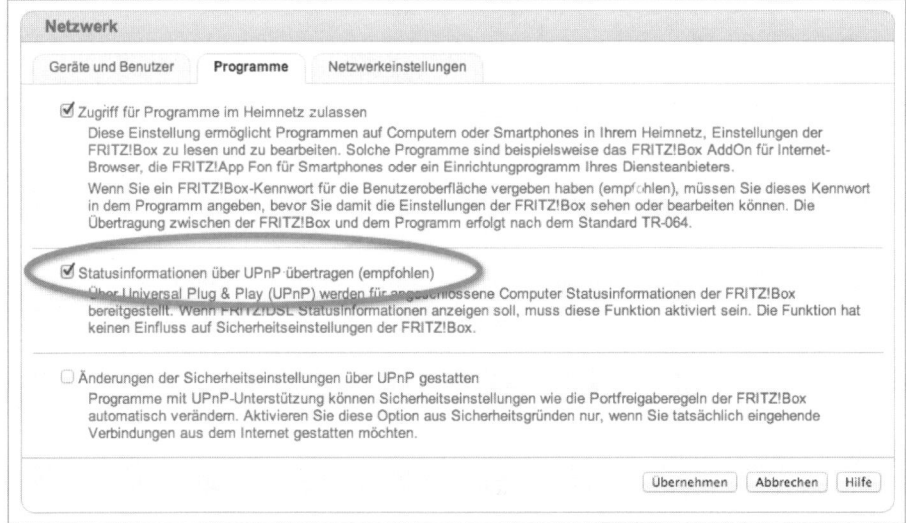

Bild 9.45: Bei den meisten Routern muss die Änderung der Einstellungen über UPnP erst nachträglich aktiviert werden, da sie ein Sicherheitsrisiko darstellt.

9.8.3 Zugriff über spezielle Verbindungsdienste

Immer häufiger arbeiten die Hersteller von (Heim-)Netzwerkfestplatten mit speziellen Diensten im Internet zusammen, die nach einer Onlineregistrierung den Zugriff auf das NAS im Heimnetz erheblich einfacher und vor allem komfortabler gestalten. Der Anwender muss sich hierzu einmalig bei der ersten Einrichtung seiner Netzwerkfestplatte bei dem entsprechenden Onlinedienst registrieren. Ab diesem Zeitpunkt hält die Netzwerkfestplatte eine konstante Verbindung zum Onlinedienst.

Meldet sich der Anwender von einem beliebigen Internetrechner (Notebook, Smartphone etc.) auf der Homepage des Onlinediensts an, wird er innerhalb der Browseroberfläche mit seinem NAS verbunden.

Bild 9.46: Nach Anmeldung bei diesem Onlineportal wird die Verbindung zum NAS im Heimnetz (hier Netgear Stora) über die Browseroberfläche hergestellt.

Veränderungen in den Routereinstellungen sind hierzu in der Regel nicht mehr erforderlich. Der Zugriff auf die Ordner im NAS erfolgt dabei meist über ein Browserfenster, Bilderordner lassen sich als Vorschau betrachten, Musik- und Videodateien häufig sogar direkt im Browser abspielen.

Allerdings hängt hier die Übertragungsgeschwindigkeit vom NAS auf den zugreifenden Rechner im Internet ganz entscheidend von der Bandbreite des Onlinezugangs im Heimnetz ab.

Diese Transferrate kann folglich also nicht schneller sein als die maximale Upstream-Geschwindigkeit des Onlineanschlusses zu Hause. Liegt Ihre Upload-Rate im Heimnetz bei 400 kBit/s (0,4 MBit/s), kann somit auch der Zugriff von außerhalb nicht »schneller« als 0,4 MBit/s sein.

10 Multimedia im Wohnzimmer

Fotos, Musik- und Videodateien lassen sich alle am PC bzw. Notebook wiedergeben. Das ist jedoch nicht immer praktisch. Im Wohnzimmer beispielsweise möchte man seine Filme und Fotos lieber komfortabel am großen Fernseher genießen. Auch wäre es schön, wenn man seine Musiksammlung auf der Festplatte über die Hi-Fi-Anlage hören könnte und nicht immer nur vom MP3-Player oder aus dem quäkenden Notebook-Lautsprecher.

In diesem Kapitel möchte ich Ihnen einige interessante Möglichkeiten vorstellen, mit denen Sie Ihre digitalen Schätze bequem im Wohnzimmer genießen können. Den PC oder das Notebook können Sie dabei (fast) immer ausgeschaltet lassen.

10.1   Fotos, Musik und Filme im Wandel der Zeit

Vor gut 25 Jahren hörte man Musik vornehmlich von Schallplatte oder Musikkassette, bis sich Ende der 1980er-Jahre die Audio-CD als Tonträger durchsetzte. Wer sich einen Videofilm ansehen wollte, griff zur VHS-Kassette, die erst kurz nach der Jahrtausendwende von der DVD als wichtigstem Filmdatenträger überholt und schließlich verdrängt wurde. Auch der Umstieg auf die digitale Fotografie vollzog sich erst vor rund zehn Jahren. Zuvor schoss jeder Hobbyfotograf seine Aufnahmen nahezu ausnahmslos mit einer analogen Kamera. Wer sich kein eigenes Fotolabor eingerichtet hatte, musste seine Filmrollen erst einschicken und entwickeln lassen, um schließlich die Abzüge für das Fotoalbum zu erhalten.

Bis Ende des letzten Jahrtausends lagen Fotos, Filme und Musik in deutschen Haushalten strikt voneinander getrennt auf unterschiedlichen, meist analogen Speichermedien vor. Diese Situation hat sich im Laufe der vergangenen zehn Jahre ganz erheblich gewandelt.

10.1.1   Alle Medien liegen auf externen Datenträgern

Heutzutage finden sich Fotos, Musik und Filme nahezu ausschließlich in digitaler Form auf PC, Notebook oder diversen Datenspeichern wieder. Zu Letzteren zählen vor allem externe Festplatten, USB-Sticks oder Speicherkarten, manchmal auch noch DVD- oder CD-Rohlinge. Das Praktische daran: Sämtliche Medien lassen sich problemlos an den Rechner anschließen, verwalten und wiedergeben.

Allerdings eignet sich der PC im Arbeitszimmer nicht unbedingt als Abspielgerät, wenn man einen gemütlichen Foto- oder Videoabend durchführen möchte. Und auch die MP3-Sammlung auf Festplatte hört sich über die kleinen PC- oder Notebook-Lautsprecher eher mäßig an. Die Hi-Fi-Anlage im Wohnzimmer hätte da schon deutlich mehr Volumen zu bieten.

Ähnliches gilt für die auf Festplatte gespeicherten Fotos und Videos. Sie kämen auf dem großen Flachbildfernseher im Wohnzimmer erst richtig zur Geltung – zumal Sie es sich auf der Couch oder dem Sessel gemütlich machen können.

10.1.2 Umweg über den Computer

Natürlich lässt sich das Notebook oder ein noch handlicheres Netbook in der Nähe des Fernsehers oder der Hi-Fi-Anlage postieren und – ähnlich wie ein DVD-Player – als Abspielgerät für Dateien nutzen. Die Verbindung zwischen Rechner und Ausgabegerät (Fernseher oder Verstärker) erfolgt dann über ein entsprechendes Audio- oder Video-kabel.

Dabei spielt das Notebook die gewünschten Mediendateien ab, zum Beispiel über den Windows Media Player, und gibt die Signale dann über das Kabel an die Musikanlage oder an den Fernseher weiter.

Dazu müssen Sie nur die (Audio- oder Video-)Ausgangsbuchse an Ihrem Notebook über das passende Kabel mit der entsprechenden Eingangsbuchse Ihrer Hi-Fi-Anlage oder Ihres Fernsehgeräts verbinden. Von Ausnahmen einmal abgesehen, sind die meisten Notebooks oder Desktops mit bis zu zwei Videoausgängen und einem Audio-ausgang ausgestattet.

Die Verbindung eines Rechners mit der Hi-Fi-Anlage zwecks Musikwiedergabe ist kein Problem. Sie erfolgt in der Regel über ein spezielles Audiokabel, das auf der einen Seite mit einem Klinkenstecker und auf der anderen mit einem zweifachen Cinchstecker ver-sehen ist.

Bild 10.1: Über ein solches Klinke-auf-Cinch-Kabel lässt sich rasch ein analoges Audiosignal vom Rechner auf die Hi-Fi-Anlage übertragen. (Quelle: *www.belkin.de*)

Zur Übertragung von Filmen auf den Fernseher verwendet man am besten die sogenannte HDMI-Schnittstelle, die sowohl Bild- als auch Tonsignale übertragen kann. Inzwischen besitzen alle neueren PCs und auch zahlreiche Notebooks einen sogenannten HDMI-Ausgang. Ebenso ist jeder halbwegs aktuelle Fernseher mit mindestens einem HDMI-Eingang ausgestattet. Als Verbindungskabel benötigen Sie ein ausreichend langes HDMI-Kabel.

Mit dieser direkten Verbindungsmethode per Kabel können alle Fotos, Filme und MP3s auf dem Rechner verbleiben. Sie müssen Ihre Dateien somit nicht erst umständlich konvertieren und auf CD- oder DVD-Rohlinge brennen, um sie beispielsweise am DVD-Player wiedergeben zu können. Zudem halten sich die Anschaffungskosten für entsprechende Verbindungskabel in Grenzen.

Bild 10.2: Das HDMI-Kabel überträgt Audio- und Videosignale gleichzeitig und in bester Qualität. (Quelle: *www.belkin.de*)

10.1.3 Nachteile des Direktanschlusses

Doch hat diese direkte Übertragungsmethode vom Rechner auch einige Nachteile. Da das Abspielen der Dateien durch eine Software geschieht, die am PC oder Notebook installiert ist, muss der entsprechende Rechner eingeschaltet und hochgefahren sein. Zudem steuern die wenigsten Anwender ihren Computer per Fernbedienung. Wer also nicht direkt neben dem Rechner sitzt, muss immer wieder aufstehen, um beispielsweise einen Song zu überspringen, zurückzuspulen oder die Diashow bei einem bestimmten Foto kurz anzuhalten.

Der gravierendste Nachteil dürfte jedoch sein, dass sich PC oder Notebook in »Kabelreichweite« zu den entsprechenden Wiedergabegeräten (Fernseher, Musikanlage) befinden müssen. Nicht jeder möchte seinen PC im Wohnzimmer platzieren oder sein Notebook immer wieder umständlich an die Hi-Fi-Anlage oder den Fernseher an- und später wieder abstöpseln.

10.1.4 Fernseher mit USB- und Netzwerkanschluss

Eine weit elegantere Lösung zur Wiedergabe von Mediendateien bieten inzwischen viele Fernseher, Blu-ray-Player und auch Spielekonsolen. Die Geräte sind mit einem USB-Anschluss ausgestattet, an den sich beispielsweise eine externe Festplatte oder ein USB-Speicherstick anschließen lässt. Im Idealfall kann der Fernseher oder Player dann alle Fotos, MP3-Dateien und auch Videodateien direkt vom angeschlossenen Datenspeicher abspielen.

Bild 10.3: Moderne TV-Geräte besitzen USB-Anschlüsse, um Multimedia-Dateien direkt vom angeschlossenen Datenspeicher abzuspielen. (Quelle: *www.samsung.de*)

Viele Fernseher und Blu-ray-Player können sogar auf Daten zugreifen, die im heimischen Netzwerk gespeichert sind. Dazu müssen Sie die Geräte allerdings per Kabel, WLAN oder Powerline mit Ihrem Heimnetz(-Router) verbinden. Ist das geschehen, können Sie zum Beispiel über die TV-Fernsteuerung Fotos, Musik und Videos von Ihrer Netzwerkfestplatte abspielen.

Dieser Zugriff im Heimnetz funktioniert über zwei verschiedene Methoden: Die erste Zugriffsmethode kennen Sie bereits aus dem vorangegangenen Kapitel. Hierbei greift das Wiedergabegerät (Fernseher, Blu-ray-Player etc.) ähnlich wie der Windows Explorer auf Freigabeordner oder Netzwerkfreigaben im Heimnetz zu. Dabei spielt es keine Rolle, ob dieser Freigabeordner auf einem PC oder auf einer Netzwerkfestplatte angelegt ist.

Bei geschützten Freigaben müssen, ebenso wie beim Zugriff vom PC oder Notebook aus, Benutzername und Kennwort eingegeben werden. Da Fernseher und Blu-ray-Player über keine richtige Tastatur verfügen, erfolgt diese Eingabe dann häufig mittels eingeblendeter Bildschirmtastatur.

Alternativ zum Freigabeordner hat sich in den vergangenen Jahren eine zweite Zugriffsmethode durchgesetzt, die speziell für das Multimedia-Heimnetz entwickelt wurde: der sogenannte Medien- oder Media Server.

Ein solcher Medienserver kann allen Abspielgeräten im Heimnetz Multimedia-Dateien in aufbereiteter Form zur Verfügung stellen. Voraussetzung ist nur, dass die Abspielgeräte den Medienserver auch »sehen« können oder, anders ausgedrückt, »dieselbe Sprache sprechen«.

In diesem Zusammenhang stößt man zwangsläufig auf die beiden Begriffe »UPnP AV« und »DLNA«.

10.2 Über Medienserver und UPnP AV

Das Kürzel »UPnP« steht für »Universal Plug 'n' Play« und ist eine Art Standard, der den Datenaustausch zwischen miteinander vernetzten Geräten ermöglichen soll. Der Anwender soll dabei möglichst wenige oder gar keine Einstellungen vornehmen müssen, frei nach dem Motto »Plug-and-play« eben, was man in diesem Fall frei mit »einstecken und loslegen« übersetzen kann.

Bei der Sonderform »UPnP AV« geht es um die möglichst einfache und komfortable Verteilung und Wiedergabe von Multimedia-Dateien im Heimnetz, wobei »AV« als Abkürzung für »Audio/Video« steht.

Wichtig dabei: Jedes Gerät, das im Heimnetz über UPnP AV kommunizieren möchte, muss diesen Standard auch unterstützen. Der UPnP-AV-Standard unterscheidet dabei verschiedene virtuelle Gerätetypen, die über das Netzwerk miteinander in Verbindung treten können.

Hier eine kurze Zusammenfassung der drei wichtigsten dieser UPnP-AV-Gerätetypen, die im Verlauf des Kapitels noch benötigt werden:

- Der **Media Server** stellt Multimedia-Dateien im Netzwerk bereit und legt eine nach verschiedenen Kriterien filterbare Zugriffsliste (Index) für die Dateien an. Nahezu alle Netzwerkfestplatten für das Heimnetz sind inzwischen mit einem Media Server ausgestattet. Auch jeder Windows-7- und Vista-Rechner ist über den Windows Media Player bereits mit einem Media Server ausgestattet.

- Der **Media Renderer** kann die vom Media Server bereitgehaltenen Inhalte über die Netzwerkverbindung hinweg wiedergeben (Streaming). Typische Media Renderer sind zum Beispiel Webradios, Fernseher, Blu-ray-Player und HD Media Player etc., aber auch der Windows Media Player. Einen Media Renderer bezeichnet man auch als Streaming-Client.

- Der **Control Point** schließlich steuert Auswahl und Wiedergabe der Multimedia-Dateien zwischen Media Server und Media Renderer. Der Control Point übernimmt somit die Funktion einer Fernsteuerung. Er kann bestimmen, dass Daten von einem Media Server auf einem Media Renderer wiedergegeben werden.

Bild 10.4: Der Windows Media Player funktioniert hier als Control Point, indem er Songs auf einen Streaming-Client sendet, hier das Webradio *NOXON 90elf*, der diese dann abspielt.

10.2.1 Mehrere Typen in einem Gerät

- Sehr häufig werden die beiden UPnP-AV-Gerätetypen Media Renderer und Control Point in einem Hardwaregerät oder einer Software zusammengefasst. Das ergibt auch durchaus Sinn, da Steuerung und Wiedergabe ja recht häufig am selben Gerät erfolgen sollen. Das Interessante daran: Ein Gerät, das Control Point und Media Renderer ist, lässt sich auch jederzeit durch einen anderen Control Point im Heimnetzwerk steuern.

- Moderne Smartphones, die per WLAN mit dem Heimnetz verbunden sind, können die Funktion eines Media Renderers übernehmen und Filme, Musik oder Videos von Media Servern im Heimnetz wiedergeben. Sie spielen aber auch Dateien vom eigenen Speicher auf einem Media Renderer (Webradio, Fernseher) im Heimnetz ab.

- Schließlich kann ein Smartphone über seine Control-Point-Funktion sogar einen Media Server als Datenquelle im Heimnetz auswählen und einen Renderer im Heimnetz bestimmen, der die ausgewählten Songs, Filme oder Bilder wiedergeben soll. Damit übernimmt das Smartphone die Funktion einer Fernsteuerung im Heimnetz. Wie das funktioniert, erfahren Sie weiter unten im Abschnitt »Ihr Smartphone als Medienstar«.

Bild 10.5: Android-Smartphones wie das Samsung Galaxy 3 i5800 lassen sich als UPnP-AV-Fernbedienung einsetzen. Samsung verwendet dazu ein eigenes Steuerungstool namens AllShare, das Medienstreaming von, zu und durch das Smartphone ermöglicht. (Quelle: *www.samsung.de*)

- Manche Softwarelösungen wie zum Beispiel der Windows Media Player 12 vereinen die UPnP-AV-Funktionen Media Server, Media Renderer und Control Point unter einem Dach.

- Der Microsoft-Player als Teil des Windows-Betriebssystems kann Multimedia-Dateien anderer Media Server übers Heimnetz abspielen (Control Point, Renderer), kann selbst als Media Server für anderer Wiedergabegeräte dienen und übernimmt, falls gewünscht, auch die Steuerung, um Dateien von einem Media Server (z. B. Netzwerkfestplatte) auf einem Media Renderer (z. B. Webradio) im Heimnetz wiederzugeben.

10.2.2 Was genau ist Streaming?

Ein Begriff, der im Zusammenhang mit UPnP AV sehr häufig verwendet wird, ist »Streaming«. Hierunter versteht man die kontinuierliche Übertragung von (Multimedia-)Daten über ein Netzwerk.

Der Ausdruck »Streaming« kommt dabei aus dem Englischen und lässt sich mit »strömen« oder »fließen« übersetzen. Vor allem beim Streaming von Videos oder Musik über Netzwerkverbindungen kommt es auf eine möglichst unterbrechungsfreie Übertragung an. Der Media-Datenstrom im Heimnetz sollte also immer ausreichend Bandbreite zur Verfügung haben.

Damit das Streaming von Multimedia-Dateien im Heimnetz funktioniert, müssen verschiedene Voraussetzungen erfüllt sein:

- Alle beteiligten Geräte müssen Teil desselben Netzwerks sein. Die Verbindung der beteiligten Geräte zum Heimnetzrouter muss weitgehend stabil sein und sollte über eine ausreichende Bandbreite verfügen.

- Alle beteiligten Geräte müssen den Standard UPnP AV (oder DLNA) unterstützen.

- Eine Datei, die gestreamt werden soll, muss vom Media Server als Multimedia-Datei erkannt werden, damit er die Datei in seinen Index (seine Wiedergabeliste) aufnehmen kann.

- Das UPnP-AV-Wiedergabegerät (Media Renderer) muss die gestreamte Multimedia-Datei abspielen können. Bei Film-, Musik- und Bilddateien herrscht eine enorme Vielfalt an unterschiedlichsten Formaten, und manche Wiedergabegeräte können bestimmte Formate eben nicht abspielen. Woran das liegt, erfahren Sie weiter unten im Abschnitt »Multimedia-Spezialisten«.

10.2.3 UPnP AV und DLNA

Neben UPnP AV stößt man im IT- und Multimedia-Fachhandel immer häufiger auch auf das Kürzel DLNA, wenn es um Streaming oder generell um Multimedia im Heimnetz geht. DLNA steht für »Digital Living Network Alliance« und baut vollständig auf UPnP AV auf. Es führt noch einige zusätzliche virtuelle Gerätetypen ein, wie zum Beispiel den Digital Media Player, den Media Uploader sowie den Media Printer. Außerdem muss jedes Gerät mit DLNA-Logo einen Zertifizierungsprozess durchlaufen, der unter anderem für noch höhere Kompatibilität unter DLNA-Geräten sorgen soll.

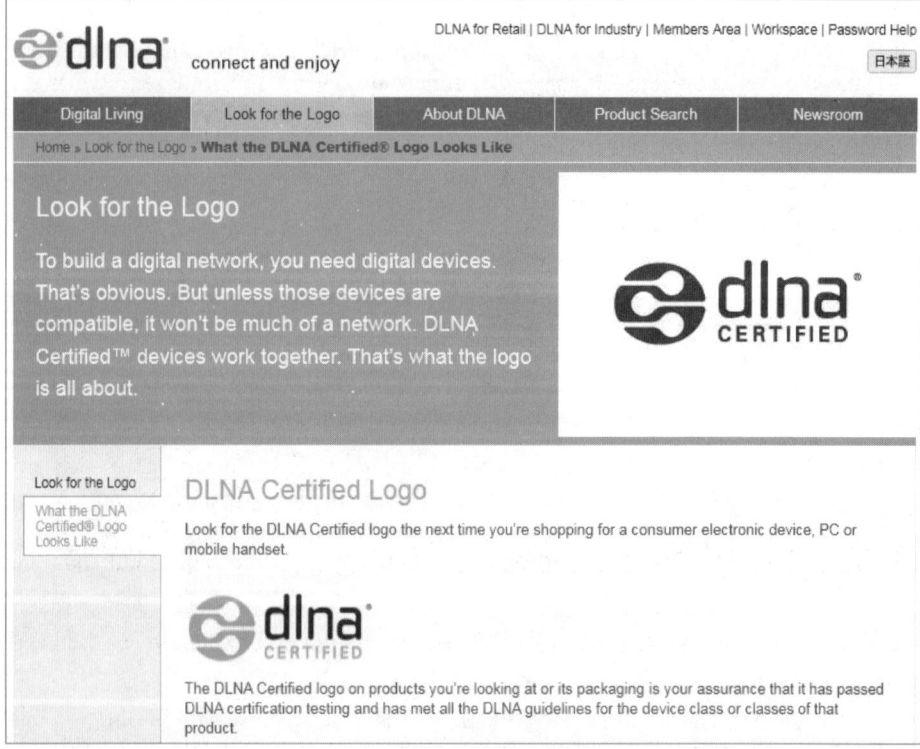

Bild 10.6: Das DLNA-Logo erhalten Geräte, die nach einem speziellen Verfahren zertifiziert wurden.

Grundsätzlich ist jedoch davon auszugehen, dass ein UPnP-AV-Gerät zu einem DLNA-zertifizierten Gerät kompatibel ist – sprich: DLNA- und UPnP-AV-Geräte im Heimnetz verstehen sich.

10.2.4 Rechner kann ausgeschaltet bleiben

Doch was ist nun eigentlich der entscheidende Vorteil an dieser ganzen UPnP-AV- und DLNA-Geschichte? Dieser Multimedia-Standard macht es erst möglich, dass Sie Fotos, Musikdateien und Videos übers Netzwerk übertragen und anzeigen können, ohne dass Sie hierzu auch nur einen Rechner einschalten oder hochfahren müssen. UPnP AV lässt sich in jedes netzwerkfähige Multimedia-Gerät integrieren, das dann als Server, als Wiedergabegerät oder als Steuergerät seinen Dienst verrichtet.

Ein Webradio beispielsweise stellt über die Verbindung zum Heimnetzrouter die Verbindung ins Internet her. Diese Verbindung wird benötigt, um die entsprechenden Internetradiostationen aufrufen und deren Programm abspielen zu können.

Bild 10.7: Über die Benutzeroberfläche dieses Webradios (Pure Sensia) greift man auf die vom Media Server bereitgestellte Musik im Heimnetz zu. (Quelle: *www.pure.com*)

Da jedes Webradio zusätzlich auch als UPnP-AV-Client (Media Renderer) funktioniert, kann es beispielsweise auch auf Ihre komplette MP3-Sammlung zugreifen – sofern diese über einen UPnP-AV- oder DLNA-Media-Server in Ihrem Heimnetz bereitgestellt wird.

10.2.5 Netzwerkfestplatten als Media Server

Natürlich könnten Sie Ihre Musikdateien alle über einen Windows-Rechner und per Windows Media Player im Heimnetz bereitstellen. Doch dazu müssten Sie schon wieder einen Rechner hochfahren, wenn Sie Musik hören, Fotos betrachten oder einen Film ansehen möchten. Das ist jedoch nicht erforderlich, wenn Sie eine halbwegs aktuelle Netzwerkfestplatte besitzen.

Denn inzwischen hat so gut wie jede Netzwerkfestplatte fürs Heimnetz automatisch auch einen integrierten UPnP-AV- oder DLNA-zertifizierten Media Server. Sie können also Ihre gesamte Multimedia-Sammlung – ob nun Fotos, Musik oder Filme – auf Ihre Netzwerkfestplatte kopieren und über den integrierten Media Server freigeben.

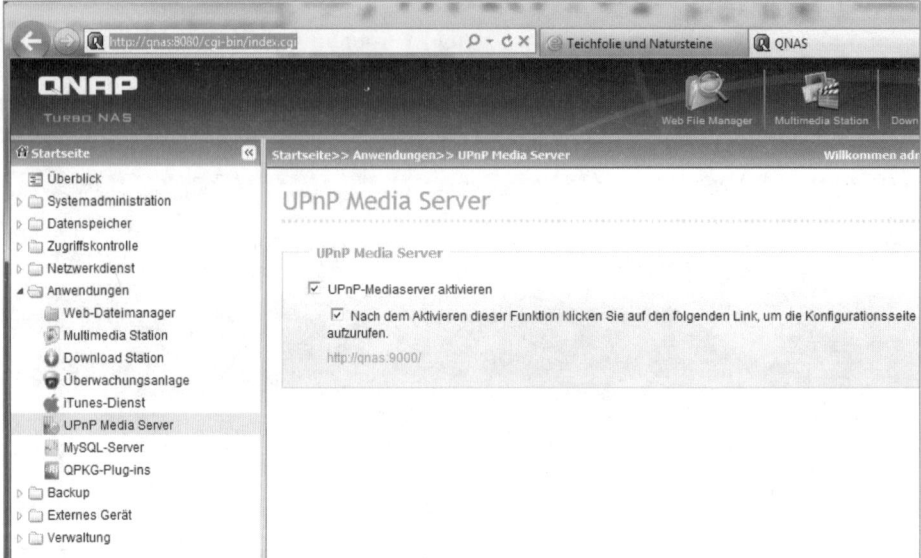

Bild 10.8: Bei manchen Netzwerkfestplatten muss der integrierte (UPnP-AV-)Media Server erst aktiviert werden.

Dann haben Sie von jedem UPnP-fähigen Gerät im Heimnetz aus immer Zugriff auf alle Ihre Multimedia-Daten – und müssen dazu nicht einmal einen PC oder ein Notebook hochfahren. Sicherlich könnte man aber einwenden, dass ja auch die Netzwerkfestplatte erst gestartet werden muss, um überhaupt Zugriff auf die darauf gespeicherten Daten zu erhalten.

10.2.6 Media Server im Energiesparmodus

Doch aufgrund eines meist ausgeklügelten Energiemanagements verbraucht eine moderne Netzwerkfestplatte erheblich weniger Strom als ein eingeschalteter PC und ist in der Regel auch sparsamer als ein Notebook. Greifen Sie nämlich für eine gewisse Zeitspanne nicht mehr auf den Media Server zu, schaltet das Laufwerk automatisch in den energiesparenden Ruhe- oder Sleepmodus. In dieser Ruhephase nimmt die Netzwerkfestplatte deutlich weniger Leistung auf, ist aber nach wie vor »empfangsbereit«.

Sobald Sie Musik hören oder Fotos am Fernseher betrachten möchten, schaltet die Netzwerkfestplatte Ihre internen Laufwerke vom Sleep- in den Arbeitsmodus.

Allerdings möchte ich Sie in diesem Zusammenhang auch auf die nicht ganz so gelungene Abstimmung zwischen Media-Server-Funktion und Energiesparmodus hinweisen, wie sie beispielsweise bei Netzwerkfestplatten des Herstellers Buffalo Technology auftritt.

Bild 10.9: Energiemanagement und Media-Server-Funktion arbeiten bei NAS-Geräten von Buffalo noch nicht optimal zusammen. (Quelle: *www.buffalotech.de*)

Zunächst einmal muss man Buffalo Technology zugute halten, dass es sich hierbei um einen der ersten Hersteller überhaupt handelt, die Netzwerkfestplatten mit einem integrierten UPnP-AV-Server auf den deutschen Markt gebracht haben.

Für die Nutzung in einem herkömmlichen Netzwerk mit PCs und Notebooks erscheint das Energiesparmanagement eines Buffalo-NAS durchaus einleuchtend: Denn bei der erstmaligen Einrichtung des NAS installiert man ein kleines Tool, den sogenannten NAS Navigator, auf PC und/oder Notebook, der als Dienst im Hintergrund läuft. Sobald man diesen Rechner herunterfährt, bringt sich automatisch auch das NAS-Laufwerk in einen Tiefschlafmodus.

Aus diesem Ruhemodus lässt sich das NAS jedoch nur wieder durch Hochfahren des NAS-Navigatorrechners erwecken – oder eben manuell per Einschalter direkt am Gerät. Der Zugriff von UPnP-AV- oder DLNA-Geräten auf den Media Server des NAS funktioniert während des Tiefschlafs leider nicht.

Wer folglich das Buffalo-NAS als Media Server nutzen möchte, muss es entweder im normalen (Nicht-Energiespar-)Betrieb durchlaufen lassen oder die Platte jedes Mal umständlich von Hand ein- und danach wieder ausschalten. Es wäre schön, wenn Buffalo dieses kleine, aber ärgerliche Problem lösen würde, das immer dann auftritt, wenn UPnP-AV-Zugriffe ohne Beteiligung eines Rechners gewünscht sind.

Mehr zum Thema Energiesparmodus bei Netzwerkfestplatten finden Sie übrigens auch in Kapitel 3 im Abschnitt »Der Energiesparmodus«.

10.3 Ihre Audio-CD-Sammlung im Heimnetz

In diesem Abschnitt möchte ich Ihnen anhand eines Projekts zeigen, wie Sie aus Ihrem gewöhnlichen Heimnetz ein Multimedia-Heimnetz machen können. Das Projekt lautet: Wie kann ich meine Audio-CD-Sammlung überall in meinem Heimnetz verfügbar machen?

Ziel dieses Projekts ist es, dass Sie von jedem beliebigen UPnP-fähigen Gerät in Ihrem Heimnetz aus Zugriff auf Ihre gesamte Musiksammlung haben. Der Zugriff kann dann von einem (oder mehreren) Webradio(s) erfolgen, von einem oder mehreren UPnP-fähigen Netzwerkplayern, von einem Smartphone, von einem netzwerkfähigen Fernseher und beliebig vielen anderen Netzwerkgeräten aus, die UPnP AV unterstützen.

10.3.1 Audio-CD in MP3 umwandeln

Dazu wandeln wir mithilfe des Windows Media Player 12 beliebige Audio-CDs in das Format MP3 um. Danach können Sie diese Alben direkt am PC für alle UPnP-Geräte in Ihrem Heimnetz freigeben, indem Sie den Windows Media Player als UPnP-Media-Server nutzen.

Sie können Ihre MP3-Alben aber auch von Ihrem Rechner auf eine UPnP-fähige Netzwerkfestplatte übertragen und sie über den darin integrierten Media Server freigeben.

1. **Voraussetzung**
   Als Voraussetzung für diesen Workshop benötigen Sie zunächst einmal nur einen halbwegs aktuellen Rechner, der mit Windows 7 oder Windows Vista und dem aktuellen Windows Media Player 12 ausgestattet ist.

Bild 10.10: Die Version des Windows Media Player finden Sie heraus, indem Sie den Player starten und anschließend die $\boxed{\text{Alt}}$-Taste drücken. Im nun angezeigten Menü wählen Sie die Option *Hilfe/Info*.

Der Rechner sollte im Heimnetz eingebunden sein und über eine Verbindung ins Internet verfügen. Die benötigen Sie nämlich, um die korrekten Informationen für

Ihre ins MP3-Format umgewandelten Musikdateien zu erhalten. Schließlich soll später, wenn Sie den Song über das Heimnetz abspielen, auch Titel und Interpret des Songs richtig (oder überhaupt) angezeigt werden.

Außerdem benötigen Sie später – je nach Anzahl Ihrer Audio-CDs – ausreichend freien Speicherplatz, um Ihre gesamte Musiksammlung als MP3-Dateien darauf ablegen zu können.

Für den Workshop selbst genügt zunächst einmal der Platz, um ein Album ins MP3-Format umzuwandeln. In ausreichend guter Qualität benötigen Sie für eine Audio-CD nicht mehr als etwa 50 bis 70 MByte Speicherplatz.

Und natürlich brauchen Sie ein internes oder externes DVD-Laufwerk, mit dem Sie Ihre Audio-CDs einlesen können.

2. **Speicherort der umgewandelten Musikdateien**
   Starten Sie den Windows Media Player 12 direkt von der Windows-Taskleiste. Alternativ finden Sie ihn im Startmenü unter *Alle Programme*. Gehen Sie links oben auf die Schaltfläche *Organisieren* und im sich öffnenden Menü auf *Optionen*.

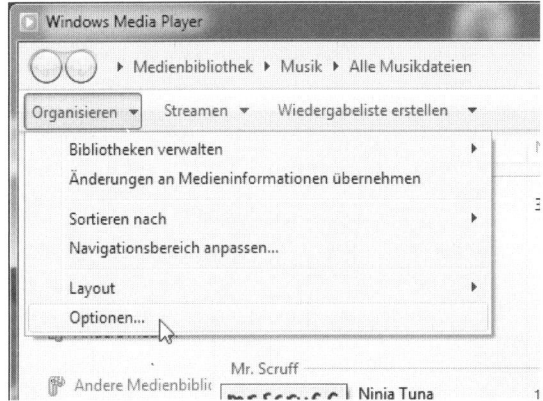

Bild 10.11: So öffnen Sie im Windows Media Player 12 das *Optionen*-Fenster.

Im Fenster *Optionen* klicken Sie auf die Registerkarte *Musik kopieren*. Hier können Sie verschiedene Einstellungen treffen, die die Umwandlung einer eingelegten Audio-CD betreffen.

Wenn Sie möchten, können Sie zunächst den voreingestellten Speicherort der umgewandelten Musikdateien ändern. So können Sie beispielsweise Ihre Musik gleich direkt auf ein anderes Laufwerk oder eine an den Rechner angeschlossene externe Festplatte speichern. Klicken Sie auf die Schaltfläche *Ändern* und wählen Sie hier im Fenster *Ordner suchen* das gewünschte Verzeichnis. Ansonsten belassen Sie es bei der Voreinstellung *C:\ Users\Benutzername\Musik*.

Bild 10.12: Hier ändern Sie den Speicherort, um im Windows Media Player ein umgewandeltes Album abzulegen.

3. **Den Dateinamen festlegen**

Unter der Schaltfläche *Dateiname* legen Sie fest, aus welchen Details sich der Dateiname einer einzelnen Songdatei zusammensetzen soll. Hier empfiehlt es sich, die *Titelnummer* des Songs wie vorgeschlagen an den Anfang des Dateinamens zu stellen. Eventuell können Sie auch noch die Details *Interpret* und *Album* hinzufügen.

Bedenken Sie jedoch, dass der Dateiname dann extrem lang werden kann. Zudem werden im Zuge des Kopiervorgangs sowieso alle wichtigen Informationen (Titelnummer, Songname, Interpret, Album, Genre) in jeder Songdatei als sogenannte Metainformation gespeichert.

Diese Metainformationen werden immer angezeigt, sobald Sie einen Song auf einem Wiedergabegerät abspielen. Zudem benötigt der Media Server diese Metainformationen in den Multimedia-Dateien, wenn er seinen Index erstellt.

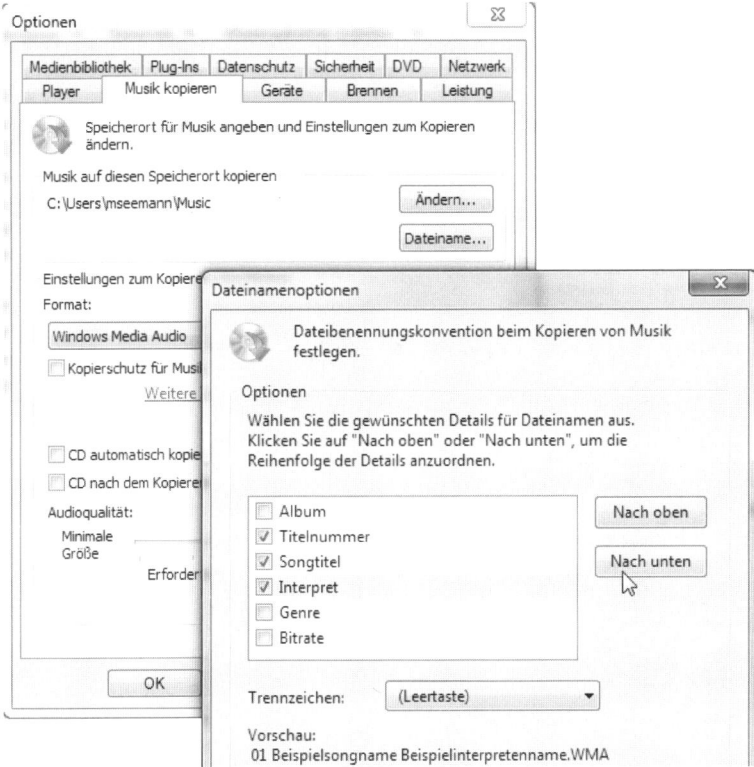

Bild 10.13: Über die *Nach oben/Nach unten*-Schaltflächen ändern Sie die Reihenfolge der markierten Details im Dateinamen des Songs.

Bei *Trennzeichen* wählen Sie das Sonderzeichen, mit dem die aneinandergereihten Details im Dateinamen voneinander getrennt werden.

Die *Vorschau* am unteren Rand des Fensters zeigt schließlich an, wie sich der Dateiname aufgrund Ihrer aktuellen Einstellungen zusammensetzt. Bestätigen Sie Ihre Auswahl mit *OK* und wenden Sie sich nun dem *Format* der Songdatei zu.

4. **Das Format der Songdatei**
   Wenn Sie Wert darauf legen, dass Ihre Musikdateien sowie die darin enthaltenen Metainformationen von möglichst allen UPnP-fähigen Audiogeräten abgespielt werden können, entscheiden Sie sich unbedingt für das MP3-Format. MP3 ist der Standard schlechthin, wenn es um das Abspielen und Streamen von Musik geht. Wählen Sie also im Drop-down-Menü anstelle von *Windows Media Audio* die Einstellung *MP3*.

   Setzen Sie außerdem ein Häkchen vor *CD nach dem Kopieren auswerfen*. Dann wissen Sie später, wenn Sie mehrere Audio-CDs hintereinander umwandeln, immer gleich, wann der Media Player mit einem Album fertig ist.

Und noch ganz wichtig: Ziehen Sie den Regler unter *Audioqualität* auf die zweite Position von rechts, also auf *256 kBit/s*. Diese Qualitätsstufe sollten Sie Ihren Songs von Audio-CDs schon gönnen, wenn Sie sie auf Festplatte bannen. Mehr möchte ich an dieser Stelle zum Thema »die optimale Bitrate für das Konvertieren ins MP3-Format« nicht sagen. Selbstverständlich steht es Ihnen frei, mit 192 oder mit 320 kBit/s zu konvertieren.

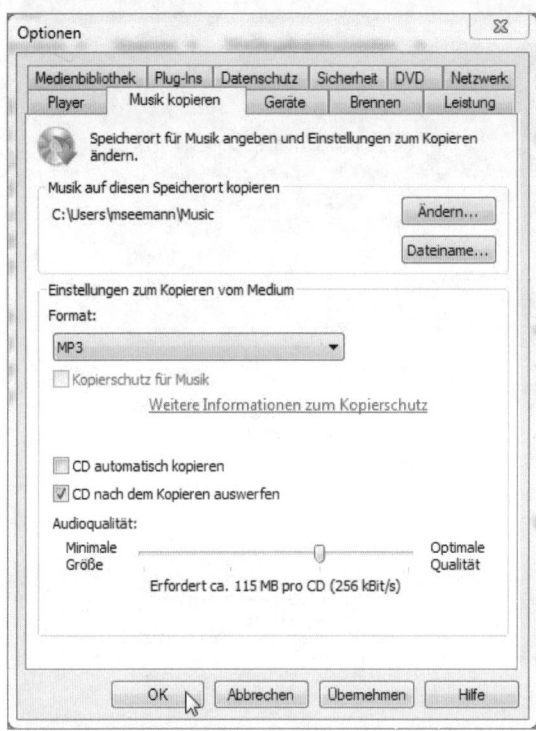

Bild 10.14: Mit dem Schieberegler stellen Sie die *Audioqualität* der MP3-Dateien auf *256 kBit/s* ein.

Damit haben Sie alle erforderlichen Einstellungen zum Konvertieren von Audio-CDs ins MP3-Format erledigt. Mit einem Klick auf *OK* bestätigen Sie Ihre Eingaben und schließen das *Optionen*-Fenster.

5. **Audio-CD einlegen und Metainformationen abrufen**

   Legen Sie nun – bei geöffnetem Windows Media Player – Ihre erste Audio-CD in das DVD-Laufwerk Ihres Rechners (Notebooks) ein. Zunächst erscheint eine Liste mit *Titel 1, Titel 2, Titel 3, …*, doch bereits kurze Zeit später blendet der Media Player alle Songtitel der eingelegten Audio-CD samt CD-Label ein.

   Außerdem legt der Windows Media Player im Fenster rechts gleich eine Wiedergabeliste an und beginnt, die eingelegte Audio CD abzuspielen. Falls gewünscht, beenden Sie die Wiedergabe mit einem Klick auf die Stopptaste am unteren Fensterrand.

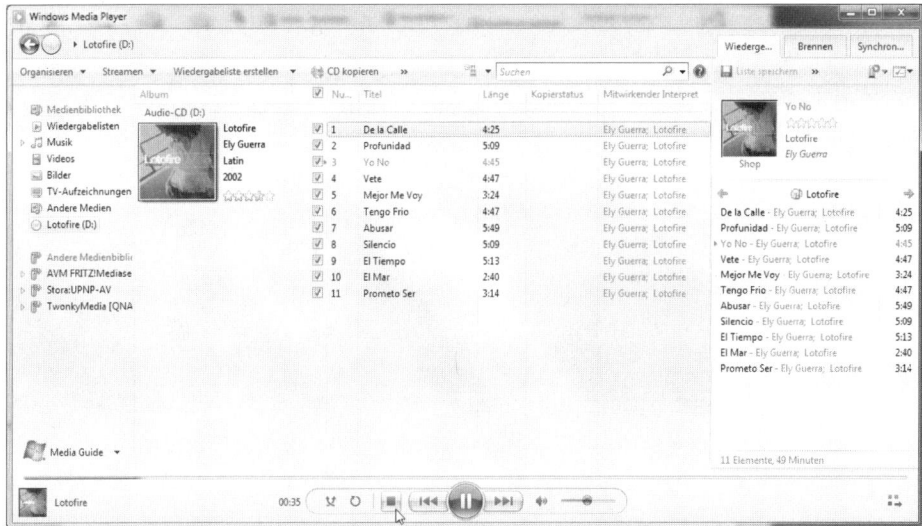

Bild 10.15: Über die Onlineverbindung besorgt sich der Windows Media Player gleich die passenden Details (Metainformationen) zur eingelegten Audio-CD.

Suche nach Albuminformationen

Diese automatische Suche der Albuminformationen funktioniert nur bei einem Originalalbum oder einer Eins-zu-eins-Kopie eines Originalalbums. Die Informationen zu einer aus mehreren Alben zusammengestellten Audio-CD kann Ihnen der Windows Media Player nicht liefern. Allerdings bietet er Ihnen dann die Möglichkeit, die Metainformationen selbst einzutragen.

6. **Album im MP3-Format auf Festplatte kopieren**

    Starten Sie nun den Kopiervorgang, indem Sie in der Kopfleiste des Player auf die Schaltfläche *CD kopieren* mit dem kleinen CD-Symbol klicken.

Bild 10.16: Mit einem Klick auf *CD kopieren* starten Sie den Kopiervorgang.

Das kleine CD-Symbol wird durch einen roten Stoppbutton ersetzt, und die Schaltfläche heißt nun *Kopieren beenden*. Der Player wandelt Song für Song ins MP3-

Format um, was sich anhand des grünen Fortschrittsbalkens in der Spalte *Kopier-status* anschaulich nachvollziehen lässt.

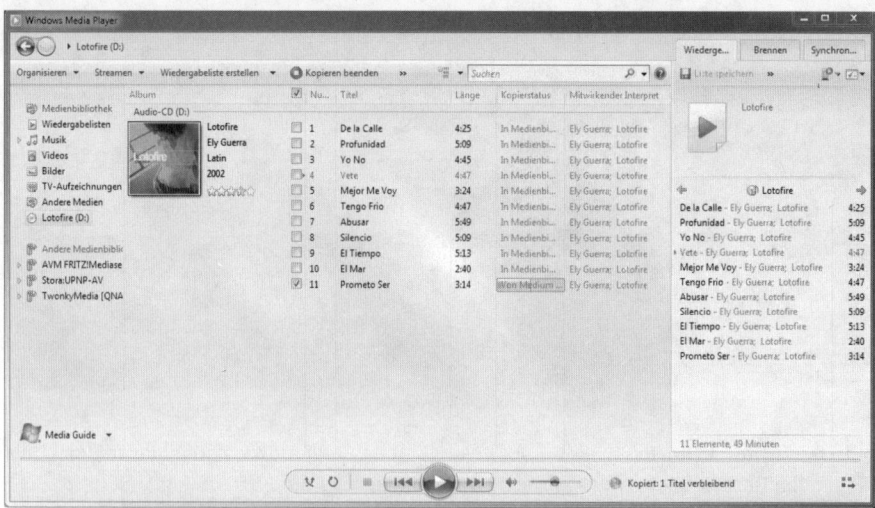

Bild 10.17: Die Umwandlung dieses Albums ist in wenigen Sekunden abgeschlossen.

Ist der Kopiervorgang beendet, sollte das DVD-Laufwerk Ihre Audio-CD automatisch auswerfen – und Sie können das nächste Album einlegen.

Auf diese Weise wandeln Sie ganz nebenbei, auch wenn Sie gerade an Ihrem Rechner arbeiten müssen, Ihre komplette Audio-CD-Sammlung ins MP3-Format um.

7. **Mit mehreren Laufwerken gleichzeitig konvertieren**
   Ist Ihr Rechner zufällig mit einem zweiten internen CD-/DVD-Laufwerk ausgestattet? Oder besitzen Sie zusätzlich ein externes DVD-Laufwerk? Dann können Sie beim Konvertieren Ihrer Audio-CD-Sammlung eine Menge Zeit sparen.

   Der Windows Media Player kann nämlich problemlos auch mit mehreren DVD-Laufwerken gleichzeitig umgehen und somit mehrere Audio-CDs parallel in MP3-Dateien konvertieren.

   Um flott zwischen den verschiedenen Laufwerken hin- und herzuschalten, verwenden Sie das Drop-down-Menü links oben im Kopf des Playerfensters gleich neben den beiden Navigationspfeilen.

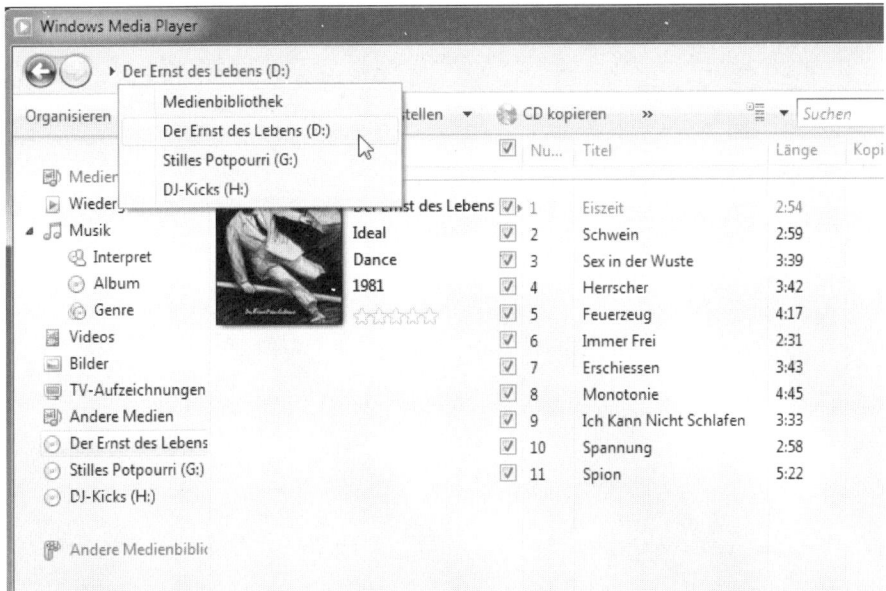

Bild 10.18: Der Windows Media Player kann mehrere Audio-CDs parallel konvertieren. In diesem Beispiel sind drei DVD-Laufwerke angeschlossen, in die je eine Audio-CD eingelegt ist.

Wählen Sie über dieses Drop-down-Menü jedes DVD-Laufwerk an und starten Sie den Konvertierungsvorgang für jedes Album einzeln.

Ich selbst habe diese Prozedur mit bis zu drei DVD-Laufwerken an einem Durchschnittsrechner (Core-i3-Prozessor, Windows 7 64 Bit, 4 GByte RAM) durchexerziert – es funktionierte problemlos und erstaunlich flott.

Haben Sie darüber hinaus einen zweiten Rechner zur Verfügung, lässt sich die ganze Angelegenheit noch zusätzlich beschleunigen. Allerdings sind Sie dann vollauf beschäftigt, da Sie ja mehrere Laufwerke ständig mit neuen Audio-CDs füttern und darauf achten müssen, dass die vom Media Player übernommenen Metainformationen aus dem Internet auch korrekt sind. An ein gemütliches Umwandeln so ganz nebenbei ist dann natürlich nicht mehr zu denken.

8. **Automatische Konvertierung**
   Sie möchten nicht ständig zwischen den verschiedenen Laufwerken hin- und herschalten, um die Konvertierung für jedes Album einzeln zu starten? Dann stellen Sie den Windows Media Player so ein, dass er automatisch mit dem Konvertieren beginnt, sobald Sie eine neue Audio-CD eingelegt haben. Damit beschleunigen Sie die Konvertierung ins MP3-Format zusätzlich.

   Öffnen Sie erneut über *Organisieren/Optionen* die Registerkarte *Musik kopieren*, setzen Sie einen Haken vor *CD automatisch kopieren* und bestätigen Sie mit *OK*.

Bild 10.19: Aktivieren Sie *CD automatisch kopieren*, und die Konvertierung startet sofort nach Einlegen der Audio-CD.

Einziger Nachteil dieser flotteren Variante: Sie können vorab nicht mehr prüfen, ob die heruntergeladenen Metadaten auch stimmen. Findet der Media Player während des gesamten Umwandlungsvorgangs keine passenden Informationen zum eingelegten Album im Internet, legt er die Audio-CD unter *Musik* als *Unbekanntes Album* sowie *Unbekannter Interpret* ab.

9. **Metainformationen nachträglich eingeben**
   Hier haben Sie dann die Möglichkeit, die einzelnen Metainformationen recht komfortabel von Hand einzugeben. Gehen Sie dazu einfach mit Rechtsklick auf das entsprechende Detail (z. B. *Unbekanntes Album*) und wählen Sie *Bearbeiten.*

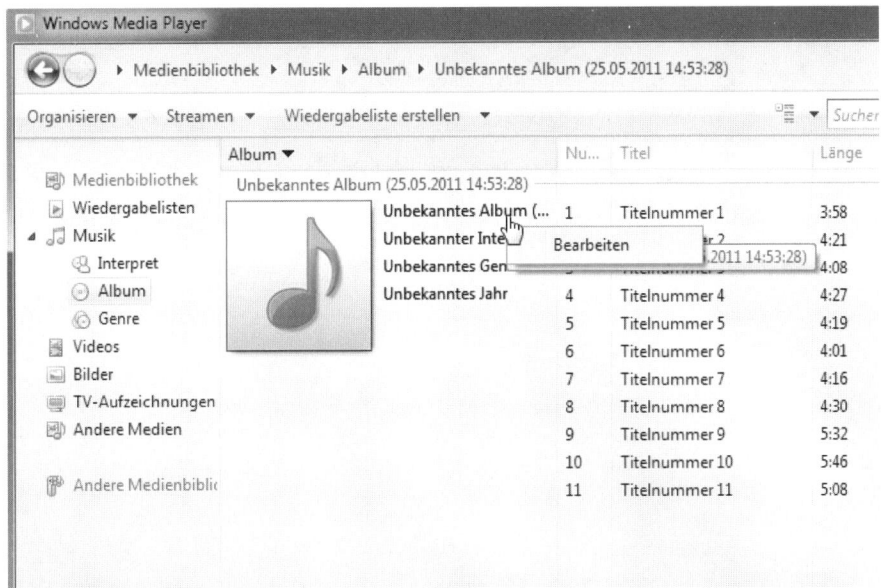

Bild 10.20: Unbekannte und deshalb unbenannte Audio-CDs lassen sich im Nachhinein manuell und sogar durchaus komfortabel umbenennen.

Sobald Sie den Albumnamen eingegeben haben, wird der Eintrag automatisch für alle Songs des Albums übernommen. Das Gleiche gilt für die Detailinfos *Interpret*, *Genre* und *Jahr*. Nur die Namen der Songs müssen Sie natürlich für jeden Titel einzeln eintragen.

Ab und an irrt sich der Windows Media Player übrigens auch, indem er die falschen Metainformationen herunterlädt. So gibt es des Öfteren mehrere Versionen eines Albums, deren Titelreihenfolge geringfügig abweicht, oder Sondereditionen mit Bonustrack(s). Auch in solchen Fällen müssen Sie manchmal selbst Hand anlegen und die korrekten Informationen manuell nachtragen oder ausbessern.

Übrigens lassen sich Metainformationen von MP3-Dateien inzwischen auch recht komfortabel im Explorer unter Windows 7 anzeigen und editieren.

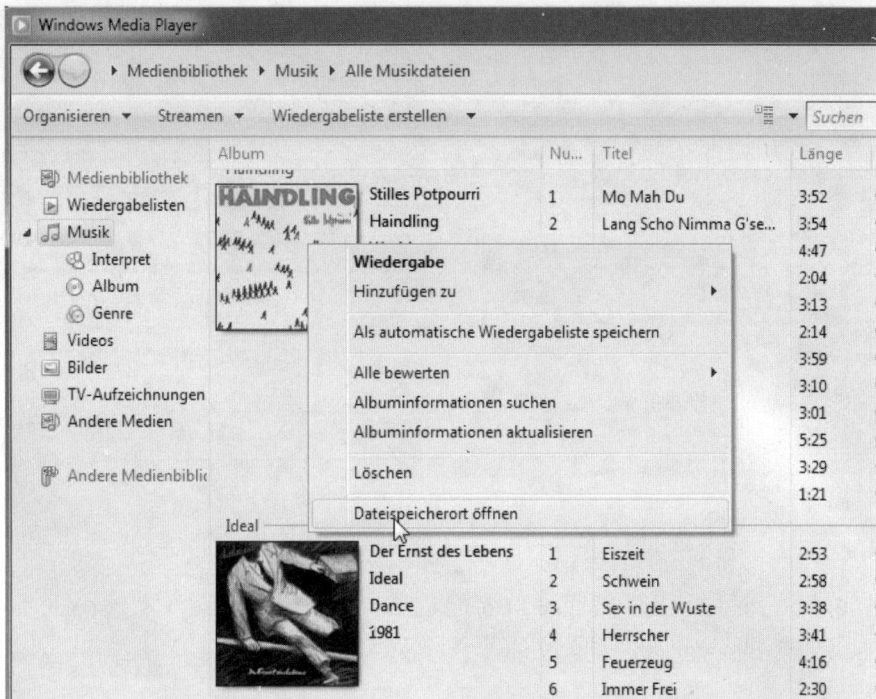

Bild 10.21: So gelangen Sie am schnellsten von der Musikbibliothek des Windows Media Player direkt in das Verzeichnis, in dem die Musikdateien auf der Festplatte gespeichert sind.

Öffnen Sie dazu zunächst Ihr Musikverzeichnis im Windows Explorer. Es ist das Verzeichnis, das Sie als Speicherort für Ihre Musik im *Optionen*-Fenster des Windows Media Player angegeben haben. Doch Sie können es sich auch einfacher machen, indem Sie einfach per Rechtsklick auf ein beliebiges Albumcover gehen und im Kontextmenü die Option *Dateispeicherort öffnen* wählen.

Im Anschluss zeigt sich ein Windows-Explorer-Fenster mit dem Verzeichnis des gewählten Albums einschließlich aller MP3-Dateien. Am unteren Rand des Explorer-Fensters finden Sie sämtliche Metainformationen zur markierten MP3-Datei.

Um beispielsweise den Albumnamen oder das Genre zu ändern, markieren Sie zunächst alle Dateien. Ihre Änderungen bestätigen Sie mit einem Klick auf *Speichern*.

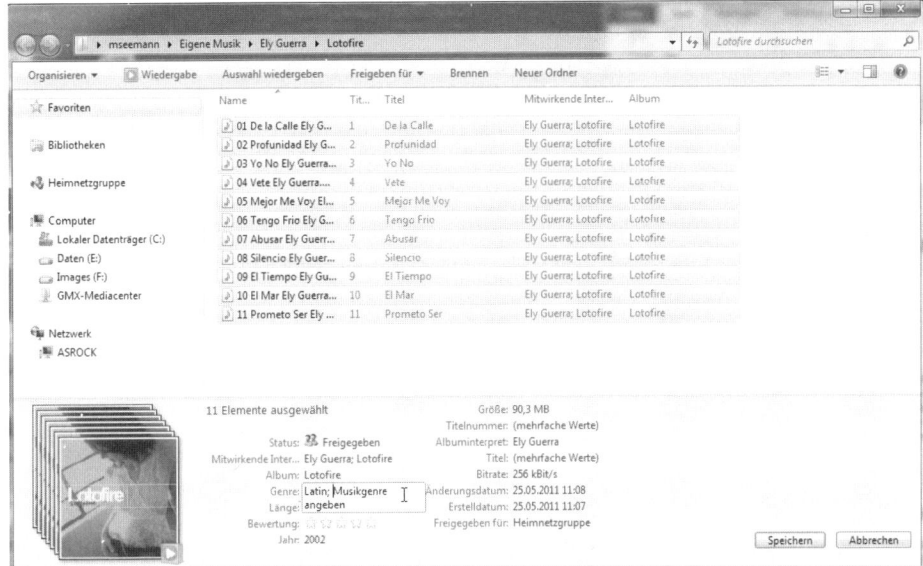

Bild 10.22: Auch im Explorer von Windows 7 lassen sich Metainformationen von Musikdateien sehr einfach und komfortabel bearbeiten.

10.3.2 Probleme beim Einlesen von Audio-CDs

Manche Audio-CDs machen Probleme und lassen sich nicht so einfach oder gar nicht auf Festplatte kopieren bzw. in das MP3-Format umwandeln. Das kann zum einen daran liegen, dass die Audio-CD bereits zu starke Gebrauchsspuren aufweist, also mechanisch beschädigt ist, oder unter ungünstigen Bedingungen gelagert wurde, wie zum Beispiel im Auto (hohe Temperaturunterschiede), in einer Kiste im feuchten Keller etc.

In einem solchen Fall hilft es manchmal, wenn Sie die »Problem-CD« in verschiedenen DVD-Laufwerken ausprobieren. So konnte ich feststellen, dass manche Alben, die von Laufwerk A nicht mehr eingelesen wurden, in Laufwerk B keine Probleme machten. Manche Scheiben sind allerdings so zerstört, dass sie sich von keinem Laufwerk mehr einlesen lassen. In diesem Fall bleibt dann nur der berühmte »Tritt in die Tonne«.

Ein weiteres Problem tritt bei manchen Audio-CDs auf, die vornehmlich im Zeitraum zwischen 2002 und 2006 veröffentlicht wurden. In jener Zeit versuchten sich die größeren Musiklabels an sogenannten Kopierschutzmechanismen, die das Auslesen einer Audio-CD durch ein Computerlaufwerk erschweren oder unmöglich machen sollten (siehe auch den Infokasten »Kopiergeschützte Audio-CDs«).

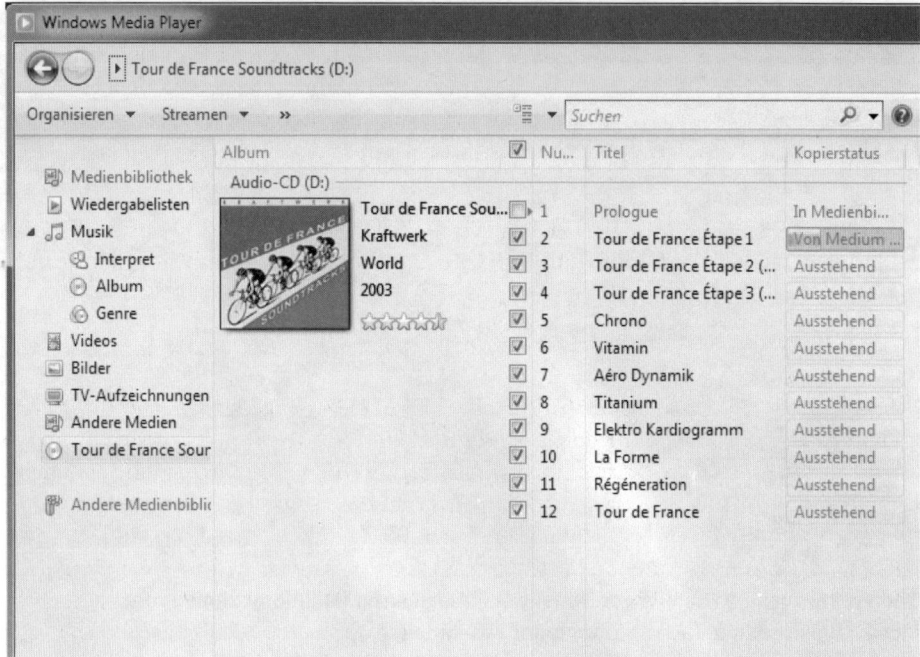

Bild 10.23: Trotz Kopierschutz ließ sich dieses Album mit einem internen Blu-ray-Combo-Laufwerk problemlos kopieren – zwei andere Laufwerke hingegen verweigerten bereits das Einlesen.

Es kann also durchaus sein, dass sich auch in Ihre Audio-CD-Sammlung ein solches Exemplar mit integriertem Kopierschutz eingeschlichen hat und sich deshalb nicht mit dem Windows Media Player 11 ins MP3-Format umwandeln lässt. Im schlimmsten Fall müssen Sie dann beim Zugriff im Heimnetz auf dieses eine kopiergeschützte Album verzichten.

Aufgrund der aktuellen Gesetzeslage darf hier leider keine Anleitung dafür geben werden, wie Sie einen bestehenden Kopierschutz mit bestimmten Tools umgehen können. Wer sich dennoch dafür interessiert, kann einen Blick auf die Homepage des Anbieters Slysoft.com werfen.

Vielleicht genügt Ihnen ja die 21-tägige Testphase der dort angebotenen Produkte, um alle kopiergeschützten Audio-CDs, die Sie ja selbst gekauft haben, so umzuwandeln, dass Sie sie auch im Heimnetz genießen können.

Bedenken Sie jedoch, dass das Umgehen eines Kopierschutzes in Deutschland verboten ist – auch wenn Sie die Original-Audio-CD selbst gekauft haben und die Songs eigentlich nur im Heimnetz oder auf Ihrem MP3-Player genießen möchten.

Unabhängig davon lassen sich manche Audio-CDs, obwohl sie mit einem Kopierschutz versehen sind, dennoch mit dem Windows Media Player ins MP3-Format bringen, und zwar ganz ohne verbotene Kopiertools. Auch diese Erfahrung habe ich bei kopiergeschützten Audio-CDs machen können, unter anderem beim Album »Tour de France« der Gruppe »Kraftwerk«.

Ebenso wie bei schlecht lesbaren CDs spielt nämlich auch beim Kopierschutz das jeweilige optische Laufwerk eine ganz entscheidende Rolle. Probieren Sie also kopiergeschützte Alben, die in Laufwerk A: nicht funktionieren, immer auch mit einem zweiten oder dritten Laufwerk aus. Die Chancen stehen gar nicht mal so schlecht, dass die Kopie mit Laufwerk B: oder C: dann doch klappt – und rein rechtlich gesehen sind Sie auf der sicheren Seite.

Es könnte natürlich sein, dass ein Winkeladvokat die Firmware des entsprechenden Laufwerks als »Kopiertool« ansieht, doch ist eine solche Anklage und Gerichtsverhandlung äußerst unwahrscheinlich.

Kopiergeschützte Audio-CDs
In den Jahren 2002 bis 2006 haben diverse Musiklabels einige ihrer Audio-CD-Veröffentlichungen mit einem Kopierschutz versehen. Damit sollte die Vervielfältigung von Musikalben durch Privatnutzer erschwert werden. Allerdings führte dieser Kopierschutz nicht selten dazu, dass kopiergeschützte Audio-CDs in manchen CD-Playern (z. B. in Autoradios) nicht abgespielt werden konnten. Diese und andere durch den Kopierschutz hervorgerufene Probleme sorgten bei nahezu allen Käufern für großen Unmut. Im Jahr 2007 entschloss sich mit EMI schließlich das letzte große Musiklabel, endgültig auf die Pressung kopiergeschützter Audio-CDs zu verzichten.

10.4 Musik über den Media Server anbieten

Nachdem Sie nun ein Musikalbum, oder Ihre gesamte Musiksammlung, ins MP3-Format umgewandelt haben, lernen Sie jetzt verschiedene Wege kennen, über die Sie Ihre Musikdateien im Heimnetz für UPnP-fähige Geräte verfügbar machen.

10.4.1 Windows Media Player als Media Server

Für den ersten Weg benötigen Sie keine Netzwerkfestplatte, sondern verwenden einfach den Windows Media Player auf dem Rechner, auf dem Sie Ihre Musikdateien im vorherigen Workshop abgespeichert haben. Dabei nutzen Sie die Media-Server-Funktion des Windows Media Player.

1. **Media-Server-Funktion aktivieren**
   Diese Media-Server-Funktion müssen Sie im Windows Media Player 12 zunächst aktivieren, falls Sie noch keiner Heimnetzgruppe beigetreten sind. Öffnen Sie also den Windows Media Player 12 und gehen Sie in dessen Kopfzeile auf die Schaltfläche *Streamen*. Wählen Sie im Menü die Option *Medienstreaming aktivieren*.

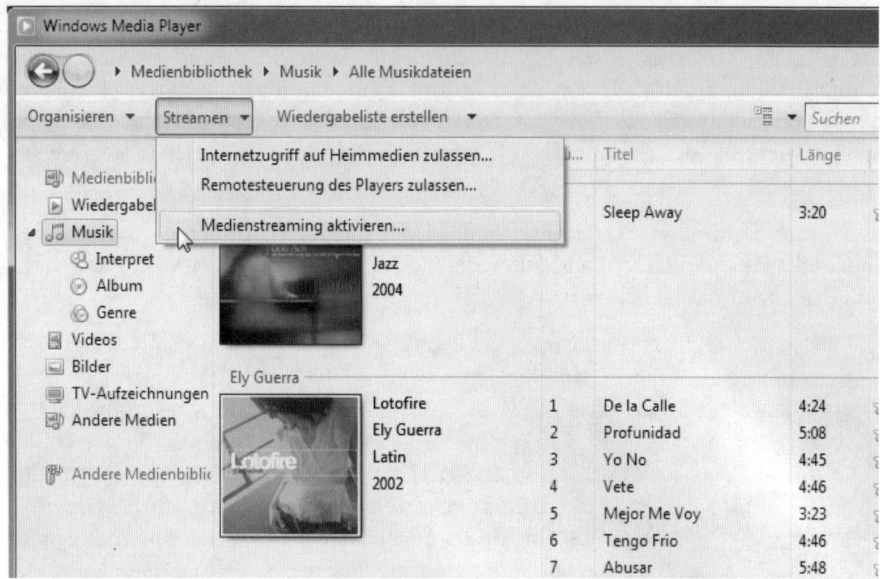

Bild 10.24: Aktivieren Sie zunächst die Streamingfunktion im Windows Media Player 12.

Ist bei Ihrem Rechner bzw. Windows Media Player das Medienstreaming bereits aktiviert, erscheint nach einem Klick auf den *Streamen*-Button ein geringfügig abgewandeltes Menü. In diesem Fall wählen Sie ebenfalls die unterste Menüoption, die hier jedoch *Weitere Streamingoptionen* heißt.

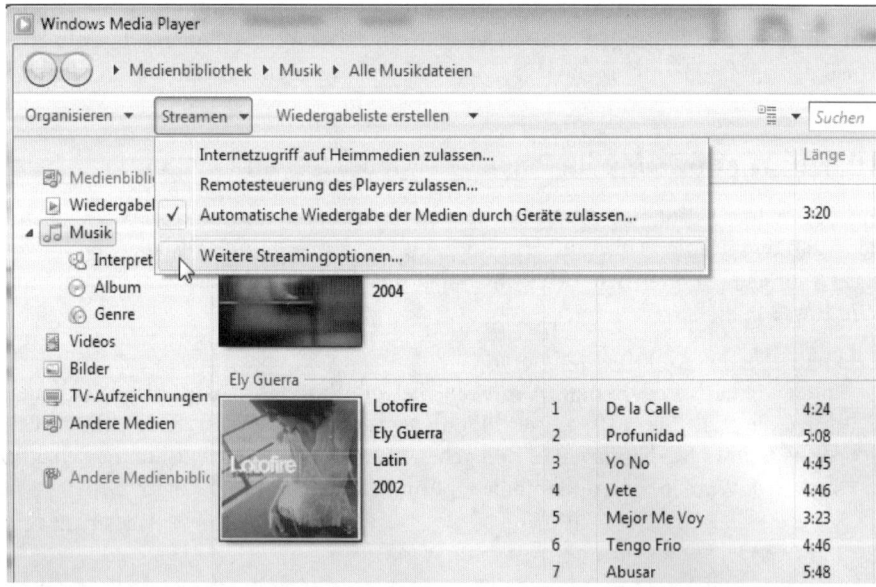

Bild 10.25: Ist die Streaming-Funktion bereits aktiviert, wählen Sie *Weitere Streamingoptionen*.

Kurz darauf öffnet sich ein Systemsteuerungsfenster. Hier müssen Sie nun ein zweites Mal Ihren Willen bekunden, indem Sie auf die Schaltfläche *Medienstreaming aktivieren* klicken.

2. **Zugreifende Geräte festlegen**
   Nun öffnet sich ein anderes Systemsteuerungsfenster mit der Überschrift *Wählen Sie Medienstreamingoptionen für Computer und Geräte aus.* Dieses Fenster listet bereits erste Geräte in Ihrem Heimnetz auf, die per UPnP AV auf Ihren Rechner zugreifen können – sofern denn noch weitere UPnP-fähige Geräte (Webradios, Fernseher, Blu-ray-Player, Media Player) in Ihrem Heimnetz vorhanden sind.

   Die in diesem Fenster gelisteten Geräte sind, vom UPnP-AV-Standard her gesehen, entweder Media Renderer (Wiedergabegeräte) oder Control Points (Fernbedienungen) – oder beides.

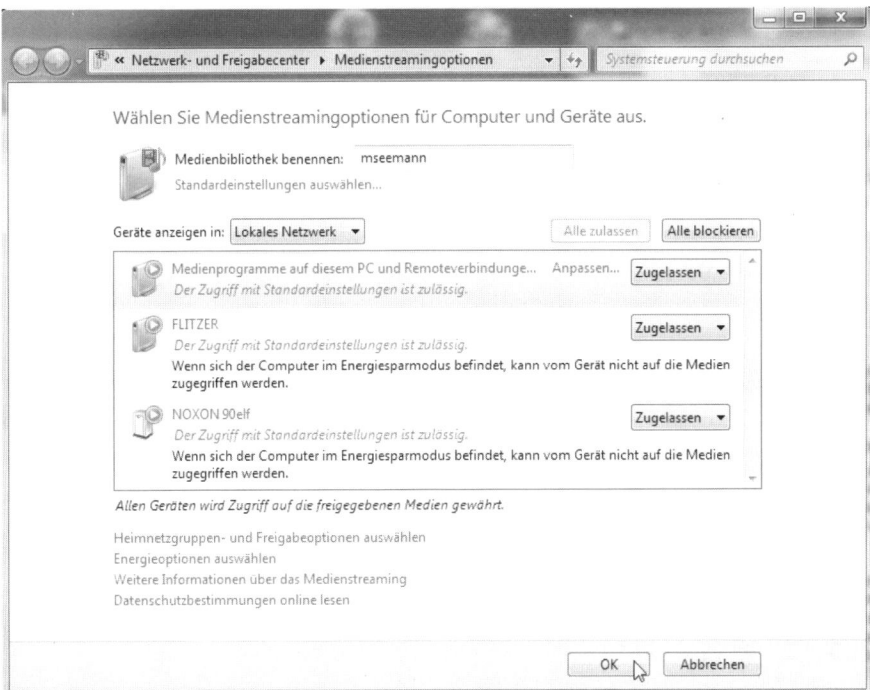

Bild 10.26: Beim Gerät *FLITZER* handelt es sich um ein Notebook im Heimnetz, dessen Windows Media Player gestartet wurde und das somit als Media Renderer oder Control Point auftritt.

Wenn Sie möchten, könnten Sie hier bestimmten Geräten den Zugriff auf Ihren Media Server verbieten. In diesem Fall setzen Sie die Option *Zugelassen* am rechten Rand des entsprechenden Geräts auf *Blockiert*.

3. **In meiner Liste erscheinen nur Medienprogramme auf diesem PC …**
   Wird bei Ihnen nur ein Gerät (nämlich der eigene Rechner) in der Liste angezeigt, weil Sie kein Webradio, keinen netzwerkfähigen Fernseher, keinen Blu-ray-Player

oder Ähnliches besitzen, fahren Sie einfach einen zweiten Rechner im Heimnetz hoch und öffnen auf diesem Rechner den Windows Media Player.

Kurz darauf erscheint der Name des neuen Rechners in der Liste, da dessen gestarteter Windows Media Player nun als Media Renderer und Control Point auf den Media Server zugreifen möchte.

Das Gerät *FLITZER* (siehe Abbildung oben) beispielsweise ist ein Notebook mit gestartetem Windows Media Player.

Bitte bedenken Sie, dass Geräte nur dann in dieser Liste erscheinen, wenn sie:

- mit dem Heimnetz verbunden sind,

- eingeschaltet sind

- und UPnP-AV- (oder DLNA-)fähig sind.

Schließen Sie jetzt das Fenster mit der Geräteliste, indem Sie am unteren Rand auf die *OK*-Schaltfläche klicken.

4. **Ordner für Medienfreigabe festlegen**
   Legen Sie nun die Verzeichnisse auf Ihrem Rechner fest, die Sie per Medienstreaming über UPnP AV für andere UPnP-AV-Geräte im Heimnetz freigeben möchten. Klicken Sie dazu in der Kopfzeile des Player auf die Schaltfläche *Organisieren* und fahren Sie mit dem Mauszeiger auf die Option *Bibliotheken verwalten*. Ein weiteres Untermenü öffnet sich.

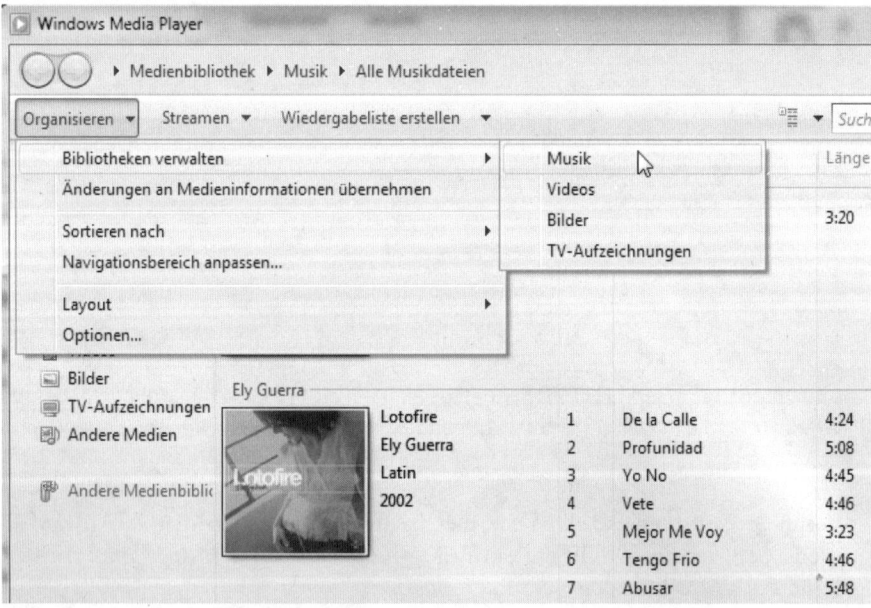

Bild 10.27: Öffnen Sie zunächst die Musikbibliothek des Media Player.

Der Windows Media Player teilt seine Bibliothek in die vier Bereiche *Musik*, *Videos*, *Bilder* und *TV-Aufzeichnungen* auf. Da wir zunächst einen Ordner mit Musikdateien über den Windows Media Player freigeben möchten, wählen wir die Einstellung *Musik*.

Im folgenden Fenster *Orte für Bibliothek "Musik"* sind alle Verzeichnisse aufgelistet, deren Inhalte bereits für das Medienstreaming freigegeben sind. Das bedeutet: Alle Musikdateien, die in den hier aufgeführten Verzeichnissen abgelegt oder gespeichert sind, werden vom Media Server des Windows Media Player besonders aufbereitet und via UPnP AV zur Wiedergabe im Heimnetz bereitgestellt.

Falls Sie den ursprünglichen Speicherort für Ihre Musikdateien nicht geändert haben (*C:\Users\IhrBenutzername\Music*), sollte dieses Verzeichnis hier bereits als *Standardspeicherort* angelegt sein.

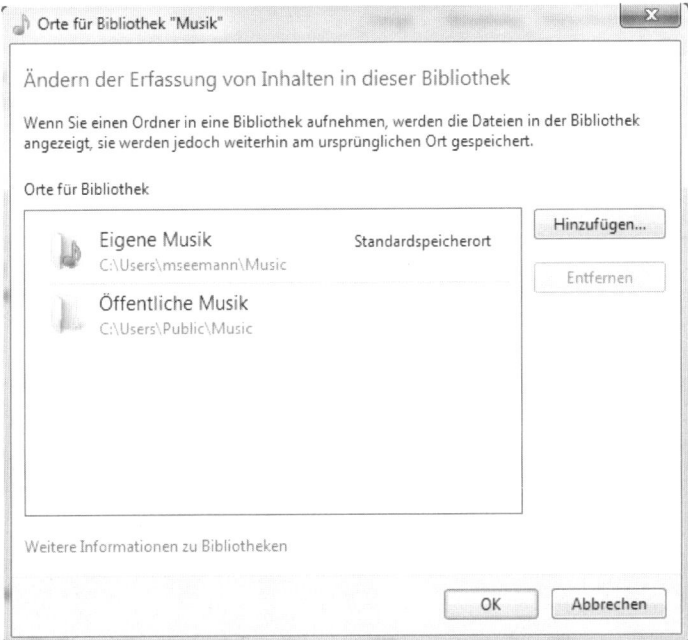

Bild 10.28: Hier können Sie dem Medienserver weitere Datenquellen hinzufügen.

Mit der Schaltfläche *Hinzufügen* erweitern Sie die Liste um ein von Ihnen gewünschtes Musikverzeichnis. Dazu wechseln Sie im Verzeichnisbaum des Dialogfensters zum gewünschten Ordner, markieren ihn und klicken anschließend auf die Schaltfläche *Ordner aufnehmen*.

Nach einer Bestätigung mit *OK* durchsucht der Windows Media Player das neu hinzugefügte Verzeichnis und stellt alle darin befindlichen Musikdateien den UPnP-AV-fähigen Geräten in Ihrem Heimnetz zur Verfügung.

10.4.2 Netzwerkfestplatte als Media Server

Wie bereits angesprochen, sind nahezu alle modernen Netzwerkfestplatten für das Heimnetz mit einem UPnP-AV-fähigen oder DLNA-zertifizierten Media Server ausgestattet. Ob und wie dieser aktiviert werden muss, ist von Hersteller zu Hersteller verschieden. Manche Geräte haben speziellen Freigabeordner angelegt oder vorgegeben, in die der Anwender alle seine Multimedia-Dateien hineinkopiert, die er gern im Heimnetz per UPnP AV verteilen möchte.

Bei anderen Geräten können Sie, ähnlich wie beim Windows Media Player, die Verzeichnisse selbst bestimmen, die der Media Server als Datenquellen nutzen soll. Auch lässt sich in manchen NAS-Geräten explizit einstellen, wie häufig der Media Server seine Verzeichnisse nach neu hinzugefügten Multimedia-Dateien durchsuchen soll.

Bild 10.29: Der Media Server von Twonky findet sich auf so mancher Netzwerkfestplatte und bietet neben der freien Verzeichniswahl auch die Einstellung eines automatischen Medienscans.

Dazu kann ich leider keine allgemeingültige Aussage treffen, Sie müssen notfalls im Handbuch Ihres NAS nachschlagen oder in dessen Onlinehilfe in der Benutzeroberfläche des NAS nachlesen. Was jedoch bei jeder Netzwerkfestplatte gleich abläuft, sind die folgenden Schritte.

1. **Multimedia-Daten auf Netzwerkfestplatte übertragen**

   Damit Filme und Fotos oder – um bei unserem Beispiel zu bleiben – Ihre Musikdateien von der Netzwerkfestplatte per UPnP AV im Heimnetz bereitgestellt werden können, müssen diese Daten zunächst auf den Netzwerkspeicher kopiert werden.

   Am einfachsten funktioniert das über den Windows Explorer, indem Sie Ihre Multimedia-Dateien einfach vom PC oder Notebook in den entsprechenden Freigabeordner Ihrer Netzwerkfestplatte kopieren. Möchten Sie Ihre komplette Musiksammlung auf einmal kopieren, lassen Sie den Vorgang über Nacht laufen. Erfolgt der Transfer vom Notebook aus, sollten Sie dieses über Nacht ans Netzteil anschließen. Falls Sie kein n-WLAN nutzen, verbinden Sie Ihr Notebook per Netzwerkkabel mit dem Router.

Bild 10.30: Die Funktion Ihres Media Servers prüfen Sie mit dem Windows Media Player. Dieser listet links unten unter *Andere Medienbibliotheken* alle UPnP-AV-Server im Heimnetz auf.

2. **UPnP-AV-Server im NAS aktivieren und Funktion überprüfen**
Sind die MP3-Dateien übertragen, prüfen Sie, ob der Media Server (UPnP-AV-Server) am NAS bereits aktiviert ist. Eventuell müssen Sie auch das Medienscanning des NAS zunächst durch einen Schalter aktivieren. Ist das geschehen, finden Sie den Media Server der Netzwerkfestplatte über jedes UPnP-Gerät, das Musik abspielen kann.

Steht momentan kein Gerät zur Verfügung, können Sie wiederum den Windows Media Player bemühen. Ist der UPnP-Server des NAS im Heimnetz verfügbar, erscheint dieser auch im Windows Media Player – und zwar in der Spalte links unter *Andere Medienbibliotheken* (siehe Abbildung weiter oben).

Versuchen Sie nun, einzelne Musikdateien im Windows Media Player wiederzugeben. Funktioniert es, ist der Media Server Ihres NAS auch für andere UPnP-Geräte im Heimnetz »sendebereit«.

3. **Anzeigeprobleme aufgrund des Beitritts zur Heimnetzgruppe**
Wer als Windows-7-Nutzer einer sogenannten Heimnetzgruppe beigetreten ist, könnte Probleme beim Streamen über den Windows Media Player bekommen. Denn in einer Heimnetzgruppe gibt es zusätzliche Einstellungsmöglichkeiten bezüglich Streaming und Multimedia.

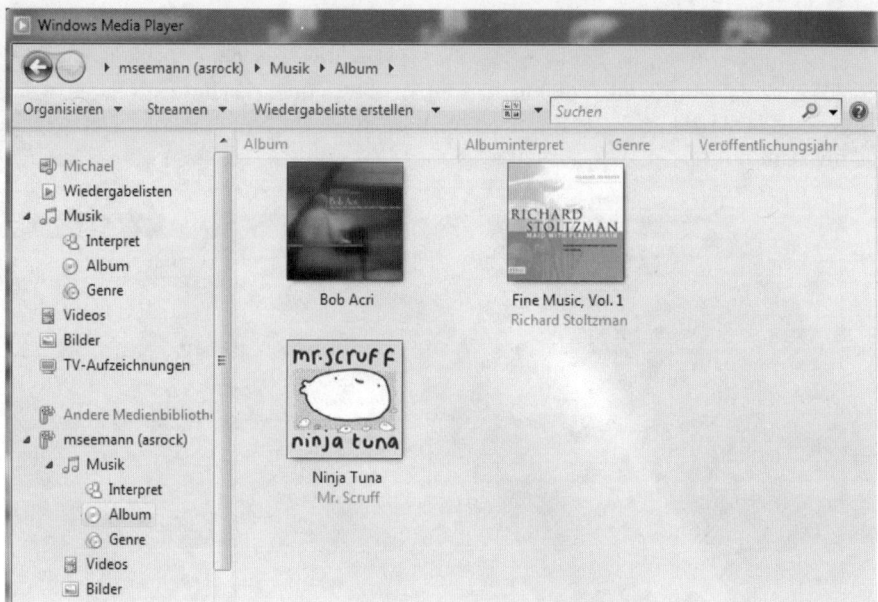

Bild 10.31: Obwohl Sie Ihre gesamte Musik korrekt auf Ihrem PC gespeichert haben, zeigen Ihnen Notebook und Webradio nur die drei Windows-Sampler an.

Wenn Sie also beispielsweise von einem anderen Rechner oder von einem Webradio (Fernseher, Blu-ray-Player etc.) per UPnP AV überhaupt keine Musikalben oder immer nur die drei Standard-Sample-Songs von Windows 7 (Bob Acri, Ninja Tuna, Fine Music) angezeigt bekommen, liegt das höchstwahrscheinlich an den Heimnetzgruppeneinstellungen.

Jeder Windows-Benutzer wird nämlich bei der Einrichtung einer solchen Heimnetzgruppe angehalten, diverse Angaben zu Streamingfreigaben zu machen. Hier werden dann oftmals Einstellungen vorgenommen, die später in Vergessenheit geraten. Viele Anwender wissen aber auch zum Zeitpunkt der Einrichtung gar nicht, wozu Streaming und Freigaben überhaupt gut sind, und nehmen deshalb falsche Einstellungen vor.

Allerdings lässt sich dieses Problem rasch beheben. Gehen Sie an den Rechner, auf dem Sie Ihre Musik- (Film-, Foto-)Dateien gespeichert haben, und klicken Sie links unten auf die *Start*-Schaltfläche. Geben Sie im *Programme durchsuchen*-Feld direkt darüber den Begriff *heimnetzgruppen* ein. Warten Sie einen kleinen Moment und bestätigen Sie dann mit der Enter-Taste.

Das Fenster *Heimnetzgruppen-Einstellungen ändern* erscheint. Achten Sie darauf, dass im Bereich unter *Bibliotheken und Drucker freigeben Bilder*, *Musik* und *Videos* aktiviert sind.

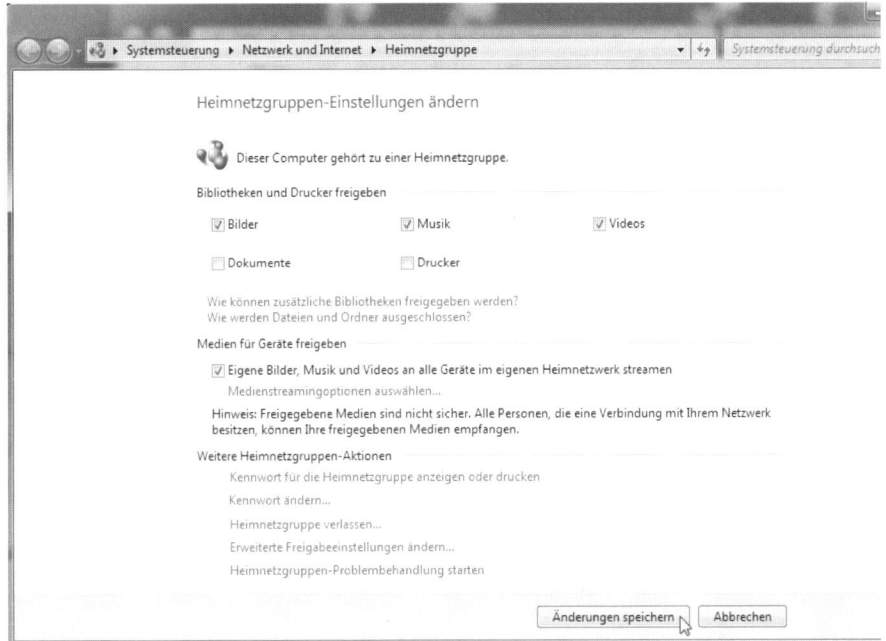

Bild 10.32: Ist der Rechner, von dem Sie per Windows Media Player streamen möchten, Teil einer Heimnetzgruppe, müssen Sie einige Einstellungen beachten.

Außerdem muss sich ein Häkchen vor *Eigene Bilder, Musik und Videos an alle Geräte im eigenen Heimnetzwerk streamen* befinden. Bestätigen Sie Ihre Einstellungen im Anschluss mit einem Klick auf die Schaltfläche *Änderungen speichern*.

Gehen Sie nun noch einmal an ein Gerät, das auf den soeben umgestellten Rechner per UPnP AV zugreift. Eigentlich sollten Sie nun Zugriff auf alle Ihre Multimedia-Daten haben.

10.4.3 Der Router als Media Server

Wer gern einen Media Server für Musik, Fotos und Videos im Heimnetz nutzen möchte, sich deshalb aber nicht gleich eine Netzwerkfestplatte zulegen will, findet bei so manchem Routerhersteller interessante Lösungen. So bieten unter anderem AVM, D-Link und Linksys by Cisco Router fürs Heimnetz an, die entweder mit internem Speicher ausgerüstet sind oder die sich – was sogar noch interessanter ist – mit externen Speicherlösungen erweitern lassen.

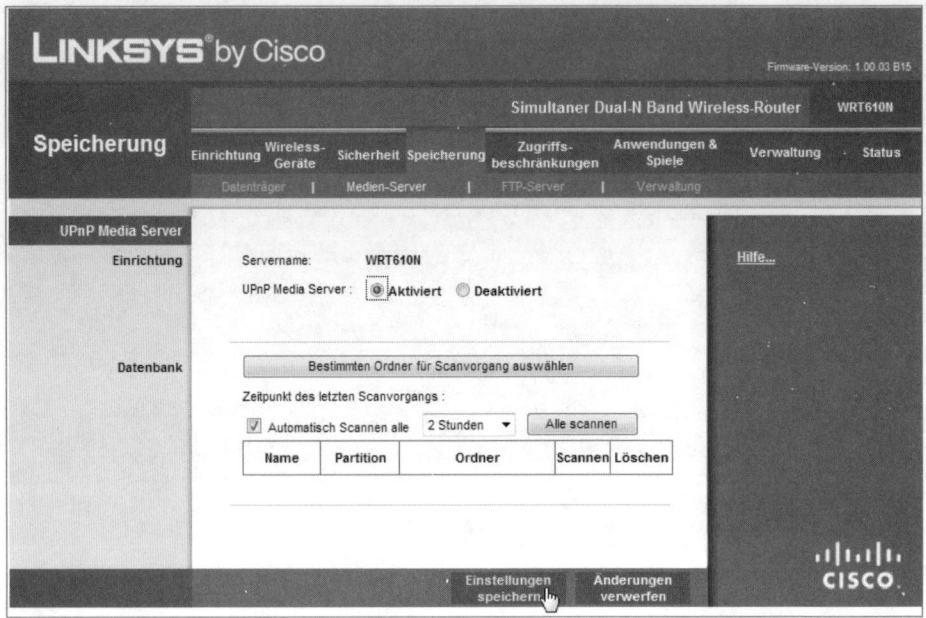

Bild 10.33: Beim Linksys-Router gestaltet sich die Aktivierung des UPnP-Servers etwas hakeliger.

Diese Geräte verfügen über einen USB-2.0-Port (genauer gesagt, einen USB-2.0-Host), an den sich beispielsweise eine mit Musik und Fotos gefüllte Festplatte oder auch ein USB-Speicherstick anschließen lässt.

Aktiviert man den Media Server in der Benutzeroberfläche des Routers, stehen sämtliche Multimedia-Daten auf der angeschlossenen USB-Festplatte schon kurze Zeit später für alle UPnP-fähigen Geräte im Netzwerk bereit. Auf diese Weise sparen Sie sich sogar das umständliche Kopieren Ihrer Multimedia-Dateien über das Netzwerk.

Bedenken Sie jedoch, dass das erstmalige Scannen einer sehr großen Anzahl von Musik-alben (> 100 Alben) durchaus einige Zeit in Anspruch nehmen kann. Der Media Server durchsucht dazu jeden Song und schreibt dessen Metainformationen (Interpret, Titel, Album, Jahr etc.) in einen speziellen Index. Aktualisierungen laufen dann jedoch sehr flott.

Bild 10.34: In AVMs FRITZ!Box-Modellen mit USB-Anschluss aktiviert man den Media Server im Bereich *Heimnetz/Speicher (NAS)/Aktivierungen*.

10.5 Webradios: die UPnP-Pioniere

Nun steht also Ihr Musikalbum im Heimnetz auf einem Media Server zum Abruf bereit. Kommen wir also jetzt zu den Geräten, mit denen Sie Ihre Songs wiedergeben können. Denn der Zugriff mit dem PC über den Windows Media Player ist ja nicht unbedingt spannend. Außerdem müssten Sie dazu wieder vor einem laufenden Rechner sitzen. Eine der ersten Geräteklassen, die mit UPnP AV umgehen und entsprechende Media Server nutzen konnten, waren die sogenannten Audio-Streaming-Clients oder Webradios.

Bild 10.35: Der Noxon 2 audio von TerraTec (hier in der Version mit iPod-Dock) ist ein Klassiker unter den Audio-Streaming-Clients. (Quelle: *www.terratec.net*)

Einem klassischen Audio-Streaming-Client fehlen die Lautsprecher für die Soundausgabe. Er muss deshalb entweder mit aktiven Lautsprechern ausgestattet werden, oder man verbindet ihn direkt mit der Stereoanlage im Wohnzimmer. Ein Streaming-Client bietet hierzu grundsätzlich einen analogen Stereoausgang (Cinch oder Klinke).

Ab einer gewissen Qualitätsstufe sind Audio-Streaming-Clients auch mit einem digitalen Audioausgang ausgestattet. Beim digitalen Ausgang unterscheidet man zwischen einer optischen und einer koaxialen Verbindung. Die meisten Audio-Streaming-Clients besitzen einen optischen Ausgang, wie zum Beispiel auch der Noxon 2 audio (siehe Abbildung).

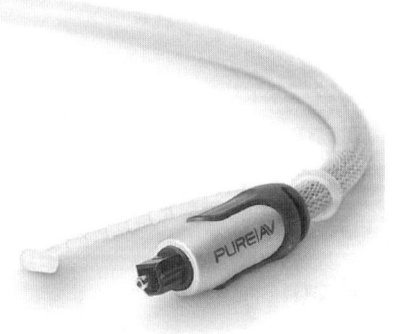

Bild 10.36: Das optische Kabel zur digitalen Übertragung von Audiosignalen wird in der Literatur auch häufig als Toslink bezeichnet.

Ein halbwegs moderner Verstärker (A/V-Receiver) hält in der Regel Eingänge für beide digitalen Audioverbindungsvarianten bereit. Sie benötigen nur das passende Verbindungskabel.

Ein Webradio als besondere Form des Audio-Streaming-Clients hat grundsätzlich integrierte Lautsprecher – und kann damit unabhängig von Aktivboxen oder Hi-Fi-Anlagen Musik wiedergeben.

Bild 10.37: Ein Internet- oder Webradio besitzt meist einen oder zwei Lautsprecher und einen WLAN-Adapter, sodass es weitgehend unabhängig im Haushalt eingesetzt werden kann. (Quelle: *www.terratec.net*)

Im weiteren Verlauf des Buchs werde ich zwischen den Begriffen »Audio-Streaming-Client« und »Webradio« keine Unterscheidung mehr machen und diese als Synonyme verwenden, denn Radiostationen kann man schließlich mit beiden Geräten empfangen.

10.5.1 Auswahl aus Tausenden von Radiostationen

Ein Audio-Streaming-Client (oder Webradio) kann, sobald das Gerät per WLAN oder Netzwerkkabel mit dem Router verbunden ist, oft mehrere Tausend Radiostationen der unterschiedlichsten Kategorien, vornehmlich aber Musiksender, abrufen und wiedergeben. Der Einstieg in diese unüberschaubar große Sendervielfalt erfolgt über die einzelnen Kontinente und Länder sowie über verschiedene Musikrichtungen, die meist als »Genre« bezeichnet werden.

Trotz der Filterung nach Ländern und Genre kann es passieren, dass man mit Listen hantieren muss, die mehrere Hundert Einträge umfassen. In einem solchen Fall lernt man Webradio-Fernbedienungen zu schätzen, mit denen man direkt zu einem bestimmten Anfangsbuchstaben springen kann oder die über eine sinnvolle Suchfunktion verfügen.

Die Webadressen von Internetradiostationen ändern sich häufiger einmal, und auch die Fluktuation bei den Onlinesendern ist deutlich größer als bei den terrestrischen Radiosendern. Aus diesem Grund greifen Webradios auf einen speziellen Onlinedienst zurück, der regelmäßig die Webadressen und Verbindungsdaten verschiedenster Radiosender weltweit zur Verfügung stellt und vor allem ständig aktualisiert.

In der Regel erwirbt man beim Kauf eines Streaming-Clients auch gleich ein unbegrenztes Abonnement bei einem solchen Onlineradiodienst. Allerdings ist meist eine kostenlose Registrierung erforderlich, wenn man alle Funktionen des Onlineradioangebots nutzen möchte. Weit verbreitete Onlinedienste für Webradios sind zum Beispiel vTuner, Reciva und live365.

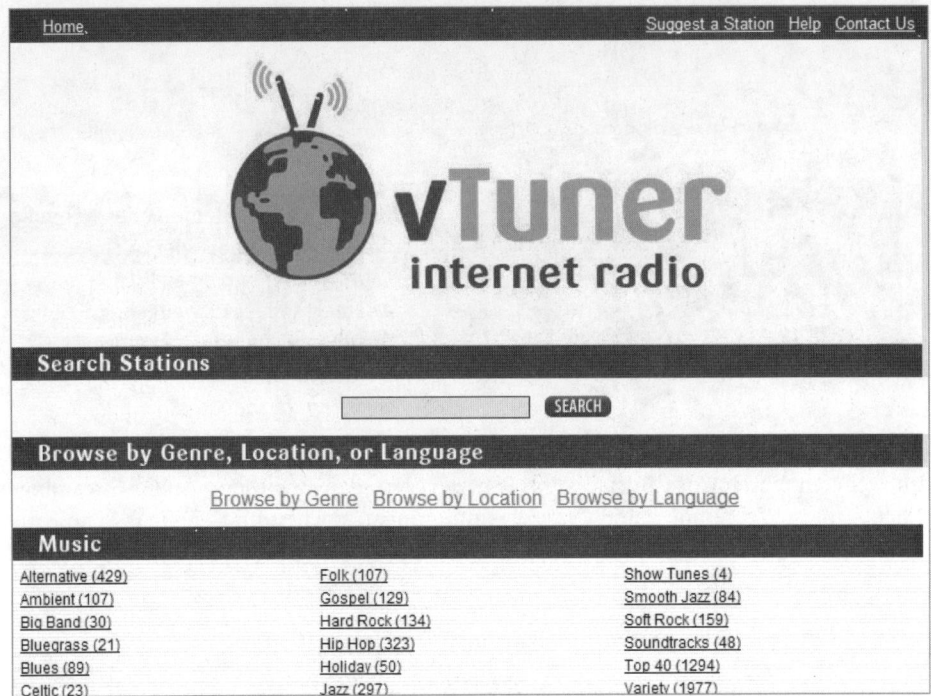

Bild 10.38: Sehr viele im Handel erhältliche Webradios greifen auf die umfangreiche Stationsliste des Onlineradiodiensts vTuner zurück.

10.5.2 Einbindung ins Heimnetz

Webradios werden in der Regel über WLAN ins Heimnetz eingebunden. So sind sie weitgehend unabhängig vom Standort des (WLAN-)Routers und können praktisch an jeder Steckdose im Haushalt betrieben werden.

Die neueren Modelle sind bereits mit der praktischen Verschlüsselung per Knopfdruck (WPS) ausgestattet, bei den älteren Modellen muss man hingegen das WPA(2)-Passwort des WLAN-Access-Point im Heimnetzrouter oft recht umständlich über die Fernbedienung des Webradios eintippen.

Die Preise für ein halbwegs vernünftiges Webradio liegen inzwischen unter 150 Euro. Wer Wert auf besondere Ausstattungsmerkmale (Touchscreen-Bedienung etc.) legt oder anstelle eines Monolautsprechers etwas mehr Volumen und Klangqualität bevorzugt, findet natürlich auch Geräte, die ein wenig teurer sind. Wie überall im Hi-Fi-Bereich gibt es nach oben keine Grenzen.

Bild 10.39: Das Webradio Revo Heritage kommt in schickem Retrodesign daher und bietet neben Onlineradio auch UKW- und digitalen Rundfunkempfang (DAB). (Quelle: *www.revo.co.uk*)

10.5.3 Filme aus dem Heimnetz

Wer Filme und Videos im Heimnetz speichert, kann diese mittlerweile auch schon direkt am Fernseher wiedergeben, sofern das TV-Gerät mit dem Heimnetz(-Router) verbunden ist. Vor allem aktuelle Flachbildfernseher überraschen, da sie eine erstaunliche Vielfalt verschiedener Audio-/Videoformate beherrschen, die sie ohne Probleme von einem Rechner im Heimnetz oder einer Netzwerkfestplatte abspielen können.

Doch wer besitzt schon immer den modernsten Fernseher oder möchte sich alle zwei Jahre ein neues Gerät kaufen? Die meisten TV-Geräte in deutschen Wohnzimmern haben noch nicht einmal einen Netzwerkzugang und können meist auch keine Fotos vom USB-Stick wiedergeben.

Trotzdem sehen viele Anwender mit ihrem zwei bis fünf Jahre alten HD-Fernseher überhaupt keine Veranlassung, sich ihrem Heimnetz zuliebe für viel Geld (> 1.000 Euro) schon wieder ein neues TV-Gerät ins Haus zu stellen – zumal der alte Fernseher ja hervorragend funktioniert.

10.6 Wahre Multitalente in Sachen Multimedia

Wer dennoch gern seine Fotos oder Filme von der Festplatte am Fernseher betrachten möchte, greift stattdessen auf einen sogenannten Netzwerkplayer oder HD Media Player zurück. Das Interessante daran: Die Geräte kosten nur einen Bruchteil von dem, was Sie für die Anschaffung eines neuen Fernsehers hinlegen müssten.

Zudem sind sie wahre Multitalente, was das Abspielen von Multimedia-Dateien anbelangt – und lassen sich bei Bedarf für die Foto- oder Videoabende bei Freunden auch ohne größere Umstände transportieren.

Außerdem zeigen sich Media Player sehr vielseitig, was ihre Ausstattung mit Audio- und Videoschnittstellen (Ausgängen) anbelangt. So lassen sie sich an nahezu jeden Fernseher oder Monitor anschließen.

10.6.1 Der moderne DVD-Player

Ein HD Media Player ist grundsätzlich nichts anderes als ein klassischer DVD-Player. Beide Geräteklassen spielen beispielsweise Filme oder Musik ab und geben Bild und Ton am Fernseher oder an der Hi-Fi-Anlage aus. Während ein DVD-Player jedoch vornehmlich Film-DVDs oder Audio-CDs von der eingelegten Silberscheibe wiedergibt, greift der HD Media Player in erster Linie auf Dateien zu, die auf Festplatten oder Flashspeichermedien (USB-Stick, SD-Cards etc.) abgelegt sind.

Und im Gegensatz zu den meisten DVD-Spielern kommt ein Media Player mit fast allen gebräuchlichen Multimedia-Dateiformaten klar. Selbst der Ort, an dem die Film-, Foto- oder Musikdateien abgelegt sind, spielt für diese Geräte keine Rolle mehr.

Denn ein aktueller Media Player besitzt verschiedene Möglichkeiten, um auf diese Dateien zuzugreifen: Sie können direkt an das Gerät angeschlossen sein oder irgendwo im Heimnetz bereitliegen.

Bild 10.40: Ein HD Media Player gibt Video-, Bild- und Audiodateien von der Festplatte, aus dem Heimnetz und vom Internet am Fernseher aus. (Quelle: *www.wdbrand.com*)

10.6.2 Multimedia per Direktanschluss

Der einfachste Weg ist es, seine Speichermedien direkt mit dem Media Player zu verbinden. Nahezu alle im Handel verfügbaren Geräte besitzen wenigstens zwei USB-Ports, an die sich zum Beispiel eine externe Festplatte oder ein USB-Speicherstick anschließen lässt.

In der Regel sind die USB-Anschlüsse ausreichend mit Strom versorgt, sodass sich externe 2,5-Zoll-Festplatten ohne zusätzliche Stromversorgung an den Player anschließen lassen.

Manche Media Player, wie zum Beispiel der Asus O!Play HD2 (siehe Abbildung), sind zudem mit einer eSATA-Schnittstelle ausgestattet. Dieser schnelle Anschluss findet sich inzwischen häufiger an externen 3,5-Zoll-Festplatten. Der Asus-Player besitzt sogar einen kombinierten eSATA-USB-Port, der sich entweder als USB-2.0- oder als eSATA-Anschluss verwenden lässt.

Bild 10.41: Der Asus O!Play HD2 besitzt diverse Schnittstellen für Speicherkarten sowie einen eSATA-USB-Kombiport und lässt sich mit einer internen Festplatte aufrüsten. (Quelle: *www.asus.de*)

Selbst Speicherkarten von Digicams oder anderen Aufnahmegeräten lassen sich inzwischen oft direkt an den Media Player anschließen. Der Asus O!Play HD2 nimmt neben SD-Cards auch Memory-Stick- und Compact-Flash-Karten auf. Im Idealfall kann also der Datenspeicher aus der Kamera direkt am Media Player eingesteckt werden – das lästige Umkopieren auf einen anderen Datenträger oder das Hantieren mit diversen Adaptern entfällt.

Bild 10.42: Netgears NeoTV 550 besitzt einen SD-Card-Slot an der Gerätefront. Die Fernbedienung mit ihren fluoreszierenden Tasten lässt sich auch bei Dunkelheit steuern. (Quelle: *www.netgear.de*)

10.6.3 Speicher integriert

Auch manche Media Player bringen den eigenen Speicherplatz gleich mit. Einige Geräte sind mit einer internen 3,5-Zoll-Festplatte ausgestattet oder lassen sich damit nachrüsten. Hier verwenden einige Hersteller auch den Begriff »Multimedia-Festplatte«.

Doch bevor sich der interne Speicher als Datenquelle nutzen lässt, muss er zunächst einmal mit Filmen, Fotos oder Musik befüllt werden. Um es dem Anwender möglichst einfach zu machen, lassen sich Media Player mit internem Speicher häufig wie ein externes Laufwerk via USB mit einem PC oder Notebook verbinden.

Der Movie Cube von Emtec beispielsweise (siehe Abbildung) ist mit einem dazu erforderlichen USB-2.0-Anschluss vom Typ B ausgestattet, der auf Geräteverpackungen oft auch als »USB-2.0-Device-Anschluss« bezeichnet wird. Jedoch sind die eher gemächlichen Übertragungsraten von USB 2.0, die in der Praxis auf maximal 25 bis 30 MByte/s (netto) kommen, nicht mehr zeitgemäß – erst recht nicht, wenn es um die Übertragung von großen Datenmengen geht.

Bild 10.43: Emtecs Movie Cube S850H hat bis zu 2 TByte eigenen Speicherplatz, der sich auch direkt am PC per USB-Anschluss befüllen lässt. (Quelle: *www.emtec-international.com*)

Drei- bis viermal so schnell funktioniert der Datentransfer bei dem Asus O!Play HD2, der mit einer modernen USB-3.0-Schnittstelle (Typ B) ausgestattet ist. Allerdings muss dazu der PC oder das Notebook, von dem die Daten auf den nachrüstbaren, internen Speicher des Media Player übertragen werden, ebenfalls mit einem USB-3.0-Anschluss (Typ A) ausgestattet sein. Falls nicht, läuft der Transfer gemächlich mit USB-2.0-Geschwindigkeit.

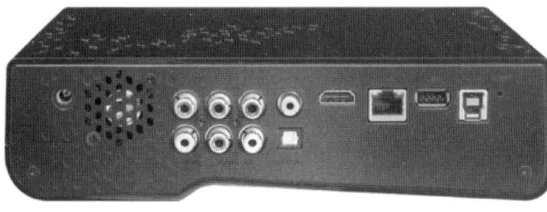

Bild 10.44: Rechts auf der Rückseite des O!Play HD2 erkennt man den modernen USB-3.0-Device-Anschluss, über den sich der (optionale) interne Speicher befüllen lässt. (Quelle: *www.asus.de*)

Doch ist die interne Speichermöglichkeit im Media Player keineswegs eine Notwendigkeit. Vielen Nutzern genügt die Möglichkeit, externe USB-Speicher an den Media Player anzuschließen.

Außerdem muss die interne Festplatte meist zusätzlich gekühlt werden, was fast immer durch eine aktive Belüftung, also einen Ventilator, erfolgt. Dieser kann zu einer wahrnehmbaren Geräuschentwicklung führen, die vor allem bei ruhigen Filmszenen oder beim Betrachten von Fotos als störend empfunden werden kann.

Bild 10.45: Ohne internen Speicher erheblich kompakter, und dennoch extrem leistungsfähig, präsentiert sich der WD TV Live Media. (Quelle: *www.wdbrand.com*)

Deshalb finden sich auch viele Media Player auf dem Markt, die keinen internen Speicher besitzen. Diese Geräte verursachen in der Regel keine störenden Geräusche, sind kompakter und damit auch einfacher zu transportieren, falls man sie denn mal woanders (bei Freunden, in der Ferienwohnung etc.) anschließen möchte. Außerdem sind sie meist auch etwas günstiger als Geräte mit integriertem Speicher.

10.6.4 Medienquellen aus dem Heimnetz

Neben den direkt angeschlossenen Speichermöglichkeiten können aktuelle HD Media Player in der Regel noch eine weitere Datenquelle für Fotos, Musik und Videos anzapfen: das Heimnetz. Um darauf zugreifen zu können, besitzen (fast) alle aktuellen Media Player einen Netzwerkanschluss – und werden deshalb auch häufig als »Netzwerkplayer« bezeichnet.

Die Bereitstellung der Medien im Heimnetz kann über sogenannte Freigaben oder Freigabeordner (siehe auch Kapitel 3 unter »Private Freigabe anlegen« und »Geschützte und öffentliche Freigaben«) erfolgen. Hierzu zählen die Freigaben unter Windows und ebenso die Freigabeordner von Netzwerkfestplatten, die oft auch als »Shares« bezeichnet werden. Media Player können übrigens auch auf geschützte Freigaben zugreifen, wobei man Benutzerkennung und Passwort dann über die Fernbedienung des Player einträgt.

Neben dem Zugriff auf herkömmliche Freigaben unterstützt eigentlich jeder netzwerkfähige Media Player das DLNA-Protokoll oder zumindest dessen Vorgänger UPnP AV.

Damit kann der Media Player dann alle Mediendateien, die entweder in herkömmlichen Freigaben oder von einem Media Server per UPnP oder DLNA bereitgehalten werden, über das Netzwerk abspielen oder »streamen« und beispielsweise am angeschlossenen Fernseher ausgeben. Aus diesem Grund werden netzwerkfähige Media Player häufig auch als »Streaming-Clients« bezeichnet.

10.6.5 Ausgänge für den Fernseher

Um Filme, Fotos oder Musik schließlich auch betrachten oder anhören zu können, muss man den Media Player an die jeweiligen Wiedergabegeräte im Wohnzimmer anschließen. In der Regel sind das der Fernseher (oder Beamer) und die Musikanlage. Hierzu besitzt der Media Player – ebenso wie ein herkömmlicher DVD-Player – diverse Anschlüsse und Ausgänge. Dabei unterscheidet man Video-, Audio- und kombinierte Video-Audio-Anschlüsse, die abhängig von der Übertragungsart entweder analog oder digital sein können. Die wichtigsten Anschlüsse eines modernen netzwerkfähigen Media Players zeigt folgende Abbildung:

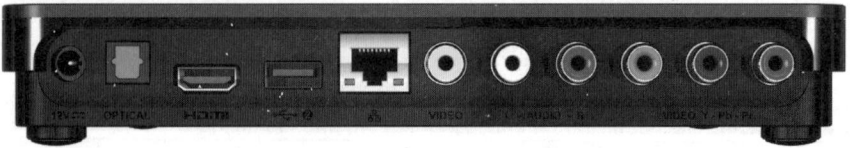

Bild 10.46: Anschlüsse eines Media Players (von links nach rechts): Netzteil – Optisch – HDMI – USB – LAN – Composite (»FBAS«) – analog Stereo (links/rechts) – Komponente (Y/Pb/Pr). (Quelle: *www.wdbrand.com*)

Alle modernen Media Player verfügen über einen sogenannten HDMI-Ausgang, der sowohl Bild- als auch Tonsignale überträgt. HDMI ist der qualitativ hochwertigste digitale Anschluss zur Bild- und Tonübertragung.

Weiterhin sind die meisten Media Player mit einem in drei Anschlüsse aufgeteilten Komponentenausgang (Y/Pb/Pr) ausgestattet. Der Komponentenausgang überträgt ausschließlich Bildsignale und ist der hochwertigste analoge Videoausgang.

Außerdem findet sich bei allen Media Playern ein analoger Composite-Video-Ausgang, der häufig auch als »FBAS« bezeichnet wird. Composite liefert die mit Abstand schlechteste Bildqualität und sollte deshalb nur im Notfall zum Einsatz kommen.

Jeder halbwegs moderne HD Media Player sollte die Wiedergabe von hochauflösenden Videos beherrschen und somit Full-HD-fähig sein. Ein Full-HD-Video besitzt eine Auflösung von 1.920 x 1.080 Pixeln, die in 24 Vollbildern (progressiv) pro Sekunde abgespielt werden. In genau dieser Auflösung, die häufig mit 1080p/24 abgekürzt wird, sind Filme übrigens auch auf kommerziellen Blu-rays abgespeichert. Das »p« steht hier für progressiv, also die Wiedergabe des Films in Vollbildern.

Im Gegensatz zu progressiven Videos steht die Filmwiedergabe in versetzten Halbbildern, was man als »interlaced« (mit der Abkürzung »i«) bezeichnet.

10.6.6 Ausgänge für die Hi-Fi-Anlage

Neben den reinen Video- (Komponente, Composite) und den kombinierten Video-Audio-Ausgängen (HDMI) verfügen Media Player auch über reine Audioausgänge. Hierüber lassen sich die Geräte zum Beispiel mit dem Verstärker (AV-Receiver) der Musikanlage im Wohnzimmer verbinden – oder auch nur mit einfachen Aktivboxen.

Standardmäßig besitzt jeder Media Player einen analogen Stereoausgang, der meist aus zwei Cinchbuchsen (rot und weiß) besteht. Zur Wiedergabe von 5.1-Sound wie Dolby Digital (AC-3) oder DTS finden sich zusätzlich digitale Audioausgänge, die als optische oder koaxiale Anschlüsse bereitstehen und auch häufig als S/PDIF-Schnittstellen bezeichnet werden.

Bild 10.47: Der Media Player Popcorn Hour A200 hat neben dem analogen Stereo- (Audio Out) noch zwei digitale Audioausgänge (Coaxial und Optical). (Quelle: *www.popcorn-hour.de*)

Alle HD Media Player sind mit analogem Stereoausgang und mindestens einem digitalen Audioausgang ausgestattet. Die etwas teureren Geräte besitzen häufig sogar zwei digitale oder S/PDIF-Ausgänge – einen optischen und einen koaxialen.

Bitte beachten Sie jedoch: Die Wiedergabe von hochqualitativem 7.1-Sound von einem Media Player funktioniert nur über den HDMI-Ausgang und einen damit verbundenen AV-Receiver, der 7.1-Formate (Dolby True HD, DTS-HD MA) wiedergeben kann. Entsprechende Receiver besitzen hierzu neben HDMI-Eingängen auch mindestens einen HDMI-Ausgang, um das Videosignal an den Fernseher (oder Projektor) weiterreichen zu können.

Zudem muss auch der Media Player diese Tonformate erkennen und an den AV-Receiver weiterreichen können. Der O!Play HD2 von Asus und Netgears NeoTV 550 können mit diesen High-End-Soundformaten umgehen. Zahlreiche Player auf dem Markt geben immerhin die Kernkomponente des Soundformats mit 5.1-Kanälen wieder.

Allerdings finden sich auch diverse Player, die entweder Dolby True HD oder DTS-HD MA oder auch beide Formate gar nicht abspielen können. In einem solchen Fall muss man auf eine andere Audiospur des Films ausweichen.

10.6.7 Eine Frage des Formats

Überhaupt sollte ein Media Player zumindest die gebräuchlichsten Mediendateiformate abspielen können. Bei Filmen oder Videos beispielsweise spielen sogenannte Codecs eine wichtige Rolle. Ein Codec ist ein spezielles Verfahren, mit dem sich Bild- und Tonspuren eines Films komprimieren lassen.

Man unterscheidet dabei diverse Videocodecs wie zum Beispiel MPEG-2, VC-1 oder AVC (H.264) und ebenso verschiedene Audiocodecs wie zum Beispiel AC-3 und DTS sowie die zuvor angesprochenen HD-Tonspuren Dolby True HD und DTS-HD MA.

Bild 10.48: Erfreulicherweise drucken die meisten Hersteller Infos zur Formatunterstützung und den Anschlüssen des Players bereits auf der Packung ab. (Quelle: *www.emtec-international.com*)

Um eine Filmdatei korrekt abzuspielen, muss der Media Player sowohl den Video- als auch den Audiocodec unterstützen. Und noch eine dritte Komponente kommt hinzu: das sogenannte Containerformat. Es sorgt dafür, dass Audio- und Videocodecs korrekt gespeichert und später auch wieder synchron abgespielt werden können. Einige wichtige Containerformate für Videodateien mit den gleichnamigen Dateiendungen sind beispielsweise AVI, MKV, TS und M2TS.

Ein halbwegs aktueller HD-fähiger Media Player sollte mit der Wiedergabe der aufgezählten Codecs und Containerformate keine Probleme haben. Abstriche sind nur bei den 7.x-Audioformaten zu machen. Diese werden, wenn überhaupt, nur von relativ aktuellen Playermodellen unterstützt.

10.6.8 HD-Videos übers Netzwerk

Wer seine DVD- oder Blu-ray-Videos übers Heimnetz abspielen möchte, muss diese zunächst von der Disc auf die Festplatte kopieren. Dieser Vorgang wird auch als »rippen« bezeichnet. Allerdings sind die meisten Film-DVDs und nahezu jede Blu-ray-Disc mit einem Kopierschutz versehen, der laut aktueller Gesetzgebung nicht umgangen werden darf.

Wer in den einschlägigen Foren stöbert oder im weiteren Bekanntenkreis herumfragt, wird zudem recht schnell auf diverse illegale Quellen im Internet stoßen, die komplette Audio-CD-, Film-DVD- oder Blu-ray-Kopien zum Download anbieten. Bedenken Sie jedoch, dass die Nutzung solcher Angebote illegal ist. Dasselbe gilt für die Verwendung von Tools zur Umgehung von Kopiersperren.

Trotz des streng gefassten Urheberrechts in Deutschland spielt die Wiedergabe von DVDs oder Blu-rays, die auf Festplatte gerippt wurden, eine wichtige Rolle für viele Filmfans.

Aus diesem Grund können fast alle HD-fähigen Media Player sogenannte ISO-Images von Film-DVDs abspielen und dabei auch das DVD-Menü anzeigen. Ein ISO-Image ist die einfachste Möglichkeit, eine DVD (oder Blu-ray-Disc) als Eins-zu-eins-Kopie in einer Datei zu speichern.

Eine solche ISO-Image-Datei spielen die meisten netzwerkfähigen Media Player auch von der Netzwerkfestplatte ab – solange es sich dabei um ein DVD-Image handelt.

Eine als ISO-Image gerippte Blu-ray-Disc bereitet einigen Media Playern hingegen nach wie vor Schwierigkeiten. Auch wenn die meisten Geräte den Hauptfilm wiedergeben, spielen nur sehr wenige Player das Blu-ray-Menü des auf Festplatte gerippten Films ab. Der weiter oben in diesem Kapitel vorgestellte NeoTV von Netgear ist eine dieser wenigen Ausnahmen.

Noch problematischer sieht es bei der Wiedergabe von Blu-ray-ISOs über das Heimnetz aus. Hier sind selbst die Media Player häufig überfordert, die eine Full-HD-ISO-Datei über ein direkt angeschlossenes Laufwerk problemlos wiedergeben.

Das ISO-Image einer Blu-ray-Disc eignet sich für die Wiedergabe aus dem Heimnetz eher weniger – abgesehen davon, dass das Rippen einer Film-Blu-ray sowieso verboten ist. Außerdem ist das Hantieren mit den rund 43 GByte großen Image-Dateien im Heimnetz recht umständlich. Hier wählt man besser den Direktanschluss an den Media Player über USB oder eSATA – oder nutzt gleich die legale Originalversion des Films am Blu-ray-Player.

Was hingegen problemlos funktioniert, ist das Streaming von unkomprimierten HD-Videodateien im TS- und M2TS-Format aus dem Heimnetz. Allerdings sollten dann Datenquelle (Netzwerkfestplatte, PC) und Abspielgerät (HD Media Player) möglichst per Netzwerkkabel mit dem Heimnetzrouter verbunden sein. WLAN-Verbindungen und Überbrückungen mittels Powerline führen bei unkomprimiertem Full-HD-Material immer wieder zu Rucklern und kurzen Aussetzern. Und genau das ist gerade bei hochauflösendem Filmmaterial extrem störend.

10.7 Media-Player-Zugriff auf das Heimnetz

Ein Gerät, das Mediendateien über eine Heimnetzverbindung abspielen kann, wird als Streaming-Client bezeichnet. Das kann ein Media Player, ein Webradio, ein moderner Fernseher, aber auch ein Blu-ray-Player oder eine Spielekonsole sein. Viele Geräte aus der Unterhaltungselektronik sind inzwischen netzwerkfähig, und einige haben bereits einen solchen Streaming-Client mit an Bord.

Das Streaming funktioniert jedoch nur, wenn die Multimedia-Dateien im Heimnetz entsprechend angeboten werden: als einfache (Ordner-)Freigabe oder als spezielle Medienfreigabe über UPnP AV oder DLNA.

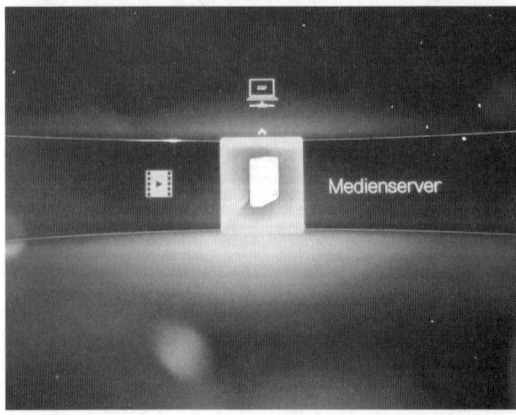

Bild 10.49: Im Media Player (hier: WD TV Live) können Sie im Heimnetz auf Netzwerkfreigaben und (UPnP-AV-)-Medienserver zugreifen.

Damit beispielsweise ein Media Player auf Freigaben im Heimnetz zugreifen und die darin enthaltenen Multimedia-Dateien übers Netzwerk abspielen kann, muss der Player mit dem Heimnetzrouter verbunden und an einen Fernseher angeschlossen sein.

Je nach Hersteller wechseln Sie im Menü des Players zunächst zur gewünschten Datenquelle. Das kann eine direkt an das Gerät angeschlossene externe Festplatte sein oder eben eine übers Heimnetz verfügbare Datenquelle. Datenquellen im Heimnetz sind Netzwerkfreigaben oder Medienfreigaben über den UPnP-AV- bzw. DLNA-Standard.

Am einfachsten gelingt der Zugriff auf den öffentlichen Freigabeordner einer Netzwerkfestplatte ohne Zugriffsbeschränkung. Eine Freigabe unter Windows Vista oder Windows 7 muss immer mindestens einem bestimmten Benutzer zugeordnet sein – inklusive Passwort.

Der Vorteil bei aktuellen Media Playern liegt darin, dass sie die Eingabe von Benutzername und Passwort unterstützen. Falls Sie unter Windows 7 oder Vista eine möglichst einfach zu öffnende Freigabe einrichten möchten, verwenden Sie als Benutzer den bereits voreingestellten Gastzugang.

Ansonsten loggen Sie sich beim Zugriff auf eine Windows-Freigabe mit einem auf diesem Windows-Rechner hinterlegten Benutzernamen samt Kennwort ein. Hierzu blenden netzwerkfähige Player eine Bildschirmtastatur ein, wobei die Eingabe von Benutzerkennung und Passwort über die Fernbedienung erfolgt.

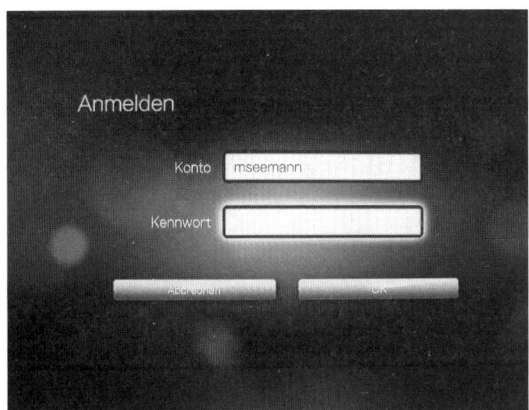

Bild 10.50: Zur Eingabe von Benutzername (hier: *Konto*) und Kennwort blenden Media Player eine Bildschirmtastatur ein. Die Eingabe erfolgt dann über die Fernbedienung des Players.

Achtung!
Manche Media Player kommen mit dem Zugriff auf Windows-7- oder Windows-Vista-Systeme nicht klar. Hier sind zusätzliche Anpassungen erforderlich. In den FAQs der Media-Player-Hersteller finden sich entsprechende Workarounds (z. B. bei Emtec).

Der Zugriff auf UPnP-AV-Freigaben hat den Vorteil, dass der entsprechende Medienserver meist alle erforderlichen Zusatzinformationen für die darauf zugreifenden Geräte aufbereitet und sich außerdem um die (Lese-)Freigabe der entsprechenden Film-, Foto- oder Musikdateien kümmert.

Es ist also durchaus möglich, seine Musik- oder Fotosammlung via UPnP AV zum Hören oder Betrachten für andere Nutzer freizugeben – und dennoch hat keiner dieser Nutzer die Möglichkeit, diese Daten absichtlich oder versehentlich zu löschen.

Der zweite bereits angesprochene Vorteil: UPnP AV ist für viele Webradios und Streaming-Clients oft die einzige Möglichkeit, auf die im Heimnetz gespeicherte Musiksammlung zugreifen zu können.

Bild 10.51: Viele Media Player unterstützen die Voransicht einzelner Musikalben als Minicover.

Wer hingegen Musik vom Media Player aus dem Heimnetz abspielen möchte, muss dazu in der Regel den Fernseher eingeschaltet lassen, denn die meisten Media Player unter 200 Euro besitzen kein Display. Hier sind reine Audio-Streaming-Clients oder Webradios im Vorteil, da diese Geräte grundsätzlich ein Display besitzen.

10.7.1 Videoformate und Media Server

Wer Filme aus dem Heimnetz mit dem Media Player streamen möchte, sollte anstelle von UPnP AV oder DLNA besser die einfache Netzwerkfreigabe wählen. Der Grund:

Nicht jeder UPnP-AV-Media-Server unterstützt jedes Containerformat. So werden viele Videodateien, die der Media Player eigentlich abspielen könnte, über den UPnP-AV-Zugriff gar nicht erst angezeigt, weil der Media Server diese eben nicht als Multimedia-Dateien erkennt – und somit auch gar nicht erst in seinen Index aufnimmt.

Die einfache Netzwerkfreigabe hingegen zeigt zunächst einmal alle Dateien im freigegebenen Verzeichnis an. Hier hängt es allein an dem zugreifenden Player oder Streaming-Client, ob er diese Datei nun abspielen kann oder nicht.

10.8   Smartphones als neue Medienstars

Ob Apples iPhone oder Geräte mit Googles Android: Wohl kaum jemand hätte vor ein paar Jahren gedacht, dass Handys mit Internetzugang, auch Smartphones genannt, den Mobiltelefonmarkt im Sturm erobern würden. Aber es ist nicht weiter verwunderlich, denn diese Geräte sind extrem praktisch und bieten zugleich einen erheblichen Spaß-faktor.

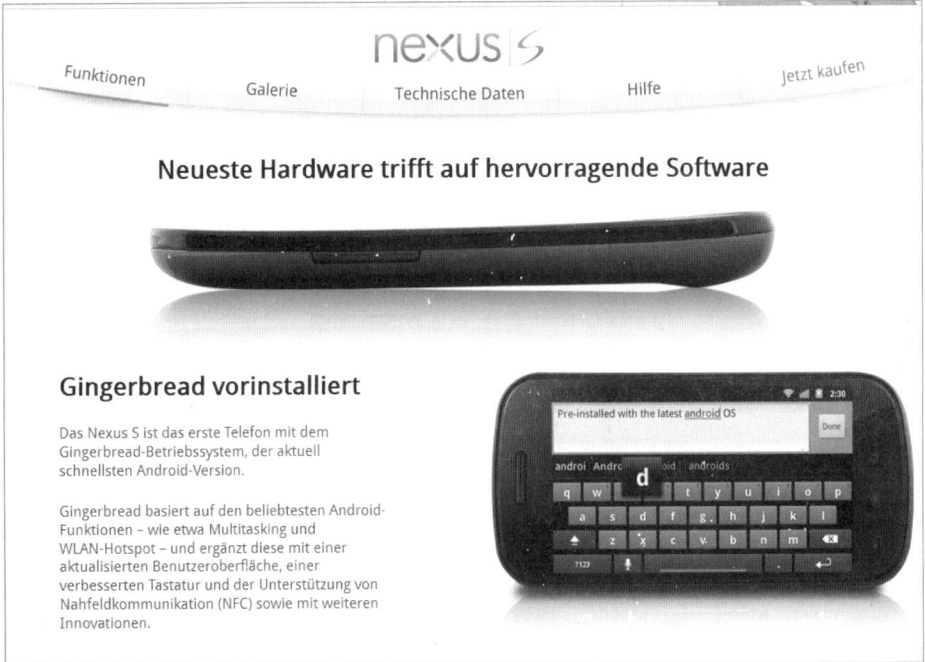

Bild 10.52: Das Nexus S ist ein Flaggschiff der Android-Smartphones.

Mit einem Smartphone hat man seinen mobilen Internetzugang immer in der Tasche mit dabei und ist somit nicht nur per Telefon, sondern beispielsweise auch per E-Mail jederzeit erreichbar. Dieser Luxus war bis vor Kurzem nur den Blackberry-Nutzern vorbehalten, die ein solches Gerät von ihrer Firma gestellt bekommen. Denn für eine Privatperson waren die mobilen Datentarife praktisch unerschwinglich.

Das hat sich ganz entscheidend geändert. Inzwischen kostet eine mobile Datenflatrate für Smartphones um die 10 Euro im Monat, und auch die Übertragungsrate hat sich mit der nahezu flächendeckenden Verfügbarkeit von UMTS/HSPA ganz erheblich gesteigert.

Außerdem steht Smartphone-Kunden eine riesige Auswahl verschiedenster kleiner Softwaretools zur Verfügung, die als Apps bezeichnet werden (Abkürzung für »Applications« oder Anwendungen). Die Funktionalität dieser Apps reicht von vollkommen sinnlos bis extrem nützlich oder wenigstens sehr unterhaltsam. Schlussendlich entscheidet dabei der individuelle Geschmack des einzelnen Nutzers. Allerdings lässt sich so gut wie jede App ausprobieren, das Herunterladen und Installieren ist in wenigen Sekunden erledigt, was die Sache zusätzlich interessant macht. Und es funktioniert überall: In der S-Bahn, im Büro, im Hörsaal, auf der Wohnzimmercouch.

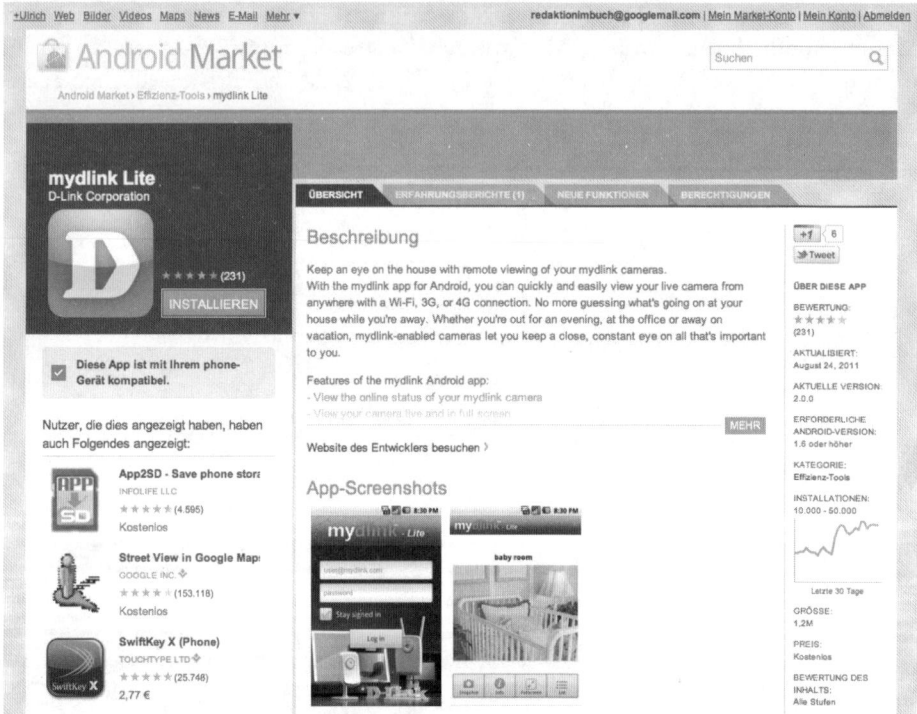

Bild 10.53: D-Link bietet zum Beispiel eine App zur Steuerung seiner Netzwerkkameras.

Ein weiterer wichtiger Punkt, der für diese Geräte spricht: Alle (ernst zu nehmenden) Smartphones können sich auch über WLAN mit einem Access Point verbinden, zum Beispiel mit dem WLAN-Router im Heimnetz. Hier ist die Übertragungsgeschwindigkeit vom und zum Internet deutlich höher als über den Mobilfunkzugang.

Doch das ist noch nicht alles. Über WLAN wird Ihr Smartphone nämlich auch Teil Ihres Heimnetzes, und das wiederum kann in Verbindung mit manchen kostenlosen Apps recht spannend sein.

10.8.1 Media Player-Zugriff mit dem Smartphone

Hersteller aller möglichen Heimnetzgeräte bieten in Apples App Store oder Googles Android Market bereits Apps an, die die Steuerung oder den Zugriff auf den Media Player, die Netzwerkkamera, die Netzwerkfestplatte und sogar auf den WLAN-Router ermöglichen.

In diesem Zusammenhang lässt sich ein Smartphone auch als UPnP-AV-Fernbedienung oder Control Point verwenden. Befinden sich also in Ihrem Heimnetz ein Media Server (eine Netzwerkfestplatte) und ein Media Renderer (zum Beispiel ein Webradio oder ein Media Player), können Sie über Ihr Smartphone die Wiedergabe von Server auf Renderer steuern.

10.8.2 Gerätesteuerung mit der AllShare App

Auf Samsung-Smartphones ist hierzu bereits ein Tool (eine App) namens AllShare vorinstalliert. Allerdings lassen sich hier auch diverse andere Apps nutzen. Suchen Sie im Android Market oder App Store einfach nach den Begriffen »UPnP« oder »DLNA«.

1. **AllShare starten**
   Starten Sie zunächst das Tool AllShare, das Sie im Menü eines Samsung-Smartphones finden. In der folgenden Auswahl gehen Sie auf die Option *Datei vom Server über mein Telefon auf einem anderen Player wiedergeben*. Kurz darauf erscheint eine Liste aller Media Server in Ihrem Heimnetz. Wählen Sie einen davon aus. Dieser Server sollte natürlich Musikfreigaben enthalten.

2. **Musikdateien zur Wiedergabeliste hinzufügen**
   Im Folgenden klicken Sie sich durch das Menü des Media Server hindurch und markieren alle gewünschten Songs eines Verzeichnisses jeweils mit einem grünen Häkchen. Anschließend gehen Sie auf *Zu Wiedergabeliste hinzufügen*.

3. **Ferngesteuert abspielen**
   Im Anschluss erscheint eine Liste aller Media Renderer (Webradios, Media Player, netzwerkfähige Fernseher/Blu-ray Player etc.) in Ihrem Heimnetz. Wählen Sie aus dieser Liste das Gerät aus, das die Musikdateien aus der Wiedergabeliste vom Media Server abspielen soll.

   Kurz darauf startet bereits die Wiedergabe von diesem Gerät. Ihr Smartphone zeigt dabei an, welches Musikstück gerade gespielt wird. Wie mit einer Fernbedienung können Sie mit Ihrem Smartphone zum nächsten Song in der Wiedergabeliste springen, auf Pause gehen, die Zufallswiedergabe aktivieren und so weiter.

Beachten Sie, dass die UPnP-AV-App auf Ihrem Smartphone, in unserem Beispiel AllShare von Samsung, nur solche Geräte anzeigt, die UPnP AV (DLNA) unterstützen und aktuell mit dem Heimnetz verbunden sind. Dazu müssen die Geräte selbstverständlich auch eingeschaltet sein.

10.9   Mediaserver der FRITZ!Box aktivieren

Um den in der FRITZ!Box eingebauten Mediaserver nutzen zu können, muss zunächst ein USB-Speicher an der USB-Schnittstelle der FRITZ!Box angeschlossen sein. Nahezu jede moderne FRITZ!Box ist mit einem oder mehreren USB-Anschlüssen ausgestattet. An dem USB-Anschluss der FRITZ!Box lässt sich neben den üblichen USB-Geräten wie USB-WLAN-Stick, USB-Festplatte und USB-Drucker auch ein USB-Hub anschließen, an dem wiederum bis zu drei USB-Geräte angeschlossen werden können.

Die »USB-Dreifach-Steckdose« lässt hier entweder drei USB-Speicher (Stick und/oder Festplatte) oder zwei USB-Speicher (Stick und/oder Festplatte) mit einem USB-Drucker zu. Derzeit ist es standardmäßig »noch« nicht möglich, mehr als einen USB-Drucker an dem USB-Anschluss der FRITZ!Box zu nutzen.

10.9.1   Mediendaten fließen lassen

Ist ein USB-Hub oder sind über einen USB-Hub mehrere USB-Speicher an der FRITZ!Box angeschlossen, wird der Speicher von der FRITZ!Box in der Regel automatisch erkannt, sofern er mit dem FAT32-Dateisystem formatiert ist.

Wird das Kontrollkästchen *Mediaserver aktivieren* aktiviert, erzeugt die FRITZ!Box automatisch die dazu nötige Verzeichnisstruktur auf dem USB-Speicher. In diesem Verzeichnis liegt anschließend die Mediensammlung (Musik, Bilder und Videos), die dann von kompatiblen Abspielgeräten im Heimnetzwerk wiedergegeben bzw. in Neudeutsch gestreamt werden kann.

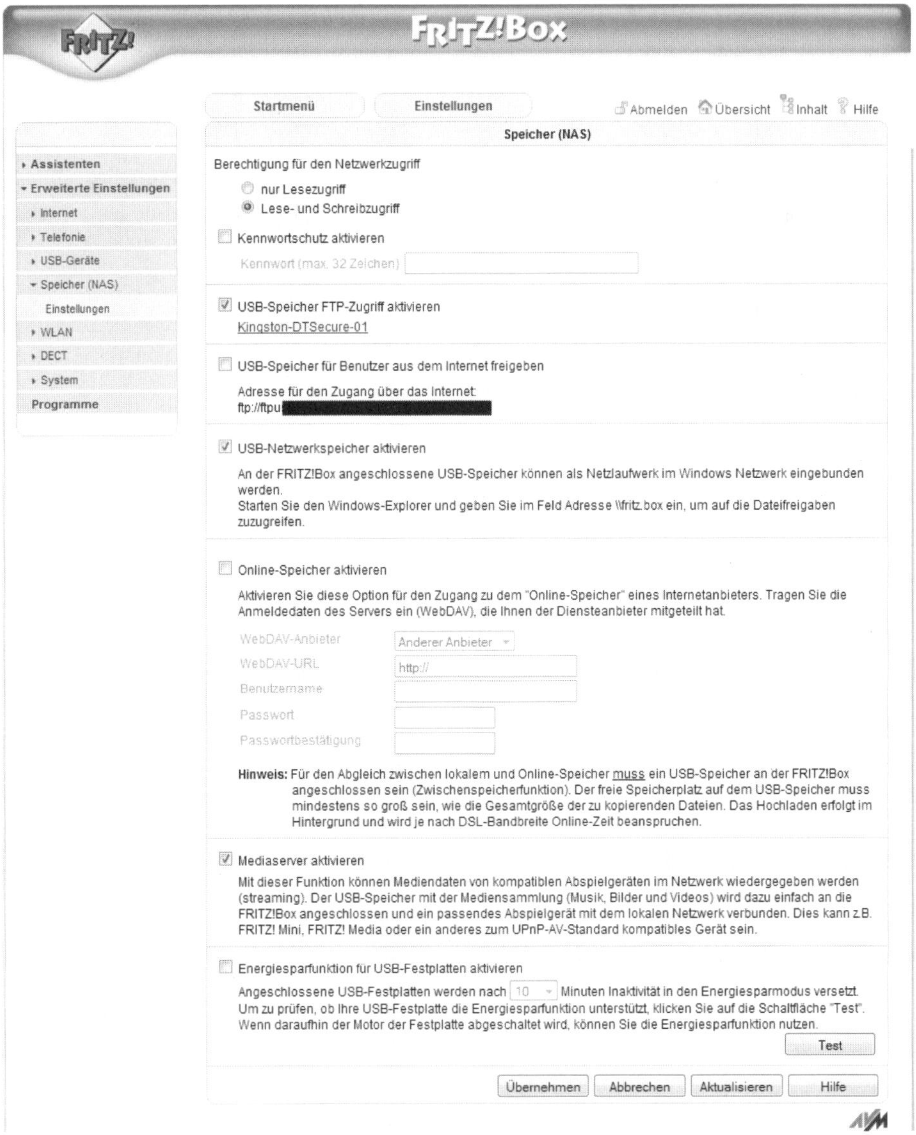

Bild 10.54: Ist der USB-Speicher an der FRITZ!Box angeschlossen und erfolgreich initialisiert, wird er im Bereich *Einstellungen/Erweiterte Einstellungen/Speicher (NAS)/Einstellungen* angezeigt. Für das schnelle Befüllen im Heimnetz nutzen Sie am besten den FTP-Zugriff.

10.9.2 Mediaserver mit Musik befüllen

Für den unkomplizierten Zugriff in einem Windows-Heimnetz sollten Sie sowohl das Häkchen bei *USB-Speicher FTP-Zugriff aktivieren* als auch ein Häkchen bei *USB-Netzwerkspeicher aktivieren* setzen. Damit können an der FRITZ!Box angeschlossene USB-Speicher als Netzlaufwerk im Windows Netzwerk eingebunden werden.

Dafür starten Sie Ihren Webbrowser und geben im Feld Adresse http://fritz.box ein, um auf die Dateifreigaben zuzugreifen. Per Kontextmenü der rechten Maustaste (*Netzlaufwerk verbinden*) weisen Sie anschließend auf Wunsch den gewünschten Laufwerkbuchstaben zu.

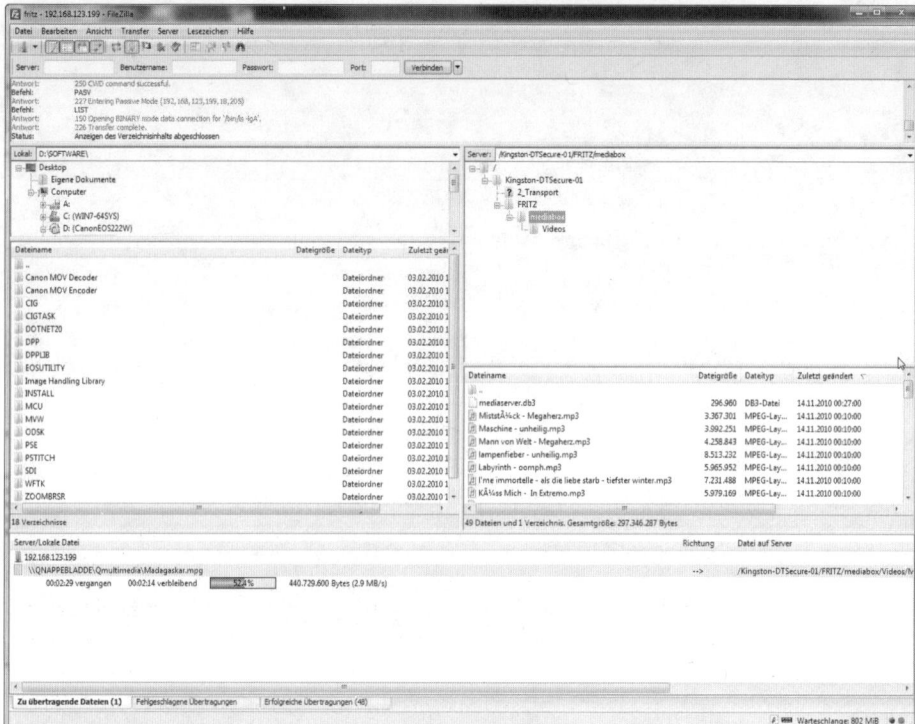

Bild 10.55: Egal ob Windows, Mac oder Linux: Mit einem FTP-Client greifen Sie über den FTP-Port direkt auf den USB-Speicher der FRITZ!Box zu. So lässt sich auch von einem entfernten Computer aus die heimische Multimedia-Sammlung bequem verwalten.

Ist der FRITZ!Box-Mediaserver je nach Ihren Vorlieben mit Musik, Bildern und Videos befüllt, steht der Inhalt sämtlichen Computern und UPnP-AV-Standard-kompatiblen Geräten zur Verfügung. Für die Wiedergabe am Windows-Computer reicht der bordeigene Windows Media Player aus. Hier finden Sie im Übersichtsfenster im Bereich *Andere Medienbibliotheken* übersichtlich aufbereitet den auf die FRITZ!Box geladenen Inhalt.

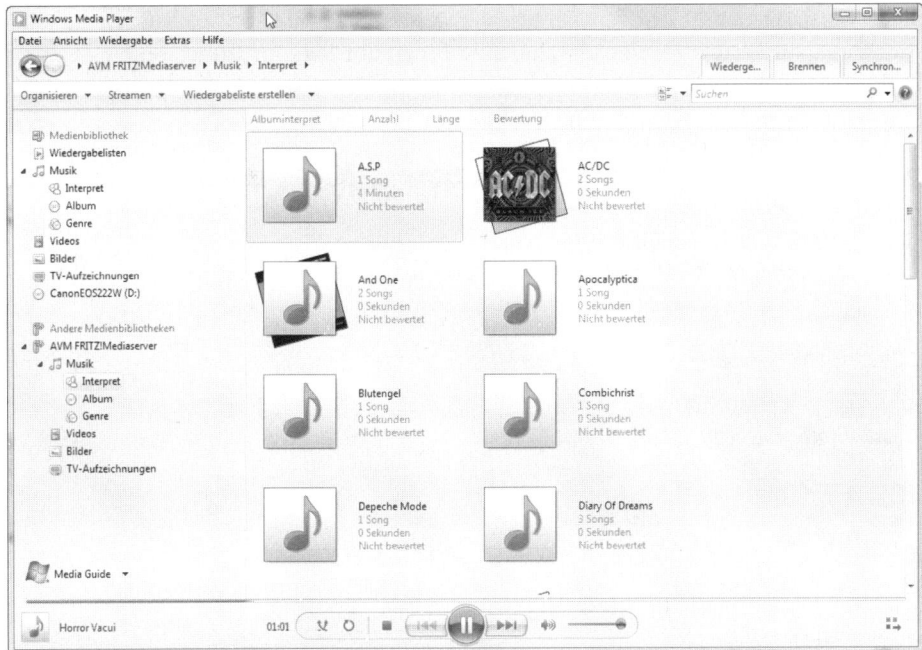

Bild 10.56: Egal ob Playstation 3, Mac oder Windows-Computer: Die im Speicher der FRITZ!Box befindlichen Multimedia-Dateien lassen sich nun im Heimnetz abspielen.

Für das erstmalige Befüllen der Mediathek auf dem USB-Speicher können Sie diesen aus Zeitgründen auch direkt an die USB-Schnittstelle des Computers hängen. Dank des kompatiblen FAT32-Formats steht die Verzeichnisstruktur des FRITZ!Box-Mediaservers nach dem Einrichten über die FRITZ!Box auch direkt am Computer zur Verfügung.

Der Vorteil der beschriebenen FRITZ!Box-Lösung ist, dass Filme, Musik und Bilder auch bei ausgeschaltetem Computer im gesamten Heimnetzwerk verfügbar sind. Bietet der Fernseher, die TV-Box oder die Spielkonsole eine UPnP-AV-Schnittstelle, können die Mediendaten dort direkt von der FRITZ!Box bzw. dem USB-Speicher wiedergegeben werden.

10.9.3 Hochauflösender TV-Genuss

Fernsehen im HD-Format – spätestens seit dem Umstieg der öffentlich-rechtlichen TV-Anstalten hat sich das hochauflösende Fernsehen HDTV auch im Massenmarkt etabliert. Doch hat die Wohnung oder das Haus keinen Kabelanschluss oder ist das Anbringen einer SAT-Schüssel nicht erlaubt, macht sich in Sachen HDTV schnell Ernüchterung breit, denn das Überall-TV DVB-T eignet sich aus Bandbreitengründen nicht für das HD-Format.

Was sind die Mindestvoraussetzungen für den IPTV-Empfang?

Glaubt man den bunten Werbebeilagen in der Tageszeitung, sorgt hier zumindest in Großstädten und Ballungszentren IPTV für Abhilfe, das neben dem hochauflösenden

Signal auch weitere Vorteile wie beispielsweise zeitversetztes Anschauen, die TV-Aufnahme auf Festplatte, eine elektronische Programmzeitschrift und weitere Features mitbringen kann.

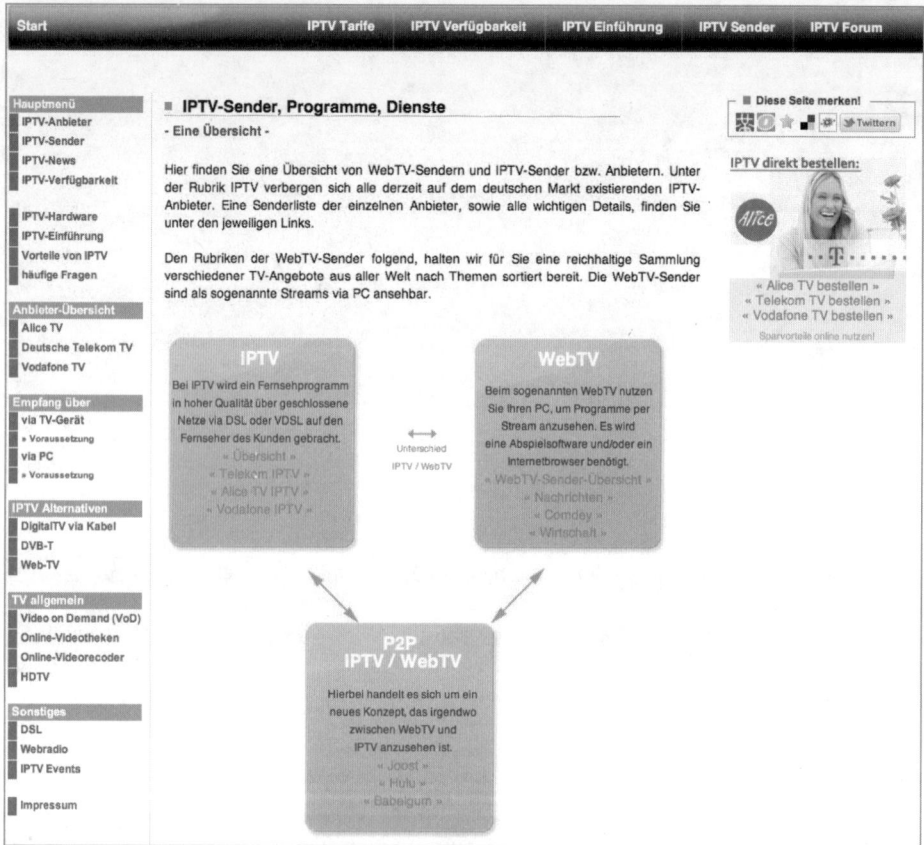

Bild 10.57: Hier finden Sie eine ausführliche Übersicht über WebTV- und IPTV-Sender: http://bit.ly/dHm09l.

Grundsätzlich ist für den Empfang von IPTV meist ein DSL-Anschluss mit mindestens 16 MBit/s Voraussetzung. Da IPTV in der Regel im Zusammenhang mit Triple Play derzeit nur im Paket mit Telefon- und Internetanschluss erhältlich ist und somit eine Internet-Flatrate sozusagen obligatorisch ist, bleibt es nicht bei einem Basispreis. Meist wurde solchen Paketen noch eine Telefon-Flatrate in das deutsche Festnetz hinzugepackt. Die Angebote unterscheiden sich in der Regel in den Zusatzleistungen.

In welchen Städten und Wohngebieten VDSL verfügbar ist, erfahren Sie auf der hier gezeigten Webseite – http://bit.ly/f7YTaF – klicken Sie im Bereich Verfügbarkeit prüfen auf die Schaltfläche Prüfen.

Bild 10.58: Entertain mit VDSL. Beim Marktführer T-Home gibt es unterschiedliche Bandbreiten – DSL 16+, VDSL 25 und VDSL 50 –, aber nur mit dem schnellen VDSL ist das hochauflösende HD-IPTV möglich.

10.9.4 Entertain mit Tücken

Die Vorteile von IPTV liegen auf der Hand, die damit verbundenen Nachteile erschließen sich nach und nach und kommen in der täglichen Praxis ans Licht. Da, wie der Name IPTV schon erahnen lässt, das Fernsehsignal über eine konventionelle Internetverbindung via TCP/IP in das Wohnzimmer kommt, ist das Fernsehen demnach auch nur mit funktionsfähigem Internetanschluss möglich.

Im Zusammenhang mit IPTV taucht ständig der Begriff Multicast auf: Dabei werden die TV-Signale, die für alle Kunden bestimmt sind, komplett zu einem Verteiler im näheren Umkreis gesendet, der wiederum die Kundschaft in der Nähe mit IPTV versorgt. So braucht der IPTV-Anbieter nicht jeden einzelnen Sender separat zum Kunden zu schicken – bei Video on Demand (VoD) ist nämlich genau das der Fall. Hier findet statt der Multicast- eine sogenannte Unicast-Übertragung statt, und zwar nicht nur aus Abrechnungsgründen, sondern auch weil damit der Kunde den gewünschten Inhalt anschauen kann, wann er möchte.

Ist der Receiverspeicher mit einer USB-Festplatte erweiterbar?

TV-Aufnahmen werden bequem über die Fernbedienung oder automatisch per Timer auf die im Receiver eingebaute Festplatte gespeichert. Je nach ihrer Größe ist die Festplatte mehr oder weniger schnell voll, und anschließend werden die Aufnahmen nach dem FIFO-Prinzip (First In First Out) gelöscht, um Platz für neue Aufnahmen zu schaffen.

Das Erweitern des Speicherplatzes mithilfe einer externen USB-Festplatte war mal versprochen, ist aber trotz eines vorhandenen USB-Anschlusses am Receiver seitens der Telekom nicht vorgesehen. Aktuell kann der USB-Anschluss des IPTV-Receivers wenigstens noch als Ladestation für MP3-Player, Handys, iPhones etc. genutzt werden – wer will, kann sogar einen USB-Tischventilator anschließen. Wie auch immer, dank der Telekom spart man sich einen USB-Adapter für diesen Zweck.

Als Videoarchiv taugt der Receiver auch nur bedingt: Die Aufnahmen werden verschlüsselt auf der internen Receiverfestplatte abgelegt und können auch nicht so einfach auf einen Computer kopiert oder beispielsweise auf eine DVD gebrannt werden. So eignet sich die IPTV-Box weder zur Datensicherung der Lieblingsfilme noch zum Aufbau einer eigenen Film-Mediathek, da bei einer Reparatur des Receivers oder gar bei einem Receiverfestplattencrash die darauf gespeicherten Daten verloren sind.

Zusätzlich absurd wird die Aufnahmefunktion durch die Einschränkung, dass sich die Aufnahmen von der Receiverfestplatte ebenfalls nur bei aktivem Internetanschluss abspielen lassen, der Telekom-Logik folgend natürlich nicht an irgendeinem Anschluss – beispielsweise bei Freunden oder Nachbarn – nein, es muss zwingend der eigene T-Home-Anschluss sein. Ist der Internetanschluss aus welchem Grund auch immer unterbrochen, bleibt der TV-Bildschirm schwarz, und das Abspielen der lokal auf der Receiverfestplatte gespeicherten Aufnahmen ist nicht möglich.

Somit eignet sich der T-Home-Receiver also nur für TV-Aufnahmen, die auch mal »verloren gehen« dürfen. Für langfristige Archivierungen gibt es dankenswerterweise Lösungen zum Selbstbau, die Sie mithilfe der FRITZ!Box und einer daran angeschlossenen Festplatte sowie einem Computer mit installiertem VLC-Player realisieren können.

10.9.5   TV-Programm per Doppelklick

Kein großes Geheimnis ist der Einsatz des VLC-Player samt einer IPTV-Playlist. Die öffentlich-rechtlichen Sender stellen im Internet eine fix und fertig konfigurierte Playlist zur Verfügung, mit der alle ARD- und ZDF-Programme mit einem einfachen Doppelklick aufgerufen werden können.

Ist der kostenlose VLC-Player – *www.videolan.org/vlc/* – installiert, lassen sich die digitalen Programme von ARD und ZDF mithilfe dieser Playlist auf dem Computer abspielen und mit dem VLC-Player auch auf die lokale Festplatte oder auf einer Freigabe im heimischen Netzwerk speichern.

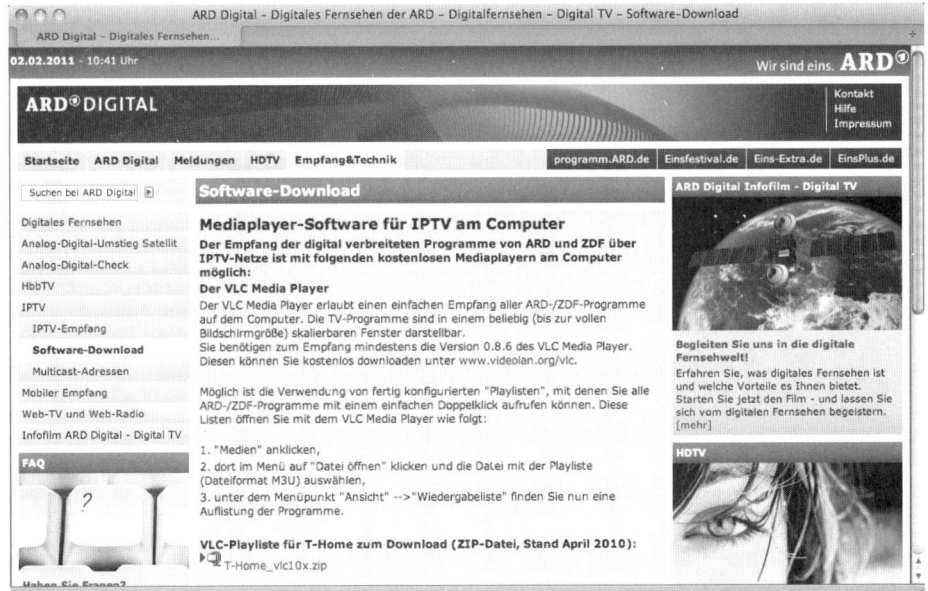

Bild 10.59: Auf der Webseite von ARD Digital finden Sie im Bereich *IPTV/Software-Download* den VLC Media Player und eine VLC-Playlist für T-Home: *http://bit.ly/hCVvMm*.

Um die Playlist in VLC einzubinden, öffnen Sie im Menü *Ansicht/Playlist* im Playlist-Dialogfenster über *Manage/Open Playlist* die M3U-Datei. Anschließend erscheint der Inhalt der Playlist in der VLC-Wiedergabeliste, die Sie bequem per Mausklick steuern können. Ist der gewünschte TV-Kanal gestartet, können Sie diesen beliebig bis zur vollen Bildschirmgröße auf Ihrem Bildschirm skalieren.

Die VLC-Playlist lässt sich natürlich für eigene Zwecke bearbeiten und mit weiteren nicht öffentlichen Kanälen ergänzen. Öffnen Sie die M3U-Datei mit einem einfachen Texteditor wie Notepad, Primalscript, Ultraedit oder der kostenlosen Alternative Notepad++ (http://notepad-plus-plus.org), der erweiterte Bearbeitungsfunktionen zur Verfügung stellt und mehr ist als ein einfacher Ersatz für das Windows-eigene Werkzeug Notepad.

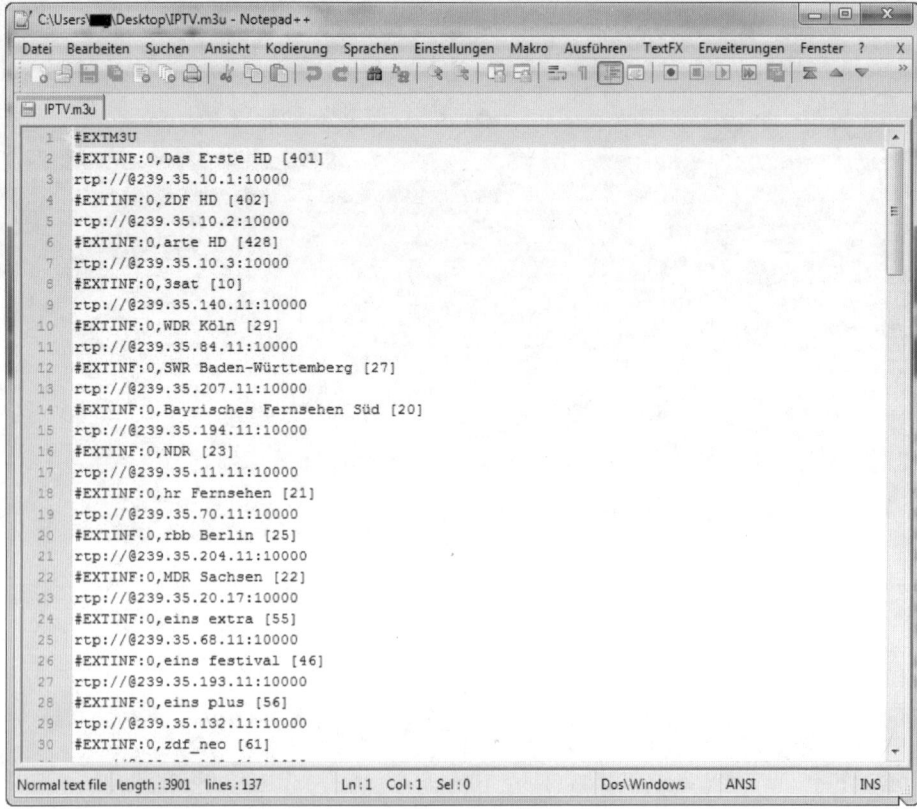

Bild 10.60: Die M3U-Datei muss mit dem Header #EXTM3U versehen sein, anschließend sind zeilenweise die entsprechenden Kanäle mit Beschreibung sowie deren RTP-Adresse mit Port 10000 eingetragen.

Je nach IPTV-Anbieter (Telekom, Alice etc.) sind die Multicast-Adressen unterschiedlich. In Sachen T-Home sind derzeit folgende Kanäle bzw. IP-Adressen aktuell. Beachten Sie, dass sich diese unregelmäßig aufgrund von Programmwechseln ändern können.

Kanal	IP-Adresse
Das Erste HD	239.35.10.1
ZDF HD	239.35.10.2
ARTE HD	239.35.10.3
CNN International	239.35.3.11
Das Vierte	239.35.3.12
ARTE	239.35.4.11
ZDFtheater	239.35.5.11
Tele 5	239.35.20.1
NDR	239.35.11.11

Kanal	IP-Adresse
Anixe SD	239.35.20.2
QVC	239.35.12.11
Sat1 HD	239.35.20.3
Pro7 HD	239.35.20.4
Deluxe Lounge HD	239.35.20.6
Kabel 1 HD	239.35.20.7
ARD 2	239.35.20.8
TV 5 Monde Europe	239.35.18.11
MDR	239.35.20.17
Deluxe Music	239.35.67.11
EinsExtra	239.35.68.11
HR	239.35.70.11
K-TV	239.35.72.11
Nickelodeon	239.35.75.11
Radio Bremen	239.35.76.11
DMAX	239.35.76.12
MTV	239.35.77.12
n-tv	239.35.79.11
WDR	239.35.84.11
WDR 2	239.35.84.11
ZDF	239.35.86.11
Das Erste	239.35.129.11
Bloomberg	239.35.130.11
EinsPlus	239.35.132.11
HSE 24	239.35.134.11
Bibel TV	239.35.137.11
N24	239.35.138.11
PHOENIX	239.35.139.11
3SAT	239.35.140.11
RTL	239.35.143.11
SR	239.35.145.11
VIVA	239.35.147.11
ZDFneo	239.35.150.11
EinsFestival	239.35.193.11
BR	239.35.194.11
Euronews	239.35.196.11

Kanal	IP-Adresse
BR-alpha	239.35.202.11
RBB	239.35.204.11
Ki.Ka	239.35.205.12
SWR	239.35.207.11
RTL2	239.35.208.11
ZDFinfo	239.35.214.11
TIMM	239.35.214.12

Um beispielsweise den TV-Sender MTV der VLC-Playlist hinzuzufügen, öffnen Sie die M3U-Datei mit einem Editor und ergänzen am Dateiende die zwei folgenden Zeilen:

```
#EXTINF:0,MTV Germany [71]
rtp://@239.35.77.12:10000
```

Anschließend speichern Sie die Datei und binden via *Ansicht/Playlist* im *Playlist*-Dialogfenster über *Manage/Open Playlist* die geänderte Playlist erneut in VLC ein.

So automatisieren Sie die Aufnahme eines TV-Kanals

Die Vorzüge des kostenlosen VLC-Player sind allseits bekannt, und die Flexibilität des Programms samt Kommandozeilensteuerung macht VLC auch für eigene maßgeschneiderte Zwecke interessant – beispielsweise für die automatisierte Aufnahme eines Kanals. Ist VLC einmal eingerichtet, reicht prinzipiell der Aufruf von vlc.exe gefolgt von der RTP-Adresse auf der Kommandozeile aus, um die Wiedergabe zu starten. Für die Aufnahme ist eine Skriptdatei der bequemere Weg, da VLC verschiedene Übergabeparameter zur Steuerung benötigt.

In diesem Beispiel haben wir eine Batchdatei mit der Bezeichnung VLCrec.bat erstellt – diese Datei können Sie sich im Download-Bereich *buch.cd* herunterladen, nach Belieben verändern und auch ergänzen. Wichtig ist zunächst, dass Sie den Speicherpfad (das Verzeichnis, in das VLC die Aufnahme speichern soll) sowie gegebenenfalls den Programmpfad von VLC (unter Windows Vista/7 in der Regel *C:\Program Files (x86)\VideoLan\ VLC*) anpassen.

```
@echo off
**************************************************************************
***************
::
:: Speicherort anpassen - hier U:\FRITZ\mediabox\Videos
SET DEST_PATH=U:\FRITZ\mediabox\Videos
:: ggf. VLC-Pfad anpassen - hier "C:\Program Files (x86)\VideoLan\VLC\"
SET VLC_PATH="C:\Program Files (x86)\VideoLan\VLC\"
::
**************************************************************************
***************
SET KANAL=%1
SET REC_TIME=%2
```

```
SET FILENAME=%3
:: Parameter checken
IF "%REC_TIME%" equ "" cls&&GOTO err2
IF "%FILENAME%" equ "" set FILENAME=%KANAL%_%DATE%
SET error=0
```

Der Speicherpfad ist in diesem Beispiel das gemappte Laufwerk *U:\FRITZ\mediabox\Videos* der an der FRITZ!Box angeschlossenen Festplatte. Da der Mediaserver der FRITZ!Box über das FRITZ!Box-Menü aktiviert ist, hat dieser selbstständig die Verzeichnisstruktur *\fritz\mediabox* angelegt.

Damit die VLC-Aufnahmen auch vom FRITZ!Box-Mediaserver genutzt werden können, speichern Sie diese gleich dort ab – das zusätzliche Verzeichnis Videos im Verzeichnis *\FRITZ\mediabox* dient nur der eigenen Übersicht. Der FRITZ!Box-Mediaserver scannt automatisch sämtliche Unterverzeichnisse nach Bild-, Video- und Musikdateien.

VLCrec.bat im Einsatz – Aufnahme über die Kommandozeile

Legen Sie die Datei *VLCrec.bat* in ein eigenes Verzeichnis oder speichern Sie sie einfach auf dem Desktop Ihres Computers. Über *Start/Ausführen/cmd* öffnen Sie die DOS-Kommandozeile und wechseln per cd-Befehl in das Verzeichnis, in dem Sie die *VLCrec.bat*-Datei gespeichert haben.

Je nach Ablageverzeichnis und Windows-Version sind hier Administratorrechte notwendig. Dazu wählen Sie über *Start/Suchen/cmd* per Klick auf *cmd* im Kontextmenü den Eintrag *Als Administrator ausführen* aus. Anschließend verbinden Sie sich als User *ftpuser* mit der NAS-Freigabe der FRITZ!Box – hier verwenden Sie den net use-Befehl:

```
C:\Windows\system32>net use u: \\fritz.nas\FRITZ.NAS /user:ftpuser kennwort
/PERSISTENT:yes
```

Mit dem Schalter /PERSISTENT:yes am Ende des Befehls bleiben Benutzer und Kennwort gespeichert und müssen nicht immer neu eingegeben werden.

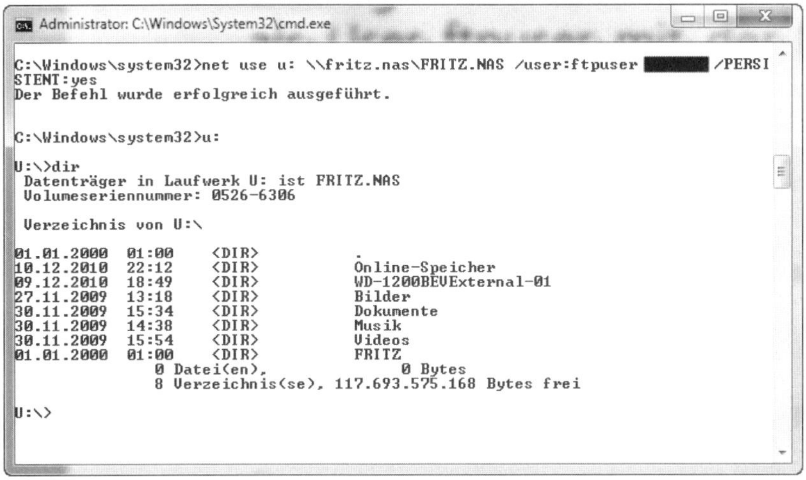

Bild 10.61: Nach dem Start der Administrator-Shell verbinden Sie sich als *ftpuser* mit der USB-Festplatte der FRITZ!Box.

Da Sie sich nach Starten der Kommandozeile im Windows-Verzeichnis befinden, tragen Sie nun den Befehl

```
cd %USERPROFILE%\Desktop
```

ein, falls Sie die VLCrec.bat auf dem Desktop gespeichert haben. Die Skriptdatei VLCrec.bat ist weitestgehend selbsterklärend. Zum Aufruf sind drei Parameter notwendig – der erste Parameter ist der Kanal, der zweite die Aufnahmedauer in Sekunden und der dritte der Dateiname ohne Dateinamenerweiterung.

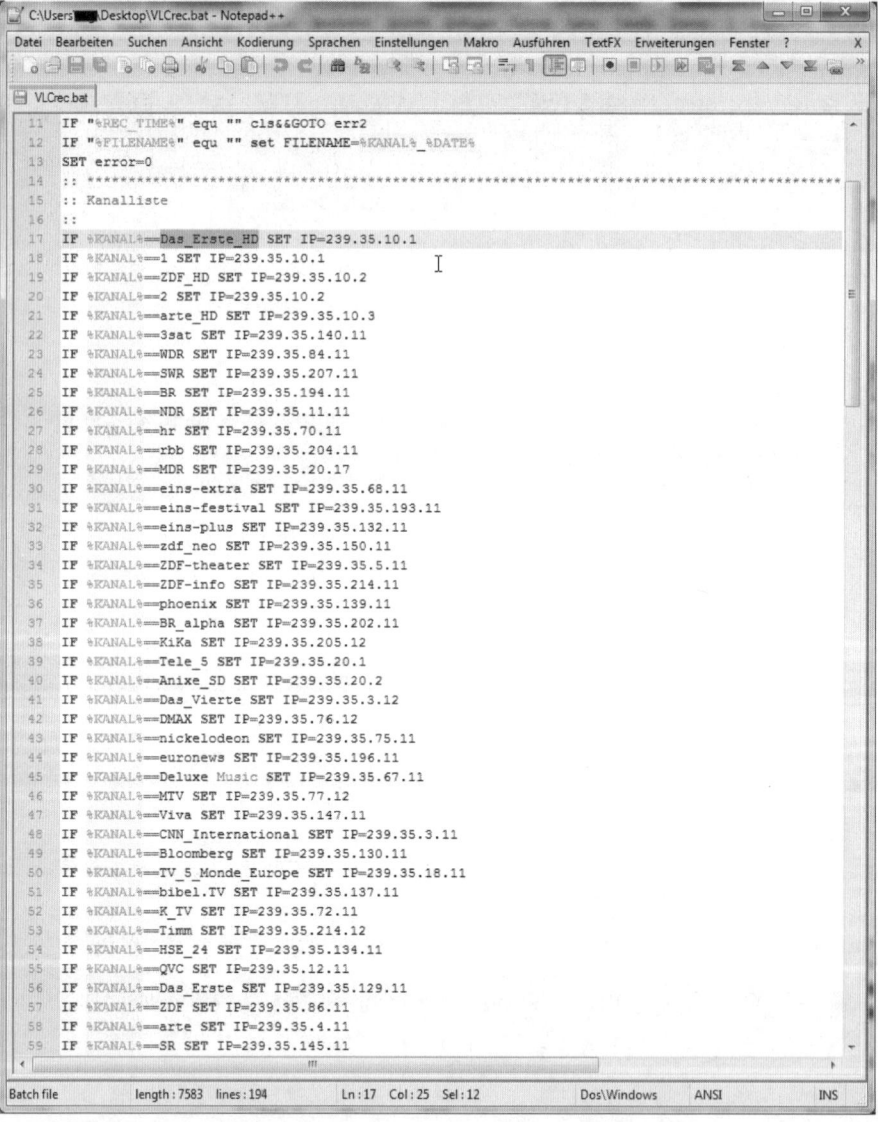

Bild 10.62: In der Datei *VLCrec.bat* finden Sie im Bereich Kanalliste die Kanalbezeichnungen – beispielsweise *Das_Erste_HD*.

Möchten Sie zum Beispiel einen zweiminütigen Musikclip vom Sender MTV auf die Festplatte sichern, rechnen Sie zunächst zwei Minuten in Sekunden um (2 * 60 = 120 Sekunden) und geben folgenden Befehl auf der Kommandozeile an:

```
VLCrec MTV 120
```

Ist der dritte Parameter (der Dateiname) beim Aufruf nicht vorhanden, baut das Skript diesen zur Laufzeit aus Kanal und Datum zusammen. Anschließend öffnet sich automatisch der VLC-Player – das Skript ist standardmäßig so eingestellt, dass die Aufnahme des Kanals auch mit Bildschirmausgabe erfolgt (Schalter: dst=display).

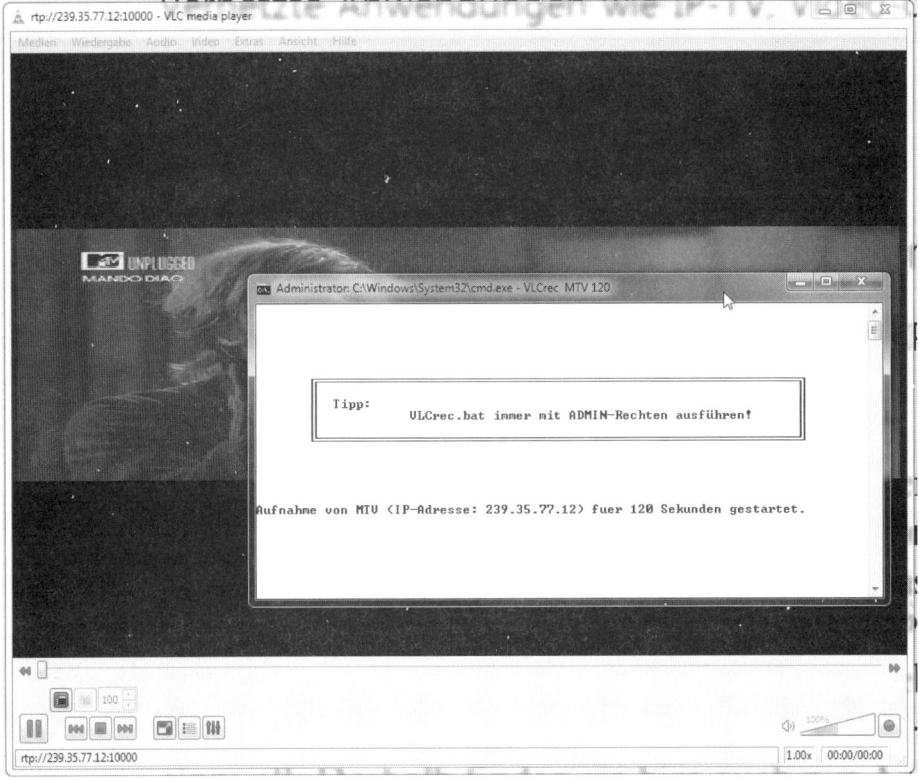

Bild 10.63: Nach dem Start via Kommandozeile wird der gewünschte Kanal im VLC-Player angezeigt und im Hintergrund über die Kommandozeile auf die Festplatte gespeichert.

Nach Ablauf der Aufnahmedauer prüft das Skript, ob noch ein VLC-Prozess aktiv ist. Ist das der Fall, wird er automatisch beendet. Anschließend ist die Aufnahme im gewünschten Ordner gespeichert und kann umgehend vom angeschlossenen Streamplayer im Heimnetz angeschaut werden.

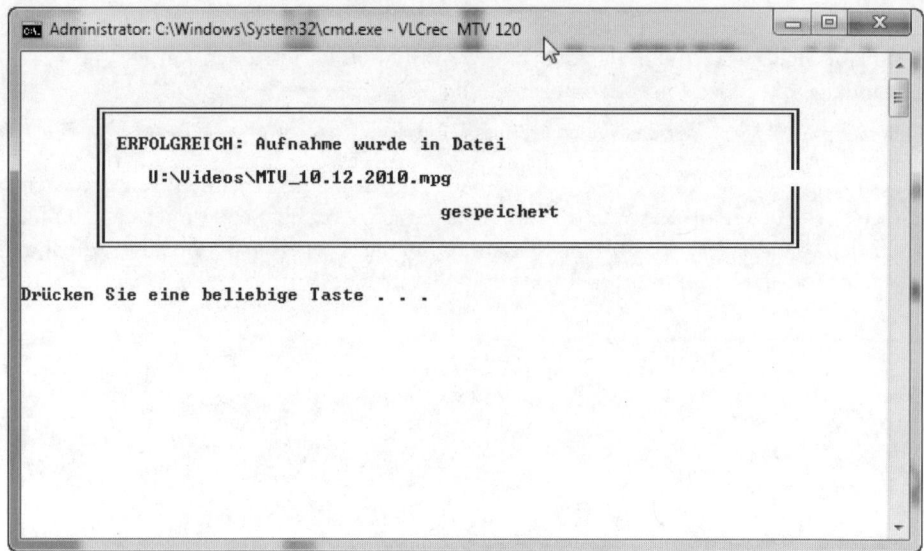

Bild 10.64: Erfolgreich gespeichert: Nach Abschluss der Aufnahme wirft das Skript eine Erfolgsmeldung aus, und nach einem Tastendruck ist das Skript beendet.

Die Aufnahme liegt nun im MPEG/TS-Format (Transport Stream) vor – hier können Sie sie über den FRITZ!Box-Mediaserver für sämtliche Geräte im Heimnetz freigeben, die Aufnahme auf DVD brennen oder sie anschließend für mobile Geräte wie iPad, iPhone und andere konvertieren.

10.9.6 Aufnahme im Player anschauen

Ist über die FRITZB!Box-Oberfläche das Optionsfeld Mediaserver aktivieren einge-schaltet, erscheint dieser auch in der Netzwerkübersicht von Windows mit der Bezeich-nung AVM FRITZ!Mediaserver. Per Doppelklick darauf lässt sich der Mediaserver beispielsweise mit dem Windows Media Player nutzen.

Bild 10.65: Unmittelbar nach der Aufnahme steht das Videomaterial abrufbereit im Heimnetz bereit.

Wer die beschriebene Methode ausgiebig nutzt, wird mit der Zeit feststellen, dass der Speicherbedarf der HD-Aufnahmen vergleichsweise groß ist. Egal ob die Aufnahme auf Festplatte mit dem Mac oder einem PC erfolgt: Eine HD-Aufnahme braucht Platz auf der Festplatte – viel Platz!

Da pro Minute für Bild und Ton einiges an Kapazität benötigt wird, sollten Sie, bevor Sie einen kompletten Spielfilm auf die Festplatte speichern, zunächst den zu erwartenden Platzbedarf auf der FRITZ!Box-Festplatte oder auf der lokalen Festplatte im Computer grob kalkulieren. Nehmen Sie einfach einen kürzeren Film oder nur einen kleinen Filmschnipsel auf, um die Kapazität einer Aufnahme mit längerer Spieldauer zu berechnen.

Dann wählen Sie auf der Festplatte die Aufnahmefilmdatei aus, prüfen den benötigten Speicherplatz und teilen diesen durch die Spieldauer der Filmdatei, um damit den Platzbedarf auf der Festplatte für eine Minute Film zu berechnen. Die Spieldauer der Filmdatei zeigt eine Abspielsoftware wie beispielsweise Video LAN Client an.

Bild 10.66: Speicherfresser: Gerade HD-Aufnahmen benötigen mehrere GByte Kapazität auf der Festplatte.

In diesem Beispiel ist die Datei 3.069.262.032 Byte groß und besitzt eine Spieldauer von 1:07:31. Eine Stunde hat bekanntlich 3.600 Sekunden, hinzuaddiert werden 7 Minuten (= 420 Sekunden) sowie 31 Sekunden, was in der Summe 4.051 Sekunden entspricht.

```
1:07:31 = 4051 Sekunden = 3.069.262.032 Bytes
1 Sekunde = 757655,40 Bytes = 739,89 KBytes
1 Minute = 44393,87 KBytes = 43,35 MBytes
90 Minuten = 3901,80 MByte = rd. 3,81 GByte
```

Diese einfache Rechnung zeigt, dass das FAT32-Dateisystem bei HD-Aufnahmen schnell an seine Grenzen stößt, sofern der Inhalt in eine einzelne Datei geschrieben wird. Bei FAT32 liegt die maximale Dateigröße bei 4 GByte (= 4.294.967.295 Byte), das entspricht 5.668,76 Sekunden, also etwas weniger als 95 Minuten. Mit etwas Timeshift und Puffer bei der Aufnahme wird es bei einem Film mit einer Standardspieldauer von 90 Minuten schnell knapp. Spätestens wenn Werbung im Film hinzukommt, ist mit FAT32 schnell Schluss mit der Aufnahme.

10.9.7 Auf das Dateisystem kommt es an

Offiziell unterstützt die FRITZ!Box »nur« FAT32 sowie das NTFS-Dateisystem. Letzteres hat den Vorteil, dass damit die lästige FAT32-Beschränkung in Sachen Dateigröße wegfällt. Bedingt durch die Architektur des NTFS-Dateisystems dauert der (Schreib-)Zugriff jedoch gefühlte Ewigkeiten und sorgt bei längeren Aufnahmen für Ruckler und Bildstörungen. Das wiederum macht im dümmsten Fall die gesamte Aufnahme unbrauchbar.

Alternativ zu den DOS-/Windows-Dateisystemen steht für neuere FRITZ!Box-Modelle eine neue Firmware (ab 04.86) mit eingebauter ext2-Linux-Dateisystemunterstützung zur Verfügung. In jedem Fall sollten Sie nach einer frischen Firmware auf den AVM-Seiten Ausschau halten, bei neueren Modellen ersparen Sie sich den Firmwareumbau via Freetz, mit dem Sie eine speziell auf Ihren Bedarf zugeschnittene Firmware erstellen können.

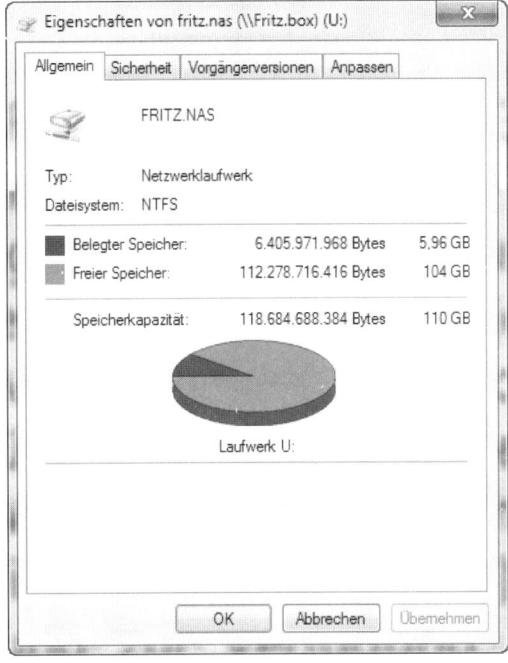

Bild 10.67: Die ext2-Partition der externen USB-Festplatte an der FRITZ!Box erscheint unter Windows als NTFS-formatiertes Netzwerklaufwerk.

Für FRITZ!Boxen ohne frische Firmware mit eingebauter ext2-Unterstützung hilft ein von AVM undokumentierter Kniff:

Nutzen Sie einfach das Linux-Dateisystem ext2 oder ext3 für die externe Festplatte der FRITZ!Box mit einer gemoddeten Firmware. Da das Linux-Dateisystem standardmäßig bisher nicht von der Originalfirmware von AVM unterstützt wird, war bzw. ist für ältere FRITZ!Box-Modelle dafür eine Anpassung der Firmware nötig.

```
Arrow keys navigate the menu.  <Enter> selects submenus --->.  Highlighted letters are hotkeys.  Pressing <Y> selectes a feature, while
<N> will exclude a feature.  Press <Esc><Esc> to exit, <?> for Help, </> for Search.  Legend: [*] feature is selected  [ ] feature is
excluded


        [*]     rovide mount-by-label feature
        ---     utomount filesystems
        [*]        xt2
        [*]        xt3
        [*]        N FS
        [*]        eiserFS
        [ ]     aise the count of connectable usb device to 9 (NEW)
        --- Removings ---------------------------------
        [ ] Remove assistant (NEW)
        [ ]  emove aura usb (NEW)



                        <Select>    < Exit >    < Help >
```

Bild 10.68: Für die Unterstützung weiterer Dateisysteme bieten die Tools speed2fritz bzw. Freetz einfache Möglichkeiten.

FAT32- in das ext2/ext3-Dateisystem umwandeln

Um eine Festplatte in das Linux-Dateiformat ext2/ext3 zu bringen, nutzen Mac OS- und Windows-Anwender am besten eine virtuelle Maschine (VMware etc.) samt darauf installiertem Linux. Verwenden Sie im Terminal den Befehl:

```
sudo apt-get install gparted
```

um das übersichtliche Partitions- und Formatierungswerkzeug zu installieren. Wer auf Linux verzichten will, kann alternativ die gparted-Live-CD nutzen (*http://gparted. sourceforge.net/livecd.php*).

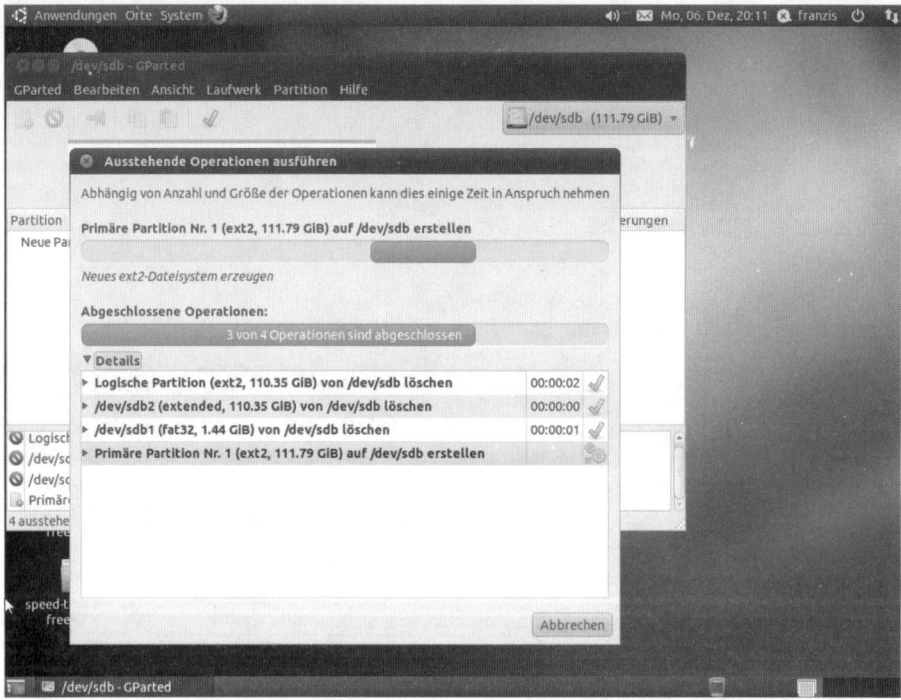

Bild 10.69: Für die Umwandlung von Festplatte oder USB-Stick in das Linux-ext2-/ext3-Format nutzen Sie am besten das Partitionierungswerkzeug *gparted*.

Ist die USB-Festplatte partitioniert und mit dem Dateisystem ext2 formatiert, wird sie manchmal auch von der FRITZ!Box, spätestens aber von Freetz erkannt. Im FRITZ!Box-Menü – Startmenü/Ereignisse/USB-Geräte – wird das Einstecken registriert.

```
Partition unter WD-1200BEVExternal-01 eingebunden
USB-Gerät 1002, Klasse 'USB 2.0 (hi-speed) hub', angesteckt
USB-Gerät 1003, Klasse 'USB 2.0 (hi-speed) storage', angesteckt
```

Nachstehendes Beispiel zeigt das Log einer »gefreetzten« FRITZ!Box – hier steht /dev/sda für die USB-Festplatte und /dev/sda1 für die erste Partition der USB-Festplatte.

```
Partition unter uStor01 (/dev/sda1) eingebunden
USB-Gerät 003, Klasse 'USB 2.0 (hi-speed) storage', angesteckt
USB-Gerät 002, Klasse 'USB 2.0 (hi-speed) hub', angesteckt
```

Falls Sie mit Freetz die FRITZ!Box aufgebohrt haben, können Sie im nächsten Schritt via Freetz-Samba die Verzeichnisfreigaben einrichten. Das alles ist bei den neueren FRITZ!Box-Firmwareversionen nicht nötig, da die ext2-Festplatte von der AVM-Firmware erkannt wird.

Bei einer Freetz-Lösung im obigen Beispiel wurde nur eine ext2-Partition genutzt und mithilfe des Eintrags

```
/var/media/ftp/uStor01 EXT2BLADDE 1 0
```

in die Freetz-Samba-Optionen eingetragen.

Bild 10.70: Nur eine Zeile Code ist für die Samba-Konfiguration notwendig, um die ext2-Partition im Heimnetz verfügbar zu machen.

Im nächsten Schritt tragen Sie optional weitere Samba-Optionen ein:

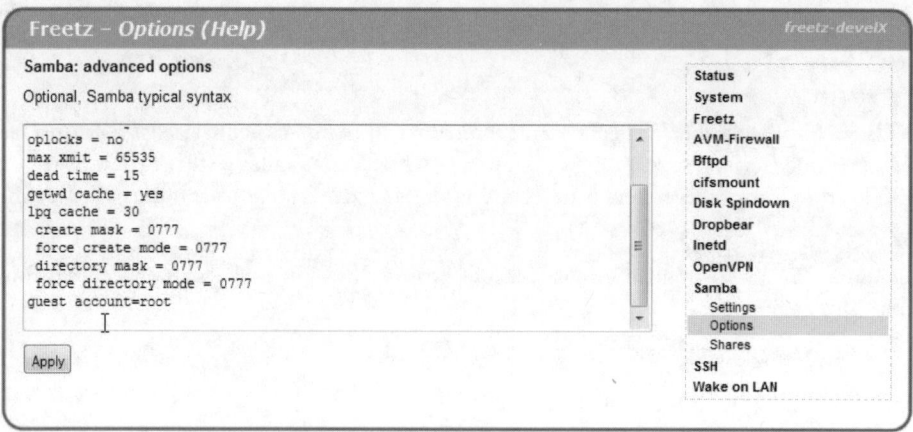

Bild 10.71: Um überhaupt Schreibzugriff auf die Samba-Freigabe von Windows aus zu bekommen, muss der Eintrag guest account=root im Menübereich Options eingetragen werden. Fehlt dieser Eintrag, ist nur lesender Zugriff auf die Freigaben im Heimnetz möglich.

Per Klick auf die Übernehmen- bzw. Apply-Schaltfläche werden die Samba-Dienste beendet und neu gestartet. Anschließend ist die Änderung sofort im Netzwerk aktiv – im Windows Explorer oder Mac OS Finder ist der FRITZ!Box-Samba-Server in der Netzwerkumgebung sichtbar.

11 Neue Kommunikationswege im Heimnetz

Im folgenden Abschnitt soll es nicht um das Versenden von E-Mails und auch nicht um das Chatten mit dem Windows Messenger gehen. Stattdessen möchte ich Ihnen einige interessante neuartige Kommunikationswege aufzeigen, die erst durch das Zusammenspiel von Heimnetz, Breitbandzugängen, gewissen Endgeräten und Onlinediensten möglich wurden.

Alle im Folgenden vorgestellten Anwendungen sind in der (voll funktionsfähigen) Basisvariante und für Privatnutzer kostenlos. Voraussetzung ist nur ein entsprechendes Hardwaregerät wie zum Beispiel ein Smartphone (iPhone, Android) oder ein spezieller Heimnetzrouter mit integrierter Telefonanlage für Internettelefonie.

11.1 Festnetztelefonie ohne Festnetz

Es ist noch gar nicht so lange her, da ein DSL-Anschluss nur in Verbindung mit einem Festnetztelefonanschluss (ISDN oder POTS) zu haben war. POTS ist die Abkürzung für »Plain Old Telephone Service« und die gängige Bezeichnung für den gewöhnlichen, analogen Festnetzanschluss.

Auch wenn die Telekom als größter Netzbetreiber Deutschlands seine DSL-Anschlüsse nach wie vor standardmäßig mit einem Festnetztelefonanschluss bündelt, finden sich inzwischen immer häufiger reine Internetzugangstarife ohne Telefonanschluss. Diese Datenanschlüsse werden von manchen Providern sogar günstiger angeboten als die Variante mit Telefonanschluss.

Dabei ergibt so ein Internetzugang ohne Festnetztelefonanschluss durchaus Sinn, denn in unserer heutigen Zeit kommt der klassische Telefonanschluss einem unflexiblen und schwerfälligen Dinosaurier gleich – zumal die meisten Personen aus dem engeren Freundes- oder Bekanntenkreis sowieso nur noch über das Mobiltelefon erreichbar sind. Ansonsten erfolgt die Kommunikation mittlerweile sehr häufig per E-Mail, via Messenger oder über ein soziales Netzwerk wie Facebook, das Messenger- und E-Mail-Funktionalität gleich mit integriert hat. Ein Festnetzanschluss ist da eigentlich inzwischen sinnlos.

Daher bieten manche Provider inzwischen reine Internettarife ohne Telefonanschluss an, bei denen man gegenüber der Kombination mit Telefon monatlich richtig Geld sparen kann. Wer sich beispielsweise beim bayerischen Netzbetreiber M-net für einen reinen DSL-Tarif (Maxi Pur) entscheidet, spart gegenüber dem Kombinationstarif (Maxi Komplett) 5 Euro monatlich – oder 60 Euro im Jahr.

Bild 11.1: Das Kombiangebot von M-net (Maxi Komplett) inklusive Telefonanschluss ist etwas teurer als der reine DSL-Tarif Maxi Pur.

11.1.1 Kostspielige Anrufe ins Mobilfunknetz

Allerdings zögern viele, überwiegend ältere Menschen, eine Mobilfunknummer anzurufen, da sie die Kosten für ein solches Telefonat scheuen. Und das nicht zu Unrecht: Denn nach wie vor sind Verbindungen vom Festnetz ins Mobilfunknetz deutlich teurer als beispielsweise vom Festnetz ins Festnetz.

Hinzu kommt, dass viele Breitbandkunden bei ihrem Provider einen »Rundum-sorglos-Tarif« mit DSL- und Telefon-Flatrate (Doppelflat) abgeschlossen haben. Doch gilt die telefonische Flatrate nur für Anrufe ins Festnetz, daher fällt hier auch häufig der Ausdruck »Festnetz-Flat«.

Wählt man mit der Festnetz-Flatrate eine Mobilfunknummer an, werden gleich zweistellige Cent-Beträge pro Minute fällig, die die Abbuchung am Monatsende in die Höhe treiben. Und exakt solche schwer kalkulierbaren Zusatzkosten sind dem Flatrate-Kunden, der möglichst alle Kosten kalkulierbar gedeckelt haben möchte, ein Dorn im Auge.

Bild 11.2: Ruft man vom Festnetz ein Handy an, werden – unabhängig von der Festnetz-Flatrate – 19 Cent/Minute fällig (hier der Tarif Call & Surf Comfort von T-Home, Stand Sommer 2011).

11.1.2 Voraussetzungen für die Internettelefonie

Allein für die angesprochenen Fälle lohnt sich die Anschaffung einer Festnetztelefonnummer. Das Interessante daran: Sie benötigen dazu gar keinen Festnetzanschluss mehr. Dank Internettelefonie lassen sich Telefonate an jedem beliebigen Onlinezugang führen.

Im Zusammenhang mit Internettelefonie fällt auch immer wieder der Begriff VoIP, die Abkürzung für »Voice over Internet Protocol«. Unter Voice over IP oder kurz VoIP versteht man folglich alles, was mit der (Echtzeit-)Übertragung von Stimmen, oder genauer gesagt Gesprächen, über die Onlineverbindung zu tun hat. VoIP und Internettelefonie werden in der Regel als synonyme Begriffe verwendet.

- Damit Sie selbst mit Voice over IP telefonieren können – und zwar in einer zur Festnetztelefonie vergleichbaren Qualitätsstufe –, empfiehlt sich ein Breitbandanschluss mit Flatrate und möglichst kurzen Reaktionszeiten, was bei DSL- und Kabel-Internetverbindungen grundsätzlich gegeben ist.

- Die Bandbreite sollte im grundsätzlich schwächeren Upstream-Bereich, also der Übertragungsrichtung vom Heimnetzrouter zum Internet, mindestens 128 kBit/s betragen. Ein DSL-light-Anschluss mit nur 384 kBit/s im Down- und 64 kBit/s im Upstream ist für VoIP also nur noch bedingt geeignet.

- Außerdem benötigen Sie einen Anbieter oder Dienst im Internet, der die Verbindung ins allgemeine Telefonnetz herstellt. Dieser Anbieter wird auch als VoIP- oder SIP-Provider bezeichnet. Je nach Anbieter und Tarif zahlen Sie hierfür eine monatliche Grundgebühr und bezahlen die Gebühren für Ihre getätigten Anrufe.

- Die letzte wichtige Voraussetzung ist ein VoIP- oder SIP-Client, der über Ihren Onlinezugang die Verbindung zum SIP-Provider herstellt und über den Sie schließlich Telefonate entgegennehmen und Anrufe tätigen.

11.1.3 Verschiedene VoIP-Endgeräte

Dieser VoIP- oder SIP-Client kann in sehr unterschiedlicher Gestalt in Erscheinung treten.

- So kann er als reine Softwarelösung auf Ihrem Rechner installiert sein, wobei man in diesem Fall auch von einem sogenannten Softphone spricht. Um ein solches Softphone überhaupt sinnvoll nutzen zu können, sollte Ihr Rechner (PC, Notebook) ein Mikrofon und einen Lautsprecher besitzen. Falls nicht, sollten Sie sich ein Headset besorgen.

Bild 11.3: Die meisten modernen Headsets werden per USB an den Rechner angeschlossen. (Quelle: *www.plantronics.com/de*)

- Ein VoIP-Client kann aber auch Teil eines VoIP-fähigen Modemrouters sein. In diesem Fall können Sie sogar Ihr herkömmliches Festnetztelefon für VoIP nutzen, indem Sie es einfach an den Router anschließen.

- Außerdem gibt es auch spezielle IP-Telefone, die sich per LAN-Kabel oder über WLAN ins Netzwerk integrieren lassen. Solche Lösungen werden sehr häufig im Businessbereich in größeren Unternehmen eingesetzt. So spart man sich unter ande-

rem eine doppelte Verkabelung, da Sprach- und Datenverkehr über dieselben Netz-
werkkabel laufen können. Im Privatbereich spielen IP-Telefone so gut wie keine
Rolle. Hier haben sich die VoIP-fähigen Modemrouter durchgesetzt, allen voran die
FRITZ!Box-Fon-Modelle des Herstellers AVM aus Berlin.

*   Auch bieten inzwischen viele Internettelefonie-Anbieter ihre VoIP-Clients bereits als
    Smartphone-Applikationen (Apps) an, die dem Privatanwender wiederum ganz
    neue und spannende Kommunikationsmöglichkeiten eröffnen.

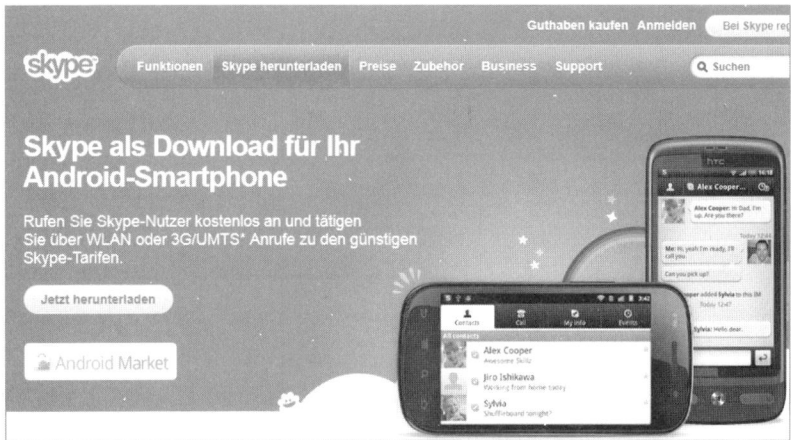

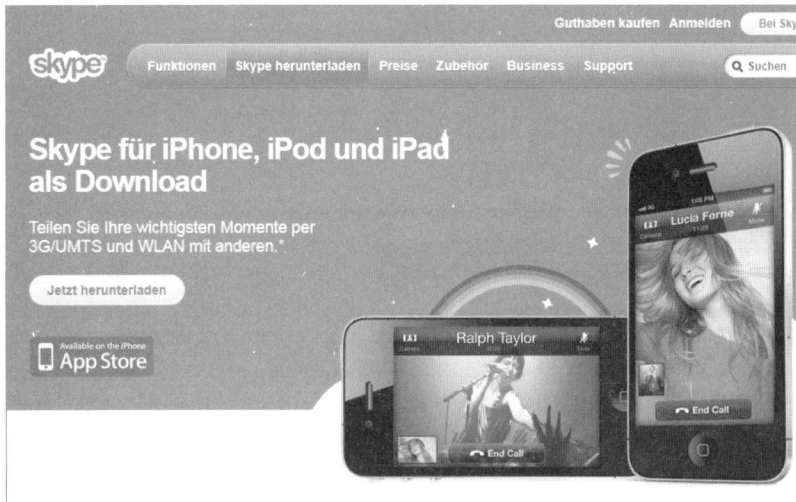

Bild 11.4: Der VoIP-Provider Skype bietet seine Telefon-App für Android-Smartphones (oben)
und ebenso für iPhone & Co. (unten) an.

11.1.4 VoIP-Clients für das Heimnetz

Natürlich können Sie einen VoIP-Anschluss mit installiertem Softphone und einem
Headset am Notebook oder PC nutzen. Das funktioniert aber immer nur dann, wenn

Ihr Rechner auch eingeschaltet und mit dem Internet verbunden ist. Sobald der Rechner ausgeschaltet ist oder keine Onlineverbindung hat, sind Sie für niemanden über Ihren VoIP-Anschluss erreichbar und können – andersherum – natürlich auch niemanden anrufen.

Die nach wie vor beste Lösung zur Nutzung von Internettelefonie im Heimnetz ist ein Modemrouter mit integriertem VoIP-Client. Sobald Sie die Zugangsdaten Ihres VoIP-Providers korrekt in den Router eingetragen haben, meldet dieser sich beim VoIP-Provider an, und Sie sind immer erreichbar, da der Router sowieso rund um die Uhr eingeschaltet ist.

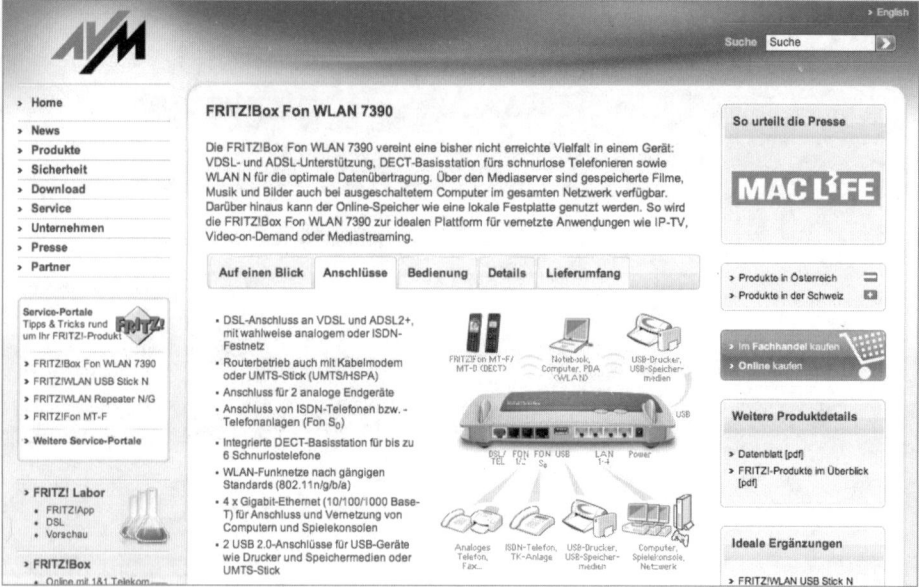

Bild 11.5: Alle FRITZ!Box-Router mit dem Zusatz »Fon« unterstützen VoIP über ein angeschlossenes herkömmliches Telefon (abgebildet ist hier die FRITZ!Box Fon WLAN 7390).

Die in Deutschland bekanntesten und auch am häufigsten eingesetzten VoIP-fähigen Heimnetzrouter sind die FRITZ!Box-Fon-Modelle von AVM. Alle FRITZ!Box-Modemrouter, die den Zusatz »Fon« in der Modellbezeichnung tragen, unterstützen dabei Telefonate über ein VoIP-Konto. Ansonsten lassen sich die VoIP-fähigen Modelle auch meist an den Anschlussbuchsen für herkömmliche Telefonstecker erkennen. Übrigens sind die meisten neueren Speedport-Modemrouter der Telekom VoIP-fähig, wobei auch hier zahlreiche Modelle unter der Regie des Hauses AVM gefertigt wurden.

- Eine weitere sehr moderne Möglichkeit, seinen VoIP-Anschluss privat zu nutzen, richtet sich an Besitzer eines Apple- oder Android-Smartphones. Diese installieren sich einfach eine entsprechende App des VoIP-Providers – und schon »spricht« das Smartphone VoIP. Damit sind Sie immer auf Ihrer (VoIP-)Festnetznummer erreichbar, sobald Ihr Smartphone mit dem Internet verbunden ist, zum Beispiel im Heimnetz per WLAN.

- Ich werde im Folgenden auf beide Alternativen eingehen, zunächst jedoch beschaffen Sie sich Ihren kostenlosen VoIP-Anschluss samt gültigen Zugangsdaten. Denn für die Internettelefonie benötigen Sie ähnlich wie für die Nutzung eines E-Mail-Postfachs ein Konto mit persönlichen Zugangsdaten.

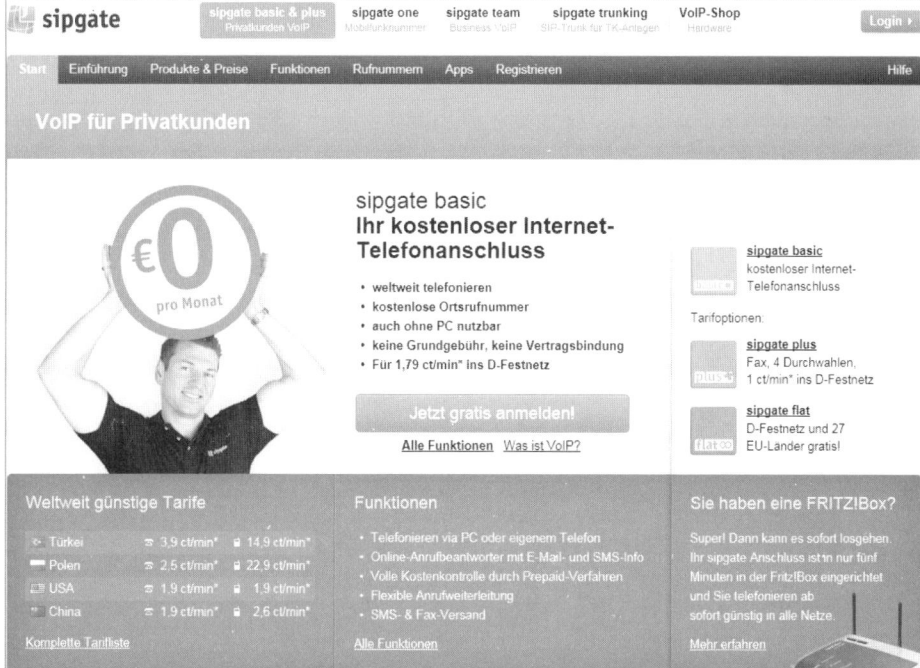

Bild 11.6: Sipgate bietet einen kostenlosen Telefonanschluss an, über den man unter einer »echten« Telefonnummer mit Ortsvorwahl aus dem herkömmlichen Telefonnetz erreichbar ist.

11.1.5 VoIP gratis inklusive Festnetznummer

Nun zeige ich Ihnen, wie Sie sich einen VoIP-Telefonanschluss mit echter Festnetztelefonnummer besorgen, über den Sie dann aus dem herkömmlichen Telefonnetz von jedem beliebigen Telefonanschluss aus erreichbar sind – und zwar unter einer richtigen Festnetztelefonnummer mit örtlicher Vorwahl. Das Beste daran: Sie zahlen dafür keinen Cent.

Solange Sie nämlich niemanden von diesem Anschluss aus anrufen, ist Ihr VoIP-Anschluss für Sie als Privatperson kostenlos. Und selbst wenn Sie hin und wieder einen Anruf tätigen, bezahlen Sie nur für die geführten Telefonate nach dem Prepaid-Verfahren. Eine monatliche Grundgebühr entfällt.

11.1.6 Erstellen eines Sipgate-Kontos

Ein Internettelefonie-Anbieter, auf den die vorhergenannten Aussagen vollständig zutreffen, ist der Dienstleister Sipgate, dessen kostenloses Angebot ich schon über mehrere Jahre hinweg testen konnte.

1. **VoIP-Konto eröffnen: Vorwahl und Vertragswahl**
   Rufen Sie die Homepage des VoIP-Providers unter *www.sipgate.de* auf und klicken Sie im Bereich *sipgate basic* auf *Jetzt gratis anmelden*.

   Im Anschluss geben Sie Ihre Ortsvorwahl ein (in meinem Beispiel ist es die 08856 für Penzberg) und klicken auf *Vorwahl prüfen*. Wählen Sie dann den Vertrag *sipgate basic* für 0,00 Euro und klicken Sie dazu auf *weiter mit sipgate basic*.

Bild 11.7: Entscheiden Sie sich zunächst für den 0,00-Euro-Tarif *sipgate basic*.

2. **VoIP-Konto eröffnen: Tarifoptionen**
   Auch im folgenden Fenster entscheiden Sie sich zunächst für die kostenlose Variante *sipgate basic ohne flat* und klicken auf die Schaltfläche *weiter mit Standard-Tarif*. Das nächste Fenster zeigt eine Übersicht über Ihre einmaligen und monatlichen Kosten mit jeweils 0,00 Euro. Genießen Sie diesen erfreulichen Anblick für einen Moment, bevor Sie auf *Weiter* klicken.

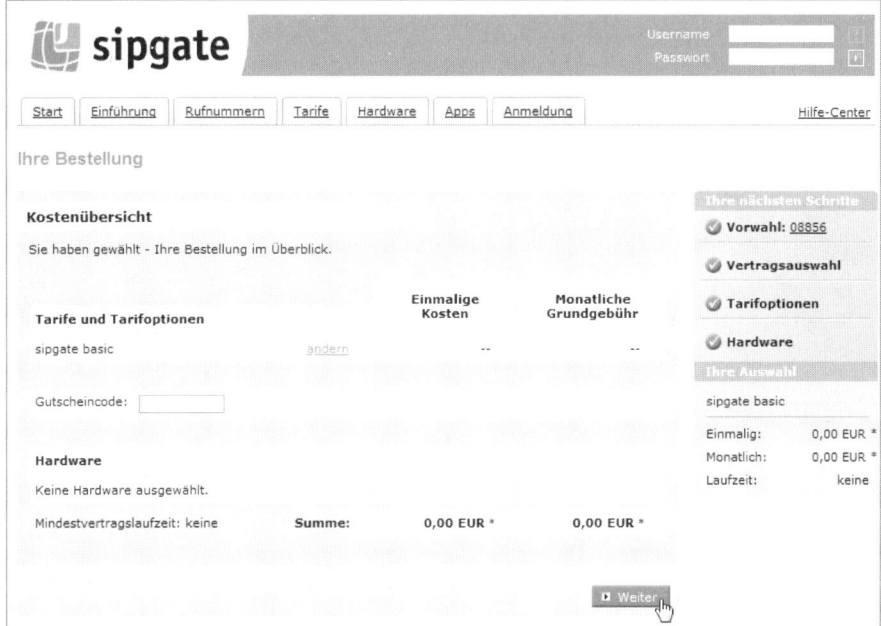

Bild 11.8: Kaum zu glauben: ein Telefonvertrag ohne jegliche Kosten ...

3. **VoIP-Konto eröffnen: Zugangsdaten und Adressinformationen wählen**
   Im folgenden Fenster tragen Sie nun Ihre persönlichen Zugangsdaten ein. Denken Sie sich zunächst einen beliebigen *Usernamen* aus und vergeben Sie anschließend ein möglichst sicheres Passwort, das Sie dann noch ein zweites Mal eintippen müssen. Es sollte mindestens zehnstellig sein und sich aus Groß- und Kleinbuchstaben sowie Ziffern zusammensetzen. Außerdem sollte es kein Wort aus dem Wörterbuch sein. Notieren Sie sich Ihren *Usernamen* samt Passwort auf einem Zettel und verstauen Sie diesen an einem sicheren Ort.

   Setzen Sie dann die Option auf *Ich bin Privatkunde* und tragen Sie alle erforderlichen mit einem orangefarbenen Stern gekennzeichneten Adressdaten ein. Wichtig: Geben Sie dabei unbedingt eine gültige E-Mail-Adresse an, denn an diese Adresse wird Sipgate gleich im Anschluss eine Aktivierungs-E-Mail versenden.

   Sind Ihre Adressdaten vollständig, beachten Sie jeweils die *Allgemeinen Geschäftsbedingungen*, die *Hinweise zur Speicherung Ihrer Daten* und die *Widerrufsbelehrung*. Bestätigen Sie Ihre Kenntnisnahme jeweils durch Setzen eines Häkchens. Nachdem Sie den am Ende der Seite abgedruckten Code abgetippt haben, bestätigen Sie schließlich mit *Weiter*.

4. **VoIP-Konto eröffnen: Telefonnummer wählen und Datenprüfung**
   Im folgenden Fenster wählen Sie nun Ihre gewünschte Festnetztelefonnummer per Mausklick aus und bestätigen dann erneut mit *Weiter*.

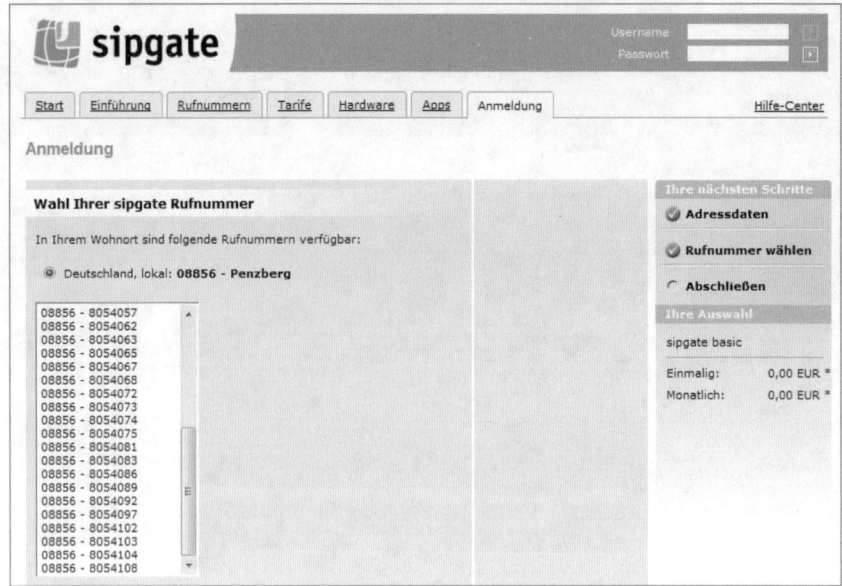

Bild 11.9: Aus einer ausreichend langen Liste von Telefonnummern suchen Sie sich mit einem Klick Ihre zukünftige Festnetznummer heraus.

Kurz darauf erscheint noch einmal eine Übersicht mit Ihren Einstellungen. Setzen Sie gegebenenfalls ein Häkchen vor die Option zum Einzelverbindungsnachweis und wählen Sie dann die Methode, mit der Sipgate Ihre angegebenen persönlichen Daten überprüfen soll. Am schnellsten funktioniert die Methode *Online*. Klicken Sie dann auf *Überprüfung jetzt vornehmen*.

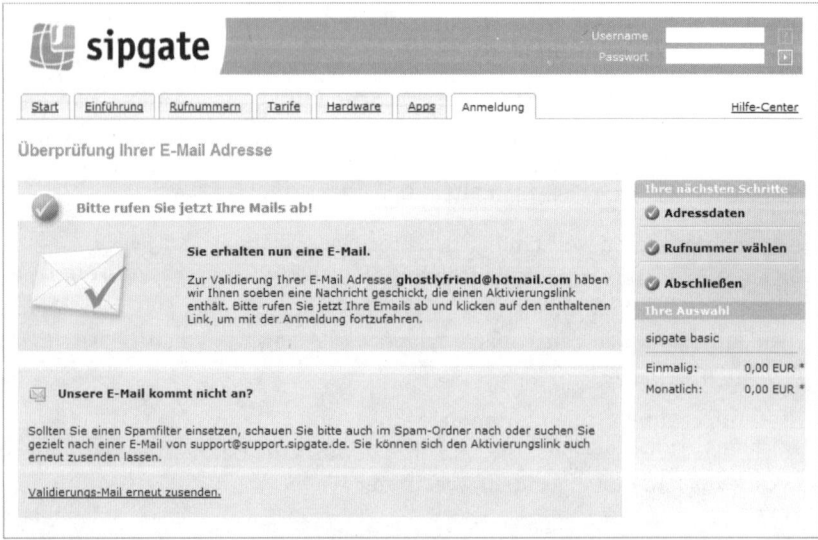

Bild 11.10: Dieser Screen erscheint, wenn alle Ihre Angaben korrekt sind und Sipgate die Onlineüberprüfung dieser Daten durchführen konnte.

5. **VoIP-Konto eröffnen: Konto aktivieren**

Kurz darauf sollte auch schon die Bestätigung erscheinen, und fast zeitgleich landet die Aktivierungsmail von Sipgate in Ihrem E-Mail-Postfach.

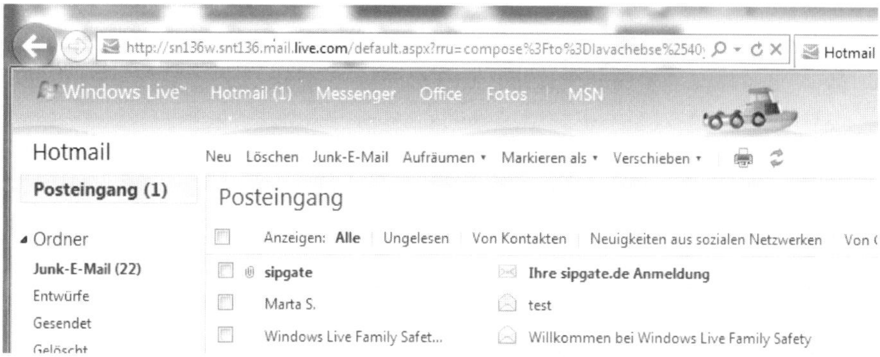

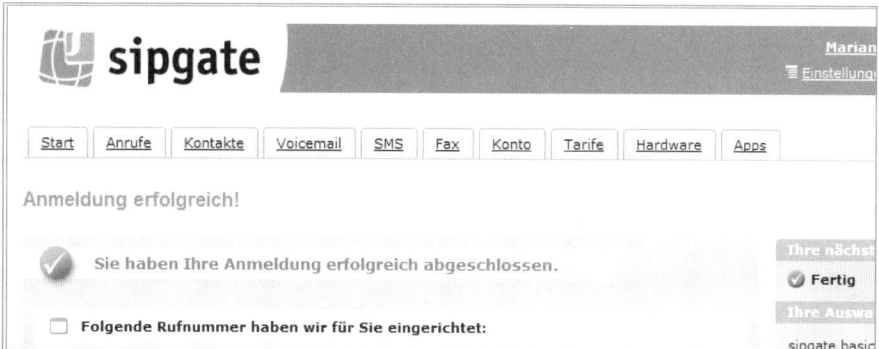

Bild 11.11: Sipgates Aktivierungsmail landet in Ihrem E-Mail-Postfach. Öffnen Sie sie und klicken Sie auf den Aktivierungslink.

Finden Sie die Mail nicht in Ihrem Posteingang, prüfen Sie auch Ihren Junkmail- oder Spamordner, da viele Filter diese Art von E-Mails als Spam ansehen und deshalb aus dem Posteingang fischen.

Ansonsten können Sie sich die E-Mail auch ein zweites Mal zusenden lassen. Klicken Sie dazu im Browser im letzten Schritt Ihrer Sipgate-Anmeldung einfach auf den Link *Validierungs-Mail erneut zusenden*.

Sobald Sie auf den Aktivierungslink in Ihrer Sipgate-Mail geklickt haben, ist Ihr Konto aktiviert und Ihr Anschluss bereits einsatzbereit. Hierzu erhalten Sie dann nochmals eine zweite Mail für Ihre Unterlagen.

Bild 11.12: Nachdem Sie den Aktivierungslink in der Validierungsmail angeklickt haben, ist Ihr VoIP-Konto einsatzbereit.

Jetzt müssen Sie Ihre Zugangsdaten nur noch in einen entsprechenden VoIP-Client eintragen, damit Sie Ihren Anschluss auch nutzen können.

11.1.7 VoIP-Anschluss im Router nutzen

Sie können Ihren VoIP-Anschluss sehr einfach und komfortabel nutzen, wenn Sie einen VoIP-fähigen Heimnetzrouter verwenden. An diesen können Sie nämlich ein ganz normales Festnetztelefon anschließen, über das Sie dann Ihre VoIP-Telefonate führen. Komfortabler und unkomplizierter geht es eigentlich gar nicht.

1. **Welche Modemrouter eignen sich für VoIP?**
   Wie schon erwähnt, können Sie jeden FRITZ!Box-Modemrouter der Firma AVM verwenden, der das Kürzel »Fon« in der Modellbezeichnung trägt. AVM war seinerzeit der erste Anbieter, der VoIP-fähige Modemrouter für deutsche DSL-Provider (Freenet, 1&1) in großem Stil produzierte.

   Selbstverständlich finden sich auch diverse andere Routerfabrikate mit integriertem VoIP-Adapter. Unter *www.sipgate.de* im *VoIP-Shop* können Sie sich einen kleinen Überblick über aktuelle Geräte verschaffen.

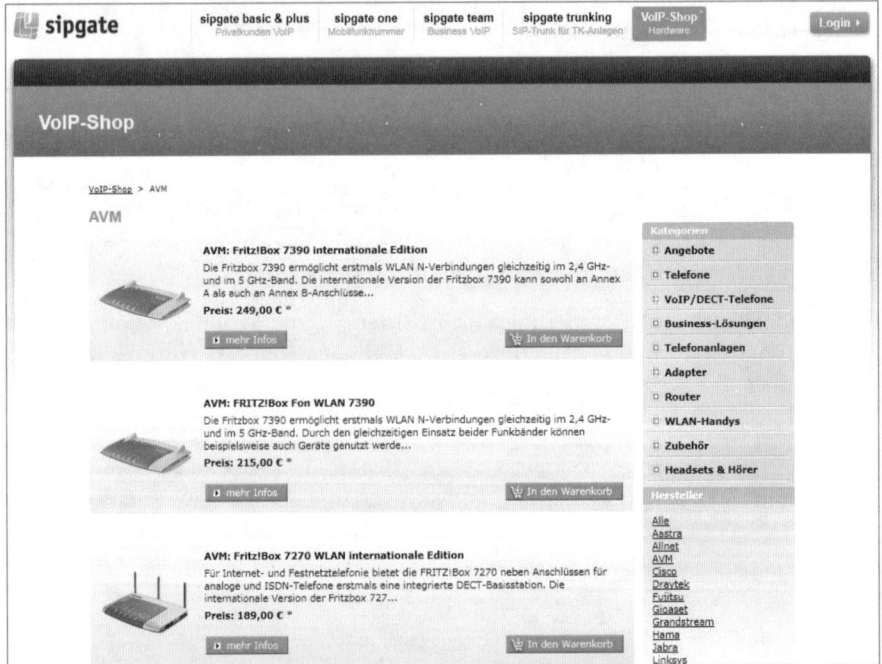

Bild 11.13: Im *VoIP-Shop* von Sipgate finden Sie unter anderem auch alle VoIP-fähigen AVM-Heimnetzroutermodelle.

Wenn Sie jedoch einen ausgereiften, komfortabel zu bedienenden und multifunktionalen Heimnetzrouter mit einfach einzurichtender VoIP-Funktionalität suchen, werden Sie automatisch bei AVM landen. Die Geräte zählen sicher nicht zu den günstigsten, doch von welchem Hardwarehersteller erhalten Sie heutzutage noch fünf Jahre Garantie? Außerdem versorgt AVM seine Produkte über Jahre hinweg mit neuen Firmwareversionen, die fast immer neue Funktionen mit sich bringen.

2. **Firmware-Update des Heimnetzrouters**

   Bevor Sie nun Ihre Sipgate-Daten in den Heimnetzrouter eintragen und mit der VoIP-Telefonie starten, prüfen Sie am besten zunächst, ob ein aktuelles Firmware-Update des Herstellers vorliegt. Ein Heimnetzrouter, der zusätzlich auch noch VoIP-Telefonate entgegennimmt, sollte immer mit der aktuellen Firmware ausgestattet sein.

   Bei AVM funktioniert dieses Update sehr einfach: Öffnen Sie im Browser mit *http://fritz.box* die Startseite des Routers und gehen Sie in der Spalte links auf *System/Firmware-Update*. Klicken Sie nun im rechten Bereich auf die Schaltfläche *Neue Firmware suchen.*

Bild 11.14: Eine aktuelle Firmware ist ein Muss für jeden Heimnetzrouter – das gilt umso mehr, wenn Sie damit Internettelefonie betreiben.

Falls tatsächlich ein neues Firmware-Update vorhanden ist, bestätigen Sie, dass Sie dieses installieren möchten. Das Herunterladen der Update-Datei und das Aufspielen auf die FRITZ!Box sind dann vollautomatische Abläufe. Nach wenigen Minuten ist Ihr Router wieder einsatzbereit. Trennen Sie ihn währenddessen bitte nicht von der Stromversorgung.

Ist kein neues Update vorhanden, klicken Sie einfach auf *OK* und nehmen nun die Eintragung für Ihren VoIP-Anschluss vor.

3. **Der Eintragungsort für Ihre VoIP-Zugangsdaten**

   Um Ihren neuen Sipgate-Anschluss in ein FRITZ!Box-Fon-Modell einzutragen, gehen Sie in der Spalte links auf das Menü *Telefonie* und öffnen im Untermenü die Einstellung *Internettelefonie.*

   Achten Sie darauf, dass im Kasten rechts die Registerkarte *Internetrufnummer* aktiviert ist. Klicken Sie nun in der rechten Ecke auf die Schaltfläche *Neue Internetrufnummer,* und das Fenster *Internetrufnummer* erscheint.

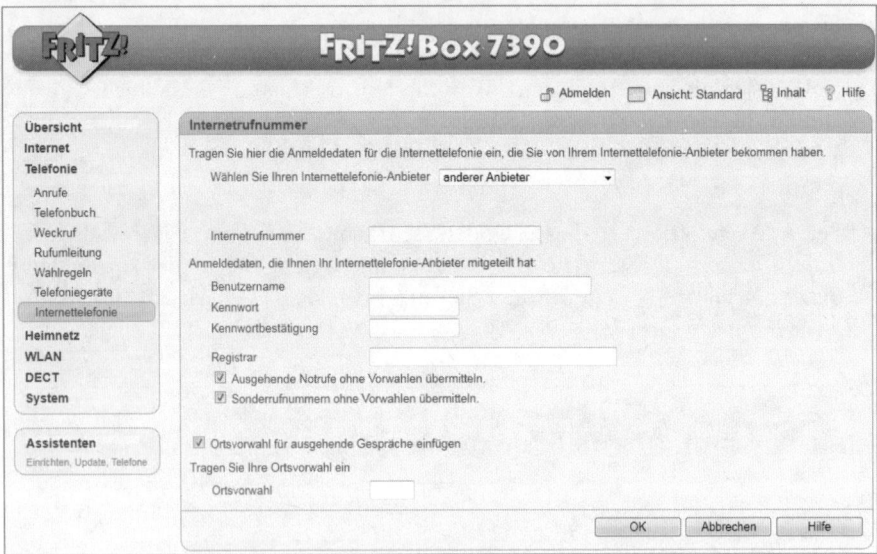

Bild 11.15: Diese Einträge sind der Schlüssel zu Ihrem neuen Telefonanschluss.

Auch hier macht es uns AVM wieder etwas einfacher, indem es bereits diverse VoIP-Anbieter samt deren Voreinstellungen (Name des Anbieters etc.) gespeichert hat – unter anderem auch Sipgate. Ersetzen Sie also zunächst im Drop-down-Menü ganz oben den voreingestellten Eintrag *anderer Anbieter* durch *sipgate*, indem Sie einfach auf den kleinen schwarzen Pfeil am rechten Rand des Eingabefelds klicken.

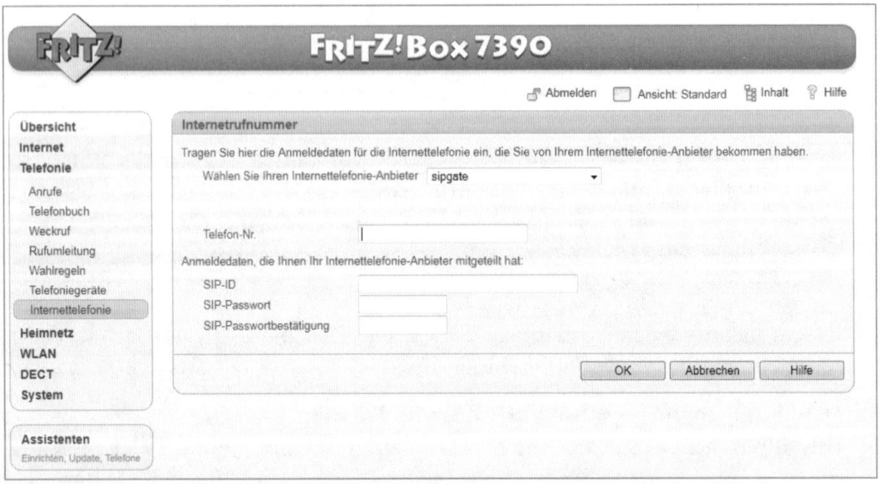

Bild 11.16: *SIP-Passwort* und *SIP-ID* haben nichts mit den Daten auf Ihrem Zettel zu tun.

Und wie von Zauberhand ist das Formular bereits um die Hälfte der ursprünglich vorgesehenen Einträge geschrumpft. Für die folgenden Einträge benötigen Sie nun Ihre Sipgate-Zugangsdaten, die Sie sich zuvor auf einem Zettel notiert haben, und zwar die folgenden:

- Ihren Sipgate-Usernamen (steht auf Ihrem Zettel und in der Aktivierungsmail von Sipgate),

- Ihr Sipgate-Passwort (steht nur auf Ihrem Zettel) sowie

- Ihre Telefonnummer inklusive Vorwahl (steht in der Aktivierungsmail von Sipgate).

Tragen Sie also zunächst in das erste Eingabefeld Ihre neue Sipgate-Telefonnummer inklusive Vorwahl ein. Die beiden folgenden Einträge (*SIP-ID* und *SIP-Passwort*) haben allerdings nichts mit Ihrem Usernamen und Ihrem Passwort auf dem Zettel zu tun. Trotzdem benötigen Sie diese nun, um an die gewünschten Daten zu gelangen.

4. **SIP-ID und SIP-Passwort in VoIP-Router übertragen**
   Um an SIP-ID und SIP-Passwort für Ihren VoIP-Anschluss zu gelangen, öffnen Sie ein neues Browserfenster (oder Tab) und klicken dann unter *www.sipgate.de* rechts oben auf die rote *Jetzt einloggen!*-Schaltfläche. Loggen Sie sich anschließend mit den Zugangsdaten (Username und Passwort) von Ihrem Zettel ein.

Bild 11.17: Den ursprünglich vergebenen *Usernamen* samt *Passwort* benötigen Sie nur für das Log-in zu Ihrem Sipgate-Benutzerkonto. Erst dort finden Sie dann Ihre persönliche SIP-ID und das SIP-Passwort.

In Ihrem Benutzerkonto klicken Sie nun oben rechts auf *Einstellungen.* In der folgenden Übersicht erscheinen nun alle wichtigen Zugangsdaten für Ihren VoIP- oder SIP-Account.

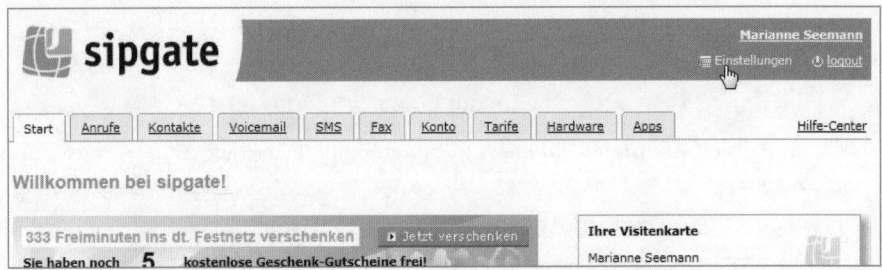

Bild 11.18: Unter *Einstellungen* in Ihrem Sipgate-Konto finden Sie sämtliche Daten, die VoIP-Endgeräte zur Verbindung mit dem VoIP-Provider eventuell benötigen könnten.

Gleich an erster Stelle finden Sie in gefetteter Schrift die SIP-ID für Ihren Telefonanschluss, direkt darunter das zugehörige SIP-Passwort. Markieren Sie nun zunächst die SIP-ID mit gedrückter linker Maustaste und kopieren Sie sie in das entsprechende Eingabefeld des anderen, noch geöffneten Browserfensters mit der FRITZ!Box-Oberfläche. Verfahren Sie danach ebenso mit dem SIP-Passwort.

Schließen Sie das Fenster mit Ihrem Sipgate-Account aber bitte noch nicht. Wir benötigen es gleich noch einmal.

Bestätigen Sie aber zunächst Ihre nun vollständigen Eingaben in der FRITZ!Box mit einem Klick auf *OK*. Das Fenster *Internetrufnummer* schließt sich, und Ihr neuer Anschluss sollte nun als aktive *Internetrufnummer* angezeigt werden.

5. **Testanruf**
Jetzt sollten Sie bereits über Ihre neue Telefonnummer erreichbar sein, sofern Sie ein Telefon an Ihre FRITZ!Box angeschlossen haben. Werfen Sie noch einmal einen kurzen Blick auf die Einstellungen Ihres persönlichen Sipgate-Kontos im nach wie vor geöffneten Browserfenster.

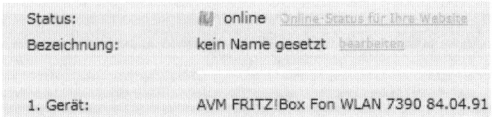

Bild 11.19: Geschafft: Ihr Anschluss ist *online* und somit auch anrufbar.

In der *SIP-Accountdaten*-Liste direkt unter *SIP-Passwort* sehen Sie den *Status*. Dieser müsste nun auf *online* gesetzt sein.

Am besten machen Sie gleich einen Praxistest. Nehmen Sie Ihr Handy zur Hand und wählen Sie Ihre neue Telefonnummer. Funktioniert alles, können Sie Ihre neue Festnetztelefonnummer gleich an alle Bekannten, Freunde und Verwandten weitergeben.

11.2 VoIP auch mit dem Smartphone

Alternativ zum kostenlosen Festnetzanschluss am Router lässt sich so ein VoIP-Anschluss ebenso an einem modernen Smartphone nutzen. Der Vorteil gegenüber der Routermethode: Sie tragen das Smartphone stets bei sich und sind immer auf Ihrer Festnetznummer erreichbar, wenn Ihr Smartphone per WLAN mit einem Netzwerk verbunden ist. Dabei spielt es überhaupt keine Rolle, ob Sie sich zu Hause im eigenen Heimnetz, bei Bekannten im Nachbarort, in einem Eiscafé in Buxtehude oder im Hotelzimmer in Kalifornien eingebucht haben.

11.2.1 Internettelefonie über die mobile Datenflat

Doch es kommt noch besser: Denn wenn Sie möchten, können Sie den VoIP-Anschluss auch dann nutzen, wenn Sie über den UMTS-Datentarif (die Datenflat) Ihres Smartphones mit dem Internet verbunden sind. Denn VoIP funktioniert über jeden Internetzugang, ganz egal ob die Verbindung über DSL, TV-Kabel oder eben UMTS-Mobilfunk realisiert wird.

Damit wären Sie also immer über Ihre Sipgate-Festnetznummer erreichbar, wenn Sie mit Ihrem Smartphone UMTS-Empfang haben. Und falls Sie bei Ihrem VoIP-Provider ein Guthaben eingerichtet haben, könnten Sie dann sogar zu sehr viel günstigeren Tarifen telefonieren als über den herkömmlichen Mobiltelefonanschluss Ihrer Smartphone-SIM-Karte.

Das wiederum ist den Mobilfunknetzbetreibern natürlich ein Dorn im Auge, denn schließlich soll der Smartphone-Nutzer seine Telefonate ja über den teureren Mobilfunksprachtarif führen und nicht über den deutlich günstigeren Umweg über VoIP. Doch niemand hindert Sie daran, es nicht doch einmal auszuprobieren – zumal Sie der Versuch ja nicht das Geringste kostet.

Machen Sie die Probe aufs Exempel und installieren Sie sich die Sipgate-App auf Ihrem Smartphone – natürlich ebenfalls kostenlos. Wer zuvor seinen VoIP-Anschluss wie im Abschnitt »Festnetztelefonie ohne Festnetz« weiter oben beschrieben auf der FRITZ!Box eingerichtet hat, sollte seinen Anschluss dort vorübergehend deaktivieren.

Gehen Sie dazu wieder in die Benutzeroberfläche Ihrer FRITZ!Box Fon und wechseln Sie erneut in die Rubrik *Telefonie/Internettelefonie*.

Entfernen Sie im Bereich *Internetrufnummern* einfach das Häkchen in der Spalte *Aktiv* vor dem Anschluss mit Ihrer Internettelefonnummer. Bestätigen Sie die Änderung mit einem Klick auf *Übernehmen*. Damit ist Ihr VoIP-Anschluss in der FRITZ!Box deaktiviert.

11.2.2 Hier gibt es die Sipgate-App zum Download

Der VoIP-Provider Sipgate bietet einen eigenen App-Bereich mit allen wichtigen und nützlichen Informationen zum Thema an. In diese Rubrik gelangen Sie zwar auch über den öffentlichen Homepage-Bereich, wir wählen jedoch den Weg über Ihr persönliches Sipgate-Konto.

1. **App-Übersicht im Kundenbereich**
   Loggen Sie sich also mit Ihren Zugangsdaten in den Kundenbereich von Sipgate ein und wählen Sie oben rechts in der Kopfleiste das Register *Apps*.

Bild 11.20: Sipgate bietet in seinem Kundenbereich Applikationen für iPhone, iPad und Android-Smartphones an.

Im Folgenden beschreibe ich die Installation der *Android App* auf einem Android-Smartphone. Allerdings dürfte die Einrichtung des VoIP-Clients auf den Geräten von Apple ebenso schnell und leicht nach dem gewohnten App-Installationsschema verlaufen.

Nach einem Klick auf den Link *Android App* erfährt man im folgenden Fenster, dass Sipgates VoIP-App erst ab der Android-Version 2.1 funktioniert. Ist auf Ihrem Smartphone diese oder eine aktuellere Version installiert, klicken Sie auf die Schaltfläche *Im Market herunterladen.*

2. **App herunterladen und installieren**
   Im folgenden Fenster erscheint bereits der Download-Link im *Android Market*. Eventuell müssen Sie sich vorher noch mit Ihren Google-Zugangsdaten im Market einloggen.

Bild 11.21: Der Download der Sipgate-App auf das Smartphone lässt sich praktischerweise direkt aus dem Browser Ihres Rechners heraus starten.

Nach einem Klick auf *Installieren* weist Sipgate in einer recht langen Liste auf alle notwendigen Zugriffsberechtigungen der App hin. Klicken Sie im Anschluss erneut auf *Installieren*.

Nun wird der Download-Vorgang auf Ihr Smartphone in Gang gesetzt. Eventuell müssen Sie sich nun noch einige Minuten gedulden, bis Ihr Smartphone schließlich mit dem Herunterladen beginnt.

3. **Anmeldung des Sipgate-Kontos im Smartphone**
Download und Installation der Sipgate-App auf Ihr Smartphone laufen vollautomatisch ab. Sind diese beiden Vorgänge erfolgreich abgeschlossen, öffnen Sie die App namens *sipgate* auf Ihrem Smartphone das erste Mal.

Und hier kommt gleich die erste Überraschung: Die App verlangt nur nach Ihrem Webbenutzernamen (*Username*) samt Passwort, also nach den Zugangsdaten zu Ihrem Sipgate-Log-in-Bereich. Nach einer SIP-ID und einem SIP-Passwort wird also gar nicht erst verlangt.

Tippen Sie Ihre Zugangsdaten für das Sipgate-Log-in in Ihr Smartphone ein und bestätigen Sie mit *OK*.

4. **Empfangsbereit**
Kurz darauf erscheint die Abfrage *Wählen Sie ein Telefon*, und eine Nummer (Ihre SIP-ID übrigens) wird angezeigt. Das ergibt Sinn, wenn Sie als zahlender Kunde mehrere VoIP-Anschlüsse bei Sipgate angemeldet haben.

In Ihrem Fall fällt die Wahl jedoch nicht sonderlich schwer, da Sie sowieso nur diesen einen Anschluss zur Verfügung haben.

Nach einer Bestätigung mit *OK* erscheint bereits die Wähloberfläche Ihrer VoIP-Telefon-App samt Ziffernblock, und Sie können über Ihr Smartphone Gespräche über Ihre Sipgate-Telefonnummer empfangen.

Anrufe tätigen können Sie nur, wenn Sie Ihr Prepaid-Konto im persönlichen Log-in-Bereich entsprechend aufgefüllt haben.

Bild 11.22: So präsentiert sich Ihr VoIP-Telefon von Sipgate in einem Android-Smartphone. (Quelle: *www.sipgate.de*)

11.3   Auf Festnetz über UMTS umschalten

Momentan sind Sie mit Ihrer Sipgate-Festnetztelefonnummer immer dann erreichbar, wenn Sie mit Ihrem Smartphone über WLAN mit dem Internet verbunden sind. Diese Einstellung erweitern Sie jetzt noch um den mobilen Internetzugang UMTS. Alles, was Sie hierzu erledigen müssen, ist eine kleine Änderung in den Einstellungen Ihrer Sipgate-App im Smartphone.

1. **Einstellungen-Menü**
   Dazu betätigen Sie bei geöffneter Sipgate-App die Einstellungen-Taste auf Ihrem Smartphone. Diese befindet sich am unteren Handyrand und ist durch ein Listen-symbol gekennzeichnet. Im Smartphone im Bild oben wäre es das zweite Symbol von links, die Position dieser Taste kann jedoch von Modell zu Modell variieren.

   Im Anschluss erscheint ein kleines Menü, in dem Sie die Rubrik *Einstellungen* wählen. Nun erscheint das Menü, das in der folgenden Abbildung dargestellt wird.

Bild 11.23: Hier ist die VoIP-Telefonie über UMTS bereits aktiviert. (Quelle: *www.sipgate.de*)

2. **VoIP über UMTS (3G) aktivieren**

   Aktivieren Sie in diesem Menü die Einstellung *VoIP via 3G*, sodass hinter dieser Einstellung ebenso wie in der Abbildung ein grünes Häkchen zu sehen ist. Zuvor erscheint die Meldung, dass *Datentransfer über das 3G-Netz mit Kosten verbunden sein kann*, die Sie mit *OK* bestätigen.

   Die App möchte Sie darauf aufmerksam machen, dass VoIP-Telefonate über die UMTS-Datenleitung Ihres Handytarifs immer Traffic erzeugen und Sie mit jedem Telefonat von Ihrem monatlich zur Verfügung stehenden Volumentarif Ihres UMTS-Providers zehren. Diesen Traffic verbrauchen Sie übrigens auch dann, wenn Sie selbst nicht anrufen, sondern angerufen werden.

   Behalten Sie deshalb immer den Verbrauch Ihres monatlichen Übertragungsvolumens im Auge. Verwenden Sie hierzu eine andere App wie zum Beispiel den »3G Watchdog«, den Sie sich ebenfalls kostenlos im Android Market herunterladen können.

11.3.1 Nicht jede App ist auf Stein gebaut

Bei der Nutzung der Sipgate-App, und vermutlich auch bei den Apps der meisten alternativen VoIP-Anbieter (Skype etc.), lässt es sich aktuell nicht vermeiden, dass Sie hin und wieder mit kleineren Verbindungsproblemen rechnen müssen oder dass Sie kurzfristig nicht erreichbar sind.

Gerade auch bei der Vielfalt der (Android-)Smartphones wird es immer wieder Modelle geben, die mit bestimmten Apps schlecht oder überhaupt nicht klarkommen. Hier sollten Sie Nachsicht walten lassen. Vor allem die hier vorgestellte Funktion der VoIP-Telefonie über eine Mobilfunkdatenverbindung ist eine verbindungstechnische Glanzleistung, deren Gelingen von sehr vielen Faktoren abhängt.

Sehen Sie sich einfach als einen Anwender, der durch das Ausprobieren dieser Funktionen mit ein kleines Stück Pionierarbeit leistet und zur weiteren Verbesserung der Funktionalität beiträgt.

Und bedenken Sie auch, dass Sie die meisten dieser Funktionen kostenlos nutzen können. Wenn Ihnen eine nicht zusagt, deinstallieren Sie sie einfach wieder – und probieren eine andere App aus. Es gibt jede Menge zu entdecken, und ich wünsche Ihnen viel Spaß dabei.

12 Machen Sie Ihr Heimnetz sicher

Egal ob Modem, ISDN, LAN oder WLAN & Co. – sobald Sie mit Ihrem Computer online sind, sind Ihr PC und die Daten auf der Festplatte gefährdet. Aktuell liegt die durchschnittliche Zeitspanne, bis ein frisch installierter PC ohne Schutz infiziert ist, bei ca. 20 Minuten. Viren, Angriffe aus dem Internet via Hackertools oder eingeschleust per E-Mail sorgen nicht nur für Ärger, sondern auch für Gefahr. Das ist aber nur die eine Seite der Medaille.

Eine Vielzahl von Programmen, die beispielsweise zum Datenaustausch (Filesharing) eingesetzt werden, bringen Spionageprogramme mit. Die Themen Browsersicherheit und aktuelles Windows Update oder Service Pack sind daher besonders wichtig. Gerade mit älteren Internet Explorer-Versionen handeln Sie sich jede Menge unschöner Begleiterscheinungen ein: Pop-up-Fenster sind trotz Browsern mit aktivierter Pop-up-Blockierfunktion ein typisches Beispiel.

12.1 Maßnahmen für mehr Sicherheit

Wie schützen Sie sich vor Phishing, Datenklau, Viren, Trojanern und Würmern? Möchten Sie im Internet surfen, ohne Spuren zu hinterlassen, dann finden Sie in diesem Kapitel etliche Tipps und Tricks für die Konfiguration, die zeigen, wie Sie sich mit Hausmittelchen relativ unerkannt und gut geschützt im Internet bewegen können. Lesen Sie, worauf es im Internet ankommt, wo Sie beim Surfen auf einer Webseite welche Informationen hinterlassen und wann es sich lohnt, dieses Übel abzuschalten.

Damit der Rechner dauerhaft und sicher im Internet betrieben werden kann, sind folgende Voraussetzungen zu erfüllen:

- Aktuelle Virensignaturen und Virenscanner installieren.
- Antispy-Programm installieren und aktivieren.
- Personal Firewall aktivieren und konfigurieren.
- Windows-Administratorprivilegien deaktivieren (Windows 2000/XP).
- Windows-UAC-Mechanismen (User Access Control) einschalten (Windows Vista).
- Windows-Netzwerkeinstellungen konfigurieren.
- Keine Attachments (Anhänge) von unbekannten Absendern öffnen.
- Webbrowser (Internet Explorer, Firefox Mozilla etc.) sicher konfigurieren.
- ActiveX- und JavaScript-Lücken in Webbrowser schließen.

- Leistungsfähigen Pop-up-Blocker installieren, falls nicht vom Browser unterstützt.

- DSL-WLAN-Router sicher konfigurieren (Datei-/Druckerfreigabe, Ports nach innen/außen).

- Anti-Phising-Maßnahmen einstellen.

Werden sämtliche genannten Punkte beachtet, sind Sie auf der relativ sicheren Seite. Trotzdem verhindern Tools und Programme nicht allen Ärger – in der Regel hilft ein wenig Misstrauen, um auch die letzten Komplikationen zu minimieren.

So schauen Sie beispielsweise bei verdächtigen und unbekannten E-Mails nicht den Absendernamen, sondern die Absender-E-Mail-Adresse an. Passt diese überhaupt nicht zum Absender, handelt es sich mindestens um Spam und im gefährlichsten Fall um einen Virus oder Trojaner.

Wie finden Sie die gefährlichen Dateianhänge und Programme? Wie entfernen Sie diese Schädlinge?

Bevor Sie mit Ihrem PC online ins Internet gehen, sollten Sie sich die in der Tabelle genannten Programme von den angegebenen Adressen besorgen und installieren. Sämtliche ausgewählten Programme sind für den Privatanwender kostenlos und unbeschränkt einsetzbar und kommen ohne Spyware und dergleichen aus.

Programm/ Gefahren	Viren-, Trojaner-, E-Mail-Schutz	Schutz vor Werbung auf dem PC und in Programmen	Windows-System-schnüffe-leien	Phishing	Firewall-Funktiona-lität
AntiVir Personal Edition (www.free-av.de)	Ja	Nein	Nein	Teilweise	Nein
Ad-Aware (www.lavasoft.de/)	Nein	Ja	Teilweise	Teilweise	Nein
xp-AntiSpy (www.xp-antispy.de)	Nein	Teilweise	Ja	Nein	Nein
Windows -Firewall	Nein	Teilweise	Nein	Teilweise	Ja
Windows UAC (Windows Vista)	Teilweise	Nein	Ja	Nein	Nein

In jedem Fall sollten Sie die im Folgenden geschilderte Download- und Installations-/Konfigurationsreihenfolge einhalten, um das Risiko etwaiger Angriffe und Gefahren zu minimieren.

12.1.1 Windows-eigene Firewall aktivieren

Die in Windows integrierte Firewall bietet im Vergleich zu einem System mit separater, vollwertiger Firewall nur Basisschutz. Die Windows-Firewall ist eine sogenannte Stateful Inspection Firewall, die auch die Applikationsebene abdeckt und damit deutlich besser als gar kein Schutz ist. Deshalb sollten Nutzer, die nicht Windows XP ab Service Pack 2, Vista oder Windows 7 verwenden, diesen Schalter aktivieren, bevor sie sich erstmals in das Internet einloggen.

Die eingebaute Firewall können Sie mit der Eingangstür eines Hauses vergleichen. Ist sie abgeschlossen, können Einbrecher noch über Fenster, Balkontüren oder Kellerfenster in das Haus gelangen – der Zugang ist aber zumindest erschwert. Erst eine richtige Firewall macht auch den Zugang ins Haus über andere einfache Zugänge wie Fenster etc. dicht. Bei Windows Vista ist die Firewall standardmäßig nach der Installation des Betriebssystems aktiv. Beim Vorgänger Windows XP muss das empfohlene SP2 installiert sein – erst dann ist auch hier die Firewall vom Start weg eingeschaltet.

Die Internetverbindungsfirewall wird in Microsoft-Deutsch auch ICF (Internet Connection Firewall) genannt. Die Technik, die hier verwendet wird, ist prinzipiell recht simpel: Die Firewall verwaltet eine Tabelle, in der die gesamte Kommunikation des PCs aufgezeichnet wird, darunter auch ausgehende Anfragen. Der eingehende Datenverkehr aus dem Internet wird mit den Einträgen in der Tabelle abgeglichen und darf nur dann den Computer erreichen, wenn ein entsprechender Anforderungseintrag in der Tabelle vorhanden ist.

Dies ist der Fall, wenn der Kommunikationsaustausch von Ihrem Computer ausgegangen ist. Datenverkehr, der von Quellen außerhalb des Firewall-Computers kommt, wie z. B. aus dem Internet, wird ignoriert. Stellen Sie sich einfach vor, Sie möchten eine Datei herunterladen: Wenn Sie den Download-Link anklicken, bekommt die Firewall die Anfrage mit und lässt die Daten, die Sie angefordert haben, passieren. Versucht dagegen jemand von außen, Ihren Rechner anzusprechen, macht die Firewall dicht, da Sie ja vorher nichts angefordert haben. Im Register *Allgemein* in den *Windows-Firewalleinstellungen* aktivieren Sie den Basisschutz von Windows.

Bei Programmen, die nicht aus dem Hause Microsoft stammen, ist die Firewall durchaus restriktiv, sie verweigert gern die Kontaktaufnahme ins Internet, die sie bei MS-Produkten grundsätzlich zulässt. Hier sind auch Programme betroffen, die regelmäßig nach Aktualisierungen suchen. Da hilft nur eins: Geben Sie das Programm explizit frei.

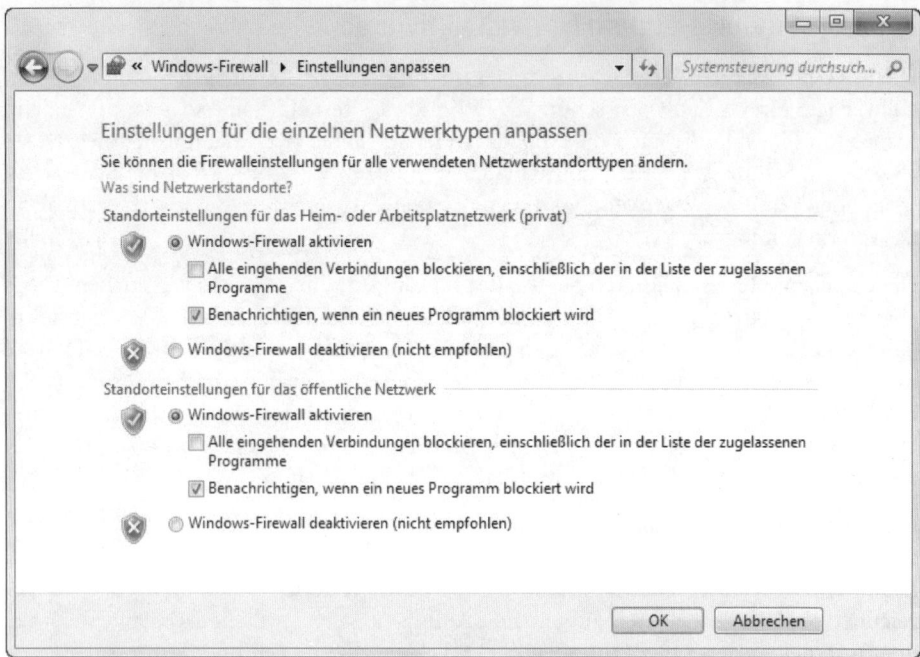

Bild 12.1: Mit der Einstellung *Windows-Firewall aktivieren* will Windows vor unbefugten Zugriffen aus dem Internet schützen.

Bemerkt die Windows 7-Firewall, dass ein neues Programm Daten aus dem Internet empfängt, wird dieser Datenverkehr automatisch blockiert und eine Meldung angezeigt. Microsoft-Programme und alle gängigen Webbrowser (Firefox, Mozilla oder Opera) sind automatisch für Internetzugriffe freigegeben. Alle anderen Programme bleiben standardmäßig so lange gesperrt, bis man sie manuell für die Internetnutzung freigibt.

Wenn ein Programm versucht, Daten aus dem Internet zu holen, erscheint eine Sicherheitswarnung. In diesem Dialog können Sie das angezeigte Programm für private Netzwerke oder auch öffentliche Netzwerke zulassen, ohne dass bei jedem neuen Kommunikationsversuch wieder diese Meldung eingeblendet wird.

Auch wenn Windows seit Windows XP SP2 und jetzt mit Windows 7 deutlich sicherer geworden ist, sollten Sie über eine echte Firewall nachdenken, denn die geht mit dem Thema Verbindungen nach außen rigoroser um. Das macht zwar etwas mehr Mühe, kostet vielleicht auch ein wenig Komfort, lässt aber auch ruhiger surfen.

Zusätzlich passieren noch andere Dinge bei einer Internetverbindung – welche, das weiß nur Microsoft. Dieser Mechanismus ist leider nicht vollständig dokumentiert, und es gibt keine Garantie dafür, dass keine Schnüffelprogramme mit installiert sind.

12.1.2 Systemschnüffeleien mit xp-AntiSpy ausschalten

Eine echte Firewall sorgt nicht nur für Schutz bei Angriffen aus dem Internet, sondern überprüft auch den Zugang nach außen. Leider sind auf einem neuen, frisch installierten Windows-PC Programme installiert, die eigenmächtig mit externen Servern Kontakt aufnehmen. So werden beispielsweise automatisierte Updates für den Windows Media Player, den Internet Explorer und vieles mehr ausgeführt, wenn der PC online ist.

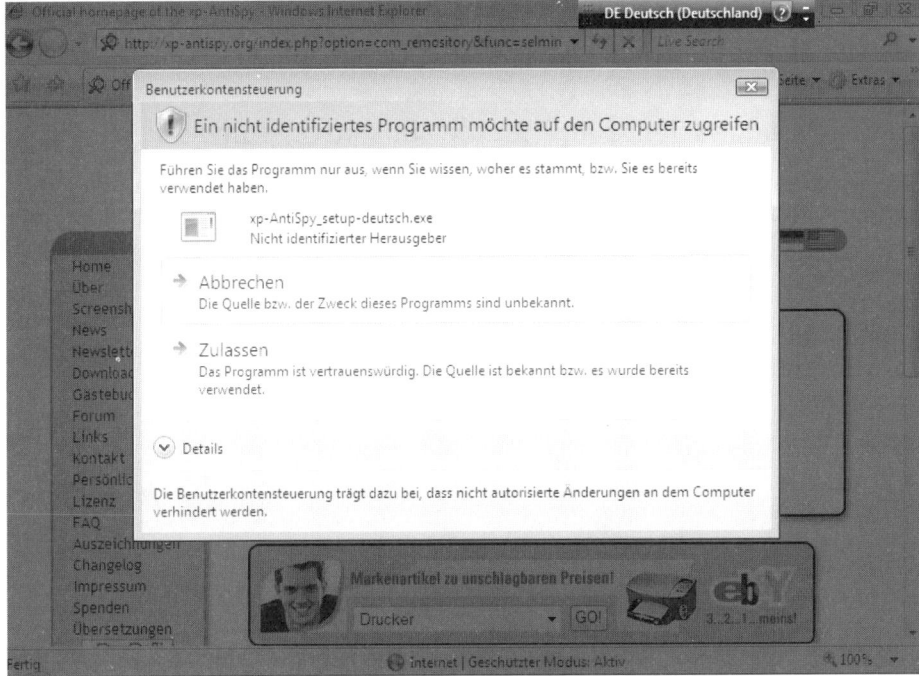

Bild 12.2: Alarm: Die Windows Benutzerkontensteuerung schlägt Alarm. Nach dem Klick auf *Zulassen* lässt sich die XP-Version von xp-AntiSpy installieren.

12.1.3 Antivirenprogramm – Basisschutz selbst gemacht

Neben Hackerangriffen auf den heimischen PC sind Viren, Trojaner & Co. weitere Ärgernisse, vor denen Schutz unbedingt notwendig ist. Dies ist gerade dann der Fall, wenn Sie Dateien und Musik aus dem Internet herunterladen möchten. Für Abhilfe sorgt ein Virenscanner. Kommerzielle Produkte wie Sophos Antivirus, Symantec Norton AntiVirus und andere schlagen mit einigen Euro zu Buche.

Kostenlos für den Privatanwender ist AntiVir Personal Edition (*www.free-av.de*) oder auch die Free-Edition der BitDefender-Tools (*www.bitdefender.de*). Gleich nach der Installation prüft AntiVir den kompletten Rechner auf Gefahren und hält sich anschließend im Hintergrund bereit. So werden Dateianhänge bei E-Mails vollautomatisch auf Viren geprüft, ebenso Dateien, die aus dem Internet heruntergeladen werden.

Wird die Option *Start Internet Update* angewählt, holt sich das Programm vollautomatisch die neuesten Virenbeschreibungsdateien, um auf dem aktuellsten Stand zu bleiben. Abhängig vom eingesetzten Betriebssystem und den Benutzerrechten, mit denen Sie im Internet unterwegs sind, ist das Installieren der neuen Virenscannerversion durchführbar oder auch nicht.

Da es sich bei Windows XP empfiehlt, nicht mit Administratorrechten zu surfen, laden Sie im Zweifelsfall die Update-Dateien herunter, wechseln anschließend in das Administratorkonto und installieren dann das Virenscanner-Update. Bei Windows Vista und Windows 7 sind Sie deutlich besser geschützt, da der UAC-Mechanismus bei Installationen explizit eine Erlaubnis von Ihnen einfordert.

12.1.4 Windows-Tool zum Entfernen bösartiger Software

Microsoft machte bereits mehrfach Ankündigungen, einen eigenen Virenscanner für Windows zu liefern. Der erste Schritt dazu ist bereits getan: Einmal im Monat, immer am zweiten Dienstag, wird über das Windows Update ein sogenanntes Windows-Tool zum Entfernen bösartiger Software heruntergeladen und automatisch ausgeführt.

Bild 12.3: Das Windows-Tool zum Entfernen bösartiger Software von der Microsoft-Webseite herunterladen.

Download des Windows-Tools zum Entfernen bösartiger Software
Auch ohne automatisches Windows Update können Sie das Windows-Tool zum Entfernen bösartiger Software nutzen. Sie finden die aktuelle Version jederzeit unter *www.microsoft.com/germany/sicherheit/tools/malwareremove.mspx*. Das Tool steht zurzeit nur für 32-Bit Windows-Versionen zur Verfügung.

Das Programm findet aktuelle Viren und Würmer und beseitigt sie, ersetzt aber keinen vollwertigen Virenscanner. Trotzdem kann es nicht schaden, es regelmäßig laufen zu lassen.

12.2 Verbindungen nach außen kontrollieren

Ins Internet zu kommen, ist heutzutage dank diverser Netzwerkassistenten und Konfigurationshilfen kein Problem mehr. Doch der Internetzugriff beschränkt sich nicht auf Webbrowser wie Internet Explorer oder Firefox, denn viele Anwender haben noch weitere Programme wie P2P-Programme, z. B. Bittorrent und Emule, Messenger- sowie Telefonieprogramme und vieles mehr im Einsatz.

Je nachdem, ob und inwieweit der Rechner von Schädlingen befallen ist oder nicht, kommen hier zusätzlich noch unerwünschte Programme hinzu, die im Fall einer aktiven Internetverbindung Kontakt zu anderen Computern herstellen. Doch welches Programm welchen Port verwendet, lässt sich relativ schnell und einfach herausfinden, ebenso die Zieladresse des Programms im Internet.

Anhand dieser IP-Adresse können Sie sogar oft den aktuellen Eigentümer der Adresse samt postalischer Adresse und Telefonnummer ermitteln. Wie das funktioniert und welche Hilfsmittel dazu notwendig sind, lesen Sie auf den folgenden Seiten.

Grundvoraussetzung für viele Kniffe ist die DOS-Eingabeaufforderung. Diese ist unter Windows XP über *Start/Ausführen* durch die Eingabe von *cmd* und einen anschließenden Klick auf *OK* zu öffnen.

Bei Windows 7 ist die *Ausführen*-Option im Startmenü verschwunden. Hier müssen Sie diese über *Eigenschaften von Taskleiste und Startmenü* nachrüsten. Im Register *Startmenü* klicken Sie auf die Schaltfläche *Anpassen* und setzen im folgenden Dialogfeld ein Häkchen in das Kontrollkästchen *Befehl "Ausführen"*. Per Klick auf *OK* steht nun die Option *Ausführen* im Startmenü zur Verfügung.

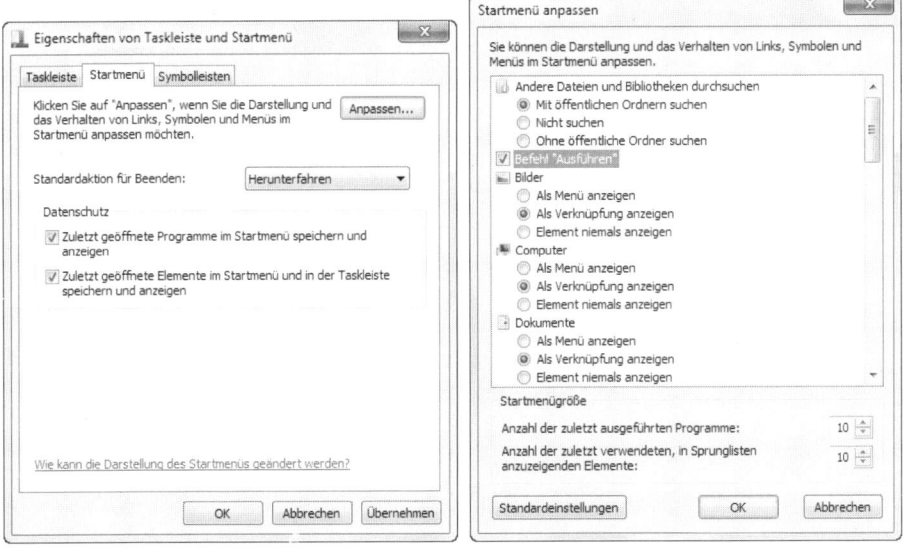

Bild 12.4: Erst wenn der *Ausführen*-Befehl über das Startmenü erreichbar ist, lässt sich problemlos das DOS-Fenster öffnen.

12.2.1 Bestehende TCP/IP-Verbindungen auflisten

Der Befehl netstat –n listet die zum Zeitpunkt der Ausführung bestehenden TCP/IP-Verbindungen auf. Damit das Internet Protocol weiß, welche Netzwerkschnittstelle (Netzwerkkarte, Modem, Loopback [Localhost mit der IP-Adresse 127.0.0.1] etc.) es zu verwenden hat, benötigt es eine Routing-Tabelle. Der Schlüssel, mit dem in dieser Tabelle gesucht wird, wird aus der IP-Adresse des Zielcomputers gewonnen, in deren ersten 3 Bytes die Adresse des Netzwerks steckt.

```
C:\>netstat -n

Aktive Verbindungen

  Proto  Lokale Adresse           Remoteadresse           Status
  TCP    127.0.0.1:2350           127.0.0.1:2351          HERGESTELLT
  TCP    127.0.0.1:2351           127.0.0.1:2350          HERGESTELLT
  TCP    127.0.0.1:2362           127.0.0.1:2363          HERGESTELLT
  TCP    127.0.0.1:2363           127.0.0.1:2362          HERGESTELLT
  TCP    192.168.123.174:2233     207.46.108.64:1863      HERGESTELLT
  TCP    192.168.123.174:2289     72.14.217.91:80         HERGESTELLT
  TCP    192.168.123.174:2370     212.34.172.55:80        HERGESTELLT
  TCP    192.168.123.174:3034     192.168.123.23:139      HERGESTELLT

C:\>
```

Bild 12.5: Geschwätzig: Mit dem Befehl *netstat –n* verschaffen Sie sich erst mal richtig Überblick im Netzwerk.

Die Routing-Tabelle (siehe folgende Abbildung) enthält für jede Verbindung eine Zeile. In den einzelnen Spalten sind die IP-Netzwerknummern, die IP-Adresse des Routers sowie die Nummer der zu verwendenden Schnittstelle aufgelistet. Bevor ein IP-Paket weggeschickt wird, wird diese Tabelle abgefragt. Sie können die Tabelle mit dem Befehl route add [ADRESSE] verändern. So kann der Administrator per Hand eine zu vergebende IP-Adresse eintragen.

```
C:\>route print 192.168*
===========================================================================
Schnittstellenliste
0x1 ........................... MS TCP Loopback interface
0x2 ...00 50 56 c0 00 08 ...... VMware Virtual Ethernet Adapter for VMnet8
0x3 ...00 50 56 c0 00 01 ...... VMware Virtual Ethernet Adapter for VMnet1
0x4 ...00 01 02 da ba 9a ...... 3Com EtherLink XL 10/100 PCI fÂr vollständige PC-Verwaltung-NIC (3C905C-TX) - Paketplane
r-Miniport
===========================================================================
===========================================================================
Aktive Routen:
   Netzwerkziel      Netzwerkmaske          Gateway   Schnittstelle  Anzahl
   192.168.123.0     255.255.255.0    192.168.123.174  192.168.123.174    20
 192.168.123.174   255.255.255.255        127.0.0.1        127.0.0.1       20
 192.168.123.255   255.255.255.255  192.168.123.174  192.168.123.174      20
   192.168.172.0     255.255.255.0    192.168.172.1    192.168.172.1      20
   192.168.172.1   255.255.255.255        127.0.0.1        127.0.0.1       20
 192.168.172.255   255.255.255.255    192.168.172.1    192.168.172.1      20
   192.168.233.0     255.255.255.0    192.168.233.1    192.168.233.1      20
   192.168.233.1   255.255.255.255        127.0.0.1        127.0.0.1       20
 192.168.233.255   255.255.255.255    192.168.233.1    192.168.233.1      20
Standardgateway:      192.168.123.199
===========================================================================
Ständige Routen:
  Keine

C:\>
```

Bild 12.6: Mit route print [ADRESSE] können Sie bereits vergebene Adressen in der Routing-Tabelle ausgeben.

12.2.2 Welches Programm nutzt welche Ports?

Spion oder nicht? Möchten Sie mit einfachen Bordmitteln herausfinden, welches Programm über welche Ports in das Internet geht, nutzen Sie erneut den Befehl *netstat* mit verschiedenen Parametern. Damit können Sie sich eine übersichtliche Liste ausgeben lassen, in der alle verwendeten Ports sowie die dazugehörigen Protokolle und eine sogenannte PID-Nummer gezeigt werden. Öffnen Sie über *Start/Ausführen/cmd* die MS-DOS-Eingabeaufforderung. Mit

```
netstat -ano -p TCP -r 10
```

lassen Sie sämtliche Verbindungen, die über das TCP-Protokoll zustande gekommen sind, auflisten. Der Parameter -r 10 aktualisiert alle 10 Sekunden die Ansicht.

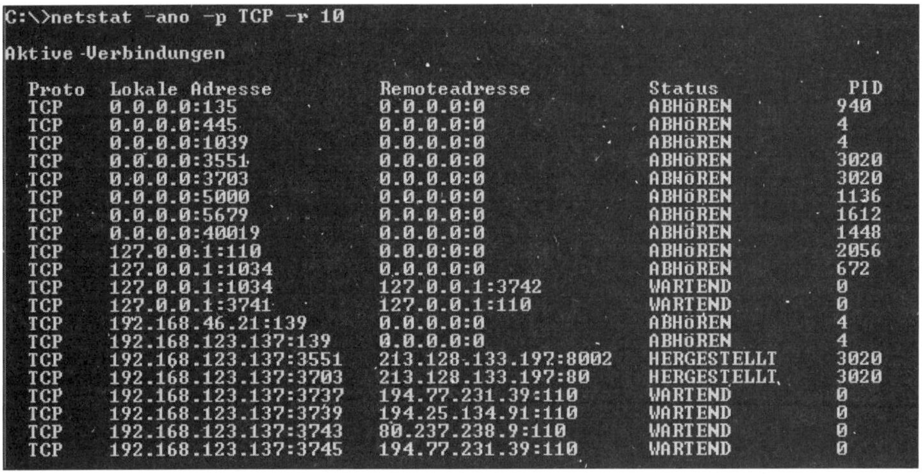

```
C:\>netstat -ano -p TCP -r 10

Aktive Verbindungen

  Proto  Lokale Adresse          Remoteadresse           Status          PID
  TCP    0.0.0.0:135             0.0.0.0:0               ABHöREN         940
  TCP    0.0.0.0:445             0.0.0.0:0               ABHöREN         4
  TCP    0.0.0.0:1039            0.0.0.0:0               ABHöREN         4
  TCP    0.0.0.0:3551            0.0.0.0:0               ABHöREN         3020
  TCP    0.0.0.0:3703            0.0.0.0:0               ABHöREN         3020
  TCP    0.0.0.0:5000            0.0.0.0:0               ABHöREN         1136
  TCP    0.0.0.0:5679            0.0.0.0:0               ABHöREN         1612
  TCP    0.0.0.0:40019           0.0.0.0:0               ABHöREN         1448
  TCP    127.0.0.1:110           0.0.0.0:0               ABHöREN         2056
  TCP    127.0.0.1:1034          0.0.0.0:0               ABHöREN         672
  TCP    127.0.0.1:1034          127.0.0.1:3742          WARTEND         0
  TCP    127.0.0.1:3741          127.0.0.1:110           WARTEND         0
  TCP    192.168.46.21:139       0.0.0.0:0               ABHöREN         4
  TCP    192.168.123.137:139     0.0.0.0:0               ABHöREN         4
  TCP    192.168.123.137:3551    213.128.133.197:8002    HERGESTELLT     3020
  TCP    192.168.123.137:3703    213.128.133.197:80      HERGESTELLT     3020
  TCP    192.168.123.137:3737    194.77.231.39:110       WARTEND         0
  TCP    192.168.123.137:3739    194.25.134.91:110       WARTEND         0
  TCP    192.168.123.137:3743    80.237.238.9:110        WARTEND         0
  TCP    192.168.123.137:3745    194.77.231.39:110       WARTEND         0
```

Bild 12.7: netstat listet sämtliche Verbindungen über das TCP-Protokoll auf.

Besonders interessant ist die PID (Prozess-ID), mit deren Hilfe Rückschlüsse auf das initiierende Programm gezogen werden können. Bei einer zweifelhaften Verbindung, die Sie anhand der Nutzung eines ungewöhnlichen Ports erkennen können, merken Sie sich die PID-Nummer, bei der die Verbindung den Status *HERGESTELLT* anzeigt. Unter Windows 7 öffnen Sie den Task-Manager, am schnellsten über Strg + Alt + Entf die Funktion *Task-Manager starten*.

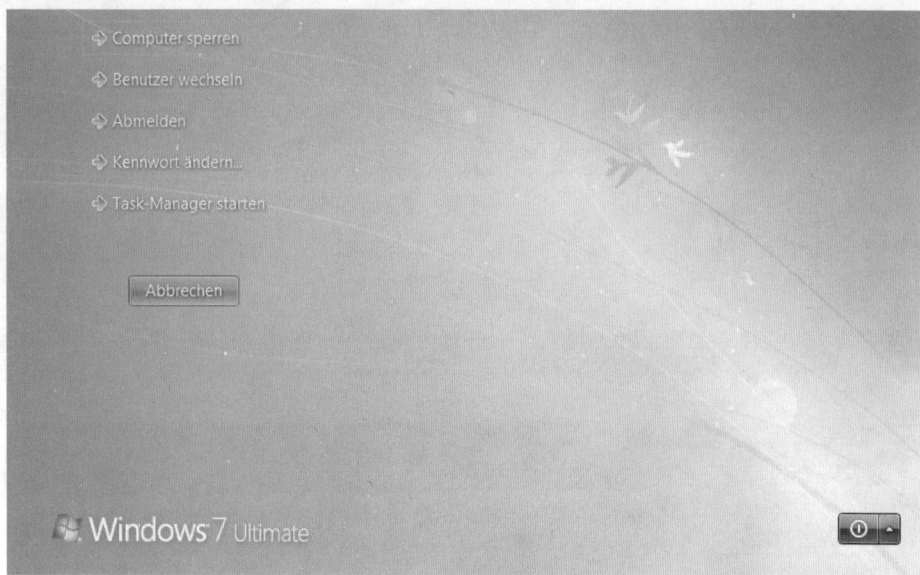

Bild 12.8: Drücken Sie in Windows 7 die Tastenkombination [Strg]+[Alt]+[Entf], dann gelangen Sie per Mausklick zum Task-Manager.

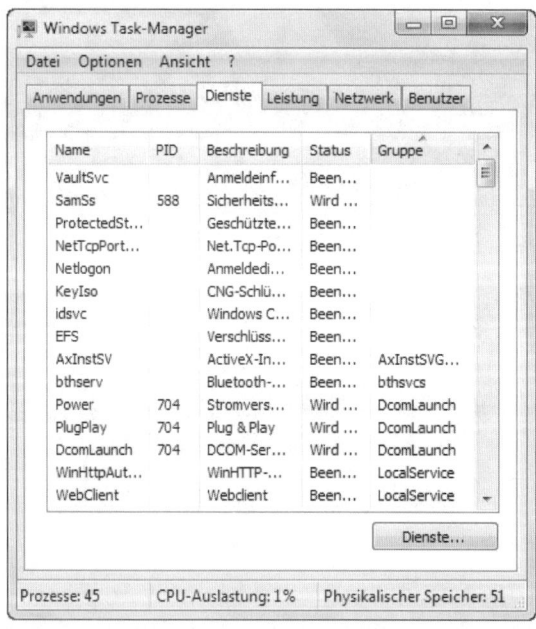

Bild 12.9: Praktisch und übersichtlich: Anders als in Windows XP ist in Windows 7 ein weiteres Register *Dienste* im Windows Task-Manager integriert, in dem Sie unter anderem die PID der aktiven Netzwerkprogramme ablesen können.

Im Register Prozesse ist eine Liste aller aktiven Prozesse zu sehen. Normalerweise wird bei Windows 7 und XP im Gegensatz zu den Vorgängern die PID-Nummer nicht angezeigt. Über die Option Ansichten/Spalten hinzufügen (bei XP) bzw. Ansicht/Spalten auswählen (bei Windows 7) lässt sich diese mit einem Häkchen auf *PID (Prozess-ID)* hinzufügen. Anschließend wird die entsprechende PID-Nummer gesucht und über die

Spalte Anwendungen der entsprechenden Applikation zugeordnet. Der Task-Manager zeigt die ausführbare Programmdatei an.

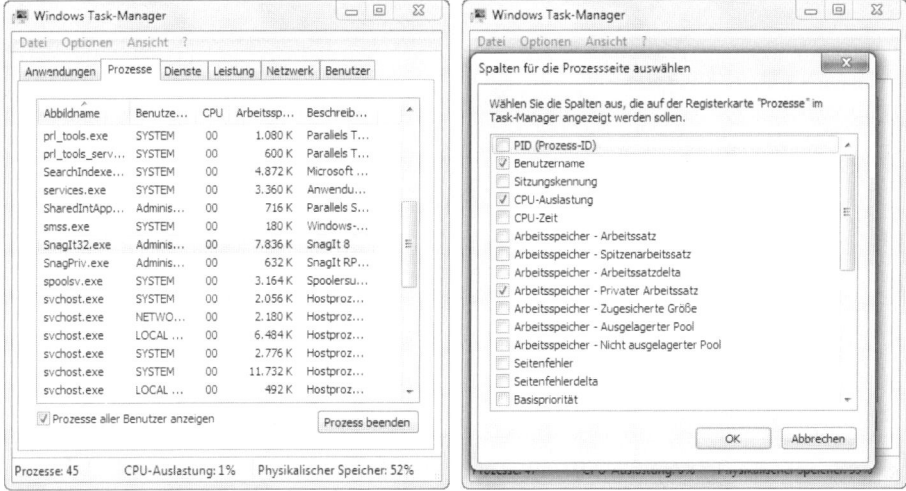

Bild 12.10: Einfach per Klick lassen Sie sich die PIDs für die aktiven Programme ausgeben.

Wie in der obigen *netstat*-Abbildung zu sehen, ist die PID 3020 für zwei TCP-Verbindungen über Port 3551 bzw. 3703 verantwortlich. Über den Task-Manager finden Sie nun heraus, dass dafür der Internet Explorer zuständig ist.

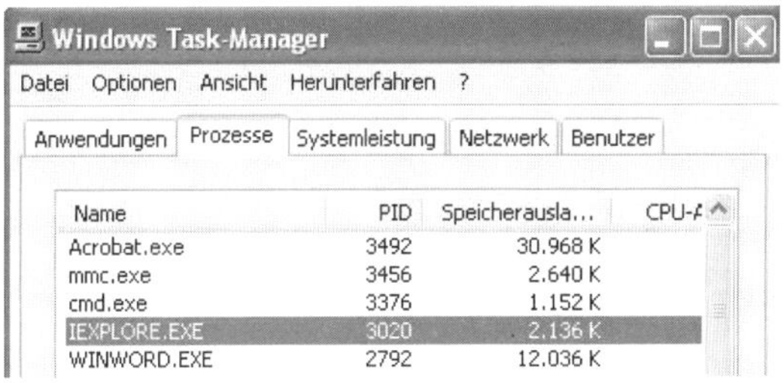

Bild 12.11: Entlarvt: Hinter der PID 3020 verbirgt sich das Programm IEXPLORE.EXE – also der Microsoft Internet Explorer.

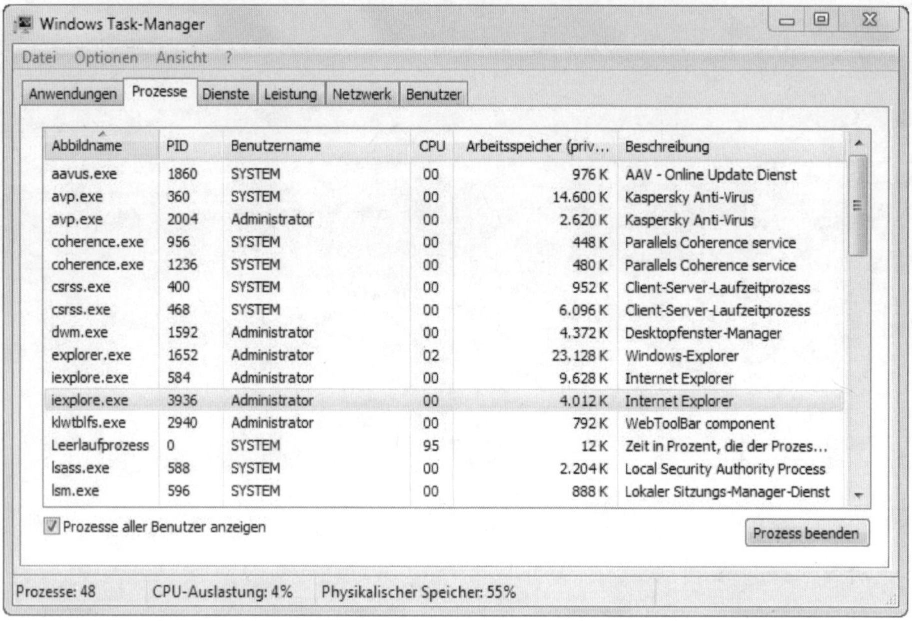

Bild 12.12: Erweiterte Ansicht: Auch unter Windows 7 lässt sich die PID prozessbezogen über den Task-Manager anzeigen.

Einfacher geht das Herausfinden der Zuordnung PID – Programm mit der Freeware Inzider, die jedoch noch mit Windows 7-Unterstützung auf sich warten lässt. Für Windows XP erfüllt sie tadellos ihren Zweck.

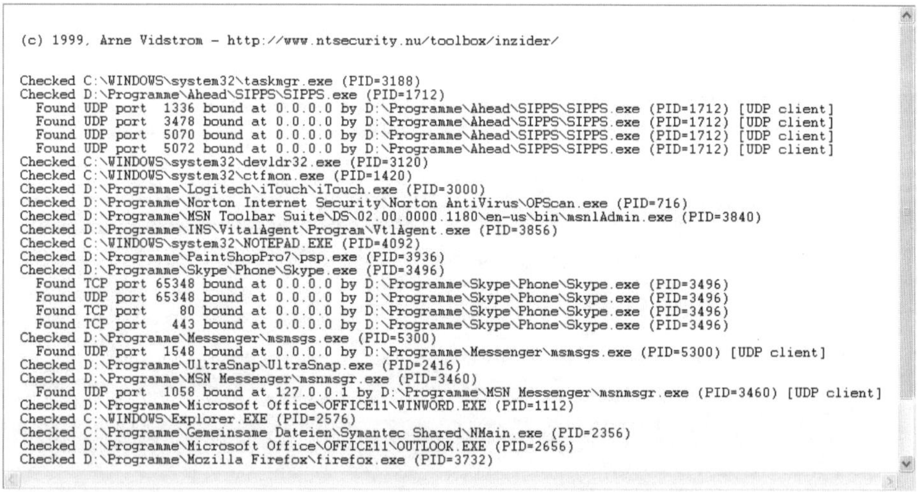

Bild 12.13: Wer ein einfaches Programm zum Prüfen der Ports einsetzen möchte, holt sich von *http://www.ntsecurity.nu/toolbox/inzider/* die Freeware Inzider.

Um herauszufinden, welche Programminstallation es ist bzw. in welchem Verzeichnis sich diese ausführbare Programmdatei befindet, ist über den Windows Explorer die

Dateisuche zu nutzen. Ist das Programm auf Ihrer Festplatte unerwünscht, kann es entweder deinstalliert oder gelöscht werden.

Sehr übersichtlich stellt auch die Freeware TCPView von Sysinternals die offenen Ports und die dazugehörigen Programme bzw. Prozesse dar. Die Firma Sysinternals wurde im Jahr 2006 von Microsoft gekauft. Die *Utilities finden Sie auf den Microsoft-Technet-Seiten* (*www.microsoft.com/technet/sysinternals/utilities/TcpView.mspx*).

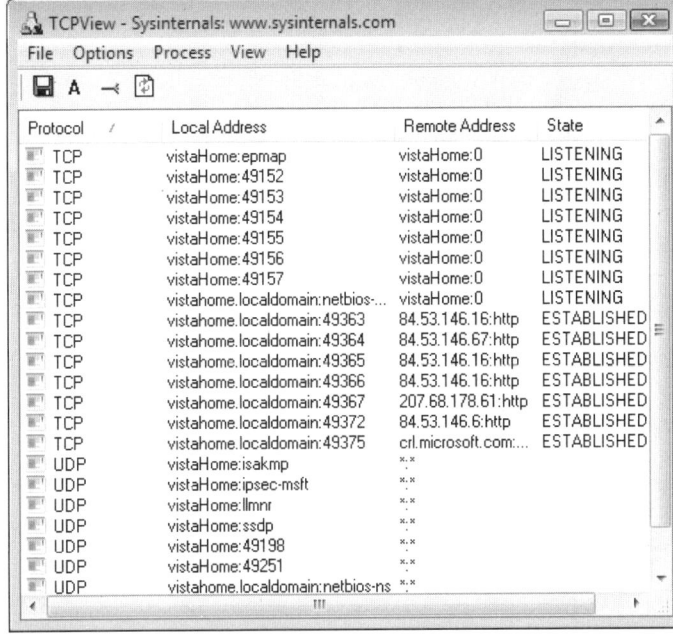

Bild 12.14: Alle aktiven Prozesse und Programme mit Netzwerkverbindung hat TCPView im Griff. Über das Kontextmenü der rechten Maustaste erhalten Sie über Process Properties den Namen des Programms. Pfad und Ort des Programms finden Sie mit der Windows-Suchfunktion.

TCPView zeigt alle offenen Ports auf dem Windows-System an. Außerdem beherrscht TCPView das sogenannte Port-to-Process-Mapping, mit dem zu sehen ist, von welchen Programmen welche Ports belegt bzw. benutzt werden. Wer noch ein bisschen ausführlicher hinter die Netzwerkkulissen schauen möchte, muss Geld bezahlen, und zwar für das Programm DiamondCS Port Explorer (*http://diamondcs.com.au/portexplorer/index.php?page=deutsch*).

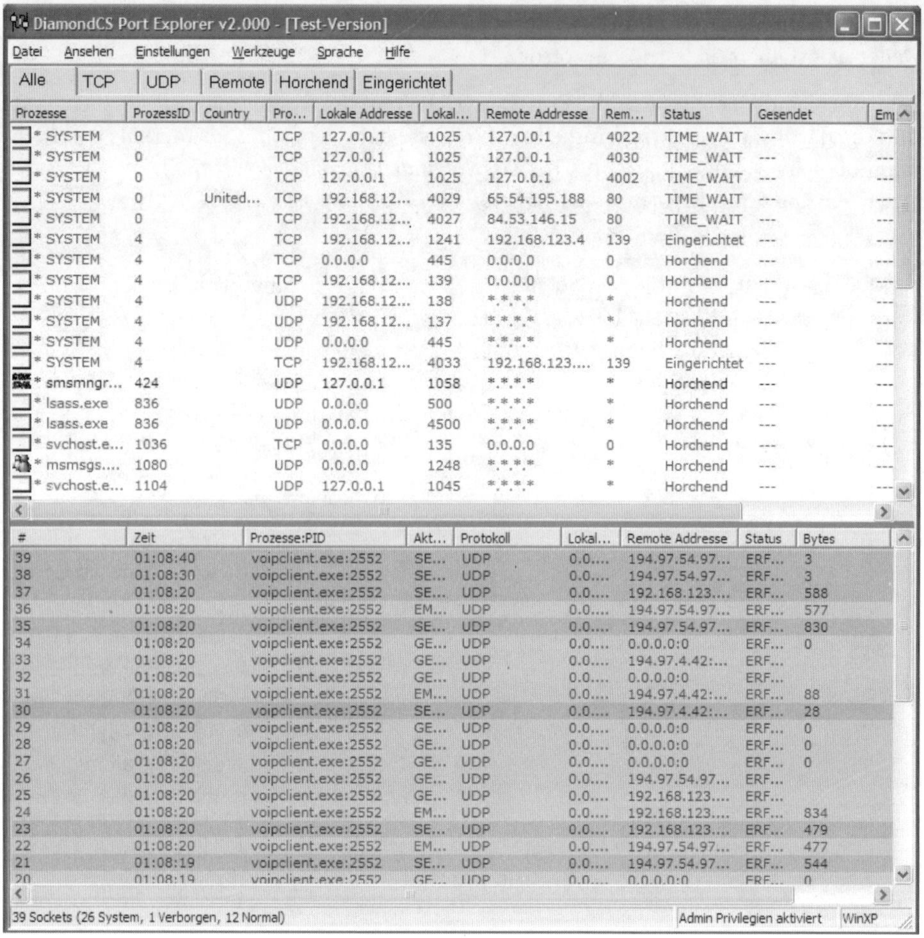

Prozesse	ProzessID	Country	Pro...	Lokale Adresse	Lokal...	Remote Adresse	Rem...	Status	Gesendet	Em
* SYSTEM	0		TCP	127.0.0.1	1025	127.0.0.1	4022	TIME_WAIT	---	---
* SYSTEM	0		TCP	127.0.0.1	1025	127.0.0.1	4030	TIME_WAIT	---	---
* SYSTEM	0		TCP	127.0.0.1	1025	127.0.0.1	4002	TIME_WAIT	---	---
* SYSTEM	0	United...	TCP	192.168.12...	4029	65.54.195.188	80	TIME_WAIT	---	---
* SYSTEM	0		TCP	192.168.12...	4027	84.53.146.15	80	TIME_WAIT	---	---
* SYSTEM	4		TCP	192.168.12...	1241	192.168.123.4	139	Eingerichtet	---	---
* SYSTEM	4		TCP	0.0.0.0	445	0.0.0.0	0	Horchend	---	---
* SYSTEM	4		TCP	192.168.12...	139	0.0.0.0	0	Horchend	---	---
* SYSTEM	4		UDP	192.168.12...	138	*.*.*.*	*	Horchend	---	---
* SYSTEM	4		UDP	192.168.12...	137	*.*.*.*	*	Horchend	---	---
* SYSTEM	4		UDP	0.0.0.0	445	*.*.*.*	*	Horchend	---	---
* SYSTEM	4		TCP	192.168.12...	4033	192.168.123....	139	Eingerichtet	---	---
* smsmngr...	424		UDP	127.0.0.1	1058	*.*.*.*	*	Horchend	---	---
* lsass.exe	836		UDP	0.0.0.0	500	*.*.*.*	*	Horchend	---	---
* lsass.exe	836		UDP	0.0.0.0	4500	*.*.*.*	*	Horchend	---	---
* svchost.e...	1036		TCP	0.0.0.0	135	0.0.0.0	0	Horchend	---	---
* msmsgs....	1080		UDP	0.0.0.0	1248	*.*.*.*	*	Horchend	---	---
* svchost.e...	1104		UDP	127.0.0.1	1045	*.*.*.*	*	Horchend	---	---

#	Zeit	Prozesse:PID	Akt...	Protokoll	Lokal...	Remote Adresse	Status	Bytes
39	01:08:40	voipclient.exe:2552	SE...	UDP	0.0...	194.97.54.97...	ERF...	3
38	01:08:30	voipclient.exe:2552	SE...	UDP	0.0...	194.97.54.97...	ERF...	3
37	01:08:20	voipclient.exe:2552	SE...	UDP	0.0...	192.168.123...	ERF...	588
36	01:08:20	voipclient.exe:2552	EM...	UDP	0.0...	194.97.54.97...	ERF...	577
35	01:08:20	voipclient.exe:2552	SE...	UDP	0.0...	194.97.54.97...	ERF...	830
34	01:08:20	voipclient.exe:2552	GE...	UDP	0.0...	0.0.0.0:0	ERF...	0
33	01:08:20	voipclient.exe:2552	GE...	UDP	0.0...	194.97.4.42:...	ERF...	
32	01:08:20	voipclient.exe:2552	GE...	UDP	0.0...	0.0.0.0:0	ERF...	
31	01:08:20	voipclient.exe:2552	EM...	UDP	0.0...	194.97.4.42:...	ERF...	88
30	01:08:20	voipclient.exe:2552	SE...	UDP	0.0...	194.97.4.42:...	ERF...	28
29	01:08:20	voipclient.exe:2552	GE...	UDP	0.0...	0.0.0.0:0	ERF...	0
28	01:08:20	voipclient.exe:2552	GE...	UDP	0.0...	0.0.0.0:0	ERF...	0
27	01:08:20	voipclient.exe:2552	GE...	UDP	0.0...	0.0.0.0:0	ERF...	0
26	01:08:20	voipclient.exe:2552	GE...	UDP	0.0...	194.97.54.97...	ERF...	
25	01:08:20	voipclient.exe:2552	GE...	UDP	0.0...	192.168.123...	ERF...	
24	01:08:20	voipclient.exe:2552	EM...	UDP	0.0...	192.168.123...	ERF...	834
23	01:08:20	voipclient.exe:2552	SE...	UDP	0.0...	192.168.123...	ERF...	479
22	01:08:20	voipclient.exe:2552	EM...	UDP	0.0...	194.97.54.97...	ERF...	477
21	01:08:19	voipclient.exe:2552	SE...	UDP	0.0...	194.97.54.97...	ERF...	544
20	01:08:19	voipclient.exe:2552	GE...	UDP	0.0...	0.0.0.0:0	ERF...	0

39 Sockets (26 System, 1 Verborgen, 12 Normal)   Admin Privilegien aktiviert   WinXP

Bild 12.15: Der Port Explorer findet alle offenen und aktiven TCP- und UDP-Ports auf Ihrem System.

Zusätzlich bringt der Port Explorer noch einen sogenannten Packet-Sniffer mit, mit dem zu sehen ist, welche Daten von Ihren Anwendungen gesendet und empfangen werden. Dazu zeigt die *Country Detection* an, in welchen Ländern die Ziel-IP-Adressen der Verbindungen lokalisiert sind. Ähnlich wie eine Firewall lassen sich mit dem Port Explorer offene Ports oder Prozesse blockieren oder schließen.

Doch bevor das gemacht wird, sollte zunächst bekannt sein, welcher Port wofür benötigt wird und wohin welches Programm eine Verbindung aufnimmt. Hier können Sie wieder auf die TCP-Trickkiste zurückgreifen – mit Windows-Bordmitteln erfahren Sie, welchen Weg die entsprechenden Programme zum Zielserver bzw. zur angegebenen IP-Adresse zurücklegen.

12.2.3 Pfad zum Zielrechner darstellen

Wie kommt man zum Rechner X, und über welche Rechner wird der Zielrechner erreicht? Für Pfadfinderaufgaben ist das IP-Werkzeug Tracert der richtige Ansprechpartner, starten lässt es sich über die DOS-Eingabeaufforderung (Eingabe von *cmd* im *Ausführen*-Dialog des Startmenüs). Für den Systemadministrator gehört der Befehl *tracert* zu den beliebtesten TCP/IP-Diagnoseprogrammen zur Erkennung und Beseitigung von Problemen.

Gerade bei Netzwerkproblemen bei hoher Netzlast (einfach zu sehen über den Windows Task-Manager im Register Netzwerk) oder sehr langsamen Antwortzeiten des Zielrechners (häufige Timeouts beim Aufruf einer Webseite) bringt ein *tracert [ADRESSE]* die Lösung. Für *ADRESSE* können Sie entweder den DNS-Namen oder eine IP-Adresse angeben. Tracert zeigt den Weg, den ein Datenpaket im Netzwerk zurücklegt, damit der angegebene Rechner erreicht werden kann.

```
C:\>tracert www.franzis.de

Routenverfolgung zu www.franzis.de [80.237.218.241]  über maximal 30 Abschnitte:

  1    <1 ms    <1 ms    <1 ms  fritz.fon.box [192.168.123.199]
  2     9 ms    10 ms    10 ms  ppp-62-245-210-1.mnet-online.de [62.245.210.1]
  3     9 ms    10 ms    10 ms  eth1-3.rs2.muc2.m-online.net [82.135.16.145]
  4    10 ms    10 ms    10 ms  eth1-6.rs1.muc3.m-online.net [82.135.16.198]
  5    11 ms    10 ms    11 ms  ge-1-0-0.rt7.muc3.m-online.net [62.245.197.53]
  6    11 ms    11 ms    10 ms  ge-1-3-0.rt-inxs.m-online.net [82.135.16.154]
  7    10 ms    10 ms    11 ms  fe2-0.er0.cwmuc.de.easynet.net [194.59.190.8]
  8    11 ms    11 ms    11 ms  ge4-0-0-34.br1.cwmuc.de.easynet.net [194.64.253.
122]
  9    18 ms    18 ms    18 ms  so0-0-0-0.br1.ixfra.de.easynet.net [212.224.4.1]

 10    19 ms    19 ms    19 ms  195.180.3.134
 11    22 ms    21 ms    22 ms  so-0-1-0.cr2.Koeln2.pironet-ndh.net [195.94.75.1
7]
 12    21 ms    20 ms    21 ms  ge-0-2-0.her.pironet-ndh.net [195.94.75.58]
 13    20 ms    20 ms    20 ms  ge-0-1-0.j2.cgn.hosteurope.de [80.237.129.34]
 14    22 ms    20 ms    21 ms  80.237.250.22
 15    21 ms    21 ms    20 ms  ds80-237-218-225.dedicated.hosteurope.de [80.237
.218.225]
 16    21 ms    22 ms    21 ms  www.franzis.de [80.237.218.241]

Ablaufverfolgung beendet.

C:\>_
```

Bild 12.16: Das Werkzeug Tracert zeigt nicht nur Schritt für Schritt den Weg zum Zielrechner, sondern misst auch die dafür benötigte Zeit.

Sie können entweder die volle IP-Adresse oder einen DNS-Namen mit dem Befehl *tracert* verwenden. Für Sicherheitsbewusste ist das Programm ein wertvolles Hilfsmittel, um herauszufinden, ob die IP-Anfragen auch ordnungsgemäß geroutet werden. Alternativ können Sie unter Windows XP und Windows 7 auch den Befehl *pathping* verwenden, der ähnlich wie *tracert* die entsprechenden Wege zum Zielserver anzeigt.

```
C:\>pathping www.franzis.de

Routenverfolgung zu www.franzis.de [80.237.218.241]
über maximal 30 Abschnitte:
  0  kistexp [192.168.123.174]
  1  fritz.fon.box [192.168.123.199]
  2  ppp-62-245-210-1.mnet-online.de [62.245.210.1]
  3  eth1-3.rs2.muc2.m-online.net [82.135.16.145]
  4  eth1-6.rs1.muc3.m-online.net [82.135.16.198]
  5  ge-1-0-0.rt7.muc3.m-online.net [62.245.197.53]
  6  ge-1-3-0.rt-inxs.m-online.net [82.135.16.154]
  7  fe2-0.er0.cwmuc.de.easynet.net [194.59.190.8]
  8  ge4-0-0-34.br1.cwmuc.de.easynet.net [194.64.253.122]
  9  so0-0-0-0.br1.ixfra.de.easynet.net [212.224.4.1]
 10  195.180.3.134
 11  so-0-1-0.cr2.Koeln2.pironet-ndh.net [195.94.75.17]
 12  ge-0-2-0.her.pironet-ndh.net [195.94.75.58]
 13  ge-0-1-0.j2.cgn.hosteurope.de [80.237.129.34]
 14  80.237.250.22
 15  ds80-237-218-225.dedicated.hosteurope.de [80.237.218.225]
 16  www.franzis.de [80.237.218.241]

Berechnung der Statistiken dauert ca. 400 Sekunden...
```

Bild 12.17: *pathping* ist etwas übersichtlicher als *tracert* – er lässt sich jedoch auch etwas länger Zeit, bis die Ergebnisse zur Verfügung stehen.

Liefert *pathping* oder *tracert* beispielsweise eine unbekannte IP-Adresse unmittelbar nach der Heimnetzadresse (hier 192.168.123.199) in Abschnitt 2 zurück, hat ein bösartiges Programm oder eine ebensolche Webseite die IP-Konfiguration des Rechners verändert.

So überprüfen Sie in diesem Beispiel die IP-Adresse 62.245.210.1 – diese gehört in diesem Fall zu dem lokalen Internetprovider M-net in München und ist als vertrauenswürdig einzustufen. Wie Sie den Besitzer einer IP-Adresse herausfinden, lesen Sie im folgenden Abschnitt.

```
IPv4-adress:   62.245.210.1
addr-out:      ppp-62-245-210-1.mnet-online.de


inetnum:       62.245.208.0 - 62.245.211.255
netname:       MNET
descr:         dynamic address pool
descr:         M"net Telekommunikations GmbH
country:       DE
admin-c:       JV266-RIPE
tech-c:        MNET1-RIPE
status:        ASSIGNED PA
mnt-by:        MNET-MNT

role:    Hostmaster Role-Account
address:       M"net Telekommunikations GmbH
address:       Muellerstrasse 7
address:       D-80469 Muenchen
address:       Germany
phone:         +49 89 45200 5907
fax-no:        +49 89 45200 3984
e-mail:        hostmaster@m-net.de
admin-c:       JV266-RIPE
tech-c:        EK492-RIPE
tech-c:        ME3753-RIPE
tech-c:        MM611-RIPE
nic-hdl:       MNET1-RIPE
mnt-by:        MNET-MNT

person:        Joerg Vierke
address:       M"net Telekommunikations GmbH
address:       Muellerstr. 7
address:       D-80469 Muenchen
address:       Germany
phone:         +49 89 45200 5943
fax-no:        +49 89 45200 5909
e-mail:        vierke@m-net.de
nic-hdl:       JV266-RIPE
mnt-by:        MNET-MNT
```

Bild 12.18: IP-Adresse aufgespürt: Der IP-Adressbereich 62.245.208.0 bis 62.245.211.255 ist dem Münchner Provider M-net zugeordnet.

12.2.4 Besitzersuche anhand der IP-Adresse

Meldet die Firewall oder der Virenscanner einen Angriff oder gar einen unberechtigten Zugriff auf Ihren PC, können Sie recht einfach herausfinden, woher der Angreifer kommt.

Auch wenn Sie ein Programm entdeckt haben, das über einen bestimmten Port eine offene Verbindung ins Internet hat, können Sie anhand der IP-Adresse nach dem aktuellen Besitzer suchen. Dafür lösen Sie zunächst die IP-Adresse auf, um den DNS-Namen herauszufinden.

```
C:\>nslookup 194.50.173.16
Server:  fritz.fon.box
Address:  192.168.123.199

Name:    web.casariso.com
Address:  194.50.173.16

C:\>
```

Bild 12.19: Über *Start/Ausführen/cmd* öffnen Sie die DOS-Kommandozeile. Dort geben Sie *nslookup ‹IP-Adresse›* an, anschließend ist der gesuchte DNS-Name der gewünschten IP-Adresse zu sehen.

Hat *nslookup* einen DNS-Namen für die IP-Adresse gefunden, notieren Sie sich einfach den Namensanteil hinter dem vorletzten Punkt des DNS-Namens. In dem Beispiel *web.casariso.com* ist dies *casariso.com*. Die am häufigsten registrierten Domains in Deutschland enden heute auf *.de, .com, .net* oder *.org*.

Abhängig davon, welche Domain-Erweiterung *nslookup* für die Anfrage ausgibt, ist die Suche nach dem Inhaber bzw. dem derzeitigen Benutzer der IP-Adresse unterschiedlich. Zunächst suchen Sie die Registrierungsstelle für die Top-Level-Domain – eine Übersicht der verfügbaren Domains bzw. Informationen darüber finden Sie in den Whois-Datenbanken wie *www.internic.com, www.denic.de* und anderen. Diese sind für jedermann öffentlich zugänglich und lassen sich über einen Suchmechanismus abfragen.

So besteht der Domain-Name *www.franzis.de* neben dem eigentlichen Namen aus der Top-Level-Domain (TLD), also *de*. Hier handelt es sich konkret um eine Country Code Top Level Domain (CCTLD) – jedes Land hat ein Kürzel aus zwei Zeichen. So steht *de* für Deutschland, *at* für Austria (Österreich) und so weiter. Die vollständige Liste der Länderkürzel (CCTLD) ist beispielsweise auf *www.iana.org/cctld/cctld-whois.htm* zu finden, wo Sie einfach per Länderkürzel-Link zu den Registrierungsstellen der jeweiligen Länder gelangen. Diese Registrierungsstellen bieten eigene Whois-Abfragen an.

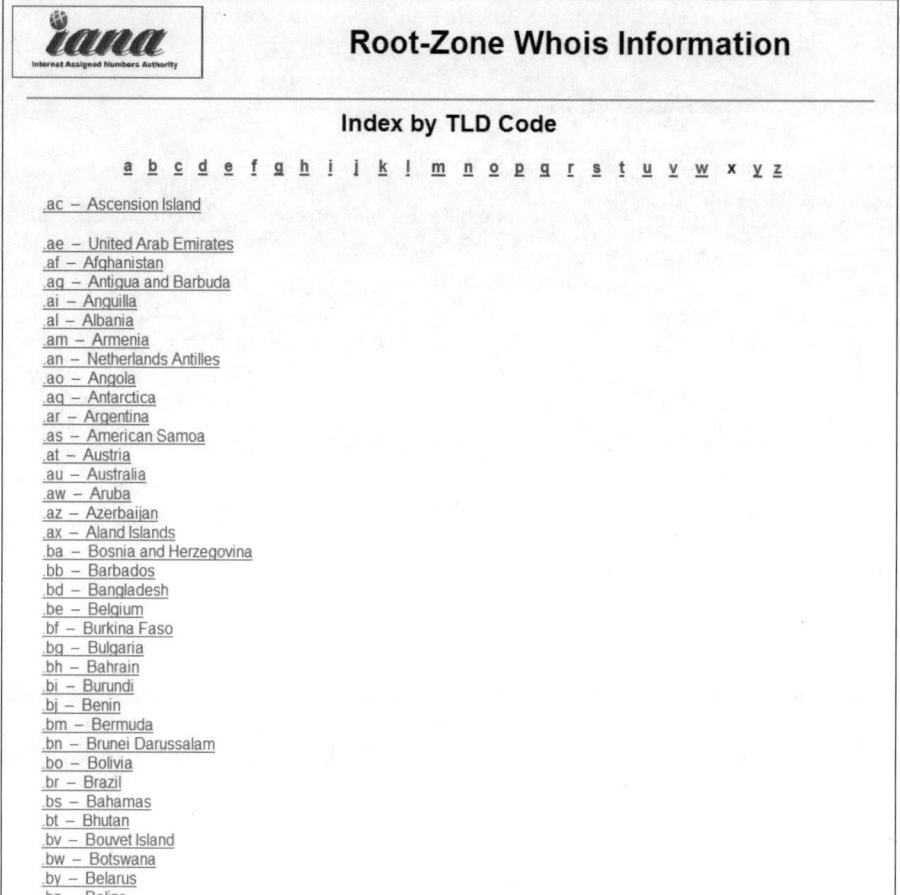

Bild 12.20: *www.iana.org/cctld/cctld-whois.htm*: Dort finden Sie alle Top-Level-Domains, die im Internet registriert sind.

Mit einer *whois*-Abfrage bei der entsprechenden Registrierungsstelle erfahren Sie Näheres zu dem Domain-Namen. In dem Beispiel *web.casariso.com* ist dies für die Erweiterung *com* die Registrierungsstelle *www.internic.com*. Klicken Sie hier auf der Startseite auf den Link *Whois* und geben Sie den Domain-Namen ohne etwaige Proto-kollinformation (http:// etc.) ein.

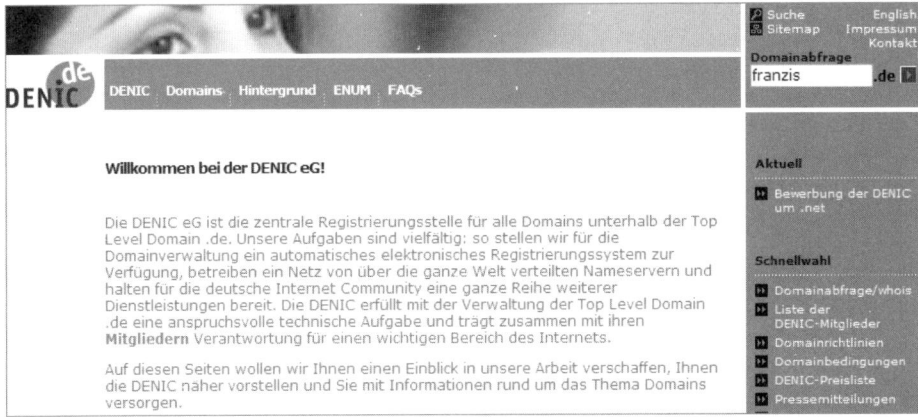

InterNIC

Home   Registrars   FAQ   Whois

Whois Search Results

Search again (.aero, .arpa, .biz, .com, .coop, .edu, .info, .int, .museum, .name, .net, or .org):

casariso.com

⊙ Domain   (ex. internic.net)
○ Registrar   (ex. ABC Registrar, Inc.)
○ Nameserver   (ex. ns.example.com or 192.16.0.192)

Submit

Whois Server Version 1.3

Domain names in the .com and .net domains can now be registered with many different competing registrars. Go to http://www.internic.net for detailed information.

Domain Name: CASARISO.COM
Registrar: KEY-SYSTEMS GMBH
Whois Server: whois.rrpproxy.net
Referral URL: http://www.key-systems.net
Name Server: NS1.CASARISO.AT
Name Server: NS2.CASARISO.AT
Status: ACTIVE
Updated Date: 30-oct-2004
Creation Date: 14-feb-2002
Expiration Date: 14-feb-2007

Bild 12.21: Nach der Eingabe des Domain-Namens klicken Sie auf die *Submit*-Schaltfläche, um weitere Informationen zu dem Besitzer der Domain zu erhalten.

In Deutschland nutzen Sie analog die Registrierungsstelle DENIC – auch diese bietet eine eigene Domain-Abfrage an: Geben Sie beispielsweise im rechten Bereich den DNS-Namen *franzis* ein, das *de* für Deutschland ist hier nicht notwendig und wird automatisch ergänzt.

DENIC

DENIC   Domains   Hintergrund   ENUM   FAQs

Suche   English
Sitemap   Impressum
Kontakt
Domainabfrage
franzis   .de

Willkommen bei der DENIC eG!

Die DENIC eG ist die zentrale Registrierungsstelle für alle Domains unterhalb der Top Level Domain .de. Unsere Aufgaben sind vielfältig: so stellen wir für die Domainverwaltung ein automatisches elektronisches Registrierungssystem zur Verfügung, betreiben ein Netz von über die ganze Welt verteilten Nameservern und halten für die deutsche Internet Community eine ganze Reihe weiterer Dienstleistungen bereit. Die DENIC erfüllt mit der Verwaltung der Top Level Domain .de eine anspruchsvolle technische Aufgabe und trägt zusammen mit ihren **Mitgliedern** Verantwortung für einen wichtigen Bereich des Internets.

Auf diesen Seiten wollen wir Ihnen einen Einblick in unsere Arbeit verschaffen, Ihnen die DENIC näher vorstellen und Sie mit Informationen rund um das Thema Domains versorgen.

Aktuell
▶ Bewerbung der DENIC um .net

Schnellwahl
▶ Domainabfrage/whois
▶ Liste der DENIC-Mitglieder
▶ Domainrichtlinien
▶ Domainbedingungen
▶ DENIC-Preisliste
▶ Pressemitteilungen

Bild 12.22: Geballte Information rund um DNS: Sämtliche deutschen de-Domains können Sie bei der DENIC abfragen.

Anschließend erscheint das Domainabfrage-Ergebnis. Aus Datenschutzgründen schränkt die DENIC die Nutzung der Whois-Abfrage ein. Diese Informationen dürfen nicht, etwa für Werbezwecke, an Dritte weitergegeben und weiterverarbeitet werden.

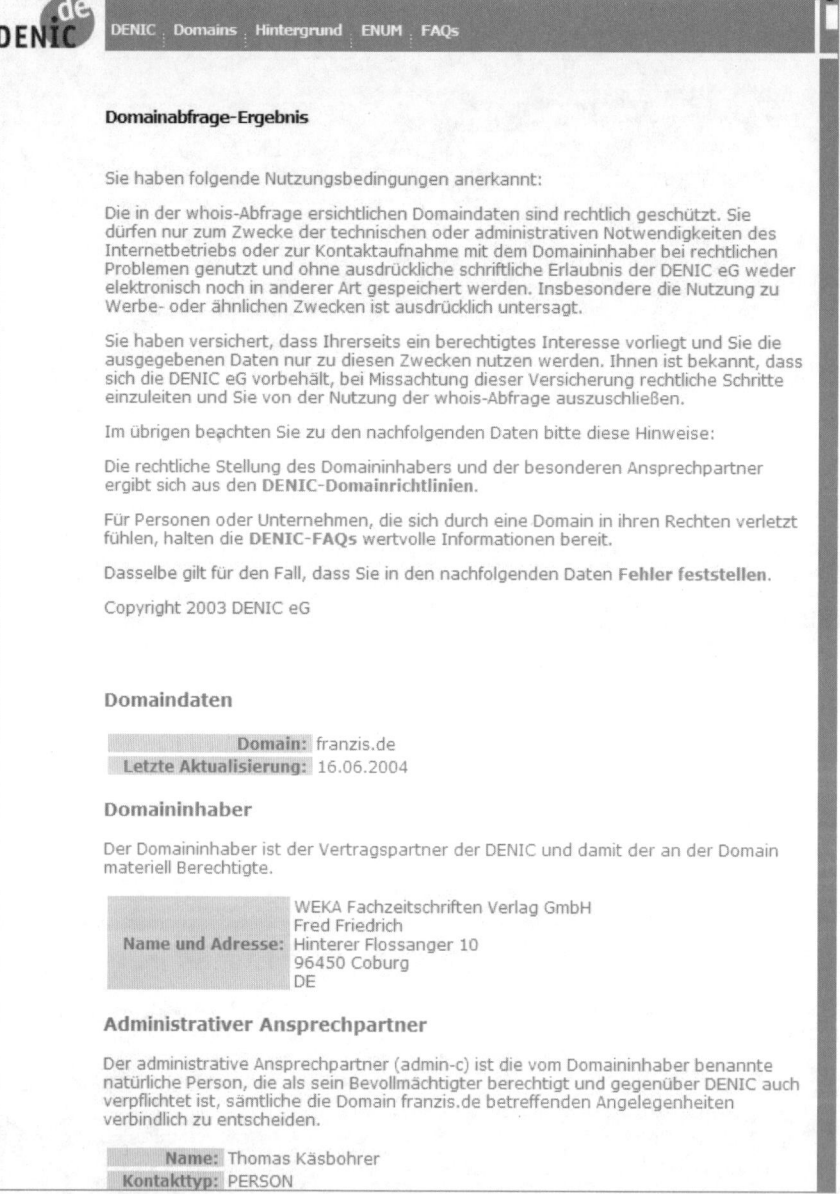

Bild 12.23: Domain-Daten übersichtlich aufbereitet: Nach dem Suchen des DNS-Namens kommen Informationen wie Besitzer, Adresse, Telefonnummer und vieles mehr zum Vorschein.

Die Durchführung sämtlicher beschriebenen Schritte kostet etwas Zeit und Aufwand, ist sonst aber kostenlos. Wer alles in einem Aufwasch erledigen möchte, nutzt dafür spezielle Software, die meist kostenpflichtig ist. So können Sie mit der Shareware DiamondCS Port Explorer ebenfalls den Hostnamen oder die IP-Adresse auflösen. Das Programm zeigt anschließend an, in welchem Land der entsprechende Server zu Hause ist. Für weitere Informationen wie Name, Adresse etc. des Betreibers bzw. Inhaber des DNS-Namens sind noch immer die Registrierungsstellen der entsprechenden Länder erste Anlaufstelle.

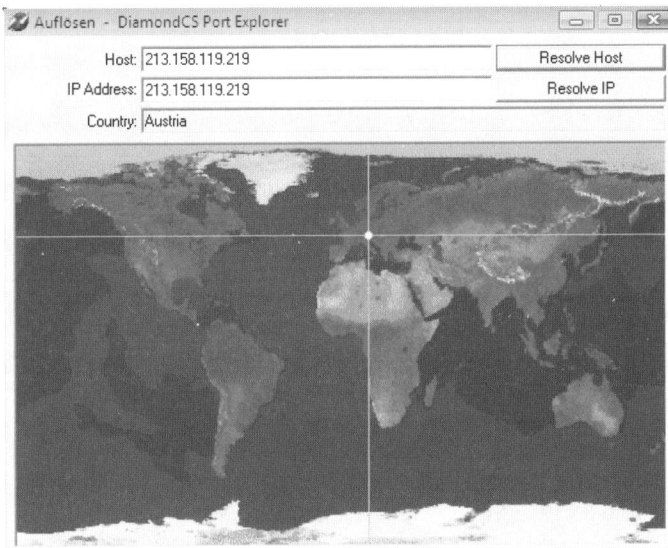

Bild 12.24: Optisch schön aufbereitet: Nach der Eingabe des Domain-Namens oder der IP-Adresse zeigt DiamondCS Port Explorer auf der Weltkarte den Standort des dazugehörigen Rechners an.

In einem Heimnetzwerk fällt die Zuordnung der angeschlossenen Rechner leichter – hat man mehrere Rechner im Betrieb und kommt mit den IP-Adressen durcheinander, kann man auch über die MAC-Adresse der heimischen PCs herausfinden, welche IP-Adresse zu welchem Rechner gehört. Dafür bringt Windows mit ARP ein eigenes Bordmittel mit.

12.2.5 Mit ARP die MAC-Adresse finden

Gerade bei der automatischen IP-Vergabe bei DHCP ist die MAC-Adresse der Netzwerkkarte ein Eckpfeiler. Vor allem wenn Sie den WLAN-Zugriff auf Basis der MAC-Adresse beschränken möchten, finden Sie mit ARP die Zuordnung der IP-Adresse zur entsprechenden MAC-Adresse heraus. ARP (Address Resolution Protocol) löst IP-Adressen in Hardwareadressen (MAC-Adressen) auf. Jede Netzwerkkarte hat angeblich weltweit eine eindeutige MAC-Adresse, mit der sie im Netzwerk identifiziert werden kann.

```
C:\>arp -a

Schnittstelle: 192.168.123.103 --- 0x2
  Internetadresse       Physikal. Adresse       Typ
  192.168.123.222       00-50-da-e0-9e-b4       dynamisch
  192.168.123.250       00-01-03-bd-78-0a       dynamisch
  192.168.123.254       00-50-18-12-4f-d2       dynamisch
```

Bild 12.25: Mit *arp* spüren Sie sämtliche im Netz angeschlossenen Rechner auf.

Damit eine MAC-Adresse eines Rechners im TCP/IP-Netzwerk überhaupt gefunden werden kann, wird zunächst der lokale ARP-Cache daraufhin überprüft, ob die MAC-Adresse bereits aus einer früheren Auflösung bekannt ist. Falls nicht, erfolgt ein Rundumschlag, eine ARP-Rundsendung mit der gesuchten IP-Adresse. Erreicht diese Suchmeldung den gesuchten Computer, sendet dieser seine Hardware-MAC-Adresse zurück. Anschließend wird die Rückmeldung im ARP-Cache für spätere Adressauflösungen gespeichert. Sie können den ARP-Cache mit dem Befehl *arp.exe* manuell verwalten.

12.3 Prüfen Sie Ihren PC auf etwaige Schwächen

Hackerangriffe auf den heimischen PC sind heutzutage nichts Außergewöhnliches mehr. Gerade wenn der PC mit der DSL-Flatrate den ganzen Tag im Internet hängt, ist er für fremde Augen ein beliebtes Objekt der Begierde. In der Regel reicht zum Schutz eine Personal Firewall wie ZoneAlarm aus – vorausgesetzt, diese ist richtig installiert und konfiguriert. Oft hängt der Internet-PC aber nicht direkt an dem ISDN-/DSL-Anschluss, sondern an einem Router.

Dieser versorgt mehrere PCs mit einem Internetanschluss und macht prinzipiell eine Personal Firewall auf dem PC überflüssig, da der Router selbst in der Regel eine eingebaute Firewall besitzt. Dennoch ist eine Personal Firewall auf dem PC eine gute Sache – gerade wenn der DSL-Router bzw. dessen Firewall Bugs oder Sicherheitslücken aufgrund falscher Konfiguration oder mangelnder Updates aufweist.

Doch wie erfahren Sie am besten, wie sicher der eigene Internetanschluss ist? Sie könnten sich beispielsweise einige Hackertools und Portscanner aus dem Internet laden und selbst loslegen. Dies ist jedoch nicht zu empfehlen, da auch diese Werkzeuge unter Umständen böse Absichten hegen mögen. Besser ist es, sich auf offizielles und vertrauenswürdiges Terrain zu begeben.

Browsercheck

So bieten beispielsweise verschiedene öffentliche Ämter Tipps und auch Onlinewerkzeuge im Internet an, damit Sie den Internet-PC in Sachen Datensicherheit auf Herz und Nieren prüfen können. Aber auch diverse Computerfachzeitschriften bieten einen solchen sogenannten Browsercheck an. Sehr gut gelungen ist der Leserservice der Computerzeitschrift c't.

Unter der URL *http://www.heise.de/security/dienste/browsercheck/* lässt sich der Browser auf seine Anfälligkeit für jede Art Einbruch oder Passwortklau prüfen. Zusätzlich ist zu sehen, welche Daten jeder Webserver im Internet über Ihren Rechner in Erfahrung bringen kann. Dazu werden die Sicherheitseinstellungen, offene Ports und mögliche Windows-Freigaben überprüft.

Das Gute daran: Abhängig vom Testergebnis erhalten Sie Tipps und Hinweise zu angemessenen Sicherheitseinstellungen für die entsprechenden Sicherheitslücken Ihres Internet-PCs. Der PC-Selbsttest wird auf einem geschützten Server durchgeführt, und die Eingaben und Ergebnisse werden verschlüsselt übertragen, damit niemand mitlesen kann.

12.3.1 Sicherheit des PCs und der Router-Firewall prüfen

Der Test prüft nicht nur die Sicherheit des PCs, sondern auch die Firewall des DSL-Routers und erfolgt in mehreren Schritten, die einzeln angewählt werden, nachdem Sie die eigene IP-Adresse (die öffentliche IP-Adresse, die für die Internetverbindung sorgt) beim Server bestätigt haben. Der PC-Test ist folgendermaßen aufgebaut:

Browserinformationen prüfen: Hier werden alle verfügbaren Browserinformationen ermittelt. Dies betrifft im Konkreten die Verbindung zum Proxyserver, die Adresse des Proxyservers, Adresse und Name Ihres Rechners, den Browser und dessen Version sowie das installierte Betriebssystem. Zusätzlich werden aktivierte Funktionen wie Cookies, JavaScript, Java, sicheres ActiveX, unsicheres ActiveX sowie VBScript geprüft.

Portscanner und Netzwerktest: Der Portscanner sucht den Internetanschluss nach offenen Ports ab. Da es theoretisch bis zu 65.534 Varianten gibt, können Sie dies aus Zeitgründen auch auf eine kleinere Auswahl beschränken.

Freigaben finden: Der Freigabetest über den empfehlenswerten Symantec-Onlinecheck (*http://security.symantec.com/de*) versucht eine Netzverbindung zum Rechner herzustellen und prüft auf mögliche Windows- bzw. Samba-Freigaben.

12.3.2 Schlupflöcher im Webbrowser finden

Egal welchen Browser Sie verwenden, jeder Browser hat seine Tücken sowie Vor- und Nachteile. In den letzten Jahren erfreute sich der kostenlose Browser Firefox zunehmender Beliebtheit und konnte dem Platzhirschen Internet Explorer Paroli bieten. Mit dem Einsatz eines alternativen Browsers wie Opera oder Firefox haben Sie allerhand Vorteile: Sie haben im Vergleich zum Internet Explorer nicht nur einen kleineren und schnelleren Browser, sondern auch seltener Sicherheitsrisiken. Das liegt vor allem daran, dass der Internet Explorer mit dem Betriebssystem Windows enger verzahnt ist und durch Attacken auf den Internet Explorer auch gleichzeitig die Sicherheit des Betriebssystems auf dem Spiel steht.

Obwohl sich mit der zunehmenden Beliebtheit von Firefox und Opera auch Fehler und Sicherheitslücken offenbaren, werden diese relativ schnell durch die Open-Source-Gemeinde behoben. Die »freien« Browser bieten noch weitere nützliche Eigenschaften, die das Surfen im Netz angenehmer machen. Bis zum Erscheinen des Internet Explorer 7 waren Funktionen wie die Anzeige mehrerer Fenster innerhalb des Browserfensters (Tabbed Browsing), Verhindern der lästigen Werbe-Pop-ups mithilfe eines Pop-up-Blockers sowie bessere Suchfunktionen den kostenlosen Lösungen wie Firefox und Opera vorbehalten.

Firefox und Opera lassen sich parallel zum Internet Explorer installieren und stören diesen nicht – wenn man von der Windows-Abfrage nach dem Standardbrowser absieht. Wer will, kann die beiden Alternativen einfach testen und bei Nichtgefallen unkompliziert wieder deinstallieren. Wer allerdings einmal die Vorteile von Opera oder Firefox kennengelernt hat, der möchte darauf sicherlich nicht mehr verzichten.

Doch neben dem Browser sorgen auch Browserfunktionen wie JavaScript, Java, ActiveX und andere nicht nur für Komfort und schönere Webseiten, sondern auch für bestimmte Sicherheitslücken. Hier gilt es abzuwägen, ob man zugunsten der Sicherheit die eine oder andere Funktion ausgeschaltet lässt oder ob man mit verschiedenen Sicherheitslücken leben möchte. Auf der c't-Browsercheck-Seite werden diese Sicherheitslücken demonstriert – hier können Sie den Browser auf diese Lücken testen und die Sicherheitslücken anschaulich aushebeln. Die Macher der Seite geben jedoch auch Hilfestellung und Tipps dazu, welche Lücken sich beispielsweise durch die Installation aktueller Browseraktualisierungen beseitigen oder durch das Abschalten der zugehörigen Optionen vermeiden lassen.

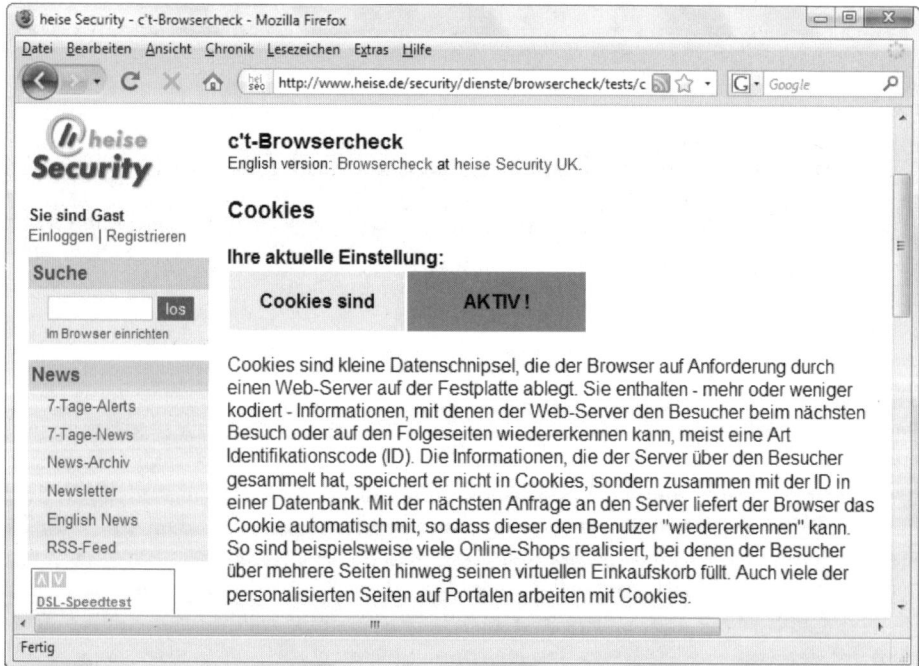

Bild 12.26: Rote Gefahr: Cookies, JavaScript und Java sind heutzutage ein Muss, damit verschiedene Webauftritte überhaupt angezeigt werden können. Leider ist mit diesen Techniken auch das Ausführen von sogenannten aktiven Inhalten möglich, was ein Sicherheitsproblem darstellen kann.

Neben der Cookie-Konfiguration gibt es weitere sicherheitsrelevante Einstellungen in Ihrem Webbrowser. Hier sollten Sie selbst entscheiden und abwägen, ob Sie diese Sicherheitseinstellungen zugunsten der Bequemlichkeit, aber auch manchmal der besseren Funktionalität lockern. Aktive Inhalte stellen meistens ein Sicherheitsproblem dar, da hier Dateien ausgeführt werden können, die auf der Festplatte möglicherweise Unheil anrichten.

Gerade der Internet Explorer ist bei aktiven Inhalten anfällig für Angriffe – erst recht, wenn Windows nicht auf dem aktuellen Stand gehalten wird. Diese aktiven Inhalte werden von JavaScript, Java, ActiveX oder VBScript gesteuert und sorgen auf einer statischen Webseite für Bewegung, erzeugen Menüs, Inhaltsverzeichnisse und vieles mehr. Deshalb sollten Sie gerade bei älteren Betriebssystemen als Vista den Internet Explorer so konfigurieren, dass die Sicherheitsrisiken eingeschränkt werden.

12.3.3 Abschalten unnützer Freigaben im Netzwerk

Im nächsten Schritt sollten Sie den Rechner auf mögliche Freigaben im Windows-Netzwerk untersuchen. Nach jeder Windows-Installation sind standardmäßig Freigaben eingerichtet, auch wenn diese nicht auf Anhieb zu erkennen sind. Eine Freigabe ist im Prinzip nichts anderes als ein Verzeichnis oder gar ein Laufwerk, das netzwerkweit für andere Anwendungen oder Benutzer zur Verfügung steht. Windows bietet zusätzlich standardmäßig administrative Freigaben, die im schlechtesten Fall auch über das Internet zur Verfügung stehen können, falls die Sicherheitsmechanismen nicht greifen.

Neben diesen administrativen Freigaben gibt es auch benutzerspezifische Freigaben, die Sie selbst in Windows einrichten können. Solche Freigaben werden Sie später für Ihr Netzwerk einrichten, dort geben Sie gezielt Ordner frei oder legen Rechte für den Zugriff fest – also alles von Ihnen selbst gesteuert und mit voller Absicht. Sie wählen einfach bei einem Ordner oder einem Laufwerk das Register *Freigabe* aus und tragen für die Freigabe einen aussagekräftigen Namen ein. Hier sehen Sie auch die bestehenden Freigaben, die für das Verzeichnis oder Laufwerk derzeit bestehen.

Ob bei Ihnen vorhandene Freigaben (administrative oder selbst eingerichtete) Sicherheitslücken darstellen, können Sie mithilfe eines Onlinetests von Symantec selbst problemlos feststellen. Der Test erfordert Ihre Zustimmung zu den Lizenzbedingungen. Es dauert ein paar Minuten, bis Sie das Ergebnis haben. Wichtig: Der Test erfordert einen bestimmten Ablauf, den Sie einhalten sollten, wenn Ihnen ein korrektes Ergebnis wichtig ist.

Findet der Symantec-Check Windows-Freigaben, die über das Internet sichtbar sind, heißt es, sofort zu handeln: Die Einstellungen *Datei- und Druckerfreigabe für Microsoft-Netzwerke* sowie *Client für Microsoft-Netzwerke* sind möglicherweise an den DFÜ-Adapter bzw. an die Netzwerkkarte gebunden, oder die Firewall des DSL-Routers filtert die Freigaben nicht. Das darf natürlich nicht sein.

Bild 12.27: *http://security.symantec.com/*: Hier wird vom Symantec-Server eine Netzwerkverbindung zu Ihrem Rechner aufgebaut und dieser auf Schwachstellen überprüft.

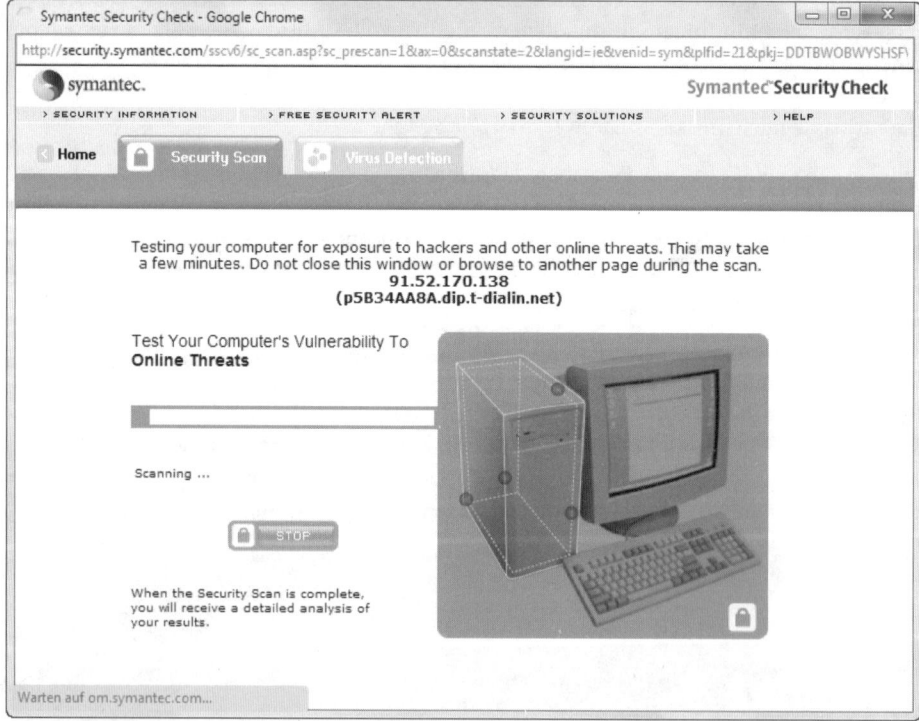

Bild 12.28: Enorm wichtig: Windows-Freigaben haben im Internet nichts verloren. Die Prüfung auf Windows-Schwachstellen sollte mit einem erfolgreichen »Abhaken« abgeschlossen werden.

Selbst bei einem optimal abgesicherten Rechner kann es vorkommen, dass der Sicherheitscheck hier und da eine Warnung auswirft und vor einer Gefahr bzw. einem potenziellen Risiko warnt. In diesem Fall heißt es zunächst, Ruhe zu bewahren und dann der Sache auf den Grund zu gehen. Per Klick auf den Link *Details anzeigen* können Sie das Scanergebnis der Symantec-Onlinelösung näher analysieren:

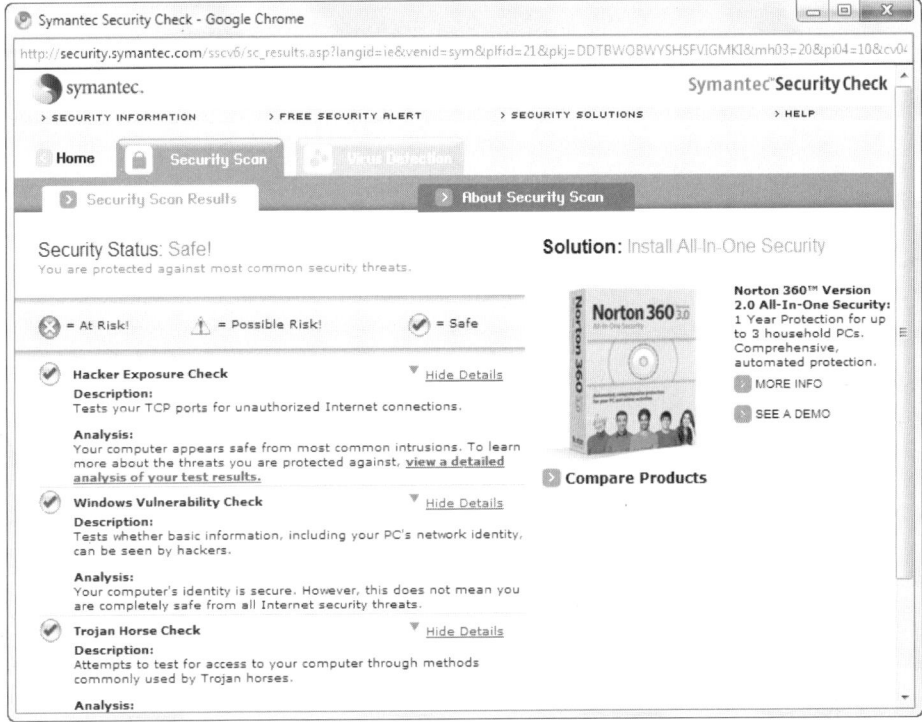

Bild 12.29: Port, Beschreibung und Status: Die Ergebnisseite des Symantec-Onlinesicherheitschecks gibt auf Wunsch detailliert Auskunft über etwaige Sicherheitslücken der Netzwerkverbindung.

Hier bekommen Sie nun die geöffneten Ports angezeigt. Sie brauchen nicht zu verzweifeln, wenn bestimmte Ports geöffnet sind. So sind beispielsweise Port 25 und 110 dafür da, dass Sie E-Mails senden und empfangen können, wer einen Webserver zu Hause betreibt, muss Port 80 freigeben, damit Besucher die Webseiten auch betrachten können, etc. Möchten Sie wissen, welches Programm über welche Ports ins Internet geht, nutzen Sie den Befehl *netstat* mit verschiedenen Parametern.

12.3.4 Offene Ports im Netzwerk finden

Jedes Programm auf Ihrem PC, das mit dem Internet arbeiten möchte, muss einen sogenannten Port (eine Tür) öffnen, damit Daten gesendet und empfangen werden können. Ist die Portnummer bekannt und geöffnet, kann der Port prinzipiell von jedem Programm genutzt werden.

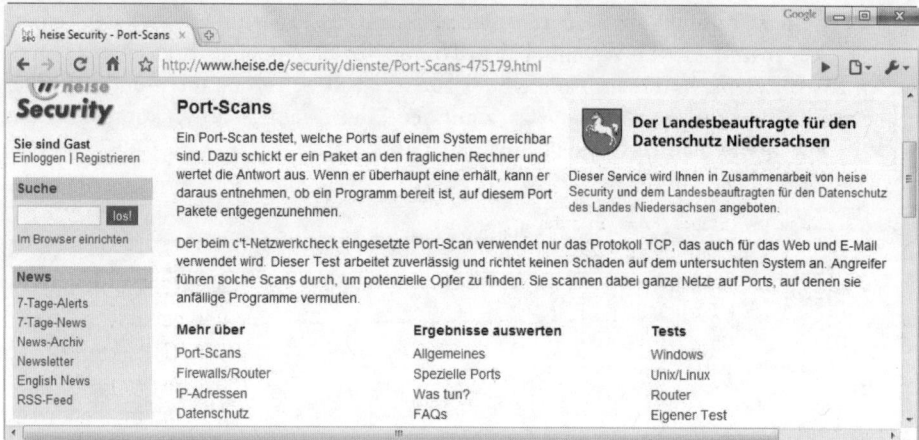

Bild 12.30: Der Online-Portscanner (*www.heise.de/security/dienste/portscan/*) checkt den PC auf alle offenen Ports. Ist eine Firewall aktiv, wird auch diese auf Sicherheitslücken geprüft.

Jedes Programm kann prinzipiell jeden Port nutzen, solange der Port nicht von einem anderen Programm besetzt ist. So kann sich beispielsweise ein Trojanerprogramm hinter Port 80 verstecken, solange auf Ihrem PC kein Webserver (Apache o. a.) in Betrieb ist. Port 80 ist für die HTTP-Übertragung zuständig und ein *Well-known-Port*. Über einen offenen Port kann jedoch nur dann von außen zugegriffen werden, wenn auf dem Internet-PC ein Programm läuft, das auf dem Port danach lauscht, ob Anfragen hereinkommen.

Der Netzwerkcheck auf den Seiten des Heise-Verlags ermöglicht Ihnen, die Ports gezielt zu prüfen, der Onlinecheck von Symantec leistet aber Ähnliches. Den Netzwerkcheck starten Sie durch Klick auf *Windows* unter *Tests*. Die können auch Linux-Systeme testen lassen.

Damit ein Zugriff möglich ist, muss also ein entsprechendes Programm aktiv sein – aber das ist heutzutage schneller passiert, als man denkt. So verteilen Hacker beispielsweise Spiele oder Programme, die – einmal auf dem Rechner installiert – im Hintergrund einen Port öffnen und mit einem fernen, fremden PC des Hackers Kontakt aufnehmen.

c't-Netzwerkcheck

Der Landesbeauftragte für den
Datenschutz Niedersachsen

Ihr Scan-Ergebnis

Ihr System antwortet auf ICMP-Pakete.

Port	Name	Status	Erläuterung
25	smtp	gefiltert	Mail-Server (SMTP)
53	domain	gefiltert	DNS
80	http	offen	Web-Server
135	loc-srv	gefiltert	MS-RPC
137	netbios-ns	gefiltert	NetBIOS Name Service
138	netbios-dgm	gefiltert	NetBIOS Datagram Service
139	netbios-ssn	gefiltert	NetBIOS Session Service
443	https	gefiltert	Web Server (HTTPS)
445	microsoft-ds	gefiltert	SMB over TCP
1214	kazaa	gefiltert	Kazaa Standard-Port
1433	ms-sql-s	gefiltert	MS SQL Server
1900	nicht reserviert	gefiltert	Universal PnP
3389	nicht reserviert	gefiltert	MS Terminal Services
4662	nicht reserviert	gefiltert	Standard-Port eDonkey
5800	nicht reserviert	gefiltert	VNC via HTTP

Bild 12.31: Offener Port gefunden: Über den HTTP-Port 80 ist der gescannte PC aus dem Internet erreichbar. HTTP wird für die Übertragung von Webseiten über das Internet verwendet und sollte nur offen sein, wenn ein Webserver verwendet wird.

Über einen Trojaner kann der Hacker Daten und Programme einsehen und zerstören oder gar Kontonummern, Kennwörter und PINs ausspionieren. Ist Windows auf dem aktuellen Stand und seine Firewall im Einsatz, sind Sie relativ sicher vor solchen Angriffen. Doch bei der Konfiguration der Firewall sollten Sie darauf achten, dass Sie möglichst wenige Programme automatisiert über die Internet-Firewall arbeiten lassen, um den Überblick nicht zu verlieren.

Schutz dagegen bieten ein restriktiver Umgang in Sachen Softwareinstallation und eine Personal Firewall. So sollten Sie nur wirklich nötige Software auf Ihrem PC installieren. Freeware etc. aus dem Internet sollten Sie direkt beim Hersteller und nicht von irgendwelchen Hacker- und Freewareseiten herunterladen. Suchen Sie grundsätzlich zum Download nur vertrauenswürdige Seiten auf. Das sind einmal die Hersteller selbst, aber auch die großen PC-Magazine, die sich keine Verbreitung von Trojanern leisten können.

Wenn ein Programm wirklich nur über eine fragwürdige Seite zu erhalten ist, stellen Sie sich die einfache Frage, wie viel Sie bereit wären, für das Programm zu zahlen. Überlegen Sie sich dann, ob das Programm auch einen Datenverlust rechtfertigen würde. In der Regel fallen solche schwarzen Schafe schnell auf.

Anbieter, die modifizierte, böswillige Software zum Herunterladen zur Verfügung stellen, arbeiten auch mit lästigen Porno- und Sex-Pop-ups und entsprechender Bannerwerbung, um die Serverkosten zu refinanzieren. Guten Basisschutz bietet eine sogenannte Personal Firewall wie beispielsweise ZoneAlarm oder die Norton Firewall von Symantec.

12.3.5 Schwachstellen finden mit Microsofts MBSA

In Sachen Sicherheit hat Microsoft in den letzten Jahren, nicht zuletzt mit der Einführung von Windows Vista, enorm aufgeholt. Neben regelmäßigen Patches für die Betriebssysteme steht im Internet auch ein kostenloses Programm, der Microsoft Baseline Security Analyzer, kurz MBSA, zum Download zur Verfügung. Der MBSA prüft Windows-Systeme auf Sicherheitslücken und fehlende Patches, Schwächen des Dateisystems, leicht zu erratende Passwörter und weitere mögliche Schwachstellen. Nach der Prüfung gibt das Programm zu guter Letzt Tipps und Ratschläge.

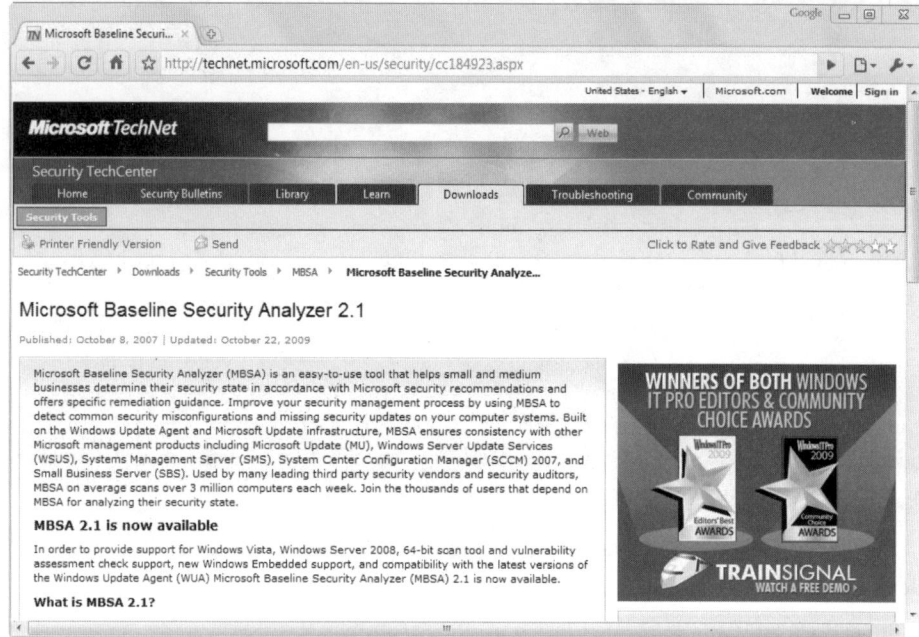

Bild 12.32: Suchen Sie auf der Seite *www.microsoft.com/germany* nach dem Begriff *MBSA* und laden Sie das Programm herunter. Da es häufig aktualisiert und erweitert wird, sollte es regelmäßig neu heruntergeladen und installiert werden.

Die Installation des MBSA ist in wenigen Minuten abgeschlossen. Starten Sie die Installation durch einen Doppelklick auf das mit *mbsasetup-de* benannte Symbol. Nach dem Start der Installation klicken Sie sich durch, bis die Installation abgeschlossen ist. Anschließend starten Sie das MBSA-Tool über *Start/Programme/Microsoft Baseline Security Analyzer.*

Nach dem Start erscheint der Begrüßungsdialog, der ähnlich wie das Windows XP- und Vista-Sicherheitscenter aufgebaut ist. Haben Sie es installiert, können Sie mit dem MBSA nicht nur den Rechner prüfen lassen, auf dem er installiert ist, sondern auch andere Rechner, die sich im Heimnetzwerk befinden.

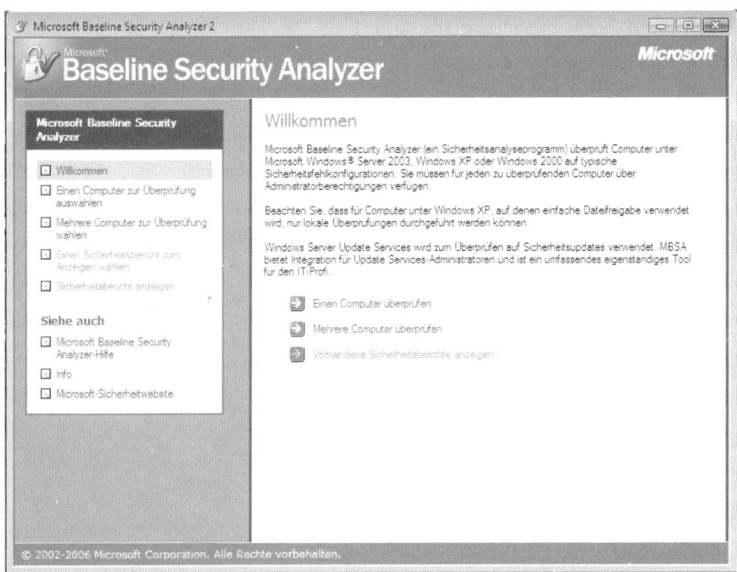

Bild 12.33: Nach dem Klick auf den Link *Einen Computer überprüfen* legt der MBSA mit der Überprüfung des PCs los.

Beim lokalen sowie beim Netzwerkzugriff via MBSA meckert eine aktive Personal Firewall. Nur wenn die Firewall MBSA zulässt, ist ein Zugriff aufs Netz möglich. Im nächsten Schritt können Sie einen Computer zur Überprüfung auswählen. Ist der Computername nicht bekannt, geben Sie einfach die IP-Adresse des Rechners an.

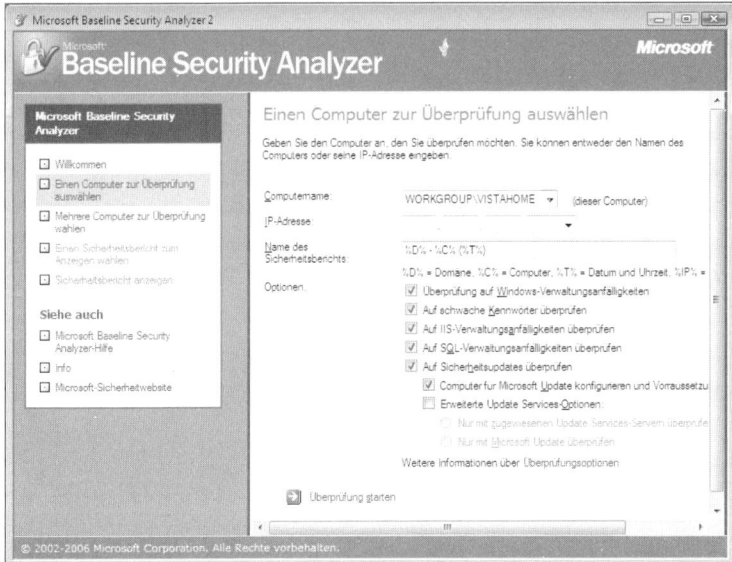

Bild 12.34: Die unter *Optionen* aufgeführten Kontrollkästchen sollten alle eingeschaltet bleiben, damit ein ausführlicher Bericht generiert wird.

Wer die Netzwerküberprüfung nicht starten möchte, kann durch einen Klick auf *Überprüfung starten* den Prüfvorgang des PCs sofort beginnen. Im Fall eines Netzwerks sollten die zu überprüfenden Rechner natürlich erst festgelegt werden. Dafür ist die Option *Mehrere Computer zur Überprüfung wählen* im linken Fensterbereich zuständig.

Danach erstellt der MBSA einen Bericht, in dem die Sicherheitsprobleme des Systems aufgelistet sind. Ein Klick auf *Vorgehensweise zur Behebung* zeigt Hinweise zur Behebung des Problems an. Erscheinen mehrere Hinweise, arbeiten Sie die im Bericht aufgelisteten Probleme in der Reihenfolge ihrer Bedeutung ab. Hier können Sie im Listenfeld *Sortierreihenfolge* die Grundeinstellung *Wertung (schlechteste zuerst)* belassen.

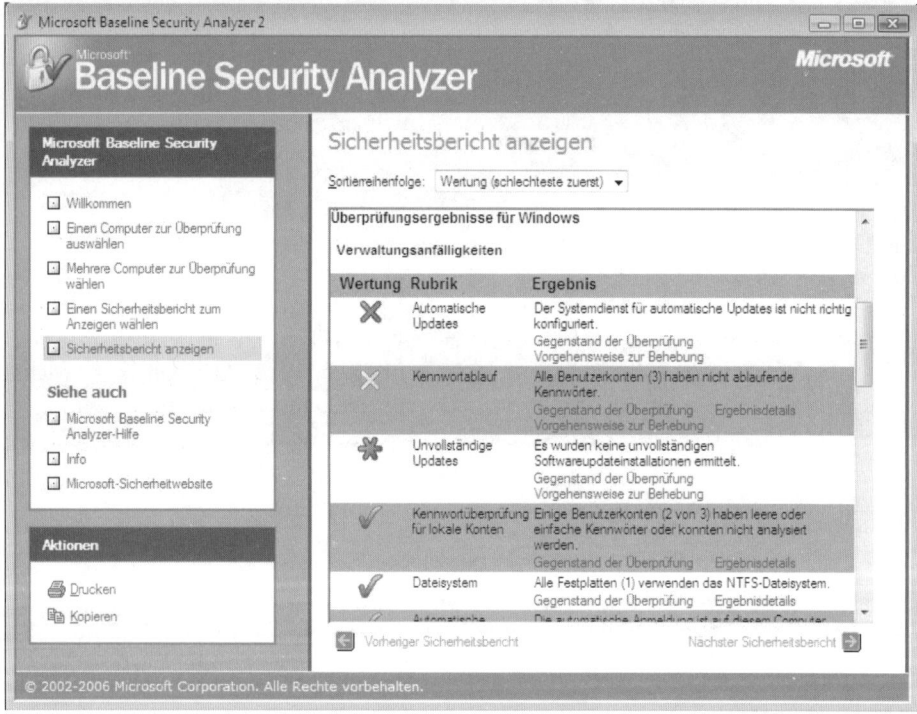

Bild 12.35: Nähere Hinweise zu Prüfergebnissen erhalten Sie per Klick auf den Link *Gegenstand der Überprüfung*.

12.4 Windows anpassen und sicherer machen

Egal ob Windows XP, Windows Vista oder Windows 7, jedes Windows hat seine Schwächen und kann den Rechner im Internet nicht zu 100 % schützen. Aber Sie können es den Angreifern so schwer wie möglich machen, indem Sie Schwachstellen abschalten und mit simplen Konfigurationstricks die größten Scheunentore schließen. Am häufigsten kommt es vor, dass Benutzer mit dem Administratorkonto im Internet unterwegs sind – im Fall eines Angriffs oder Virenbefalls liegen die Daten dann abholbereit vor. Das muss nicht sein: In diesem Abschnitt erfahren Sie, wie mit einfachen Maßnahmen Windows eine gewisse Sicherheit im Netzwerk eingehaucht wird.

12.4.1   Surfen ist für Administratoren tabu

Normalerweise sollte nur ein Benutzerkonto Administratorrechte besitzen – Ihr Konto natürlich. Administratoren genießen besondere Rechte. Für Administratoren zählen keine Zugriffsbeschränkungen auf das System, sie können Software hinzufügen und entfernen, weitere Benutzer anlegen, Systemdienste starten und so weiter. Surfen Sie nun beispielsweise mit Administratorrechten im Internet und erwischen ein böses ActiveX-Control, wird dieses auch im administrativen Kontext ausgeführt.

Überprüfen Sie also vor dem Öffnen von Webseiten – oder besser noch vor dem Start des entsprechenden Systems –, welche Konten auf dem Rechner existieren und welche Rechte die entsprechenden User jeweils haben. Am besten ist es, Sie erstellen zum Surfen eigens ein Konto mit begrenzten Rechten – also ohne administrative Rechte.

12.4.2   Windows 7: Aktivieren der Benutzerkontensteuerung

In früheren Windows-Versionen gab es häufig Probleme mit eingeschränkten Benutzerkonten. Bestimmte Einstellungen ließen sich nicht vornehmen und Programme nicht starten. Aus diesen Gründen meldeten sich viele Benutzer im Alltag mit Administratorrechten an und machten dadurch ihr System sehr anfällig gegen Fehlbedienung und bösartige Software. Seit Windows Vista verwendet Windows eine neuartige Benutzerkontensteuerung, einen Administrator mit eingeschränkten Rechten.

Was auf den ersten Blick sinnlos klingt, kann bei der alltäglichen Arbeit sehr nützlich sein. Für alle systemkritischen Vorgänge fragt Windows 7 explizit nach Zustimmung. Alle Funktionen in der Windows-Benutzeroberfläche, die eine solche Zustimmung erfordern können, sind mit einem vierfarbigen Schildsymbol gekennzeichnet. Die meisten davon finden sich in der Systemsteuerung.

Beim Anklicken einer geschützten Funktion erscheint das Dialogfeld *Zur Fortsetzung des Vorgangs ist Ihre Zustimmung erforderlich*. Wenn Sie bereits als Benutzer mit Administratorrechten angemeldet sind, können Sie hier einfach auf *Fortsetzen* klicken. Benutzer mit eingeschränkten Rechten können die Daten eines Administrators eingeben und die Funktion so trotzdem ausführen. Man braucht sich also nicht ab- und wieder neu anzumelden. Die Administratorrechte gelten auch nur für diesen einen Dialog und nicht systemweit.

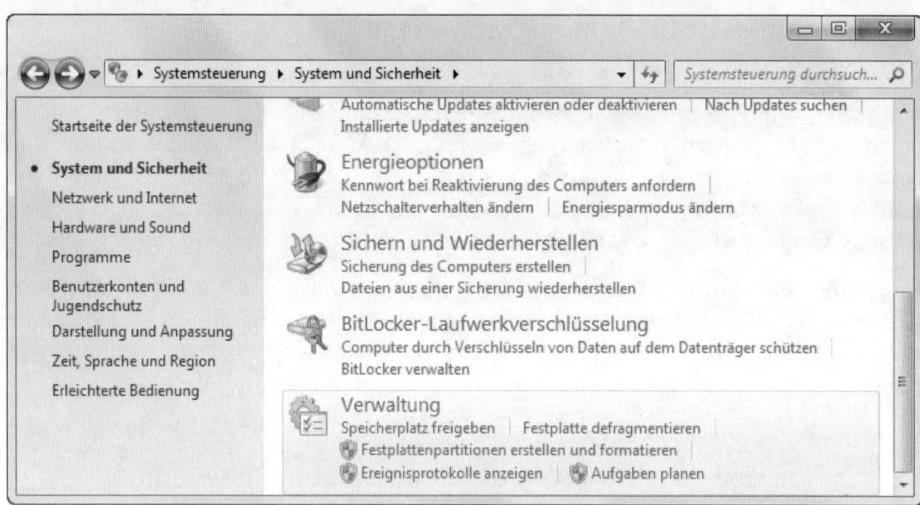

Bild 12.36: Sicherheitskritische Funktionen werden in *Systemsteuerung/System und Sicherheit* mit einem Schildsymbol gekennzeichnet.

Wenn Sie diesen Dialog nach einer gewissen Zeit nicht beantwortet haben, wird er automatisch wieder abgeschaltet, und die entsprechende Funktion wird nicht ausgeführt. Auf diese Weise soll verhindert werden, dass bösartige Software das System automatisch umgeht.

Ein weiterer Schutz vor automatischem Klicken ohne Nachfrage ist der sichere Desktop. Beim Einblenden einer solchen Zustimmungsabfrage werden alle anderen Elemente der Windows-Benutzeroberfläche vorläufig deaktiviert. So können keine anderen Programme auf den Zustimmungsdialog zugreifen. Auch bei unbekannten Programmen kann die Benutzerkontensteuerung aktiv werden und vor dem Ausführen des Programms nachfragen.

12.4.3 Windows 7: Programme als Administrator starten

Programme, die über das Startmenü aufgerufen werden, haben normalerweise keine Möglichkeit, systemkritische Änderungen vorzunehmen. Möchten Sie ein Programm mit vollen Administratorrechten starten, sodass Sie damit jede (auch noch so gefährliche) Änderung am System durchführen können, halten Sie die Tasten $\boxed{\text{Strg}}$ + $\boxed{\text{Umschalt}}$ gedrückt, während Sie auf das Programmsymbol im Startmenü klicken.

Das funktioniert nur bei Programmen, die direkt in der linken Spalte des Startmenüs angezeigt werden, nicht bei denen unter Alle Programme. Dort müssen Sie mit der rechten Maustaste auf ein Programm klicken und im Kontextmenü *Als Administrator ausführen* wählen. Damit verdunkelt sich der Bildschirm, und eine Abfrage der Benutzerkontensteuerung erscheint.

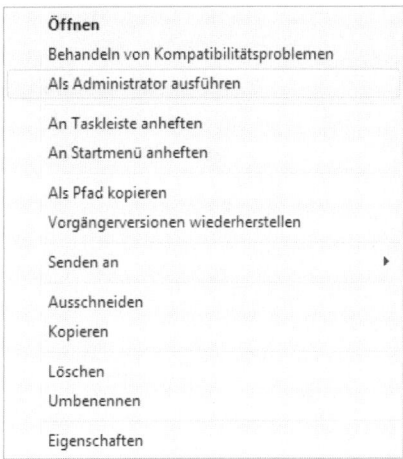

Öffnen
Behandeln von Kompatibilitätsproblemen
Als Administrator ausführen
An Taskleiste anheften
An Startmenü anheften
Als Pfad kopieren
Vorgängerversionen wiederherstellen
Senden an ▶
Ausschneiden
Kopieren
Löschen
Umbenennen
Eigenschaften

Bild 12.37: Programm mit Administratorrechten starten.

Selbst wenn Sie selbst als Administrator auf dem Computer angemeldet sind, müssen Sie diese Anfrage bestätigen. Als eingeschränkter Benutzer müssen Sie ein Administrator-passwort eingeben, um das Programm in diesem Modus starten zu können.

12.4.4 Windows 7: Anpassen der Benutzerkontensteuerung

Die Benutzerkontensteuerung in Windows Vista wurde von den meisten Benutzern eher als lästig denn als nützlich empfunden, deshalb haben viele Benutzer sie deaktiviert. Windows 7 bietet jetzt eine anpassbare Benutzerkontensteuerung, die sich in der Standardeinstellung nur dann meldet, wenn ein Programm im Hintergrund systemkritische Änderungen an Windows vornehmen will, den Benutzer aber in Ruhe lässt, wenn er selbst Einstellungen verändert.

Nerven Sie die ewigen Nachfragen der Benutzerkontensteuerung trotzdem noch zu sehr oder wollen Sie sich vor eigenen Benutzerfehlern besser schützen, können Sie die Benutzerkontensteuerung ganz deaktivieren oder sich sogar häufiger warnen lassen. Die Einstellungen dazu finden Sie in der Systemsteuerung unter *System und Sicherheit/ Wartungscenter/Einstellungen der Benutzerkontensteuerung ändern*.

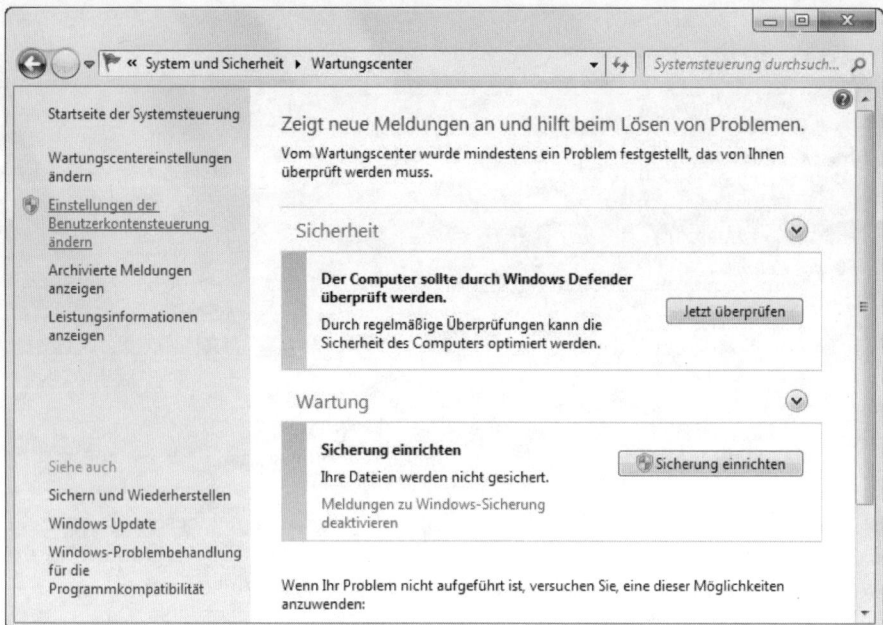

Bild 12.38: Im Wartungscenter wählen Sie *Einstellungen der Benutzerkontensteuerung ändern*.

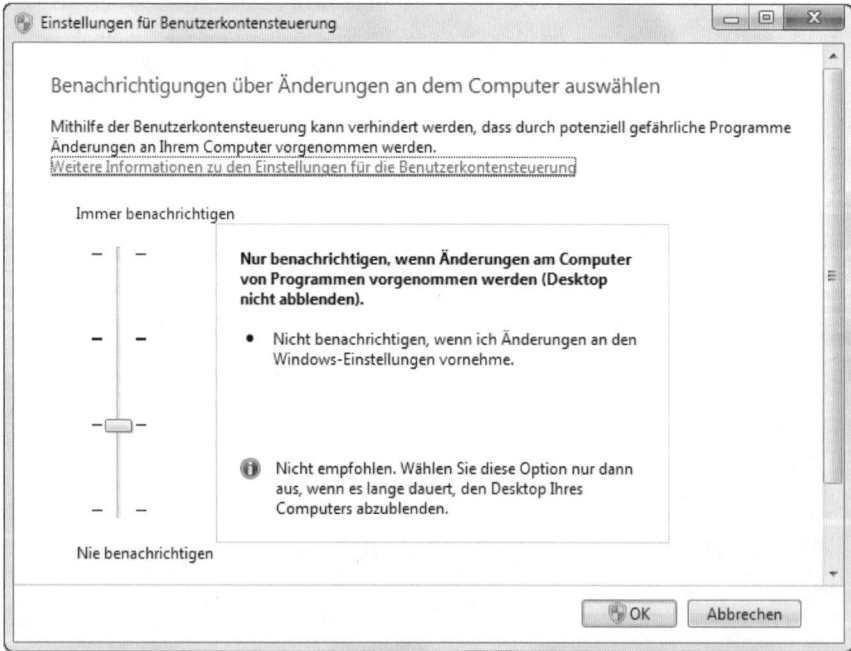

Bild 12.39: Benutzerkontensteuerung anpassen.

Damit diese Änderung wirksam wird, müssen Sie den Computer neu starten.

12.4.5 Windows Vista: Administratorrechte vergeben

Mit der Einführung von Windows Vista präsentierte Microsoft ein neues Sicherheits-konzept unter Windows – UAC (User Access Control) –, was sich mit »Benutzerkonto-steuerung« übersetzen lässt. UAC sorgt dafür, dass alle Benutzer – auch die in der Gruppe der lokalen Administratoren – ihre Anwendungen und Aufgaben unter einem Standardbenutzerkonto ausführen. Damit wird der administrative Zugriff auf autori-sierte Prozesse eingeschränkt und das System abgesichert.

Auf diese Weise gehören das Ausführen von nicht erlaubten Anwendungen und auch eventuelle versehentliche Änderungen der Systemeinstellungen durch den Benutzer mit Administratorrechten der Vergangenheit an.

Bild 12.40: Um die Benutzerkontensteuerung ein- oder auszuschalten, wählen Sie das entsprechende Benutzerkonto in der Systemsteuerung bei Benutzerkonten aus.

Grundsätzlich sind in Windows Vista mit dem Standardbenutzer und dem Administra-tor zwei Benutzerarten implementiert. Der Standardbenutzer führt Prozesse und Anwendungen unter einem Benutzerkonto aus, das Mitglied in der Gruppe der lokalen Benutzer ist.

Der Administrator befindet sich entsprechend in der lokalen Gruppe der Administrato-ren. Startet ein normaler Benutzer eine Anwendung, die administrative Rechte erforder-lich macht, werden diese Rechte zur Laufzeit, also nach dem Starten des Programms, angefordert.

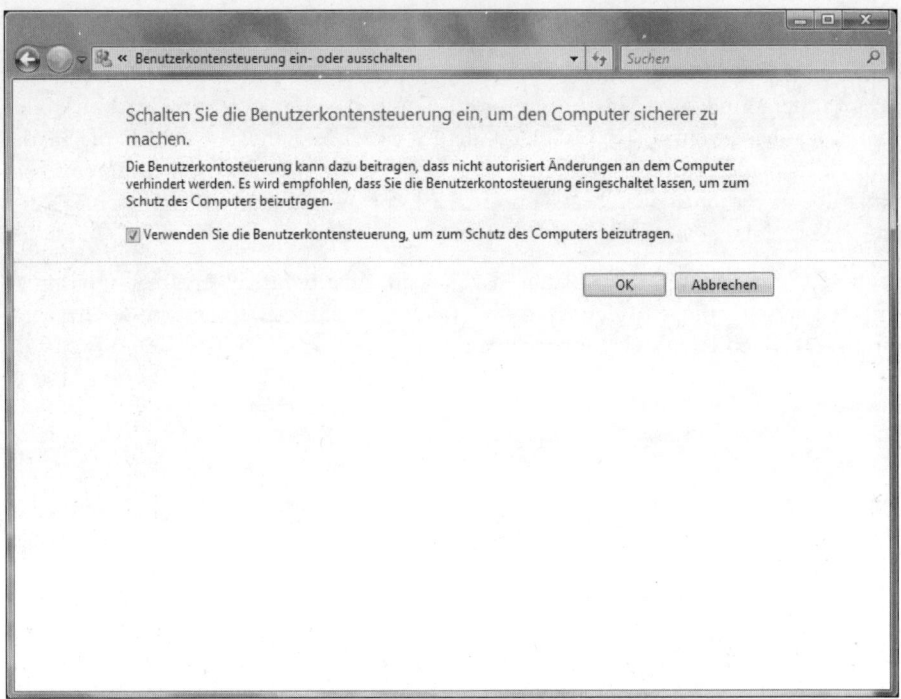

Bild 12.41: Standardmäßig ist die Benutzerkontensteuerung bei jedem angelegten Benutzerkonto aktiv.

Hier blendet Windows Vista dann einen sogenannten Secure Desktop mit darauffolgender Sicherheitsabfrage ein. Arbeitet der angemeldete Benutzer als Standardanwender, wird nach dem Administratorkennwort gefragt. Arbeitet der Benutzer hingegen im Administratormodus, erscheint lediglich ein zusätzliches Fenster, das die Erlaubnis für die Programmausführung einholt.

Bevor eine Anwendung gestartet wird, die administrative Rechte benötigt, fragt Windows Vista den Benutzer, ob die Anwendung mit erweiterten Rechten gestartet werden soll. Dieses UAC-Feature wird auch »Admin Approval Mode« genannt.

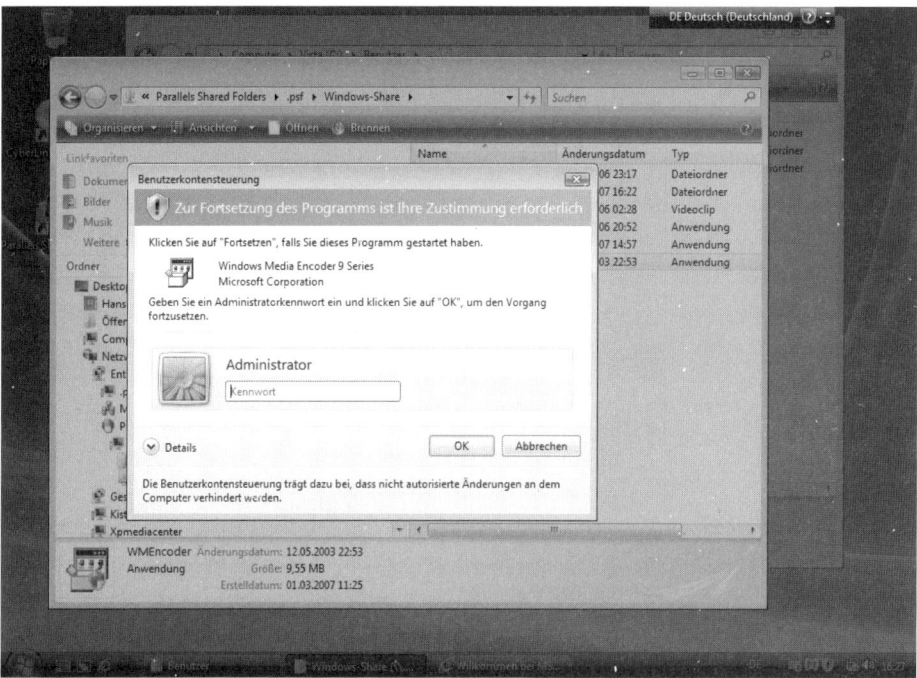

Bild 12.42: UAC in der Praxis: Arbeitet ein Standardbenutzer unter Windows Vista, muss bei Aktionen wie der Installation von Anwendungen oder Gerätetreibern das lokale Administratorpasswort eingegeben werden.

Aus Sicherheitsgründen sollten Windows Vista-Anwender UAC eingeschaltet lassen. Ist aus welchem Grund auch immer UAC deaktiviert, sollte dieser Mechanismus über die Benutzerkontensteuerung eingeschaltet werden.

12.4.6 Windows XP: mehr Sicherheit mit Service Pack 2

Bei Windows XP SP2 ist man nun etwas besser geschützt als ohne installiertes Service Pack 2: ActiveX-Controls müssen explizit freigegeben werden, sie werden nicht mehr vollautomatisch bei Zugriff auf eine Webseite ausgeführt. Auf diese Weise ist das Installieren von neuen Programmen und damit auch von Webdialern oder das Umkonfigurieren eines DFÜ-Kontos auf dem PC nicht mehr möglich.

Wenn Sie sich den Merkstress sparen möchten, benennen Sie das Konto einfach *Name_Nutzer* oder *Name_surfen*. Dann wissen Sie auch bei familiär genutzten PCs gleich, was Sache ist. Um ein neues Benutzerkonto zu erstellen, öffnen Sie in Windows XP in der Systemsteuerung den Dialog *Benutzerkonten*. Mit der Schaltfläche *Neues Konto erstellen* legen Sie ein Konto, also einen Benutzer-Account, an.

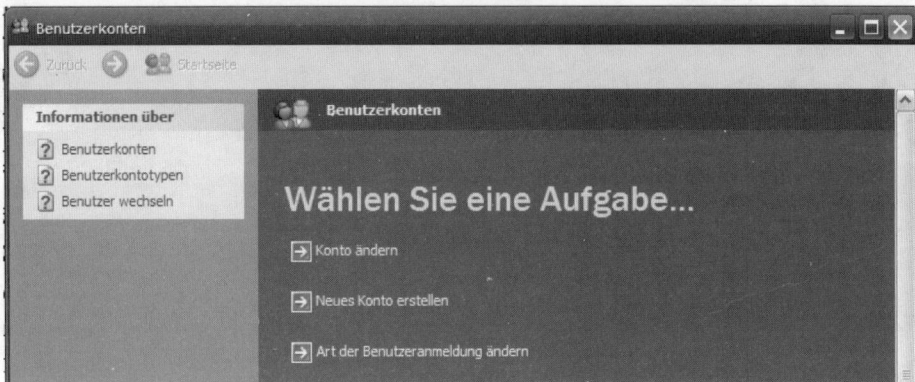

Bild 12.43: Erstellen Sie ein neues Benutzerkonto und vergeben Sie einen aussagekräftigen Namen.

Das Benutzerkonto kann entweder für den Computeradministrator (alle Rechte) oder für normale Benutzer (eingeschränkte Rechte) sein. Wählen Sie für das nicht administrative Konto *Eingeschränkt* aus. Für weitere Benutzerkonten – beispielsweise für Familienmitglieder – gehen Sie analog vor. Damit niemand sonst mit dem neuen Konto arbeiten kann, können Sie dieses mit einem Zugangskennwort versehen. Das erledigen Sie mit einem Klick auf *Kennwort erstellen* und geben das gewünschte Kennwort zweimal ein.

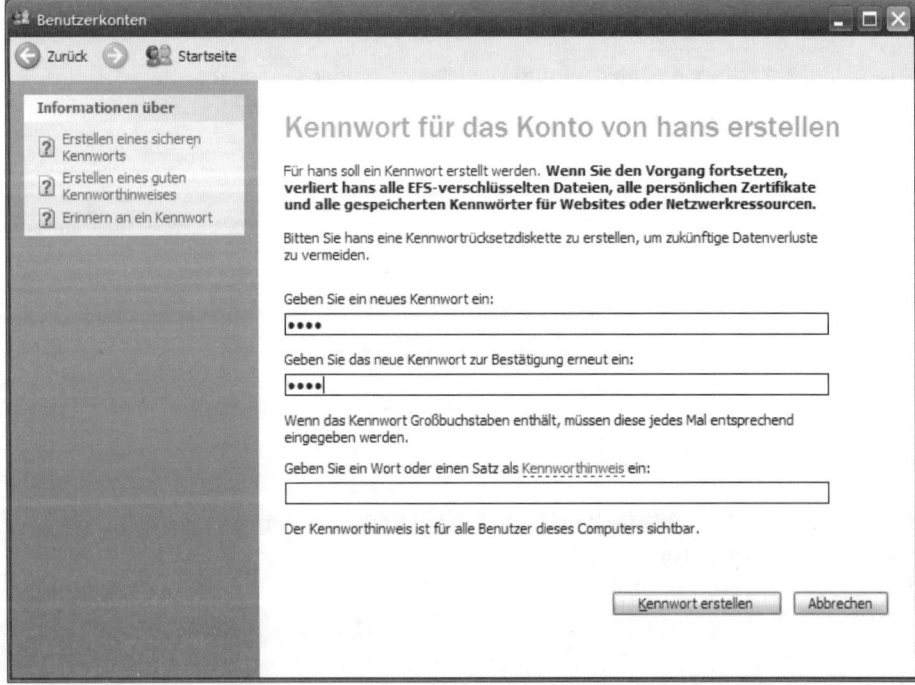

Bild 12.44: Geben Sie das Passwort zweimal ein und klicken Sie auf Kennwort erstellen. Windows aktiviert für den neuen Benutzer den Passwortschutz.

12.4.7 Unnötige Netzwerkdienste abschalten

Ist ein Rechner zwar an ein Netzwerk angeschlossen, soll aber nicht an sämtlichen Diensten aktiv teilnehmen, braucht er auch nicht alle Netzwerkdienste. Doch bei Windows XP und Windows Vista sind viele nicht benötigte Netzwerkdienste standardmäßig aktiviert. Diese sind somit auch von außen erreichbar und angreifbar. Dienste (engl. services) sind nichts anderes als Programme, die beim Start des Betriebssystems mit geladen werden, ohne dass sie explizit gestartet werden müssen.

Die meisten derzeit verbreiteten Würmer nutzen diese bekannten Verwundbarkeiten von Windows-Diensten, die standardmäßig aktiviert sind. Diese lassen sich nicht einfach per Systemsteuerung etc. ausschalten – hier sind spezielle Tools wie beispielsweise das Skript von *www.ntsvcfg.de* nötig.

Bild 12.45: *www.ntsvcfg.de:* Hier bekommen Sie alle Informationen zu sinnvollen und nutzlosen Diensten unter Windows XP/2000.

Vorsicht Sicherheitslücke
Manche Dienste stellen zwar eine Sicherheitslücke im Internet dar – wie beispielsweise NetBIOS –, hier ist aber nur NetBIOS over TCP/IP zu deaktivieren, falls der Rechner in einem Heimnetz zum Einsatz kommen soll. Dies ist der Schalter Datei- und Druckerfreigabe über die Netzwerkkarte, die per TCP/IP angebunden ist. Ist NetBIOS grundsätzlich deaktiviert, ist in der Netzwerkumgebung kein anderer Computer im Heimnetz mehr zu sehen.

12.4.8 Kein Netzwerk, keine Freigaben

Haben Sie kein Heimnetz im Einsatz und wollen keine Daten mit anderen Computern über den Windows Explorer austauschen, ist die Windows-Freigabe witzlos. Schalten Sie sie einfach aus. Dafür melden Sie sich zunächst mit Administratorrechten bei Windows an. Das ist wichtig, weil Sie als eingeschränkter Benutzer keine Veränderungen an den Eigenschaften der Netzwerkverbindungen vornehmen können.

Öffnen Sie nun die Systemsteuerung über *Start/Systemsteuerung*. Bei *Netzwerk und Internet/Netzwerk- und Freigabecenter* finden Sie im Bereich *Netzwerk* unter *Verbindung* den Link *Status anzeigen*. Rufen Sie dort *Eigenschaften* auf.

Im Register Netzwerk sehen Sie unter anderem, welche Clients, Dienste und Protokolle an den DFÜ-Adapter bzw. die Netzwerkkarte gebunden sind. Das TCP/IP-Protokoll wird immer benötigt, die anderen Dinge jedoch nicht. Markieren Sie *TCP/IP* und klicken Sie auf *Eigenschaften*. Dort sind die Punkte IP-Adresse automatisch beziehen und DNS-Serveradresse automatisch beziehen zu sehen.

Die scheinbar einfachen Einträge sorgen dafür, dass der PC bei jeder neuen Einwahl in das Internet diese Adressen automatisch vom Provider bekommt. Die IP-Adresse ist bei jeder Einwahl eine andere und wird automatisch aus dem Adresspool des Providers zugeteilt. Die DNS-Serveradressen sind in der Regel immer die gleichen, da sie notwendig sind, um überhaupt im Internet surfen zu können. QoS soll stets eine feste, reservierte Bandbreite garantieren, was gerade bei Echtzeitkommunikation und -anwendungen sinnvoll ist.

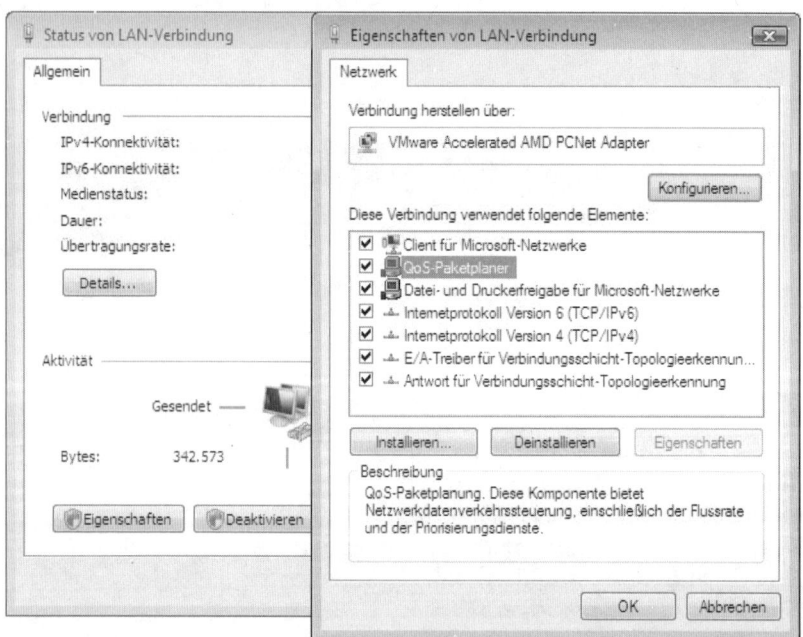

Bild 12.46: Egal ob Modem, ISDN oder Netzwerkkarte: Bei dem Internetgerät stellen die Optionen *Datei- und Druckerfreigabe für Microsoft-Netzwerke* sowie *Client für Microsoft-Netzwerke* ein großes Sicherheitsloch dar. Deaktivieren Sie deshalb beide Schalter.

Die Einstellungen *Datei- und Druckerfreigabe für Microsoft-Netzwerke* sowie *Client für Microsoft-Netzwerke* sind für die Sicherheit nach außen enorm wichtig: Beide dürfen grundsätzlich niemals direkt an der Netzwerkschnittstelle, die für den Internetzugriff sorgt, aktiviert sein, sonst können Fremde Ihre Daten auf dem Rechner ausspionieren. Die Dateifreigabe schalten Sie nur dann ein, wenn Sie im lokalen Netz Dateien austauschen möchten, nicht aber im Internet.

Gute DSL-Router unterbinden NetBIOS-Verbindungen in das Internet, die für die Drucker- und Dateifreigabe zuständig sind. Natürlich besteht diese Gefahr nur, wenn Sie Freigaben eingerichtet und Zugangsberechtigungen erteilt haben, jedoch funktionieren die sogenannten Administratorfreigaben über *C:\$* etc. bei Windows XP Professional, Windows 2000 und NT immer! Diese müssen nachträglich deaktiviert werden, da Administratorfreigaben nach einer Standard-Windows-Installation grundsätzlich immer aktiv sind.

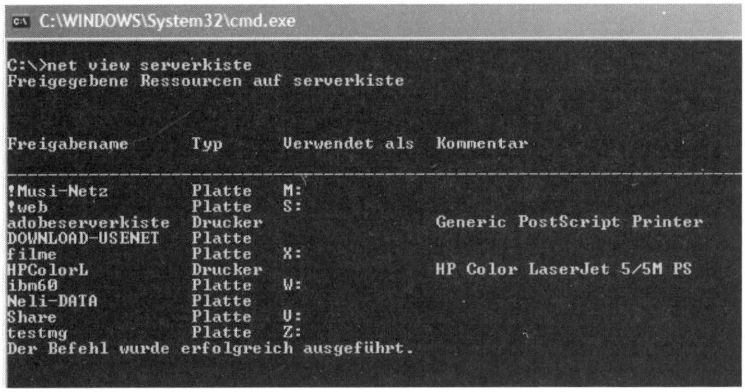

Bild 12.47: Welche Freigaben per NetBIOS im Netzwerk bzw. bei einem Computer existieren, erfahren Sie am schnellsten über die MS-DOS-Eingabeaufforderung: Mit dem Befehl *net view* *\\RECHNERNAME* (oder IP-Adresse) werden sämtliche Freigaben aufgelistet.

Mit einer administrativen Freigabe können Sie mit dem Administratorkonto über das Netzwerk eine Verbindung einrichten, vorausgesetzt, das Administratorpasswort ist bekannt. Deshalb sollten Sie für das Administratorkonto ein möglichst kompliziertes Passwort verwenden, damit Brute-Force-Hacker-Attacken, bei denen Buchstabenkombinationen und lexikalische Wortlisten ausprobiert werden, relativ geringe Chancen haben.

Auch der Client für Microsoft-Netzwerke ist über das Internet ansprechbar. Dieser koppelt NetBIOS über TCP/IP (NBT) an den DFÜ-Adapter, und damit läuft NetBIOS über das Internet. Hier gilt in puncto Datensicherheit das Gleiche wie bei der Dateifreigabe.

Also: Wer nur im Internet arbeitet, braucht NetBIOS & Co. nicht – deshalb am besten gar nicht erst installieren und nur TCP/IP verwenden. Wenn Sie dagegen mit mehreren PCs ein kleines Heimnetzwerk aufgebaut haben, werden Sie die Freigaben nicht missen wollen. Dann ist es besonders wichtig, dass der DSL-Router keine Windows-Freigaben nach außen zulässt – und dies ist glücklicherweise in der Regel der Fall.

12.4.9 Freie Ordner vor neugierigen Blicken schützen

Die Namen von freigegebenen Ordnern unter Windows sind beim Erstellen einer Netzwerkbindung für jeden Benutzer sichtbar, obwohl keine Berechtigung vorhanden ist, diese Ordner zu öffnen. Möchten Sie den Namen eines freigegebenen Ordners vor neugierigen Blicken schützen, fügen Sie dem Freigabenamen ein $ hinzu. Windows erstellt standardmäßig einige versteckte Freigaben, beispielsweise die für den Windows-Ordner (*Admin$*) oder für Laufwerk C:\ (*C$*).

Erstellen Sie beispielsweise einen Ordner mit dem Namen *TESTVERZEICHNIS* und eine Freigabe *Testverzeichnis$*. Möchte sich nun jemand mit diesem Ordner verbinden, muss der Freigabename des Ordners bekannt sein, da dieser in der Netzwerkumgebung nicht mehr angezeigt wird. Geben Sie nun den Namen der Freigabe manuell ein, dürfen Sie beim Erstellen der Netzwerkverbindung das $-Zeichen nicht vergessen.

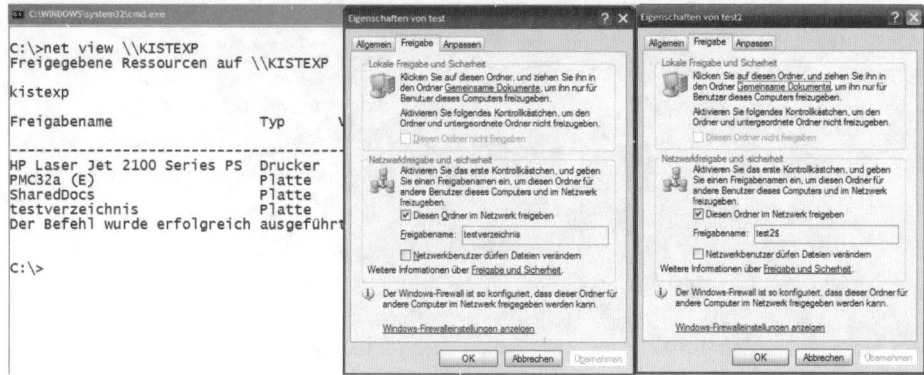

Bild 12.48: Die zweite Freigabe wurde erfolgreich versteckt.

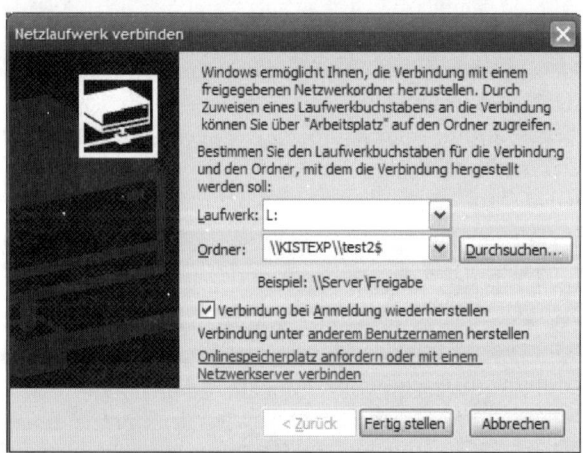

Bild 12.49: So erstellt man ein Netzwerklaufwerk im Explorer mit einer versteckten Freigabe: *Extras/Netzlaufwerk verbinden* und dann den Freigabenamen mit dem $ eintragen (Syntax: \\RECHNERNAME\ FREIGABENAME$).

12.4.10 Windows XP: Nachrichtendienst abschalten

Kaum ein Tag vergeht ohne Spam-E-Mails und unerwünschte Nachrichten, die selbst bei nicht geöffnetem Internetbrowser auf dem Windows-Desktop erscheinen. Da es gerade bei den über den Windows-Nachrichtendienst versendeten Botschaften schwer fällt, den Urheber der unerwünschten Nachrichten zu ermitteln, ist es sinnvoll, dieses Schlupfloch ein für allemal zu schließen.

Gerade bei Windows XP wird dieser Nachrichtendienst automatisch mitinstalliert und bei jedem Systemstart geladen. Andere Windows-Betriebssysteme sind ebenfalls mit dem Nachrichtendienst ausgestattet – hier wird dieser erst nach der Installation der Netzwerkverbindung aktiv.

Dabei ist der Einsatz des Windows-Nachrichtendiensts im LAN-Netzwerk durchaus sinnvoll: Soll an andere Benutzer im LAN eine kurze Nachricht gesendet werden, geschieht dies in der MS-DOS-Eingabeaufforderung: Mit dem *net*-Befehl können Sie an andere Clients im LAN Kurznachrichten verschicken, indem Sie in einem DOS-Fenster den Befehl *net send* verwenden. Mit dem Kommando:

```
net send tester "Hallo, das ist ein Test"
```

senden Sie an die Login-Kennung tester den Text »Hallo, das ist ein Test«. Ist dieser momentan im Netz eingeloggt, wird ihm nun eine kleine Dialogbox mit dem Nachrichtentext angezeigt. Es können auch sämtliche eingeloggten Anwender auf einen Schlag erreicht werden, indem Sie den Login-Namen durch ein * ersetzen.

Alternativ können Sie statt des Login-Namens die IP-Adresse des Rechners verwenden – und genau diesen Mechanismus verwenden die Spam- und Hackertools. So kann bei eingeschaltetem Nachrichtendienst eine Vielzahl von Anwendern mit unerwünschten Nachrichten belästigt werden.

Unter Windows Vista hat Microsoft lobenswerterweise den Parameter send für den net-Befehl entfernt. Damit sind diese nervigen und zeitraubenden Nachrichten Geschichte – unter Windows XP gehen Sie folgendermaßen vor:

Nachrichtendienst per Systemsteuerung abschalten

Möchten Sie auf Nummer sicher gehen, schalten Sie den Nachrichtendienst einfach aus. Dies geht am einfachsten per Systemsteuerung: Über *Verwaltung/Computerverwaltung/Dienste* kommen Sie zu den Diensten – dort ist auch der Nachrichtendienst zu finden. Dieser wird in Windows XP bei jedem Systemstart neu gestartet und ist grundsätzlich aktiv. Deshalb reicht es nicht, den Dienst einfach zu stoppen, sondern auch der Starttyp muss geändert werden.

Zunächst beenden Sie den Nachrichtendienst mit einem Klick auf die *Beenden*-Schaltfläche. Anschließend wählen Sie im Drop-down-Feld für den *Starttyp Deaktiviert* aus und klicken auf die Schaltfläche *Übernehmen*. Nun ist der Nachrichtendienst deaktiviert und bleibt auch nach dem Neustart des PCs ausgeschaltet.

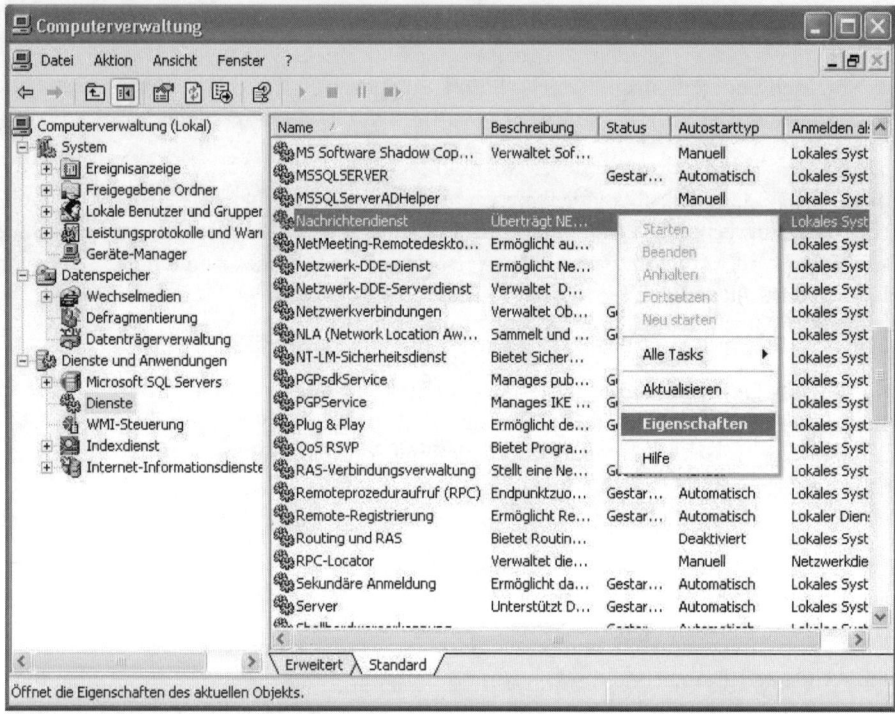

Bild 12.50: Wählen Sie über die *Start*-Schaltfläche *Einstellungen/Systemsteuerung/ Verwaltung/Computerverwaltung/Dienste* aus. Dort können Sie den Nachrichtendienst konfigurieren bzw. ausschalten.

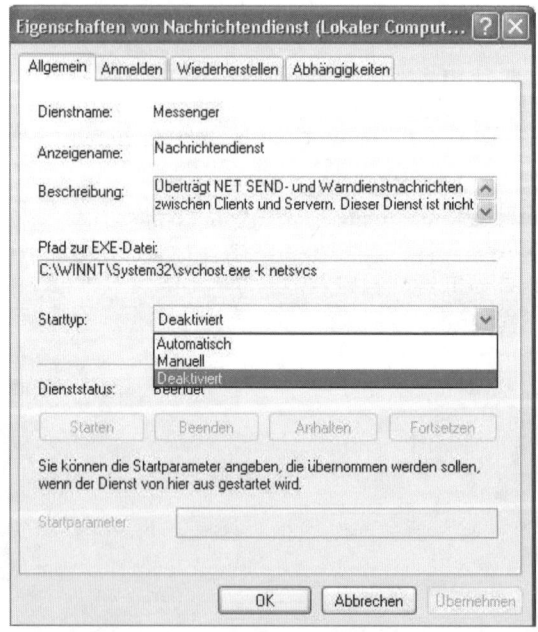

Bild 12.51: Eingriff mit Folgen: Nur wenn der Starttyp auf *Deaktiviert* eingestellt ist, unterbleibt der Start des Nachrichtendiensts beim Windows-Systemstart.

Den Nachrichtendiest mit xp-AntiSpy abschalten

XP-Nutzer haben's auf Wunsch auch etwas bequemer: Sie können auf das Antispy-Werkzeug xp-AntiSpy zurückgreifen. Um zu testen, ob Sie den Nachrichtendienst erfolgreich deaktiviert haben, nutzen Sie am besten die Testseite *www.mynetwatchman. com/kb/winpopup.asp*.

Erscheint nach dem Selbsttest auf Ihrem Monitor ein Nachrichtendienst-Pop-up, heißt es handeln: Überprüfen Sie nochmals die Einstellungen bei dem Windows-Nachrichtendienst. Erscheint hingegen eine Testseite mit Ihrer IP-Adresse, ist alles in Ordnung – der PC wird von der Firewall geschützt bzw. der Nachrichtendienst ist deaktiviert.

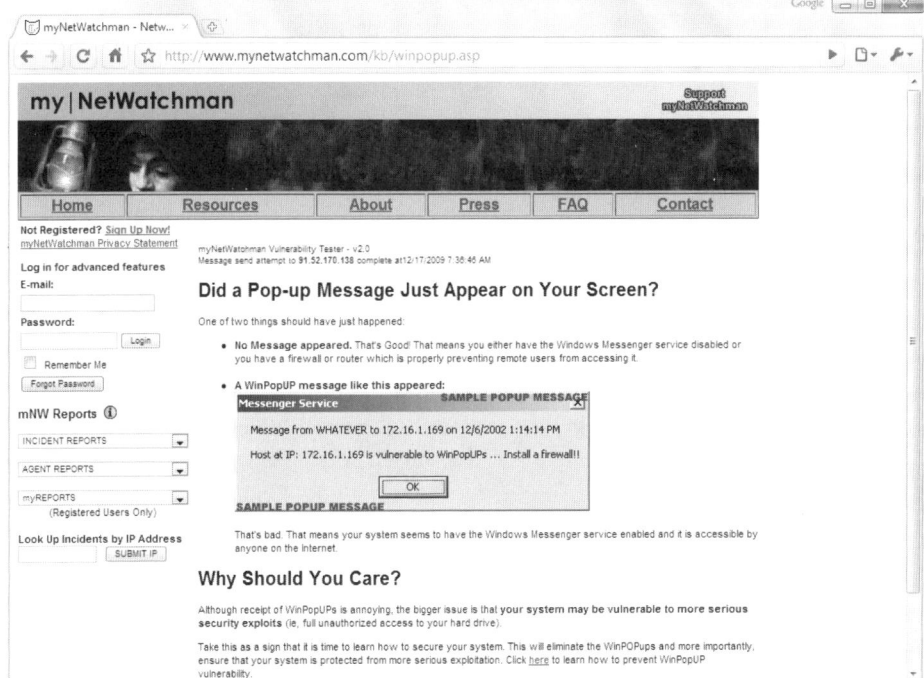

Bild 12.52: Mit einem Klick auf *Send WinPopUPMessage to myself* testen Sie, ob der tückische Windows-Nachrichtendienst auf Ihrem PC aktiv ist oder nicht.

12.5   Mehr Sicherheit für den Internet Explorer

Beim Surfen im Internet ist die ordnungsgemäße und sichere Konfiguration des Browsers das A und O, um die Risiken bei Angriffen und Spionageversuchen über das Internet zu minimieren. Gerade bei aktiven Inhalten ist der Internet Explorer anfällig für Angriffe, da hier Dateien ausgeführt werden können, die das Betriebssystem oder Teile davon lahmlegen können. Aktive Inhalte können über JavaScript, Java, ActiveX, Active Scripting oder VBScript ausgeführt werden – der größte Unsicherheitsfaktor ist ActiveX.

Während JavaScript den Download von Installationsprogrammen steuert, werden die ActiveX-Controls beispielsweise für die Installation gefährlicher Dialer verwendet. Ganz auf der sicheren Seite sind Sie, wenn Sie neben ActiveX auch JavaScript deaktivieren, doch der Praxisnutzen leidet darunter stark: JavaScript wird sehr häufig auch auf Webseiten für die Steuerung und Navigation verwendet. Ist JavaScript deaktiviert, werden verschiedene Webseiten falsch oder überhaupt nicht dargestellt.

Bei Windows XP samt installiertem SP2 warnt der XP-Sicherheitsmechanismus vor dem Download und dem Ausführen von ActiveX- und JavaScript-Komponenten. Hier muss der Anwender selbst entscheiden, ob er das Skript ausführt oder nicht.

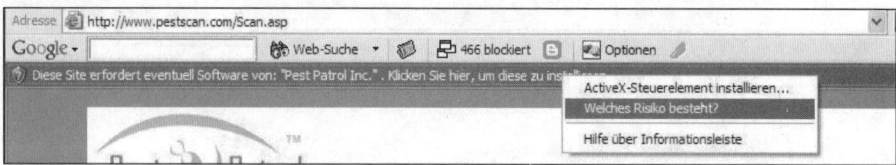

Bild 12.53: Mit installiertem SP2 werden unter Windows XP ActiveX-Steuerelemente vom Browser geblockt. Nur bei wirklich vertrauenswürdigen Seiten sollten Sie im Kontextmenü den Eintrag ActiveX-Steuerelement installieren auswählen.

Beim Internet Explorer 8 und mit der Einführung von Windows 7 ist die Handhabung von ActiveX-Controls deutlich sicherer geworden – teilweise so sicher, dass genervte Anwender die Sicherheitseinstellungen am liebsten auf das niedrigste Level setzen möchten, um Webseiten ohne unzählige Bestätigungsklicks bzw. in einer kastrierten Form anschauen zu müssen. Hier ist Abwägen angesagt: Einerseits will man keine Funktionalität verlieren, andererseits soll das Surfen so sicher wie möglich vonstatten gehen.

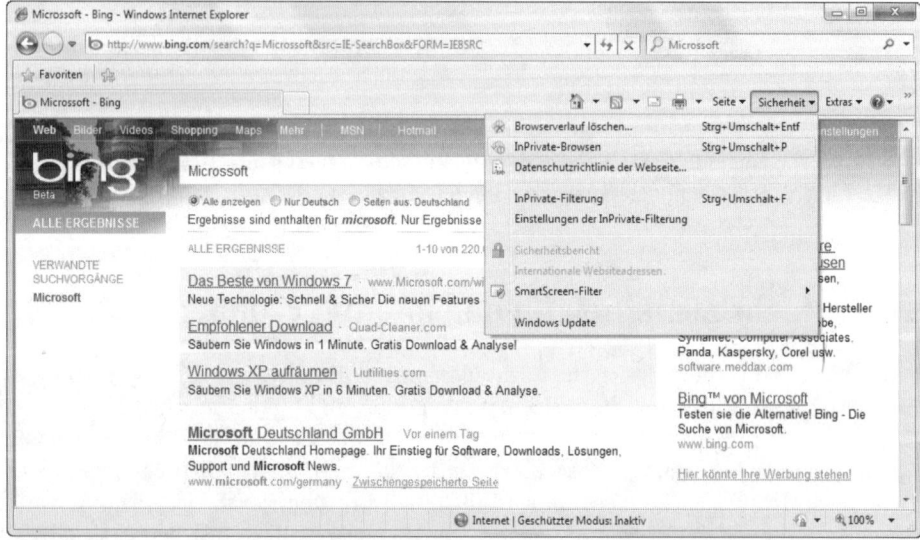

Bild 12.54: Aufruf der Sicherheitseinstellungen im Internet Explorer 8.

Abhängig davon, welchen Internetbrowser Sie einsetzen, sind die Einstellungsmöglichkeiten unterschiedlich. Die in der Tabelle beschriebenen Optionen sind ab Internet Explorer 6 verfügbar und teilweise auch in älteren Versionen implementiert. Benutzer anderer Browser wie Mozilla Firefox oder Apple Safari surfen normalerweise sicherer, da diese Browser das gefährliche ActiveX nicht verarbeiten.

Kritisch wird es nur, wenn Sie ein Plug-in installiert haben, das IE-Tabs ermöglicht. Dann nutzt Firefox die Internet Explorer-Engine zur Darstellung der Webseiteninhalte und konfrontiert Sie plötzlich mit der im Firefox unbekannten Nachfrage in Sachen ActiveX. Auch Pop-ups werden von alternativen Browsern besser verarbeitet und gar nicht erst angezeigt. Sowohl beim Internet Explorer 8 als auch beim Internet Explorer 7 (ab Windows XP SP2) sollten Sie die lästigen Pop-ups deaktivieren – in diesem Fall ist das Installieren eines zusätzlichen Pop-up-Blockers nicht mehr notwendig.

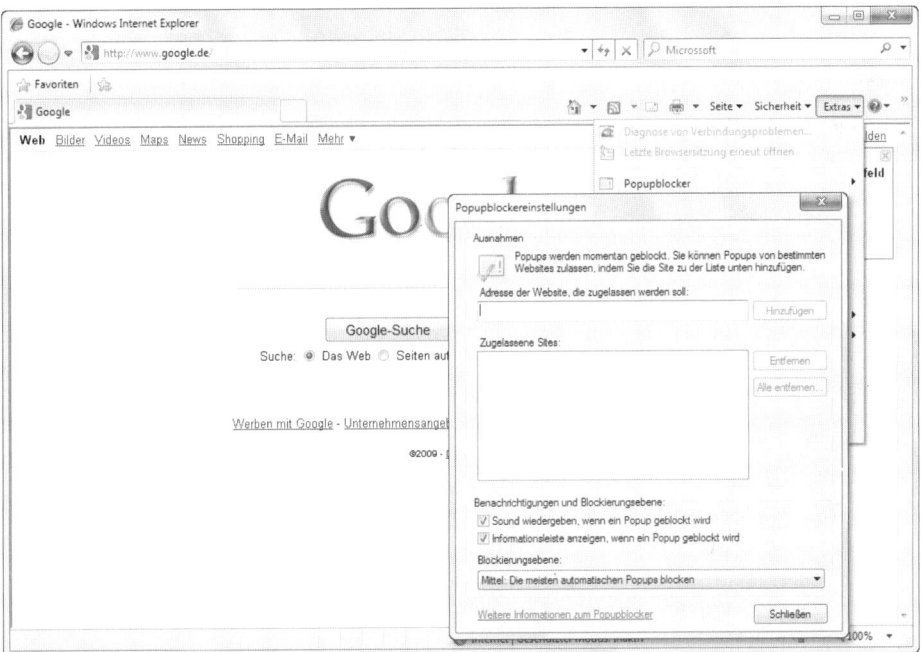

Bild 12.55: Im Menü *Extras/Popupblocker* finden Sie beim Internet Explorer 8 die *Pop-up-Blocker-Einstellungen*.

12.5.1 Internet Explorer 8: Sicherheitsstufen festlegen

Das Windows- bzw. Internet Explorer-Sicherheitsmodell beruht auf einem Zonenmodell (Internet, Lokales Intranet, Vertrauenswürdige Sites, Eingeschränkte Sites). Diese Zonen ermöglichen das Anpassen der Sicherheitseinstellungen an Ihr eigenes Sicherheitsbedürfnis.

Die Sicherheitszonen im Überblick

Sicherheitszone	Standardsicher-heitsstufe	Bemerkung
Internet	Mittel	Die Zone Internet umfasst alle Webseiten, die in keiner der anderen Zonen enthalten sind.
Lokales Intranet	Niedrig	Alle zugelassenen Webseiten in dieser Zone sollten sich innerhalb des Heimnetzes und in Reichweite der Firewall befinden.
Vertrauenswür-dige Sites	Niedrig	Webseiten in der Zone Vertrauenswürdige Sites dürfen erheblich mehr Vorgänge ausführen und verlangen weniger Klicks – also Sicherheitsent-scheidungen. Es sollten nur dann Webseiten dieser Zone hinzugefügt werden, wenn Sie sicher sind, dass diese Webseite keinen Schaden anrichten kann. Gerade bei Mail- oder Onlinebanking-Web-seiten sollten Sie darauf achten, dass das HTTPS-Protokoll (Hypertext Transmission Protocol, Secure) verwendet wird (erkennbar im Browser als *https://*-Verbindung).
Eingeschränkte Sites	Hoch	Diese Zone beherbergt Webseiten, die als nicht ver-trauenswürdig gelten. Damit werden aktive Inhalte und Skripten nicht ausgeführt – nur der »nackte« Text ist zu sehen.

Für jede sogenannte Webinhaltszone wie *Internet, Lokales Intranet, Vertrauenswürdige Sites* und *Eingeschränkte Sites* können Sie die Einstellungen einzeln festlegen. Die lokale Zone spielt für Webseiten im Allgemeinen keine Rolle, außer es ist eine Intranetseite im Heimnetzwerk.

Bedeutung der vorgegebenen Sicherheitsstufen

Sicherheitsstufe	Bemerkung
Hoch	Für Sicherheitsfetischisten empfehlenswert: Hier sind die weniger sicheren Browserfunktionen abgeschaltet. Gerade wenn Sie Webseiten besuchen, die zweifelhafte Dateien und Programme beherbergen, laufen Sie Gefahr, dass diese auch schädliche Skripten und Programme ausführen könnten.
Mittelhoch (Standard)	Für den Standardsurfer die empfehlenswerte Einstellung. So werden Skripten und sogenannte unsicherer Inhalte über Domain-Grenzen hinweg nicht ausgeführt; bevor es an das Herunterladen geht, kommt eine explizite Nachfrage – die gefährlicheren unsignierten ActiveX-Steuerelemente werden blockiert.
Mittel	Wie bei der Einstellung Mittelhoch erscheint hier eine Eingabeauffor-derung vor dem Herunterladen möglicherweise unsicherer Inhalte und Steuerelemente. Unsignierte ActiveX-Elemente werden ebenfalls blockiert.

Grundsätzlich sollten Sie aktive Inhalte wie Java-Applets, ActiveX-Controls, JavaScript und VBScript deaktivieren. Hier sollten Sie im Internet Explorer die Standardsicherheitsstufe Hoch oder aber mindestens Mittelhoch verwenden und gegebenenfalls einzelne aktive Inhalte manuell über die Option Stufe anpassen festlegen.

12.5.2 Internet Explorer 8: Sicherheitseinstellungen festlegen

Der Internet Explorer 8 bietet im Vergleich zu seinen Vorgängern deutlich mehr Sicherheitsfunktionen, um den Browser selbst, aber auch den PC vor Angriffen aus dem Internet zu schützen. Doch der Überblick über die vielen Funktionen fehlt – gerade bei der Vielfalt, die der Internet Explorer mitbringt. Hier sorgt der eine oder andere nicht aktivierte Schalter schnell für eine böse Sicherheitslücke, die unter Umständen die Sicherheit des gesamten PCs aushebelt. Ist andererseits der Internet Explorer zu konservativ eingestellt, leidet trotz höchster Sicherheit das Surfvergnügen.

Doch beim Lockern der IE-Fesseln sollten Sie behutsam vorgehen – denn eine Technik, die bösartige Webseiten nutzen, sorgt nach wie vor für Gefahr: Der Datenklau, auch Phishing genannt, ist allgegenwärtig. Hier wird einfach eine Original-Webseite vorgegaukelt, die vertrauliche Informationen wie Usernamen, Passwort, PINs, TANs, Kreditkartennummer etc. abfischen soll. Diese Daten werden anschließend für andere Zwecke missbraucht. Deshalb: Nutzen Sie die neuen Internetfunktionen wie Phishingfilter oder Pop-up-Blocker. Beide sind die Basis für einen sicheren Umgang mit dem Internet.

Gerade wenn Sie im Urlaub sind und im Internetcafé sitzen: Auf öffentlich zugänglichen PCs haben gespeicherte Passwörter für Mailkonten oder Onlinebanking nichts verloren. Geben Sie das Kennwort stattdessen immer neu ein. Klicken Sie auf *Nein*, wenn der Internet Explorer das Kennwort speichern will. Zu Hause kann dies natürlich bequem sein – hier hängt es davon ab, wer sonst noch auf Ihren PC Zugriff hat bzw. haben darf.

Praktisch ist zu Hause die Möglichkeit, vertrauenswürdige Seiten anzulegen (über das Menü *Extras/Internetoptionen/Sicherheit/Vertrauenswürdige Sites/Sites*). Hier können Sie alle Webadressen, denen Sie vertrauen, eintragen. Für diese Gruppe kann dann anschließend die konservative Sicherheitseinstellung gelockert und bequemer gesurft werden.

Für das sichere Surfen im Internet richten Sie über *Extras/Internetoptionen/Sicherheit/ Internet/Stufe anpassen* die Zone *Internet* im Internet Explorer ein. Nachstehend werden die wichtigsten Optionen für den Internet Explorer 8 erklärt – in der Spalte ganz rechts finden Sie die empfohlenen Praxiseinstellungen, mit denen Sie den Internet Explorer absichern, ohne gleichzeitig allzu viel an Funktionalität einzubüßen.

.NET Framework

.NET Framework	Bemerkung	Empfohlen (Höchste Sicherheit)	Empfohlen (Praxis)
Loose XAML	Diese Option ist für XML wichtig. Damit eine Webanwendung zur Laufzeit sogenannten XAML-Code nachladen und interpretieren kann, kann der Internet Explorer mithilfe eines Plug-ins einzelne XAML-Dateien laden und anzeigen.	Deaktivieren	Aktivieren
XAML-Browser-anwendungen	Diese werden auch XBAP genannt und erlauben dem Benutzer, eine Anwendung über das Internet auszuwählen und auf dem Computer zu installieren. Hier wird die Anwendung innerhalb des Internet Explorer in einer teilweise vertrauenswürdigen Sandbox ausgeführt. Eine aus dem Internet heruntergeladene XBAP kann keine eigenständigen Fenster erstellen, neue Anwendungsfenster öffnen oder auf das Dateisystem zugreifen.	Deaktivieren	Aktivieren
XPS-Dokumente	XPS ist ein neues Dokumentformat von Microsoft. Es soll plattformunabhängig sein und wie beim bekannten PDF-Format das Erstellen, die Freigabe, das Drucken und die gemeinsame Nutzung von XPS-Dokumenten zulassen. Das neue Office 2007 und der IE7 bringen bereits XPS-Dokumentunterstützung mit.	Deaktivieren	Aktivieren

.NET Framework Setup aktivieren

.NET Framework	Bemerkung	Empfohlen (Höchste Sicherheit)	Empfohlen (Praxis)
.NET Framework Setup aktivieren	Steht eine neue .NET Framework-Version zur Verfügung oder erfordert eine Anwendung eine bestimmte .NET-Version, lässt sich hier festlegen, ob die Installation gestartet werden darf oder nicht.	Deaktivieren	Aktivieren

ActiveX-Steuerelemente und Plugins

ActiveX-Steuerele-mente und Plugins	Bemerkung	Empfohlen (Hoch)	Empfohlen (Praxis)
ActiveX-Steuerele-mente ausführen, die für Scripting sicher sind	Hier kann ein in eine Webseite ein-gebundenes Skript auf dem PC die als »sicher« markierten ActiveX-Controls verwenden.	Deaktivieren	Aktivieren
ActiveX-Steuerele-mente initialisieren und ausführen, die nicht als "sicher für Scripting" markiert sind	Ist diese Option aktiviert, haben ActiveX-Controls freien Zugang zum System – also keinesfalls einschal-ten, wenn Sie im Internet unterwegs sind.	Deaktivieren	Deaktivieren
ActiveX-Steuerele-mente und Plugins ausführen	Hier wird grundsätzlich festgelegt, ob ActiveX-Steuerelemente und -Plug-ins aus der angegebenen Zone ausgeführt werden können oder nicht. Das Abschalten dieser Option wirkt global und verhindert die Aus-führung aller ActiveX-Steuerele-mente und Plug-ins. Damit werden alle anderen ActiveX-Einstellungen ignoriert.	Deaktivieren	Aktivieren
Ausführung von bisher nicht verwendeten ActiveX-Steuerelemen-ten ohne Eingabeauf-forderung zulassen	Diese Option ist ebenfalls kritisch – hier werden »frische« ActiveX-Cont-rols gestartet, falls die Option *Acti-veX-Steuerelemente und Plugins ausführen* eingeschaltet ist.	Deaktivieren	Deaktivieren
Automatische Einga-beaufforderung für ActiveX-Steuerele-mente	Aktivieren nur für Intranet und Ver-trauenswürdige Sites, ansonsten ab-schalten.	Deaktivieren	Deaktivieren
Binär- und Skriptver-halten	Diese Funktion (Binary Behaviors) steuert Funktionen wie beispiels-weise die Darstellung von HTML-Elementen oder das Ausführen von .NET-Komponenten. Aus Sicherheits-gründen sollte die Funktion immer deaktiviert sein.	Deaktivieren	Deaktivieren
Signierte ActiveX-Steuerelemente her-unterladen	Diese Option ist beispielsweise für die Windows-Überprüfung bei Micro-soft notwendig, damit die Windows-Kopie validiert werden kann.	Deaktivieren	Aktivieren

ActiveX-Steuerelemente und Plugins	Bemerkung	Empfohlen (Hoch)	Empfohlen (Praxis)
Skriptlets zulassen	Skriptlets sind kleine Skriptcode-Schnipsel wie JSP (Java Server Pages), die auf dem angesurften Server ausgeführt werden. Da man meist nicht weiß, ob der Serverbetreiber vertrauenswürdig ist oder nicht, sollte die Option ausgeschaltet bleiben.	Deaktivieren	Deaktivieren
Unsignierte ActiveX-Steuerelemente herunterladen	Signierte ActiveX-Controls sind relativ sicher – unsignierte hingegen sollten Sie tunlichst von Ihrem PC fernhalten. Also immer deaktivieren.	Deaktivieren	Deaktivieren
Videos und Animationen auf einer Webseite anzeigen, die keine externe Medienwiedergabe verwendet	Abhängig von der Internetgeschwindigkeit und Ihren Surfgewohnheiten können Sie diese Funktion ein- oder ausschalten. YouTube-Freunde können die Funktion einschalten.	Deaktivieren	Aktivieren

Benutzerauthentifizierung

Benutzerauthentifizierung	Bemerkung	Empfohlen (Hoch)	Empfohlen (Praxis)
Anmeldung	Wenn Sie sich auf einer Internetseite – beispielsweise beim Webmailer – anmelden, sollten Sie prinzipiell Name und Passwort selbst eintippen und nicht vom Internet Explorer eintragen lassen.	Nach Benutzername und Kennwort fragen	Automatisches Anmelden nur in der Intranetzone

Download

Download	Bemerkung	Empfohlen (Hoch)	Empfohlen (Praxis)
Automatische Eingabeaufforderung für Dateidownloads	Wenn Sie die Informationsleiste für Dateidownloads aktivieren möchten, klicken Sie hier auf *Aktivieren*. Anschließend werden Sie von der entsprechenden Website automatisch um Bestätigung des Downloads gebeten.	Aktivieren	Aktivieren

Download	Bemerkung	Empfohlen (Hoch)	Empfohlen (Praxis)
Dateidownload	Lässt mit *Deaktivieren* das Blockieren von Aufforderungen für Dateidownloads zu, die nicht vom Benutzer gestartet wurden.	Deaktivieren	Aktivieren
Schriftartdownload	Abhängig von der Ursprungsseite ist eine passende Schriftart notwendig. Hier reicht auch die Standardschriftart, wenn Sie auf das Optische keinen großen Wert legen.	Deaktivieren	Aktivieren

Java VM

Java VM	Bemerkung	Empfohlen (Hoch)	Empfohlen (Praxis)
Java-Einstellungen	Die benutzerspezifischen Sicherheitseinstellungen legen Java-Einstellungen explizit für signierte und nicht signierte Applets fest.	Java deaktivieren	Hohe Sicherheit

Skripting

Skripting	Bemerkung	Empfohlen (Hoch)	Empfohlen (Praxis)
Active Scripting	Treten trotz aktiviertem Pop-up-Blocker immer noch nervtötende Pop-ups auf: am besten ausschalten, um das Öffnen der meisten Pop-up-Fenster zu verhindern. Dies verhindert aber auch, dass in Skripten enthaltene Links funktionieren.	Deaktivieren	Aktivieren
Eingabeaufforderung für Informationen mithilfe von Skriptfenstern für Websites zulassen	Verhindert, dass Skripten Fenster anzeigen, deren Titel- und Statusleisten für den Benutzer nicht sichtbar sind oder andere Titel- und Statusleisten verdecken.	Deaktivieren	Aktivieren

Skripting	Bemerkung	Empfohlen (Hoch)	Empfohlen (Praxis)
Programmatischen Zugriff auf die Zwischenablage zulassen	Damit wird der Datenaustausch via Zwischenablage möglich, unabhängig davon, um welche Windows-Anwendung es sich handelt. Auch verschiedene Webseiten/Foren benötigen diesen Zugriff. Mit *Deaktivieren* schalten Sie die .NET-Zwischenablage-API aus – bei einer vertrauenswürdigen Webseite oder einem ebensolchen Forum können Sie es aktivieren, da mit der Zeit das Wegklicken des Hinweisfensters nervt.	Deaktivieren	Bestätigen oder Aktivieren
Skripting von Java-Applets	Wer sicher surfen will, kann neben Java auch Java-Applets abschalten. Hier leidet jedoch die Funktionalität, und es erscheinen ständig Fenster, die Sie wegklicken müssen. In der Praxis sind nur wenige Gefahren durch Java-Applets bekannt geworden.	Deaktivieren	Aktivieren oder Eingabeaufforderung
Statuszeilenaktualisierung über Skript zulassen	Damit erhält die Statuszeile des Browsers Informationen über ein Skript, ActiveX-Control etc. – hat meist nur optische Gründe und kann deswegen ausgeschaltet bleiben.	Deaktivieren	Deaktivieren

Verschiedenes

Verschiedenes	Bemerkung	Empfohlen (Hoch)	Empfohlen (Praxis)
Anwendungen und unsichere Dateien starten	Diese Option greift nicht nur in den Internet Explorer, sondern auch in das Betriebssystem ein. Ist diese Option auf *Deaktivieren* gesetzt, erscheint auch jedes Mal, wenn Sie eine Datei von einem FAT-/FAT32-Laufwerk oder einem NAS-Speicher im Heimnetzwerk öffnen, eine Sicherheitswarnung, die mit *Ausführen* weggeklickt werden muss.	Deaktivieren	Bestätigen (empfohlen)

Verschiedenes	Bemerkung	Empfohlen (Hoch)	Empfohlen (Praxis)
Auf Datenquellen über Domänengrenzen hinweg zugreifen	Damit können Sie festlegen, ob Komponenten, die Verbindungen zu Datenquellen herstellen, Verbindungen zu einem anderen Server aufbauen dürfen. Dies sollte aber aus Sicherheitsgründen auf die gleiche Domain wie die des lokalen PCs begrenzt sein. Doch in der Praxis haben gerade private Webseiten Inhalte von unterschiedlichen Domains; Grafiken, Werbebanner und Animationen sind nicht alle auf dem eigenen Webserver gespeichert, sondern werden von verschiedenen Servern zur Verfügung gestellt. Wer häufiger auf solchen Seiten unterwegs ist, sollte zumindest *Bestätigen* auswählen, um die Inhalte betrachten zu können.	Deaktivieren	Bestätigen
Dateien basierend auf dem Inhalt und nicht der Dateierweiterung öffnen	Mit dieser Option lässt sich eine Datei trotz falscher Erweiterung anzeigen: Ist beispielsweise ein TIF-codiertes Bild mit der Dateiendung ».txt« auf dem Webserver gespeichert, korrigiert der Internet Explorer diesen Fehler und stellt trotzdem ein Bild im Webbrowser dar.	Deaktivieren	Aktivieren
Dauerhaftigkeit der Benutzerdaten	Sicherheitsbewusste Anwender schalten diese Option auf *Deaktivieren*, damit der Internet Explorer Benutzerdaten aller Art (Usernamen, Passwörter etc.) nicht speichert.	Deaktivieren	Aktivieren
Gemischte Inhalte anzeigen	Die Option *Gemischte Inhalte anzeigen* ist vor allem im Unternehmenseinsatz wichtig, da hier sowohl Inhalte von als vertrauenswürdig eingestuften Webseiten als auch unsicheren, nicht vertrauenswürdigen Webseiten zusammen mithilfe von Frames in einer gemeinsamen Haupt-Webseite angezeigt werden können.	Bestätigen	Bestätigen

Verschiedenes	Bemerkung	Empfohlen (Hoch)	Empfohlen (Praxis)
Installation von Desktopobjekten	Desktopobjekte sind ActiveX-Objekte und erweitern in diesem Fall den Windows-Desktop mit verschiedenen Funktionen. So können Sie beispielsweise statt des Standardhintergrundbilds eine beliebige Webseite als Hintergrund verwenden.	Deaktivieren	Bestätigen (empfohlen)
Keine Aufforderung zur Clientzertifikatauswahl, wenn kein oder nur ein Zertifikat vorhanden ist	In der Praxis kommt dieser Nutzen selten vor, da der Server die Funktion unterstützen muss. Im Klartext bedeutet dies, dass Sie nicht nach einer Zertifikatsauswahl gefragt werden, sondern die Verbindung trotz fehlenden Zertifikats automatisch hergestellt wird.	Deaktivieren	Deaktivieren
Lokalen Verzeichnispfad beim Hochladen von Dateien auf einen Server mit einbeziehen	Ist wenig sinnvoll, da der Webserver bereits seine eigene Verzeichnisstruktur besitzt.	Deaktivieren	Aktivieren
META REFRESH zulassen	Diese Option legt fest, ob eine automatische Weiterleitung von einer Webseite zur anderen möglich ist. So kommt es in der Praxis oft vor, dass eine Webseite umzieht und Inhalte nun in einem anderen Verzeichnis oder auf einem anderen Server liegen. Mithilfe des META REFRESH kann der Webbrowser anschließend die neue Webseite öffnen. Aus Gründen der Funktionalität wird empfohlen, diese Option zu aktivieren.	Deaktivieren	Aktivieren
Öffnen von Fenstern ohne Adress- oder Statusleisten für Websites zulassen	Das ist ein Hauptmerkmal von Werbung und »bösen« Seiten. Diese wollen meist ihre Herkunft und ihren Status verschleiern – also am besten gar nicht erst öffnen.	Deaktivieren	Deaktivieren

Verschiedenes	Bemerkung	Empfohlen (Hoch)	Empfohlen (Praxis)
Pop-up-Blocker verwenden	Es gibt kaum einen Grund, diesen Pop-up-Blocker auszuschalten, es sei denn, Sie nutzen ein Produkt von einem Dritthersteller, und die beiden Produkte kommen sich ins Gehege. Ein aktivierter Pop-up-Blocker verhindert etliche Spam- und Werbefenster, die sich beim Surfen im Internet melden.	Aktivieren	Aktivieren
Programme und Dateien in einem IFRAME starten	Mit IFRAMES können Webseitendesigner Inhalte anderer Webseiten in einem Bereich ähnlich wie ein eingebundenes Bild in einer Webseite anzeigen lassen. Da hier jedoch auch in der Vergangenheit diverse Sicherheitslücken zum Vorschein gekommen sind, sollten Sie diese Option sicherheitshalber deaktivieren oder zumindest auf *Bestätigen* setzen, damit Sie selbst entscheiden können, ob die anzuzeigenden IFRAME-Seiten von einem vertrauenswürdigen Server kommen oder nicht.	Deaktivieren	Bestätigen (empfohlen)
Skript-initiierte Fenster ohne Größen- bzw. Positionseinschränkungen zulassen	Unbedingt abschalten, damit eine Skriptsprache wie VBSkript, JavaScript o. a. keine neuen Browserfenster mit Status- und Symbolleiste öffnen können.	Deaktivieren	Deaktivieren
Skripting des Microsoft-Browsersteuerelements zulassen	Ist diese Option aktiviert, dürfen Webseitenskripten integrierte Steuerelemente des Internet Explorer verwenden. Aus Sicherheitsgründen empfiehlt es sich, diese Option auszuschalten.	Deaktivieren	Deaktivieren

Verschiedenes	Bemerkung	Empfohlen (Hoch)	Empfohlen (Praxis)
Unverschlüsselte Formulardaten übermitteln	Diese Option ist für die Übermittlungen von Daten über eine nicht verschlüsselte Verbindung vorgesehen. Hier sollten Sicherheitsbewusste zumindest die Einstellung *Bestätigen* auswählen. Sie können von Fall zu Fall entscheiden, wie vertraulich die eingegebenen Daten sind und ob diese unverschlüsselt übertragen werden können.	Deaktivieren	Bestätigen
Verwendung eingeschränkter Protokolle mit aktiven Inhalten für Webseiten zulassen	Der Internet Explorer kann Webseiten mit bestimmten Netzwerkprotokollen sperren. So lässt sich beispielsweise das Protokoll Shell, das normalerweise nur im Intranet Anwendung findet, in der Internetzone nicht verwenden. Damit lässt sich die Angriffsfläche des Webbrowsers für Sicherheitsrisiken bei selten verwendeten Protokollen deutlich senken. Protokolle wie local://, file://, shell:// und hcp:// sollten in der Internetzone gesperrt sein – ftp:// ist weit verbreitet und sollte bei Nutzung aktiviert bleiben.	Deaktivieren	Aktivieren
Websites, die sich in Webinhaltzonen niedriger Berechtigung befinden, können in diese Zone navigieren	Diese Option legt fest, ob Websites aus Zonen mit niedrigeren Berechtigungen, wie beispielsweise aus der Zone für eingeschränkte Sites, auf eine »höhere« Zone zugreifen dürfen oder nicht.	Deaktivieren	Aktivieren
Ziehen und Ablegen oder Kopieren und Einfügen von Dateien	Diese Option legt fest, ob Ziehen, Ablegen, Kopieren und Einfügen von Dateien innerhalb der festgelegten Zone möglich sein soll oder nicht.	Bestätigen	Aktivieren

Über das Register Erweitert können Sie den Internet Explorer weiter feineinstellen. Hier lassen sich zwar primär optische Details und Darstellungsoptionen, aber auch ein paar Sicherheitsdetails konfigurieren.

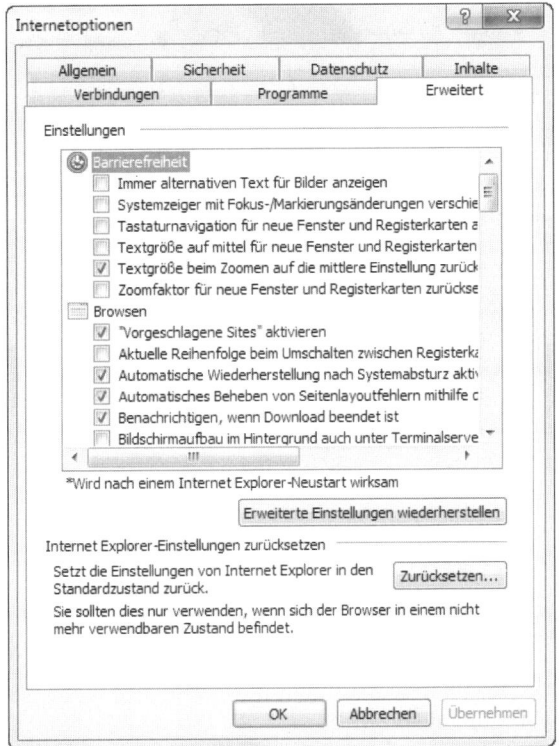

Bild 12.56: Im Register *Erweitert* der *Internetoptionen* nehmen Sie Ihr individuelles Feintuning vor.

Haben Sie den Microsoft-Browser nach Ihren Wünschen angepasst, sind Sie nun sicherer im Netz unterwegs. Mit diesen Einstellungen haben Sie den Internet Explorer gut vor Bedrohungen abgeschottet, doch das ist für die Zukunft keine Garantie. Achten Sie deshalb auf neues Updates und Patches für den Internet Explorer, um das Sicherheitsrisiko beim Surfen zu minimieren.

12.5.3 Windows XP: Internet Explorer sicher konfiguriert

Im Folgenden legen Sie für das Internet durch Anklicken der entsprechenden Auswahlfelder die Sicherheitseinstellungen fest.

Empfehlenswerte Einstellungen

Beschreibung	Empfohlene Einstellung
ActiveX-Steuerelemente ausführen, die für Scripting sicher sind	Deaktivieren ActiveX-Steuerelemente ausführen, die für Scripting si 　○ Aktivieren 　◉ Deaktivieren 　○ Eingabeaufforderung
ActiveX-Steuerelemente initialisieren und ausführen, die nicht sicher sind	Deaktivieren ActiveX-Steuerelemente initialisieren und ausführen, die nich 　○ Aktivieren 　◉ Deaktivieren 　○ Eingabeaufforderung

Beschreibung	Empfohlene Einstellung
ActiveX-Steuerelemente und Plugins ausführen	Deaktivieren ☑ ActiveX-Steuerelemente und Plugins ausführen ○ Aktivieren ◉ Deaktivieren ○ Eingabeaufforderung ○ Vom Administrator genehmigt
Download von signierten ActiveX-Steuerelementen	Deaktivieren ☑ Download von signierten ActiveX-Steuerelementen ○ Aktivieren ◉ Deaktivieren ○ Eingabeaufforderung
Download von unsignierten ActiveX-Steuerelementen	Deaktivieren ☑ Download von unsignierten ActiveX-Steuerelementen ○ Aktivieren ◉ Deaktivieren ○ Eingabeaufforderung
Active Scripting	Deaktivieren ▣ Scripting 　▣ Active Scripting 　○ Aktivieren 　◉ Deaktivieren 　○ Eingabeaufforderung
Installation von Desktopobjekten	Eingabeaufforderung ▣ Installation von Desktopobjekten ○ Aktivieren ○ Deaktivieren ◉ Eingabeaufforderung
Einfügeoperationen über ein Skript zulassen	Eingabeaufforderung ▣ Einfügeoperationen über ein Skript zulassen ○ Aktivieren ○ Deaktivieren ◉ Eingabeaufforderung

Ist der Internet Explorer »sehr sicher« eingestellt, leidet der Komfort beim Surfen. Abhängig davon, wie der Webseitenbetreiber seinen Webauftritt gestaltet, häufen sich Warn- und Fehlermeldungen, die von Ihnen explizit weggeklickt werden müssen.

12.6   Mozilla Firefox: die sichere Alternative zum IE

Der einfachste Trick für mehr Sicherheit ist der Einsatz eines Browsers, der für Angriffe aus dem Netz nicht so anfällig ist. Während der Platzhirsch Internet Explorer wegen seiner sogenannten aktiven Inhalte gern als Angriffsziel herhalten muss, ist die Gefahr bei kleinen, schlanken Browsern grundsätzlich geringer, unbemerkt böse Software oder Gefahren wie Würmer, Trojaner etc. einzufangen.

Bild 12.57: Firefox finden Sie im Internet unter *www.mozilla-europe.org/de/firefox/*.

Gerade ActiveX sorgt für Lücken im System, und was liegt näher als ein Browser, der diese Technik von Haus aus nicht unterstützt? Bei installiertem Windows XP Service Pack 2 oder Windows 7 bietet der Internet Explorer hier deutlich mehr Schutz, doch ein Browser, der ohne ActiveX-Unterstützung kommt, ist deutlich sicherer. Weniger ist also mehr, ein Mehr an Sicherheit. Auch Pop-ups hatte man vor Windows XP SP2-Zeiten mit alternativen Browsern besser im Griff.

Eine Empfehlung für einen alternativen Browser ist Firefox, der auf dem bekannten Mozilla aufbaut und sich schlanker präsentiert, da beispielsweise das integrierte Mail- bzw. Chatprogramm einfach weggelassen wurde. Firefox basiert auf dem Mozilla-Programmcode und ist, wie Mozilla selbst, Open Source.

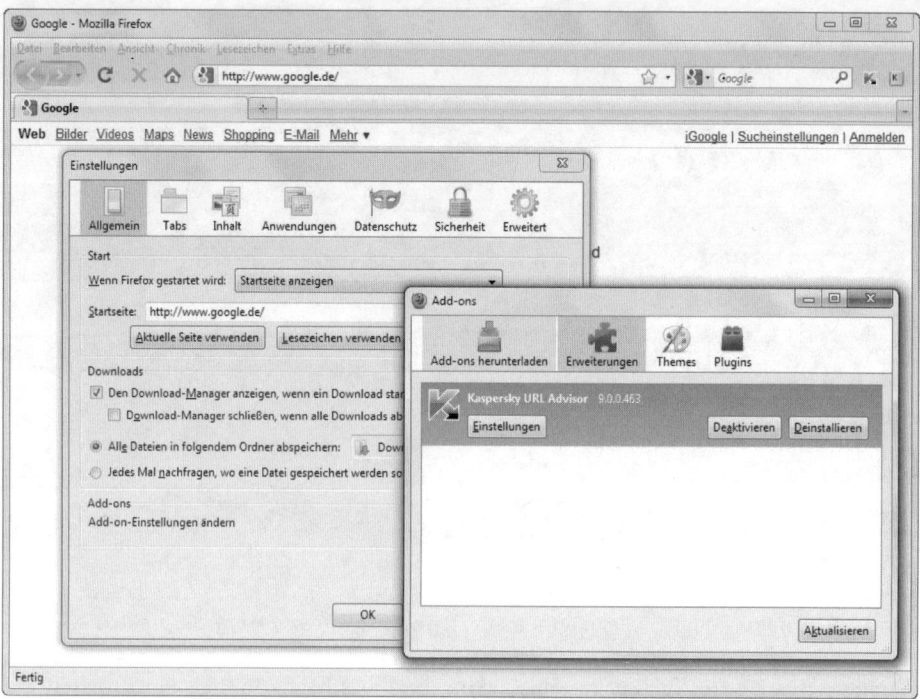

Bild 12.58: Weniger ist mehr: Lediglich Add-ons können installiert werden – das gefährliche ActiveX bleibt außen vor.

Der integrierte Pop-up-Blocker sorgt von Anfang an für Ordnung auf dem Bildschirm. Zusätzlich bietet Firefox das sogenannte Tabbed Browsing, mit dem Sie mehrere Seiten in einem Fenster darstellen können. Die Installation von Firefox ist in wenigen Minuten erledigt.

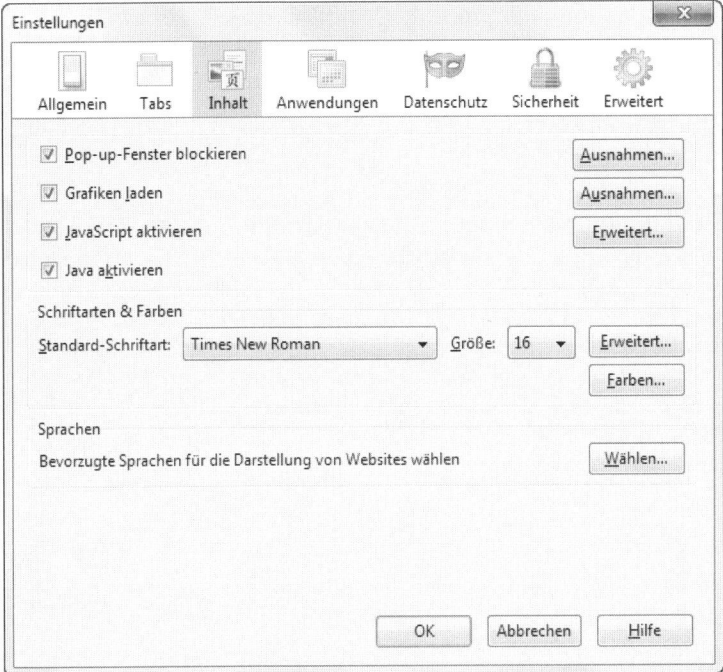

Bild 12.59: In den Einstellungen von Firefox können Sie den Pop-up-Blocker durch ein Häkchen bei *Pop-up-Fenster blockieren* aktivieren.

Besonders angenehm: Nach der Installation stehen die Favoriten des Internet Explorer auch in Firefox zur Verfügung, da diese automatisch importiert werden. Ansonsten ist kein Einstellen oder Konfigurieren notwendig: Die Sicherheitseinstellungen beschränken sich auf das Notwendigste:

12.7 Cookies: süße Beigabe vom Webserver

Sicherlich haben Sie den Begriff schon oft gehört, Cookies sind kleine »Plätzchen« in Form einer Textdatei, die ein Internetserver beim Besuch einer Webseite auf Ihrem Rechner ablegt – so ähnlich wie ein kleiner Keks neben der Cappuccino-Tasse liegt. Dies erfolgt entweder über einen Eintrag im Header der HTML-Seite oder per JavaScript. Abhängig von der Webseite und dem Zweck des Webservers wird der Inhalt des Cookies, wenn bestimmte Bedingungen erfüllt sind, wieder zum Server zurückgeschickt und auf dem Webserver gespeichert.

Bei Cookies kann der Server festlegen, wie lange sie gültig sein sollen. Das hat zunächst den Vorteil, dass Kurzzeit-Cookies erstellbar sind, bei denen Sie sich über den Datenschutz nicht so furchtbar viele Gedanken zu machen brauchen. Ist die »Lebensdauer« der Cookies aber sehr hoch eingestellt (das können durchaus mehrere Jahre sein), kann damit einiges veranstaltet werden.

Mit Cookies kann man allerhand anstellen: So lassen sich beispielsweise automatische Anmeldungen auf Webseiten ebenso realisieren wie auch der Inhalt eines Warenkorbs beim Einkaufen in einem Webshop. So nützlich Cookies auch sein können, mit dem Einsatz sind gewisse Gefahren verbunden: Eingebettete Cookies können auch zu einem anderen Webserver verlinkt werden. Informationen über die Inhalte der Webseite, mit der beispielsweise ein Werbebanner verlinkt ist, werden zusammen mit den Benutzerinformationen in einem Cookie gespeichert.

Ist dann das Ablaufdatum der Cookies sehr hoch eingestellt, kann damit über einen längeren Zeitraum ein Surfprofil des Benutzers erstellt werden. Auf diese Weise kann der Serverbetreiber beispielsweise schnell herausfinden, wer welche Seiten abgefragt hat und was deren Inhalte sind. Gibt der Anwender zusätzlich noch seine E-Mail-Adresse preis – beispielsweise in einem HTML-Formular auf der Webseite –, kann auch diese in einem Cookie gespeichert werden.

Bild 12.60: Nur wenn Cookies aktiviert sind, lässt sich eBay richtig nutzen. Ansonsten ist ein Login auf dem eBay-Server nicht möglich.

Eine E-Mail-Adresse plus persönliche Interessen und das Surfprofil eines Anwenders sind bares Geld wert. Bei bösen Anbietern werden diese Adressen in einem Verteiler gespeichert, um anschließend mit gezielten Werbe-E-Mails oder Spam die Anwender zu bombardieren. Aus diesem Grund sollten Sie ab und zu die auf Ihrem PC gespeicherten Cookies durchforsten und entrümpeln.

> **Diese Cookies sind tabu**
> Tabu sind Cookies, die beispielsweise Passwörter, Kreditkartennummern oder PINs enthalten. Diese sollten Sie sofort löschen, damit niemand Unfug damit treiben kann. Programme wie Ad-aware helfen dabei, den Rechner sauber zu halten.

Über den Browser lassen sich Cookies auch komplett ausschalten. Doch wer meint, gänzlich auf Cookies verzichten zu können, muss umdenken. Cookies sind heutzutage keine Besonderheit mehr. Nahezu jeder Internetserver arbeitet damit. Damit Sie nicht immer Bestätigungsmeldungen wegklicken müssen, sollten Sie Cookies eingeschränkt zulassen. Dies stellen Sie in Ihrem Internetbrowser ein:

Im Internet Explorer wählen Sie über *Extras/Internetoptionen* das Register *Datenschutz* aus: Alternativ können Sie gleich eine Firewall verwenden, die auch Cookies filtert. So bietet beispielsweise Computer Associates eine Firewall mit Cookie-Support an.

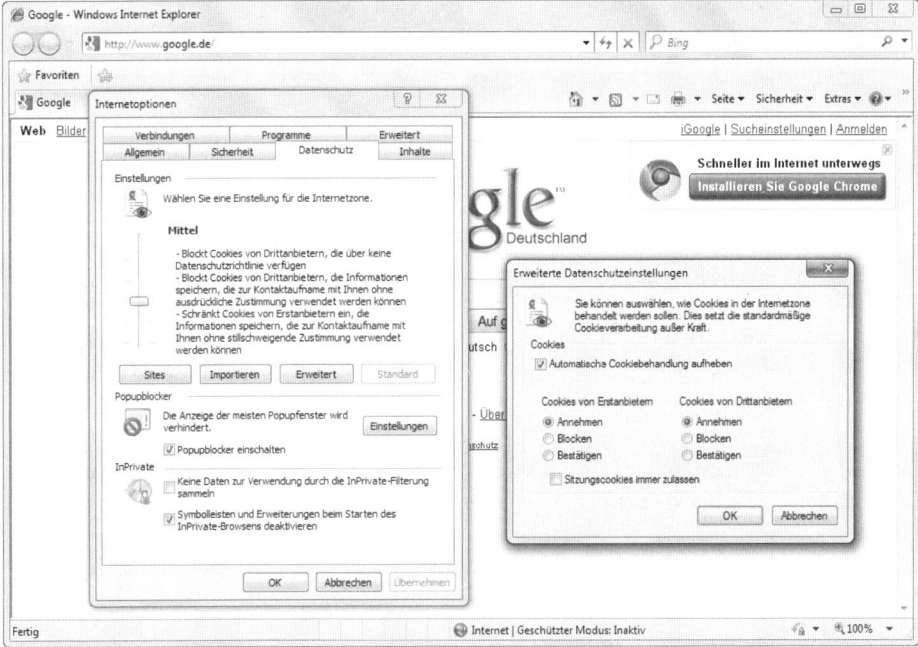

Bild 12.61: Die Einstellung *Mittel* ist für den Standardanwender bei der Cookies-Behandlung empfehlenswert. Hier werden Cookies ausgesperrt, die persönliche Daten speichern. Per Klick auf *Erweitert* lässt sich die Cookie-Behandlung feintunen.

Der Schieberegler im Register *Datenschutz* lässt sich je nach gewünschter Sicherheit verschieben. Es gilt: Je weiter oben der Regler ist, desto konservativer und damit sicherer sind die Datenschutzeinstellungen. Jedoch geht die maximale Sicherheit auf Kosten der Funktionalität.

Ein flüssiges und produktives Arbeiten ist kaum möglich, da verschiedene Features wie die Cookies schon zum Standardrepertoire eines Internetservers gehören. Deshalb ist es sinnvoll, zu differenzieren und Cookies & Co. eingeschränkt zuzulassen.

```
surveyTimestamp
Tue%20Jun%2024%2001%3A58%3A29%20UTC+0200%202003
ebay.com/
1600
1345503360
29577590
1480784720
29571555
*
lucky9
248581
ebay.com/
1600
162835840
29939085
1499064720
29571555
*
nonsession
AQAAAMAAAAIAAAAYwAAAIUV5T6Fogw/MDEwNTUyMDA2NDV4NzZodHRwwOi8vY2
ebay.com/
1536
452167936
29642159
3875684032
29568733
*
reg
%5EflagReg%3D1%5E
ebay.com/
1600
162835840
29939085
1499064720
29571555
*
```

Bild 12.62: Viel unlesbares Zahlen- und Buchstaben-Wirrwarr: ein Cookie vom eBay-Server.

Ob und wie viele Cookies auf Ihrem PC gespeichert sind, sehen Sie im Verzeichnis *Cookies*. Suchen Sie einfach mit dem Suchmechanismus von Windows nach dem Begriff *Cookies* – anschließend sollten Sie in einem Ordner der Form *C:\Dokumente und Einstellungen\LOG-INNAME\Cookies* (Windows XP) bzw. C:\Users\Default\AppData\ Roaming\Microsoft\Windows\Cookies (Windows Vista) viele einzelne Textdateien finden.

Der Aufbau eines sauberen Cookies ist unterschiedlich – und jeder Serveranbieter füllt es unterschiedlich. Grundsätzlich können folgende Daten enthalten sein:

Cookie-Abschnitt	Bemerkung
NAME=wert	Die Option *NAME* und der zugehörige Wert sind frei wählbar. Dieses Datenfeld kann mit beliebigem Inhalt gefüllt werden.
expires=Datum	Mit *expires* wird das Ablaufdatum des Cookies angegeben. Nach diesem Datum wird es nicht mehr beachtet. Fehlt *expires*, ist die Gültigkeit nur auf die aktuelle Sitzung beschränkt, in der das Cookie erzeugt wurde.
path=Pfad	*path* gibt die Pfadangabe des HTTP-Servers an. Greift der Client auf eine HTTP-Seite in diesem Pfad zu, wird das Cookie vom Client zum Server gesendet. Fehlt der *path*-Eintrag, zählt das Cookie nur für die HTML-Seite, mit der das Cookie zum Client gekommen ist.
Secure	Mit der Angabe von Secure kann das Cookie nur per SSL-Verbindung übertragen werden.

Eine ideale Browserkonfiguration für alle Internetanwender gibt es aus Anwendungs- und Sicherheitsgründen nicht. Wer beispielsweise seinen Rechner nur für die Kinder, zum Spielen und zum Surfen nutzt, hat geringere Sicherheitsansprüche als jemand, der auf seinem Computer wichtige und persönliche Daten zu schützen hat. So ist es eine sehr persönliche Sache, ob der Internetbrowser Cookies verarbeiten soll oder nicht.

12.7.1 Cookies-Feintuning verstehen

Sind Cookies aktiviert, kann ein WWW-Server Informationen über die von Ihnen ausgewählten Internetseiten verarbeiten, auch manche Onlinebanking-Unternehmen arbeiten damit. Der Einsatz von Cookies muss demnach kein Sicherheitsloch für das System darstellen, sondern nur Informationen über die Nutzung des Browsers werden übertragen.

Damit Sie selbst entscheiden können, welche Cookies was auf Ihrem PC anstellen dürfen, sollten Sie in Ihrem Internetbrowser die Cookie-Verwaltung konfigurieren. Im Fall des Internet Explorers finden Sie unter *Extras/Internetoptionen* im Register *Datenschutzeinstellungen* unter anderen folgende Möglichkeiten dazu:

Empfohlene Datenschutzeinstellung für Cookies	Beschreibung
Mittelhoch	• Sperrt Cookies von Drittanbietern, die über keine Datenschutzrichtlinie verfügen. Das sind in der Regel nicht kommerzielle Internetserver, die viel mit Cookies arbeiten und auch auf den Seiten auf den Gebrauch von Cookies hinweisen. • Sperrt Cookies von Drittanbietern, die persönlich identifizierbare Informationen ohne ausdrückliche Zustimmung verwenden. In solchen Cookies werden persönliche Informationen wie der Login-Name für die Seite, der Benutzername etc. gespeichert. Hier wird beim Setzen eines Cookies nicht um Erlaubnis gefragt. • Sperrt Cookies von Erstanbietern, die persönlich identifizierbare Informationen ohne ausdrückliche Zustimmung verwenden.
Mittel	• Sperrt Cookies von Drittanbietern, die über keine Datenschutzrichtlinie verfügen. • Sperrt Cookies von Drittanbietern, die persönlich identifizierbare Informationen ohne ausdrücklich Zustimmung verwenden. • Schränkt Cookies von Erstanbietern ein, die persönlich identifizierbare Informationen ohne ausdrückliche Zustimmung verwenden. Eine stillschweigende Zustimmung wäre es, wenn der Serverbetreiber in den AGBs auf den Cookie-Mechanismus aufmerksam machte und Sie per Mausklick diesen AGBs zustimmten.

Der goldene Mittelweg für sicherheitsbewusste Anwender ist die Datenschutzeinstellung Mittelhoch oder Mittel. Hier werden Cookies von Drittanbietern, die über keine Datenschutzrichtlinie verfügen, ebenso ausgesperrt wie Cookies von Drittanbietern, die persönlich identifizierbare Informationen ohne ausdrückliche Zustimmung verwenden. Weiter werden Cookies von Erstanbietern geblockt, die persönlich identifizierbare Informationen ohne ausdrückliche bzw. stillschweigende Zustimmung verwenden. Erstanbieter ist in diesem Fall die Webseite, die Sie im Internet besuchen. Der Drittanbieter ist mit dieser Webseite verlinkt und nutzt den Erstanbieter als Lockvogel, um seine Informationen zusammenzuklauben.

Die Sicherheitseinstellungen des Internet Explorer passen Sie unter *Extras/Internetoptionen/Sicherheit/Internet/Stufe anpassen* an. Abhängig davon, wie sicher Sie den Browser einstellen, wird die Website ganz, teilweise oder gar nicht angezeigt.

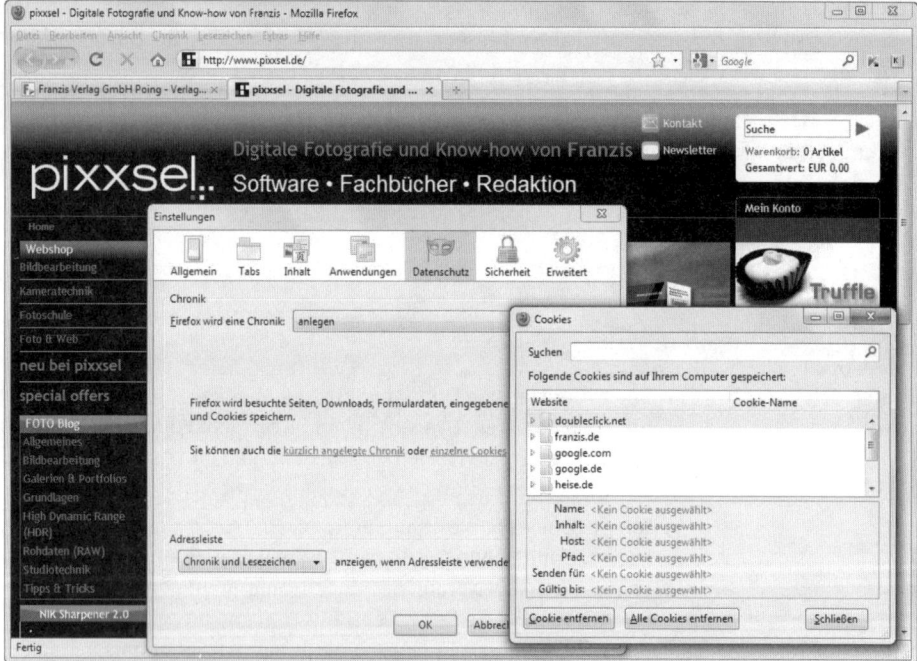

Bild 12.63: Bei Firefox können Sie die Cookies unter *Extras/Einstellungen/Datenschutz/ Cookies* konfigurieren. Eine Liste der Ausnahmen (sowohl eine Whitelist als auch eine Blacklist) lässt sich bei *Ausnahmen* einrichten; damit hat jede Webseite andere Richtlinien. Wählen Sie *Cookies anzeigen* aus, werden sämtliche Cookies angezeigt, die gerade auf dem PC gespeichert sind.

Doch nicht nur der Browser, sondern auch Windows selbst bietet Angriffsflächen. Gerade Windows ist besonders gesprächig, wenn der PC Verbindung mit dem Internet aufnimmt. Weniger ist mehr – je weniger Funktionen und Schnittstellen nach außen zur Verfügung stehen, desto sicherer sind Sie vor Angriffen und Schnüffelsoftware. Calling-Home-Funktionen wie Zeitsynchronisation, Update-Check und andere lassen sich mit xp-AntiSpy betrachten und deaktivieren.

12.8 Windows XP: Schnüffel-Windows kastrieren

Eine Firewall bemerkt im dümmsten Fall nicht alles – gerade wenn bereits auf dem PC installierte Programme oder gar das Betriebssystem selbst Verbindung mit dem Internet aufnimmt. Dabei muss bei einem Betriebssystem wie Windows XP oder Vista nicht mal etwas Böses dahinterstecken – nervig ist es allemal, da der Anwender nicht vorher gefragt wird, welche Daten wann versendet werden.

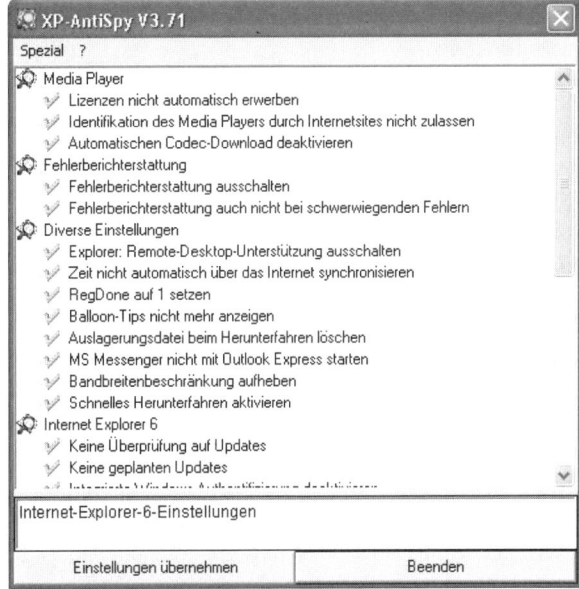

Bild 12.64: Egal ob Vista oder XP: Mit xp-AntiSpy kommen Sie bequem an versteckte Windows-Einstellungen heran.

Für Windows XP gibt es die Freeware xp-AntiSpy, mit der Sie die wichtigsten tückischen Einstellungen deaktivieren können. Diese lässt sich auch unter Windows Vista einsetzen. Sie können das Programm unter *www.xp-antispy.org* herunterladen. Nutzen Sie auf keinen Fall die Adressen *www.antispy.de, www.xp-antispy.de* oder *www.xpantispy.de.* Dort versucht jemand, mit dem guten Namen des Programms Dialer unters Volk zu bringen.

Dieses Programm funktioniert zum Teil auch bei anderen Windows-Versionen – je nachdem, welche Versionen des Windows Media Player und des Internet Explorer installiert sind. Nachstehend sehen Sie die Optionen und Einstellungsmöglichkeiten von xp-AntiSpy sowie eine Beschreibung mit Erklärungen zum Programm, damit Sie wissen, was passiert, wenn der eine oder andere Schalter umgelegt wird.

xp-AntiSpy-Gruppe	xp-AntiSpy-Option	Beschreibung
Media Player	Lizenzen nicht automatisch erwerben	Damit der Windows Media Player Dateien überhaupt abspielen kann, braucht er einen sogenannten Codec zum Dekodieren der Datei. Manche Codecs benötigen Lizenzen, damit sie überhaupt wiedergegeben werden können. Dieser Schalter bewirkt, dass die Lizenzen nicht mehr ungefragt aus dem Internet heruntergeladen werden.
	Identifikation des Media Players durch Internetsites nicht zulassen	Der Globally Unique Identifier (GUID) wird bei der Installation von Windows erzeugt und ist eine weltweit eindeutige ID. Diese GUID des Computers lässt sich per Media Player über das Internet übertragen. Dies ist in den wenigsten Fällen notwendig, deshalb sollte die Funktion einfach deaktiviert werden.
	Automatischen Codec-Download deaktivieren	Lassen sich Multimedia-Dateien nicht auf Anhieb abspielen, bietet der Media Player die Möglichkeit, automatisch mit Microsoft-Servern Verbindung aufzunehmen. Hier werden anschließend die neuen Codecs, die zum Abspielen bestimmter Audio- und Videoformate benötigt werden, aus dem Internet heruntergeladen. Dies gelingt nicht immer – und ist nicht zuverlässig genug. Deshalb sollten Sie diese Option deaktivieren und stattdessen auf eine freie Codec-Sammlung im Netz zurückgreifen, die Sie über eine Suchmaschine mit den Begriffen »Codec Pack Windows Download« finden.
Fehlerberichterstattung	Fehlerberichterstattung ausschalten	Kein Programm ist perfekt. Kommt es zum Programmabsturz, klinkt sich Windows ein und möchte Microsoft darüber informieren. Es ist nicht ganz klar, welche Daten hier übertragen werden. Microsoft bietet zwar an, die übertragenen Daten einzusehen, aber ob man denen trauen kann oder soll, muss jeder selbst entscheiden.
	Fehlerberichterstattung auch nicht bei schwerwiegenden Fehlern	Auch bei schwerwiegenden Fehlern wird keine Fehlerberichterstattung erstellt. Hier gilt das eben Gesagte. Wenn Sie mögen, können Sie ja bei besonders schwerwiegenden Fehlern berichten lassen. Glauben Sie aber besser nicht, dass das irgendwelche Auswirkungen auf künftige Windows-Versionen hat. Bisher weiß niemand genau, was Microsoft mit den Infos aus dieser Berichterstattung macht. Es kann allerdings vorkommen, dass Microsoft Ihnen eine sinnvolle Antwort sendet. Das muss nicht immer der Fall sein, in Sachen Datenschutz weniger empfindliche Naturen könnten sich aber über den einen oder anderen Hinweis freuen.

xp-AntiSpy-Gruppe	xp-AntiSpy-Option	Beschreibung
Diverse Einstellungen	*Explorer: Remote-Desktop-Unterstützung ausschalten*	Die Remote-Desktop-Unterstützung ist nur in einer Unternehmensumgebung sinnvoll. Bei einem Privatanwender im Internet ist dies eine Sicherheitslücke.
	Zeit nicht automatisch mit dem Internet synchronisieren	Dieser Schalter deaktiviert die Synchronisierung der Zeit mit einem Microsoft-Server. Wem es nicht auf minutengenaues Arbeiten ankommt, der kann dies getrost ausschalten.
	RegDone auf 1 setzen	Dieser Schalter gaukelt dem System eine vorhandene Onlineregistrierung von Windows XP vor.
	Balloon-Tipps nicht anzeigen	Diese Option verhindert die Anzeige der Sprechblasen (Balloons), die auf Ereignisse wie Internetverbindung, Speichermangel auf der Festplatte und dergleichen hinweisen.
	Auslagerungsdatei beim Herunterfahren löschen	Ist dieser Schalter aktiviert, wird die sogenannte Auslagerungsdatei beim Herunterfahren des Rechners gelöscht. Damit dauert das Ausschalten etwas länger – wer nicht warten will, lässt den Schalter, wie er ist.
	MS Messenger mit Outlook Express starten	Wenn dieser Schalter deaktiviert ist, wird der MS-Messenger jedes Mal mit Outlook Express gestartet. Dies ist jedoch in der Praxis wenig sinnvoll – gerade wenn der MS-Messenger nicht eingesetzt wird.
	Bandbreitenbeschränkung deaktivieren	Wer eine DSL- oder Netzwerkverbindung besitzt, kann dem QoS-Dienst (Quality of Service) bis zu 20 % der verfügbaren Bandbreite reservieren. Diese Einstellung setzt die reservierbare Bandbreite auf 0 % – das ist jedoch nur für jene empfehlenswert, die keine VoIP-Telefoniesoftware auf dem PC einsetzen.
	Schnelles Herunterfahren aktivieren	Falls sich der Windows-PC beim Herunterfahren sehr lange Zeit lässt, kann dies damit etwas beschleunigt werden.
Internet Explorer	*Keine Überprüfung auf Updates*	Ist dieser Schalter aktiv, sucht der Internet Explorer 7 nicht automatisch nach Aktualisierungen. Bei installiertem SP2 wird der IE ohnehin als Teil des Betriebssystems bei einem Windows-Update mit aktualisiert.
	Keine geplanten Updates	Automatisch geplante Windows-Updates werden mit dieser Einstellung nicht mehr automatisch gestartet.
	Integrierte Windows Authentifizierung deaktivieren	Ist die Option aktiv, wird die Benutzung der aktuellen Benutzerkennung zur Autorisierung bei Internetseiten verhindert.

xp-AntiSpy-Gruppe	xp-AntiSpy-Option	Beschreibung
	Maximal mögliche Anzahl gleichzeitiger Verbindungen auf 10 erhöhen	Windows beschränkt von Haus aus die maximale Anzahl an gleichzeitigen Verbindungen zu einem Internetserver auf vier. Das hat zur Folge, dass Sie, wenn Sie vier Dateien gleichzeitig von einem einzigen Server herunterladen, nicht mehr auf ihn zugreifen können. Mit diesem Kniff setzen Sie diesen Wert auf zehn Verbindungen hoch.
	Webformulare und Passwörter nicht mehr Autovervollständigen	Der Internet Explorer speichert Usernamen, Passwörter und sonstige Eingaben automatisiert im System, die in Webformulare eingegeben werden. Dies ist meist nicht erwünscht und auch nicht empfehlenswert, gerade wenn mehrere Benutzer an einem System arbeiten. Ist dieser Schalter aktiv, werden diese Informationen nicht mehr im Profil des Benutzers gespeichert. Diese Einstellung ist deshalb für jeden einzelnen Benutzer zu konfigurieren.
	Die Möglichkeit des Löschens beliebiger Daten verhindern	Ganz gefährlich: Dieser Schalter sollte unbedingt aktiviert werden, da sonst bei Windows XP Datenverlust droht. Mit dem Internet Explorer und dem Helpcenter ist es möglich, Dateien in beliebigen Ordnern zu löschen. Wer ein Windows XP mit Service Pack 2 oder ein Vista installiert hat, ist von diesem Problem nicht betroffen.
Dienste	Dienst für Fehlerberichterstattung deaktivieren	Dieser Schalter stoppt den Fehlerberichterstattungsdienst. Künftig werden keine Fehlerberichte mehr erstellt (empfohlen).
	Dienst für automatische Windows-Updates deaktivieren	Der Dienst für automatische Updates für Windows wird gestoppt. Das Gute dabei: Es sind trotzdem manuelle Windows-Updates möglich.
	Dienst für Zeitsynchronisation deaktivieren	Dieser Schalter stoppt den Dienst, der die Systemzeit Ihres PCs automatisch über das Internet synchronisiert.
	Dienst für den Taskplaner deaktivieren	Mit dem Taskplaner können Sie Programme zu bestimmten Zeitpunkten oder Ereignissen starten (*Systemsteuerung/Geplante Tasks*). So benutzt manches System-Utility oder mancher Virenscanner diesen Task-Manager mit. Wer das nicht braucht, kann diesen Dienst beruhigt deaktivieren.
	Universal Plug and Play Service (UPNP) deaktivieren	Wer kein ICS (Internet Connection Sharing) verwendet, kann diesen Service getrost abschalten.

xp-AntiSpy-Gruppe	xp-AntiSpy-Option	Beschreibung
	Nachrichtendienst deaktivieren	Mit dem Nachrichtendienst können Sie per *net send {empfänger} {"nachricht"}* Nachrichten im Windows-Netzwerk verschicken. Um Missbrauch und Datenmüll zu unterbinden, sollten Sie diesen Dienst abschalten.
Microsoft Messenger	Keine Aktion/Nicht mit Windows starten/ Deinstallieren	Wer den Windows Messenger nicht einsetzt, braucht diesen auch nicht zu aktivieren und installiert zu haben.
Regsvr32' DLLs de-registrieren	Regwizc.dll	Dieser Schalter deregistriert die RegistrationWizardControl, die ausschließlich zur Onlineregistrierung von Windows XP benötigt wird.
	Licdll.dll	Die Licdll.dll sollte erst nach dem Aktivieren von Windows XP ausgeschaltet werden.
	Zip-Funktionalität deaktivieren	Hier wird das eingebaute ZIP-Dekompressionsprogramm deaktiviert. Das ist sinnvoll, wenn Sie andere Programme zum Packen und Entpacken verwenden (z. B. WinRAR, WinZip, WinAce o. a.).

Prinzipiell sollten nach dem Konfigurieren via xp-AntiSpy am Ende so viele grüne Häkchen wie möglich gesetzt sein. Lediglich bei der Zip-Funktionalität und beim Windows Messenger kann es sinnvoll sein, die Standardeinstellungen nicht zu verändern. Sind die Änderungen aktiv, ist Windows etwas sicherer im Netz unterwegs.

Das reicht für den täglichen Einsatz jedoch nicht vollends aus, da noch andere Wege für Angreifer zur Verfügung stehen, Ihren PC auszuspähen oder gar lahmzulegen. Gerade E-Mails von fremden Absendern und unbekannte Programme können mit Viren, Trojanern, Würmern und anderem infiziert sein. Ohne installierten aktuellen Virenscanner haben Sie keine Chance.

13 Videos live aus dem Heimnetz

In diesem Kapitel geht es um eine besondere Art von (Video-)Kamera, die sich als eigenständiges Gerät ins Netzwerk integrieren lässt und Aufzeichnungen live übertragen kann – zum Beispiel an einen beliebigen PC oder Laptop, der sich ebenfalls im Heimnetz befindet. Diese sogenannten Netzwerk- oder IP-Kameras können aber noch mehr: Die meisten halbwegs aktuellen Geräte besitzen eine integrierte Bewegungserkennung und benachrichtigen Sie per E-Mail, sobald eine Änderung im Raum registriert wird.

Je nach Einstellung zeichnet die Kamera auch ein entsprechendes »Beweisvideo« auf und legt diese Videodatei automatisch auf Ihrer Netzwerkfestplatte ab. Ein PC oder Notebook muss dazu nicht eingeschaltet sein.

13.1 Webcam oder Netzwerkkamera?

Webcams schließt man per USB-Kabel an den Rechner an und kann dann seine Gesprächspartner beim Videochat auch sehen. Selbst richtige Videotelefonie lässt sich inzwischen mit verschiedensten Diensten – Windows Live Messenger inklusive – damit durchführen. Viele moderne Notebooks und natürlich Apple iMacs und Apple MacBooks haben eine integrierte Webcam und bieten teilweise sogar einen alternativen Benutzerzugang via Webcam und Gesichtserkennung – auch wenn dieser nur unter idealen, immer gleichbleibenden Lichtverhältnissen funktioniert.

Allerdings sind Webcams stets von dem Computer abhängig, in den sie entweder integriert oder an den sie per USB-Kabel angeschlossen sind, zumal sie von diesem PC oder Notebook ja auch mit Strom versorgt werden. Ist dieser Computer jedoch ausgeschaltet, besteht auch keine Möglichkeit, die Webcam zu nutzen – geschweige denn auf irgendwelche Liveaufnahmen dieser Kamera zuzugreifen.

Bild 13.1: Diese moderne HD-fähige Webcam von Microsoft lässt sich wie alle Webcams nur nutzen, wenn sie an einen eingeschalteten Rechner angeschlossen ist. Der Anschluss an den Rechner erfolgt in der Regel per USB-(2.0-)-Kabel. (Quelle: *www.microsoft.de*)

Und das ist auch schon der wichtigste Unterschied zwischen Webcam und Netzwerkkamera. Letztere ist nämlich ein völlig unabhängiges Gerät im Heimnetz mit eigener Stromversorgung und einer eigenen Benutzeroberfläche (auch Webserver genannt) – ähnlich wie die Benutzeroberfläche einer Netzwerkfestplatte.

Man kann also über das Heimnetz von jedem browserfähigen Gerät (PC, Notebook, Smartphone, Tablet etc.) direkt auf diese Kamera und das von ihr gelieferte Videobild zugreifen.

13.2 Netzwerkkamera im Heimnetz

Steht diese Kamera zum Beispiel als komfortabler Babyfon-Ersatz im Zimmer Ihres Kleinkinds, starten Sie mit Ihrem Notebook im Wohnzimmer oder in der Küche eine direkte Liveübertragung aus dem Kinderzimmer.

Die meisten aktuellen Netzwerkkameras sind außerdem mit einem Mikrofon ausgestattet und übertragen neben den Bildern auch die zugehörige Geräuschkulisse vor Ort. Das kann unter Umständen recht nützlich oder gar zwingend notwendig sein, zum Beispiel beim Einsatz der Netzwerkkamera als (Video-)Babyfon oder wenn die Videoübertragung allein nicht genug Information liefert. Häufig wird man auch erst durch Geräusche darauf aufmerksam gemacht, dass sich vor der Kamera gerade etwas Interessantes abspielen könnte.

Eine Kamera im Heimnetz sollte zunächst einmal flexibel einsetzbar sein. So kann sie zur Überwachung sensibler Bereiche auf dem Grundstück verwendet werden (Tresor, Garage, Eingangsbereich innerhalb des Grundstücks), doch ist sie ebenso gut als (Video-)Babyfon oder auch zur Beobachtung von Vögeln auf Terrasse oder Balkon geeignet.

13.2.1 Anschluss per Netzwerkkabel

Vor einigen Jahren waren Netzwerkkameras noch relativ teuer und eher kompliziert einzurichten. Die ersten Modelle mussten per Netzwerkkabel mit dem Heimnetz(-Router) verbunden werden, was wiederum die Einsatzmöglichkeiten im Heimnetz stark einschränkte.

Bild 13.2: Die Axls 205 war eine der ersten hochwertigen IP-Kameras für das Heimnetz. Der Anschluss erfolgte per Netzwerkkabel, eine Bewegungserkennung hatte das Modell nicht. (Quelle: *www.axis.com*)

Auch ist eine IP-Kamera fürs Heimnetz keine professionelle, fest installierte Überwachungskamera, wie sie in Banken, Tiefgaragen, Tankstellen oder in Kaufhäusern eingesetzt werden.

Ein Gerät für Videoübertragungen im Heimnetz sollte, wenn möglich, flexibel sein. Bei den älteren, rein kabelgebundenen Modellen war das noch nicht der Fall, denn hier war die Kamera gleich von zwei Verbindungen abhängig: Das erste Kabel führte zum Stromanschluss (zur Steckdose), und Kabel Nummer zwei stellte die Verbindung ins Heimnetz her.

Der einzig mögliche Einsatzort befand sich somit zwangsläufig irgendwo in der Nähe des Heimnetzrouters. Doch in der Nähe des Routers war meist kein Bedarf für die Installation einer solchen Kamera.

13.2.2 WLAN für größere Unabhängigkeit

Die größte Flexibilität für den Heimeinsatz einer Netzwerkkamera bietet WLAN. Solange sich die Kamera in Reichweite Ihres Access Points am Router befindet, können Sie sie nahezu überall in Ihrem Zuhause einsetzen. Die einzige Voraussetzung für den Einsatz einer solchen drahtlosen Netzwerkkamera ist eine verfügbare Steckdose in der Nähe des Einsatzorts. Doch im Gegensatz zu einem LAN-Port ist eine Steckdose in eigentlich jedem Zimmer eines Haushalts problemlos aufzutreiben.

Legen Sie sich also in jedem Fall eine IP-Kamera mit integriertem WLAN-Adapter zu – je leistungsfähiger, desto besser.

Bild 13.3: Wie viele aktuelle Modelle hat auch D-Links Netzwerkkamera DCS-930 einen integrierten n-WLAN-Adapter. (Quelle: *www.dlink.de*)

13.2.3   Qual der Wahl: g- oder n-WLAN?

Aktuell werden noch sehr viele IP-Kameras mit g-WLAN-Adapter (54 MBit/s) auf dem Markt angeboten. Wie bereits weiter vorne im Buch angesprochen, ist der g-WLAN-Standard nicht mehr aktuell. Die meisten modernen WLAN-Adapter und WLAN-Access-Points unterstützen den aktuellen n-WLAN-Standard mit Übertragungsraten zwischen 150 und 300 MBit/s, wobei n-WLAN zu g-WLAN voll abwärtskompatibel ist.

Solange WLAN-Kamera und WLAN-Router nicht zu weit voneinander entfernt sind und nicht zu viel Stahlbeton (Wände, Geschossdecken) oder andere Übertragungs-hemmnisse dazwischenliegen, werden Sie in den meisten Fällen auch mit einer g-WLAN-Kamera ausreichend Empfang haben.

Wer jedoch die Möglichkeit hat, sollte sich ein aktuelleres Gerät mit n-WLAN-Adapter leisten. Bitte beachten Sie, dass die meisten n-WLAN-fähigen Netzwerkkameras fürs Heimnetz mit einem günstigen n-150-Adapter mit 150 MBit/s ausgestattet sind. Dennoch sind hier die Chancen doch erheblich höher, auch für ungünstige Strecken noch eine passable Verbindung zum Heimnetzrouter zu erhalten.

Eine Garantie dafür gibt es jedoch nicht. Im Zweifelsfall müssen Sie es selbst ausprobieren. Und manche Strecken lassen sich selbst mit modernster Technik und neuesten Übertragungsstandards nicht überwinden.

13.2.4 Verbindung über Powerline-Adapter

Sie möchten den Standort Ihrer Netzwerkkamera hin und wieder wechseln, haben aber an manchen Stellen keinen ausreichenden Empfang zum WLAN-Router? In einem solchen Fall bietet sich die Verbindung über einen Powerline-Adapter an.

Der Vorteil: Falls Sie einen modernen Powerline-Adapter mit integrierter Steckdose verwenden, benötigen Sie vor Ort nicht mehr als eine einzige Steckdose. Dort stecken Sie den Powerline-Adapter ein, das Netzteil der IP-Kamera wiederum kommt in die Steckdose des Poweline-Adapters.

Nun verbinden Sie Powerline-Adapter und IP-Kamera mit einem ausreichend langen Netzwerkkabel, und schon ist die Kamera einsatzbereit. Voraussetzung ist natürlich, dass auch der Heimnetzrouter über einen Powerline-Adapter mit dem Stromnetz verbunden ist.

13.3 Schneller Kamerazugriff im Heimnetz

Eine Netzwerkkamera, die Sie per Ethernet- oder LAN-Kabel mit Ihrem Heimnetzrouter verbinden, ist im Prinzip sofort einsatzbereit – nämlich sobald Sie die Kamera per Kabel mit dem Heimnetz verbunden und eingeschaltet bzw. eingesteckt haben.

Auch die Einbindung per WLAN erfolgt mit modernen Kameras sehr flott und unkompliziert, wenn diese die praktische Verschlüsselung per Knopfdruck (WPS) unterstützen. Allerdings muss auch Ihr WLAN-Router diese moderne Verschlüsselungsmethode beherrschen. Ist das der Fall, aktivieren Sie einfach den WPS-Modus an Ihrem Router über dessen WPS-Knopf und drücken dann innerhalb der nächsten zwei Minuten den WPS-Knopf an der IP-Kamera. Wenige Sekunden später ist Ihre Kamera drahtlos und sicher verschlüsselt mit Ihrem WLAN-Router verbunden.

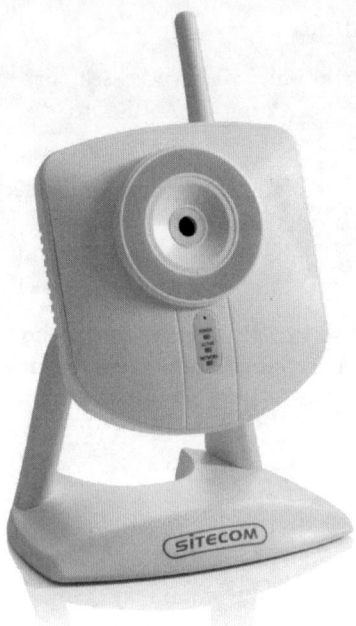

Bild 13.4: Die WL-404 war eine der ersten g-WLAN-fähigen Netzwerkkameras für den Heimbereich, die die Verschlüsselung per WPS unterstützten. Zur Aktivierung von WPS benötigt man allerdings einen spitzen Gegenstand, da die Taste etwas versenkt angebracht war. Derselbe versenkte Knopf diente nämlich auch als Reset-Taste, sofern er lang genug gedrückt wurde. (Quelle: *www.sitecom.com*)

13.3.1 Zugriff per Setup-Tool

Nicht jede Webcam, die mit dem WLAN-Router verbunden ist, ist bereits automatisch im Heimnetz integriert. Viele dieser Geräte sind nämlich ab Werk mit einer festen IP-Adresse versehen – und diese muss nicht zwangsläufig mit dem Adressraum Ihres Routers und damit aller anderen an den Router angeschlossenen Geräte harmonieren.

Das ist aber kein großes Problem. Denn ähnlich wie bei den Netzwerkfestplatten (siehe Kapitel 3 »Speicher im Heimnetz«) legen die Hersteller auch ihren IP-Kameras ein kleines Setup-Tool auf CD bei, das den erstmaligen Zugriff auf die Kamera trotzdem ermöglicht und ebenso bei der Ersteinrichtung hilft.

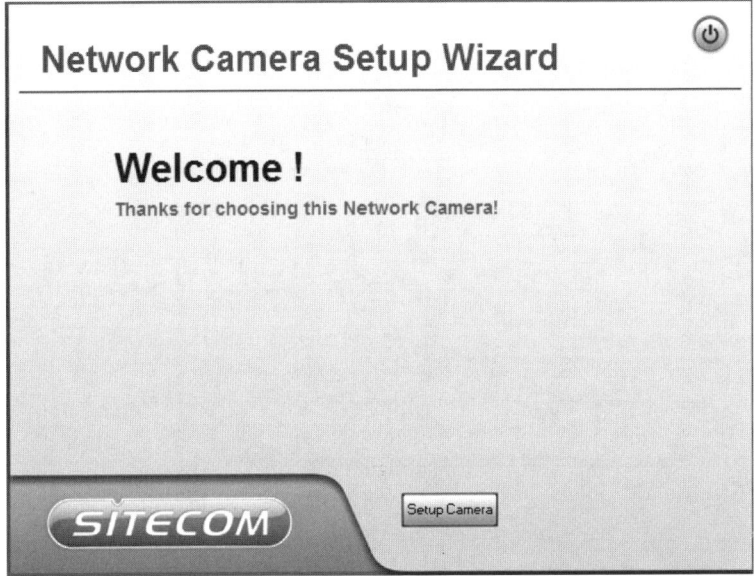

Bild 13.5: Sitecom beispielsweise legt seinen Kameras einen Assistenten (Wizard) bei, der zur Einrichtung der IP-Kamera auffordert. Ein Klick auf *Setup Camera* startet hier den Vorgang.

In der Regel erhält der Benutzer so einen schnellen Zugang zur Kamera und nimmt dabei die wichtigsten Einstellungen an der Kamera vor. Außerdem erhält er über ein Tool, das auf den Rechner installiert wird, immer sofort Zugriff auf die Kamera.

Doch dieser Zugriff ist auch ohne Tool direkt über den Browser möglich. Hierzu benötigt man allerdings die interne IP-Adresse der Netzwerkkamera. Wie Sie diese herausfinden, erfahren Sie drei Seiten weiter unter der Überschrift »Zugriff über die Browseroberfläche« und anhand eines anderen Beispiels in Kapitel 5.7 »Die Weiterleitung vom Router auf die Kamera«.

13.3.2 Zugangsdaten festlegen

Im Rahmen der Ersteinrichtung Ihrer Netzwerkkamera vergeben Sie unter anderem ein Zugriffspasswort und, falls nicht bereits vorgegeben, auch einen Benutzernamen. Das ist wichtig, denn schließlich soll nicht jeder in Ihrem Heimnetz den vollen Zugriff auf die IP-Kamera erhalten.

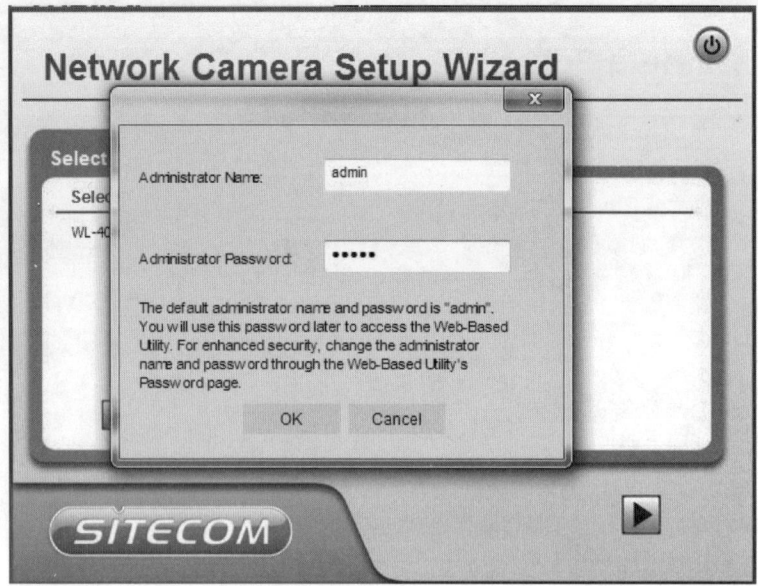

Bild 13.6: Beim erstmaligen Zugriff auf die IP-Kamera verlangt Sitecom den voreingestellten Benutzernamen samt Passwort. In diesem Fall wäre das zweimal das Wort *admin*.

Beim Zugriff auf Ihre Netzwerkkamera sollten Sie ähnliche Vorsichtsmaßnahmen walten lassen wie beim Zugriff auf Ihren Heimnetzrouter oder Ihre Netzwerkfestplatte. Belassen Sie die Zugangsdaten deshalb nicht aus Bequemlichkeit bei den Voreinstellungen, sondern ändern Sie sie so bald wie möglich.

13.3.3 Feste oder dynamische IP-Adresse

Was Sie im Setup Wizard auch unbedingt angeben sollten, ist eine dynamisch vergebene IP-Adresse. So erhält die IP-Kamera, sobald sie mit dem Router verbunden ist, automatisch eine korrekte IP-Adresse – und ist damit ein vollwertiges Mitglied im Heimnetz. Erst mit einer korrekten IP-Adresse kann die Netzwerkkamera ohne größeren Aufwand von jedem anderen Gerät im Heimnetz angesteuert werden.

DHCP-Server
Jeder Heimnetzrouter ist mit einem sogenannten DHCP-Server ausgestattet. Hierbei handelt es sich um einen Dienst, der dafür sorgt, dass alle an den Router angeschlossenen Geräte automatisch eine korrekte IP-Adresse erhalten. Diese IP-Adresse sorgt dafür, dass sich die Geräte untereinander verstehen, und erleichtert auch den Zugriff auf die Benutzeroberflächen der Geräte.

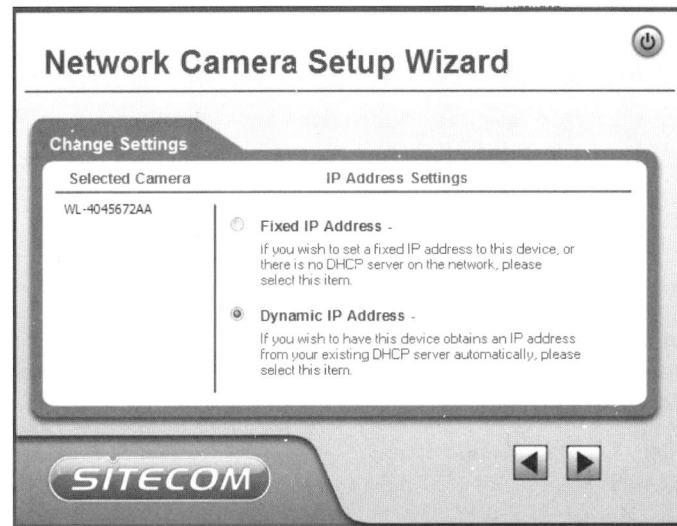

Bild 13.7: Stellen Sie im Setup der Kamera ein, dass diese ihre IP-Adresse dynamisch und automatisch bezieht – die Einstellung *Fixed IP Address* verlangt fortgeschrittene Netzwerkkenntnisse.

Haben Sie den Setup Wizard Ihrer Kamera abgeschlossen, können Sie die Kamera über das (in der Regel mitgelieferte) Kameratool öffnen und entsprechend konfigurieren. Bei Sitecom heißt dieses Tool beispielsweise »Network Camera Surveillance Utility« und setzt sich aus diversen Komponenten (Monitor, Playback, Rekorder und eben Setup Wizard) zusammen.

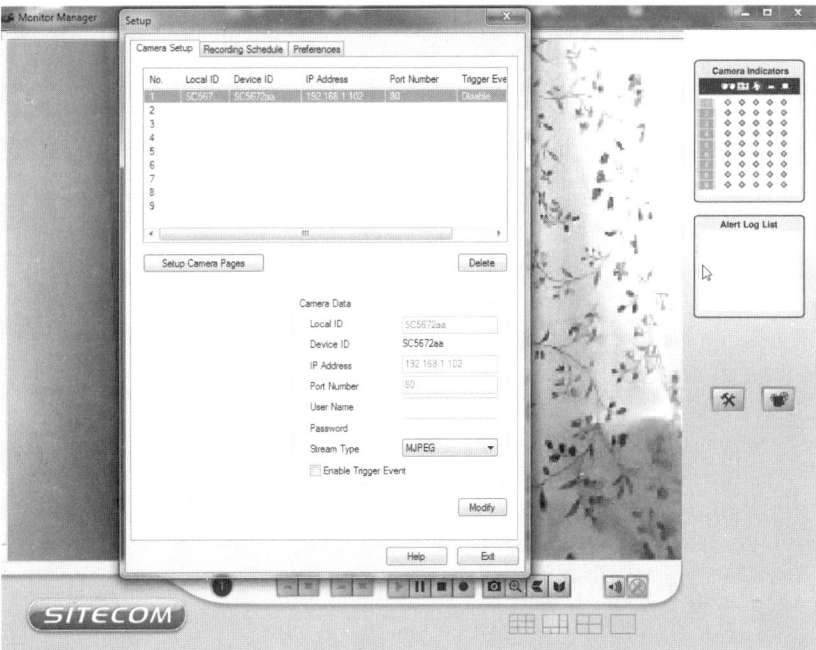

Bild 13.8: Im *Setup*-Tool sehen Sie bereits die IP-Adresse, die Ihr Router an die Kamera vergeben hat. Allerdings lässt sich die Browseroberfläche auch direkt über *Setup Camera Pages* öffnen.

Diese Tools sind häufig ganz nett zu bedienen, doch müssen Sie sie notfalls auf allen Rechnern in Ihrem Heimnetz installieren, von denen Sie auf die Kamera zugreifen möchten. Außerdem lassen sich die meisten Einstellungen der Kamera eben nicht mithilfe dieser Tools ändern, sondern nur in der Browseroberfläche der Kamera.

Für Beobachtungen und generelle Änderungen in den Kameraeinstellungen sollten Sie deshalb direkt in die Browseroberfläche der IP-Kamera wechseln.

13.3.4 Zugriff über die Browseroberfläche

In der Regel lässt sich die Browseroberfläche der Kamera mit einer bestimmten Schaltfläche im Kameratool öffnen. Allerdings müssen Sie dazu immer zunächst das Tool starten, das zudem nicht auf jedem Rechner im Heimnetz installiert ist.

Wählen Sie stattdessen den Zugriff über die Internet- oder IP-Adresse der Kamera. Diese liefert Ihnen entweder das Setup-Tool der Kamera oder Ihren Router.

Um die IP-Adresse der Kamera über Ihren Router zu ermitteln, rufen Sie zunächst die Weboberfläche Ihres Routers auf und suchen dann nach einer Liste aller am Router angeschlossenen DHCP-Clients. Ein DHCP-Client ist ein Netzwerkgerät, das an den Router angeschlossen ist (per WLAN oder Netzwerkkabel) und von diesem eine IP-Adresse erhalten hat.

Bild 13.9: Dieser Linksys-by-Cisco-Router listet die mit ihm verbundenen Geräte in einer DHCP-Client-Tabelle auf. Die IP-Adresse der Kamera lautet hier *192.168.1.102*.

Haben Sie die IP-Adresse der Kamera ermittelt, notieren Sie sich die durch drei Punkte getrennte Nummer auf einem Zettel. Öffnen Sie nun Ihren Browser und tragen Sie die IP-Nummer der Kamera in dessen Adresszeile ein.

Bild 13.10: Per IP-Adresse lässt sich die Weboberfläche der Kamera im Browser öffnen.

Nach Drücken der Enter-Taste öffnet sich die Weboberfläche der Kamera im Browserfenster. Hier stehen Ihnen nun alle wichtigen Einstellungen des Geräts zur Verfügung.

Das Praktische daran: Über den Browser und die korrekte IP-Adresse lässt sich die Netzwerkkamera von jedem Rechner im Heimnetz aufrufen.

13.3.5 Interner Zugriff über UPnP

Im Heimnetz kann der Zugriff auf die Kamera auch sehr komfortabel direkt aus der Netzwerkumgebung des Windows Explorer heraus erfolgen. Diese Zugriffsmöglichkeit über das Protokoll UPnP besteht bei sehr vielen Heimnetzkameras, muss aber bei den meisten Modellen erst in den Einstellungen aktiviert werden.

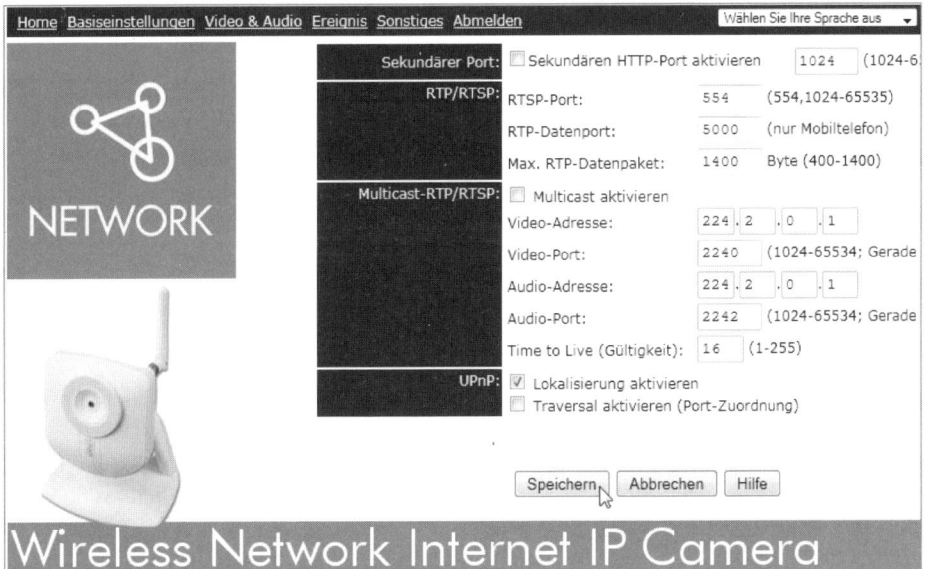

Bild 13.11: Die Erkennung der Kamera im Heimnetz über UPnP erfolgt bei Sitecom mit der aktivierten Einstellung *Lokalisierung aktivieren*.

Bei einem Sitecom-Modell beispielsweise findet sich diese Einstellung in den *Basiseinstellungen* im Bereich *Netzwerk*. Hier müssen Sie unter *UPnP* am unteren Ende der Seite nur ein Häkchen vor die Einstellung *Lokalisierung aktivieren* setzen und mit *Speichern* bestätigen.

Öffnen Sie nun im Windows Explorer in der Ordnerspalte links den Eintrag *Netzwerk* und gehen Sie im Bereich rechts auf *Andere Geräte*. Das Kameramodell wird unter seinem Gerätenamen, hier *WL-404-5672AA*, angezeigt. Ein Doppelklick darauf – und schon öffnet sich in einem Browserfenster die Benutzeroberfläche des Geräts.

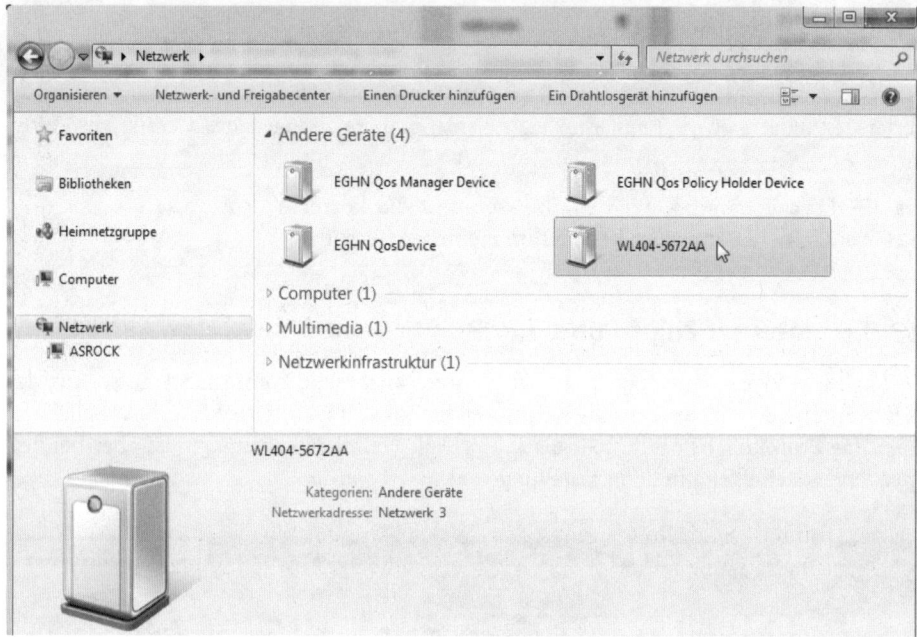

Bild 13.12: Im Windows Explorer unter *Netzwerk/Andere Geräte* lassen sich IP-Kameras mit aktiviertem UPnP direkt aufrufen, ohne dass man deren IP-Adresse kennen müsste.

13.3.6 Browser-Plug-ins für die Netzwerkkamera

Viele IP-Kameras für den Heimnetzbereich benötigen ein sogenanntes Browser-Plug-in oder Browser-Add-on, damit bestimmte Funktionen über die Browseroberfläche vernünftig nutzbar oder überhaupt verfügbar sind. Diese Browsererweiterungen sollte man in jedem Fall installieren.

Leider bieten die Hersteller diese Funktionen oft nur für den Internet Explorer von Microsoft an. Der Nutzer eines alternativen Browsers oder eines Nicht-Windows-Betriebssystems hat dann leider das Nachsehen.

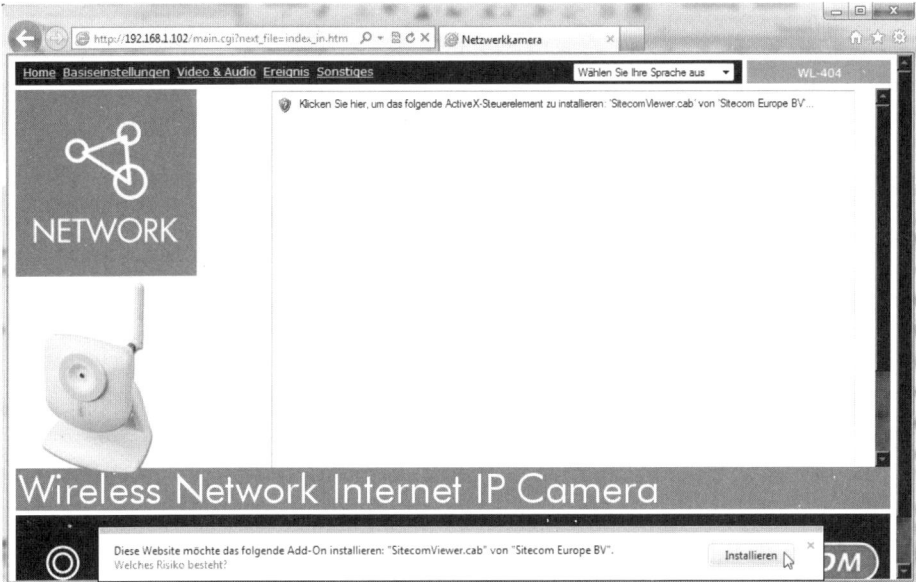

Bild 13.13: Solange das Plug-in für den Internet Explorer nicht installiert ist, bleibt der Browserbildschirm dieser IP-Kamera weiß.

Im neuen Internet Explorer 9 genügt ein Klick auf *Installieren* am unteren Fensterrand sowie eine Bestätigung mit *Ja*, um ein entsprechendes Add-on zu installieren.

13.3.7 Firmware der Netzwerkkamera prüfen

Bevor Sie nun mit weiteren Einstellungen fortfahren, empfehle ich Ihnen, zunächst auf der Hersteller-Homepage nach einer aktuellen Firmware für die Kamera zu suchen. Firmware-Updates bringen in der Regel Verbesserungen bei der Bedienung eines Geräts, manchmal baut der Hersteller auch zusätzliche Funktionen ein, und eigentlich immer werden mithilfe von Firmware-Updates offensichtliche Fehlfunktionen ausgemerzt oder Sicherheitslücken gestopft.

Wie Sie das Firmware-Update an Ihrem Kameramodell genau durchzuführen haben, steht im Handbuch. Meistens laden Sie sich hierzu eine Datei mit dem Firmware-Image (häufig mit der Endung *.bin* oder *.img*) auf Ihren Rechner herunter, zum Beispiel auf den Desktop.

Anschließend öffnen Sie in Ihrem Browser die Netzwerkkameraoberfläche und wechseln dort in den entsprechenden Firmware-Update-Bereich (siehe Handbuch). Hier tragen Sie in der Regel über eine *Durchsuchen*-Schaltfläche den Pfad zur heruntergeladenen Firmware-Update-Datei ein und starten den Vorgang des Firmware-Updates. Während dieses meist mehrminütigen Vorgangs sollten Sie weder PC noch Kamera vom Strom trennen, und auch die Netzwerkverbindung zwischen den beiden Geräten sollte nicht unterbrochen werden.

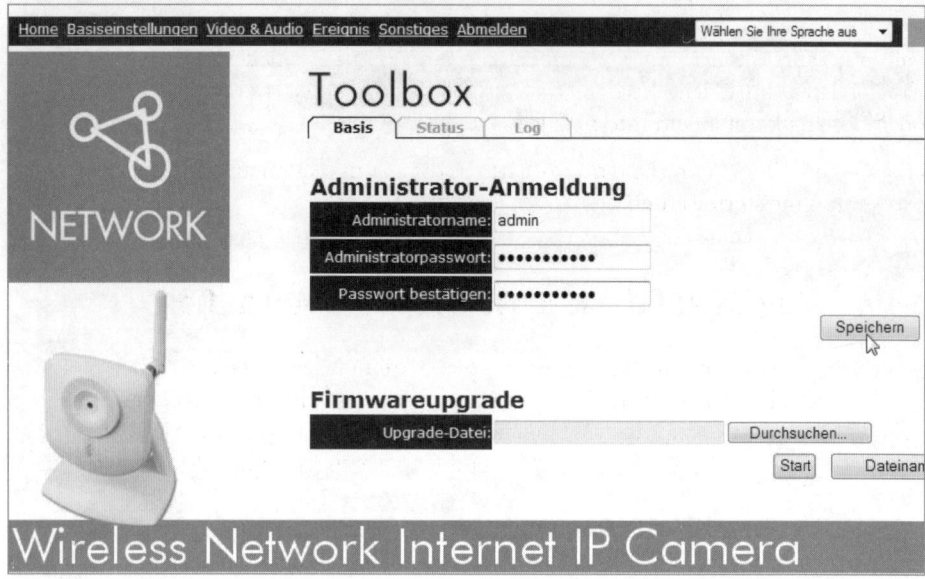

Bild 13.14: Bei den meisten Netzwerkkameras wird die Firmware-Update-Datei zunächst auf den PC heruntergeladen und dann von der Browseroberfläche der Kamera ausgewählt.

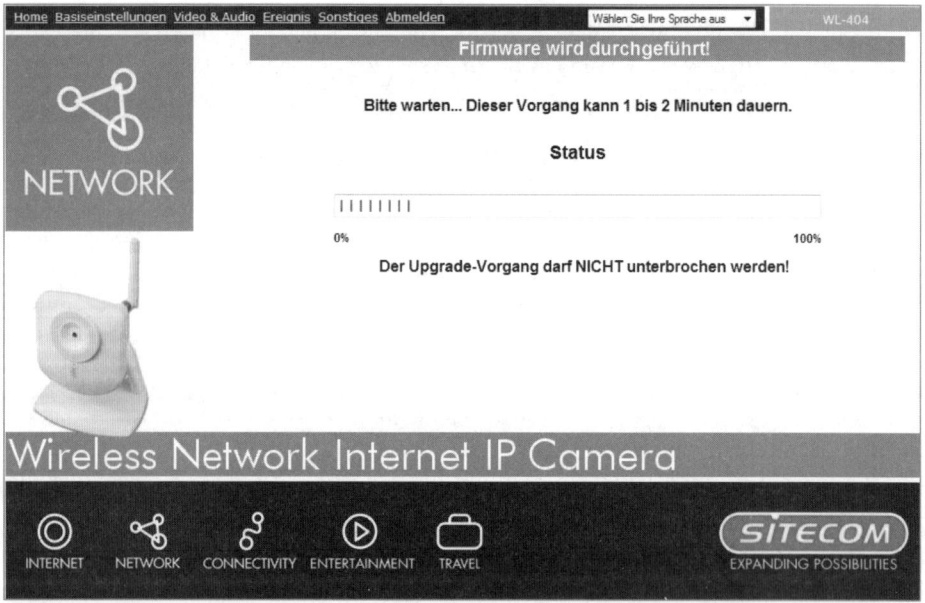

Bild 13.15: Den Firmware-Update-Vorgang sollten Sie nicht unterbrechen, da das Gerät sonst im schlimmsten Fall so beschädigt wird, dass Sie es zur Reparatur einschicken müssen.

Damit ist Ihre IP-Kamera nun von jedem PC oder Notebook innerhalb Ihres Heimnetzes aus verfügbar, und Sie können Geräte mit integriertem Mikrofon sogar als Babyfon einsetzen – solange sich der Rechner, mit dem Sie auf die Kamera zugreifen, sowie die Kamera selbst in Reichweite des Heimnetzes befinden.

Was ist aber, wenn Sie nicht nur innerhalb Ihres Heimnetzes, sondern auch von außerhalb auf Ihre Kamera zugreifen möchten? Zum Beispiel von dem Rechner an Ihrem Arbeitsplatz, von einem Rechner im Ausland oder generell von jedem beliebigen PC oder Notebook mit einem Internetzugang aus?

Hierzu sind einige Vorarbeiten erforderlich, die Sie im Rahmen der folgenden Seiten problemlos meistern werden.

13.4   Zugriff auf die Netzwerkkamera von außen

Jeder Anwender kann seinen Heimnetzrouter so konfigurieren, dass er auch vom Internet aus auf diesen Router und von dort aus auf ein beliebiges Gerät im Heimnetz zugreifen kann. Auf den folgenden Seiten werde ich Ihnen zeigen, wie Sie vom Browser eines beliebigen Rechners im Internet aus auf eine Netzwerk- oder IP-Kamera in Ihrem Heimnetz zugreifen können.

Alles, was Sie hierzu benötigen, ist eine halbwegs moderne IP-Kamera, für die Sie nicht einmal 100 Euro investieren müssen. Den Rest hat jeder Nutzer eines breitbandigen Onlinezugangs bereits zu Hause. Dazu gehören:

- ein Heimnetzrouter,
- eine fertig installierte IP-Kamera, die über eine vom Heimnetzrouter zugewiesene IP-Adresse verfügbar ist (siehe die Abschnitte »Die IP-Kamera im Heimnetz« und »Schneller Zugriff im Heimnetz« weiter oben) sowie
- ein breitbandiger Onlinezugang (z. B. DSL oder Kabel) mit Flatrate.
- Das sind eigentlich alle erforderlichen Hardwarevoraussetzungen. Was Sie jetzt noch in Eigenarbeit bewerkstelligen müssen, damit der Zugriff schließlich funktioniert, hat zunächst einmal relativ wenig mit der IP-Kamera selbst zu tun, sondern vielmehr mit Ihrem Router.

Um von außen auf Ihre Netzwerkkamera zugreifen zu können, müssen Sie zunächst eine Verbindung zum Router Ihres Heimnetzes herstellen. Denn der Router ist als einziges Gerät in Ihrem Heimnetz direkt mit dem Internet verbunden und regelt die Verteilung des Internetzugangs auf alle daran angeschlossenen Geräte.

13.4.1   Öffentliche IP-Adresse des Heimnetzrouters

Sie benötigen folglich zunächst die sogenannte öffentliche IP-Adresse Ihres Routers. Der Router erhält diese öffentliche IP-Adresse von Ihrem Provider, nachdem er sich über die Zugangsdaten angemeldet hat.

Erst mit dieser öffentlichen IP-Adresse wird der Router Teil des Internets und kann allen an den Router angeschlossenen Heimnetzgeräten den Zugang ins Internet ermöglichen.

Die öffentliche IP-Adresse, unter der ein Router aktuell im Internet angemeldet ist, findet sich im Statusfenster des Routermenüs. Bei den FRITZ!Box-Routermodellen von AVM finden Sie diese Statusinformation gleich im Startfenster unter *Übersicht*.

Bild 13.16: Im Bereich unter *Übersicht* in der ersten Zeile ganz rechts erscheint die *IP-Adresse*, unter der der FRITZ!Box-Router im Internet erreichbar ist.

Doch bei nahezu jedem privaten Onlinezugang, auch oder gerade wenn es sich dabei um einen Flatrate-Tarif handelt, ändert sich die öffentliche IP-Adresse des Routers alle 24 Stunden.

13.4.2 Dynamische öffentliche IP-Adresse

Denn nahezu alle privaten Breitbandzugänge besitzen eine sogenannte dynamische IP-Adresse. Achtung: Bitte verwechseln Sie diesen Ausdruck nicht mit der dynamischen Vergabe von IP-Adressen durch den DHCP-Server im Heimnetzrouter.

Dynamisch bedeutet in diesem Fall, dass der Onlineprovider automatisch einmal täglich die Verbindung zum Heimnetzrouter kurz unterbricht. Diese Unterbrechung erfolgt in der Regel nachts, und der Anwender bekommt meist nichts davon mit. Doch sobald sich der Router nach dieser Trennung neu ins Internet einwählt, erhält er automatisch auch eine neue IP-Adresse. Diese neue IP-Adresse unterscheidet sich dabei immer von der alten IP-Adresse, unter der der Router vor der Trennung erreichbar war.

Vermutlich erkennen Sie bereits das Problem: Wer von außerhalb auf sein Heimnetz zugreifen möchte, müsste sich folglich jeden Morgen seine aktuelle IP-Adresse aus dem Statusmenü der Routeroberfläche notieren. Das ist äußerst umständlich.

Und sind Sie einmal länger als 24 Stunden nicht zu Hause, haben Sie auch keine Chance mehr, Ihren Router zu erreichen, da Sie ja unmöglich wissen können, welche neue IP-Adresse dieser von Ihrem Provider erhalten hat.

13.5 DynDNS als Retter in der Not

Glücklicherweise gibt es Anbieter im Internet, die einen nützlichen Dienst namens »Dynamic DNS« oder zu Deutsch »dynamisches DNS« anbieten. Die Abkürzung DNS steht dabei für »Domain Name Service«, wobei es sich hier um den Dienst handelt, der kryptische IP-Adressen in die für Menschen meist besser verständlichen Webadressen umwandelt. Der Dienst Dynamic DNS wiederum sorgt dafür, dass Sie Ihren Router immer über eine gleichbleibende Webadresse erreichen können – egal wie seine aktuelle IP-Adresse lautet. Die erforderlichen Zugangsdaten für den Dienst Dynamic DNS werden direkt in den Router eingetragen. Erfreulicherweise unterstützen inzwischen alle namhaften Router für das Heimnetz diese wichtige Funktion.

13.5.1 Anlegen eines kostenlosen DynDNS-Kontos

Die Einrichtung von dynamischem DNS zeigen wir im Folgenden am Beispiel eines in Deutschland weit verbreiteten FRITZ!Box-Modemrouters. Allerdings lässt sich unsere Anleitung auch auf jeden alternativen Heimnetzrouter übertragen, der die entsprechende Funktion unterstützt.

Im Zweifelsfall ziehen Sie das Handbuch Ihres Routers zurate und schlagen im Index unter dem Stichwort »Dynamic DNS« nach. Bevor Sie aber Eintragungen im Router vornehmen, besorgen Sie sich zunächst ein kostenloses Konto bei einem Dynamic-DNS-Service.

Denn bevor sich der Dynamic-DNS-Dienst im Router aktivieren lässt, benötigen Sie zunächst einmal ein kostenloses Konto, zum Beispiel beim englischsprachigen Anbieter DynDNS.

Hier können Sie sich eine sogenannte Subdomain registrieren, unter der Sie dann später Ihren Router bzw. Ihre Netzwerkkamera immer erreichen können – ohne die aktuelle, täglich wechselnde IP-Adresse Ihres Routers kennen zu müssen.

1. **DynDNS im Browser aufrufen**
   Wechseln Sie hierzu im Browser zunächst auf die Webseite *www.dyndns.com* und klicken Sie oben rechts im schwarzen Register auf den linken Eintrag *DNS & Domains*.

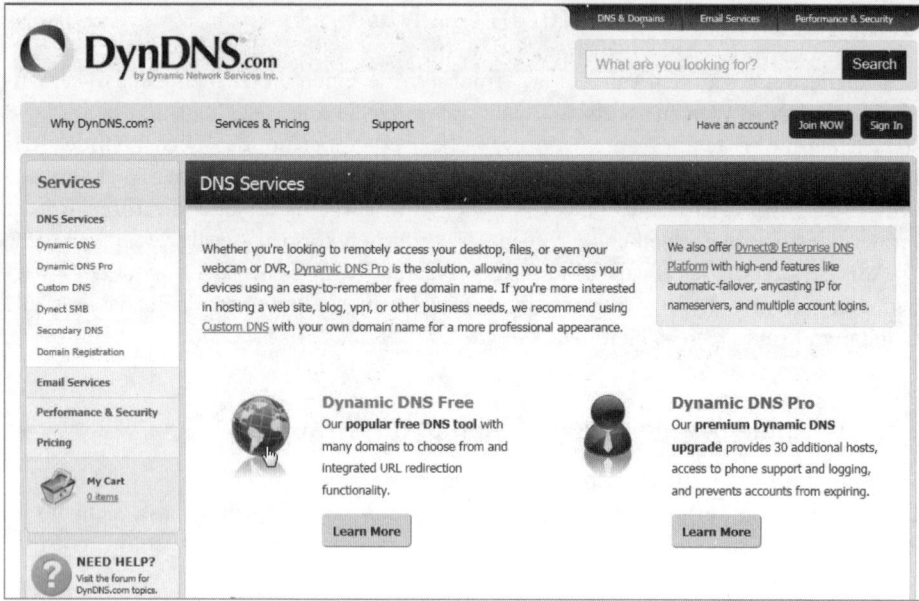

Bild 13.17: Die Website *DynDNS.com* bietet einen kostenlosen dynamischen DNS-Service, der Ihnen im weiteren Verlauf den Zugriff auf Ihr Heimnetz von außen erheblich erleichtert.

Im folgenden Fenster erscheint der Bereich *DNS Services*. Klicken Sie hier nun auf den Link *Dynamic DNS Free*, der sich direkt rechts neben dem Symbol mit dem Globus befindet.

Im folgenden Fenster *Dynamic DNS Free* erscheint jetzt unter *Capabilities and Features* eine Auflistung aller Funktionen und Eigenschaften, die in dem kostenlosen Dienst enthalten sind.

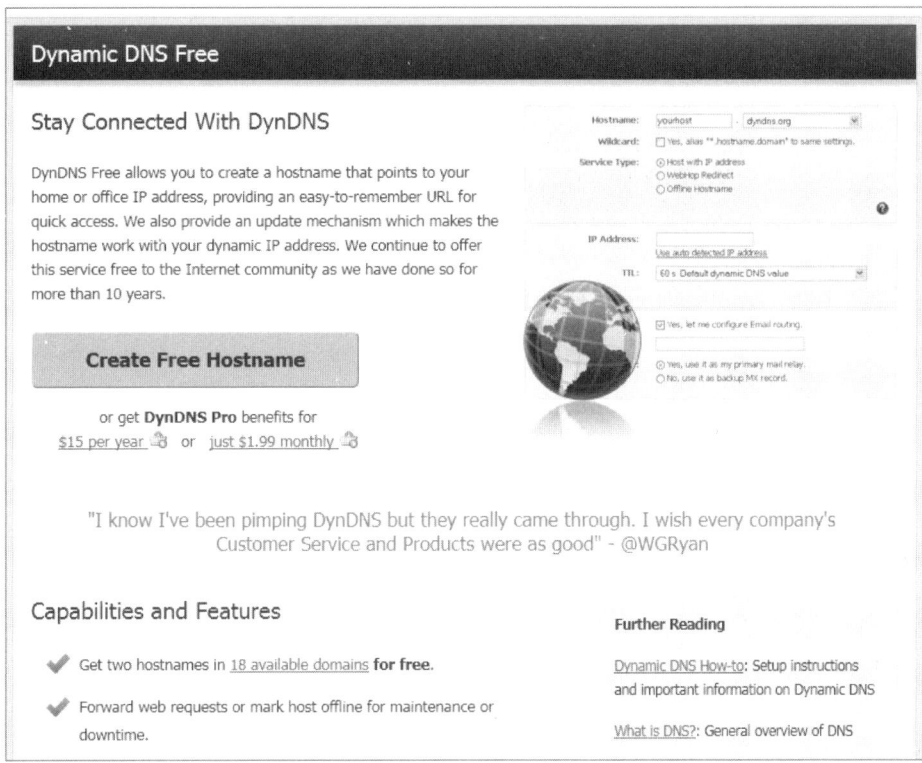

Bild 13.18: Hier finden Sie noch einmal alle Vorzüge und Funktionen Ihres kostenlosen Kontos übersichtlich zusammengefasst.

Haben Sie alles durchgelesen, beginnen Sie nun mit dem Anlegen Ihres DynDNS-Kontos (Accounts), indem Sie auf die blaue Schaltfläche *Create Free Hostname* klicken.

2. **Hostnamen für DynDNS eintragen**
   Sie befinden sich nun im Fenster *Add New Hostname*. Im ersten Eingabefeld direkt rechts neben *Hostname* suchen Sie sich zunächst den ersten Teil Ihres Hostnamens (Webadresse) aus, mit dem Sie dann später über die Adressleiste des Browsers direkten Zugriff auf Ihren Router – oder die Netzwerkkamera dahinter – erhalten werden.

   Ich empfehle Ihnen, hier einen möglichst ausgefallenen Namen ohne Großbuchstaben, Sonderzeichen oder Leerzeichen zu verwenden.

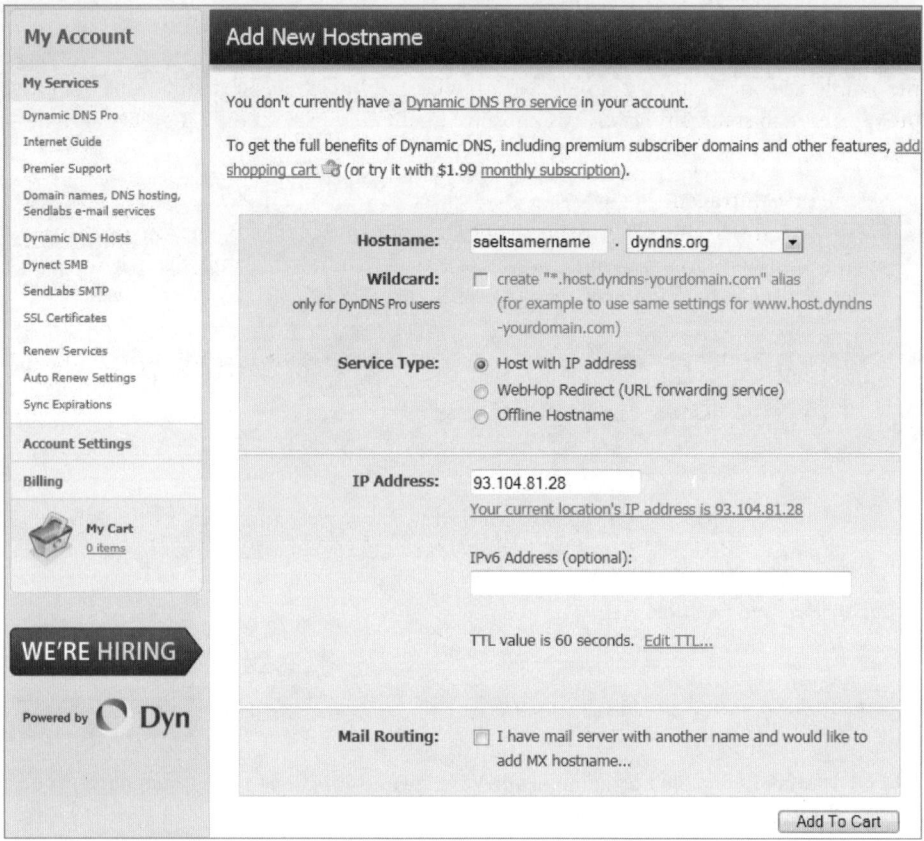

Bild 13.19: Wählen Sie als *Hostname* eine ausgefallene Subdomain (erstes Eingabefeld) und als Domain im Drop-down-Menü rechts daneben den Eintrag *dyndns.org*.

Den hinteren oder zweiten Teil Ihres Hostnamens, der auch als »Domain« bezeichnet wird, können Sie über ein Drop-down-Menü Ihren Wünschen anpassen. Ich empfehle Ihnen allerdings, hier die Domain *dyndns.org* zu wählen. Bei manchen Routern sind nämlich die Domains für DynDNS-Dienste fest vorgegeben – und *dyndns.org* als bekannteste Domain für dynamisches DNS steht in jedem Router zur Auswahl.

Die beiden folgenden Optionen *Wild Card* und *Service Type* belassen Sie in den Vorein-stellungen.

Auch in das Eingabefeld rechts neben *IP-Address* tragen Sie zunächst nichts ein. Klicken Sie stattdessen auf den blauen Link *Your current location's IP address is …* direkt darun-ter. Und schon wird die öffentliche IP-Adresse Ihres Routers (in diesem Beispiel *93.104.81.28*) in das Feld übernommen.

Den optionalen Eintrag zu IPv6 direkt darunter sparen Sie sich ebenfalls. Damit haben Sie den ersten Teil der DynDNS-Registrierung bereits abgeschlossen und sind stolzer Besitzer eines Hostnamens. In diesem Beispiel lautet er *saeltsamername.dyndns.org*

Bei Ihnen sollte die Subdomain – das ist der Teil links vom ersten Punkt (hier *saeltsamername*) – jedoch unbedingt anders lauten.

Der Grund: Ist der von Ihnen gewählte Hostname bereits an einen anderen DynDNS-Nutzer vergeben, müssen Sie nach einem neuen Namen suchen, der noch nicht belegt ist. Wählen Sie deshalb eine möglichst ausgefallene Buchstabenkombination, die nicht im Wörterbuch steht. Im Anschluss klicken Sie unten rechts auf die Schaltfläche *Add To Cart.*

3. **Username eintragen**

   Sie befinden sich nun im Fenster *Shopping Cart.* Doch keine Bange, Sie müssen hier nichts kaufen. Scrollen Sie auf der Seite etwas herunter bis zum Bereich unter der Überschrift *Create Account or log in to continue checkout.*

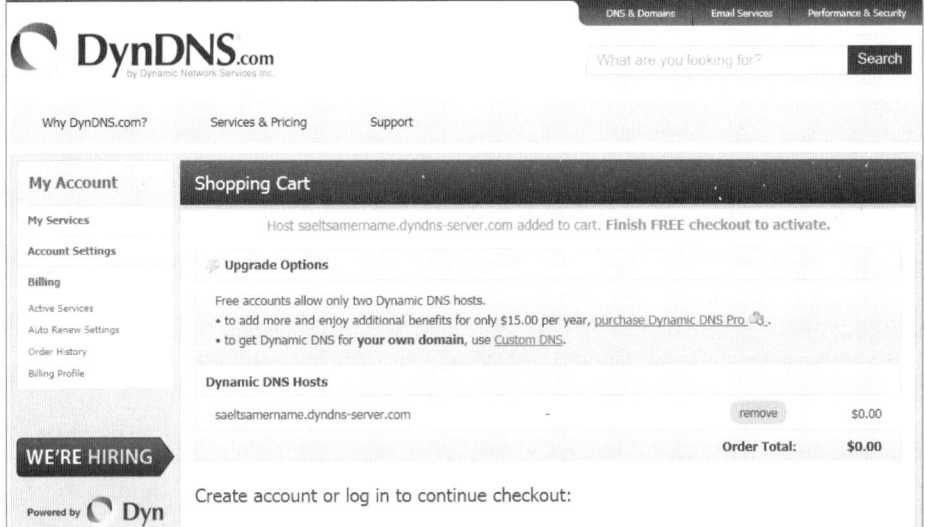

Bild 13.20: Im Fenster *Shopping Cart* müssen Sie nichts kaufen, der für Sie interessante Teil befindet sich im unteren Bereich des Fensters.

Unter *Username* geben Sie zunächst erneut einen möglichst ausgefallenen Namen ein. Hierbei handelt es sich um den zukünftigen Benutzernamen, mit dem Sie sich (oder Ihren Router) später beim DynDNS-Dienst anmelden. Aus Sicherheitsgründen sollten Sie dabei nicht denselben Begriff verwenden, den kurz zuvor als Subdomain für Ihren Hostnamen angegeben haben.

Um bei meinem Beispiel zu bleiben: Ich werde meinen Hostnamen *saeltsamername* also nicht auch als Username angeben, sondern einen anderen Namen verwenden (z. B. *irgendeinausgefallenername*).

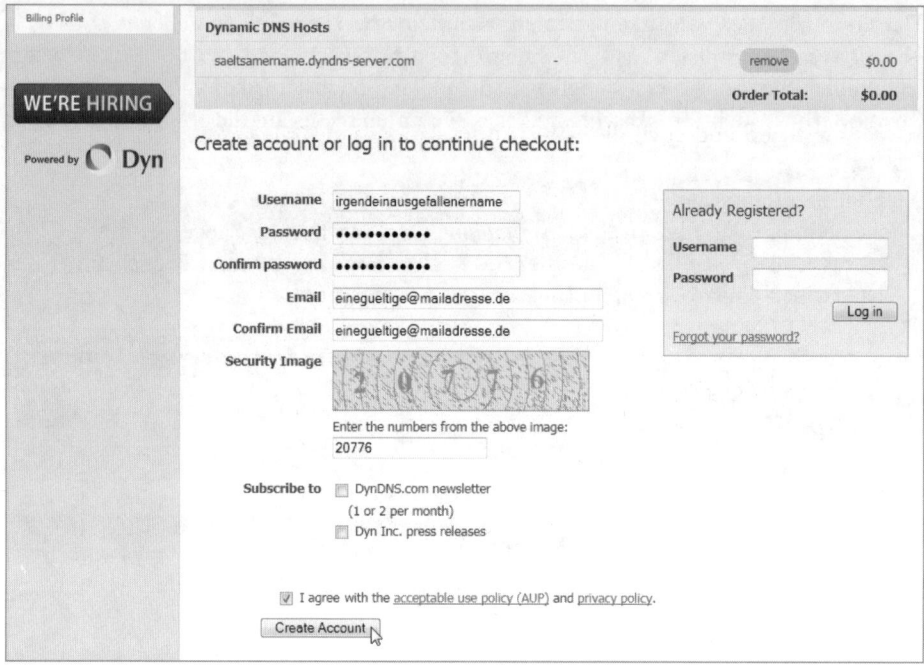

Bild 13.21: Wählen Sie unter *Username* einen möglichst ausgefallenen Benutzernamen für Ihr DynDNS-Konto.

Auch hier sollten Sie, wenn möglich, einen Fantasienamen wählen, der nicht im Wörterbuch steht. Bedenken Sie, dass in diesem kostenlosen Dienst, der von sehr vielen Anwendern genutzt wird, bereits zahlreiche gängige Namen vergeben sind. Achtung: Verwenden Sie auch für den Usernamen keine Sonder- und Leerzeichen und auch keine Umlaute wie ä, ö oder ü.

4. **Sicheres Passwort und gültige E-Mail-Adresse**

   Wählen Sie nun ein mindestens zehnstelliges Passwort für den Zugang zu Ihrem DynDNS-Account. Dieses Passwort tragen Sie einmal in das Eingabefeld *Password* und ein zweites Mal in das Eingabefeld bei *Confirm password* ein. Notieren Sie sich sowohl das Passwort als auch Ihren Usernamen auf einem Zettel.

   Tragen Sie dann zweimal hintereinander Ihre gültige E-Mail-Adresse ein. An diese E-Mail-Adresse wird Ihnen DynDNS später eine Mail mit einem Freischaltungslink für Ihr DynDNS-Konto schicken. Deshalb muss es sich dabei unbedingt um eine gültige E-Mail-Adresse handeln.

5. **Konto erstellen in mehreren Anläufen**

   Tragen Sie unter *Security Image* die im Bild angezeigte Zahlenkombination in das Feld darunter ein und setzen Sie einen Haken vor *I agree with the acceptable use policy (AUP) and privacy policy*.

   Klicken Sie dann unten links auf die graue Schaltfläche *Create Account*. Ist Ihr gewählter Benutzername bereits an einen anderen DynDNS-Nutzer vergeben, springt die Seite zum Eingabefeld *Username* zurück und weist Sie mit roter Schrift darauf hin, dass dieser Username bereits existiert (*User with this Username already exists*).

Sie müssen sich einen neuen Benutzernamen ausdenken, das Passwort erneut zweimal eingeben und auch die Zahlenkombination der Sicherheitsabfrage neu eintippen.

Ist der gewählte Username noch nicht vergeben und haben Sie auch sonst alles richtig gemacht, erscheint schließlich nach einem Klick auch *Create Account* die folgende Bestätigung:

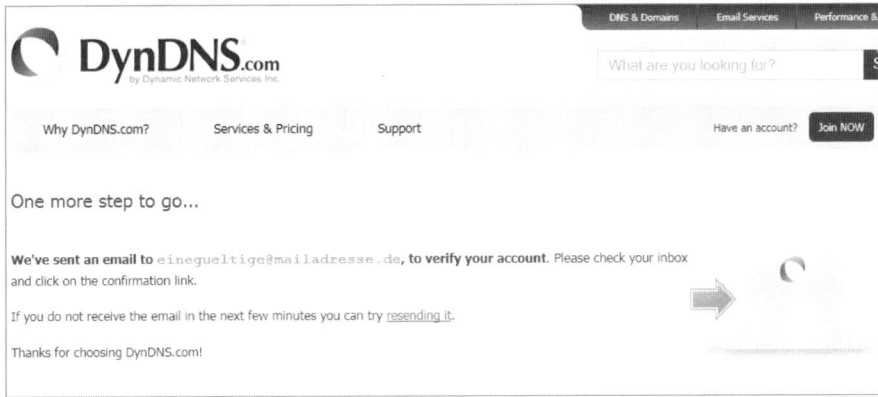

Bild 13.22: Geschafft: Ihr Account (Konto) bei DynDNS ist angelegt.

6. **DynDNS-E-Mail innerhalb von 24 Stunden bestätigen**
   In den folgenden Stunden schickt Ihnen DynDNS an Ihre zuvor angegebene E-Mail-Adresse eine Bestätigungsmail, die einen *https://*-Link enthält. Diesen Link müssen Sie innerhalb von 48 Stunden anklicken, sonst wird das soeben angelegte Konto bei DynDNS automatisch wieder gelöscht.

7. **Auf den Spamordner achten**
   Da Sie vermutlich noch nie eine E-Mail von DynDNS erhalten haben und diese Mail zudem noch einen Link auf eine Website enthält (Verdacht auf eine Phishing-Mail), kann es gut sein, dass Ihr E-Mail-Programm (MS-Outlook, Windows Mail, Mozilla Thunderbird etc.) die DynDNS-Nachricht direkt in den Spam- oder Junk-E-Mail-Ordner packt. Werfen Sie deshalb auch einen Blick in diese Ordner, sollte die Mail nicht im Posteingang erscheinen.

13.5.2 Daten in den FRITZ!Box-Router eintragen

Im Anschluss tragen Sie nun Ihre neue DynDNS-Domain inklusive Benutzername und Passwort in die Benutzeroberfläche Ihres Routers ein. Auf diese Weise können Sie später Ihren Router direkt von einem beliebigen Rechner aus dem Internet erreichen.

Da die FRITZ!Box-Modelle von AVM in Deutschland sehr weit verbreitet sind, beschreiben wir den Eintrag von DynDNS zunächst anhand eines FRITZ!Box-Modemrouters. Hierbei spielt es keine große Rolle, welches Modell Sie genau nutzen. Achten Sie nur darauf, dass Ihre Firmware einigermaßen aktuell ist. Das lässt sich bei Bedarf mit einem Klick sicherstellen.

1. **DynDNS ist etwas für (die) Experten(-Ansicht)**
   Die Einstellungen im Router für dynamisches DNS sind meist etwas versteckt. Bei den FRITZ!Box-Modellen von AVM beispielsweise müssen Sie hierzu zunächst die sogenannte Expertenansicht in der Benutzeroberfläche aktivieren – falls noch nicht geschehen.

   Öffnen Sie also zunächst die Benutzeroberfläche Ihres FRITZ!Box-Routers, indem Sie einfach *fritz.box* in die Adresszeile Ihres Browsers eingeben und mit der ⏎Enter⏎-Taste bestätigen. Eventuell müssen Sie jetzt noch das Passwort für den Zugang zur Routeroberfläche eingeben.

   Den Link zur Standard- oder Expertenansicht finden Sie gleich oben rechts im Startfenster des Routermenüs. Lautet der Eintrag hier *Ansicht Experte*, müssen Sie nichts ändern. Lautet er jedoch *Ansicht Standard*, klicken Sie zunächst auf eben dieses Wort *Ansicht*, denn dabei handelt es sich um einen Link.

   Gleich anschließend setzen Sie im folgenden Fenster ein Häkchen vor *Expertenansicht aktivieren*. Bestätigen Sie die geänderte Einstellung mit einem Klick auf *Übernehmen*.

2. **DynDNS-Daten korrekt in die FRITZ!Box eintragen**
   Gehen Sie nun im Menü am linken Rand auf den Eintrag *Internet* und anschließend in das Untermenü *Freigaben*. Im Bereich rechts erscheinen nun verschiedene Registerkarten. Klicken Sie auf die Registerkarte *Dynamic DNS*. Um überhaupt Eintragungen in diesem Bereich vornehmen zu können, setzen Sie zunächst einen Haken vor *Dynamic DNS benutzen*.

   Nun benötigen Sie den Zettel, auf dem Sie sich Ihren Hostnamen, Ihren Benutzernamen (*Username*) und Ihr Passwort für Ihr eigenes DynDNS-Konto notiert haben. Die folgende Abbildung zeigt, wie der Eintrag anhand meiner beispielhaften DynDNS-Meldung aus dem Abschnitt »Kostenloses DynDNS-Konto anlegen« weiter oben lauten müsste:

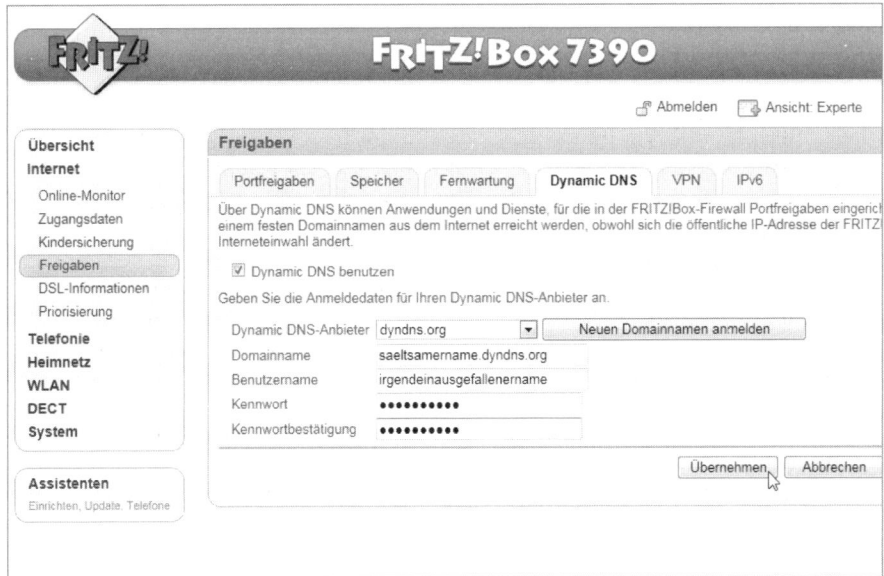

Bild 13.23: Hier tragen Sie die vollständigen Zugangsdaten für Ihren DynDNS-Zugang ein. Die hier abgebildeten Angaben sind nur beispielhaft. Sie verwenden selbstverständlich Ihre eigenen Daten.

- Im Drop-down-Menü unter *Dynamic DNS-Anbieter* wählen Sie die Option *dyndns.org*.

- In das Eingabefeld *Domainname* tragen Sie Ihren unter DynDNS gewählten kompletten Hostnamen ein. In meinem Beispiel würde der korrekte Eintrag lauten: *saeltsamername.dyndns.org*.

- Sie selbst tragen hier natürlich Ihren eigenen Hostnamen ein.

- In das Eingabefeld bei *Benutzername* tragen Sie den *Username* ein, den Sie für Ihr DynDNS-Konto vergeben haben. In diesem Beispiel lautet der Benutzer-/Username: *irgendeinausgefallenername*.

- Unter *Kennwort* und *Kennwortbestätigung* tragen Sie schließlich je einmal Ihr Passwort ein, das Sie für Ihr DynDNS-Konto vergeben haben. Mit einem Klick auf *Übernehmen* schließen Sie den Vorgang ab.

13.5.3 Daten in einen alternativen Router eintragen

Da in Deutschland nicht ausschließlich AVM-Router eingesetzt werden, zeige ich Ihnen das Einrichten eines DynDNS-Zugangs noch anhand eines alternativen Routermodells der Marke Linksys by Cisco.

1. **Benutzeroberfläche aufrufen**
   In einem Linksys-Router finden Sie die DynDNS-Einstellungen ebenfalls in der Benutzeroberfläche des Routers. Diese rufen Sie in der Regel über die interne IP-Adresse des Routers auf, die in der Grundeinstellung *192.168.1.1* lautet. Geben Sie

diese IP-Adresse in die Adresszeile des Browsers ein und bestätigen Sie mit der
$\boxed{\text{Enter}}$-Taste. Anschließend benötigen Sie Benutzername und Passwort für den
Zugang zur Routeroberfläche.

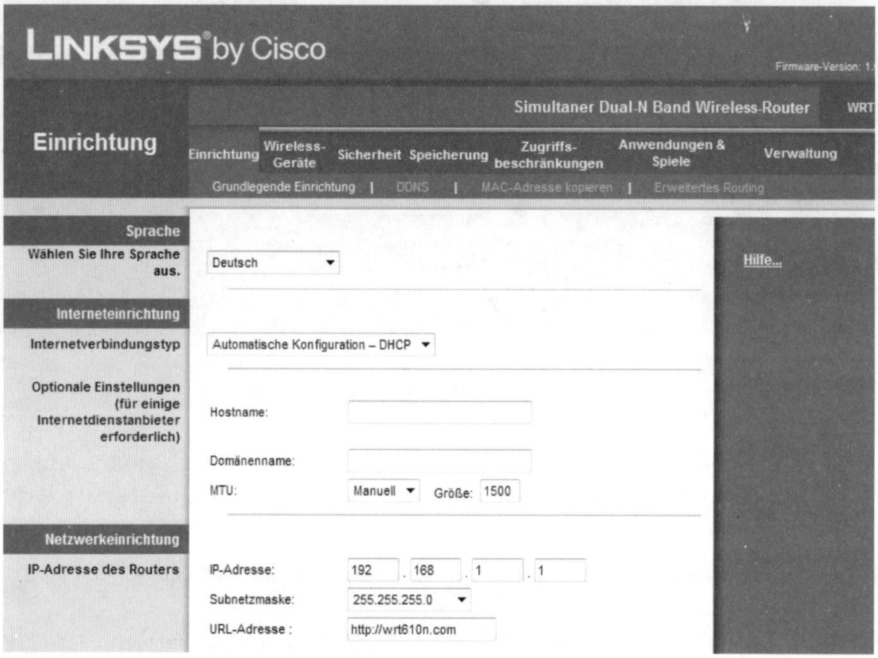

Bild 13.24: Die Benutzeroberfläche eines Linksys-by-Cisco-Routers unterscheidet sich
ganz erheblich von der einer AVM FRITZ!Box.

2. **DynDNS-Daten korrekt in den Linksys-Router eintragen**
   Klicken Sie nun in der Kopfleiste im voreingestellten Bereich *Einrichtung* auf das
   Untermenü *DDNS* und setzen Sie das aktuell noch deaktivierte Drop-down-Menü
   auf die Option *DynDNS.org*.

   Halten Sie jetzt den Zettel mit Ihren DynDNS-Zugangsdaten bereit. Hier tragen Sie
   nun der Reihe nach folgende Daten ein:

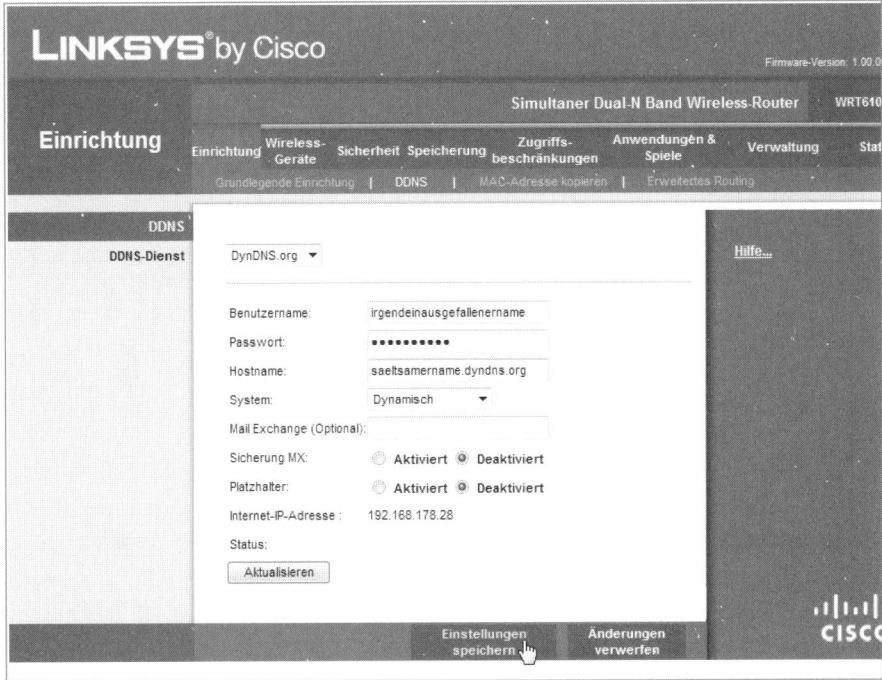

Bild 13.25: So fügen Sie Ihre DynDNS-Daten in einen Linksys-by-Cisco-Router ein.

- In das Eingabefeld bei *Benutzername* tragen Sie den *Usernamen* ein, den Sie für Ihr DynDNS-Konto vergeben haben. In diesem Beispiel lautet der Benutzer-/ Username *irgendeinausgefallenername.*

- Unter *Passwort* tragen Sie Ihr Passwort ein, das Sie für Ihr DynDNS-Konto vergeben haben.

- In das Feld neben *Hostname* tragen Sie Ihren vollständigen Hostnamen ein, den Sie sich bei DynDNS.org herausgesucht haben. In meinem Beispiel würde der korrekte Eintrag lauten: *saeltsamername.dyndns.org.*

- Alle folgenden Einstellungsmöglichkeiten lassen Sie unberührt. Gehen Sie schließlich auf *Einstellungen speichern*, um Ihre Änderungen zu übernehmen.

13.5.4 Der Router ist erreichbar, lässt aber niemanden rein

Wenn Sie jetzt im Browser eines beliebigen Onlinerechners Ihren Hostnamen als Webadresse eingeben, wird ein erster Verbindungsversuch zu Ihrem Router gestartet. In meinem Beispiel lautet diese Adresse *http://saeltsamername.dyndns.org*, in Ihrem Fall müsste sie wie folgt lauten: *http://dasistihrname.dyndns.org*.

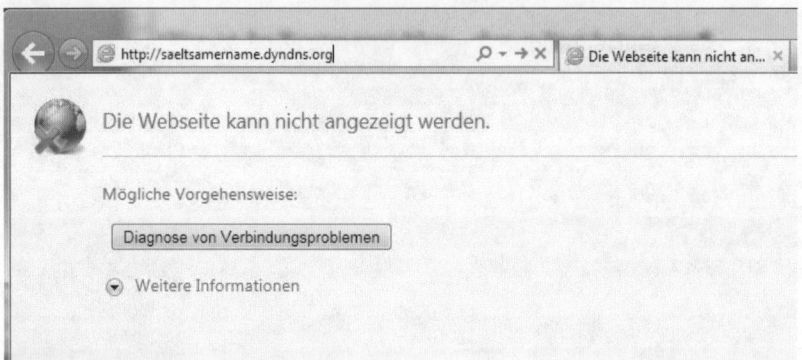

Bild 13.26: Momentan sind Ihr Router und ebenso alle Geräte, die sich »hinter« ihm im Heimnetz befinden, noch nicht von außen über Ihren DynDNS-Hostnamen erreichbar.

Allerdings wird Ihr Router momentan noch alle Verbindungsversuche von außerhalb kategorisch ablehnen. Denn schließlich gehört das zu seinen wichtigsten Aufgaben: Der Router und seine (Hardware-)Firewall sorgen nämlich dafür, dass Ihr Heimnetz von der Internetseite aus nicht zugänglich, ja sogar komplett abgeschottet ist.

Der folgende Schritt beschreibt nun, wie Sie Ihren Router mithilfe einer sogenannten Portweiterleitung doch dazu bringen, Sie mit einem beliebigen Netzwerkgerät im Heimnetz hinter dem Router zu verbinden.

13.6   Weiterleitung vom Router auf die Kamera

Grundsätzlich schirmt ein Router alle an ihn angeschlossenen Geräte im Heimnetz vor Zugriffen aus dem Internet ab. Mithilfe einer sogenannten Portweiterleitung lässt sich diese Einstellung jedoch für einzelne Geräte umgehen. Im Folgenden soll der Router so eingerichtet werden, dass er eine Browseranfrage an Ihre DynDNS-Domain direkt an die IP-Kamera im Heimnetz weiterleitet. So erhalten Sie einen komfortablen Zugriff auf Ihre Kamera, indem Sie einfach nur Ihre DynDNS-Webadresse über den Browser eines beliebigen Onlinerechners aufrufen.

13.6.1   IP-Adresse der Netzwerkkamera ermitteln

Um die Portweiterleitung einzurichten, benötigen Sie zunächst die interne IP-Adresse der Kamera im Heimnetz.

1. **Setup-Tool der Kamera**
   Ist Ihre Kamera im Heimnetz installiert und Sie wissen deren interne IP-Adresse nicht, greifen Sie vermutlich über ein mitgeliefertes Tool auf die Kamera zu. In den Setup-Einstellungen dieses Tools finden Sie in der Regel auch die aktuelle IP-Adresse Ihrer Kamera. In der Abbildung lautet sie beispielsweise *192.168.1.102*.

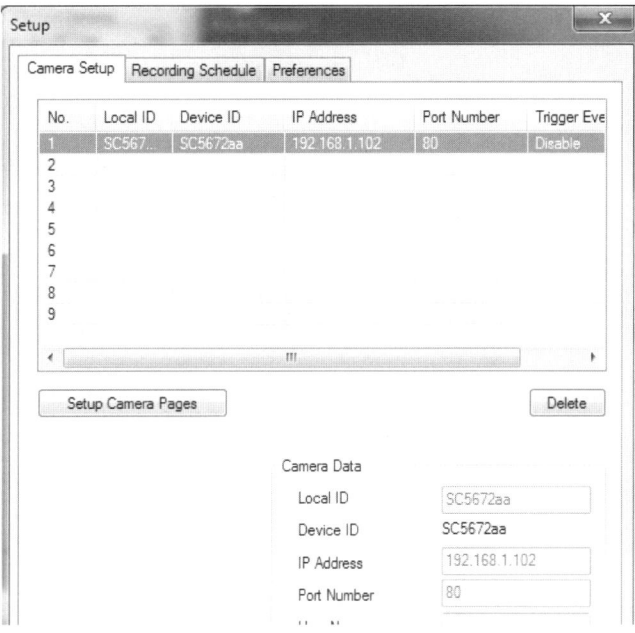

Bild 13.27: Jedes mitgelieferte Tool einer Netzwerkkamera bietet auch Zugriff auf die interne IP-Adresse der Kamera.

2. **Netzwerkinfo im Router**

   Sämtliche IP-Adressen aller Netzwerkgeräte, die aktuell mit Ihrem Router verbunden sind, finden Sie auch in der Benutzeroberfläche Ihres Routers.

   Bei AVM-FRITZ!Box-Routern wechseln Sie hierzu in das Verzeichnis *Heimnetz/Netzwerk*. Auf der Registerkarte *Geräte und Benutzer* sind alle Teilnehmer im Heimnetz samt der zugehörigen internen IP-Adresse aufgelistet. Hier sollten Sie auch Ihre Netzwerkkamera samt IP-Adresse ausfindig machen.

Biid 13.28: FRITZ!Box-Router listen auch die Geräte auf, die momentan nicht mit dem Heimnetz verbunden oder ausgeschaltet sind.

3. **Stimmt die IP-Adresse?**
Sind Sie wirklich sicher, dass die IP-Adresse, die Sie soeben ermittelt haben, auch wirklich zu Ihrer IP-Kamera gehört? Prüfen Sie es nach, bevor Sie mit einer falschen Adresse weiterarbeiten. Geben Sie die IP-Adresse einfach in die Adresszeile Ihres Browsers ein und bestätigen Sie mit *Enter*.

Jetzt sollte sich die Benutzeroberfläche Ihrer Kamera (oder zumindest die Passwortabfrage zur Benutzeroberfläche) im Browserfenster öffnen. Falls ja, notieren Sie sich die IP-Adresse Ihrer Kamera im Heimnetz – oder kopieren Sie diese direkt aus der Adresszeile im Browser in die Zwischenablage.

13.6.2 Portweiterleitung im Router eintragen

In diesem Schritt tragen Sie nun eine Portweiterleitung oder Portfreigabe in Ihren Router ein. Bevor Sie diese Einstellung vornehmen, prüfen Sie noch einmal, ob die Benutzeroberfläche Ihrer Internetkamera auch tatsächlich durch ein sicheres Zugangspasswort geschützt ist.

1. **Die Portfreigabe in der FRITZ!Box**
Öffnen Sie nun in Ihrem Routermenü die Einstellung für die Portfreigaben. Bei der FRITZ!Box finden Sie diese in der Rubrik *Internet*. Klicken Sie dort auf das Untermenü *Freigaben*.

Im Bereich rechts sollte nun die erste Registerkarte *Portfreigaben* gewählt sein. Wie Sie sehen, ist in der *Liste der Portfreigaben* aktuell noch kein Eintrag angelegt.

Bild 13.29: Sofern Sie selbst noch keine angelegt haben, ist die *Liste der Portfreigaben* leer.

2. **Neue Portfreigabe anlegen**
   Klicken Sie am rechten Rand auf die Schaltfläche *Neue Portfreigabe*. Im folgenden Fenster wählen Sie im Drop-down-Menü neben *Portfreigabe aktiv für* die Einstellung *HTTP-Server*. Direkt darunter neben *an Computer* sollten Sie die interne IP-Adresse Ihrer Netzwerkkamera direkt aus dem Drop-down-Menü auswählen können. Der unterste Eintrag *an IP-Adresse* erfolgt dann automatisch. Vergleichen Sie diese ausgegraute IP-Adresse mit der IP-Adresse, die Sie sich zuvor notiert haben.

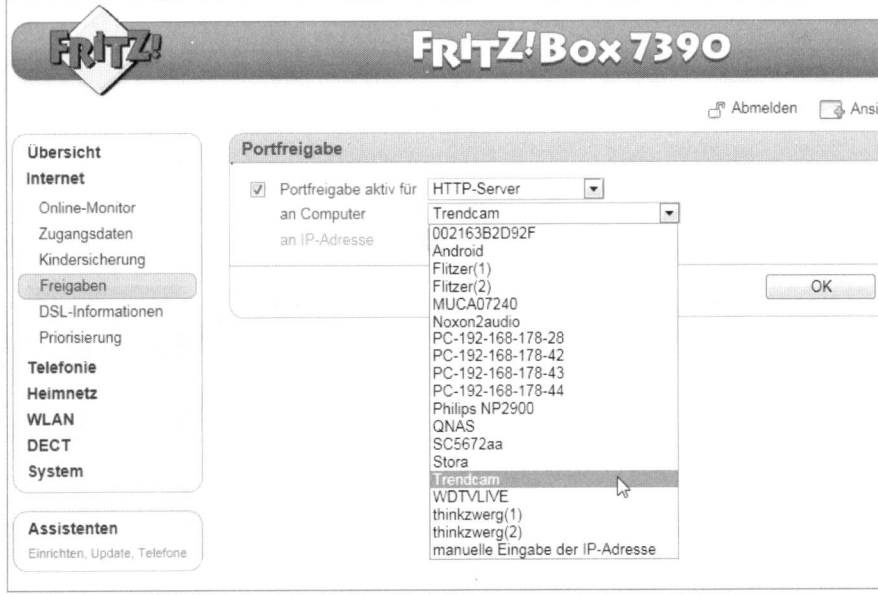

Bild 13.30: Die FRITZ!Box listet im Drop-down-Menü alle verfügbaren Netzwerkgeräte auf.

Sind Sie sich anhand der vorgegebenen Einträge nicht sicher, wählen Sie im Dropdown-Menü *an Computer* die unterste Einstellung *manuelle Eingabe der IP-Adresse* und tragen die IP-Adresse in das Eingabefeld neben *an IP-Adresse* direkt ein. Das Feld ist nun nicht mehr ausgegraut und lässt sich beschreiben.

Sind Ihre Einträge so weit korrekt, klicken Sie auf die Schaltfläche *OK*. Ihr neuer Eintrag erscheint nun in der *Liste der Portfreigaben*. Achten Sie darauf, dass das Häkchen unter *Aktiv* gesetzt ist, und bestätigen Sie gegebenenfalls noch einmal mit *Übernehmen*.

Möchten Sie Ihre Portfreigabe – aus welchen Gründen auch immer – vorübergehend ausschalten, sodass kein Zugriff von außen mehr erfolgen kann, müssen Sie nicht gleich die komplette Freigabe löschen. Entfernen Sie einfach den Haken unter *Aktiv* und bestätigen Sie mit *Übernehmen*.

Bild 13.31: Gratulation: Jetzt ist Ihre IP-Kamera aus dem Internet unter Ihrer DynDNS-Adresse erreichbar.

3. **Von jetzt an von überall erreichbar**
    Nun ist Ihre Kamera im Browser unter Ihrer DynDNS-Adresse von jedem Browser im Internet aus erreichbar. So sind Sie auch in Abwesenheit immer im Bilde, was bei Ihnen zu Hause passiert. Bitte beachten Sie jedoch, dass Sie Ihre Kamera keinesfalls zur heimlichen Überwachung von Mitbewohnern, Nachbarn etc. missbrauchen dürfen.

Privatsphäre beachten

Netzwerkkameras dürfen nicht eingesetzt werden, um andere Personen (Nachbarn, Passanten etc.) zu überwachen – auch nicht »versehentlich«. Richten Sie den Blickwinkel der Kamera ausschließlich auf Ihr eigenes, umfriedetes Grundstück aus und überwachen Sie weder die Haustür des Nachbarn noch das Treppenhaus oder den Hausflur eines Wohnblocks mit mehreren Mietparteien und ebenso wenig öffentlich zugängliche Grundstücke, Gehwege etc.

13.6.3 Vorsicht vor Beobachtern aus dem Internet

Haben Sie Ihre Kamera im Heimnetz über eine Portweiterleitung online verfügbar gemacht, kann theoretisch auch jeder Rechner im Internet darauf zugreifen und die Benutzeroberfläche des Heimnetzgeräts aufrufen.

Hinzu kommt, dass die meisten IP-Kameras fürs Heimnetz so voreingestellt sind, dass sie erst einmal jedem Anwender eine kostenlose und aktuelle Liveübertragung liefern, sobald dieser ihre DynDNS-Adresse im Browser aufruft.

Das Zugangspasswort wird erst abgefragt, wenn die zugreifende Person Änderungen in den Einstellungen der Kamera vornehmen möchte.

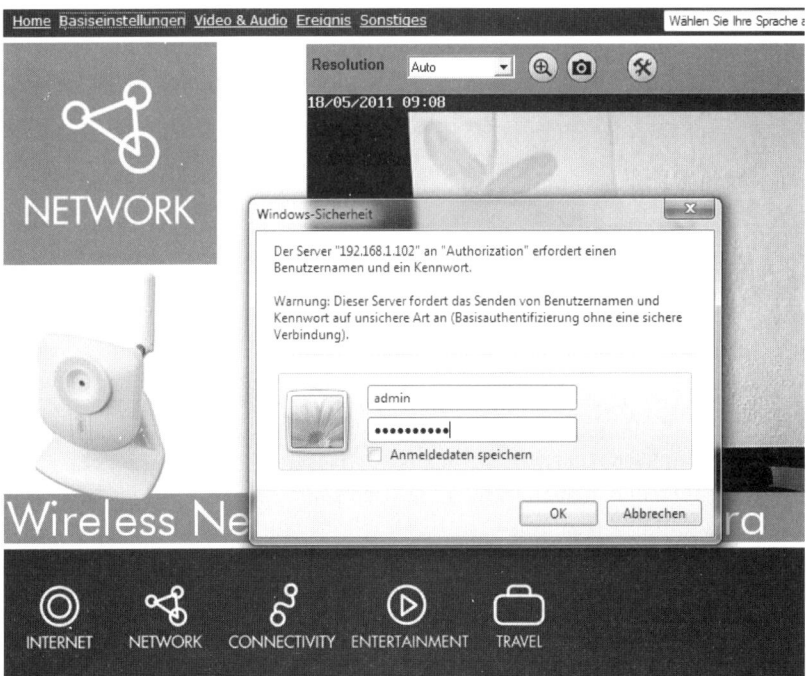

Bild 13.32: Wie hier deutlich zu sehen ist, sendet die Kamera ihr Livevideo bereits vor der Zugangspasswortabfrage.

Natürlich könnten Sie die Portweiterleitung auf Ihre Netzwerkkamera einfach wieder abschalten, indem Sie im Routermenü der FRITZ!Box unter *Internet/Freigabe/Portfreigaben* einfach den Haken in der Portfreigabenliste entfernen und mit *Übernehmen* bestätigen. Doch das ist sicher keine befriedigende Lösung, denn dann können ja auch Sie selbst nicht mehr von außen auf Ihre Kamera zugreifen.

13.6.4 Allgemeinen Livezugriff deaktivieren

Wenn Sie also verhindern möchten, dass jeder Onlinenutzer ohne Passwortzugang eine Liveübertragung Ihres Gartens, Eingangsbereichs, Ihres Kinderzimmers oder Ihres Tresors geliefert bekommt, sollten Sie diesen allgemeinen Liveübertragungsmodus, der oft auch als »Live View« bezeichnet wird, einschränken.

Die entsprechenden Einstellungen hierzu sind von Kamera zu Kamera unterschiedlich, und natürlich heißt diese Einstellung auch in jedem Gerät ein wenig anders. In der Regel findet sie sich jedoch in der (Nähe der) Benutzerkontenverwaltung.

Bild 13.33: So verhindern Sie bei diesem Kameramodell, dass jeder Internetnutzer ohne Passworteingabe live auf Ihre Videoübertragung zugreifen kann.

Bei Sitecom beispielsweise müssen Sie hierzu in den Bereich *Video/Audio* wechseln und anschließend auf die Registerkarte *Zugang*. Dort setzen Sie rechts neben *Benutzerzugriff* ein Häkchen vor *Sicherheitsüberprüfung aktivieren* und bestätigen mit *Speichern*.

Achtung!
Sobald Sie den allgemeinen Zugriff deaktiviert haben, können nur noch Sie selbst mit Ihrem Administratorkonto auf die Liveübertragung der Kamera samt Einstellungen zugreifen.

Sollen also noch weitere Personen Zugang zur Kamera erhalten, legen Sie zusätzliche Benutzer an.

Bild 13.34: In der englischsprachigen Benutzeroberfläche einer TrendNet-Kamera muss das Kästchen *Enable* neben *Direct Video Streaming Authentication* deaktiviert sein.

13.6.5 Neue Kamerabenutzer anlegen

Die Anlage eines neuen Benutzers erfolgt in der Regel durch den Eintrag eines selbst gewählten Benutzernamens samt Passwort in der Benutzerverwaltung der Kamera. Sobald diese Neueinträge in der Kamera gespeichert sind, kann damit auf die Kamera zugegriffen werden.

Achten Sie jedoch darauf, dass Sie nicht allen Mitbenutzern volle Zugriffsrechte einräumen. Nicht jeder Benutzer sollte beispielsweise Einstellungen an der Netzwerkkamera verändern können. Für die meisten Benutzer sollte eigentlich der Zugriff auf den Livestream der Kamera genügen.

Die TrendNet-Kamera unterscheidet in *Administrator*, *General User* und *Guest*. Wenn Sie also möchten, dass ein Benutzer nur Zugriff auf den Livestream der Kamera hat, legen Sie ihn unter *Guest* an. Tragen Sie dort den Benutzernamen (*User Name*) sowie ein beliebiges Passwort ein und klicken Sie anschließend auf *Add/Modify*.

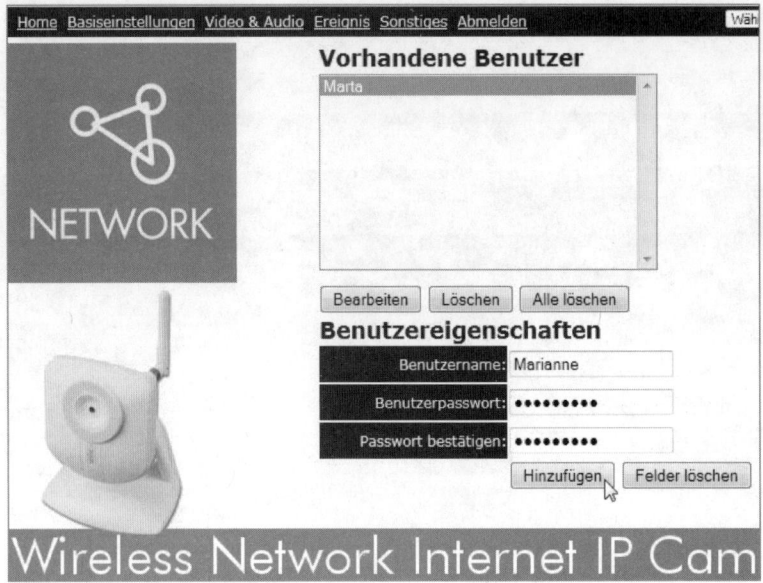

Bild 13.35: Bei dieser Netzwerkkamera von Sitecom haben alle angelegten Benutzer Zugriff auf den Livestream, jedoch nicht auf die Kameraeinstellungen. Letzteres darf nur der Administrator.

Im Fall der Sitecom-Netzwerkkamera lassen sich die Benutzerrechte nicht modifizieren. Hier erhält jeder neu angelegte Benutzer automatisch Gastrechte, kann also auf den Livestream zugreifen, jedoch nicht auf die Einstellungen der Kamera. Dieses Recht bleibt bei Sitecom ausschließlich dem Administrator vorbehalten.

Deshalb auch hier noch einmal die Warnung: Sichern Sie grundsätzlich alle Benutzerkonten, vor allem aber den Administratorzugang, zu Ihrer Netzwerkkamera unbedingt mit einem ausreichend starken Passwort ab. Das meist voreingestellte, manchmal aber auch gar nicht vergebene Administratorpasswort ersetzen Sie als Erstes.

Ansonsten kann jeder beliebige Internetnutzer, der Ihre DynDNS-Adresse kennt, auf die Benutzeroberfläche Ihrer Kamera zugreifen und erhält dadurch womöglich Einblick in Ihre Privatsphäre.

Das Administratorpasswort einer TrendNet-Kamera ändern Sie ganz normal in der Benutzereinstellung *Basic/User*, indem Sie ganz oben zweimal hintereinander das neue Passwort eingeben und auf *Modify* klicken.

Bei einer Sitecom-Kamera befinden sich die Administratoreinstellungen jedoch nicht in der Benutzerverwaltung, sondern unter *Sonstiges* (bzw. *Toolbox*) im Register *Basis*.

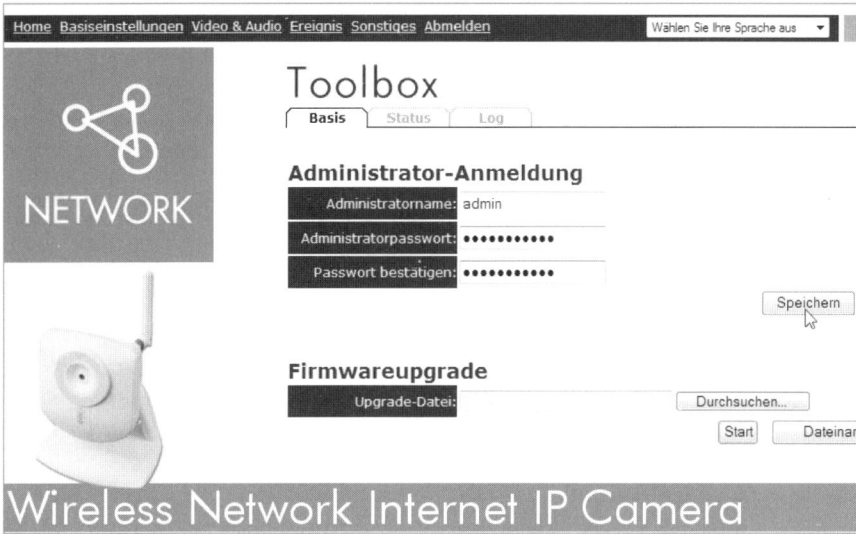

Bild 13.36: Hersteller Sitecom versteckt seine Administratoreinstellungen unter *Sonstiges* bzw. *Toolbox*.

Auch hieran ist wiederum klar ersichtlich, dass in Bezug auf Aufbau und Verteilung der verschiedenen Einstellungen und Funktionen jeder Hersteller sein eigenes Süppchen kocht. Sie werden also nicht darum herumkommen, sich mindestens einmal durch das komplette Einstellungsmenü hindurchzuklicken.

Worauf es mir ankommt, sind die besonders wichtigen Funktionen einer solchen Netzwerkkamera, deren Sinn und Zweck Sie als Anwender verstehen müssen. Sobald Sie das Grundprinzip einer Netzwerkkamerafunktion verstanden haben, lässt sich auch die Methode rasch durchschauen, mit der der Kamerahersteller diese Funktion umzusetzen versucht.

Dies gilt ganz besonders für die auf den ersten Blick komplizierte, jedoch eigentlich interessanteste Funktion einer Netzwerkkamera: die Bewegungserkennung.

13.7 Einrichten einer Bewegungserkennung

Die ersten IP-Kameramodelle für den Privatanwender boten eine kontinuierliche Videoübertragung übers Netzwerk (Livestream), eine Benutzerverwaltung sowie diverse Einstellungen hinsichtlich der Videoqualität und einige Netzwerkeinstellungen. Besondere Zusatzfunktionen hatten diese Kameras in der Regel nicht.

13.7.1 Zuerst als Software auf dem PC

Den meisten Modellen lag eine Kamerasoftware bei, mit der sich bereits erste Überwachungsfunktionen durchführen ließen. Hierzu wertete die Software den Videostream der Kamera aus und konnte bei registrierten Änderungen im Videobild bestimmte Aktionen ausführen. Wenn also eine Person durchs Bild läuft oder sich eine überwachte

Tür öffnet, reagiert diese Software, indem sie zum Beispiel die folgenden zehn Sekunden des Kamera-Livestreams aufnimmt und als Videodatei auf der Festplatte des Rechners speichert oder eine E-Mail mit einem Foto der »Bewegung« an eine bestimmte Mailadresse versendet. Der Nachteil an einer solchen softwareseitigen Bewegungserkennung liegt darin, dass hierzu immer ein PC oder Notebook eingeschaltet sein muss, auf dem diese Software installiert ist.

13.7.2   Bewegungserkennung in der Kamera

Inzwischen haben sich Netzwerkkameras für das Heimnetz weiterentwickelt. Nahezu alle Hersteller haben die Funktionen zur Bewegungserkennung bereits in die Kamera integriert. Somit können Sie alle notwendigen Einstellungen direkt in der Browseroberfläche der Kamera vornehmen, und die Kamera erledigt selbst alle die Aufgaben, die zuvor ein PC mit Überwachungssoftware erledigen musste.

Damit ist jede Netzwerkkamera ein vollwertiges Überwachungsgerät. Einmal richtig eingestellt, erledigt sie ihren Dienst: vollautomatisch, rund um die Uhr und ohne einen eingeschalteten PC.

Im Folgenden möchte ich Ihnen zunächst erklären, wie Sie grundsätzlich – also unabhängig vom eingesetzten Kameramodell – eine Bewegungserkennung in einer Netzwerkkamera einrichten. Im Anschluss daran werde ich Ihnen diese Einrichtung anhand verschiedener Kameramodelle demonstrieren.

13.7.3   Eine Bewegung wird registriert

Zunächst einmal muss die Kamera bzw. die Software in der Kamera überhaupt eine Bewegung als solche registrieren. Ganz einfach ausgedrückt, funktioniert dieser Vorgang, indem verschiedene Bildabfolgen miteinander verglichen werden. Ist die Abweichung zwischen diesen Bildern zu groß, registriert die Kamera diese Abweichung als Bewegung.

Sie selbst können nun einstellen, in welchem Bereich des Kamerabilds (also in welcher Überwachungszone) auf eine Bewegung reagiert werden soll und wie empfindlich die Kamera auf Bewegungen anschlagen soll.

Zur Regelung der Empfindlichkeit lässt sich ein Schwellenwert herauf- oder herabsetzen. Die meisten Kameras lösen diese Einstellungsmöglichkeit inzwischen sehr anschaulich und für den Anwender gut nachvollziehbar.

13.7.4   Da bewegt sich was – und nun?

Sobald Sie nun die Empfindlichkeit der Kamera oder den Schwellenwert eingestellt haben, müssen Sie ihr in einem zweiten Schritt mitteilen, was sie denn im Fall einer registrierten Bewegung (auch »Ereignis« genannt) nun eigentlich machen soll.

Hier stehen Ihnen je nach Kameramodell meist mehrere Möglichkeiten offen, im Folgenden sind nur einige der häufiger genutzten genannt:

- Die Kamera kann ein Foto des Ereignisses schießen.

- Die Kamera kann eine Videosequenz bestimmter Länge (z. B. zehn Sekunden) nach Auftreten des Ereignisses aufnehmen.

- Die Kamera kann Sie benachrichtigen (z. B. per E-Mail).

- Schließlich lässt sich bei vielen Modellen noch einstellen, zu welchen Zeiten die Bewegungserkennung aktiviert sein soll, zum Beispiel immer zwischen 8 und 18 Uhr. Außerdem finden sich diverse Feineinstellungen, die aber wichtig sind: Wie viel Zeit beispielsweise soll die Kamera nach einem Ereignis verstreichen lassen, bis sie erneut auf ein Ereignis reagiert?

13.7.5 Wohin mit dem Datenmaterial?

- Die letzte wichtige Frage bei der Einstellung der Bewegungsmeldung ist der Speicherort, an dem die Kamera die Fotos oder Videos schließlich ablegen soll, bis der Anwender die Zeit dazu hat, diese Daten in Ruhe auszuwerten.

- Manche Kameras besitzen einen USB-Port, an den sich ein Speicherstick anschließen lässt. Einzelne Fotos oder kurze Videosequenzen lassen sich direkt an eine Benachrichtigungsmail hängen. Doch gerade zur schnellen Speicherung mehrerer auch etwas längerer Videosequenzen ist eine Netzwerkfestplatte das Speichermedium der Wahl.

- In der Regel stehen hier zwei Speichermöglichkeiten zur Auswahl:

- die Speicherung auf Netzwerkfreigaben/Freigabeordner

- die Speicherung auf einen FTP-Server

- Für Variante 1 benötigt die Kamera den Pfad zur Freigabe und, falls diese zugriffsgeschützt ist, den Benutzernamen sowie das Kennwort.

- Für Variante 2 benötigt die Kamera die Adresse des FTP-Servers inklusive Pfad sowie die Zugangsdaten zum FTP-Laufwerk.

13.7.6 Eine Bewegungserkennung einrichten

Stellen Sie die Kamera nun so ein, dass sie bei Registrierung einer Bewegung eine zehnsekündige Videosequenz auf eine Netzwerkfestplatte ablegt. Wir verwenden hierzu das Kameramodell WL-404 von Sitecom. Alle für die Bewegungserkennung erforderlichen Einstellungen finden sich im Menü *Ereignis*. Für Ihre ersten Erfahrungen mit der Bewegungserkennung sollten Sie Ihre Kamera möglichst nah an Ihrem PC oder Notebook aufstellen, von dem Sie auf die Kamera zugreifen.

13.7.7 Überwachungszone und Empfindlichkeit

Die Überwachungszone ist der Bereich des Kamerabilds, in dem die Kamera auf Bewegungen achtet. In der Sitecom-Kamera wechseln Sie dazu in das Register *Bewegung*.

1. **Fenster aktivieren und anpassen**

Hier können Sie bis zu vier verschiedene Überwachungszonen anlegen. Wir beschränken uns zunächst auf eine (*Window 1*).

Bild 13.37: In der Sitecom-Kamera stehen vier Überwachungszonen bereit.

Aktivieren Sie nun das Kästchen vor *Window 1*, und schon erscheint ein Rahmen im Kamerabild. Dieser Rahmen lässt sich ähnlich wie ein Fenster unter Windows über dessen graue Kopfleiste an eine beliebige Stelle im Kamerabild verschieben.

An den Rändern lässt sich das Fenster, sobald sich die Form des Mauspfeils ändert, mit gedrückter linker Maustaste vergrößern oder verkleinern.

Bild 13.38: Das Fenster (*Window 1*) der Überwachungszone wird direkt über dem Eingangsbereich positioniert.

2. **Empfindlichkeit der Bewegungserkennung einstellen**

   Ist Ihr Fenster entsprechend platziert, prüfen Sie nun die Empfindlichkeit der Bewegungserkennung. Direkt unter dem gesetzten Häkchen für *Window 1* sehen Sie als weißen Balken den *Indicator* und darunter einen Schieberegler, mit dem Sie die Empfindlichkeit (engl. *Sensitivity*) einstellen können.

   Erzeugen Sie nun eine heftige Bewegung in der Überwachungszone: Das geht am einfachsten, indem Sie Ihre Hand möglichst nah vor die Kameralinse halten und schnell wieder wegziehen. Achten Sie dabei auf den Ausschlag des Balkens am *Indicator*.

Bild 13.39: Links oben sehen Sie, wie der *Indicator*-Balken unter *Window 1* ausschlägt, sobald sich in der Erkennungszone eine Bewegung ereignet.

Im Fall der Sitecom-Kamera wird eine Bewegung erst dann registriert, wenn der *Indicator*-Balken ausschlägt. Ziehen Sie den *Sensitivity*-Regler nach rechts (Richtung +), erhöhen Sie die Empfindlichkeit des *Indicator*, ziehen Sie ihn nach links (Richtung –), setzen Sie die Empfindlichkeit herab.

3. **Empfindlichkeitseinstellung vor Ort mit dem Notebook vornehmen**
Führen Sie die Justierung der Empfindlichkeit einer Netzwerkkamera am besten mit einem Notebook durch, in dem Sie die Benutzeroberfläche der Kamera geöffnet haben. Bewegen Sie sich dann selbst mit diesem Notebook durch den von der Kamera überwachten Bereich und prüfen Sie somit »live« vor Ort, ob der Bewegungssensor wie gewünscht ausschlägt.

13.7.8 Speicherort für Videos/Schnappschüsse

Die Netzwerkkamera von Sitecom kann Aufnahmen (Videos, Einzelbilder) als Anhang per E-Mail verschicken und in einem Speicher im Netzwerk, genauer gesagt einem sogenannten FTP-Server, ablegen. Erfahren Sie zunächst, wie Sie einen FTP-Speicherort in die Netzwerkkamera eintragen. Diese Speichermethode wird übrigens von allen Kameramodellen mit Bewegungsmelder unterstützt.

1. **FTP-Server im Heimnetz testen**

   Sobald Sie eine Netzwerkfestplatte oder NAS (siehe Kapitel 3 »Speicher im Heimnetz«) im Heimnetz eingebunden haben, verfügen Sie auch automatisch über einen FTP-Server. Eventuell müssen Sie ihn noch nachträglich aktivieren.

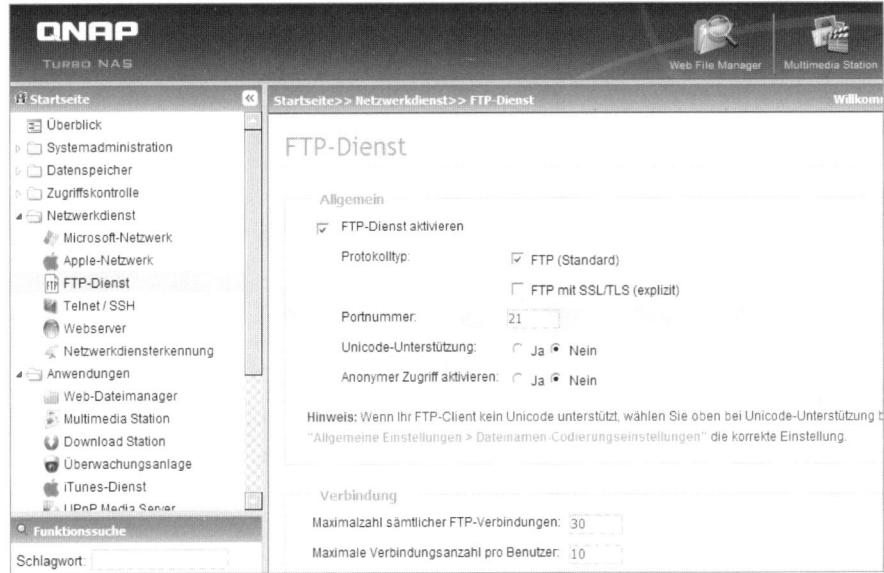

Bild 13.40: In dieser QNAP-Netzwerkfestplatte lässt sich der *FTP-Dienst* (engl. Server) unter der Rubrik *Netzwerkdienst* ein- oder ausschalten.

Um Ihren FTP-Zugang zu prüfen, verwenden Sie entweder ein beliebiges FTP-Tool oder, noch einfacher, den Windows Explorer: Klicken Sie einfach in dessen Adressleiste und tragen Sie Folgendes ein:

```
ftp://<IP-Adresse-NAS>
```

Mein NAS hat beispielsweise die IP-Adresse 192.168.178.23, also lautet der Aufruf des FTP-Servers im Windows Explorer wie folgt:

```
ftp://192.168.178.23
```

Da der Zugang zu Ihrem NAS hoffentlich geschützt ist, erscheint zunächst eine Abfrage, in der Sie einen gültigen Benutzernamen samt Kennwort eingeben. Bei Unklarheiten sehen Sie zunächst in der Benutzerverwaltung Ihres NAS nach.

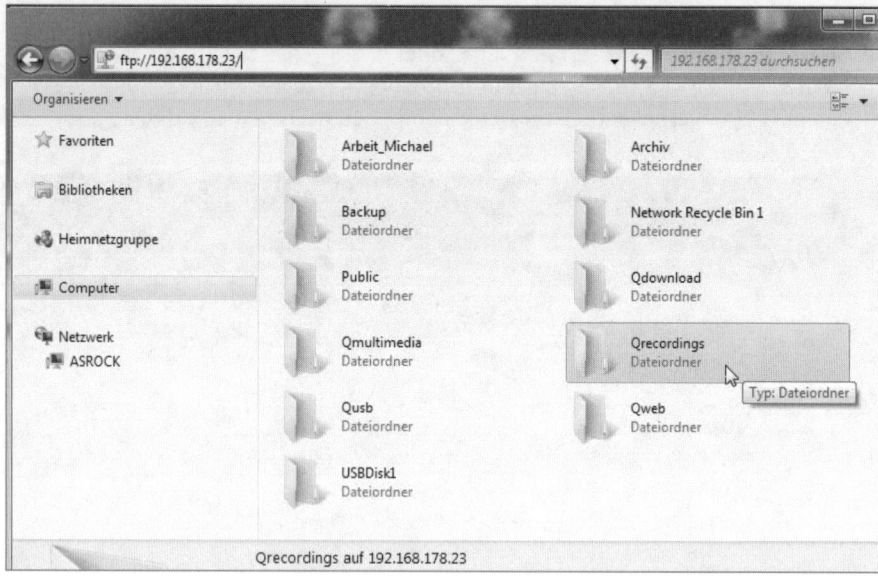

Bild 13.41: Unter der FTP-Adresse und nach Eingabe der korrekten Zugangsdaten erscheinen alle Ordner der Netzwerkfestplatte in der FTP-Ansicht des Windows Explorer.

Nachdem Sie nun einen existierenden Benutzer samt Passwort eingegeben und bestätigt haben, erscheint nun die FTP-Ansicht Ihres NAS mit allen Ordnerfreigaben (siehe Abbildung). Gehen Sie mit Doppelklick auf den Ordner, in dem die Kamera später die Fotos oder Videos ablegen soll (in diesem Beispiel heißt er *Qrecordings*).

Beachten Sie, dass Ihr Benutzer Schreibrechte auf dem Ordner besitzt. Das lässt sich rasch prüfen, indem Sie irgendeine Datei von Ihrem Desktop in diesen geöffneten Ordner kopieren.

2. **FTP-Servereinstellungen in die Kamera eintragen**
   Funktioniert Ihr FTP-Zugriff, gehen Sie nun zurück in die Ereigniseinstellungen der Netzwerkkamera und nehmen die entsprechenden Eintragungen vor. Im Beispiel der Sitecom-Kamera befinden Sie sich unter *Ereignis* auf der Registerkarte *FTP*. Tragen Sie Folgendes ein:

   - Bei *FTP-Server* tragen Sie die IP-Adresse Ihrer Netzwerkfestplatte im Heimnetz ein, in diesem Beispiel lautet sie *192.168.178.23*

   - Bei *Anmeldename* und *Passwort* tragen Sie die gültigen Zugangsdaten eines Benutzers ein, der in der Benutzerverwaltung der Netzwerkfestplatte eingetragen ist.

   - Bei *Dateipfad/-name* tragen Sie den Netzwerkordner Ihrer Netzwerkfestplatte ein, in den die Kamera die Dateien (Filme oder Fotos) speichern soll. In meinem Beispiel ist es der zuvor im Windows Explorer getestete Ordner *Qrecordings*.

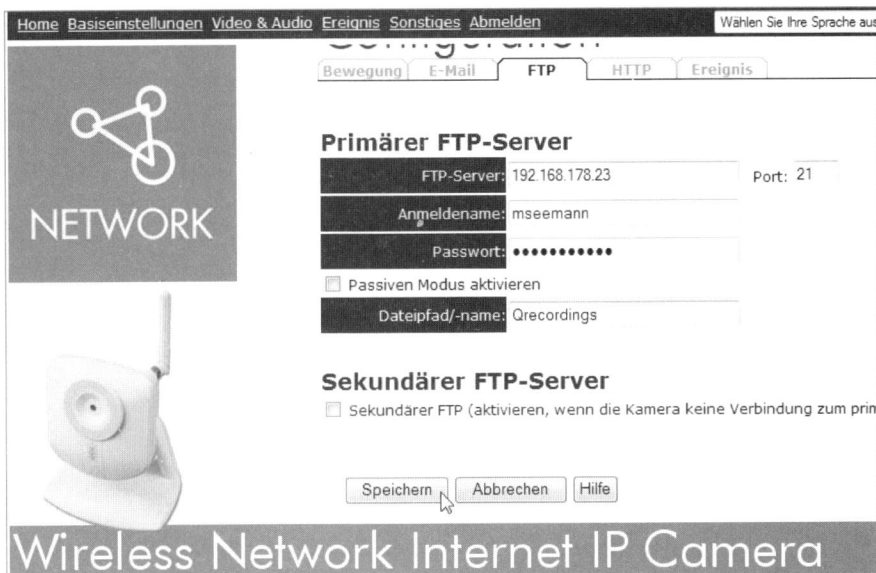

Bild 13.42: Der Benutzer, unter dem sich die Kamera anmeldet, muss Schreibrechte auf dem FTP-Server besitzen.

- Wichtig: Der unter *Anmeldename* eingetragene Benutzer muss auf den unter *Dateipfad/-name* eingetragenen FTP-Netzwerkordnern Schreibrechte besitzen. Ist dem nicht so, gehen Sie in die Benutzereinstellungen Ihrer Netzwerkfestplatte und ändern die Zugriffsrechte für diesen Benutzer entsprechend. Auch hierzu ist eventuell ein Blick ins Handbuch Ihres NAS erforderlich, da die Zugriffs-verwaltung von jedem Hersteller ein wenig anders geregelt wird.

Haben Sie alle Eintragungen für den FTP-Zugriff so weit abgeschlossen, klicken Sie auf *Speichern.*

13.7.9 FTP-Sicherung als auslösendes Ereignis

In einem letzten Schritt schalten Sie nun Ihre Bewegungserkennung »scharf«. Hierzu benötigt die Kamera noch einige zusätzliche Informationen von Ihnen.

1. **Auslösendes Ereignis aktivieren**
   Im Beispiel der Sitecom-Kamera wechseln Sie hierzu unter dem Menü *Ereignis* in die Registerkarte *Ereignis.* Den Zeitplan benötigen Sie zunächst nicht. Scrollen Sie auf der Seite ganz nach unten und setzen Sie unter *Auslösendes Ereignis* ein Häkchen vor *Bewegungsmelder.* Es öffnen sich weitere Einstellungsmöglichkeiten. Setzen Sie neben *Aktionen(en)* ein Häkchen vor *FTP.*

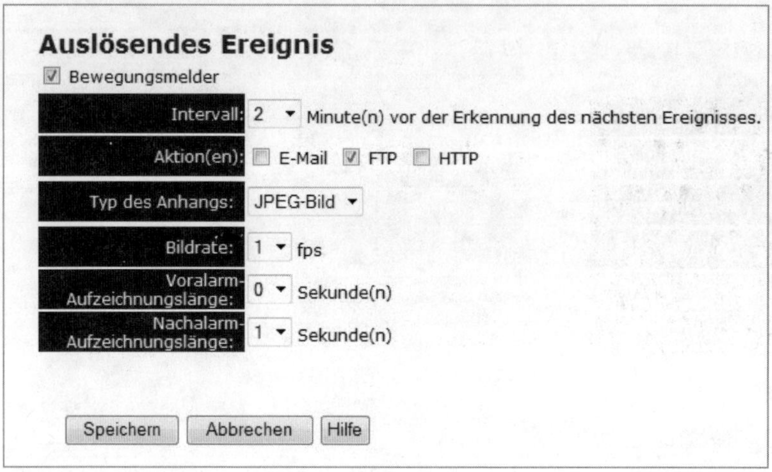

Auslösendes Ereignis

☑ Bewegungsmelder

Intervall:	2 ▼ Minute(n) vor der Erkennung des nächsten Ereignisses.
Aktion(en):	☐ E-Mail ☑ FTP ☐ HTTP
Typ des Anhangs:	JPEG-Bild ▼
Bildrate:	1 ▼ fps
Voralarm-Aufzeichnungslänge:	0 ▼ Sekunde(n)
Nachalarm-Aufzeichnungslänge:	1 ▼ Sekunde(n)

[Speichern] [Abbrechen] [Hilfe]

Bild 13.43: Sind *Bewegungsmelder* und *Aktionen(en)* (Speicherung über *FTP*) aktiviert, erscheinen zusätzliche Einstellungsmöglichkeiten.

2. **Speicherformat und -länge festlegen**

Da die Kamera anstelle von Fotos ein Video aufzeichnen soll, wählen Sie bei *Typ des Anhangs* die Einstellung *Video*. Das Videoformat lassen Sie zunächst in der Voreinstellung *AVI*. Hier können Sie später noch herumexperimentieren.

Mit den beiden folgenden Angaben (*Voralarm-* bzw. *Nachalarm-Aufzeichnungslänge*) bestimmen Sie die Länge des aufgezeichneten Videos in Sekunden. Der erste Wert bestimmt die Zeitdauer bis vor dem Auftreten des Ereignisses, der zweite Wert die Zeit ab bzw. nach Auftreten des Ereignisses. Doch wie, werden Sie sich nun fragen, kann denn die Kamera vor dem Auftreten eines Ereignisses bereits wissen, dass dieses vier Sekunden später eintritt? Sie kann es natürlich nicht wissen, doch behält sie immer automatisch die letzten vier Sekunden ihres Livestreams im Kameraspeicher, und sollte nun ein entsprechendes Ereignis auftreten, besitzt sie auch automatisch die Aufzeichnung vor dem Ereignis.

Auslösendes Ereignis

☑ Bewegungsmelder

Intervall:	0 ▾ Minute(n) vor der Erkennung des nächsten Ereignisses.
Aktion(en):	☐ E-Mail ☑ FTP ☐ HTTP
Typ des Anhangs:	Video ▾
Video-Format (MPEG-4):	AVI ▾
Voralarm-Aufzeichnungslänge:	0 ▾ Sekunde(n)
Nachalarm-Aufzeichnungslänge:	5 ▾ Sekunde(n)

[Speichern] [Abbrechen] [Hilfe]

Bild 13.44: Die Kamera bringt ein fünfsekündiges AVI-Video auf den FTP-Server, sobald sie eine Bewegung in der eingangs definierten Bewegungszone registriert.

Die maximale Aufzeichnungslänge für ein durch Bewegung ausgelöstes Video beträgt fünf Sekunden. In meinem Beispiel setze ich die Voralarmeinstellung auf *0* und die Nachalarmaufzeichnung auf *5 Sekunden*.

In diesem Fall würde die Kamera bei Auftreten einer Bewegung eine fünfsekündige Videoaufnahme starten und diese auf dem FTP-Server ablegen.

3. **Das Intervall: Aufzeichnungspause nach einem Ereignis**
   Wichtig ist in diesem Zusammenhang die Einstellung *Intervall*. Hier können Sie die Mindestzeitspanne angeben, in der die Kamera nach einem auslösenden Ereignis nicht auf Bewegungen reagieren soll.

   Ein Beispiel: Das Intervall ist auf 2 Minuten geschaltet. Die Kamera registriert um 16:00 Uhr eine Bewegung und startet mit der 5-sekündigen Aufzeichnung. Alle Bewegungen, die sich in den nächsten 2 Minuten ereignen, werden von der Kamera ignoriert. Die nächste Aufzeichnung beginnt also frühestens um 16:02 Uhr. Wer hingegen möchte, dass seine Kamera auf alle Bewegungen reagiert und diese ohne Unterbrechungen aufzeichnet, setzt das Intervall auf den Wert 0.

   Sobald Sie nun Ihre Einstellungen im Bereich *Auslösendes Ereignis* per Klick auf die entsprechende Schaltfläche *Speichern* getroffen haben, ist die Bewegungserkennung aktiviert.

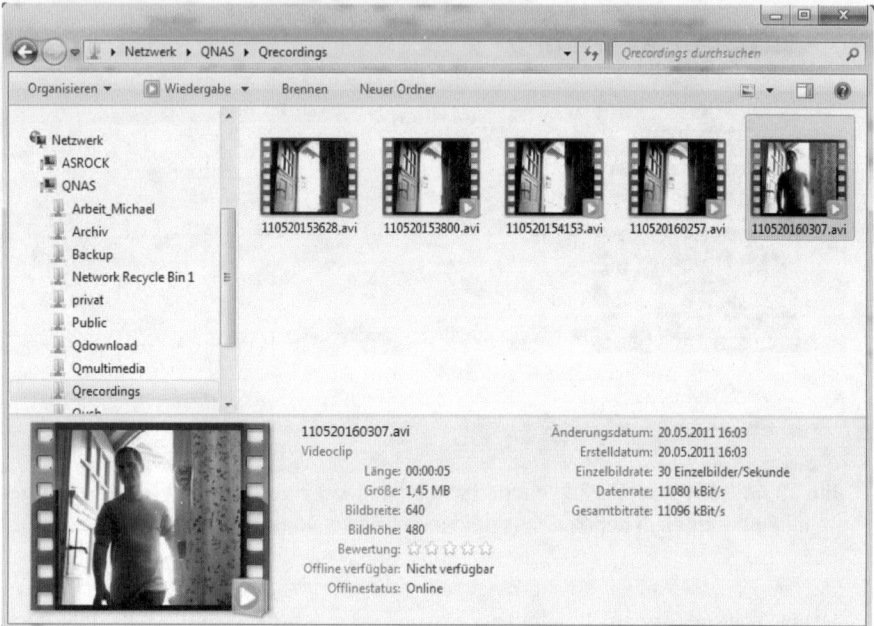

Bild 13.45: Der Zugriff auf Ihre Aufzeichnungen erfolgt bequem über die Windows-Freigabe.

4. **Der Zugriff auf die gespeicherten Videodateien**

   Um die aufgezeichneten Überwachungsvideos später von einem Rechner aus auf Ihrer Netzwerkfestplatte zu betrachten, müssen Sie nicht die unkomfortable FTP-Verbindung verwenden. FTP ist nützlich, um möglichst flott Daten ins Netzwerk zu übertragen, allerdings bietet es keine komfortable Dateivorschau und ist auch nicht Streaming-fähig. Um eine Datei via FTP zu öffnen, müssen Sie sie zuerst komplett auf den eigenen Rechner übertragen.

   Öffnen Sie stattdessen den Speicherordner für die Videoaufzeichnungen der Kamera ganz normal in der Netzwerkansicht des Windows Explorers als Windows-Freigabeordner. So können Sie die AVI-Dateien direkt im Windows Media Player öffnen und über Ihr Heimnetz abspielen.

13.8 Kamerazugriff über ein Smartphone

Der Zugriff per Smartphone (zum Beispiel Android-Handy, Apple iPhone) auf eine im Heimnetz installierte Kamera ist extrem einfach. Wichtig ist dabei nur, dass Sie für diese Kamera bereits einen Zugriff aus dem Internet eingerichtet haben. Wie Sie dabei vorgehen, habe ich weiter oben in diesem Kapitel ausführlich beschrieben.

Sobald Sie also von einem beliebigen PC oder Notebook aus dem Internet auf die Kamera zugreifen können, ist auch die Einrichtung des Zugriffs vom Smartphone aus nur noch ein Klacks, denn schließlich handelt es sich dabei ja auch um einen Computer aus dem Internet.

13.8.1 Zugriff am Beispiel eines Android-Phones

Im Folgenden soll der Zugriff auf Ihre IP-Kamera im Heimnetz anhand eines herkömmlichen Android-Smartphones demonstriert werden. Wir setzen voraus, dass Sie über eine entsprechende »Datenflatrate« für Smartphones verfügen, die ein bestimmtes Übertragungsvolumen zu UMTS-/HSPA-Geschwindigkeit beinhaltet und nach Verbrauch die Übertragungsgeschwindigkeit automatisch herunterregelt. Ohne eine solche Datenflatrate empfiehlt sich der Zugriff auf eine Netzwerkkamera nicht – und eigentlich auch kein Smartphone.

1. **Installation der App IP Cam Viewer**
   Wir bedienen uns dabei einer Applikation namens IP Cam Viewer. Die App enthält erst einmal alle notwendigen Funktionen, um das Livebild Ihrer IP-Kamera auf Ihr Smartphone zu bringen. Laden Sie sich die App aus dem Market von Google herunter und installieren Sie sie auf Ihrem Smartphone.

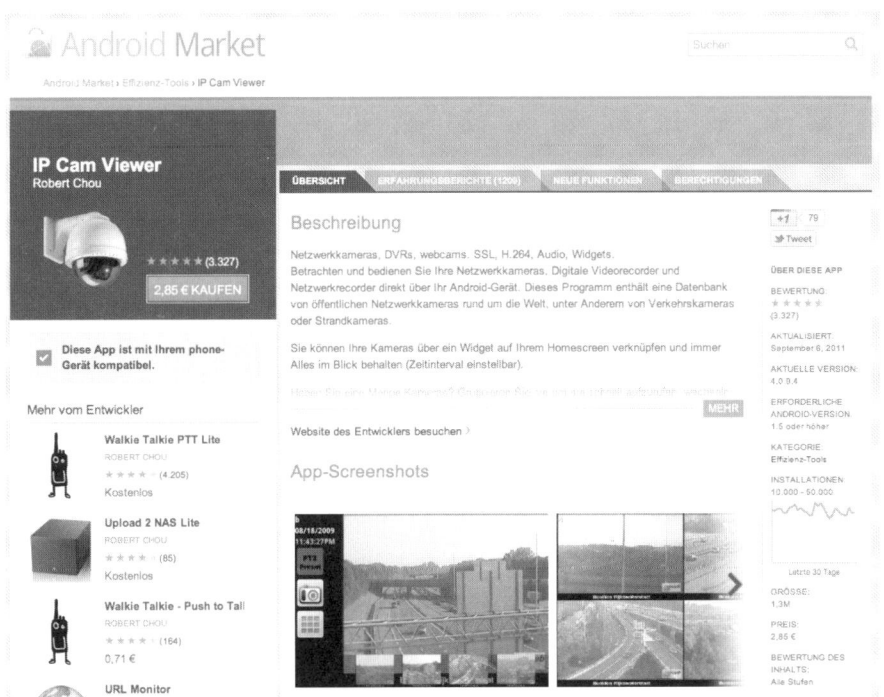

Bild 13.46: Die App IP Cam Viewer bringt Ihre Netzwerkkamera aufs Smartphone.

2. **Zugangsdaten eintragen**
   Rufen Sie die App auf und gehen Sie zunächst auf *Hinzufügen*. Unter *Add Camera Type* gehen Sie auf die Option *IP Camera, DVR. NVR*. Im folgenden Fenster wählen Sie zunächst *Hersteller* (z. B. Sitecom) und *Typ* (z. B. WL-404) Ihrer Kamera aus den Drop-down-Menüs aus.

   Geben Sie dann unter *Host/IP* Ihren DynDNS-Hostnamen ein. Um noch einmal meinem Beispiel aus dem Abschnitt »Kostenloses DynDNS-Konto anlegen« zu folgen, müsste man hier folglich *saeltsamername.dyndns.org* eintragen. Sie tragen natürlich Ihren eigenen Hostnamen ein.

Unter *HTTP-Port* geben Sie *80* ein. Hierbei handelt es sich um den Standardport für einen HTTP-Server. Und exakt als solchen haben wir im Abschnitt »Die Weiterleitung vom Router auf die Kamera« die Portweiterleitung auf die Kamera im FRITZ!Box-Router eingerichtet.

Zu guter Letzt tragen Sie noch den Benutzernamen und das Zugangspasswort für die Benutzeroberfläche der Kamera ein. Diese Benutzerdaten müssen demnach auch in der Benutzerverwaltung der Netzwerkkamera hinterlegt sein. Mit einem Klick auf *Test* prüft IP Cam Viewer Lite, ob der Zugriff auf die Kamera möglich ist. Wenn ja, erscheint die Meldung *Kamerabild erfolgreich empfangen.* Bestätigen Sie mit *OK* und sichern Sie Ihre Einstellungen mit *Save*.

Nun haben Sie Ihre Netzwerkkamera immer und überall griffbereit in der Hosentasche.

Stichwortverzeichnis